2025학년도 수능 대비

수능
기출의
미래

국어영역 화법과 작문

| 교재
내용
문의 | 교재 및 강의 내용 문의는 EBSi 사이트
(www.ebsi.co.kr)의 학습 Q&A 서비스를
이용하시기 바랍니다. | 교재
정오표
공지 | 발행 이후 발견된 정오 사항을 EBSi 사이트
정오표 코너에서 알려 드립니다.
교재 ▶ 교재 자료실 ▶ 교재 정오표 | 교재
정정
신청 | 공지된 정오 내용 외에 발견된 정오 사항이
있다면 EBSi 사이트를 통해 알려 주세요.
교재 ▶ 교재 정정 신청 |

광운대학교
KwangWoon University

KW LEAP
혁신적인 ICT 중점교육을 통해 내일의 기술을
창조하고 지역과 함께 소통하며 발전하는
광운의 눈부신 도약을 상징

첨단학문, 광운이 기준이 되다

차세대 전력반도체 소자제조 전문인력양성

산업혁신인재성장지원(R&D)사업

대학혁신지원(R&D)사업 부처협업형 반도체 전공트랙사업 선정

광운대 IDEC 아카데미 인력양성

민간공동투자 반도체 고급인력양성사업

2024학년도 정시모집일정

*입학 원서 접수

2024. 1. 3.(수) 10:00 ~
1. 6.(토) 17:00

*입학 관련 문의

입학관리팀 02)940.5640~3 /
입학사정관실(학생부종합전형)
02)940.5797~9

*홈페이지 주소

https://iphak.kw.ac.kr

2025학년도 수능 대비

수능
기출의
미래

국어영역 | 화법과 작문

All New

구성과 특징

수능 기출의 미래

국어영역 〔화법과 작문〕

기출 풀어 유형 잡고,
수능 기출의 미래로 2025 수능 가자!!

매해 반복 출제되는 유형과 번갈아 출제되는 유형들을 익히기 위해서는 다년간의 기출 문제를 꼼꼼히 풀어 봐야 합니다.
다년간 수능 및 모의고사에 출제된 기출 문제를 풀다 보면 스스로 과목별, 영역별 유형을 익힐 수 있기 때문입니다.

새 교육과정에 맞춰 최근 5개년의 수능, 모의평가, 학력평가 기출 문제를 엄선하여
최다 문제를 실은 EBS **수능 기출의 미래**로 2025학년도 수능을 준비하세요.

수능 준비의 시작과 마무리! **수능 기출의 미래**가 책임집니다.

기출 문제로 유형 확인하기

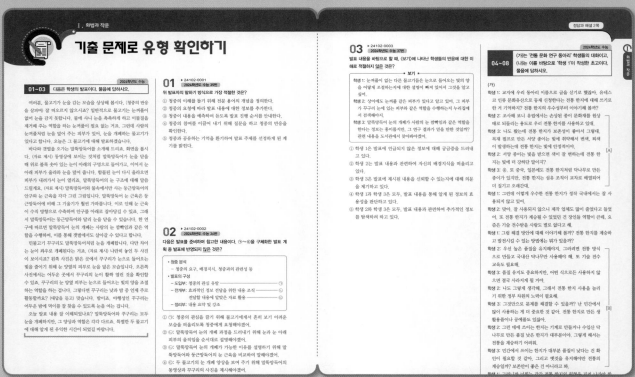

5개년 간의 기출 문제로 화법과 작문 영역별 유형을 확인하고 수능을 준비할 수 있도록 구성하였습니다. 매해 반복 출제되는
유형과 개념을 심화 학습할 수 있습니다.

두껍고 무거운 해설이 아닌 핵심만 깔끔하게 정리된 슬림한 해설을 제공합니다.

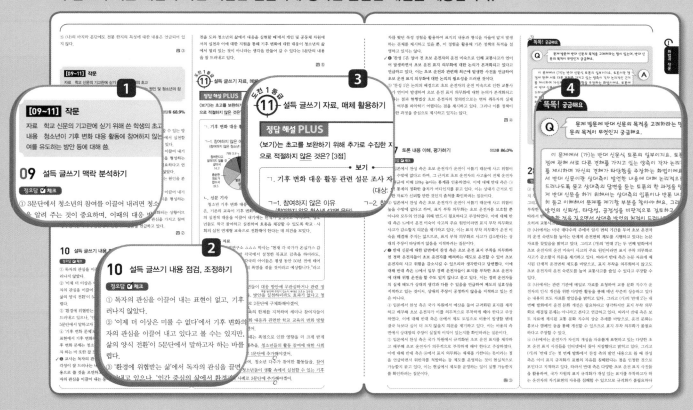

1 수록 제재 확인!
수록 제재의 이해를 돕기 위해 자료의 성격과 중요 내용을 수록하였습니다.

2 자세하고 명쾌한 해설!
기출 문제의 정답과 오답 해설을 비교하면서 학생 스스로 핵심을 제대로 파악할 수 있도록 자세한 해설을 제공합니다.

3 정답 해설 PLUS
도전 1등급 문항은 행간주를 통한 상세한 해설과 함정 탈출 비법을 제공합니다.

4 똑똑! 궁금해요
예상 질문을 Q&A로 구성하여 학습할 때 생길 수 있는 궁금증을 해소할 수 있도록 하였습니다.

차례

수능 기출의 미래
국어영역 [화법과 작문]

I

화법과 작문

2024학년도에도 2023학년도에 이어 〈화법과 작문〉이 국어영역의 선택 과목으로 총 11문항이 출제되었다. 올해 문항 역시 문제 유형 면에서는 이전과 크게 다르지 않았다.

화법 영역은 '눈을 개폐하는 물고기에 대한 학생의 발표'로 3개 문항을 출제하여 발표 방식과 전략, 내용 조직 및 이해 등을 평가하고, 복합 지문은 '전통 한지에 대한 글을 쓰려고 학생들이 나눈 대화와 초고'로 5개 문항을 출제하여 대화 맥락에 대한 이해와 평가, 정보 전달 글쓰기 내용 생성 및 표현 전략, 설득 글쓰기 내용 점검 등을 평가하였다. 작문 영역은 '기후 변화 대응과 관련된 글'로 3개 문항을 출제하여 설득 글쓰기 맥락 분석과 내용 점검 및 조정의 적절성, 자료의 활용 등을 평가하였다.

〈화법과 작문〉은 기본적으로 읽어 내야 할 글의 양이 많고, 선지에 숨어 있는 함정이 많은 과목이므로 긴 지문을 빠르게 읽고 핵심을 잡는 것이 무엇보다 중요한 과목이다.

 한눈에 보는 출제 빈도

출제 유형 (화법/작문) / 기출 문제			담화의 특징 및 내용 파악 / 말하기 방식과 표현 전략	말하기 계획의 적절성 및 의사소통 전략 / 말하기 과정 및 말하기 효과	듣기 전략 및 반응의 적절성 / 매체 활용의 적절성	글쓰기 계획의 적절성 및 내용 이해 / 내용 생성의 적절성	자료 수집, 활용의 적절성 / 작문 과정 및 표현의 적절성	고쳐쓰기의 적절성 / 요약하기 및 내용 점검의 적절성
2024 학년도	수능	3점				1	1	
		2점	2	2	1	1	1	2
	9월	3점				1	1	
		2점	3	1	1	3		1
	6월	3점			1		1	
		2점	3	1	1	2		2
2023 학년도	수능	3점				1	1	
		2점	2		2	1	2	2
	9월	3점	1				1	
		2점	3		1	3	1	1
	6월	3점			1	1		
		2점	3	1	2		1	2
2022 학년도	수능	3점			1	1		
		2점	3		1	1	3	1
	9월	3점	1		1			
		2점	1	2	1	3	2	
	6월	3점			2			
		2점	1	1	2	3	1	1
2021 학년도	수능	3점			1			1
		2점	2	2	1	1	1	1
	9월	3점			2			
		2점	3		1	2		2
	6월	3점			2			
		2점	4			2	1	1
2020 학년도	수능	3점		1			1	
		2점	3	1		2		1
	9월	3점		1		1		
		2점	2	2			3	1
	6월	3점			1		1	
		2점	2	1	1	1	2	1

화법 빈출 분석

① 말하기 방식과 전략

문제 유형 ◦ 말하기 전략을 추론하는 문항은 매년 대학수학능력시험에 빠지지 않고 출제된다. 말하기 전략은 의사소통의 목적을 효과적으로 달성하기 위한 방법으로, 화법에서 가장 기본적이면서 중요한 요소이기 때문이다. 이전에는 담화 유형에 상관없이 일반적으로 많이 사용되는 말하기 전략을 묻는 문항이 출제되었으나, 최근에는 담화 유형이나 주제에 따라 달라질 수 있는 구체적인 말하기 전략을 묻는 문항이 출제되고 있다.

대처법 ◦ 선지에서 '말하기 전략의 특징'에 해당하는 진술과 '말하기 전략의 효과'에 해당하는 진술을 구분한 다음, 지문과 연결 지어 각각 잘못된 내용이 없는지 파악해 가며 문항을 해결하는 것이 바람직하다.

예 위 방송 진행자의 말하기 방식에 대한 설명으로 가장 적절한 것은?

② 말하기 계획의 적절성 및 의사소통 전략

문제 유형 ◦ 말하기 계획의 적절성을 평가하는 문항은 원리상 지문 내용과의 일치 여부를 판단하는 문항의 성격을 지니고 있다. 또한 의사소통 전략을 평가하는 문항의 경우에는 의사소통 참여자가 여럿인 담화에서 말하기의 내용뿐만 아니라 말하기의 방식까지 파악해야 하므로 난도가 높다.

대처법 ◦ 선지의 진술을 '말하기 내용'에 해당하는 정보와 '말하기 방식'에 해당하는 정보로 구분한다. '말하기 내용'에 해당하는 정보의 경우에는 지문 내용과의 일치 여부를 판단하고, '말하기 방식'에 해당하는 정보의 경우에는 언어적 표현, 준언어적 표현, 비언어적 표현, 보조 자료 등을 중심으로 지문의 내용을 확인한다. 별도로 〈보기〉가 제시된 경우 〈보기〉의 정보를 바탕으로 지문의 내용을 분석한다.

예 〈보기〉는 면접을 준비하는 과정에서 면접자가 생각한 내용이다. 면접 과정에서 반영되지 <u>않은</u> 것은?

③ 매체 활용의 적절성

문제 유형 ◦ 매체 활용의 적절성을 파악하는 문항은 최근에 말하기와 관련하여 주목을 받고 있는 유형이다. 발표자나 강연자의 매체 활용이 적절한지를 묻는 유형이 가장 대표적인 형태이다. 사진, 그래프, 통계 자료 등을 매체 자료로 제시하고 있으며, 이와 같은 자료를 발표 과정에서 얼마나 적절하게 활용하고 있는지를 파악하는 유형의 문항이 출제되고 있다.

대처법 ◦ 화제와 관련하여 강연자나 발표자가 말하고자 하는 궁극적인 내용이 무엇인지 파악한다. 화제의 중심 내용을 파악한 다음에 자료로 제시된 매체에 대해 파악한 후, 선지를 살펴보면서 매체 활용의 적절성을 판단하면 된다.

예 다음은 위 발표에 활용된 매체 자료이다. 발표를 참고할 때, 발표 내용과 자료를 활용한 이유를 바르게 짝지은 것은?

④ 말하기 과정 분석 및 말하기 내용

문제 유형 ◦ 말하기 과정을 분석하는 문항은 보통 토의나 토론 등과 같이 의사소통 참여자가 여럿인 담화를 전제로 하는 경우가 많다. 이와 같은 문항의 경우 의사소통 맥락이나 상황, 발화의 전개 양상 등을 이해해야 하므로 난도가 높은 편이다. 최근에는 화법과 작문이 통합된 지문 세트에서 의사소통 참여자 간에 이루어지는 말하기 과정을 분석하여 중요 내용을 파악하는 형태로 출제되고 있는데, 대체로 담화를 바탕으로 작성된 글을 함께 제시하고, 담화의 내용이 글에 어떻게 반영되었는지를 묻는다. 주로 인터뷰, 대담, 면접, 토의 등이 담화로 제시된다.

대처법 ◦ 우선 의사소통의 맥락이나 상황을 파악하는 것이 중요하다. 이를 바탕으로 발화의 전체 흐름이나 전개 양상을 분석해 가며 말하기 내용을 정확하게 파악해야 한다. 작문과 통합된 형태의 문항인 경우에는 말하기 내용과 이를 바탕으로 작성된 글의 내용을 비교·대조해 가면서 선지의 적절성 여부를 판단하도록 한다.

예 다음은 (가)에 참여한 '학생 1'이 (나)를 쓰기 위해 '학생 2'와 나눈 대화의 일부이다. (가)와 (나)를 고려할 때, ⓐ에 들어갈 말로 가장 적절한 것은?

① 내용 생성의 적절성

문제 유형 ○ 주로 대화 내용을 바탕으로 작문 내용을 생성하는 형태로 출제되며, 제시된 화법 지문에 대한 이해와 작문 능력을 동시에 평가한다.

대처법 ○ 한 편의 글을 작성하기 위해서는 글쓰기 이전에 어떤 내용을 생성할지, 생성한 내용을 어떻게 조직하고 표현할지 등을 복합적으로 고려하게 된다. 따라서 이와 같은 실제 글쓰기 과정을 떠올려 보며 해당 글에 반영된 글쓰기 전략이 무엇인지 찾아낸 후, 이러한 글쓰기 전략이 해당 글에 적용된 순서에 따라 차례대로 정리하여야 한다.

例 (나)를 바탕으로 할 때, (가)의 마지막 부분에 추가로 작성할 내용으로 가장 적절한 것은?

② 요약하기 실제

문제 유형 ○ 요약하기는 제시된 글의 핵심 내용을 충실히 담아서 압축적으로 기술하는 것이므로, 내용 생성의 적절성을 묻는 유형의 작문 문항과 같은 맥락에서 자주 출제된다. 해당 글의 유형 및 성격, 관련 내용이 들어갈 글의 위치에 따라 다루는 내용과 수준이 달라질 수 있으므로, 내용, 표현, 구성 등을 복합적으로 고려해야 하는 유형에 해당한다.

대처법 ○ 우선 지문을 정밀하게 읽고 글에서 다룬 중심 내용을 찾아내는 것이 필요하다. 그리고 〈조건〉에서 요구한 내용 요소와 표현 요소를 파악하여, 선지가 이러한 요소들을 충실히 반영하였는지를 판단해야 한다. 마지막으로 글의 성격에 적합한 내용을 다루었는지, 글의 구성상 어울리는 위치에 놓였는지 등을 종합적으로 고려하여 판단하는 것이 필요하다.

例 다음 〈조건〉에 따라 (나)에 내용을 추가하고자 할 때, 가장 적절한 것은?

③ 고쳐쓰기의 적절성

문제 유형 ○ 고쳐쓰기의 적절성을 묻는 문항은 작문 영역에서 자주 출제되는 문항이다. 대체로 작문 영역의 마지막 문항으로 출제되는 경향을 보이는데, 이는 글쓰기의 과정을 고려한 배치라고 할 수 있다. 단어나 문장, 문단 고쳐쓰기에서 더 나아가 최근에는 초고와 고쳐 쓴 글을 비교하여 고쳐쓰기의 적절성을 평가하는 심화된 형태로 출제되고 있다.

대처법 ○ 고쳐 쓴 글과 고쳐쓰기 이전의 글을 면밀하게 비교하여 지시어나 문장, 문단의 변화, 글의 통일성 측면에서 삭제되거나 추가된 부분이 무엇인지 파악하고, 더 나아가 고쳐 쓴 글의 적절성을 판단해야 한다.

例 '고쳐 쓴 마지막 문단'을 고려할 때, ⓐ에 들어갈 내용으로 가장 적절한 것은?

④ 자료 수집, 활용의 적절성

문제 유형 ○ 대학수학능력시험과 EBS 교재에서 출제 방향과 문항 유형의 일치도가 높은 것은 '자료 수집, 활용의 적절성' 문항이다. EBS 교재에서는 통계 자료, 그래프, 신문 기사, 전문가 견해, 인터뷰 자료 등 실제 글쓰기 상황에서 활용할 수 있는 다양한 자료를 제공하고 있다. 작문의 목적에 맞게 자료를 수집하여 원래의 글 내용을 수정·보완하여 새로운 내용을 생성하는 문제가 지속적으로 출제되고 있으므로, EBS 교재로 연습하며 이에 대비하는 것이 필요하다.

대처법 ○ 우선 〈보기〉의 자료가 무엇을 의미하는지를 파악하는 것이 필요하다. 그리고 이러한 정보가 본문의 어떤 내용과 관련 있는지를 파악한 후, 각각의 정보를 서로 연결해야 한다. 마지막으로, 수집한 〈보기〉의 자료를 작문의 목적에 맞게 활용하여 원래의 글을 적절히 수정 또는 보완하는 내용을 생성해 내는 것이 필요하다.

例 〈보기〉의 자료를 활용하여 (나)의 본문 내용을 수정·보완하려고 할 때, 적절하지 않은 것은?

기출 문제로 유형 확인하기

2024학년도 수능

01~03 다음은 학생의 발표이다. 물음에 답하시오.

여러분, 물고기가 눈을 감는 모습을 상상해 봅시다. (청중의 반응을 살피며) 잘 떠오르지 않으시죠? 일반적으로 물고기는 눈꺼풀이 없어 눈을 감지 못합니다. 물에 사니 눈을 촉촉하게 하고 이물질을 제거해 주는 역할을 하는 눈꺼풀이 필요 없는 거죠. 그런데 사람의 눈꺼풀처럼 눈을 덮어 주는 피부가 있어, 눈을 개폐하는 물고기가 있다고 합니다. 오늘은 그 물고기에 대해 발표하겠습니다.

바다와 갯벌을 오가는 말뚝망둑어를 소개해 드리죠. 화면을 봅시다. (자료 제시) 동영상에 보이는 것처럼 말뚝망둑어가 눈을 닫을 때 위로 볼록 솟아 있는 눈이 아래의 구멍으로 들어가고, 이어서 눈 아래 피부가 올라와 눈을 덮어 줍니다. 함몰된 눈이 다시 올라오면 피부가 내려가서 눈이 열리죠. 말뚝망둑어의 눈 구조에 대해 말씀드릴게요. (자료 제시) 말뚝망둑어와 물속에서만 사는 둥근망둑어의 안구와 눈 근육을 각각 그린 그림입니다. 말뚝망둑어 눈 근육은 둥근망둑어에 비해 그 기울기가 훨씬 가파릅니다. 이로 인해 눈 근육이 수직 방향으로 수축하며 안구를 아래로 잡아당길 수 있죠. 그래서 말뚝망둑어는 둥근망둑어와 달리 눈을 닫을 수 있습니다. 한 연구에 따르면 말뚝망둑어 눈의 개폐는 사람의 눈 깜빡임과 같은 역할을 수행하며, 이를 통해 갯벌에서도 살아갈 수 있다고 합니다.

민물고기 꾸구리도 말뚝망둑어처럼 눈을 개폐합니다. 다만 차이는 눈이 좌우로 개폐된다는 거죠. (자료 제시) 나란히 놓인 두 사진이 보이시죠? 왼쪽 사진은 밝은 곳에서 꾸구리가 눈으로 들어오는 빛을 줄이기 위해 눈 양옆의 피부로 눈을 덮은 모습입니다. 오른쪽 사진에서는 어두운 곳에서 꾸구리의 눈이 활짝 열린 것을 확인할 수 있죠. 꾸구리의 눈 양옆 피부는 눈으로 들어오는 빛의 양을 조절하는 역할을 하는 겁니다. 그렇다면 꾸구리는 낮과 밤 중 언제 주로 활동할까요? (대답을 듣고) 맞습니다. 밤이죠. 야행성인 꾸구리는 어두운 밤에 먹이를 잘 찾을 수 있도록 눈을 여는 겁니다.

오늘 발표 내용 잘 이해되었나요? 말뚝망둑어와 꾸구리는 모두 눈을 개폐하지만, 그 양상과 역할은 각각 다르죠. 특별한 두 물고기에 대해 알게 된 유익한 시간이 되었길 바랍니다.

01 ▶ 24102-0001
2024학년도 수능 35번

위 발표자의 말하기 방식으로 가장 적절한 것은?

① 청중의 이해를 돕기 위해 전문 용어의 개념을 정의한다.
② 청중의 요청에 따라 발표 내용에 대한 정보를 추가한다.
③ 청중이 내용을 예측하며 듣도록 발표 진행 순서를 안내한다.
④ 청중의 참여를 이끌어 내기 위해 질문을 하고 청중의 반응을 확인한다.
⑤ 청중과 공유하는 기억을 환기하여 발표 주제를 선정하게 된 계기를 밝힌다.

02 ▶ 24102-0002
2024학년도 수능 36번

다음은 발표를 준비하며 참고한 내용이다. ㉠~㉢을 구체화한 발표 계획 중 발표에 반영되지 않은 것은?

• 청중 분석
  – 청중의 요구, 배경지식, 청중과의 관련성 등
• 발표의 구성
  – 도입부: 청중의 관심 유발 ·· ㉠
  – 전개부: 효과적인 정보 전달을 위한 내용 조직 ············ ㉡
            전달할 내용에 알맞은 자료 활용 ················ ㉢
  – 정리부: 내용 요약 및 강조
---

① ㉠: 청중의 관심을 끌기 위해 물고기에게서 흔히 보기 어려운 모습을 떠올리도록 청중에게 요청해야겠어.
② ㉡: 말뚝망둑어 눈의 개폐 과정을 드러내기 위해 눈과 눈 아래 피부의 움직임을 순서대로 설명해야겠어.
③ ㉡: 말뚝망둑어 눈의 개폐가 가능한 이유를 설명하기 위해 말뚝망둑어와 둥근망둑어의 눈 근육을 비교하여 말해야겠어.
④ ㉢: 두 물고기의 눈 개폐 양상을 보여 주기 위해 말뚝망둑어의 동영상과 꾸구리의 사진을 제시해야겠어.
⑤ ㉢: 꾸구리 눈이 개폐된 모습의 차이를 드러내기 위해 두 사진을 화면에 순차적으로 제시해야겠어.

03
▶ 24102-0003
2024학년도 수능 37번

발표 내용을 바탕으로 할 때, 〈보기〉에 나타난 학생들의 반응에 대한 이해로 적절하지 **않은** 것은?

● 보기 ●

학생 1: 눈꺼풀이 없는 다른 물고기들은 눈으로 들어오는 빛의 양을 어떻게 조절하는지에 대한 설명이 빠져 있어서 그것을 알고 싶어.

학생 2: 상어에도 눈꺼풀 같은 피부가 있다고 알고 있어. 그 피부가 꾸구리 눈에 있는 피부와 같은 역할을 수행하는지 누리집에서 검색해야지.

학생 3: 말뚝망둑어 눈의 개폐가 사람의 눈 깜빡임과 같은 역할을 한다는 정보는 흥미롭지만, 그 연구 결과가 믿을 만한 것일까? 관련 내용을 도서관에서 찾아봐야겠어.

① 학생 1은 발표에 언급되지 않은 정보에 대해 궁금증을 드러내고 있다.

② 학생 2는 발표 내용과 관련하여 자신의 배경지식을 떠올리고 있다.

③ 학생 3은 발표에 제시된 내용을 신뢰할 수 있는지에 대해 의문을 제기하고 있다.

④ 학생 1과 학생 3은 모두, 발표 내용을 통해 알게 된 정보의 효용성을 판단하고 있다.

⑤ 학생 2와 학생 3은 모두, 발표 내용과 관련하여 추가적인 정보를 탐색하려 하고 있다.

04~08
(가)는 '전통 문화 연구 동아리' 학생들의 대화이고, (나)는 이를 바탕으로 '학생 1'이 작성한 초고이다. 물음에 답하시오.

(가)

학생 1: 교지에 우리 동아리 이름으로 글을 싣기로 했잖아. 유네스코 인류 문화유산으로 등재 신청한다는 전통 한지에 대해 쓰기로 한 거 기억하지? 전통 한지의 우수성부터 이야기해 볼까?

학생 2: 조사해 보니 유럽에서는 손상된 종이 문화재를 원상태로 되돌리는 용도로 우리 전통 한지를 사용하고 있대.

학생 3: 나도 봤는데 전통 한지가 보존성이 좋아서 그렇대. 목재 펄프로 만든 서양 종이는 빛에 취약해서 변색, 퇴색이 발생하는데 전통 한지는 빛에 안정적이야.

학생 2: 서양 종이는 빛을 받으면 색이 잘 변하는데 전통 한지는 빛에 더 강하단 말이지?

학생 3: 응. 또 중국, 일본에도 전통 한지처럼 닥나무로 만든 종이가 있지만, 전통 한지는 섬유 조직이 교차로 배열되어 더 질기고 오래간대.

[A]

학생 1: 그런데 이렇게 우수한 전통 한지가 정작 국내에서는 잘 사용되지 않고 있어.

학생 2: 맞아. 잘 사용되지 않으니 제작 업체도 많이 줄었다고 들었어. 또 전통 한지가 계승될 수 있었던 건 장인들 역할이 큰데, 요즘은 기술 전수받을 사람도 별로 없다고 해.

학생 1: 그럼 해결 방안에 대해 이야기해 볼까? 전통 한지를 계승하고 발전시킬 수 있는 방법에는 뭐가 있을까?

학생 2: 우선 높은 품질을 유지해야지. 그러려면 전통 방식으로 만들고 국내산 닥나무만 사용해야 해. 또 기술 전수 교육도 필요해.

학생 3: 품질 유지도 중요하지만, 어떤 식으로든 사용하지 않으면 결국 사라지게 될 거야.

학생 2: 나도 그렇게 생각해. 그래서 전통 한지 사용을 늘리기 위한 정부 차원의 노력이 필요해.

학생 3: 그것만으로 문제를 해결할 수 있을까? 난 민간에서 많이 사용하는 게 더 중요한 것 같아. 전통 한지로 만든 생활용품이나 공예품도 있잖아.

[B]

학생 2: 그런 데에 쓰이는 한지는 기계로 만들거나 수입산 닥나무로 만든 품질 낮은 한지가 대부분이야. 그렇게 해서는 전통을 계승하기 어려워.

학생 3: 민간에서 쓰이는 한지가 대부분 품질이 낮다는 건 확인이 필요할 것 같아. 그리고 옛것을 유지해야만 전통의 계승일까? 보존만이 좋은 건 아니라고 봐.

학생 1: 그러니까 너희는 각각 전통 한지의 원형을 지켜 나가야 한다는 입장과 두루 사용하는 게 더 중요하다는 입장인 거지? 둘다 일리가 있는 말이야.

학생 2: 내가 강조하고 싶은 건, 전통 한지와 그 제작 기술에 자부심을 갖고 명품의 가치를 지켜 나가 전통 한지가 더 사랑받도록 해야 한다는 거야.

학생 3: 무슨 말인지 알겠어. 근데 난 사용 가치 측면에서도 생각해 봤으면 좋겠어. 비록 품질이 옛 수준에는 못 미치더라도 생활 속에서 다양하게 사용되는 게 더 가치 있다 생각해. 실제로 전통 한지가 친환경 소재, 인체 친화형 소재로도 주목받고 있는 걸로 알고 있어.

학생 1: 얘기 잘 들었어. 들으면서 메모해 두었으니 잘 정리해서 글을 써 볼게.

(나)

우리 고유의 방식으로 제작된 전통 한지는 세계적으로 주목받는 문화유산이다. 이에 문화재청에서는 전통 한지와 그 제작 기술을 유네스코 인류 무형 문화유산 등재 신청 대상으로 선정하였다.

전통 한지의 장점은 보존성이 우수하다는 것이다. 우리나라는 유네스코 세계 기록 유산을 아시아에서 가장 많이 보유한 나라인데, 그중 대부분이 전통 한지에 기록된 문화유산이라는 것이 이를 증명한다. 전통 한지처럼 닥나무를 원료로 하는 주변국들의 종이와 비교해도, 전통 한지는 섬유 조직이 교차로 배열되어 더 질기고 보존성이 좋다.

그러나 국내에서 전통 한지는 사용 부진으로 인한 위기를 겪고 있다. 유럽에서는 우리 전통 한지를 손상된 문화재 복구에 사용하는 등 관심이 높은데 정작 국내에서는 사용하는 사람이 많지 않으니, 제작 업체도 전수자도 줄어들어 향후 전통 한지의 명맥이 끊어질까 염려하는 사람도 많다. 그래서 전통 한지를 계승하고 발전시키기 위한 노력이 필요하다.

우선 전통 한지의 원형을 지켜 나가기 위해 품질을 유지하는 것이 중요하다. 이를 위해 재료 측면에서는 국내산 닥나무만을 사용해야 한다. 또 제작 기술 측면에서는 전통 방식으로 생산하고 기술 전수 교육도 실시해야 한다. 다음으로 전통 한지 사용을 확대하기 위한 노력도 필요하다. 정부 차원에서 공공 부문에 전통 한지 사용을 장려하고 문화재 수리에도 전통 한지를 사용해야 한다. 민간 차원에서는 전통 한지의 활용 분야를 넓힐 필요가 있다. 일례로 전통 한지는 친환경 소재로 주목받아 의류와 침구류 제작에 사용되고 있어, 그 응용 범위가 점차 확대되어 갈 것으로 기대된다.

전통 한지와 그 제작 기술은 우리의 자랑스러운 문화유산으로 세계가 주목하고 있다. 따라서 전통 한지가 더욱 사랑받을 수 있도록 전통 한지와 그 제작 기술의 가치를 이어 나가기 위한 우리 모두의 노력이 필요하다.

04 ▶ 24102-0004
2024학년도 수능 38번

(가)의 '학생 1'에 대한 설명으로 가장 적절한 것은?

① 대화 참여자에게 대화에 적극적인 태도로 참여할 것을 요청하고 있다.
② 대화 참여자에게 추후 모임에서 논의할 사항을 안내하고 있다.
③ 대화 참여자의 입장을 확인한 후 합의를 이끌어 내고 있다.
④ 대화 참여자에게 질문을 하여 대화 내용을 전환하고 있다.
⑤ 대화 참여자가 제시한 정보에 대해 출처를 요구하고 있다.

05 ▶ 24102-0005
2024학년도 수능 39번

[A], [B]에서 나타나는 의사소통 방식에 대한 설명으로 적절하지 않은 것은?

① [A]에서 '학생 2'는 '학생 3'의 말을 자신의 표현으로 바꾸어 말하며 이해한 내용을 확인하고 있다.
② [A]에서 '학생 3'은 '학생 2'가 말한 내용에 대해 자신이 알고 있는 정보를 덧붙이고 있다.
③ [B]에서 '학생 2'는 '학생 3'의 의견을 수용한 후, 자신의 의견을 제시하고 있다.
④ [B]에서 '학생 3'은 '학생 2'가 제공한 정보가 정확한지에 대해 의문을 제기하고 있다.
⑤ [B]에서 '학생 3'은 '학생 2'가 제시한 해결 방안이 공정하지 못하다고 지적하고 있다.

06
▶ 24102-0006
2024학년도 수능 40번

다음은 (가)에서 '학생 1'이 대화의 내용과 자신이 떠올린 생각을 작성한 메모 이다. ㉠~㉤이 (나)에 반영된 양상으로 적절하지 <u>않은</u> 것은? [3점]

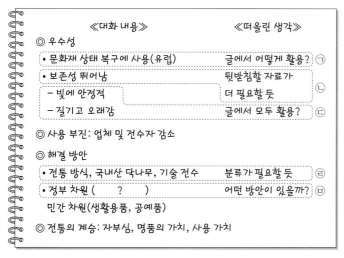

≪대화 내용≫   ≪떠올린 생각≫

◎ 우수성
- 문화재 상태 복구에 사용(유럽)   글에서 어떻게 활용? ㉠
- 보존성 뛰어남   뒷받침할 자료가
  - 빛에 안정적   더 필요할 듯   ㉡
  - 질기고 오래감   글에서 모두 활용? ㉢

◎ 사용 부진: 업체 및 전수자 감소

◎ 해결 방안
- 전통 방식, 국내산 닥나무, 기술 전수   분류가 필요할 듯 ㉣
- 정부 차원 (?   )   어떤 방안이 있을까? ㉤
  민간 차원(생활용품, 공예품)

◎ 전통의 계승: 자부심, 명품의 가치, 사용 가치

① '학생 2'의 발화를 토대로 작성된 ㉠은, 전통 한지의 우수성을 부각하기 위한 내용으로 (나)에 반영되었다.

② '학생 3'의 발화를 토대로 작성된 ㉡은, 세계 기록 유산과 관련된 내용이 추가되어 (나)에 반영되었다.

③ '학생 3'의 발화를 토대로 작성된 ㉢은, 전통 한지의 보존성을 설명하는 내용 중 일부가 제외되어 (나)에 반영되었다.

④ '학생 2'의 발화를 토대로 작성된 ㉣은, 전통 한지의 품질 유지를 위한 방안이 범주화되어 (나)에 반영되었다.

⑤ '학생 2'의 발화를 토대로 작성된 ㉤은, 전통 한지의 사용 확대를 위한 방안이 구체화되어 (나)에 반영되었다.

07
▶ 24102-0007
2024학년도 수능 41번

(나)의 글쓰기 방식에 대한 설명으로 가장 적절한 것은?

① 자신의 특별한 경험을 활용하여 문제의 심각성을 드러내었다.

② 독자에게 익숙한 상황을 들어 예상되는 반론에 대해 반박하였다.

③ 주장을 뒷받침하는 사례를 들어 주장의 실현 가능성을 제시하였다.

④ 제재의 물리적 특성을 분석하여 문제 상황의 원인으로 제시하였다.

⑤ 보도 자료의 내용을 인용하여 제재와 관련한 정책의 변화를 드러내었다.

08
▶ 24102-0008
2024학년도 수능 42번

다음은 (나)의 마지막 문단을 고쳐 쓴 것이다. 그 과정에서 반영된 수정 계획으로 가장 적절한 것은?

> 전통 한지와 그 제작 기술은 우리가 자부심을 가질 만한 세계적인 문화유산이다. 따라서 전통 한지를 계승하고 발전시키려면 전통 한지와 그 제작 기술의 원형을 보존하여 품질을 유지하는 한편, 전통 한지의 사용을 확대하여 전통 한지가 다양한 방식으로 활용될 수 있도록 해야 한다.

① 전통 한지를 계승하고 발전시켜 예상되는 기대 효과를 제시해야겠군.

② 전통 한지를 계승해야 할 필요성이 드러나지 않으니, 관련된 내용을 추가해야겠군.

③ 전통 한지의 계승 및 발전을 위한 방안을, 앞서 제시한 두 가지 방향이 드러나도록 써야겠군.

④ 전통 한지의 계승 및 발전에 대해 언급하며 사용한 접속 표현이 적절하지 않으니 수정해야겠군.

⑤ 전통 한지의 특성에 관해 앞부분에서 이미 다룬 내용은 삭제하고 다른 내용으로 대체해야겠군.

09~11 다음은 작문 상황과 이를 바탕으로 학생이 작성한 초고이다. 물음에 답하시오.

[작문 상황]
학교 신문의 기고란에 기후 변화 대응과 관련된 글을 쓰려 함.

[초고]
제목: [[A]]

인류의 생존을 위협하는 기후 변화는 더욱 가속화될 것으로 예측된다. 이에 기후 변화에 대한 대응에 미래 세대인 청소년들이 관심을 가지고 참여해야 한다는 사회적 공감대가 형성되고 있다. 그러나 청소년의 참여도는 여전히 낮은 수준이다.

청소년이 기후 변화 대응 활동에 참여하지 않는 원인은 여러 가지이다. 청소년들은 기후 변화 대응 방안에 무엇이 있는지 제대로 모르는 경우가 많다. 제대로 모르기 때문에 하고자 하는 의지가 있어도 참여하기 어렵다. 반대로 방안을 알면서 참여하지 않는 경우도 있다. 기후 변화에 대응하는 것이 너무 큰 과제라고 인식하기 때문에 자신의 실천은 효과가 없다고 생각하여 참여하지 않는 것이다.

이를 고려할 때 청소년의 참여를 이끌어 내려면 우선 청소년이 실천할 수 있는 방안을 알려 주는 것이 중요하다. 이때의 대응 방안은 생활 속에서 실천할 수 있는 것부터 사회적인 차원의 것까지 다양하다. 생활 속에서의 실천과 함께, 그러한 실천들을 사회적인 차원으로 확산시키려는 노력이 중요하다. 구성원 개개인과 공동체의 노력이 어우러질 때 더 효과적인 대응이 될 것이기 때문이다.

자신의 활동을 통해 상황을 개선할 수 있다는 인식을 형성하는 것도 중요하다. 기후 변화 대응 활동에 관한 긍정적 인식이 형성되어야 자발적 참여를 이끌어 낼 수 있다. 긍정적 인식이 형성되려면, 대응 활동이 효과가 있었다고 체감할 수 있는 성공적인 경험이 쌓여야 한다. 이를 위해서는 체계적이고 지속적인 지원이 필요하다. 학교는 이러한 지원을 할 수 있는 대표적인 곳이다. 그래서 기후 변화 대응 활동에의 참여를 도울 수 있도록 학교 교육에 변화가 필요하다.

개인 및 공동체 차원에서의 실천과 이에 대한 지원을 통해 기후 변화에 대한 대응이 청소년의 삶에서 멀리 있는 것이 아니라는 생각을 만들어 갈 수 있다.

09 ▶ 24102-0009
2024학년도 수능 43번

'작문 상황'을 고려하여 구상한 글쓰기 내용으로, 초고에 반영되지 **않은** 것은?

① 기후 변화 대응에 대한 청소년의 참여를 유도하는 방안
② 기후 변화 대응에 대한 청소년 참여를 위한 지원 정책
③ 기후 변화 대응에 대한 청소년의 참여도가 낮은 원인
④ 기후 변화 대응에 대한 청소년 인식 형성의 중요성
⑤ 기후 변화 대응에 대한 청소년 참여의 필요성

10 ▶ 24102-0010
2024학년도 수능 44번

〈보기〉는 초고를 읽은 교사의 조언이다. 이를 반영하여 [A]를 작성한다고 할 때, 가장 적절한 것은?

● 보기 ●

"글의 제목은 글에 대한 독자의 관심을 이끌어 낼 수 있도록 표현하는 게 좋아. 기후 변화의 심각성과 글의 5문단에서 말하고자 하는 바가 잘 드러나는 내용으로 쓰는 게 좋겠어."

① 기후 변화 정책, 학교와 사회의 실천적 연대를 지향할 때
② 기후 변화에 대처하는 삶의 양식 전환, 이제 더 이상은 미룰 수 없다
③ 환경에 위협받는 삶, 인간 중심의 삶에서 환경과 공존하는 생활로 전환
④ 기후 변화 문제, 청소년을 위해 모두가 실천적 노력으로 모여야 할 시기
⑤ 미래를 위협하는 기후 변화, 실천을 도와 청소년의 삶에서 대응을 실현할 때

11 ▶ 24102-0011
2024학년도 수능 45번

〈보기〉는 초고를 보완하기 위해 추가로 수집한 자료이다. 자료의 활용 방안으로 적절하지 <u>않은</u> 것은? [3점]

● 보기 ●

ㄱ. 기후 변화 대응 활동 관련 설문 조사 자료

(대상: 우리 지역 청소년 600명)

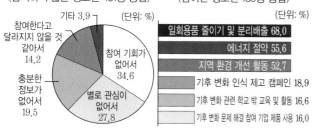

ㄱ-1. 참여하지 않은 이유
(참여하지 않은 청소년 431명 응답)
(단위: %)
- 기타 3.9
- 참여한다고 달라지지 않을 것 같아서 14.2
- 참여 기회가 없어서 34.6
- 충분한 정보가 없어서 19.5
- 별로 관심이 없어서 27.8

ㄱ-2. 참여한 활동 (복수 응답)
(참여한 청소년 169명 응답)
(단위: %)
- 일회용품 줄이기 및 분리배출 68.0
- 에너지 절약 55.6
- 지역 환경 개선 활동 52.7
- 기후 변화 인식 제고 캠페인 18.9
- 기후 변화 관련 학교 밖 교육 및 활동 16.6
- 기후 변화 문제 해결 참여 기업 제품 사용 16.0

ㄴ. 신문 기사

청소년 기후 변화 대응 세미나가 ○○에서 개최되었다. 참여 자들은, 기존의 교육이 기후 변화에 관심을 갖도록 만들었으나 청소년들의 실천적 대응을 이끌어 내기에는 한계가 있었다고 지적하며, 청소년들도 적극 참여하고 실천하며 효용을 체감할 수 있도록 학교·사회의 실천 연계형 교육으로 전환해야 한다는 데 의견을 모았다.

ㄷ. 인터뷰 자료

□□ 생태환경연구소 △△△ 박사는 "현재 각 국가가 온실가스 감축을 시행하고 있지만 각국에서 설정한 목표로 감축을 하더라도, 2020년에 출생한 세계 각국의 아이들은 평생 동안 50년 전에 태어난 세대에 비해 7배 수준의 폭염을 겪을 것이라고 예상합니다."라고 말했다.

① ㄱ-1을 활용하여, 청소년들이 대응 방안에 무관심하거나 관련 정보가 충분하지 않은 것을, 방안을 실천하더라도 효과가 없다고 청소년들이 생각하는 이유로 2문단에 구체화해야겠어.

② ㄴ을 활용하여, 기존 교육의 한계를 지적하며 세미나 참여자들이 동의한 내용을, 기후 변화 대응과 관련한 학교 교육의 변화 방향으로 4문단에 보강해야겠어.

③ ㄷ을 활용하여, 미래 세대는 폭염으로 인한 영향을 더 크게 받게 될 것이라는 전문가의 예측을, 청소년들의 활동 참여에 대한 사회적 공감대 형성의 근거로 1문단에 추가해야겠어.

④ ㄱ-1과 ㄱ-2를 활용하여, 청소년 다수가 참여한 활동들을, 참여 기회가 없다고 답한 청소년들이 생활 속에서 실천할 수 있는 기후 변화 대응 활동의 사례로 3문단에 추가해야겠어.

⑤ ㄱ-2와 ㄴ을 활용하여, 지역 환경 개선 활동이나 캠페인 등 지역 사회와 연계될 수 있는 활동들을, 청소년의 긍정적 인식 형성을 위해 학교가 지원할 사례로 4문단에 구체화해야겠어.

12~14 다음은 학생의 발표이다. 물음에 답하시오.

안녕하세요? 지난 수업 시간에 곰팡이의 생육 환경에 대해 우리가 조사했던 활동이 기억나나요? (청중의 반응을 듣고) 네, 기억하는군요. 자료를 더 찾아보니 식물 뿌리와 함께 사는 곰팡이에 관한 흥미로운 사실이 있어 소개하려 합니다.

식물 뿌리와 함께 사는 곰팡이가 식물 뿌리와 상호 작용한다는 것을 알고 있나요? (청중의 반응을 살피고) 대부분 모르는군요. 곰팡이와 식물 뿌리의 상호 작용에는 곰팡이의 균사가 중요한 역할을 합니다. (㉠화면 제시) 이렇게 식물 뿌리를 감싸고 있는 실처럼 생긴 것이 곰팡이의 균사인데요, 균사는 곰팡이의 몸을 이루는 세포가 실 모양으로 이어진 것을 말합니다.

식물 뿌리와 연결된 곰팡이의 균사는 양분이 오가는 통로가 됩니다. 마치 서로를 잇는 다리와 같은 역할을 하지요. (㉡화면 제시) 이렇게 곰팡이가 토양에서 흡수한 양분은 식물 뿌리로 전달되고, 식물이 광합성으로 만든 양분도 곰팡이로 전달됩니다. 또한 균사는 땅속에서 퍼져 나가면서 거리가 떨어져 있는 식물 뿌리와 연결될 수 있고, 한 식물의 뿌리와 또 다른 식물의 뿌리를 연결할 수도 있습니다. 식물과 식물을 연결한 균사를 통해 양분이 식물 간에 전달되지요.

아, 질문이 있네요. (@질문을 듣고) 곰팡이나 식물에 눈이 있어 서로를 찾아가는 것은 아닙니다. 곰팡이와 식물 뿌리는 각각 상대의 생장을 촉진하는 물질을 내놓아 상대를 자기 쪽으로 유인하여 만날 수 있지요. 이해되었나요? (고개를 끄덕이는 모습을 보고) 그럼 발표를 이어 가겠습니다.

곰팡이의 균사가 식물 뿌리와 연결되는 방식은 곰팡이에 따라 다릅니다. 예를 들어, (㉢화면 제시) 화면의 왼쪽처럼 균사가 식물 뿌리 세포의 내부로 들어가는 곰팡이가 있고, 화면의 오른쪽처럼 균사가 식물 뿌리의 겉면이나 식물 뿌리 세포를 감싸는 곰팡이도 있습니다.

곰팡이와 식물 뿌리의 상호 작용이 흥미롭지 않나요? 발표 내용이 잘 이해되었기를 바라며 이만 마치겠습니다.

12 ▶ 24102-0012
2024학년도 9월 모의평가 35번

위 발표에 활용된 발표 전략으로 적절하지 않은 것은?

① 청중의 주의를 환기하기 위해 청중과 공유하고 있는 경험을 언급한다.

② 청중이 발표 내용을 예측하도록 발표 내용의 제시 순서를 발표 도입에서 밝힌다.

③ 청중이 발표 내용에 대해 사전에 알고 있었는지 확인하기 위해 발표 내용과 관련된 질문을 한다.

④ 청중이 특정 대상의 개념을 파악하도록 대상의 정의를 제시한다.

⑤ 청중의 이해를 돕기 위해 특정 대상을 일상적 소재에 빗대어 표현한다.

13 ▶ 24102-0013
2024학년도 9월 모의평가 36번

다음은 발표자가 보여 준 화면이다. 발표자의 시각 자료 활용에 대한 설명으로 가장 적절한 것은?

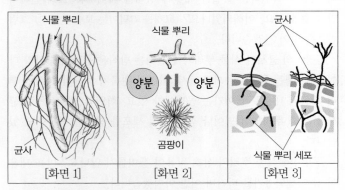

① [화면 1]은 균사가 식물 뿌리를 감싸는 정도가 식물 뿌리의 부위마다 다름을 설명하기 위해 ㉠에 제시하였다.

② [화면 1]은 균사를 통해 한 식물의 양분이 다른 식물에 전달됨을 설명하기 위해 ㉠에 제시하였다.

③ [화면 2]는 곰팡이의 몸을 이루는 세포가 실 모양으로 이어진 것이 균사임을 설명하기 위해 ㉡에 제시하였다.

④ [화면 2]는 곰팡이가 토양에서 흡수한 양분은 식물 뿌리로 전달되고, 광합성으로 만들어진 양분은 곰팡이로 전달됨을 설명하기 위해 ㉡에 제시하였다.

⑤ [화면 3]은 땅속에서 퍼져 나가는 특성이 있는 균사가 주변에 서식하는 여러 식물의 뿌리와 연결될 수 있음을 설명하기 위해 ㉢에 제시하였다.

14 ▶ 24102-0014
2024학년도 9월 모의평가 37번

위 발표의 흐름을 고려할 때, ⓐ로 가장 적절한 것은?

① 균사가 식물 뿌리 세포의 내부까지 어떻게 들어가나요?

② 곰팡이는 식물 이외에 다른 생물과도 상호 작용할 수 있나요?

③ 서로 떨어져 있는 곰팡이와 식물 뿌리가 어떻게 닿을 수 있나요?

④ 곰팡이와 식물 뿌리의 생장을 촉진하는 물질에는 어떤 것이 있나요?

⑤ 곰팡이와 연결된 식물 뿌리는 그렇지 않은 식물 뿌리보다 빨리 생장하나요?

15~19 (가)는 방송 대담의 일부이고, (나)는 이를 바탕으로 학생회 학생들이 나눈 대화이며, (다)는 학생회장이 작성한 건의문이다. 물음에 답하시오.

2024학년도 9월 모의평가

(가)

진행자: 안녕하십니까? 특별 기획 '박물관에 바란다'입니다. 우리 지역 박물관은 증축을 추진하면서 시민 건의를 받고 있습니다. 오늘은 우리 지역 박물관의 발전적 변화를 모색하고자 전문가 두 분을 모셨습니다. 먼저 공간 구성에 관한 사항을 논의하겠습니다.

전문가 1: 이 지역은 ○○ 문화의 중심지였고, 박물관에서는 토기와 왕릉의 왕관 등 ○○ 문화의 흥망성쇠를 보여 주는 유물을 다수 보유하고 있습니다. 따라서 ○○ 문화권 상설 전시실의 규모를 확대할 것을 제안합니다.

진행자: 지역의 역사와 유물을 고려해 상설 전시실 규모를 늘리자는 말씀이군요. 이에 대해 어떻게 생각하시나요? [A]

전문가 2: 저 역시 동의합니다. 그리고 이번 기회에 교육, 공연, 시민 교류 등을 위한 시민 활용 공간들을 확보해서 박물관을 복합 문화 공간으로 조성해야 합니다.

전문가 1: 교육 공간의 확보에 대해서는 같은 생각입니다. 하지만 교육 공간 이외의 시민 활용 공간보다 유물 보존을 위한 공간을 확보하는 것이 더 중요합니다.

진행자: 보존 공간의 확보가 중요한 이유는 무엇인가요?

전문가 1: 인류의 귀중한 유산을 보존하는 게 박물관 본연의 기능이기 때문입니다. 보존 공간이 부족해 5년 만에 재증축한 □□ 박물관의 전철을 밟으면 곤란합니다. 증축할 공간에 한계가 있으니 본연의 기능에 집중해야 하지 않을까요?

전문가 2: 말씀에 공감하지만, 이번 증축을 계기로 박물관이 시민에게 더 다가가는 공간이 되었으면 합니다.

진행자: 공간 구성에 대한 두 분의 좋은 말씀 고맙습니다. 다음으로 운영상 중점을 둘 부분을 논의해 볼까요? [B]

전문가 1: 박물관의 핵심은 유물 보존과 연구입니다. 특히 충분한 연구가 전제되지 않으면 내실 있는 전시가 어렵습니다. 따라서 유물 연구를 강화해야 합니다.

전문가 2: 최근 새로 제시된 박물관의 정의에 공동체의 참여에 관한 내용이 추가되었지요. 이는 박물관 운영 과정에서 시민의 의견을 적극 수용해야 한다는 의미로 볼 수 있습니다. 저는 이 점이 중요하다고 생각합니다.

진행자: 방금 하신 말씀이 어떤 식으로 실현될지 궁금하네요.

전문가 2: 박물관에서 운영할 교육 프로그램 기획 단계에서 시민에게 의견을 묻고 이를 운영에 반영할 수 있습니다.

진행자: 시민에게 의견을 묻고 이를 운영에 반영하면 수요자의 요구에 맞는 교육 프로그램 운영이 가능하겠군요. [C]

(나)

학생회장: '박물관에 바란다'를 보고 우리도 박물관에 건의하기로 했잖아. 무엇을 건의할지 이야기해 보자.

학생 1: 전문가가 우리 지역은 ○○ 문화의 중심지였다고 했으니, 박물관을 왕릉 모양으로 만들면 뜻깊을 거야.

학생 2: 흥미롭지만 현실적으로 어렵지 않을까?

학생 1: 그럼 진로 체험 강좌를 운영해 달라는 건 어때?

학생 2: 그래. 역사학 관련 체험 강좌가 박물관에 없어서 진로 체험 기회가 부족한 게 문제였잖아.

학생회장: 방송에서 유물 보존과 연구가 박물관의 핵심이라고 했는데, 이와 관련한 강좌는 진로 개발에 큰 도움이 될 거야. 또 다른 건의 사항 있어?

학생 1: 설명 위주의 기존 전시 방식에 친구들의 불만이 많잖아. 유물 모형을 만져 보며 체험할 수 있는 공간을 만들어 달라고 건의하자.

학생 2: 맞아. 박물관이 다양한 시민 활용 공간을 확보해야 한다고 전문가도 그랬잖아.

학생회장: 이야기한 내용을 바탕으로 글을 써 볼게.

(다)

박물관장님, 안녕하세요? 저는 △△ 고등학교 김◇◇입니다. 증축을 앞둔 박물관에 건의 사항이 있습니다.

첫째, 유물 모형을 체험할 수 있는 공간을 마련해 주십시오. 저희 청소년은 체험해 보는 교육 활동을 좋아합니다. 그런데 기존 박물관은 유리벽 안의 유물에 대한 설명만 있어서 청소년의 불만이 많습니다. 유물 모형을 만져 보며 체험하는 공간이 생긴다면, ㉠지역의 많은 청소년이 유물의 가치에 대해 더 재미있게 배울 수 있을 것입니다. 또한 박물관을 홍보하는 효과가 있을 것입니다. ㉡체험 중 안전사고를 우려하실 수 있지만 이 문제는 자원 봉사자의 참여로 해결 가능하며, 이는 청소년에게 자원봉사의 기회를 제공하는 이점도 있습니다.

둘째, 청소년 대상의 진로 체험 강좌를 운영해 주십시오. 우리 지역은 ○○ 문화의 중심지여서 많은 청소년이 역사적 자긍심을 느끼고 있습니다. 그래서 역사학에 관심이 있는 청소년이 많은 편이지만, 진로 체험의 기회는 부족합니다. 유물의 보존과 연구에 대해 배우는 강좌가 운영된다면, 지역 청소년의 진로 개발에 큰 도움이 될 것입니다.

건의를 수용할 경우 ㉢박물관 운영에 부담이 된다고 우려하실 수 있지만, 이보다 청소년이 꿈을 키우고 지역에 대한 청소년의 자긍심이 높아지는 효과가 더 클 것입니다. 증축될 박물관은 자랑스러운 역사를 간직한 참여의 공간이 될 것입니다. 고맙습니다.

[A]~[C]에 대한 설명으로 가장 적절한 것은?

① [A]: '전문가 1'의 질문 내용을 요약하며 이에 대한 '전문가 2'의 생각을 묻고 있다.

② [A]: '전문가 1'의 답변 중 이해가 어려운 내용을 밝히며 추가 답변을 요청하고 있다.

③ [B]: '전문가 1'과 '전문가 2'의 제안을 종합한 후 이에 대한 자신의 의견을 제시하고 있다.

④ [B]: '전문가 1'과 '전문가 2'가 밝힌 의견에 대해 감사를 표한 후 이어서 논의할 사항을 제시하고 있다.

⑤ [C]: '전문가 2'가 언급한 내용의 일부를 재진술하며 예상되는 문제를 밝히고 있다.

다음은 (가)의 전문가들이 대담을 준비하며 쓴 메모의 일부이다. ⓐ~ⓔ와 관련하여 계획한 내용 중 (가)에 나타나지 않은 것은?

[전문가 1]	[전문가 2]
• ○○ 문화권 상설 전시실 규모 확대가 필요함. ·············· ⓐ	• 박물관 운영 과정에서 시민 의견이 적극 수용되어야 함. ···· ⓓ
• 유물 연구가 강화될 필요가 있음. ·············· ⓑ	• 박물관이 복합 문화 공간이 되어야 함. ·············· ⓔ
• 유물 보존 공간이 충분히 확보되어야 함. ·············· ⓒ	

① ⓐ: 박물관에서 지역의 역사에 중요한 의미가 있는 유물을 다수 보유하고 있음을 이유로 제시한다.

② ⓑ: 내실 있는 전시는 충분한 연구가 선행되어야 가능함을 언급하며 유물 연구를 강화할 필요가 있음을 제시한다.

③ ⓒ: 박물관 본연의 기능을 위한 공간을 충분히 확보하지 않아 다시 증축하게 된 다른 박물관의 사례를 제시한다.

④ ⓓ: 박물관의 정의에 새롭게 추가된 내용을 언급하며 시민의 의견을 적극적으로 수용할 필요가 있음을 제시한다.

⑤ ⓔ: 박물관을 복합 문화 공간으로 만들면 공간별로 시민이 얻을 수 있는 효과가 다양함을 이유로 제시한다.

(가), (나)의 담화 내용이 (다)에 반영된 양상으로 가장 적절한 것은? [3점]

① '학생회장'이 '전문가 1'의 발언을 언급하며 밝힌 의견이 박물관의 진로 체험 강좌 운영의 기대 효과로 제시되었다.

② '학생회장'이 '전문가 2'의 발언을 언급하며 밝힌 의견이 증축될 박물관의 향후 전망으로 제시되었다.

③ '학생 1'이 '전문가 1'의 발언을 언급하며 밝힌 의견이 박물관 전시 방식의 개선이라는 건의 사항으로 제시되었다.

④ '학생 1'이 '전문가 2'의 발언을 언급하며 밝힌 의견이 체험 교육 활동에 대한 청소년의 선호라는 건의 이유로 제시되었다.

⑤ '학생 2'가 '전문가 2'의 발언을 언급하며 밝힌 의견이 역사학 관련 진로 체험 강좌의 부재라는 문제 상황으로 제시되었다.

〈보기〉를 바탕으로 (다)의 ㉠~㉢을 이해한 내용으로 가장 적절한 것은?

• 보기 •

건의문의 필자는 건의 수용의 기대 효과를 분명하게 밝혀야 한다. 이때, ㉮건의가 필자 개인만이 아니라 다수를 위한 것임을 드러냄은 물론, ㉯건의를 받는 독자의 이점을 제시하는 것이 좋다. 한편, 건의를 수용할 경우 우려되는 점이 있다는 독자의 반론이 있을 수 있다. 필자가 이를 예상하여 독자가 우려하는 점은 해결 가능하다거나 ㉰우려하는 점보다 건의 수용의 기대 효과가 더 크다는 것을 제시하는 것이 좋다.

① ㉠: 체험 공간 조성으로 청소년이 얻을 수 있는 이점을 제시하고 있다는 점에서, ㉯에 해당한다.

② ㉡: 체험 중 안전사고의 문제를 해결해 달라는 요구가 청소년을 위한 것임을 드러내고 있다는 점에서, ㉮에 해당한다.

③ ㉡: 체험 중 안전사고에 대한 우려와 자원봉사 기회 제공이라는 이점을 비교하고 있다는 점에서, ㉰에 해당한다.

④ ㉢: 박물관 운영상의 부담이 해결된다는 이점을 제시하고 있다는 점에서, ㉯에 해당한다.

⑤ ㉢: 박물관 운영상의 부담과 청소년에게 미치는 영향을 비교하고 있다는 점에서, ㉰에 해당한다.

19

▶ 24102-0019
2024학년도 9월 모의평가 42번

다음은 (다)의 3문단의 초고이다. 3문단에 반영된 수정 사항으로 적절하지 않은 것은?

> 박물관에서 진로 체험 강좌를 운영해야 합니다. 우리 지역은 역사적 자긍심이 느껴지는 곳입니다. 그래서 역사학에 대한 관심이 높은 편입니다. 진로 체험의 기회가 부족하므로 체험 강좌가 운영된다면 우리 지역에 큰 도움이 될 것입니다. 또한 음악회, 미술전 등 문화 행사도 열어 주셨으면 합니다.

① 청소년 진로 개발의 중요성을 언급한다.
② 진로 체험 강좌의 수강 대상을 제시한다.
③ 청소년이 지역에 자긍심을 느끼는 이유를 추가한다.
④ 청소년이 진로 체험 강좌에서 배울 수 있는 내용을 밝힌다.
⑤ 진로 체험 강좌 운영의 요구에서 벗어나는 내용을 삭제한다.

20~22

(가)는 글쓰기를 위한 학생의 생각이고, (나)는 (가)를 바탕으로 쓴 학생의 초고이다. 물음에 답하시오.

(가) [학생의 생각]

학교 주변의 어린이 식품안전보호구역은 불량 식품과 관련 있다고 들었어. 무엇이 불량 식품이고, 이를 없애기 위해 우리 사회는 어떤 노력을 하고 있을까? 교지 원고를 모집하던데, 불량 식품에 관한 글을 써 봐야지. ㉠불량 식품의 개념과 ㉡불량 식품에 해당하는 것을 밝히고, ㉢불량 식품을 근절하는 방안을 제시해야겠어.

(나) [학생의 초고]

불량 식품은 건강과 직접적으로 관련된다. 따라서 불량 식품에 대해 이해하는 것은 중요하다. 연구 보고서에 따르면, 불량 식품은 생산, 유통, 판매 등의 과정에서 식품 위생 관련 법규를 준수하지 않은 식품을 말한다.

불량 식품에 해당하는 것이 다양하다 보니 무엇이 불량 식품인지 잘 모르는 경우가 있다. 예를 들어, 저렴한 군것질거리는 불량 식품으로 생각되기 쉽지만 법규에 맞게 위생적으로 만들어져 유통, 판매되는 것이라면 불량 식품이 아니다. 그렇다면 의약품인 것처럼 광고하는 식품은 불량 식품일까? 허위 광고나 과대광고를 통해 판매되는 식품은 소비자에게 유해한 불량 식품이다.

안전한 식생활을 위해 불량 식품을 근절하는 방안이 시행되고 있다. 첫째, 어린이 식품안전보호구역 제도가 있다. 이 제도는 학교 주변에서 불량 식품 판매 사례가 발생함에 따라 2009년부터 시행되었다. 이 구역의 어린이 기호 식품 조리·판매업소는 식품 위생 및 안전에 대해 관리를 받는다. 이 제도는 어린이가 위생적이고 안전한 식품을 접하게 하는 효과가 있다.

둘째, 이물 보고 의무화 제도가 있다. 이 제도는 식품 이물에 대한 업체의 소극적 대응에 소비자 불만이 커지면서 2010년부터 시행되었다. 업체는 식품에서 이물이 나왔다는 소비자의 신고를 받으면 이를 관련 기관장에게 보고해야 한다. 불량 식품 적발 유형 중 이물 검출 사례가 가장 많았는데, 이 제도는 이물 검출 문제를 해결하는 데 기여할 것으로 보인다.

[A]

(가)의 ㉠~㉢을 (나)에 구체화한 내용으로 적절하지 <u>않은</u> 것은?

① ㉠: 연구 보고서에서 제시한 불량 식품의 개념을 밝힌다.

② ㉡: 불량 식품인 것과 아닌 것을 구분하여 제시한다.

③ ㉡: 불량 식품에 대한 인식의 변화를 시기별로 제시한다.

④ ㉢: 불량 식품 근절을 위한 제도가 도입된 배경을 제시한다.

⑤ ㉢: 어린이 식품안전보호구역 제도와 이물 보고 의무화 제도를 설명한다.

다음은 (나)를 읽은 교지 편집부장의 조언이다. 이를 반영하여 [A]를 작성한 내용으로 가장 적절한 것은?

> 식품 산업의 변화와 관련지어 독자가 글의 중심 내용을 아는 것이 어떤 의의가 있는지를 밝히는 마지막 문단이 있어야겠어.

① 소비자가 다양한 식품을 접할 수 있게 되면서 안전한 먹거리에 대한 관심이 높아지고 있다. 건강한 먹거리에 대한 기대가 큰 만큼 불량 식품 근절을 위한 노력이 요구된다.

② 식품 산업이 변화하면서 식품 안전의 사각지대가 발생하고 있다. 허위 광고나 과대광고로 홍보하는 식품의 신고 방법을 알면 불량 식품으로 인한 피해를 예방할 수 있다.

③ 어린이 식품안전보호구역과 이물 보고 의무화 제도가 불량 식품 문제를 해결할 수 있음을 아는 것은 중요하다. 이 제도는 앞으로도 불량 식품을 근절하는 역할을 할 것이다.

④ 식품 산업계는 안전한 식품을 원하는 소비자의 요구에 따라 건강한 식재료를 식품에 활용하고 있다. 식품업체는 소비자의 신뢰를 얻을 수 있는 식품 생산에 집중할 전망이다.

⑤ 식품 유통 및 판매 방식의 다변화로 다양한 식품이 출시되고 있다. 이 변화에 맞춰 무엇이 불량 식품이고 불량 식품 근절 방안이 무엇인지 아는 것은 우리 건강을 지키는 첫걸음이다.

〈보기〉는 학생이 (나)를 보완하기 위해 추가로 수집한 자료이다. 자료 활용 방안으로 적절하지 <u>않은</u> 것은? [3점]

---• 보기 •---

ㄱ. 통계 자료

ㄱ-1. 어린이 기호 식품 조리·판매 업소의 식품 위생 및 안전 점검 결과

연도	점검 업소(개소)	위반율(%)
2009	325,880	0.19
2010	387,488	0.11
2011	404,222	0.09
2015	378,346	0.05
2016	375,508	0.04
2017	358,589	0.03

자료 출처: 식품의약품안전처

ㄱ-2. 불량 식품 적발 유형

단위: 건수
63,042 이물 검출
37,360 무허가 영업
6,761 제품 변질
6,727 유통 기한 경과
4,597 과대 광고
(2007~2016 누적 적발 건수 기준)
자료 출처: 식품의약품안전처

ㄴ. 신문 기사

A사는 자사 식품을 의약품인 것처럼 허위·과대 광고한 행위가 적발되어 시정 명령을 받았다. 해당 광고는 잘못된 정보로 소비자를 기만하여 소비자의 건강을 해친다는 점에서 문제가 되었다. 또한 이물이 검출된 B 가공식품은 인체에 유해하고 소비자의 불안감을 조성한다는 점에서 신속히 회수되었다.

ㄷ. 전문가 인터뷰

"불량 식품은 식중독, 급성 장염, 유해 물질에 장기간 노출되어 생기는 질병 등 건강상의 문제를 일으킵니다. 특히 어린이에게 더 위험하므로 어린이 식품안전보호구역 제도에 따라 구역 내 업소를 관리하는 전담 관리원은 식품 위생 및 안전을 주기적으로 점검하고, 위반 업소를 개선 시까지 관리합니다. 이러한 전담 관리원의 활동으로 위반 업소의 비율이 감소하고 있습니다."

① ㄱ-2를 활용하여, 불량 식품의 적발 유형 중 이물 검출의 누적 적발 건수를 식품에서 이물이 검출되는 사례가 가장 많았다는 내용을 구체화하는 자료로 4문단에 추가한다.

② ㄴ을 활용하여, 잘못된 정보로 소비자를 기만하여 건강을 해친다는 점을 허위 광고나 과대광고로 판매되는 식품이 소비자에게 유해함을 구체화하는 자료로 2문단에 추가한다.

③ ㄷ을 활용하여, 불량 식품이 일으키는 식중독, 급성 장염 등 건강상의 문제를 불량 식품이 건강과 직접적으로 관련되어 있다는 내용을 구체화하는 자료로 1문단에 추가한다.

④ ㄱ-1과 ㄷ을 활용하여, 전담 관리원이 업소를 점검하고 위반 업소를 개선 시까지 관리하여 위반 업소의 비율이 감소 추세인 점을 제도의 효과를 보여 주는 자료로 3문단에 추가한다.

⑤ ㄱ-2와 ㄴ을 활용하여, 소비자의 불안감을 조성하는 이물 검출이 과대광고보다 빈도가 높다는 점을 제도에 대한 소비자 불만이 커진 이유를 보여 주는 자료로 4문단에 추가한다.

23~25 | 2024학년도 6월 모의평가
다음은 학생들을 대상으로 한 강연의 일부이다. 물음에 답하시오.

안녕하세요? ○○고 학생 여러분, 문화 해설사 □□□입니다. 한글 창제 이야기는 이미 잘 알고 계실 테니, 오늘은 한글 대중화에 힘쓴 두 인물에 대해 말씀드리죠. (목소리를 높여) 바로 주시경, 최현배 선생입니다. 역사적으로 암울했던 시기에 한글을 교육하고 연구하는 데 앞장선 두 분은 특별한 관계이기도 한데요. 어떤 관계일까요? 강연 내용에 힌트가 있으니 끝까지 잘 들어 주시길 바랍니다.

(한 손을 올렸다 내리며) "말이 오르면 나라도 오르고, 말이 내리면 나라도 내리나니라." 나라와 민족을 지키기 위해 한글 교육과 연구에 매진했던 주시경 선생이 남긴 말씀입니다. 선생은 한글을 가르칠 수 있다면 어디든 마다하지 않고 책 보따리를 들고 다녔기에 '주 보따리'로 불렸다고 합니다. 이런 열정으로 국어 강습소를 개설했고, 여기에서 배출한 제자들과 함께 국어 연구 학회를 설립하였는데 이는 오늘날 한글 학회의 뿌리가 됩니다. 대표 저서로는 『국어 문법』, 『국어문전음학』, 『국문초학』 등이 있습니다. 그리고 얼마 전 주시경 선생에 대한 다큐멘터리가 방영되었는데, 이 영상을 찾아보는 것도 도움이 될 것입니다.

다음 소개할 인물은 최현배 선생입니다. 선생은 국어 강습소에 다니며 만난 어떤 인물로부터 큰 영향을 받게 됩니다. 이쯤에서 주시경 선생과의 관계를 눈치채신 분도 있을 텐데요. (청중의 반응을 살피며) 맞습니다. 두 분은 사제간입니다. 최현배 선생은 스승의 길을 따라 한글 교육과 연구에 전념합니다. 조선어 학회 사건에 연루되어 옥고를 치르는 중에도 검열을 피해 솜옷 속에 쪽지를 숨겨 놓으며 한글을 연구했다는 이야기는 선생의 굳은 의지를 잘 보여 주죠. 대표 저서로는 『우리말본』과 『한글갈』이 있습니다. 아, '갈'이 무슨 뜻인지 잘 모르실 텐데, 연구를 의미하는 우리말입니다. 선생은 해방 후에 국어 교재 집필과 교원 양성에 힘썼습니다. 최현배 선생에 대한 자료는 △△ 기념관 누리집에서 찾으실 수 있습니다.

23
▶ 24102-0023
2024학년도 6월 모의평가 35번

위 강연자의 말하기 방식으로 가장 적절한 것은?

① 인물의 특성을 보여 주는 일화를 제시하고 있다.
② 자신의 경험을 시간 순서에 따라 전달하고 있다.
③ 대조를 통해 두 인물 간의 차이를 부각하고 있다.
④ 준언어적 표현을 조절하여 화제를 전환하고 있다.
⑤ 강연을 하게 된 소감을 밝히며 강연을 시작하고 있다.

24
▶ 24102-0024
2024학년도 6월 모의평가 36번

다음은 강연자의 강연 계획이다. 강연에 반영되지 않은 것은?

- 화제 선정
  - 청중의 배경지식을 고려하여 강연 내용을 한글 대중화에 힘쓴 두 인물로 선정해야겠다. ……………①
- 청중 분석
  - 청중이 생소하게 느낄 만한 우리말의 의미를 풀이해서 제시해야겠다. ……………②
  - 강연 내용에 관심 있는 청중을 위해 추가 정보를 찾을 수 있도록 안내해야겠다. ……………③
- 강연 전략
  - 강연 내용에 집중할 수 있도록 먼저 질문을 던져 궁금증을 유발하고 나중에 답을 제시해야겠다. ……………④
  - 강연 내용을 인상적으로 기억할 수 있도록 두 인물이 남긴 말을 각각 인용해야겠다. ……………⑤

강연 내용을 참고할 때, <보기>에 제시된 청중의 반응을 이해한 내용으로 가장 적절한 것은?

● 보기 ●

청중 1: 한글 학회의 출발점이 국어 연구 학회였음을 알게 되었어. 국어 연구 학회는 어떤 활동을 했는지 찾아봐야겠어.

청중 2: 조선어 학회 사건에 대한 발표를 맡았는데 강연 내용이 도움이 될 것 같아. 최현배 선생이 옥중에서도 한글을 연구했다는 내용을 발표에 추가해야지.

청중 3: 주시경 선생의 저서를 별다른 설명 없이 제목만 알려 줘서 아쉬웠어. 그 저서들이 어떤 내용인지 찾아봐야겠어.

① 청중 1은 자신이 알고 있던 내용을 강연 내용과 비교하여 평가하고 있군.

② 청중 2는 강연을 통해 알게 된 정보를 유용성 측면에서 평가하고 있군.

③ 청중 3은 강연 내용을 바탕으로 강연에서 직접 언급되지 않은 내용을 추론하고 있군.

④ 청중 1과 3은 강연에서 새롭게 알게 된 사실에 대해 의구심을 드러내고 있군.

⑤ 청중 2와 3은 강연에서 언급된 내용과 관련하여 추가 정보를 탐색하려 하고 있군.

26~30 (가)는 반대 신문식 토론의 일부이고, (나)는 토론에 참여한 반대 측 학생이 작성한 소감문의 초고이다. 물음에 답하시오.

(가)

사회자: 오늘 토론의 논제는 '규격화된 초보 운전 표지 부착을 의무화해야 한다.'입니다. 먼저 찬성 측 입론해 주십시오.

찬성 1: 얼마 전 초보 운전자의 운전 미숙으로 인해 교통사고가 연이어 발생하면서 초보 운전 표지 의무화에 대한 논의가 본격화되고 있습니다. 현행법에서 초보 운전자는 면허 취득일을 기준으로 정의하는데 이것으로는 면허 취득자의 실제 운전 여부를 파악하기 어렵습니다. 따라서 이번 토론에서는 관련 연구들을 참고하여 초보 운전자를 '자동차 보험 가입 경력 기준 1년 미만자'로 정의하여 입론하겠습니다.

초보 운전자는 운전이 서툴기 때문에 사고 위험이 높을 수밖에 없습니다. 초보 운전자의 사고율이 전체 운전자의 평균에 비해 18%p 높다는 통계도 있습니다. 교통사고는 안전과 직결되는 문제이며 생명을 위협할 수 있으므로 일본에서는 1970년대부터 초보 운전 표지 의무 부착 제도를 시행하고 있습니다. 표지를 의무화하여 초보임을 알리는 것은 초보 운전자를 보호할 뿐 아니라 모두의 안전을 위해 반드시 필요합니다.

한편 표지의 내용과 형식을 자율에 맡겨 발생하는 문제도 있습니다. 저는 최근에 '초보인데 보태 준 거 있어?'라는 표지를 커다랗게 붙인 차를 봤습니다. 이는 다른 운전자의 불쾌감을 유발하고 또 운전자의 후방 시야를 가려 안전 운전에 방해가 되기 때문에 표현의 자유라는 이유로 정당화될 수 없습니다. 따라서 국가 차원에서 예산을 들여 규격화된 표지를 제작하고 배부해 초보 운전자가 이를 의무적으로 부착하게 해야 합니다.

사회자: 이어서 반대 측에서 반대 신문해 주십시오.

반대 2: 질문에 앞서 방금 찬성 측이 한 발언은 표지 규격화가 표현의 자유를 침해한다는 점을 인정한 것으로 보입니다. 그럼 질문을 드리겠습니다. ⓐ초보 운전자 사고율에 대한 통계의 정확한 출처를 알 수 있을까요?

찬성 1: 2022년 국회 입법 조사처에서 발표한 자료입니다.

반대 2: ⓑ그 자료에서처럼 초보 운전자의 운전 미숙이 사고의 주요 원인이라면 표지 부착 의무화로 사고가 감소할까요?

찬성 1: 경력 운전자들이 도로 위에서 초보 운전자를 확인하게 되면 이들을 배려하는 태도로 운전할 수 있습니다. 이를 통해 초보 운전자의 사고 위험을 감소시킬 수 있으리라 생각합니다.

반대 2: 배려하는 태도, 중요하죠. 그런데 ⓒ일부 경력 운전자들이 표지를 부착한 초보 운전자에 대해 위협 운전을 할 수도 있지 않습니까?

찬성 1: 표지를 보고 위협 운전을 하는 것은 제도로 인한 문제가 아니라 잘못된 운전 문화로 인해 발생한 문제입니다. 그러나 잘못된 운전 문화 역시 표지 부착 의무화를 통해서 바로 잡을 수 있다고 생각합니다.

반대 2: 저희도 운전 문화 개선은 필요하다고 생각하지만 의무화로 해결될 문제는 아니라고 봅니다. 그리고 표지를 규격화해 제작하고 배부하려면 국가의 예산이 소요됩니다. ㉣이 제도를 도입할 경우 비용이 발생할 텐데 결국 득보다 실이 더 크지 않을까요?

찬성 1: 안전과 생명은 무엇보다 중요한 가치이기 때문에 비용의 측면으로만 따질 문제는 아니라고 생각합니다.

반대 2: ㉤표지 의무화는 제재를 가한다는 뜻인데, 위반자를 적발하는 등 제도를 운영하는 것이 현실적으로 가능할까요?

찬성 1: (잠시 생각한 후) 구체적인 방법은 아직 생각해 보지 못했습니다.

사회자 : 이어서 반대 측 입론 해 주십시오.

(나)

이번 토론의 논제를 보고 나도 내년이면 면허를 취득할 수 있는 나이가 된다는 생각에 관심이 생겨 토론에 참여하기로 했다. 나는 반대 입장을 선택한 후 친구와 한 팀이 되어 토론을 준비했다.

먼저 쟁점을 분석한 후 주장할 내용을 정리하였다. 다음 날에는 근거 자료를 마련하려고 인터넷에서 자신의 개성을 자유롭게 표현하고 있는 다양한 초보 운전 표지 사진들을 찾아 저장했다. 그리고 '초보 스티커, 되레 난폭 운전자들의 표적'이라는 제목의 표지 부착 부작용 사례를 다룬 인터넷 신문 기사를 수집했다. 이후 관련 기관에 메일로 자료를 요청하여 운전 행태, 교통안전 등을 평가해 수치화한 교통 문화 지수가 운전자의 인식 개선을 위한 다양한 활동을 통해 매년 꾸준히 상승하고 있다는 보도 자료를 받았다. 그다음 날에도 자료를 찾으러 친구와 함께 도서관에 갔다. 미국 대다수의 주에서는, 표지 부착은 의무화하지 않으면서 임시 면허 기간을 두어 초보 운전자의 운전 숙련도를 높이는 단계적 운전면허 제도를 시행하고 있다는 논문 자료를 찾았다. 그리고 초보 운전자 대부분이 표지를 부착하고 있다는 설문 결과도 찾아 스크랩했다.

막상 토론을 하려니 평소 사람들 앞에서 말할 때 긴장해서 말을 더듬는 편이라 걱정이 되었다. 이를 극복하기 위해 실전처럼 말하는 연습을 반복했고 그 덕분에 토론에서 침착하게 말할 수 있었다. 한편 토론 후 상호 평가를 해 보니, 친구는 준비한 자료를 활용해 논리적으로 답변한 반면 나는 찬성 측 반론을 미흡하게 반박한 것 같아 조금 아쉬웠다.

[A] ┌ 이번 토론을 준비하며 생각보다 많은 시간과 노력이 든다 └ 는 것을 알았다. 논제에 대한 찬성과 반대의 자료를 모두 조사해야 하기 때문이다.

26 ▶ 24102-0026
2024학년도 6월 모의평가 38번

(가)의 '찬성 1'의 입론에 대한 설명으로 가장 적절한 것은?

① 핵심 용어를 정의한 후 상대의 동의를 구하고 있다.
② 외국의 사례를 분류하여 논의의 범위를 확장하고 있다.
③ 특정 경험을 활용하여 기존 정책의 목적을 설명하고 있다.
④ 최근 발생한 사건을 언급하여 논의의 필요성을 드러내고 있다.
⑤ 정책이 변화한 과정을 중심으로 논의의 배경을 제시하고 있다.

27 ▶ 24102-0027
2024학년도 6월 모의평가 39번

반대 신문의 목적을 고려했을 때, ㉠~㉤에 대한 이해로 적절하지 않은 것은?

① ㉠은 상대가 근거로 인용한 자료가 신뢰할 만한 것인지 출처를 확인하고 있다.
② ㉡은 초보 운전 표지를 의무적으로 부착하면 사고가 감소한다는 상대의 주장이 타당하지 않음을 지적하고 있다.
③ ㉢은 상대의 주장이 경력 운전자의 입장만 반영하여 공정하지 않음을 지적하고 있다.
④ ㉣은 상대의 주장을 비용의 측면에서 보았을 때 실질적 이익이 있는지 확인하고 있다.
⑤ ㉤은 초보 운전 표지 의무화 제도를 운영하는 일이 실행 가능한지 확인하고 있다.

28

▶ 24102-0028
2024학년도 6월 모의평가 40번

(가)의 토론 내용과 (나)의 자료를 바탕으로 반대 측 입론 내용을 추론했다고 할 때, 적절하지 않은 것은? [3점]

▶ 쟁점: 표지 부착 의무화는 교통사고 감소를 위해 필요한가?
[자료] 표지 부착 부작용 관련 신문 기사
└ 반대 측 입론: 일부 운전자가 초보 운전 표지를 붙인 차량을 위협하는 경우를 볼 때, 의무화가 오히려 교통사고를 유발할 수 있다. ·············· ①
[자료] 단계적 운전면허 제도 관련 논문
└ 반대 측 입론: 단계적 운전면허 제도를 참고하여 초보 운전자의 운전 숙련도를 높인다면, 표지 부착을 의무화하지 않고도 초보 운전자의 교통사고를 줄일 수 있다. ·············· ②
▶ 쟁점: 표지 부착 의무화는 운전 문화 개선을 위해 필요한가?
[자료] 교통 문화 지수 관련 보도 자료
└ 반대 측 입론: 교통 문화 지수의 상승 추세를 볼 때, 운전 문화는 홍보나 캠페인 등을 통해 개선할 수 있으므로 표지 부착을 의무화할 필요가 없다. ·············· ③
▶ 쟁점: 국가 차원에서 표지를 규격화해야 하는가?
[자료] 다양한 초보 운전 표지 사진
└ 반대 측 입론: 국가 차원에서 표지를 규격화하면, 개성 있는 표지를 부착하고자 하는 운전자의 자기표현의 자유를 침해할 수 있어 규격화는 불필요하다. ·············· ④
[자료] 초보 운전 표지 부착에 대한 설문 결과
└ 반대 측 입론: 대부분의 초보 운전자가 표지를 부착하고 있음을 볼 때, 기존 표지를 규격화된 표지로 교체하는 비용을 초보 운전자가 부담하게 되므로 규격화는 불필요하다. ·············· ⑤

29

▶ 24102-0029
2024학년도 6월 모의평가 41번

(나)를 작성할 때 활용한 내용 조직 방법으로 적절하지 않은 것은?

① 1문단에서는 논제에 대한 입장을 선택하게 된 계기를 원인과 결과에 따라 제시하였다.

② 2문단에서는 토론을 준비하는 과정을 시간 순서에 따라 제시하였다.

③ 2문단에서는 토론에 활용할 자료를 수집한 경로에 따라 나누어 제시하였다.

④ 3문단에서는 말하기 불안 문제를 인식하고 이를 해결하기 위한 노력을 제시하였다.

⑤ 3문단에서는 토론 활동에 대한 평가를 대비의 방식으로 제시하였다.

30

▶ 24102-0030
2024학년도 6월 모의평가 42번

다음은 [A]를 고쳐 쓴 것이다. 그 과정에서 반영된 교사의 조언으로 가장 적절한 것은?

> 이번 토론을 준비하며 시간과 노력을 들여 자료 조사와 말하기 연습을 한 결과 설득력 있게 주장할 수 있다는 자신감이 생겼다. 또 토론 중 상대의 발언을 잘 들었더니 문제를 깊이 이해할 수 있었고 사회적 쟁점을 바라보는 다양한 시각의 중요성을 알았다.

① 토론의 경쟁적 속성이 지닌 장점만 다루고 있으니, 단점도 함께 제시해 보렴.

② 토론에서 배운 점만 다루고 있으니, 시행착오와 이를 보완할 계획을 모두 제시해 보렴.

③ 토론에서 자료 조사의 어려움만 다루고 있으니, 토론 중 겪은 어려움도 함께 제시해 보렴.

④ 토론 준비에 대해서만 다루고 있으니, 실제 토론을 하면서 깨달은 점도 함께 제시해 보렴.

⑤ 토론 준비 과정에서의 개인적 노력만 다루고 있으니, 협력하며 준비하는 토론의 가치도 함께 제시해 보렴.

2024학년도 6월 모의평가

31~33 (가)는 기획 기사를 연재 중인 학교 신문의 일부이고, (나)는 학생이 작성한 〈2편〉의 초고이다. 물음에 답하시오.

(가) 학교 신문의 일부

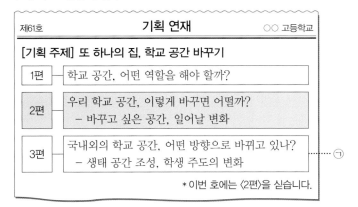

(나) 〈2편〉의 초고

학교는 학생들이 집 다음으로 오랜 시간 생활하는 공간으로 제2의 집이라 할 수 있다. 그런데 학교를 생각하면 네모난 교실에서 칠판을 향해 앉아 있는 학생들이 떠오른다. 학교는 학습 기능을 수행하는 효율적 공간임에 틀림없지만, 지적 성장을 위한 공간뿐만 아니라 정서적 안정과 사회적 성장을 위한 공간도 필요하다. 하지만 우리 학교는 학습을 위한 공간에 집중되어 있어 아쉽다. 그래서 3층과 4층에서 현재 사용하지 않는 서편 끝 교실을 새롭게 바꿀 것을 제안한다.

먼저 학교에서 가장 높은 곳에 있으며 바깥 풍경이 아름답고 조용한 4층 교실을 '사색의 방'으로 만들었으면 한다. 이곳은 통창을 설치해 산과 하늘을 볼 수 있도록 하고 창가 의자에 앉아 쉬며 사색할 수 있는 공간으로 바꾼다. 창을 통해 자연을 느끼며 안정을 찾고 성찰의 시간을 보낼 수도 있다. 이 공간은 집기로 채우지 않고 편안한 음악 소리로 채우되, 인공조명은 최소화한다. 마음을 다독일 수 있는 이 방은 정서적 안정을 위한 곳으로서 학생들이 머물고 싶은 공간이 될 것이다.

3층 교실은 '어울림의 방'으로 만들었으면 한다. 이곳은 교실과 복도 사이의 벽을 없애 누구나 드나들기 쉽도록 한다. 또 바닥은 자유롭게 앉거나 누워 즐겁게 이야기할 수 있는 공간으로 바꾼다. 모퉁이 공간을 활용하여 친한 친구들끼리 소모임을 할 수 있도록 하면 서로의 고민을 터놓을 수도 있다. 친구들과 어울리며 관계를 형성하는 이 방은 사회적 성장을 위한 곳으로서 학생들이 또 오고 싶은 공간이 될 것이다.

학생들이 바라는 이런 공간이 우리 학교에 생긴다면 학교생활이 얼마나 행복할까? 정서적 안정과 사회적 성장을 위한 학교 공간의 조성으로 나의 생각은 커 가고 친구들과 어울리며 행복을 느낄 수

있을 것이다. 이런 변화는 학업에도 더욱 열중할 수 있는 동력이 되며 학교에 대한 자부심도 느끼게 할 것이다.

31 ▶ 24102-0031
2024학년도 6월 모의평가 43번

'초고'에 활용된 쓰기 전략으로 가장 적절한 것은?

① 우리 학교와 다른 학교 공간의 구조를 비교하여 실태를 부각한다.

② 공간이 조성되었을 때의 모습을 가정하여 기대되는 효과를 제시한다.

③ 학교의 기능이 변화해 온 과정을 분석하여 공간 개선의 필요성을 강조한다.

④ 학교 공간의 중요성에 대한 질문을 반복하여 문제 해결의 시급성을 드러낸다.

⑤ 공간의 이동에 따라 각 공간의 문제점을 나열하여 공간별 개선 방안을 제안한다.

〈보기〉는 학생이 '초고'를 보완하기 위해 추가로 수집한 자료이다. 자료의 활용 방안으로 적절하지 <u>않은</u> 것은? [3점]

• 보기 •

ㄱ. 설문 조사 결과
우리 학교에 필요하다고 생각하는 공간은?

38.0%	조용한 휴식 공간
32.0%	자유로운 친교 공간
21.9%	자연을 느끼는 공간
8.1%	무응답

※ 대상: 우리 학교 학생 700명

ㄴ. 전문가 인터뷰
"천장이나 벽을 없애는 형태적 확장, 투명한 유리 재료를 이용해 변화를 주는 시각적 확장을 통해 건축물 내부와 외부가 연결되는 부분이 늘어나면 실내 공간의 개방감이 높아집니다."

ㄷ. 보고서 자료

1. 안정감을 주는 공간 구성	2. 청소년기의 심리 특성과 공간 구성
실내 공간에서 자연을 느끼며 안정감을 얻을 수 있는 방법으로 다음과 같은 것이 있다. – 창을 통해 자연과의 시각적 연결을 늘림. – 목재를 사용함. – 천연 소재 소품을 이용함.	청소년기는 자의식이 높아지는 시기로, 경계를 형성하는 벽을 없앤 공간에서 자신이 노출되는 것에 부담을 느낄 수 있다. 색의 대비, 부분 조명, 이동식 가구를 이용해 공간 분리 효과를 주면 부담감을 낮추는 데 도움이 된다.

① ㄱ을 활용하여, 학습 이외 다른 용도의 공간 조성이 필요한 이유로 휴식 공간과 친교 공간에 대한 학생들의 요구가 높은 비율로 나타났음을 1문단에 추가한다.

② ㄷ-1을 활용하여, 학생들이 자연을 느낄 수 있는 공간 조성 방안으로 창가 의자의 재질을 목재로 하고 천연 소재 방석을 비치할 것을 2문단에 추가한다.

③ ㄷ-2를 활용하여, 자신이 노출되는 것에 대한 부담을 줄이며 소모임을 할 수 있는 공간 조성 방안으로 모퉁이 공간에 이동식 가구를 비치해 공간 분리 효과를 줄 것을 3문단에 추가한다.

④ ㄴ과 ㄷ-1을 활용하여, 시각적 확장 효과를 주는 통창 설치를 제안하는 이유로 자연과의 시각적 연결이 늘어나 학생들의 안정감에 도움이 될 수 있다는 것을 2문단에 추가한다.

⑤ ㄴ과 ㄷ-2를 활용하여, 벽을 없애 형태적으로 확장된 공간에 개방감을 높이는 방안으로 색이 대비되는 소품을 비치하고 부분 조명을 설치할 것을 3문단에 추가한다.

〈보기〉를 반영하여 ㉠의 1문단을 다음과 같이 작성했다고 할 때, ⓐ~ⓔ 중 적절하지 <u>않은</u> 것은?

• 보기 •

편집부장: 기획 연재의 〈3편〉을 작성하려고 해. 1문단은 도입 문단의 성격을 살려서 〈2편〉 초고의 핵심 내용과 〈3편〉 표제, 부제의 내용이 드러나도록 작성하자.

학교 공간에 변화의 바람이 불고 있다. 지난 호에서는 ⓐ학습 공간 외에 학생들이 이용할 수 있는 사색의 공간, 어울림의 공간을 구상해 보았다. ⓑ공간의 변화는 학생들이 학교를 자랑스럽게 느끼도록 하며, 학업에도 긍정적인 영향을 미칠 것이다. 이에 ⓒ학교 공간 조성에 관심이 있는 학부모, 지역 사회의 참여가 요구된다. 나아가 최근 ⓓ국내외의 많은 학교들은 학생들이 자연을 가까이에서 느낄 수 있도록 생태 공간을 조성하고 있다. 이 과정에 ⓔ학생들이 학교 공간의 문제점을 찾거나 공간을 바꾸는 데 중심 역할을 하고 있다. 이번 호에서는 이러한 변화의 흐름을 국내외의 사례를 통해 살펴보고자 한다.

① ⓐ   ② ⓑ   ③ ⓒ   ④ ⓓ   ⑤ ⓔ

2023학년도 10월 학력평가

34~36 다음은 수업 중 학생의 발표이다. 물음에 답하시오.

안녕하세요? 발표를 맡은 ○○○입니다. 여러분, 지난 수업 시간에 세포의 자기 복제에 대해 공부했죠? 이번 시간에 저는 세포의 자기 복제와 관련 있는 콘웨이의 '생명 게임'을 여러분에게 9칸의 격자판으로 설명하려 합니다. (㉠[화면 1] 제시) 여기 화면처럼 각각의 칸에 a부터 i까지 기호를 붙이겠습니다. 그리고 a처럼 음영을 넣지 않은 칸은 살아 있는 세포가 없는 칸으로 0이라고 정의하고, b처럼 음영을 넣은 칸은 살아 있는 세포가 있는 칸으로 1이라고 정의하겠습니다. 이에 따라 b, e, h는 1, 그 이외의 것들은 0입니다.

생명 게임은 규칙이 있습니다. 첫째, 1은 이웃 중에 1이 한 개 이하이면 다음 세대에서 0이 됩니다. (㉡[화면 2] 제시) 여기 1인 a의 이웃은 무엇일까요? (대답을 듣고) b, d뿐만 아니라 e도 이웃입니다. 덧붙이자면 e는 a, b, c, d, f, g, h, i 모두가 이웃입니다. 여기 2세대의 이 a는 1인 이웃이 없는 것이죠. 그래서 3세대에서 0이 됩니다. 이것은 세포가 고립되면 죽기 때문입니다. 둘째, 1은 이웃 중에 1이 네 개 이상이면 세포 과잉으로 다음 세대에서 0이 됩니다. 셋째, 1 또는 0이 이웃 중에 1이 세 개 있으면 다음 세대에서 1은 1이 되고, 0은 1이 됩니다. 넷째, 1인 이웃이 두 개면 1이든 0이든 그 상태가 변하지 않습니다. 그래서 (㉢[화면 3] 제시) 이 화면의 a와 b는 모두 세대가 바뀌어도 상태가 변하지 않고 있습니다.

사례에 따라 격자판에서 1과 0이 나타나는 양상이 세대별로 다양하게 드러나는데요, 그것을 몇 가지 유형으로 설명할 수 있습니다. 여기서는 '주기', '멸종', '안정'의 세 가지 유형만 소개하겠습니다. (㉣[화면 1] 제시) 1세대의 e는 1인 이웃이 두 개, d, f는 모두 1인 이웃이 세 개입니다. 그래서 2세대에서는 d, e, f가 1이 되고, 3세대에서는 1세대처럼 다시 b, e, h가 1이 됩니다. 이러한 양상을 주기 유형이라고 합니다. 이번에는 9칸이 모두 1인 경우와 b, d, f, h가 1인 경우를 함께 보겠습니다. (㉤[화면 2]와 [화면 3] 제시) 두 경우는 2세대가 되면 어떻게 될까요? (대답을 듣고) 맞아요. 서로 다르게 변하겠죠. 두 경우를 비교해 보면, e 이외의 칸들에 1, 0이 상반되게 나타납니다. 이에 따라 3세대에서 모든 칸이 0이 되는 경우도 있고, b, d, f, h가 1인 것이 그대로 이어지는 경우도 있습니다. 전자는 멸종 유형이고, 후자는 안정 유형입니다.

지금까지 생명 게임을 설명했습니다. 생명 게임은 복잡한 생명 현상에 모종의 질서가 있음을 설명하는 하나의 방법이라는 점에서 의미가 있습니다. 발표를 들어 주셔서 감사합니다.

---

34 ▶ 24102-0034
2023학년도 10월 학력평가 35번

위 발표에 대한 설명으로 가장 적절한 것은?

① 질문을 통해 청중과 상호 작용하며 정보를 제공하고 있다.

② 청중과 공유한 경험을 활용하여 청중의 관심 분야를 확인하고 있다.

③ 전문가들의 서로 다른 견해를 인용하며 발표 내용을 설명하고 있다.

④ 발표 중간중간에 내용을 요약하며 청중이 알아야 하는 정보를 강조하고 있다.

⑤ 발표를 시작할 때 청중에게 기대하는 바를 언급하며 발표 목적을 제시하고 있다.

---

35 ▶ 24102-0035
2023학년도 10월 학력평가 36번

다음은 발표자가 보여 준 화면이다. 발표자의 시각 자료 활용에 대한 설명으로 적절하지 않은 것은? [3점]

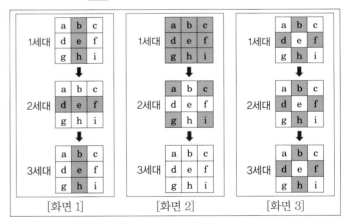

① ㉠을 활용하여, 격자판의 칸에 표시된 음영의 의미를 설명하였다.

② ㉡을 활용하여, 세포가 고립되었을 때 1이 다음 세대에서 0이 되는 경우를 설명하였다.

③ ㉢을 활용하여, 1과 0 모두 이웃 중에 1이 두 개이면 상태가 변하지 않는다는 것을 제시하였다.

④ ㉣을 활용하여, 1세대와 3세대의 격자판의 양상이 서로 다르다는 것을 보여 주었다.

⑤ ㉤을 활용하여, 멸종 유형과 안정 유형의 사례에서 발견할 수 있는 차이점을 언급하였다.

〈보기〉는 위 발표를 들은 학생들의 반응이다. 발표의 내용을 고려하여 학생의 반응을 이해한 내용으로 가장 적절한 것은?

● 보기 ●

학생 1: 이웃에 살아 있는 세포가 많을수록 세포 생존에 유리할 거라고 생각했는데, 오히려 불리하군. 그런데 왜 1인 이웃이 네 개인 경우부터 세포 과잉으로 볼까?

학생 2: 격자판에서 1과 0이 나타나는 양상을 세 가지 유형으로만 설명해서 아쉬웠어. 관련 서적을 찾아봐야겠어.

학생 3: 복잡한 생명 현상에 모종의 질서가 있음을 새롭게 알게 되어서 좋았어. 그런데 이 모형이 실제 현실에서도 적용되는지 확인해 봐야겠군.

① '학생 1'은 자신이 짐작했던 바를 발표 내용을 바탕으로 수정하고 있다.

② '학생 2'는 발표 내용이 사실에 부합하는지 의문을 제기하고 있다.

③ '학생 3'은 자신의 의문이 해소되었다는 점에서 발표 내용을 긍정적으로 평가하고 있다.

④ '학생 1'과 '학생 3'은 발표 내용이 적용되지 않은 예외적 상황이 있는지 검토하고 있다.

⑤ '학생 2'와 '학생 3'은 발표에서 자신에게 필요한 내용이 다루어지지 않아 아쉬워하고 있다.

37~41 (가)는 학생회 누리집 게시판에 올라온 글이고, (나)는 (가)를 읽은 학생회 학생들의 대화이다. 물음에 답하시오.

(가)

안녕하세요. 저는 2학년 ○○○입니다. 학생회에서 '에너지 하베스팅 체험전'을 작년과 동일한 프로그램으로 구성하여 다음 달에 여는 것으로 알고 있습니다. 저는 에너지 하베스팅 체험전 행사의 취지에 동의하기에 올해도 행사에 참여하고자 합니다. 그런데 저는 올해 행사가 작년과 동일해서는 안 된다고 봅니다. 학생회의 준비 기간을 생각할 때 지금이 건의하기에 적절한 시기라고 판단해서 학생회 누리집 게시판에 ⊙작년 행사의 문제점을 개선하기 위한 방안을 건의합니다.

올해 초 작년 행사에 대한 설문 조사 결과를 학교 신문에서 보았습니다. 응답자의 50% 정도가 '에너지 하베스팅'이라는 용어에 친숙해졌다고 답했지만, 일상생활에서 버려지거나 소모되는 에너지를 에너지 하베스팅으로 어떻게 모아 활용하는지는 구체적으로 이해하기 어려웠다고 답한 학생들이 60%를 넘었습니다. 그래서 행사에 대해 만족한다고 답한 학생들이 30%밖에 안 된다고 봅니다. 이와 같은 설문 조사의 결과는 작년 행사가 에너지 하베스팅에 대한 사진이나 영상 자료를 전시하는 데 치우쳤기 때문에 나타난 것이라고 생각합니다.

에너지 하베스팅 체험전의 목적은 일상에서 쓰임이 확대되고 있는 에너지 하베스팅에 대한 이해도를 높여서 학생들이 에너지를 효율적으로 쓰도록 유도하기 위함이라고 알고 있습니다. 이러한 목적을 달성하기 위해서는 학생들에게 에너지 하베스팅이 적용된 제품을 직접 제작하고 사용하는 기회를 제공하는 프로그램을 추가해야 합니다.

제가 건의한 대로 에너지 하베스팅 체험전의 프로그램을 개선한다면 행사에 대한 학생들의 만족도가 높아질 것입니다. 실제로 □□ 과학 체험관에서 에너지 하베스팅을 직접 체험하는 프로그램을 진행했는데, 참여자의 80%가 에너지 하베스팅을 구체적으로 이해하는 데 유익했다고 답했습니다. 에너지 하베스팅에 대한 구체적 이해는 우리가 에너지를 효율적으로 활용할 수 있도록 도와줄 것입니다. 학생들에게 소중한 경험을 제공하기 위해 노력해 주셔서 감사합니다.

(나)

학생 1: 학교의 누리집 게시판에 에너지 하베스팅 체험전에 대해 건의한 글 봤지? 건의 내용에 대해 논의해 보자.

학생 2: 올해 행사를 작년과 동일하게 치러서는 안 된다는 건의였지. 나도 그 생각에 동의해.

학생 1: 우리가 작년 행사의 문제점을 충분히 고려하지 못했던 것 같아. 작년 행사의 문제점부터 논의해 보자.

학생 3: 학생들의 만족도가 낮은 것이 문제였어.

학생 2: 맞아, 나도 건의한 글처럼 학생들의 만족도가 낮은 이유가 프로그램이 자료를 전시하는 데 치우쳐서 에너지 하베스팅을 일상생활과 관련지어 구체적으로 이해하기 어려웠기 때문이라고 생각해.

[A]

학생 3: 동의해. 그런데 우리가 사용한 사진과 영상 자료에는 문제가 없었을까?

학생 1: 사진은 에너지 하베스팅이 적용된 다양한 제품들을 보여 주는 것이었고, 영상은 에너지 하베스팅의 원리를 구체적으로 설명해 주는 것이었잖아. 사진이나 영상 자료에는 문제가 없었던 것 같아.

학생 2: 일부이기는 하지만 유사한 내용이 반복되는 사진이나 영상 자료가 있었던 것은 문제라고 봐.

학생 1: 그럼 작년 자료들은 선별해서 사용하자. 프로그램의 다양화에 모두 동의하는 것 같으니, 이제 건의 내용을 수용할 것인지 논의해 보자.

학생 2: 에너지 하베스팅 체험전의 목적에 부합하는 프로그램을 마련하기 위해 수용해야 하는 건의라고 생각해. 건의 내용을 수용하면 □□ 과학 체험관의 경우처럼 행사에 대한 만족도가 높을 거야.

학생 1: 그러면 어떤 프로그램을 마련할지 말해 보자.

학생 2: 학생들이 신발 발전기를 직접 제작해서 사용하게 하면 어떨까? 신발 발전기는 압전 소자, 전선, 발광 다이오드 등의 부속만 있으면 간단하게 만들 수 있고, 전기가 생산되는 것을 발광 다이오드로 바로 확인할 수 있어.

학생 3: 근데 제품을 제작하는 체험까지 해야 할까?

학생 2: 학생들이 신발 발전기를 직접 제작하면, 장치의 구조를 알게 되어 압력 에너지가 어떻게 전기로 변환되는지 구체적으로 더 잘 이해할 수 있을 거야.

학생 1: 신발 발전기를 제작해서 신고 걷는 체험만 하면 단조롭지 않을까? 좋은 의견 있어?

[B]

학생 3: 에너지 하베스팅을 통해 생산되는 전기로 휴대 전화를 충전하는 체험을 해 보는 것은 어때? 전기를 생산할 수 있는 장치가 되어 있는 평평한 판에 휴대 전화 충전기를 연결하는 것은 어렵지 않아.

학생 2: 좋은 생각이네. 평평한 판 위를 뛰면서 휴대 전화를 충전하면 학생들이 일상적인 활동을 통해 전기를 생산할 수 있다는 것을 직접 확인할 수 있을 거야.

학생 1: 행사 취지에 잘 맞는 체험인 것 같아. 지금까지 논의한 내용을 종합하면, 작년에 사용한 자료들은 선별해서 사용하고, 학생들이 직접 체험하는 프로그램을 추가하기로 했어.

학생 3: 그럼 지금까지 논의한 대로 잘 준비해 보자.

학생 2: 응, 논의한 내용은 내가 정리해서 회의록을 작성할게.

학생 1, 3: 그래, 고마워.

37
▶ 24102-0037
2023학년도 10월 학력평가 38번

㉠과 관련하여 (가)의 작문 맥락을 파악한 내용으로 가장 적절한 것은?

① ㉠에 대해 동일한 문제의식을 갖고 프로그램을 변경한 주체를 예상 독자로 설정했다.

② ㉠을 해결하기 위해 행사의 취지에 대한 학생들의 인식 개선이 필요함을 글의 주제로 삼았다.

③ ㉠을 참고하여 행사의 목적에 부합하는 프로그램을 구성해야 한다고 제안하는 것을 작문 목적으로 설정했다.

④ ㉠과 관련하여 행사에 대한 자신의 생각을 진솔하게 기록하기 위해 개인적인 성격이 강한 작문 매체를 선정했다.

⑤ ㉠의 실상을 객관적으로 드러내기 위해 주관적인 견해를 배제하고 사실을 있는 그대로 설명하는 글의 유형을 선택했다.

38
▶ 24102-0038
2023학년도 10월 학력평가 39번

〈보기〉를 기준으로 하여 (가)를 평가한 내용으로 적절하지 않은 것은?

● 보기 ●

ⓐ 적절한 건의 시기를 고려했는가?
ⓑ 사실에 근거하여 문제를 제기했는가?
ⓒ 문제가 발생한 이유를 제시했는가?
ⓓ 해결 방안의 실행 가능성을 점검하여 제시했는가?
ⓔ 방안을 시행했을 때 기대되는 효과를 제시했는가?

① 1문단에서 학생회의 행사 준비 기간을 생각했다는 내용은, 건의 시기의 적절성을 고려했다는 점에서 ⓐ를 충족하는군.

② 2문단에서 작년 행사에 대한 설문 조사 결과를 인용한 내용은, 올해 행사를 위해 개선해야 할 문제를 사실에 근거하여 제기했다는 점에서 ⓑ를 충족하는군.

③ 2문단에서 작년 행사가 자료를 전시하는 데 치우쳤다고 언급한 내용은, 작년 행사에 만족한 학생의 비율이 30%밖에 안 된 이유에 관한 것이라는 점에서 ⓒ를 충족하는군.

④ 3문단에서 에너지 하베스팅이 적용된 제품의 제작과 사용을 언급한 내용은, 에너지 하베스팅에 대한 이해도를 높이기 위한 체험의 실행 가능성 여부를 점검한 것이라는 점에서 ⓓ를 충족하는군.

⑤ 4문단에서 학생들의 만족도가 높아질 것이라고 언급한 내용은, 건의한 방안을 시행했을 때 기대되는 효과를 제시했다는 점에서 ⓔ를 충족하는군.

〈보기〉는 (가)의 마지막 문단의 초고이다. 〈보기〉를 고쳐 쓰는 과정에서 반영된 친구의 조언으로 적절하지 **않은** 것은?

● 보기 ●

제가 건의한 대로 에너지 하베스팅 체험전의 프로그램을 개조한다면 행사에 대한 학생들의 만족도가 높아질 것입니다. 그러나 실제로 □□ 과학 체험관에서 에너지 하베스팅을 직접 체험하는 프로그램을 진행했는데, 참여자의 80%가 에너지 하베스팅을 구체적으로 이해하는 데 유익했다고 답했습니다. 화석 에너지의 고갈에 대한 우려가 있습니다. 에너지 하베스팅에 대한 구체적 이해는 우리가 효율적으로 활용할 수 있도록 도와줄 것입니다. 학생들을 소중한 경험을 제공하기 위해 노력해 주셔서 감사합니다.

① 첫 번째 문장은 부적절하게 사용된 어휘를 바꾸는 게 어때?
② 두 번째 문장은 잘못된 접속어를 사용했으므로 접속어를 삭제하는 게 어때?
③ 세 번째 문장은 글의 자연스러운 흐름을 해치고 있는 문장이므로 삭제하는 게 어때?
④ 네 번째 문장은 필요한 문장 성분이 빠져 있으므로 추가하는 게 어때?
⑤ 다섯 번째 문장은 목적어에 맞게 서술어를 수정하는 게 어때?

[A]와 [B]에 대한 이해로 가장 적절한 것은?

① [A]에서 '학생 1'은 문제점을 살피기 위한 여러 관점을 소개한 후, [B]에서 여러 관점에서 논의된 내용을 종합하고 있다.
② [A]에서 '학생 2'는 문제의 원인을 제시한 후, [B]에서 문제 해결을 위한 방안을 제시하고 있다.
③ [A]에서 '학생 3'은 문제에 대한 추가적인 논의의 필요성을 제기한 후, [B]에서 추가적인 논의의 의미를 강조하고 있다.
④ [A], [B] 모두에서 '학생 1'은 논의한 내용을 정리하면서 '학생 2'와 '학생 3'이 문제에 대한 의견을 내도록 요청하고 있다.
⑤ [A], [B] 모두에서 '학생 2'는 '학생 3'의 질문에 답하면서 문제에 대한 자신의 의견이 타당함을 주장하고 있다.

(가)와 (나)를 고려할 때 '학생 2'가 쓴 회의록의 내용 중 적절하지 **않은** 것은?

일시: 20××. ××. ××.		장소: 학생회실

회의 주제: 에너지 하베스팅 체험전의 개선 방안 마련		

작년 행사 점검	전시에 치우쳐 프로그램이 다양하지 않았음. ……… ①
	유사한 내용이 반복되는 자료가 일부 있었음. ……… ②
건의 내용 점검	건의 내용이 행사에 참여하는 학생의 수를 늘리기 위한 방안으로 적합함. ……… ③
추가 프로그램 마련	학생들이 신발 발전기를 제작해서 신고 걸으며 전기가 생산되는 것을 직접 확인할 수 있도록 함. ……… ④
	학생들이 평평한 판 위에서 뛰어 휴대 전화를 충전할 수 있도록 함. ……… ⑤

42~44 다음은 작문 상황을 바탕으로 작성한 학생의 초고이다. 물음에 답하시오.

[작문 상황] ⊙지역 사회의 문제에 대한 견해를 담은 글을 작성하여 지역 신문에 기고하려고 함.

[초고]

얼마 전 지방의 인구 감소 문제를 해결한 외국의 사례를 소개하는 책을 읽고, 지역의 문제 해결을 위해서는 지역민들이 함께 고민하는 것이 중요함을 알 수 있었다. 이에 우리 ○○시의 인구 감소 문제를 함께 살펴보고자 한다. 우리 지역은 전체 인구가 2018년에 비해 2022년에 10% 가까이 감소했다. 이는 무엇보다 우리 지역의 20~30대 청년층 인구 감소 속도가 빠르기 때문에 나타난 결과이다. 우리 지역의 청년층 인구의 감소 속도는 전체 인구의 감소 속도에 비해 2배 이상 빠르다. 이런 추세라면 얼마 지나지 않아 우리 지역은 소멸 위험에 처하게 될 것이다.

우리 지역의 청년층 인구 감소의 주요 요인은 양질의 일자리 감소이다. 그동안 우리 지역은 섬유 산업, 식품 산업, 자동차 부품 산업 등을 중심으로 경제 활동이 이루어져 왔다. 그런데 근래 들어 전통적인 섬유 산업이 쇠퇴하여 양질의 일자리가 지속적으로 감소하고 그에 따라 지역의 서비스 산업도 함께 쇠퇴해 왔다. 이것은 보육·교육, 문화 등 지역에 자리를 잡고 생활하는 데 필요한 정주 여건의 악화로 이어지고 있다. 이렇게 악화되는 정주 여건은 인구 유입의 장애 요인으로 작용하여 우리 지역의 인구 감소를 가속화하고 있다.

양질의 일자리를 늘리기 위해 고부가 가치 섬유 산업의 육성을 지원하고 식품 산업 단지를 확대해 기업들을 유치하기 위한 노력이 지방 자치 단체를 중심으로 이루어지고 있다. 그런데 외국의 사례를 보면 산업 진흥 정책과 함께 보육·교육 여건의 개선이 이루어지고 지역의 특색 있는 문화가 발전할 때 청년층 인구 증가의 효과가 컸다. 우리 지역도 이 사례를 참고해 지역민의 보육·교육 여건의 개선과 문화 콘텐츠 개발 등을 위해 제도적인 지원을 늘려야 한다.

청년층 인구의 증가는 지역의 인구 소멸 위험을 낮추고 지역 경제 발전의 선순환 구조를 만드는 토대가 된다. 이러한 선순환 구조에 우리 지역이 진입하기 위해서는 양질의 일자리가 제공되어야 할 뿐 아니라 청년층에게 필요한 제도가 마련되고 기반 시설이 확충되어야 한다. [A]

42 ▶ 24102-0042

'초고'에서 ⊙을 제시할 때 활용한 전략으로 가장 적절한 것은?

① 문제를 해결한 사례를 근거로 해결 방안을 제안한다.

② 문제에 관한 쟁점을 바탕으로 문제의 심각성을 강조한다.

③ 문제의 다양한 발생 원인을 근거로 문제 해결의 어려움을 주장한다.

④ 문제 해결을 위한 기존 방안의 한계를 근거로 문제에 대한 논의의 시급성을 주장한다.

⑤ 문제에 대한 여러 연구 결과를 바탕으로 문제를 분석하기 위한 다양한 관점을 제안한다.

43 ▶ 24102-0043

다음 선생님의 조언에 따라 [A]에 들어갈 내용을 작성한다고 할 때 가장 적절한 것은?

선생님: 1문단에서 밝힌 작문의 계기에 관한 내용을 포함하고 관용구를 활용하여 글을 마무리하는 것이 좋겠습니다. 이때 대용 표현을 사용하면 앞 문장과의 응집성을 높일 수 있습니다.

① 이와 관련하여 정책 당국은 나이가 들수록 소득이 줄어 발생하는 세대 간 소득 격차 문제를 우선적으로 해결하기 위해 발 빠르게 대처해야 한다.

② 이를 위해서는 백지장도 맞들면 낫듯이 우리 지역민 모두가 함께 고민하며 문제 해결을 위한 노력을 하는 것이 중요하다.

③ 이것은 정주 여건이 좋아야 우리 지역을 떠난 청년층이 우리 지역으로 다시 돌아올 수 있다는 사실을 보여 준다.

④ 우물을 파도 한 우물을 파야 하듯이 정책 당국은 효과가 가장 큰 하나의 정책을 꾸준히 시행해야 한다.

⑤ 인구 감소 문제는 당장 우리 지역민 모두가 당면하고 있는 현실이어서 많은 관심을 필요로 한다.

44 ▶ 24102-0044
2023학년도 10월 학력평가 45번

〈보기〉는 학생이 '초고'를 보완하기 위해 추가로 수집한 자료이다. 자료의 활용 방안으로 적절하지 <u>않은</u> 것은? [3점]

● 보기 ●

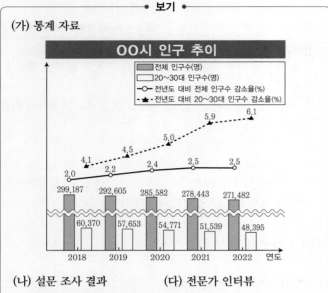

(가) 통계 자료

OO시 인구 추이

(나) 설문 조사 결과

인구 증가를 위해
우리 지역에서 가장 먼저
해결해야 할 과제는?

46.2%	양질의 일자리 창출
27.8%	보육·교육 여건의 개선
17.4%	문화 시설 확충
8.6%	기타

○대상: OO시 20~30대 청년층 주민 500명

(다) 전문가 인터뷰

"양질의 일자리 부족이 OO시의 청년층 인구가 타 지역에 비해 빠르게 감소하고 있는 주요 원인임이 틀림없습니다. 하지만 보육·교육, 문화와 같은 정주 여건이 열악한 것에도 주목해야 합니다."

① (가)를 활용하여, 1문단에서 우리 지역의 전체 인구가 2018년에 비해 2022년에 10% 가까이 감소했다고 제시한 것에 대해, 2018년과 2022년의 전체 인구수를 밝혀 구체화한다.

② (나)를 활용하여, 3문단에서 보육·교육 여건의 개선과 문화 발전의 필요성을 언급한 것에 대해, 청년층의 인구 증가를 위해서는 정주 여건을 개선해야 한다는 설문 조사 결과를 추가한다.

③ (다)를 활용하여, 2문단에서 정주 여건이 인구 유입의 장애 요인이라고 언급한 것에 대해, 열악한 정주 여건이 청년층 인구 감소의 주요 요인임을 강조한다.

④ (가)와 (다)를 활용하여, 1문단에서 우리 지역의 청년층 인구와 전체 인구의 감소 속도를 비교한 것에 대해, 우리 지역과 타 지역의 청년층의 인구 감소 속도를 비교한 값을 추가한다.

⑤ (나)와 (다)를 활용하여, 4문단에서 청년층에게 필요한 제도와 기반 시설을 언급한 것에 대해, 보육·교육의 지원을 위한 제도가 마련되고 문화 시설이 확충되어야 한다는 내용으로 구체화한다.

45~47 다음은 학생 대상의 강연이다. 물음에 답하시오.

안녕하세요? 진로 특강을 맡은 전통 목조 건축 연구원 OOO입니다. 여러분은 전통 건축물의 뼈대가 목재로 짜여 있는 것을 보신 적이 있나요? (청중의 반응을 확인하고) 많은 분이 보셨군요. (자료 제시) 여기 화면에 세 개의 자료가 있습니다. 여기 보이는 목재를 무엇이라고 부르는지 아시나요? 아시는 분들이 있군요. 답하신 것처럼 '부재'라고 합니다. 그리고 화면의 자료들처럼 부재들을 짜 맞추는 것을 '결구'라고 합니다. 저는 오늘 여러분께 결구 방법에 대해 소개하고자 합니다.

결구 방법은 크게 '이음'과 '맞춤'으로 구분됩니다. (자료를 가리키며) 여기 있는 것들은 같은 방향으로 부재들을 길게 결구했습니다. 이를 이음이라고 합니다. 위의 것은 부재들에 어떤 변형도 가하지 않고 두 부재를 이은 '맞댄이음'이고, 아래 것은 부재들에 홈을 만들고 그 홈에 나비 모양의 부재인 '나비장'을 끼워서 두 부재를 이은 '나비장이음'입니다. (자료를 가리키며) 여기 있는 것들은 맞춤의 예인데요, 이음과의 차이점을 아시겠나요? 많은 분이 결구된 부재들이 놓인 방향에 주목해서 답하셨네요. 여기 화면에 보이는 것처럼, 이음과 달리 맞춤은 다른 방향으로 교차하는 부재들을 결구하는 방법입니다. 그렇다면 위의 것과 아래 것의 차이는 무엇일까요? 결구된 부분에 차이가 있다고 답하셨네요. 위의 것에서는 홈이 보이시죠? 이 홈에 끼워서 맞추는 것을 '장부맞춤'이라고 합니다. 아래 것은 위의 것과 달리 두 부재 단면의 한 부분을 반 씩 걷어 내어 결구한 것입니다. 이를 '반턱맞춤'이라고 합니다.

이제 구체적 사례를 살펴보겠습니다. (자료를 가리키며) 이것은 경복궁 근정전에 사용된 이음과 맞춤을 보여 줍니다. 여기 창방, 평방, 안초공, 원기둥이 있습니다. 원기둥을 보면, 홈이 있습니다. 이 홈에 창방과 하부 안초공을 결구합니다. 이것은 어떤 결구 방법일까요? 맞춤인 것을 잘 맞혀 주셨네요. 좌우에 있는 평방을 봐 주세요. 두 평방 모두 홈이 보이시죠. 두 평방이 결구되기 위해서는 무엇인가가 필요합니다. 이에 대해 묻기 위해 그것을 그리지 않았습니다. 무엇일까요? 생각보다 많은 분이 맞히셨네요. 맞습니다. 나비장입니다. 나비장이음으로 결구된 평방은 다시 상부 안초공과 결구됩니다.

이음과 맞춤으로 결구된 부재들은 서로 맞물려 잡아 주기 때문에 건축물의 구조적 안정성이 높아집니다. 이음과 맞춤에 주목해 여러 전통 건축물의 구조에 대해 이해하면 좋겠습니다. 여기서 강연을 마치겠습니다. 감사합니다.

45

▶ 24102-0045
2023학년도 3월 학력평가 35번

위 강연에 대한 설명으로 가장 적절한 것은?

① 청중의 관심사를 확인하여 강연 내용을 조정하고 있다.

② 강연 중간중간에 청중에게 질문하고 답을 들으며 상호 작용하고 있다.

③ 청중의 요청에 따라 강연 내용과 관련 있는 추가적인 정보를 제공하고 있다.

④ 강연 내용과 청중의 관련성을 언급하며 청중에게 주의를 집중할 것을 요청하고 있다.

⑤ 청중에게 친숙한 사례를 제시하여 강연 내용에 대한 청중의 잘못된 이해를 바로잡고 있다.

46

▶ 24102-0046
2023학년도 3월 학력평가 36번

다음은 강연자가 제시한 자료이다. 강연자의 자료 활용에 대한 설명으로 적절하지 않은 것은?

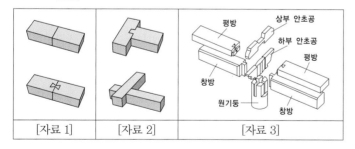

| [자료 1] | [자료 2] | [자료 3] |

① [자료 1]을 활용하여, '이음'의 결구 방법을 '맞댄이음'과 '나비장이음'으로 구분하고 있다.

② [자료 2]를 활용하여, '장부맞춤'과 '반턱맞춤'의 차이점을 밝히고 있다.

③ [자료 3]을 활용하여, 경복궁 근정전에서 부재들이 '이음'과 '맞춤'으로 결구되어 있는 것을 소개하고 있다.

④ [자료 1]과 [자료 2]를 활용하여, 결구되는 부재들의 방향에 주목하여 '이음'과 '맞춤'을 설명하고 있다.

⑤ [자료 2]와 [자료 3]을 활용하여, 원기둥의 홈에 '맞춤'하는 하부 안초공의 모양을 분석하고 있다.

47

▶ 24102-0047
2023학년도 3월 학력평가 37번

다음은 위 강연을 들은 학생들의 반응이다. 학생의 반응을 이해한 내용으로 적절하지 않은 것은?

> 학생 1: 전통 건축물 부재들의 결구 방법이 궁금했는데 강연을 통해 알게 되어 유익했어. 덕수궁에 가서, 결구 방법에 주목해 전통 건축물들의 구조를 이해해 봐야겠어.
>
> 학생 2: 경복궁 근정전의 원기둥 상부와 부재들이 어떻게 짜 맞춰져 있는지 알고 싶었는데 연구원 선생님이 잘 설명해 주셔서 좋았어. 강연을 들으니, 전통 건축물이 수려한 미감을 자아내는 이유는 이음과 맞춤을 통해 다양한 형태의 구조로 만들어졌기 때문인 것 같아.
>
> 학생 3: 예전에 책에서 전통 건축물에 사용되는 부재의 모양이 구조적 안정성과 관련이 있다는 것을 읽었었어. 나비 모양으로 부재를 만드는 이유를 구조적 안정성과 관련지어 설명해 주시지 않아 아쉬웠어.

① 학생 1은 강연자가 제언한 대로 강연 내용을 다른 사례에 적용하려 하고 있다.

② 학생 2는 강연 내용을 바탕으로 강연자가 언급하지 않은 내용을 추측하고 있다.

③ 학생 3은 강연에서 설명되지 않은 내용을 언급하며 아쉬워하고 있다.

④ 학생 1과 학생 2는 모두 자신의 궁금증이 해소되었다는 점에서 강연 내용을 긍정적으로 평가하고 있다.

⑤ 학생 1과 학생 3은 모두 기존의 배경지식을 떠올려 자신의 지식과 강연 내용이 연계되는 지점을 확인하고 있다.

48~52 (가)는 학생회 게시판에 올라온 학생 소감문이고, (나)는 이를 읽은 학생회 학생들이 나눈 대화이다. 물음에 답하시오.

(가)

우리 학교에서는 학생이 주도하는 교육 여행을 권장하고 있는데, 그 일환으로 학생회에서 치유 농업을 주제로 하는 여행을 진행하였다. 이 '치유 농업 여행'은 농장 체험을 통해 학업에 지친 학생들의 마음을 치유하기 위해 마련되었다. 치유 농업에 대한 안내가 부족하여 참가를 망설이는 학생들이 있었지만 나는 '건강하고 행복한 삶을 위한 치유 농업 여행에 함께해요'라는 홍보 문구를 보고 호기심이 생겼다. 그래서 지난달에 1박 2일 동안 진행된 치유 농업 여행에 참가하게 되었다.

토요일 오전, 참가자 20여 명이 버스를 타고 학교에서 1시간 정도 떨어진 농장으로 향했다. 농장 입구에 들어서니 농장을 운영하시는 분이 우리를 반갑게 맞아 주셨다. 첫 번째 프로그램은 농장 주변을 산책하는 것이었다. 농장 주변에는 큰 나무들이 많아서 맑은 공기를 마시며 상쾌한 기분을 느낄 수 있었는데, 산책에 주어진 시간이 너무 짧아 아쉬움이 컸다. 그다음에는 농장에서 키운 채소들을 우리 손으로 수확해 보는 체험을 했다. 몸을 쓰는 농장 일에 집중하다 보니 잡념이 사라지고 활기가 생겼다. 저녁을 먹은 후에는 농장 마당에 모여 앉아 별을 보았다. 밤하늘의 별빛들이 토닥토닥, 지쳐 있는 내 마음을 위로해 주었다. 비가 올 때를 대비한 프로그램이 준비되어 있지 않아 비가 오면 시간을 허비할 수도 있었는데, 날씨가 좋아 별을 볼 수 있어서 다행이었다. 다음날 아침에는 농장을 둘러싼 나무들을 바라보며 명상하는 시간을 가졌는데, 학업에 지친 마음을 회복하는 데 도움이 되었다. 마지막 프로그램은 농장의 동물들에게 먹이를 주는 체험이었다. 동물들과 마음을 나누며 즐거움을 느낄 수 있었다. 마지막 프로그램을 마치며 다른 친구들을 보니 모두들 행복한 표정이었다. 이 여행에 함께했던 다른 학생들과 소감을 나눌 수 있는 장이 마련되면 좋겠다는 생각을 했다.

짧은 시간이었지만 치유 농업 여행은 나에게 유익한 체험이었다. 학생회가 준비해 준 이번 여행 덕분에 힘든 학업으로 답답했던 마음이 시원하게 뚫린 기분이었다. 좋은 프로그램을 준비해 줘서 고마웠다. 이번 교육 여행을 계기로 치유 농업에 관한 자료를 찾아보고 더 깊이 이해해 봐야겠다는 계획을 세웠는데 꼭 실천해야겠다.

(나)

학생 1: 두 번째 치유 농업 여행을 홍보하는 글을 쓰기로 했는데, 어떻게 쓰면 좋을지 이야기해 보자.

학생 2: 지난번 여행을 홍보하는 글에서는 프로그램을 소개하는 데 주안점을 두었잖아. 이번에는 치유 농업 여행을 통해 얻을 수 있는 효과를 강조해서 더 많은 학생들이 참가할 수 있도록 하면 좋지 않을까?

학생 3: 그래, 맞아. 학생회 게시판에 올라온 소감문 읽어 봤지? 그 소감문에는 치유 농업 여행이 준 만족감이 잘 표현되어 있잖아. 그 내용이 좋아 보이더라.

학생 1: 여행을 통해 학업에 지친 마음을 치유할 수 있었다고 한 내용을 홍보하는 글에 포함하자는 말이지?

학생 3: 맞아. 그 내용이 들어가게 하자. 그리고 우리 학생회가 여행을 준비하는 데 많은 노력을 기울였다는 점과 여행이 끝나고 실시한 설문 조사에서도 만족도가 높게 나온 점을 모두 언급해 주면 좋겠어.

학생 2: 우리가 노력한 것은 맞지만 그 내용을 홍보하는 글에까지 넣을 필요는 없을 것 같아. 그렇지만 설문 조사의 문항과 결과를 수치로 보여 주는 건 여행에 대한 관심도를 높일 수 있다는 면에서 좋네.

학생 1: 설문 조사의 문항과 결과를 수치로 보여 주는 것은 우리가 쓰려는 글의 성격에 맞지 않아. 만족도가 높았다는 내용만 간단히 언급하는 게 좋지 않을까?

[A]

학생 2: 그렇게 하자. 그리고 지난번에는 학생들이 홍보하는 글을 읽고 나서 학생회로 문의를 많이 했잖아. 이번에는 그런 점도 고려할 필요가 있어.

학생 1: 좀 더 자세한 여행 관련 정보를 안내받을 수 있는 별도의 방법을 홍보하는 글에 제시해 주자는 거구나. 그렇지?

학생 2: 맞아. 그리고 지난번 여행에서 동물들 먹이 주기 체험에 대한 호응이 진짜 좋았잖아? 이에 대해 꼭 언급하자.

[B]

학생 3: 좋아. 그리고 지난번 여행에서 학생들이 즐거워하는 모습을 찍은 사진들이 많이 있잖아. 그 사진 중 하나를 제시하면 어때?

학생 1: 나는 소감문에서 밤하늘의 별을 보고 얻은 위로를 '토닥토닥'이라고 한 표현이 인상적이었는데, 그것과 관련된 사진을 넣고 그 사진을 설명하는 데 이 표현을 사용하자.

학생 3: 그래, 좋아. 나도 그 표현이 참 좋더라.

학생 2: 내가 너희들의 의견을 반영해서 초고를 작성해 볼게.

학생 1: 응, 고마워. 그리고 지난번 여행에서 부족한 점이나 다시 생각해 봐야 할 점도 있었잖아. 다음번 모임에서는 그 부분에 대해 이야기해 보자.

학생 3: 우리가 앞에서 살펴봤던 소감문에도 그런 내용이 있었잖아. 내가 그 내용을 정리해서 우리가 논의해야 할 사항을 메모해 올게.

학생 1, 2: 그래, 좋아.

48
▶ 24102-0048
2023학년도 3월 학력평가 38번

(가)의 학생이 사용한 글쓰기 방법에 대한 설명으로 가장 적절한 것은?

① 치유 농업 여행에 참가하면서 겪은 어려움을 사례를 들어 제시한다.

② 치유 농업 여행에 참가한 경험을 다른 참가자의 경험과 비교하여 설명한다.

③ 치유 농업 여행의 세부 프로그램 내용과 소감을 시간적 순서에 따라 제시한다.

④ 치유 농업에 대한 전문가의 견해를 직접 인용하여 치유 농업 여행의 목적을 설명한다.

⑤ 치유 농업 여행의 프로그램이 지닌 장점을 다른 교육 여행 프로그램과 대조하여 제시한다.

49
▶ 24102-0049
2023학년도 3월 학력평가 39번

〈보기〉는 (가)의 마지막 문단 초고이다. 〈보기〉를 고쳐 쓰기 위한 친구들의 조언 중 반영되지 <u>않은</u> 것은? [3점]

● 보기 ●

짧은 시간이었지만 치유 농업 여행은 나에게 도움이 되는 유익한 체험이었다. 학생회가 준비해 준 이번 여행 탓에 힘든 학업으로 답답했던 마음이 시원하게 뚫린 기분이었다. 학업에 집중하기 위해서는 공부하는 환경이 중요하다는 생각이 들었다. 좋은 프로그램을 준비해 준 학생회 학생들이 고맙다는 말을 전하고 싶다. 이번 교육 여행을 계기로 생긴 앞으로의 계획도 잘 실천해 봐야겠다.

① 첫 번째 문장에서 의미가 중복된 표현은 수정하는 게 어때?

② 두 번째 문장에서 부적절하게 사용된 어휘는 바꾸는 게 어때?

③ 세 번째 문장은 글의 통일성을 고려하여 삭제하는 게 어때?

④ 네 번째 문장은 행위가 미치는 대상인 객체를 분명하게 표현하는 게 어때?

⑤ 다섯 번째 문장의 내용은 더 구체적으로 제시해 주는 게 어때?

50
▶ 24102-0050
2023학년도 3월 학력평가 40번

[A], [B]에 대한 이해로 가장 적절한 것은?

① [A]에서 학생 3은 첫 번째 발화에서 학생 2의 의견 중 자신의 의견과 부합하는 부분과 그렇지 않은 부분을 구별하고 있다.

② [A]에서 학생 1은 두 번째 발화에서 학생 2와 학생 3의 발화 내용의 일부를 재진술하면서 그 발화 내용을 뒷받침할 근거 자료를 요청하고 있다.

③ [B]에서 학생 3은 첫 번째 발화에서 학생 2의 제안에 대한 공감을 표현한 후 두 번째 발화에서 그 제안과 학생 1의 제안을 절충하고 있다.

④ [A]와 [B] 모두에서 학생 1은 첫 번째 발화에서 상대의 발화 의도를 파악하여 자신이 이해한 내용이 맞는지 확인하고 있다.

⑤ [A]와 [B] 모두에서 학생 2는 두 번째 발화에서 상대의 발화 내용이 대화 맥락에 어긋나 있음을 고려하여 대화의 흐름을 조정하고 있다.

51
▶ 24102-0051
2023학년도 3월 학력평가 41번

(가)와 (나)를 고려할 때, '학생 3'이 작성한 메모 의 내용으로 적절하지 <u>않은</u> 것은?

〈우리가 논의해야 할 사항〉

○ 참가자 안전 교육의 효율적인 진행을 위해 필요한 사항 검토 ·········· ①

○ 여행 참가자들 사이에 소감을 공유할 수 있는 구체적인 방안 검토 ·········· ②

○ 일부 프로그램에 배정된 활동 시간을 조정할 필요성에 대한 검토 ·········· ③

○ 우천 시 진행하기 어려운 프로그램을 대체할 수 있는 프로그램 검토 ·········· ④

○ 참가자 모집 과정에서 부족했던 치유 농업에 대한 안내를 보완할 수 있는 방안 검토 ·········· ⑤

52 ▶ 24102-0052
2023학년도 3월 학력평가 42번

다음은 '학생 2'가 작성한 초고이다. 이에 대한 반응으로 적절하지 <u>않은</u> 것은?

건강하고 행복한 삶을 위한 치유 농업 여행에 함께해요

학생회에서 두 번째 치유 농업 여행에 참가할 학생을 모집합니다. 첫 번째 치유 농업 여행에 참가했던 학생들의 반응이 얼마나 좋았는지 아시나요? 치유 농업 여행을 통해 학업으로 지친 마음

〈사진: 토닥토닥 위로해 준 별빛들〉

을 치유할 수 있어서 좋았다는 학생의 반응이 있었어요. 여행 후 진행된 설문 조사 결과에서도 만족도가 매우 높게 나왔답니다. 그리고 이번에는 특별히 주목할 만한 프로그램이 하나 더 생겼어요. 지난번 여행에서 동물들 먹이 주기 체험에 대한 호

응이 매우 좋았는데, 이번에는 소 껴안기 프로그램을 추가하여 지난번보다 동물들과 더 가깝게 교감할 수 있도록 했어요. 치유 농업 여행에 참가를 원하는 학생들은 학생회 게시판을 통해 구체적인 프로그램 일정과 내용, 신청 방법 등을 확인해 주세요.

---

① 새로 추가된 프로그램의 내용과 효과를 부각하자는 의견이 반영되었군.

② 치유 농업 여행이 준 만족감에 대한 소감문의 내용을 포함하자는 의견이 반영되었군.

③ 치유 농업 여행 후 진행된 설문 조사의 만족도 결과를 간단하게 언급하자는 의견이 반영되었군.

④ 치유 농업 여행에 관한 추가 정보를 얻을 수 있는 별도의 방법을 안내하자는 의견이 반영되었군.

⑤ 학생들의 활동 모습이 담긴 사진과 소감문에서 인상적이었던 표현을 함께 제시하자는 의견이 반영되었군.

53~55 다음은 작문 상황과 이를 바탕으로 학생이 작성한 초고이다. 물음에 답하시오.

○ **작문 상황:** ○○ 지역 신문의 독자 기고란에 캠핑장에서의 안전 사고에 관한 글을 쓰려 함.

○ **초고**

여가 활동으로 캠핑을 즐기는 사람들이 늘어나면서 캠핑장에서의 안전사고도 증가하고 있다. 캠핑장에서의 안전사고 중 가장 많이 발생하는 사고는 미끄러짐, 넘어짐, 부딪힘 등 물리적 충격으로 발생하는 사고이지만, 생명에 미치는 위해의 심각성은 물리적 충격으로 발생하는 사고보다 화재와 일산화 탄소 중독 사고가 더 크다. 이에 따라 안전한 캠핑을 위해 캠핑장에서 일어나는 화재와 일산화 탄소 중독 사고에 유의하는 것이 중요하다.

캠핑 중 화재는 주로 캠핑장 이용객들이 캠핑 용품을 올바르게 사용하지 않아 발생한다. 캠핑장 이용객들이 가스버너나 가스난로의 사용 방법을 지키지 않거나 모닥불을 부주의하게 관리하여 화재가 발생하는 경우가 많다. 그로 인해 캠핑 용품 관련 안전사고에서 화재 관련 사고가 차지하는 비율이 가장 높다. 또한 캠핑 중 화재는 캠핑장 사업자가 소방 시설을 제대로 갖추지 않거나 관계 당국이 소방 시설에 대한 관리 감독을 소홀히 하여 발생하기도 한다. 소방 시설의 미비와 관리 감독의 소홀은 화재의 조기 진화를 어렵게 하여 인명 피해를 키운다.

캠핑 중 일산화 탄소 중독 사고는 이용객들이 밀폐된 텐트에서 부주의하게 난방 기기를 사용하다가 주로 발생한다. 일산화 탄소는 무색, 무취여서 중독되기 전까지는 누출 여부를 알 수가 없기 때문에 더 위험하다. 일산화 탄소에 중독되면 구토, 어지럼증 외에 심정지까지 발생할 수 있다. 일산화 탄소 중독 사고는 인명 피해율이 높아서 각별한 주의가 필요함에도 불구하고 캠핑 중 일산화 탄소 중독 사고는 줄지 않고 있다.

캠핑장에서의 화재와 일산화 탄소 중독 사고를 예방하기 위해 캠핑장 이용객들은 안전 수칙에 따라 캠핑 용품을 사용하고 난방 기기 사용 시에는 환기구를 확보해야 한다. 이와 함께, 캠핑장 사업자들은 소방 시설과 일산화 탄소 경보기 등의 안전 용품 등을 구비해야 하며, 관계 당국은 이에 대한 관리와 감독을 철저하게 해야 한다. 다시 말해, [A]

53
▶ 24102-0053
2023학년도 3월 학력평가 43번

'초고'에 대한 설명으로 가장 적절한 것은?

① 문제의 심각성을 제기하고 문제의 원인을 밝혔다.
② 특정 주장을 소개하고 예상되는 반론을 반박하였다.
③ 다양한 문제 해결 방안을 설명하고 그 장단점을 비교하였다.
④ 일반적 통념을 제시하고 그 통념이 지닌 모순을 지적하였다.
⑤ 문제 상황을 분석하고 그에 대한 대책 마련의 어려움을 제시했다.

54
▶ 24102-0054
2023학년도 3월 학력평가 44번

선생님의 조언을 반영하여 [A]를 작성한 내용으로 가장 적절한 것은?

> 선생님: 글을 마무리할 때, 핵심 내용을 문제 해결의 모든 주체와 관련지어 요약하고 예상되는 효과를 언급하자.

① 안전한 캠핑은 캠핑장의 안전시설을 확인하는 것부터 시작된다. 캠핑장 사업자와 관계 당국은 캠핑장 이용객이 안전시설을 수월하게 확인할 수 있는 환경을 조성해 주어야 한다.
② 캠핑장 화재와 일산화 탄소 중독 사고를 예방하기 위해 이용객, 사업자, 관계 당국 모두가 주의와 노력을 기울여야 한다. 이를 통해 사고 없는 안전한 캠핑이 이루어질 수 있다.
③ 빈틈없는 안전시설 관리를 위해 캠핑장 사업자의 노력이 가장 중요하다. 캠핑장 화재와 일산화 탄소 중독 사고를 예방할 때 이용객들은 즐거운 캠핑을 할 수 있다.
④ 여가 활동으로 캠핑을 즐기는 사람들이 늘어나고 있다. 반면에 안전시설을 규정에 맞게 모두 갖춘 캠핑장은 늘지 않고 있어 이에 대한 대책이 필요하다.
⑤ 캠핑을 하면 자연과 함께하는 휴식을 통해 몸과 마음을 건강하게 만들 수 있다. 안전한 환경을 조성하여 캠핑을 즐기는 사람들이 늘어나게 해야 한다.

55
▶ 24102-0055
2023학년도 3월 학력평가 45번

〈보기〉는 '초고'를 보완하기 위해 추가로 수집한 자료이다. 자료 활용 방안으로 적절하지 않은 것은? [3점]

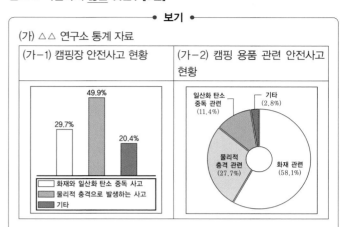

● 보기 ●

(가) △△ 연구소 통계 자료

(가-1) 캠핑장 안전사고 현황	(가-2) 캠핑 용품 관련 안전사고 현황

(나) 신문 기사

　　◇◇ 자료에 따르면, 최근 연평균 캠핑장 안전사고가 두 배 가까이 증가했다. 더욱이 생명에 미치는 위해의 심각성이 큰 사고의 발생 비율도 높아졌다. 일산화 탄소 중독 사고의 경우 캠핑 중 발생하는 사고가 예년보다 증가해 전체 사고에서 캠핑 중 발생한 비율이 26%에 이르렀다. 화재 사고의 경우 다수의 사상자가 발생한 □□ 캠핑장 사고가 그 피해의 심각성을 보여 준다. 이 사고는 소방 시설의 미비와 관계 당국의 관리 소홀로 조기 진화에 실패해 일어난 참사였다.

(다) 전문가 인터뷰

　　"일산화 탄소 중독 사고는 생명에 미치는 위해가 매우 심각합니다. 이는 사고 발생 건수 대비 사상자 수의 비율인 인명 피해율을 통해 알 수 있습니다. 일반적으로 재난 사고의 인명 피해율은 1을 넘지 않습니다. 그러나 일산화 탄소 중독 사고의 인명 피해율은 2.65로 매우 높습니다."

① (가-1)을 활용하여, 물리적 충격으로 발생하는 사고가 캠핑장에서의 안전사고 중 발생 빈도가 가장 높다는 1문단의 내용을 뒷받침한다.
② (가-2)를 활용하여, 캠핑 용품 관련 안전사고 중 화재 관련 사고의 발생 비율이 가장 높다는 2문단의 내용에 구체적인 수치를 추가한다.
③ (나)를 활용하여, 소방 시설의 미비와 관리 감독의 소홀은 화재의 조기 진화를 어렵게 하여 인명 피해를 키운다는 2문단의 내용에 사례를 추가한다.
④ (가-2)와 (나)를 활용하여, 일산화 탄소 중독 사고와 화재 사고가 물리적 충격으로 발생하는 사고보다 많다는 1문단의 내용을 구체화한다.
⑤ (나)와 (다)를 활용하여, 일산화 탄소 중독 사고는 인명 피해율이 높아서 주의가 필요함에도 캠핑 중 일산화 탄소 중독 사고는 줄지 않고 있다는 3문단의 내용을 구체화한다.

56~58 다음은 수업 중 학생의 발표이다. 물음에 답하시오.

안녕하세요? 발표를 맡은 ○○○입니다. 지난 수업 시간에 우리는 도로에서 볼 수 있는 안전 설계에 대해 배웠는데요, 이와 관련한 유익한 내용이 있어 소개하려 합니다.

여러분, 달리는 차 안에서 특정 구간을 지날 때 드르륵하는 소리가 들리며 차가 진동하는 것을 느껴 본 적 있나요? (대답을 듣고) 많은 분들이 경험했군요. 여러분이 느낀 진동은 도로에 시공된 홈 때문일 수 있습니다. (㉠자료 제시) 왼쪽은 진행 방향과 일치하는 세로 홈을, 오른쪽은 진행 방향에 수직인 가로 홈을 진하게 표시한 그림입니다. 세로 홈은 도로에 살얼음이 생기는 일을 줄이고, 가로 홈은 제동 거리를 줄여 주죠.

특히 가로 홈을 활용하면 도로에서 멜로디가 들리게 할 수 있는데요, 잠시 영상을 보겠습니다. (영상 제시) 차가 특정 도로 구간을 지날 때 동요 멜로디가 들리는 것이 신기하죠? (㉡자료 제시) 화면에 보이는 것처럼 홈의 너비와, 홈 사이의 도로면 너비를 합한 값에 따라 음 높이가 정해집니다. 홈 너비는 일정하니까 결국 홈 사이 도로면의 너비에 따라 음 높이가 달라지는 셈이죠. 이 자료에는 없지만 음 길이도 달라지게 홈을 시공하면 차가 달릴 때 멜로디가 들리게 됩니다. 이 멜로디는 운전자의 주의를 환기하여 졸음운전을 예방합니다. 실제로 졸음운전으로 인한 교통사고 발생 건수가 월 평균 2.6건이었던 구간에 멜로디가 들리게 가로 홈을 시공하자 해당 도로 구간에서의 교통사고가 3개월간 0건이었다고 합니다.

도로에서의 또 다른 안전 설계는 터널에서도 확인할 수 있습니다. (㉢자료 제시) 조명등이 설치된 간격이 달라서 낮에 터널 입구 쪽과 출구 쪽이 중간 구간보다 밝은데요, 이는 우리 눈이 터널 입구에서는 어둠에, 출구에서는 밝음에 서서히 익숙해지도록 하는 것이지요.

이 외에 곡선 도로에서 차가 이탈하는 것을 막기 위해 도로 바깥쪽이 높아지게 경사를 주고, 밤에도 차선이 잘 보이게 미세한 유리 알갱이를 차선에 바르기도 합니다. 발표 내용 잘 이해되었나요? 그동안 무심코 지나쳤던 도로에서 안전을 위한 장치들을 찾아보길 바라며 발표를 마치겠습니다.

56

▶ 24102-0056

위 발표자의 말하기 방식으로 적절하지 않은 것은?

① 용어의 개념을 정의하여 발표에서 다룰 화제의 범위를 한정하고 있다.

② 청중과 공유하는 기억과 관련지어 발표의 계기를 밝히고 있다.

③ 청중의 경험과 관련한 질문을 하며 청중의 반응을 확인하고 있다.

④ 구체적인 수치를 밝혀 발표 내용의 근거로 활용하고 있다.

⑤ 발표 내용과 관련하여 청중에게 바라는 바를 언급하며 발표를 마무리하고 있다.

57

▶ 24102-0057

다음은 발표자가 제시한 자료이다. 발표자의 자료 활용에 대한 설명으로 가장 적절한 것은?

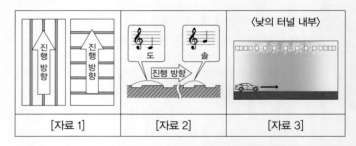

| [자료 1] | [자료 2] | [자료 3] |

① [자료 1]은 홈 사이의 도로면 너비를 달리해서 멜로디를 만든다는 내용을 설명하기 위해 ㉠에서 활용하였다.

② [자료 1]은 살얼음 발생 감소에 효과적인 홈과 제동 거리 단축에 효과적인 홈을 설명하기 위해 ㉢에서 활용하였다.

③ [자료 2]는 특정 구간을 지날 때 느끼는 차의 진동이 홈 때문일 수 있다는 내용을 설명하기 위해 ㉡에서 활용하였다.

④ [자료 3]은 낮에 터널의 중간 구간이 입구 쪽과 출구 쪽보다 어둡다는 내용을 설명하기 위해 ㉠에서 활용하였다.

⑤ [자료 3]은 달라지는 밝기에 눈이 서서히 적응하도록 조명등의 설치 간격을 달리한다는 내용을 설명하기 위해 ㉢에서 활용하였다.

58
▶ 24102-0058
2023학년도 수능 37번

발표 내용을 바탕으로 할 때, 〈보기〉에 나타난 학생들의 반응에 대한 이해로 가장 적절한 것은?

● 보기 ●

학생 1: 곡선 도로에 경사를 준다는 내용을 간략히 제시해서 아쉬워. 도서관에서 그 원리를 알아봐야겠어.

학생 2: 멜로디가 들리는 도로가 재미를 위한 것인 줄 알았는데, 안전을 위한 거였군. 이런 도로가 실제로 어디에 있는지 조사해 봐야겠어.

학생 3: 미세한 유리 알갱이를 차선에 바르는 방법이 무엇인지, 밤에도 터널 구간별로 밝기가 다른지 알고 싶어.

① 학생 1은 자신의 의문이 해소되었다는 점에서 발표 내용을 긍정적으로 평가하고 있다.
② 학생 2는 발표 내용이 자신의 배경지식과 일치하지 않는 이유를 궁금해하고 있다.
③ 학생 1과 학생 2는 모두, 발표에서 언급된 내용과 관련하여 추가적인 정보를 탐색하려 하고 있다.
④ 학생 1과 학생 3은 모두, 발표를 통해 새롭게 알게 된 정보가 사실과 부합하는지 판단하고 있다.
⑤ 학생 2와 학생 3은 모두, 자신의 경험을 바탕으로 발표 내용의 효용성을 점검하고 있다.

59~63
(가)는 ○○ 고등학교 행사에 참여한 학생이 마을 소식지에 쓴 후기이고, (나)는 이를 읽은 다른 지역의 학생들이 나눈 대화이다. 물음에 답하시오.

(가)

지난 한 학기 동안 우리 학교에서는 식물에 대한 관심을 높이자는 취지에서 '다 함께 식물 지도 만들기' 행사를 진행하였다. 마을 사람들이 볼 △△동 식물 지도를 전교생이 함께 만들며, 다양한 식물에 관심을 갖게 되었고 자연의 소중함도 깨닫게 되었다.

식물 지도 만들기는 △△동 전체를 30개 구역으로 나눠 학급별로 맡은 구역의 식물을 조사하는 방식으로 이루어졌다. 먼저 최대한 여러 종류의 식물 사진을 찍은 다음, 식물의 이름을 알려 주는 누리집을 이용해 식물 이름을 편리하게 찾았다. 그리고 학급마다 특색 있게 그린 지도 위에 조사한 모든 식물의 이름을 표시하였다. 이렇게 학급별로 만든 지도를 이어 붙여 100여 종의 식물이 표시된 △△동 식물 지도를 완성하였다.

평소 우리가 잘 모르던 곳까지 꼼꼼히 살피며 식물을 조사하는 과정에서 몇몇 친구들은 힘들다고 포기하는 모습도 보였지만, 나는 이렇게 생각했다. '누군가는 이 지도를 보며 마을의 식물에 관심을 갖게 되지 않을까?' 이런 생각에 나는 계속해서 의욕적으로 조사를 해 나갈 수 있었다.

이번 행사를 통해 그동안 주변의 식물에 무심했던 나 자신을 반성하게 되었다. 그리고 화살나무나 분꽃 등의 식물을 교실 밖에서 직접 관찰하니 책으로만 접했을 때보다 식물에 대한 관심이 더 커지는 것 같았다. 다른 학교에서도 식물 지도 만들기 행사를 개최한다면 더 많은 학생들이 자연의 소중함을 느낄 수 있을 것이라는 생각이 들었다.

(나)

학생 1: 이번 가을에 열릴 동아리 발표회 때 전시하기 위해 우리도 △△동 마을 소식지에 실린 ○○ 고등학교 사례처럼 식물 지도를 만들기로 했잖아. ○○ 고등학교 사례에서 어떤 점을 수용하고 어떤 점을 달리할지 논의해 보자.

학생 2: 생각해 봤는데, 우리 셋이서 ○○ 고등학교가 한 것처럼 넓은 공간을 조사하긴 힘들 듯하니 학교에서 걸어갈 만한 거리만 지도의 범위로 삼는 게 좋지 않을까?

학생 1: 그러자. 학교에서 걸어갈 만큼 가까운 범위 내에서 어디로 조사하러 갈지 장소를 정해 보자.

학생 3: □□농장에 갔으면 하는데, 너희 생각은 어때? 거기는 나무가 많으니까.

학생 1: 거긴 매실나무만 많잖아. 식물 지도를 만드는 거니까 여러 종류의 식물이 있는 곳으로 가자.

학생 2: 여러 종류의 식물이 있는 곳도 좋지만, 나는 우리 학

[A]

교 학생들이 볼 지도이니 학생들에게 친숙한 장소가 더 좋을 듯해. 그런데 그 농장은 아무나 들어갈 수가 없어서 가 본 학생이 거의 없을 테니……

학생 3: 듣고 보니 일리가 있네. 친숙한 장소라면 전교생이 함께 걷기 행사를 했던 행복산과 구름천이 어때?

학생 1: 거기도 좋고 하늘습지도 좋을 것 같아. 학생들이 자주 산책하러 가는 곳이잖아.

학생 2: 모두 좋은 생각이야.

학생 3: 그럼 조사 장소는 세 군데로 정해진 거네.

학생 2: 맞아. 이제 어떤 식물을 지도에 표시할지 얘기해 보자.

학생 1: 우리 마을은 다양한 꽃과 나무가 자생하기로 유명하니까 우리도 지도에 되도록 다양한 종류의 식물을 표시하자.

학생 2: 근데 발표회까지 얼마 안 남아서 국가 보호종을 비롯해 주목할 만한 몇몇 식물만 표시해야 할 듯해. 그리고 식물 이름은 ○○ 고등학교처럼 누리집을 이용해 편리하게 찾자.

학생 1: 그러자.

학생 3: 식물 이름과 함께 식물이 어떤 효용이 있는지도 제시했으면 하는데, 너희는 어떻게 생각해?

학생 1: 약효가 있는 식물은 그 정보도 제시하자는 거지?

학생 3: 응? 나는 꽃이나 나무가 마음을 편안하게 해 주는 것 같은 효용을 말한 거였는데.

학생 1: 식물이 사람의 정서에 어떤 영향을 미칠 수 있는지에 대한 내용을 싣자는 말이었어?

[B]

학생 3: 응. 그런 정보가 학생들에게 의미가 있을 것 같아.

학생 2: 그거 좋은데? 우리가 행복산에서 조사할 꽃과 나무 중 일부에는 그런 내용도 추가로 표시하면 되겠다.

학생 1: 좋아. 이제 지도에 식물들을 어떻게 표현할지 얘기해 보자.

학생 2: 장소마다 대표 식물을 하나씩 선정해서 그 식물 이름 밑에 식물의 사진도 함께 제시하는 건 어때?

학생 3: 그래. 그리고 군집을 이루고 있는 식물은 모두 빗금으로 표시하자. 행복산은 갈림길이 많으니 걷기에 더 편한 길을 화살표로 표시도 하고.

학생 1: 좋은 생각이야. 모두 적용해 보자.

학생 2: 그래. 그런데 ○○ 고등학교가 이어 붙이는 방식으로 지도를 만든 건 참신하긴 한데 통일감이 없어 부자연스러울 듯해. 우리는 조사한 내용을 모아 함께 지도를 그리자.

학생 3: 그러자.

학생 1: 오늘 논의한 내용은 내가 회의록 에 쓸게.

학생 2, 3: 고마워.

---

59 ▶ 24102-0059
2023학년도 수능 38번

(가)에 활용된 글쓰기 방식으로 가장 적절한 것은?

① 1문단에서는 식물 지도 만들기 행사에서 자신이 깨달은 점을 문제점과 해결책을 제시하는 방식으로 서술하였다.

② 2문단에서는 식물 지도를 만든 과정을 원인과 결과를 제시하는 방식으로 서술하였다.

③ 2문단에서는 학급별 식물 지도의 특색을 나열하는 방식으로 서술하였다.

④ 3문단에서는 식물 조사에 임하는 자신의 참여 자세를 친구들의 참여 자세와 대조하는 방식으로 서술하였다.

⑤ 3문단에서는 식물을 조사하며 친구들이 겪은 어려움을 묻고 답하는 방식으로 서술하였다.

---

60 ▶ 24102-0060
2023학년도 수능 39번

〈보기〉는 (가)의 마지막 문단의 초고이다. 〈보기〉를 고쳐 쓰기 위해 친구들이 조언한 내용 중 반영되지 않은 것은?

● 보기 ●

이 행사를 통해 나 자신을 반성하게 되었다. 그리고 교실 밖에서 관찰 활동을 하는 것이 학업으로 인한 부담감을 덜어 준다는 것도 알게 되었다. 다른 학교에서도 식물 지도 만들기 행사를 열면 좋겠다는 생각이 들었다.

① 교실 밖에서 관찰한 대상의 구체적 예를 언급하는 게 어때?

② 행사를 통해 자신의 어떤 점을 반성했는지 밝히는 게 어때?

③ 다른 학교에서도 행사를 개최했을 때 예상되는 기대 효과를 제시하는 게 어때?

④ 교실 밖에서 관찰 활동을 하려면 책을 활용한 학습이 선행될 필요가 있다는 내용을 추가하는 게 어때?

⑤ 교실 밖에서 이루어지는 관찰 활동의 긍정적 효과를 행사의 취지에 부합하는 내용으로 바꾸는 게 어때?

61

▶ 24102-0061
2023학년도 수능 40번

[A], [B]에 대한 설명으로 적절하지 <u>않은</u> 것은?

① [A]에서 '학생 2'는 '학생 1'의 발화를 일부 재진술한 후 자신의 견해를 밝히고 있다.

② [A]에서 '학생 1'과 '학생 2'는 각기 다른 이유로 '학생 3'의 제안에 반대하는 입장을 드러내고 있다.

③ [B]에서 '학생 1'과 '학생 3' 모두 질문을 주고받는 과정에서 서로가 상대의 발화 내용을 잘못 이해했음을 깨닫고 있다.

④ [B]에서 '학생 2'는 '학생 3'에게 공감을 표한 후 '학생 3'의 제안을 구체화할 방안을 제시하고 있다.

⑤ [A]와 [B] 모두의 첫 번째 발화에서 '학생 3'은 자신이 제안한 바에 대한 '학생 1'과 '학생 2'의 의견을 묻고 있다.

62

▶ 24102-0062
2023학년도 수능 41번

(가)와 (나)를 고려할 때, '학생 1'이 쓴 [회의록]의 내용 중 적절하지 <u>않은</u> 것은? [3점]

일시: 2022. 8. ▽▽.	장소: 동아리실	
회의 주제: 마을 식물 지도 만들기 계획 수립		
논의 내용 1: ○○ 고등학교 식물 지도 제작 사례 검토		
수용할 점	정보 확인의 편의성을 고려하여, 우리도 식물의 이름을 누리집에서 찾는다.	①
	발표회까지 남은 기간을 감안하여, 우리도 몇몇 주목할 식물만 지도에 표시한다.	②
달리할 점	조사 인원을 고려하여, 우리는 학교에서 걸어갈 만큼 가까운 거리만 지도의 범위로 삼는다.	③
	지도를 볼 대상을 감안하여, 우리는 우리 학교 학생들에게 친숙한 장소의 식물을 조사한다.	④
	지도의 통일감을 고려하여, 우리는 각각의 지도를 이어 붙이는 방식을 활용하지 않는다.	⑤

63

▶ 24102-0063
2023학년도 수능 42번

다음은 (나)를 바탕으로 학생들이 만든 지도의 초안이다. ㉠~㉤에 대한 반응으로 가장 적절한 것은?

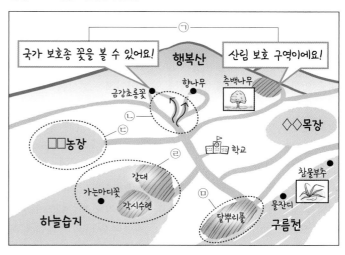

① ㉠: 식물이 있는 곳의 핵심적인 특징을 제시하기로 했으므로 논의한 내용이 반영되었군.

② ㉡: 국가 보호종 식물이 있는 곳으로 가는 길은 동선을 표시하기로 했으므로 논의한 내용이 반영되었군.

③ ㉢: 식물에 대해 조사한 내용이 제시되지 않았으므로 조사한 식물에 대한 정보를 추가해야겠군.

④ ㉣: 각 장소마다 하나씩 대표 식물의 사진을 제시하기로 했으므로 사진을 추가해야겠군.

⑤ ㉤: 군집을 이루고 있는 식물 중 학생들에게 낯선 식물은 빗금으로 표시하기로 했으므로 논의한 내용이 반영되었군.

64~66 다음은 교지에 싣기 위해 학생이 작성한 초고이다. 물음에 답하시오.

우리나라의 연간 1인당 커피 소비량은 세계 평균의 2배 이상일 정도로 우리나라 사람들은 커피를 마시는 일에 관심이 많다. 이러한 관심이 커피 사랑에만 머물지 않고, 일회용 컵 회수 방안처럼 커피로 인한 사회적 문제에 대한 관심으로 이어지는 현상은 바람직하다. 하지만 커피로 인한 사회적 문제를 논할 때, 상대적으로 관심을 받지 못하고 있는 것이 있다. 커피를 만든 후 남는 커피 찌꺼기, 바로 '커피박(coffee粕)'이다. 여러 면에서 커피박에 대한 우리 사회의 관심은 낮은 편이다.

우선, 커피박을 잘못 처리하고 있는 사람이 많다. 추출 직후의 커피박을 싱크대 배수구에 버리거나 흙에 버리기도 하는데, 이는 잘못된 처리 방법이다. 배수구에 버린 커피박에서 나온 카페인은 하수 처리 과정에서 완벽히 걸러지지 않은 채 강물에 흘러 들어가 부정적으로 작용할 수 있다. 그리고 흙에 버린 커피박은 토양과 식물에 악영향을 줄 수 있다.

또한, 커피박이 다양한 분야에서 재활용될 수 있다는 사실을 모르는 사람도 많다. 커피박은 일상에서 탈취제나 방향제로 이용된다. 그뿐만 아니라 건축 분야에서 합성 목재를 대신하는 재료로 쓰이거나 농업 분야에서 혼합 및 발효 과정을 거쳐 비료로 사용되기도 한다. 최근에는 바이오 에너지의 원료로 활용될 수 있다는 점도 부각되고 있다.

끝으로, 커피박 수거 시설이 매우 부족하다는 점도 아쉬운 부분이다. 커피박을 그냥 버리지 않고 분리배출해야 한다는 것을 알게 되더라도 수거 시설이 있어야 실천으로 이어질 수 있다. 커피박 수거 시설을 곳곳에 마련한다면, 커피박 분리배출에 대한 시민들의 관심이 높아지는 효과가 있을 것이다.

[A]

64 ▶24102-0064

다음은 초고를 작성하기 전에 학생이 떠올린 생각이다. ㉠~㉤ 중, 학생의 초고에 반영되지 <u>않은</u> 것은?

○ 커피박이 무엇을 지칭하는 단어인지 밝혀야겠어. ·················· ㉠
○ 커피박이 잘못 버려지고 있는 예를 제시해야겠어. ·················· ㉡
○ 커피박이 무엇으로 재활용될 수 있는지 언급해야겠어. ········· ㉢
○ 우리나라의 연간 1인당 커피 소비량이 세계 평균 대비 어느 정도인지 밝혀야겠어. ······································· ㉣
○ 커피로 인해 발생하는 사회적 문제가 해마다 증가하고 있는 실태를 제시해야겠어. ······································· ㉤

① ㉠   ② ㉡   ③ ㉢   ④ ㉣   ⑤ ㉤

65 ▶24102-0065

다음은 초고를 읽은 교지 편집부 학생의 조언이다. 이를 반영하여 [A]를 작성한다고 할 때, 가장 적절한 것은?

"초고 2~4문단에서 문단별로 문제 삼고 있는 점을 해결할 수 있는 방안을 각각 언급하고, 우리 사회가 지녀야 할 태도를 커피에 대한 사랑과 관련지으며 마무리하는 게 좋겠어."

① 커피에 대한 사랑은 커피박에 관심을 갖는 태도로 이어질 필요가 있다. 다양한 재활용 분야와 수거 시설 확충의 중요성을 아는 것이 진정한 커피 사랑의 시작이다.

② 커피박의 올바른 처리 방법과 재활용 분야를 홍보하고, 수거 시설 확충을 제도화할 필요가 있다. 커피박에도 관심을 갖는 책임감 있는 태도가 커피 사랑의 참된 자세이다.

③ 커피를 마시지 않는 사람들은 왜 커피박에 관심을 가져야 하는지 의아해할 수 있다. 하지만 공동체의 문제 해결을 위해 가치관이 다르더라도 포용하는 태도가 필요하다.

④ 우리나라의 커피 소비량은 앞으로도 늘어날 것으로 보인다. 따라서 커피박의 바람직한 처리 방법과 재활용 분야를 알리고, 커피박 수거 시설을 확충하는 것이 필요하다.

⑤ 커피박 수거 시설의 설치는 시민들에게 커피박의 쓰임새를 알리는 효과가 있다. 사랑할수록 관심을 표현하듯이, 커피에 대한 사랑을 커피박에 대한 관심으로 표현해야 할 것이다.

66
▶ 24102-0066
2023학년도 수능 45번

〈보기〉는 초고를 보완하기 위해 추가로 수집한 자료이다. 자료 활용 방안으로 적절하지 <u>않은</u> 것은? [3점]

● 보기 ●

(가) 전문가 인터뷰

"커피박으로 인한 탄소 배출이 문제가 되고 있습니다. 커피박 소각 시 탄소 배출량은 1톤당 338kg이나 됩니다. 또한 추출 직후의 커피박은 카페인 함유량이 높고, 수분이 많습니다. 이를 흙에 버리면 카페인과 토양 속 물질이 결합한 상태로 쌓여 식물의 생장을 저해할 수 있고, 수분이 많은 커피박이 부패하여 토양을 오염시킬 수 있습니다."

(나) 연구 보고서 자료

〈커피박의 바이오 에너지 원료화〉

현재 우리나라는 커피박의 바이오 에너지 원료화를 추진하고 있다. 바이오 압축 연료는 상품화되었으며, 바이오디젤, 바이오에탄올을 생산하는 기술도 개발되고 있다.

(다) 신문 기사

스위스는 우체국 등 2,600여 곳의 수거 거점을 마련해 커피박을 효과적으로 수거하고 있다. 반면에 우리나라는 일부 지방 자치 단체에서만 커피박 수거를 시도 중이다. ○○구는 "수거 시설이 시민들의 커피박 분리배출에 대한 관심을 높이고 커피박 수거나 운반 등과 관련한 일자리를 창출할 수 있을 것"이라고 밝혔다.

① (가): 커피박을 소각할 때 발생하는 탄소 배출량 수치를, 커피박이 우리 사회에서 관심을 받지 못하고 있는 배경을 보여 주는 자료로 1문단에 추가한다.

② (가): 추출 직후 커피박에 남은 카페인과 수분이 많은 커피박이 유발하는 문제를, 커피박이 식물과 토양에 미치는 악영향을 구체화하는 자료로 2문단에 추가한다.

③ (나): 커피박으로 만들 수 있는 바이오 에너지의 종류를, 커피박이 바이오 에너지의 원료로 활용될 수 있다는 내용을 뒷받침하는 자료로 3문단에 추가한다.

④ (다): 효과적으로 커피박을 수거하고 있는 해외 사례를, 커피박 수거 시설이 부족한 우리나라의 문제 상황을 부각하는 자료로 4문단에 추가한다.

⑤ (다): 커피박 수거가 일자리 창출로 이어질 수 있음을, 커피박 수거 시설이 곳곳에 마련되었을 때 예상되는 또 다른 효과를 보여 주는 자료로 4문단에 추가한다.

67~69 다음은 학생의 발표이다. 물음에 답하시오.

안녕하세요? 오늘 발표를 맡은 ○○○입니다. 개똥쑥에서 말라리아 치료 성분을 발견했다는 지난주 특강 내용 기억나시나요? (청중의 대답을 듣고) 네, 인류를 살리는 식물에 관한 얘기였죠. 이런 식물이 지구상에서 사라진 상황, 상상이 되시나요? (㉠화면을 보여 주며) 나무의 경우 30%에 해당하는 종이 멸종 위기라고 합니다. 또 다른 조사 결과에 따르면 (㉡화면을 보여 주며) 보시는 바와 같이 전체 식물 중 40%에 해당하는 종이 멸종 우려 수준이라고 합니다. 그래서 식물을 품고 있는 씨앗, 즉 종자의 보존은 중요합니다. 오늘 발표는 그 종자 보존과 관련된 내용입니다.

종자를 보존하기 위한 시설로 시드볼트가 있습니다. 종자와 금고를 합친 말인데, 용어가 어려우니 종자 금고라고 할게요. 종자 금고는 기후 변화나 전쟁 등 예기치 못한 재앙으로 인한 식물의 멸종을 막기 위해 지어진 종자 영구 보관 시설입니다. 여기서 잠깐 퀴즈를 내 볼게요. 종자 금고는 전 세계에 몇 군데 있을까요? (청중의 대답을 듣고) 아, 정답자가 없네요. 놀라지 마세요. (손가락 두 개를 펼쳐 보이며) 단 두 나라, 노르웨이와 우리나라에 있습니다.

인류의 미래를 지키는 데 일조하고자 지은 우리나라 종자 금고는 경북 봉화군에 있습니다. (㉢화면을 보여 주며) 화면 속 건물 아래쪽에 보이는 공간이 저장고가 있는 지하의 모습인데, 외부 영향을 최소화하기 위해 지하에 종자를 보관하고 있습니다. 우리나라뿐만 아니라 외국의 종자도 기탁받아 4천 종 넘게 보관하고 있는데, 저장고 내부는 종자의 발아를 억제해 장기 보관이 가능하도록 적정 온도와 습도를 유지하고 있습니다. 보관된 종자는 특수한 상황이 아니면 반출하지 않는데 식물의 멸종이나 자생지 파괴 등을 대비해 보관하고 있기 때문입니다.

종자를 지키는 일은 미래를 지키는 일입니다. 다음 세대에 물려주어야 할 살아 있는 유산인 씨앗. 씨앗을 보존하기 위한 노력의 일환인 우리나라의 종자 금고는 그런 점에서 의미가 크다고 할 수 있습니다. 제가 준비한 내용은 여기까지인데 궁금한 점을 질문받고 발표를 마무리할까 합니다.

67

▶ 24102-0067
2023학년도 9월 모의평가 35번

위 발표자의 말하기 방식으로 가장 적절한 것은?

① 청중에게 친숙한 사례로 개념 간의 차이를 부각하고 있다.

② 비언어적 표현을 통해 청중의 행동 변화를 촉구하고 있다.

③ 발표 중간중간에 청중의 질문을 받으며 청중과 상호 작용하고 있다.

④ 청중과 공유하고 있는 경험을 언급하여 청중의 주의를 환기하고 있다.

⑤ 발표 내용에 대한 청중의 이해 정도를 확인한 후 이어질 발표의 순서를 안내하고 있다.

68

▶ 24102-0068
2023학년도 9월 모의평가 36번

다음은 발표자가 보여 준 화면이다. 발표자의 시각 자료 활용에 대한 설명으로 가장 적절한 것은?

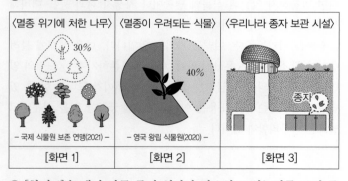

〈멸종 위기에 처한 나무〉	〈멸종이 우려되는 식물〉	〈우리나라 종자 보관 시설〉
30%	40%	종자
– 국제 식물원 보존 연맹(2021) –	– 영국 왕립 식물원(2020) –	
[화면 1]	[화면 2]	[화면 3]

① [화면 1]은 매년 나무 종이 얼마나 감소하고 있는지를 보여 주는 자료로 ㉠에 제시하였다.

② [화면 1]은 멸종 위기의 나무 종 중에서 종자가 보존되고 있는 종의 비율을 보여 주는 자료로 ㉠에 제시하였다.

③ [화면 2]는 전체 멸종 우려 종에서 식물 종이 차지하는 비율을 보여 주는 자료로 ㉡에 제시하였다.

④ [화면 3]은 외부 영향을 최소화하기 위해 종자를 지하에 보관하고 있음을 보여 주는 자료로 ㉢에 제시하였다.

⑤ [화면 3]은 지하 종자 저장고의 위치가 종자의 발아 상태에 따라 달라짐을 보여 주는 자료로 ㉢에 제시하였다.

69

▶ 24102-0069
2023학년도 9월 모의평가 37번

다음은 청자와 발표자가 나눈 질의응답의 일부이다. [A]에 들어갈 청자의 질문으로 적절하지 않은 것은?

청자: 발표 잘 들었습니다. 그런데 듣고 나서 궁금한 점이 생겨 질문합니다.

[A]

발표자: 그 내용은 발표에 없었네요. 추가로 그 내용에 대해 알려 드릴게요.

① 종자 금고는 현재 두 나라에 있다고 하셨는데, 두 나라의 종자 금고에는 어떤 차이점이 있나요?

② 기탁받은 종자를 보관하고 있다고 하셨는데, 종자를 기탁받는 절차는 어떻게 되나요?

③ 현재 보관 중인 종자 규모를 말씀하셨는데, 종자 금고에는 우리나라 종자만 보관하나요?

④ 적정한 온도를 유지해 종자를 보관한다고 말씀하셨는데, 적정 온도는 어떻게 되나요?

⑤ 종자 금고에 보관된 종자는 특수한 상황이 아니면 반출하지 않는다고 하셨는데, 반출했던 경우가 있나요?

2023학년도 9월 모의평가

70~74 (가)는 학교 신문에 실을 글의 초고이고, (나)는 (가)를 수정하기 위한 대화이다. 물음에 답하시오.

(가)

청소년의 팬 상품 소비가 우려된다

일요일 오후에 방문해 본 우리 학교 근처의 한 '팬 상품' 판매점. 옷이나 소품 등 연예인과 관련하여 판매되는 상품인 팬 상품을 사려는 청소년들로 북적였다. 최근 청소년들 사이에서 팬 상품의 인기가 뜨겁다. 국내 팬 상품 시장의 규모는 2020년 기준 약 2,200억 원으로 2014년과 비교해 크게 확대되었다.

하지만 청소년의 팬 상품 소비는 여러 가지 우려되는 점들이 있다. 우선 충동적으로 팬 상품을 소비하는 비율이 높다. ㉠2020년에 실시한 설문 조사에 따르면 약 67%가 충동적으로 팬 상품을 산 적이 있다고 응답했다. 이러한 일회성 소비는 잘못된 소비 습관의 형성으로 이어질 수 있다.

다음으로 과시적 소비도 문제로 지적된다. 사회학자 유△△ 교수는 "청소년의 과시적인 팬 상품 소비는 남과 차별화하고 싶은 욕구의 그릇된 발현이다."라고 그 원인을 밝혔다. 과시적인 팬 상품 소비는 물질적인 요소로 자신을 드러내야 한다는 잘못된 가치관을 형성하게 할 수 있다.

마지막으로 소외감을 느끼지 않으려고 팬 상품을 소비하는 일 역시 우려된다. 1학년 정○○은 "친구들은 다 갖고 있는데 나만 없으면 소외감을 느낄까 봐 산 적도 많아요."라며 인터뷰 과정에서 속마음을 드러내었다.

따라서 팬 상품 소비에 대한 청소년들의 바람직한 태도가 요구된다. 정신과 전문의 박□□의 저서 『청소년의 팬 상품 소비문화』에서 언급하였듯이 청소년들은 합리적이고 주체적인 소비 태도를 갖출 필요가 있다. 물론 기업이 디자인과 실용성을 갖춘 팬 상품을 판매하는 일이 선행되어야 한다.

(나)

학생 1: 청소년의 팬 상품 소비를 다룬 초고를 검토할 차례지?

학생 2: 응, 초고는 내가 작성했어. 편집부장은 조금 늦는데. 우리부터 의견 나누고 있자.

학생 1: 그래. 그런데 초고에 부정적인 관점의 내용만 제시했던데?

학생 2: 친구들을 보면 우려스럽다는 생각이 들 때가 많아. 학생들이 팬 상품 소비에 대해 바람직한 태도를 지녔으면 해서 그렇게 썼어.

학생 1: 그런데 긍정적인 면도 분명 있잖아. 즐거움이나 행복과 같은 정서적 만족감을 느낄 수 있고, 관심사가 같은 친구들끼리 더욱 친밀해지기도 하고. 그러니 두 관점의 내용을 균형 있게 제시해야 할 것 같아. ─┐
학생 2: 나도 그런 긍정적인 면이 있다는 의견에 동의해. 하 [A]

지만 주변 친구들을 보면 우려되는 점이 더 커 보여. 팬 상품 소비의 바람직한 태도를 강조하려면 우려되는 면을 부각하는 게 맞지 않을까?

학생 3: (들어오며) 회의에 늦어서 정말 미안해. 회의 시작 시간을 착각했어. ─┐[B]

학생 1: 괜찮아. 이제 막 시작했어. ─┘

학생 2: 너도 두 관점을 모두 제시하는 게 낫다고 생각해? ─┐[C]

학생 3: (어리둥절해하며) 두 관점이라니 무슨 말이야? ─┘

학생 1: 방금까지 청소년의 팬 상품 소비에 대해 긍정하는 관점과 우려하는 관점의 내용을 균형 있게 다룰지, 우려하는 관점의 내용만 다룰지 논의 중이었어. [D]

학생 3: 아, 그랬구나. 판매 수익 기부처럼 팬 상품 소비가 사회에 선한 영향력을 미치기도 하잖아. 학생들이 균형 잡힌 시각에서 바람직한 태도에 대해 생각해 볼 수 있게, 괜찮다면 두 관점의 내용을 모두 글에 담아 줄 수 있어? [E]

학생 2: 듣고 보니 내가 너무 우려되는 점만 강조하려 한 것 같아. 팬 상품 소비의 긍정적인 면에 대한 내용을 추가해 볼게.

학생 1: 좋아. 그러면 제목도 그에 맞게 수정 부탁해.

학생 2: 알겠어.

학생 1: 다음으로 초고의 세부 내용을 검토해 보자.

학생 3: 2문단은 충동적 소비를 다루고 있잖아. 그러니 마지막 문장의 일회성 소비라는 표현은 적절해 보이지 않아.

학생 2: 다시 보니 그렇네. 문단의 중심 내용과 어울리는 표현으로 교체할게.

학생 1: 같은 문단에서 설문 조사 자료를 인용할 때 빠뜨린 게 있어.

ⓐ

학생 2: 설문 조사 자료의 내용을 믿기 어려운 문제가 있겠구나. 확인해서 수정할게.

학생 1: 혹시 더 검토할 부분이 있을까?

학생 3: 마지막 문단에 글의 초점에서 벗어나는 내용이 있으니 삭제가 필요해 보여.

학생 1: 아, 그리고 팬 상품 시장의 규모가 확대되었음을 강조하려면 비교 기준이 되는 해의 팬 상품 시장의 규모를 밝혀야 할 것 같아.

학생 2: 둘 다 좋은 의견이야. 반영해서 수정할게.

학생 1: 그럼 오늘 논의한 내용을 모두 잘 반영해서 다음 회의 때 확인하자.

학생 2, 3: 그래. 좋아.

70 ▶ 24102-0070

(가)에 활용된 글쓰기 방법으로 가장 적절한 것은?

① 담화 표지로 문단 간의 연결 관계를 드러낸다.

② 특정 이론을 활용하여 중심 화제의 개념을 제시한다.

③ 다른 나라의 사례와 대조하여 문제 해결의 필요성을 강조한다.

④ 예상되는 반론을 제시하고 이를 반박하여 글의 설득력을 높인다.

⑤ 중심 화제에 대한 인식을 시기별로 제시하여 인식의 변화 과정을 드러낸다.

71 ▶ 24102-0071

다음은 (가)를 작성하기 위해 쓴 메모이다. ⓐ~ⓔ가 (가)에 반영된 양상으로 적절하지 않은 것은?

○ 팬 상품의 인기 ··· ⓐ
○ 팬 상품 소비에서 우려되는 점
  – 충동적 소비 ··· ⓑ
  – 과시적 소비 ··· ⓒ
  – 소외감을 느끼지 않으려고 하는 소비 ············· ⓓ
○ 팬 상품 소비의 바람직한 태도 ····························· ⓔ

① ⓐ: 현장을 방문하여 목격한 팬 상품 판매점의 분위기를 제시하였다.

② ⓑ: 글쓴이 자신의 경험을 근거로 들어 충동적인 팬 상품 소비 태도가 청소년에 미치는 부정적 영향을 제시하였다.

③ ⓒ: 전문가의 견해를 인용하여 팬 상품을 과시적으로 소비하는 행위의 심리적 원인을 제시하였다.

④ ⓓ: 학생을 인터뷰하여 팬 상품을 소비하는 이유가 소외감과 관련 있음을 제시하였다.

⑤ ⓔ: 관련 저서를 근거로 들어 청소년들은 합리적이고 주체적인 소비 태도를 갖출 필요가 있음을 제시하였다.

72 ▶ 24102-0072

다음 자료를 바탕으로 [A]~[E]의 대화 참여자의 발화를 이해한 내용으로 적절하지 않은 것은? [3점]

[자료 1]
　대화 상황에서 자신의 말이 상대방에게 미칠 영향을 고려하며 상대방을 배려하는 태도를 가져야 한다. 이를 위해 ㉮상대방의 부담을 덜어 주기, ㉯문제의 원인을 자신의 탓으로 돌리기, ㉰상대방의 의견과 일치되는 점을 언급한 후 자신의 의견 제시하기 등을 활용할 수 있다.

[자료 2]
　대화 참여자들이 ㉱대화 상황과 관련한 맥락을 공유하는 일은 중요하다. 맥락이 공유되지 않아 ㉲대화의 흐름을 이해하지 못한 경우 의사소통에 어려움을 겪을 수 있다.

① [A]: '학생 2'의 발화는 상대방과 의견이 다름을 제시하기 전에 공통되는 의견부터 말하고 있다는 점에서, ㉰에 해당한다.

② [B]: '학생 1'의 발화는 상대방이 회의에 늦은 것을 상대방의 탓으로 돌리지 않고 있다는 점에서, ㉯에 해당한다.

③ [C]: '학생 3'의 발화는 상대방의 물음에 대한 답변을 하는 대신 되묻고 있다는 점에서, ㉲에 해당한다.

④ [D]: '학생 1'의 발화는 회의에서 논의 중인 내용을 전달하고 있다는 점에서, ㉱에 해당한다.

⑤ [E]: '학생 3'의 발화는 질문의 형식을 활용함으로써 명령형으로 표현했을 때보다 상대방의 부담을 완화한다는 점에서, ㉮에 해당한다.

73 ▶ 24102-0073

㉠과 (나)의 대화 상황을 고려할 때, Ⓐ에 들어갈 말로 가장 적절한 것은?

① 설문 조사가 언제 이루어졌는지를 밝히지 않았어.

② 설문 조사 자료를 인용하고 있음을 밝히지 않았어.

③ 설문 조사의 응답 결과를 순위대로 밝히지 않았어.

④ 설문 조사의 결과가 시사하는 점을 밝히지 않았어.

⑤ 설문 조사를 한 주체와 응답 대상을 밝히지 않았어.

74

▶ 24102-0074
2023학년도 9월 모의평가 42번

(나)의 논의 내용을 반영하여, (가)를 고쳐 쓰기 위한 방안으로 가장 적절한 것은?

제목	○ '청소년의 팬 상품 소비 문제점과 해결 방안'으로 교체한다. ·· ①
처음	○ 2014년도 국내 팬 상품 시장 규모에 관한 정보를 추가한다. ·· ②
중간	○ '일회성 소비'를 '과시적 소비'로 교체한다. ········ ③ ○ 팬 상품 소비가 과소비로 이어진다는 내용을 추가한다. ··· ④
끝	○ 마지막 문장의 내용은 기업의 사회적 책임에 관한 내용으로 교체한다. ·························· ⑤

75~77

(가)는 글쓰기를 위한 학생의 생각이고, (나)는 (가)를 바탕으로 쓴 학생의 초고이다. 물음에 답하시오.

(가) [학생의 생각]

학생회에서 체육 대회의 새 이름을 공모하기로 했지. 공모전과 관련해서 이름 짓기에 대한 글을 학교 누리집에 올리려고 해. 그럼 어떻게 구성하면 좋을까? ㉠공모전을 하는 이유를 언급하며 글을 시작하자. 그리고 ㉡이름 짓기의 효과를 제시해야지. ㉢이름 짓기의 방법도 설명하면 좋을 것 같아.

(나) [학생의 초고]

올해 체육 대회는 운동을 잘 못하는 학생들도 즐겁게 참여할 수 있는 새로운 프로그램으로 구성될 예정이다. 그래서 학생회에서는 올해부터 바뀌는 체육 대회의 특징이 잘 드러나는 이름이 필요하다고 판단해서 새 이름을 짓는 공모전을 열기로 했다. 이름이 무슨 영향을 미칠까 생각할 수도 있지만 이름 짓기의 효과는 생각보다 크다.

이름 짓기를 잘하면, 사람들에게 대상에 대한 긍정적인 이미지를 갖게 할 수 있다. 맛과 영양에 문제가 없지만 흠집이 있어 상품성이 떨어진 사과에 '등급 외 사과' 대신 '보조개 사과'라는 이름을 붙여 이미지를 개선한 사례가 있다. 귀여운 보조개가 연상되는 이름으로 대상에 대한 인식을 변화시킨 것이다.

또한 이름 짓기를 잘하면, 사람들의 참여 동기를 이끌어 낼 수 있다. 지하철이나 버스에서 임산부가 우선적으로 앉을 수 있는 좌석의 이름은 '임산부 배려석'이다. 만약에 '임산부 양보석'이라고 하면 자신이 앉을 자리를 남에게 내어 준다는 느낌을 갖게 한다. 하지만 '임산부 배려석'은 자신이 다른 사람을 배려하고 있다는 느낌을 갖게 하여 자발적으로 좌석을 양보할 수 있도록 한다.

그렇다면 이름 짓기는 어떻게 해야 할까? 먼저, 대상의 특성이 잘 드러나도록 표현해야 한다. 그리고 이름을 지나치게 생소하지 않게 지어야 한다. 이름이 지나치게 생소해서 이름의 의미를 이해하기 어려운 경우에는 사람들에게 수용되지 않을 수 있기 때문이다. 따라서 대상의 특성을 잘 드러내고 사람들이 이해하기 쉽도록 이름을 짓는 것이 중요하다. 또한 사람들이 기분 좋게 수용할 수 있도록 표현하는 것도 필요하다.

75 ▶ 24102-0075
2023학년도 9월 모의평가 43번

(가)의 ㉠~㉢을 (나)에 구체화한 내용으로 적절하지 <u>않은</u> 것은?

① ㉠: 체육 대회라는 이름에 대한 학생들의 부정적인 반응을 제시한다.

② ㉠: 올해부터 바뀌는 체육 대회의 특징이 잘 드러나는 새로운 이름이 필요함을 언급한다.

③ ㉡: 이름 짓기를 통해 이미지를 개선한 '보조개 사과'의 사례를 제시한다.

④ ㉡: '임산부 배려석'이라는 이름이 주는 효과를 '임산부 양보석'과 비교하여 제시한다.

⑤ ㉢: 이름 짓기를 할 때 사람들이 기분 좋게 수용할 수 있는 표현을 사용해야 함을 언급한다.

76 ▶ 24102-0076
2023학년도 9월 모의평가 44번

다음은 (나)를 읽은 학생회장의 조언이다. 이를 반영하여 추가할 마지막 문단의 내용으로 가장 적절한 것은?

> 학생회장: 많은 학생들이 공모전에 참여할 수 있도록, 이름 짓기는 학생들에게 어려운 일이 아님을 밝혀 주면 좋겠어. 또한 2문단에서 언급한 효과와 관련하여 공모전 참여를 권유하면서 마무리하면 좋을 것 같아.

① 이름 짓기는 누구나 어렵지 않게 도전할 수 있는 일이다. 다만 이름을 지을 때 사람들이 이해하기 쉬운 표현을 사용해야 함을 유의하도록 한다.

② 이름 짓기는 지식과 경험이 풍부한 사람만이 할 수 있는 일은 아니다. 원활한 의사소통을 위해 이름 짓기의 효과를 이해하고 그 방법을 활용해 보자.

③ 지나치게 생소한 이름은 사람들에게 수용되지 않을 수 있다. 새로운 체육 대회의 긍정적 이미지를 느낄 수 있는 이름을 지어 이번 공모전에 참여하면 좋지 않을까?

④ 이름 짓기는 대상을 새롭게 바라보게 한다. 올해 새롭게 바뀔 체육 대회에 어울리는 참신한 이름이 지어진다면 체육 대회에 많은 학생들이 적극적으로 참여할 것이다.

⑤ 이름 짓기는 학생들도 충분히 할 수 있다. 새로운 체육 대회는 누구나 즐길 수 있다는 긍정적인 인식을 갖게 하는 좋은 이름을 지어 공모전에 도전해 보는 것은 어떨까?

77 ▶ 24102-0077
2023학년도 9월 모의평가 45번

〈보기〉는 (나)를 보완하기 위해 추가로 수집한 자료이다. 자료 활용 방안으로 적절하지 <u>않은</u> 것은? [3점]

● 보기 ●

[자료 1] 학생의 설문 조사 자료

〈'등급 외 사과'와 '보조개 사과'의 이미지 비교〉

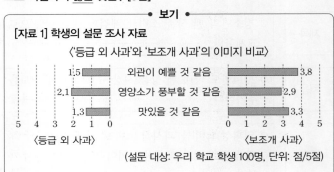

(설문 대상: 우리 학교 학생 100명, 단위: 점/5점)

[자료 2] 보고서 자료

〈이름 짓기의 사례〉

이름 구분	대한민국 구석구석	G4C
목적	국내 관광 활성화 캠페인 홍보	각종 정부 민원을 24시간 처리하는 누리집 홍보
의미	국내 구석구석에 가 볼 만한 장소가 많음.	시민을 위한 정부 (Government for Citizen)
결과	국내 관광에 대한 인식을 개선하여 관광객이 증가하는 데 기여함.	이름이 대상의 특성을 잘 드러내지 못하고 지나치게 생소해 의미 파악이 어렵다는 지적에 '민원24'로 바꾸자 인지도가 향상됨.

① [자료 1]: '등급 외 사과'보다 '보조개 사과'가 외관과 맛 항목의 점수가 높다는 점을, 이름 짓기가 대상에 대한 인식을 변화시켰다는 근거로 2문단에 활용해야겠어.

② [자료 1]: '보조개 사과'와 '등급 외 사과'의 영양소 항목에서 점수 차이가 가장 작다는 점을, 이름 짓기가 대상에 대한 긍정적 이미지를 갖게 할 수 있다는 근거로 2문단에 활용해야겠어.

③ [자료 2]: '대한민국 구석구석'이라는 이름이 관광객의 증가에 기여했다는 점을, 잘 지어진 이름이 참여 동기를 이끌어 낼 수 있다는 또 다른 사례로 3문단에 활용해야겠어.

④ [자료 2]: 'G4C'라는 이름의 의미를 파악하기 어렵다는 점을, 이름이 지나치게 생소하여 사람들에게 받아들여지지 않은 사례로 4문단에 활용해야겠어.

⑤ [자료 2]: '민원24'라는 이름이 누리집의 인지도를 향상했다는 점을, 대상의 특성을 잘 드러내면서 이해하기 쉽게 이름을 짓는 것이 중요함을 보여 주는 사례로 4문단에 활용해야겠어.

78~80 2023학년도 6월 모의평가

다음은 텃밭 가꾸기를 안내하기 위한 사례 발표이다. 물음에 답하시오.

안녕하세요. 텃밭 선배 ○○○입니다. 잘 들리시나요? (청중의 반응을 살피며 큰 목소리로) 잘 안 들리시는 것 같으니 좀 더 크게 말씀드릴게요. 저는 텃밭을 처음 가꿀 때 가정에서 필요한 다양한 작물을 심고 싶었어요. 아마 15제곱미터 정도의 좁은 텃밭을 가꾸기 시작하시는 여러분도 비슷한 마음이실 거예요. 그러면 어떻게 해야 할까요? (잠시 뒤에) 작물을 심기 전에 효율적인 배치를 위해 작물 배치도를 그려 보면 도움이 됩니다.

(화면에 자료를 제시하며) 왼쪽은 제가 첫해 심은 작물의 배치도이고, 그 옆은 다음 해에 그것을 수정한 배치도입니다. 첫해 배치에는 두 가지 문제가 있었는데요, 우선 작물의 키를 고려하지 않았다는 점이에요. 해는 동쪽에서 떠서 한낮에 남쪽을 지나 서쪽으로 지고 해가 떠 있는 반대 방향으로 그림자가 생기죠. 작물은 광합성이 많이 이루어지는 오전부터 한낮까지 그림자의 영향을 최소한으로 받아야 잘 자랄 수 있어요. 이를 고려해 키가 작은 작물을 동쪽과 남쪽에 배치해야 해요. (자료를 가리키며) 그런데 보시는 것처럼 상대적으로 키가 큰 고추와 옥수수를 동쪽에 배치하여 상추와 감자에 그늘이 많이 생겼어요.

두 번째 문제는 작물의 재배 기간을 고려하지 않았다는 점이었어요. (자료를 가리키며) 제가 4월부터 텃밭을 가꾸기 시작했는데 8월에 옥수수를 수확한 후 같은 자리에 배추를 심었어요. 그런데 문제는 남쪽에 심은 고추의 재배 기간이었어요. 고추 재배가 10월까지 계속되는 바람에 배추가 광합성을 많이 하지 못했거든요. 그래서 좁은 땅을 효율적으로 사용하기 위해 기존 작물을 수확하고 다른 작물로 교체할 때에는 주변 작물의 재배 기간도 함께 고려하여 배치해야 한다는 것을 알았어요.

(자료를 다시 가리키며) 다음 해에는 이러한 실패를 교훈 삼아 작물의 키 순서에 따라 작은 것부터 상추는 남동쪽, 감자는 북동쪽, 고추는 남서쪽, 옥수수는 북서쪽에 배치했어요. 그리고 감자 수확 이후 재배 기간과 주변 작물의 키를 고려해 감자 위치에 배추를 심었더니 첫해와 동일한 위치임에도 배추가 더 잘 자랐어요.

좁은 텃밭에 다양한 작물을 잘 기르고 싶으신가요? 그렇다면 배치도를 그려 효율적으로 텃밭을 가꿔 보세요. 땀을 흘려 손수 먹거리를 수확하는 기쁨을 누리실 수 있을 겁니다.

78 ▶ 24102-0078
2023학년도 6월 모의평가 35번

위 발표자의 말하기에 대한 설명으로 적절하지 않은 것은?

① 그림을 그리면서 설명을 하여 청중의 이해를 돕고 있다.

② 준언어적 표현을 조절하여 발표의 전달력을 높이고 있다.

③ 자신의 경험에 비추어 청중의 관심을 짐작하여 말하고 있다.

④ 질문하고 답하는 방식을 사용하여 발표 내용을 전달하고 있다.

⑤ 청중이 얻을 수 있는 효용을 제시하며 실천을 권유하고 있다.

79 ▶ 24102-0079
2023학년도 6월 모의평가 36번

발표자의 자료 활용 계획 중 발표에 반영되지 않은 것은? [3점]

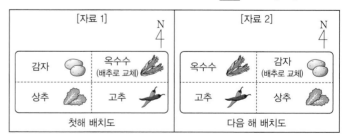

① 상추보다 키가 큰 고추가 상추의 동쪽에 배치되어 상추에 그늘이 많이 생겼음을 [자료 1]을 활용하여 설명해야지.

② 옥수수를 수확하고 나서 심은 배추가 고추 때문에 광합성이 부족했음을 [자료 1]을 활용하여 설명해야지.

③ 작물들의 키 순서를 고려하여 감자를 북동쪽에 배치했음을 [자료 2]를 활용하여 설명해야지.

④ 키가 제일 큰 옥수수는 어느 위치에 심어도 잘 자랄 수 있었음을 [자료 1]과 [자료 2]를 활용하여 설명해야지.

⑤ 동일한 위치에서도 주변 작물에 따라 배추가 자라는 정도가 달랐음을 [자료 1]과 [자료 2]를 활용하여 설명해야지.

발표 내용을 참고할 때 〈보기〉에 제시된 청중의 반응을 이해한 내용으로 가장 적절한 것은?

● 보기 ●

청자 1: 작물을 수확하고 난 후 다른 작물로 교체한 이유를 제시하지 않았는데, 작물을 교체한 이유가 뭘까?

청자 2: 브로콜리가 케일보다 키가 크게 자란다고 알고 있어. 이번에 케일과 브로콜리를 심을 계획인데, 들은 것을 활용해 봐야겠어.

청자 3: 작물들의 키 순서만 알려 줘서, 작물들이 다 자랐을 때의 키를 알 수 없었어. 작물들의 키를 구체적으로 알려 주면 좋았겠어.

① 청자 1은 발표 내용의 정확한 이해를 바탕으로 발표 내용에서 보완할 점을 지적하고 있다.

② 청자 2는 자신이 알고 있던 사실과 발표 내용을 비교하며 발표에서 다룬 정보의 문제점을 제시하고 있다.

③ 청자 3은 자신이 필요하다고 생각하는 내용이 다루어지지 않았음을 지적하며 아쉬워하고 있다.

④ 청자 1과 청자 2는 모두 자신의 과거 경험을 떠올리며 발표 내용에 의문을 제기하고 있다.

⑤ 청자 2와 청자 3은 모두 발표 내용이 적용되지 않는 예외적 상황이 있는지 검토하고 있다.

81~85 (가)는 비평문을 쓰기 위해 학생들이 나눈 대화이고, (나)는 이를 바탕으로 작성한 초고이다. 물음에 답하시오.

(가)

학생 1: '디스토피아 작품의 인기 현상'에 대한 글을 쓰기 위해 오늘 함께 이야기하기로 했는데 자료 좀 찾아봤어? 우리 동아리 이름으로 교지에 실을 글이니까 어떤 내용으로 구성하면 좋을지 이야기해 보자.

학생 2: 디스토피아의 정의부터 확인하고 시작하면 어떨까?

학생 1: 내가 그럴 줄 알고 사전을 찾아봤지. 디스토피아는 유토피아랑 반대되는 뜻으로 암울한 미래상을 의미해.

학생 3: 나는 기사를 검색해 봤는데 현실의 문제를 소재로 디스토피아적 세계를 형상화한 영화나 드라마가 요즘 엄청난 인기를 끌고 있다고 하더라고.

학생 2: ㉠나도 주변 친구들이 디스토피아 작품의 각종 소품을 사는 걸 보고 인기를 실감했어. 그런데 작품 속 세계를 충격적으로 표현한 자극적인 장면은 문제가 된다던데?

학생 3: 내가 봤던 기사에서도 그 점이 문제가 된다고 하더라고. 사람들이 자극적인 장면에 반복적으로 노출되면 불안감을 느끼고 현실에 대한 회의주의에 빠질 수 있다고.

학생 1: 자극적인 장면이 지금 우리가 사는 세상을 더 부정적으로 보게 만든다는 거구나. 그렇지?

학생 3: 맞아. 자극적인 장면은 메시지를 전달하기 위한 장치일 뿐인데, ㉡자극적인 장면이 주는 재미에 빠져서 작품이 담고 있는 메시지를 못 보는 게 문제가 되는 거지.

학생 2: 나는 디스토피아 소설을 찾아 읽어 봤어. 「멋진 신세계」라는 작품인데 과학 기술로 인간의 감정까지 통제하는 사회에 대한 이야기야. 꽤 오래전 작품인데도 작가가 그린 미래상이 대단히 실감 나고 정교하게 표현되어서 놀라웠어.

학생 3: ㉢어, 나도 그 소설 봤는데, 과학 기술의 발전이 불행을 초래했는데도 사람들이 그걸 깨닫지 못하는 암울한 세상에 대한 이야기야.

학생 2: 오래전 작품인데 요즘에도 많이 읽히는 것은 디스토피아 작품의 인기 현상과 관련이 있는 것 같아.

학생 1: 아까 디스토피아 작품이 담고 있는 메시지에 대해 이야기하다 말았잖아. 구체적인 메시지가 뭔지 알려 줄래?

학생 3: ㉣부정적인 미래상을 통해서 현재의 사회상을 비판한다는 거지.

학생 1: 디스토피아적 미래가 어차피 허구인데 어떻게 현재 사회를 비판한다는 건지 잘 모르겠는데?

학생 3: ㉤허구적 미래가 현재를 비판한다는 게 이해가 안 되는 거구나. 디스토피아 작품은 현재의 사회 문제가 극단화되면 미래에 나타날 수 있는 가상의 상황을 실감 나게 표현해. 우리는 그걸 보면서 사회가 지닌 문제의 위험성을 미리 깨달을 수 있는 거야.

학생 1: 아, 그러니까 그런 암울한 세상이 오기 전에 경계하자는 메시지를 담고 있는 거구나.

학생 2: 응, 디스토피아 작품의 메시지에 대해 글에서 자세히 설명하면 독자들의 이해에 도움이 되겠다.

학생 1: 그래, 일단 내가 초고를 쓸 테니 나중에 점검 부탁해. 모두들 고마워.

(나)

디스토피아 작품의 인기몰이가 심상치 않다. 디스토피아를 다룬 영화와 드라마가 흥행하면서 '디스토피아 작품, 전 세계를 사로잡다'와 같은 제목의 기사가 쏟아지고 있다. 사전적 정의에 따르면 디스토피아는 부정적 측면이 극단화된 암울한 미래상이다. 유토피아와 마찬가지로 현실 어디에도 존재하지 않는 세계를 뜻하지만, 긍정적 의미를 지니는 유토피아와 반대로 디스토피아는 부정적 의미를 담고 있다.

디스토피아 작품의 인기 현상에 대해 부정적인 관점을 지닌 사람들은 작품이 주는 불편함을 이야기한다. 디스토피아 작품에서는 어떤 형태로든 일그러지거나 붕괴된 모습으로 세계가 묘사되기 때문이다. 이와 같이 충격적으로 묘사된 자극적인 장면에 반복적으로 노출되면, 불안 심리가 가중되어 현실을 부정적으로 인식하게 되고 결국 회의주의나 절망에 빠질 수 있다고 우려한다.

그러나 디스토피아 작품은 현실의 문제점이 극단화되면 나타날 수 있는 세계를 통해 현실의 문제를 경계하게 하므로 디스토피아 작품의 인기 현상은 긍정적이다. 디스토피아 작품은 과학 기술의 오남용, 핵전쟁, 환경 파괴 등을 소재로, 작가가 기발한 상상력으로 구현한 디스토피아적 세계를 제시한다. 우리는 그러한 세계에 몰입함으로써 암울한 미래상이 도래해서는 안 된다는 점을 깨닫게 된다.

물론 디스토피아 작품의 인기 현상 때문에 자극적으로 묘사된 장면이 초래하는 문제가 부각되어 보일 수 있지만, 이러한 장면은 오히려 무감각하게 받아들이고 있는 현실의 문제점을 강렬하게 자각하도록 하는 필수적인 장치로 보아야 한다. 그리고 이는 주제 의식을 드러내는 데 효과적으로 기여한다. 가령, 디스토피아 작품의 고전이라 할 수 있는 「멋진 신세계」에서는 사람들이 과학 기술을 지나치게 신뢰하다가 오히려 이에 종속당하는 충격적인 미래상을 암울하게 그리고 있다. 하지만 이를 통해 과학 기술에 대한 맹신이 현재 우리 사회가 점검해야 할 문제라는 점을 깨닫게 한다.

디스토피아 작품의 메시지는 우리가 현실의 문제를 인식하여 그 문제가 극단화되지 않도록 경계하게 한다는 점에서 큰 의미가 있다. 그리고 이러한 디스토피아 작품의 인기 현상은 사회를 개선하

는 계기가 될 것이므로 이를 긍정적으로 보아야 한다. 디스토피아 작품들이 인기를 얻고 있는 요즘, 디스토피아 작품을 감상하며 현실의 문제를 성찰해 보는 것은 어떨까.

81 ▶ 24102-0081
2023학년도 6월 모의평가 38번

위 대화에서 '학생 1'에 대한 설명으로 적절하지 <u>않은</u> 것은?

① 대화 참여자에게 대화의 목적을 밝히며 참여를 유도한다.

② 대화 참여자에게 자신이 조사한 내용이 이해되는지 확인한다.

③ 대화 참여자에게 자신이 이해한 내용이 맞는지 점검한다.

④ 대화 참여자의 발언과 관련해 추가적인 설명을 요청한다.

⑤ 대화 참여자와 대화를 진행하면서 자신의 이해를 심화한다.

82 ▶ 24102-0082
2023학년도 6월 모의평가 39번

대화의 흐름을 고려할 때, ㉠~㉤에 대한 이해로 가장 적절한 것은?

① ㉠: 앞선 발화 내용에 동의하며 디스토피아 작품의 인기 원인을 보여 주는 사례를 언급하고 있다.

② ㉡: 자신의 발언을 부연하며 디스토피아 작품의 메시지가 무엇인지 강조하고 있다.

③ ㉢: 대화의 내용을 상기하며 과학 기술 발전에 대한 반대 입장에 동의함을 드러내고 있다.

④ ㉣: 질문에 답변하며 부정적인 미래상에 대해 대화 참여자가 잘못 파악한 부분을 바로잡고 있다.

⑤ ㉤: 앞선 발화 내용을 재진술하며 디스토피아 작품과 관련하여 상대가 궁금해하는 점을 확인하고 있다.

83
▶ 24102-0083
2023학년도 6월 모의평가 40번

다음은 '학생 1'이 (가)의 대화 내용을 정리하여 (나)의 글쓰기 계획을 세운 것이다. 글쓰기 계획 중 (나)에 반영되지 <u>않은</u> 것은? [3점]

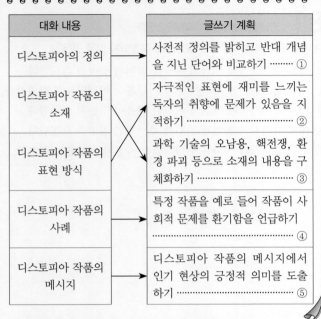

대화 내용	글쓰기 계획
디스토피아의 정의	사전적 정의를 밝히고 반대 개념을 지닌 단어와 비교하기 ········ ①
디스토피아 작품의 소재	자극적인 표현에 재미를 느끼는 독자의 취향에 문제가 있음을 지적하기 ···························· ②
디스토피아 작품의 표현 방식	과학 기술의 오남용, 핵전쟁, 환경 파괴 등으로 소재의 내용을 구체화하기 ···························· ③
디스토피아 작품의 사례	특정 작품을 예로 들어 작품이 사회적 문제를 환기함을 언급하기 ···························· ④
디스토피아 작품의 메시지	디스토피아 작품의 메시지에서 인기 현상의 긍정적 의미를 도출하기 ···························· ⑤

84
▶ 24102-0084
2023학년도 6월 모의평가 41번

〈조건〉을 반영하여 (나)의 제목을 작성한 것으로 가장 적절한 것은?

● 조건 ●

○ 디스토피아 작품의 주제 의식을 반영하여 글쓴이의 관점을 드러낼 것.
○ 부제에서 비유적 표현을 활용할 것.

① 디스토피아란 무엇인가
   – 디스토피아 작품의 인기 현상을 진단하다
② 디스토피아, 우리 사회의 자화상
   – 디스토피아 작품에 드러난 우리의 모습
③ 말초 신경을 자극하는 디스토피아 작품
   – 묵직한 메시지를 가볍게 다루다
④ 디스토피아 작품 열풍, 더 나은 사회를 향한 열망
   – 아픈 사회를 들여다보는 거울이 되다
⑤ 어디에도 없지만, 어디에나 있는 디스토피아 세상
   – 디스토피아 작품을 통한 새로운 세상과의 대화

85
▶ 24102-0085
2023학년도 6월 모의평가 42번

'학생 2'가 다음의 점검 기준에 따라 (나)를 점검한다고 할 때, 그 내용으로 적절하지 <u>않은</u> 것은?

점검 기준	점검 결과 (예/아니요)
• 사회적으로 관심을 가질 만한 사안임을 드러냈는가?	ⓐ
• 필자가 선택한 관점의 주장을 드러냈는가?	ⓑ
• 필자가 선택한 관점의 약점을 보완했는가?	ⓒ
• 필자가 선택하지 않은 관점의 주장도 다루었는가?	ⓓ
• 필자가 선택하지 않은 관점의 약점을 비판했는가?	ⓔ

① 디스토피아 작품이 흥행하고 이와 관련된 기사가 쏟아지고 있다고 언급한 점을 고려하여 ⓐ에 '예'라고 해야지.
② 디스토피아 작품이 현실의 문제를 경계하게 하므로 작품의 인기 현상이 긍정적이라고 언급한 점을 고려하여 ⓑ에 '예'라고 해야지.
③ 우려에도 불구하고 자극적인 장면이 현실의 문제점을 자각하게 하는 필수적인 장치라고 언급한 점을 고려하여 ⓒ에 '예'라고 해야지.
④ 디스토피아 작품이 회의주의에 빠지게 하므로 작품의 인기 현상이 부정적이라고 언급한 점을 고려하여 ⓓ에 '예'라고 해야지.
⑤ 충격적인 묘사에 반복적으로 노출되면 현실의 문제점을 무감각하게 받아들이게 된다고 언급한 점을 고려하여 ⓔ에 '예'라고 해야지.

86~88

2023학년도 6월 모의평가

다음은 작문 상황과 이를 바탕으로 학생이 작성한 초고이다. 물음에 답하시오.

○ 작문 상황: ○○ 지역 신문의 독자 기고란에 청소년 문제와 관련해 주장하는 글을 쓰려 함.

○ 초고

최근 감염병 유행에 따른 일상의 변화로 인해 무기력이나 우울과 불안 등의 부정적 감정을 겪는 청소년이 늘고 있다. 청소년기는 자아 정체성을 확립해 가는 시기로 부정적인 감정이 계속되면 부정적인 정체성을 형성할 우려가 있다. 그러므로 ⊙현 상황의 문제 해결을 위해 청소년을 위한 감정 관리 프로그램을 확대 실시해야 한다.

현재 우리 지역에서는 청소년의 감정 관리를 위해 전문 상담 기관을 운영하고 있다. 이를 근거로 청소년의 감정 관리 프로그램이 실시되고 있어 프로그램 확대 실시는 필요 없다고 주장할 수 있다. 하지만 기존의 감정 관리 프로그램은 소수의 청소년만을 대상으로 하며 전문적인 상담 활동만으로 시행된다는 한계가 있다.

감정 관리 프로그램은 청소년이 자신의 감정을 알아차리고 이해함으로써 상황에 따라 감정을 조절할 수 있도록 돕는 것을 목표로 한다. 청소년을 위한 감정 관리 프로그램의 실질적인 확대 실시를 위해서는 실시 대상의 확대와 활동 내용의 다양화라는 두 가지 방향에서 접근해야 한다. ⊙실시 대상의 확대가 필요한 이유는 부정적 감정을 겪는 청소년이 증가했고, 심각한 감정 상태임에도 기존의 전문 상담 기관을 찾지 않는 청소년이 있기 때문이다. 그리고 ⓒ활동 내용의 다양화가 필요한 이유는 부정적 감정과 관련한 청소년 개개인의 다양성을 고려하여 보다 다양하고 단계적인 활동을 마련해야 청소년의 개인적 특성에 맞는 감정 관리 활동을 선택할 수 있기 때문이다.

[A] 요컨대 청소년 문제에 적극적으로 대응하고 청소년이 심리적으로 건강한 청소년기를 보낼 수 있도록 대상을 모든 청소년으로 확대하여 감정 관리 프로그램을 실시해야 한다. 이를 위해 지역 구성원의 관심이 필요하다.

86 ▶ 24102-0086

2023학년도 6월 모의평가 43번

'초고'에 대한 설명으로 가장 적절한 것은?

① 문제의 원인을 항목별로 유형화하였다.
② 일반적 통념이 지닌 모순을 지적하였다.
③ 주장에 대해 예상되는 반론을 반박하였다.
④ 자신의 주장이 지닌 한계점을 제시하였다.
⑤ 다양한 문제 해결 방안의 장단점을 비교하였다.

87 ▶ 24102-0087

2023학년도 6월 모의평가 44번

〈보기〉는 '초고'를 보완하기 위해 추가로 수집한 자료이다. ⊙~ⓒ과 관련한 자료 활용 방안으로 적절하지 않은 것은?

• 보기 •

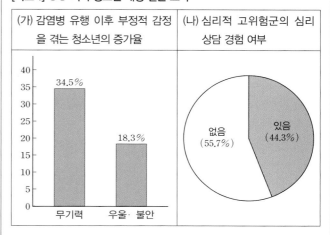

[자료 1] ○○ 지역 청소년 대상 설문 조사

(가) 감염병 유행 이후 부정적 감정을 겪는 청소년의 증가율	(나) 심리적 고위험군의 심리 상담 경험 여부
무기력 34.5%, 우울·불안 18.3%	없음 (55.7%), 있음 (44.3%)

[자료 2] △△ 학술지의 논문

청소년기에 부정적인 감정을 유발하는 환경에 자주 노출되면 뇌 성장이 저해된다. 뇌가 제대로 성장하지 않으면 감정을 과잉 표출하거나 위험한 행동을 하게 된다. 우울, 불안, 짜증 등이 지속되면 뇌의 해마가 손상되어 학습에 어려움이 생기고 학업 능력의 저하도 발생할 수 있다.

[자료 3] ○○ 지역 교육 상담 전문가 면담

"청소년을 대상으로 적용할 수 있는 감정 관리 프로그램으로는 마음 알아차리기, 감정 노트 쓰기, 독서 치료 등이 있습니다. 실제로 전교생을 대상으로 감정 노트 쓰기를 실시한 학교에서는 학생들의 부정적 감정이 감소되고 학교생활을 긍정적으로 인식하게 되었다는 연구 결과가 있습니다."

① [자료 1]의 (가)와 (나)를 활용하여, ⓒ이 필요한 이유를 뒷받침하는 자료로 부정적 감정을 겪는 청소년의 증가율과 심리 상담 경험이 없는 고위험군 청소년의 비율을 추가한다.
② [자료 2]를 활용하여, ⊙이 필요한 이유로 청소년기의 부정적 감정이 관리되지 않으면 뇌 성장이 저해될 수 있다는 점을 추가한다.
③ [자료 3]을 활용하여, ⓒ의 적용 방법으로 학교에서 학생들의 감정 관리를 돕기 위해 실시할 수 있는 구체적인 활동의 예를 제시한다.
④ [자료 1]의 (가)와 [자료 2]를 활용하여, ⊙이 필요한 이유로 부정적 감정을 겪는 청소년이 늘어난 현상이 학습 및 학업에 곤란을 겪는 청소년의 증가로 이어질 가능성이 있음을 추가한다.
⑤ [자료 1]의 (나)와 [자료 3]을 활용하여, ⓒ에 따른 기대 효과를 보여 주는 자료로 전문 상담 기관이 학생들의 부정적 감정 해소에 도움을 주었다는 연구 결과의 사례를 제시한다.

〈보기〉는 [A]를 고쳐 쓴 것이다. 그 과정에서 반영된 교사의 조언으로 가장 적절한 것은?

● 보기 ●

요컨대 부정적 감정을 겪는 청소년이 늘고 있는 상황에 적극적으로 대응하고 청소년이 긍정적 자아 정체성을 형성할 수 있도록 청소년 감정 관리 프로그램의 실시 대상을 확대하고 활동 내용을 다양화해야 한다. 이를 위해 청소년 감정 관리 문제에 지역 구성원 모두의 관심이 필요하다.

① 실행 방법이 나타나지 않았으니 글에서 언급한 실행 방법을 강조하는 게 어때?

② 예상 독자가 언급되지 않았으니 예상 독자에게 호소하며 글을 마무리하는 게 어때?

③ 해결 방안 중 일부만 제시되어 있으니 글에서 다룬 주장을 모두 포함하는 게 어때?

④ 앞서 논의한 내용과 거리가 있는 내용이 제시되어 있으니 이를 지우고 글의 요점을 제시하는 게 어때?

⑤ 해결 방안의 이점을 다루지 않았으니 실행을 통해 기대할 수 있는 변화를 구체적으로 드러내는 게 어때?

안녕하세요. 전통문화 연구원 ○○○입니다. 여러분은 자연의 풍경을 접한 채 음악을 들으면서 한가롭게 차를 마신 경험이 있으신가요? (청중의 반응을 확인한 후) 제가 생각한 것보다 많지 않군요. 그렇다면 한번 눈을 감고 상상을 해 보세요. (잠시 후) 마음이 평안해지지 않나요? 저는 오늘 여러분에게 정신적 여유로움을 담아낸 그림들을 소개하고자 합니다.

먼저 조선 중기에 창작된 이경윤의 「월하탄금도」를 소개하겠습니다. 고요하고 깊은 산속, 보름달 아래에서 거문고를 연주하며 차를 마시는 상상을 해 보시겠어요? (자료 제시) 여러분이 상상한 장면과 비슷한가요? 달빛이 고즈넉한 자연 공간을 채워 탈속의 느낌을 자아내고 있습니다. 이 공간에서 한 문사가 거문고를 어루만지고 다동이 차를 준비하고 있습니다. (자료의 해당 부분을 각각 지시) 거문고는 마음을 바르게 이끄는 것이고, 차는 정화를 위한 것입니다. 이 둘은 내면의 여유로움과 높은 정신의 경지를 나타내기도 합니다.

다음은 조선 후기 작품인 김홍도의 「전다한화」입니다. (자료 제시) 그림 속 인물과 소재에 주목해 앞의 그림과 유사한 점을 찾아보세요. 이 그림에서도 다동이 차를 준비하고 있죠. 그 왼편에서 책을 들고 있는 선비와 부채를 들고 있는 선비가 한가롭게 담소를 나누고 있는데 여유로움이 느껴집니다. (자료의 해당 부분을 각각 지시) 여기 기암괴석의 왼쪽에 파초가 있고 오른쪽에는 야자수가 있습니다. 이것들은 당대 문인들의 취향을 반영한 것으로 그림 속 인물들의 한가로움을 부각하고 있습니다. 그리고 이 그림에도 거문고가 있죠. 이 그림에서도 거문고는 인물들의 정신적 지향점을 나타냅니다.

이제 두 그림을 함께 보겠습니다. (두 자료를 한 화면에 함께 제시) 「월하탄금도」는 자연의 공간인 산속을, 「전다한화」는 인위적 공간인 정원을 배경으로 삼고 있습니다. 이처럼 두 그림은 공간의 성격이 서로 다릅니다. 하지만 두 그림은 모두 내면의 여유로움을 보여 주고 있습니다. 「월하탄금도」는 '은일'을 통해, 「전다한화」는 '망중한'을 통해 보여 주고 있죠. 그런데 '은일', '망중한'의 의미를 아시나요? (청중의 반응을 살피고) 모르시는 분이 많군요. '은일'은 속세를 떠나 숨어 한가롭게 지냄을, '망중한'은 바쁜 가운데의 한가한 틈을 의미합니다. 여기서 우리의 생활을 잠시 돌아볼까요? 일상에 파묻혀 바쁘게만 지내고 있지는 않나요? 그림 속 문인들처럼 차를 가까이하며 여유로움과 내면의 자유를 느껴 보시기를 바랍니다.

89 ▶ 24102-0089
2022학년도 10월 학력평가 35번

위 강연에 대한 설명으로 가장 적절한 것은?

① 청중이 당면할 수 있는 문제 상황들을 열거하며 실천을 권유하고 있다.

② 청중과 함께 공유한 경험을 환기하여 화제에 관한 청중의 관심을 유도하고 있다.

③ 청중에게 질문을 제시하고 청중의 반응을 확인하여 필요한 정보를 제공하고 있다.

④ 강연 중간중간에 청중이 강연의 내용을 이해할 때 주의해야 할 점을 제시하고 있다.

⑤ 강연에서 다룰 내용들의 순서를 안내하여 청중이 강연 내용을 예측하도록 돕고 있다.

90 ▶ 24102-0090
2022학년도 10월 학력평가 36번

강연자의 자료 활용 계획 중 위 강연에 반영되지 않은 것은?

〈자료 1〉 이경윤, 「월하탄금도」

〈자료 2〉 김홍도, 「전다한화」

① 〈자료 1〉을 보여 주며 그림 속 소재들에 대한 청중들의 감상 의견을 유형별로 나누어 분석한다.

② 〈자료 1〉의 소재들을 각각 지시하며 소재들이 그림에서 나타내고 있는 의미를 설명한다.

③ 〈자료 2〉를 보여 주며 〈자료 1〉과 유사한 점을 찾을 수 있도록 유도한다.

④ 〈자료 2〉의 소재들을 각각 지시하며 그림에 반영되어 있는 당대 문인들의 취향을 언급한다.

⑤ 〈자료 1〉과 〈자료 2〉를 함께 보여 주며 두 그림의 공간적 배경의 차이점을 제시한다.

91 ▶ 24102-0091
2022학년도 10월 학력평가 37번

다음은 위 강연을 들은 학생들의 반응이다. 이를 이해한 내용으로 적절하지 않은 것은? [3점]

> 학생 1: 미술 서적을 통해 「월하탄금도」의 거문고가 도연명의 고사와 관련이 있다고 알고 있어. 고사에 관한 내용을 기대했는데 이야기해 주지 않아 아쉬웠어.
>
> 학생 2: 두 그림의 제목이 지닌 의미를 설명했다면 강연 내용을 더 잘 이해할 수 있었을 텐데. 아쉽네. 하지만 오랜만에 강연을 통해 내 생활을 돌아보는 기회를 가질 수 있어 유익했어.
>
> 학생 3: 자연물을 소재로 삼은 그림 속 공간은 모두 자연의 공간이라고만 생각했었는데, 인위적인 정원도 그림 속 공간이 됨을 새롭게 알았어. 그리고 차를 소재로 삼은 그림을 감상할 때 정신적인 측면을 고려해야 함도 알았어.

① 학생 1은 강연 내용과 관련 있는 자신의 배경지식을 떠올리고 있다.

② 학생 2는 강연의 효용성을 근거로 강연을 긍정적으로 평가하고 있다.

③ 학생 3은 강연을 통해 새롭게 알게 된 정보를 통해 자신이 생각했던 바를 수정하고 있다.

④ 학생 1과 학생 2는 강연에서 다루면 좋았을 내용을 제시하며 아쉬워하고 있다.

⑤ 학생 1과 학생 3은 강연 내용과 관련하여 강연자가 언급하지 않은 내용을 추론하고 있다.

92~96

(가)는 학교 신문 동아리 학생들의 회의이고, (나)는 회의 내용을 바탕으로 작성한 글의 초고이다. 물음에 답하시오.

(가)

학생 1: 지난 회의에서 학생회가 주관하는 '친해지길 바라' 행사를 학교 신문에 싣기로 하고 관련 내용을 조사하기로 했잖아. 먼저 인터뷰한 내용을 공유한 후, 이를 바탕으로 초고의 내용 구성을 어떻게 할지 이야기해 보자.

학생 2: 학생회장은 이번 행사를 통해 감염병 유행 기간에 외로움을 느끼는 학생들을 돕고 싶다고 말했어. 그래서 학생회 임원들이 등교하는 학생들을 반갑게 맞이하는 프로그램을 준비한다고 해.

학생 3: ㉠인사하며 맞이하는 프로그램을 통해 학생들의 외로움을 달래 주려는 것 같은데, 짧게 인사를 나눈다고 외로움을 덜어 줄 수 있을까?

학생 2: 실제로 짧은 순간 친근감을 표현하더라도 혼자라는 느낌이 덜 든다는 연구 결과가 있더라고.

학생 1: 그렇구나. 바리스타 동아리와 요리 동아리는 점심시간에 학생 휴게실에 카페를 운영하기로 했어. 서로 이야기를 나눌 수 있도록 자리를 마련하는 건데, 친구의 이야기를 귀담아들을 수 있게 하는 적절한 방법 같아.

학생 2: ㉡직접 소통할 수 있는 기회를 제공한다는 점에서 좋은 방법 같은데, 특히 전자 기기에 빠져서 대면 소통이 부족한 학생들에게 도움이 될 것 같아.

학생 3: 또래 상담 동아리에서는 '행복한 대화 벤치'라는 프로그램을 진행해. 대화에 초대하는 팻말을 들고 벤치에 앉아 있으니 누구라도 와서 대화를 나눌 수 있도록 한대.

학생 2: ㉢대화에 초대하는 팻말을 들고 벤치에 앉아 있는 또래 상담 동아리 학생에게 대화하고 싶은 학생이 말을 걸면 된다는 거지?

학생 3: 응, 맞아.

학생 1: 행복한 대화 벤치 사례에 대한 글을 봤어. 이 사례를 신문 기사에서 활용하는 건 어때?

학생 3: ㉣그래, 독자의 흥미를 끌 수 있을 것 같으니까 구체적으로 어떤 내용인지 조사해 볼게.

학생 2: 공연 동아리들이 행사에 참여하기로 했다는 이야기 들었지? 자세한 내용은 내가 좀 알아볼게.

학생 1: 이제 각자 인터뷰한 내용을 모두 이야기한 거지? 그럼 내용 구성을 어떻게 하면 좋을지 말해 볼까?

학생 3: 학생들이 행사 정보를 잘 기억할 수 있게 학생의 이동 동선에 따라 행사 프로그램을 소개하고, 각 프로그램의 기대 효과를 덧붙이면 좋겠어.

학생 2: ㉤좋은 생각이야. 행사 개최의 이유를 밝히기 위해 기사 앞부분에 외로움의 위험성에 대해 언급하는 게 필요할 것 같아.

학생 1: 좋아. 지금까지의 의견을 종합해 내용을 구성하기로 하자. 기사문 작성을 위해 역할 분담은 어떻게 할까?

학생 3: 인터뷰 자료를 바탕으로 초고는 내가 써 볼게.

학생 2: 난 공연 동아리들의 프로그램을 조사해서 알려 줄게.

학생 1: 그럼 초고 검토는 내가 할게. 각자 조사한 자료의 출처가 믿을 만한지 확인해 줘.

(나)

[표제] 외로움 줄이고 친밀함 높이는 행사가 열려
[부제] 감염병으로 끊어진 관계를 연결하는 '친해지길 바라'

[전문] 학생회가 주관하고 희망하는 동아리들이 참여하는 '친해지길 바라' 행사가 진행될 예정이다.

[본문] 사람들 간의 상호 작용을 연구한 ○○○ 박사는 지속적인 외로움은 정신 건강은 물론이고 신체 건강도 위협한다고 말한다. 이에 학생회장은 '친해지길 바라'를 준비하면서 "이 행사를 통해 감염병 유행 기간에 다른 사람들과 제대로 교류하지 못해 외로움을 느끼는 학생들이 도움을 받았으면 좋겠다."라고 행사의 취지를 밝혔다. 이번 행사는 참여자들의 상호 소통을 중시하는 자율적인 성격의 프로그램들을 학생회와 여섯 개의 동아리가 준비하고 있다.

먼저 행사 기간 동안 등교 시간에 학교 정문에서는 학생회 임원들이 '친구야, 반가워!'를 외치며 학생들을 맞이할 예정이다. 서로 반갑게 인사를 주고받으며 혼자라는 느낌을 떨치고 활력을 얻을 수 있을 것으로 기대된다.

정문에서 학교 건물로 들어가는 길에 있는 벤치에는 누구라도 와서 말을 건넬 수 있다는 문구가 써 있다. 또래 상담 동아리에서 휴식 시간에 대화가 필요한 친구들을 이 벤치에서 만난다. '행복한 대화 벤치'는 영국에서 시작되었는데, 이를 통해 지역 주민들이 공동체와 자신이 연결되었다는 느낌을 받았다고 한다. 또래 상담 동아리도 영국의 '행복한 대화 벤치'에서처럼 학생들이 학교 공동체와 연결되어 있다는 느낌을 받도록 프로그램을 준비했다고 한다.

학교 건물 1층의 학생 휴게실에서는 점심시간에 바리스타 동아리와 요리 동아리가 함께 카페를 운영한다. 카페의 이용 규칙은 스마트폰과 같은 전자 기기를 카페 입구에 보관하는 것이다. 그리고 동아리에서 만든 음료와 간식을 들며 친구들과 이야기를 나눌 수 있다. 대화에 집중할 수 있는 환경에서 친구들과 친밀감을 높일 수 있게 한 것이다.

학교의 가장 안쪽에 있는 공연장에서는 수요일 방과 후에 사물놀이 동아리, 댄스 동아리, 연극 동아리가 각 동아리 특색을 살린 체험 활동을 진행한다. 학생들은 체험 활동을 통해 다양한 상호 작용을 직접 경험할 수 있을 것이다.

[A] ┌ 학생회장은 이번 행사를 계기로 외로움을 느끼는 학생들이 도움을 받았으면 좋겠다는 바람을 드러내었다. '친해지길 바라' 행사의 자세한 프로그램 내용, 운영 시간, 변경 사항 등은 학생회 누리 소통망에서 확인할 수 있다. └

92 ▶ 24102-0092
2022학년도 10월 학력평가 38번

대화의 흐름을 고려할 때, ㉠~㉤에 대한 이해로 적절하지 않은 것은?

① ㉠: 상대의 발화와 관련된 내용을 추측하며 프로그램 효과에 대한 의문을 드러내고 있다.

② ㉡: 상대의 발화 내용에 동의하며 프로그램의 도움을 받을 수 있는 대상이 누구인지 언급하고 있다.

③ ㉢: 상대의 발화 내용을 재진술하며 프로그램에 대해 자신이 이해한 바가 맞는지 확인하고 있다.

④ ㉣: 상대의 발화에 공감하며 프로그램에 대해 소개할 자료를 요청하고 있다.

⑤ ㉤: 상대의 발화를 긍정적으로 평가하며 자신의 의견을 덧붙이고 있다.

93 ▶ 24102-0093
2022학년도 10월 학력평가 39번

(가)의 '학생 1'에 대한 설명으로 가장 적절한 것은?

① 회의 중간에 논의된 사항을 정리하고 이에 대한 문제점을 지적한다.

② 지난 회의에서 논의된 사항을 환기하며 회의의 진행 순서를 제시한다.

③ 기사문의 내용을 확정하고 기사문 초고 작성을 위한 역할을 개인별로 배분한다.

④ 인터뷰 여부를 확인하고 인터뷰 자료를 효과적으로 공유할 수 있는 방안을 제안한다.

⑤ 자료 점검의 필요성을 제시하고 기사문에 활용할 자료의 출처를 점검하는 방법을 구체적으로 안내한다.

94 ▶ 24102-0094
2022학년도 10월 학력평가 40번

(가)와 (나)를 고려할 때, '학생 3'이 초고를 쓰기 위해 떠올렸을 생각으로 적절하지 않은 것은?

① 학생회장의 인터뷰를 직접 인용하여 행사의 취지를 드러내야겠다.

② 공연 동아리들의 프로그램에 대해 추가적으로 조사한 정보를 제시해야겠다.

③ 영국에서 시작된 '행복한 대화 벤치'를 들어 프로그램의 기대 효과를 제시해야겠다.

④ 회의에서 언급된 내용 구성 방법을 고려하여, 학생들의 이동 동선에 따라 프로그램을 소개해야겠다.

⑤ 회의에서 언급된 연구 결과를 뒷받침하기 위해, 전문가의 견해를 인용하여 외로움이 미치는 해악을 밝혀야겠다.

95 ▶ 24102-0095
2022학년도 10월 학력평가 41번

'학생 1'이 다음의 점검 기준에 따라 (나)를 점검한다고 할 때, 그 내용으로 적절하지 않은 것은?

점검 기준	점검 결과 (예/아니요)
• [표제]에서 행사의 목적을 나타냈는가?	ⓐ
• [부제]는 [표제]를 보완하는 기능을 하였는가?	ⓑ
• [전문]은 기사문을 요약적으로 제시하였는가?	ⓒ
• [본문]에서 행사 프로그램의 성격을 밝혔는가?	ⓓ
• [본문]에서 누가 무슨 내용의 프로그램을 진행하는지를 전달하였는가?	ⓔ

① [표제]에서 외로움을 줄이고 친밀함을 높이는 목적으로 행사가 열린다고 밝혔으므로 ⓐ에 '예'라고 해야지.

② [부제]에서 행사가 열리는 배경과 행사의 명칭을 담았으므로 ⓑ에 '예'라고 해야지.

③ [전문]에서 육하원칙을 모두 지켜 '친해지길 바라' 행사를 요약적으로 제시했으므로 ⓒ에 '예'라고 해야지.

④ [본문]에서 행사 프로그램이 상호 소통을 중시하는 자율적 성격임을 밝혔으므로 ⓓ에 '예'라고 해야지.

⑤ [본문]에서 학생회와 동아리가 무슨 프로그램을 진행하는지를 전달하였으므로 ⓔ에 '예'라고 해야지.

〈보기〉는 [A]를 고쳐 쓴 것이다. [A]를 〈보기〉와 같이 수정한 이유로 가장 적절한 것은?

● 보기 ●

행사 소식을 접한 학생들은 이번 행사를 계기로 한동안 잃어버렸던 일상 속 활기를 되찾을 수 있을 것이라며 행사에 꼭 참여하겠다는 뜻을 밝혔다. '친해지길 바라' 행사의 자세한 프로그램 내용, 운영 시간, 변경 사항 등은 학생회 누리 소통망에서 확인할 수 있다.

① 앞에서 이미 언급한 내용은 삭제하고 행사에 대한 학생들의 기대감을 드러내기 위해

② 글의 주제와 관련이 없는 정보를 삭제하고 행사에 대한 잘못된 정보는 바로잡기 위해

③ 글의 주제와 관련이 없는 정보를 삭제하고 학생들에게 행사 참여 방법을 소개하기 위해

④ 글의 주제와 관련이 없는 정보를 삭제하고 학생들에게 적극적인 행사 참여를 호소하기 위해

⑤ 앞에서 이미 언급한 내용은 삭제하고 학생들의 흥미를 끌 수 있는 행사 프로그램을 추가하기 위해

97~99 다음은 작문 상황을 바탕으로 작성한 학생의 초고이다. 물음에 답하시오.

[작문 상황] 산불이 확산되는 요인과 확산되는 것을 막는 방법을 탐구하는 글을 작성하려고 함.

[초고]

최근 10여 년 동안 우리나라에서 4,000건 이상의 산불이 발생하였다. 특히 최근에는 대형 산불의 발생 건수가 증가하였는데 이로 인해 훼손되는 산림의 면적도 넓어지고 있다. 또한 경제적 손실도 상당하다.

산불은 입산자들의 실화, 인근 주민의 쓰레기 소각 등 인위적 요인에 의해 발생하는 경우가 많지만 낙뢰, 나무들 간의 마찰 등 자연적 요인으로 발생하기도 한다. 대부분 산불의 피해는 작은 불씨가 큰 산불로 확산되어 발생한다. 산불을 확산시키는 요인에는 바람과 지형도 있지만 산림의 종류도 있다. 우리나라 산림은 소나무 중심의 침엽수림의 비율이 높다. 침엽수는 활엽수와 달리 겨울과 봄에도 잎이 가지에 붙어 있다. 따라서 산불이 발생하면 지상에서 낙엽층을 태우던 불이 가지와 잎을 타고 윗부분까지 번진다. 이러한 수관화가 발생하면 산불이 빠르게 확산되어 대형 산불로 이어진다.

산불의 확산을 막을 수 있는 방법 중의 하나로 숲 가꾸기를 들 수 있다. 낙엽을 긁어내는 것, 낮은 위치의 나뭇가지를 쳐 내는 것, 생장이 나쁜 나무를 솎아 내어 큰 나무 사이의 간격을 넓히는 것 등은 산불의 확산을 막을 수 있는 숲 가꾸기의 방법이다. 또한 내화 수림대를 조성하여 산불의 확산 속도와 강도를 낮추는 방법도 있다. 내화 수림대는 침엽수에 비해 상대적으로 산불에 잘 버티는 활엽수를 띠 형태로 심어 조성한 숲이다. 내화 수림대를 조성하면, 수관화로 번져 오던 산불이 내화 수림대에 막혀 더 이상 확산되지 못하고 산불의 강도가 현저히 떨어지게 된다.

[A]

97
▶ 24102-0097
2022학년도 10월 학력평가 43번

'초고'에 반영된 내용 조직 방법으로 가장 적절한 것은?

① 1문단에서 묻고 답하는 방식으로 산불 피해의 심각성을 강조하였다.

② 2문단에서 통념을 반박하는 방식으로 산불의 발생 원인을 제시하였다.

③ 2문단에서 사물에 빗대는 방식으로 수관화의 개념을 이해하기 쉽게 설명하였다.

④ 3문단에서 정보를 나열하는 방식으로 숲 가꾸기 방법을 제시하였다.

⑤ 3문단에서 대비의 방식으로 산불 확산을 해결하는 여러 방안의 장단점을 분석하였다.

98
▶ 24102-0098
2022학년도 10월 학력평가 44번

다음은 '초고'를 보완하기 위해 추가로 수집한 자료이다. 자료 활용 방안으로 적절하지 <u>않은</u> 것은? [3점]

Ⅰ. 전문가 인터뷰

"수관화가 한번 일어나면 화세가 강렬한 데다가 불씨가 멀리 날아가는 비화 현상을 일으킬 수 있어 산불이 넓은 지역으로 빠르게 번질 수 있습니다. 보통 수관화는 정유 물질을 포함하고 있는 침엽수림에서 많이 일어납니다. 따라서 산림 정책을 펼칠 때 침엽수와 활엽수가 혼합된 혼효림을 조성하는 방향으로 산림 정책을 변화시켜야 합니다."

Ⅱ. 신문 기사

○○ 지역에서 일어난 산불은 크게 확산되어 산림 피해 면적만 2만 923ha로 서울 면적의 41%에 해당한다. 이를 복원하는 데 산림은 20년, 토양은 100년의 시간이 필요하다고 한다. 피해액은 약 1,700억 원 규모로 잠정 집계되었다.

Ⅲ. □□ 연구소 자료

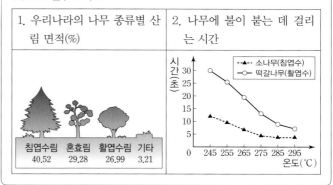

1. 우리나라의 나무 종류별 산림 면적(%)	2. 나무에 불이 붙는 데 걸리는 시간

① Ⅰ을 활용하여, 수관화가 발생하면 산불이 빠르게 확산된다는 2문단의 내용을 구체화한다.

② Ⅱ를 활용하여, 산불로 인한 피해가 심각하다는 것을 보여 주는 사례를 1문단에 추가한다.

③ Ⅲ-2를 활용하여, 내화 수림대 조성에 침엽수보다 활엽수가 사용된다는 3문단의 내용을 뒷받침한다.

④ Ⅰ과 Ⅲ-1을 활용하여, 산불 확산을 막는 방법으로 우리나라 산림 정책에 변화가 필요하다는 내용을 3문단에 추가한다.

⑤ Ⅱ와 Ⅲ-2를 활용하여, 산불을 확산시키는 요인에 바람과 지형 외에 토양과 수종이 있다는 내용을 2문단에 추가한다.

선생님의 조언을 반영하여 [A]를 작성한 내용으로 가장 적절한 것은?

선생님: 앞서 제시한 산불 확산 방지 방법의 효과를 비유적으로 표현하자. 그리고 산불 확산 방지에 관심을 가져야 하는 이유를 밝히며 글을 마무리하자.

① 산불의 발생을 막기 위해서는 사람들이 관행적으로 하는 불법 쓰레기 소각 행위, 입산 중 불씨를 취급하는 행위를 하지 말아야 한다. 우리의 실천이 산불을 진압하는 소화기가 된다.

② 숲 가꾸기와 내화 수림대 조성은 산불 확산을 막을 수 있는 방패가 된다. 우리의 자연과 재산을 지킬 수 있도록 산불 확산 방지에 관심을 가져야 한다.

③ 숲은 가꾸어 주어야 할 시기를 놓치면 자연으로서의 가치가 낮아진다. 농가의 피해를 최소화하기 위해서는 산불의 발생을 막는 것이 중요하다.

④ 산불은 일어나는 것을 막는 것도 중요하지만 번지지 않게 막는 것도 중요하다. 산불 확산 방지에 대한 관심이 중요한 때이다.

⑤ 숲은 우리의 건강을 책임지는 보약이다. 숲을 잘 가꾸어 아름다운 숲을 우리 후손들에게 물려줄 수 있도록 해야 할 것이다.

100~102 다음은 학생의 발표이다. 물음에 답하시오.

안녕하세요? 이번 시간에 발표를 맡은 ○○○입니다. 여기 모니터 화면을 보시죠. (시각 자료 1) 이 화면에 보이는 앱은 제 휴대 전화에 설치되어 있는 것입니다. 이 앱에 나타난 광고 창을 닫으려고 할 때에는 ○, × 버튼 중 누구나 × 버튼을 누르게 될 텐데요, 이 광고 창에서는 × 버튼을 누르면 또 다른 광고 창으로 연결됩니다. 그래서 저는 이 앱을 사용할 때 제 의도와 다르게 광고 창을 열게 되는 경우가 종종 있습니다. 여러분도 저와 비슷한 경험을 하신 적이 있지 않나요? (청중의 반응을 확인하고) 그렇다면 저와 여러분은 '다크 패턴'에 속은 것입니다. 지금부터 다크 패턴에 대해 알려 드리겠습니다.

다크 패턴이란 이용자를 속이기 위해 교묘하게 웹이나 앱을 설계하는 것으로, 우리말로는 '눈속임 설계'라고 합니다. 다크 패턴에는 대표적으로 속임수 유형과 강요 유형이 있습니다. 속임수 유형은 이용자가 쉽게 속도록 하여 원래 의도했던 선택과 다른 선택을 하게 하는 것입니다. 앱에 가입하려 할 때 다른 앱을 설치하도록 유도하거나, 동영상 재생 버튼을 누르면 광고로 연결되는 것 등이 이에 해당합니다. 앞서 여러분이 화면을 보고 저에게 피해를 입은 적이 있다고 말해 주신 것이 속임수 유형에 해당한다고 볼 수 있습니다.

강요 유형은 이용자가 앱 설계자의 의도대로 선택을 하도록 여러 가지 방법을 사용하는 것입니다. 여기 화면을 보시죠. (시각 자료 2) 제가 가입한 이 앱을 해지해 보겠습니다. 여기에 있는 해지 버튼을 누르면 '지금까지 받아 온 많은 혜택을 모두 포기하실 건가요?'라는 문구가 나옵니다. 이런 식으로 이용자가 해지를 못 하게 유도하는 것이 강요 유형에 해당합니다. 이 외에도 다크 패턴에는 주의 분산 유형, 탐색 조작 유형 등 다양한 유형이 있습니다. 시간 관계상 다 소개하기 어려우니 관심이 있으신 분들은 한국소비자원 누리집을 참고하시기 바랍니다.

다크 패턴으로 인한 피해는 어느 정도일까요? 한국소비자원에서 발표한 자료에 따르면 조사한 앱 중 97%에서 1개 이상의 다크 패턴이 나타났고, 하나의 앱에서 6개까지 사용된 경우도 있었습니다. 이러한 다크 패턴으로 인해 이용자는 선택의 자율성을 침해받을 뿐만 아니라 금전적 손실, 개인 정보 유출 등의 피해를 받고 있습니다. 이런 다크 패턴에 속지 않도록 웹이나 앱에서 어떠한 선택을 할 때에는 항상 주의를 기울여야 피해를 예방할 수 있습니다. 이상으로 발표를 마치겠습니다. 감사합니다.

100 ▶ 24102-0100
2022학년도 3월 학력평가 35번

위 발표에 대한 설명으로 가장 적절한 것은?

① 발표할 내용의 순서를 발표의 앞부분에서 제시하고 있다.

② 청중의 요청에 따라 발표 내용에 대한 정보를 추가로 설명하고 있다.

③ 발표자 자신의 경험을 활용하여 발표에서 다룰 화제를 제시하고 있다.

④ 다양한 사례를 제시하여 설명한 내용에 대한 청중의 잘못된 이해를 바로잡고 있다.

⑤ 청중이 발표 내용을 이해했는지를 질문을 통해 확인하며 발표를 마무리하고 있다.

101 ▶ 24102-0101
2022학년도 3월 학력평가 36번

다음은 발표자가 위 발표를 준비하면서 작성한 메모이다. ㉠~㉤을 바탕으로 하여 발표에서 사용한 발표 전략으로 적절하지 않은 것은?

> ○ 목적: 수업 시간에 정보 전달을 하기 위한 발표임. ·············· ㉠
>
> ○ 장소: 모니터가 설치된 교실임. ······························· ㉡
>
> ○ 예상 청중
>
> 1. 다크 패턴에 대해 잘 알지 못할 수 있음. ············· ㉢
>
> 2. 다크 패턴으로 인한 피해를 입은 경험이 있을 것임. ········· ㉣
>
> ○ 발표 시간: 발표 시간의 제약이 있으므로 발표할 내용의 분량을 조절해야 함. ····································· ㉤

① ㉠: 발표에 사용된 자료의 출처를 밝혀 청중에게 전달되는 정보의 신뢰성을 높인다.

② ㉡: 교실에 있는 모니터 화면으로 휴대 전화의 앱을 보여 주어 정보의 전달 효과를 높인다.

③ ㉢: 청중의 이해를 돕기 위해 다크 패턴의 개념과 우리말로 된 용어를 함께 제시한다.

④ ㉣: 다크 패턴의 유형을 소개하는 데 청중이 피해를 겪은 경험을 활용한다.

⑤ ㉤: 발표 시간을 고려해 다크 패턴의 피해를 예방하는 방법을 도식화한 자료를 제시한다.

102 ▶ 24102-0102
2022학년도 3월 학력평가 37번

다음은 위 발표를 들은 학생들의 반응이다. 학생의 반응을 이해한 내용으로 적절하지 않은 것은? [3점]

> 학생 1: 그동안 몰랐던 다크 패턴에 대해 많은 것을 알게 되어서 좋았어. 다크 패턴은 인간의 심리와 관련이 있는 것 같아. 이에 대해 알고 싶은 것이 있으니 조사해 보아야겠어.
>
> 학생 2: 어제 무료 앱을 설치했는데 원하지 않던 앱도 함께 설치되어 그것이 무엇인지 알아봤어. 그리고 속임수 유형에 대한 발표 내용이 정확한지도 조사해 봤는데, 내가 알아본 것과 내용이 일치해서 신뢰감이 들었어.
>
> 학생 3: 다크 패턴에 관하여 많은 정보를 확인할 수 있는 누리집을 알게 되어 유익했어. 지금 내 휴대 전화에 있는 앱에도 다크 패턴이 적용되어 있는지 확인해 보아야겠어.

① 학생 1은 발표 내용과 관련해 궁금한 점을 더 조사해야겠다고 생각하고 있군.

② 학생 2는 발표에서 속임수 유형에 대해 설명한 내용이 정확한지 평가하고 있군.

③ 학생 3은 발표 내용을 바탕으로 자신의 현재 상황을 점검하려 하고 있군.

④ 학생 1과 학생 3은 발표를 통해 얻은 정보를 긍정적으로 평가하고 있군.

⑤ 학생 2와 학생 3은 발표에서 들은 정보를 사실과 의견으로 구분하고 있군.

103~107

(가)는 한 학생이 학생회 누리집 게시판에 올린 글이고, (나)는 (가)를 읽은 학생회 학생들이 나눈 대화이다. 물음에 답하시오.

(가)

안녕하세요. 며칠 전 다목적실의 리모델링을 앞두고 학생회에서 다목적실의 활용 방안을 논의하는 데 참관했던 ○○○입니다. 그때 논의에서는 다목적실을 학생 휴게실로 바꾸자는 측과 기존처럼 학습 공간으로 사용하자는 측의 대립이 있었는데, 의견 차이만 확인하고 결론은 내리지 못했습니다. 양측에서 자신의 입장만 내세우는 문제가 있고 논의 태도에도 문제가 있다는 생각이 들어, 학생회 활동에 대한 학생의 의견을 듣는 게시판에 이 글을 쓰게 되었습니다.

먼저 논의 내용을 간략하게 요약하면, 다목적실을 학생 휴게실로 바꾸어야 한다는 측은 쾌적한 환경에서 편하게 대화를 하며 스트레스를 줄일 수 있는 공간에 대한 학생들의 요구가 있다는 점을 근거로 들었습니다. 그리고 학습 공간으로 사용하자는 측은 점심시간에 학생들이 편리하게 이용할 수 있는 학습 공간이 부족해 교내 학습 공간의 확보에 대한 학생들의 요구가 있다는 점을 근거로 들었습니다.

양측은 각자 자신의 주장을 뒷받침하는 타당한 근거를 제시했습니다. 그런데 양측 모두 자신의 주장과 상대방의 주장을 절충하기 위한 방안을 고민하지 않았습니다. 학생회라면 학생 모두의 복지를 고려해야 합니다. 다목적실은 일부 학생을 위한 공간이 아니라 학생 전체를 위한 복지 공간입니다. 따라서 학생회는 학생 모두를 위한 다목적실의 활용 방안을 고민해야 합니다.

양측의 주장을 절충할 수 있는 현실적인 방안으로 리모델링을 할 때 다목적실을 학습 공간과 휴게 공간으로 나누는 방법이 있습니다. 공간을 구분하면 각 공간을 이용하는 학생들이 좁다는 느낌을 받을 수 있겠지만 양측의 요구를 모두 충족할 수 있습니다. 곧 리모델링을 시작하는 만큼 제 의견을 참고해 구체적인 공간 활용 방안을 논의하면 좋겠습니다. 다음에는 협력해서 방안을 마련하기 바랍니다.

지난 논의에서는 다목적실을 학생 휴게실로 바꾸자는 측과 학습 공간으로 계속 사용하자는 측 모두 서로의 입장을 이해하려는 노력이 부족하다는 것을 느꼈습니다. 양측이 열린 마음으로 상대 입장을 배려하며 논의에 임해야 학생 모두를 위한 방안을 마련할 수 있을 것입니다. 읽어 주셔서 감사합니다.

(나)

학생 1: 리모델링 이후의 다목적실 활용 방안에 대해 다시 이야기해 보자. 지난 논의에 대해 비평하는 글 읽어 봤니? 나는 특히 글의 마지막 부분에 공감하면서 읽었어. 논의 과정에서 상대방의 입장을 고려하지 않아 문제가 해결되지 않고 오히려 갈등이 고조되는 걸 느꼈거든. 너희들은 논의할 때 어땠어?

학생 2: 그 글을 읽으며 내 태도를 되돌아봤어. 내가 너무 일방적으로 내 생각만 내세웠던 것 같아. 다목적실이 학습 공간으로만 사용되는 것에 평소 불만이 있어서, 다목적실을 학습 공간으로 사용하고 싶어 하는 학생들이 많다는 점을 고려하지 않았어. 상대방의 입장을 배려하며 방안을 찾아야 했어.

학생 3: 난 점심시간에 다목적실을 학습 공간으로 편리하게 이용할 수 있어서 정말 좋았거든. 그래서 다목적실을 학생 휴게실로 바꾸자는 주장에 거부감이 들었어. 하지만 글에도 나왔듯이 다목적실은 학생 모두의 복지를 위한 공간이니까 휴게 공간을 필요로 하는 학생들의 입장도 고려해야 했어.

학생 1: 그럼 이제 양측의 입장을 절충해 좋은 방안을 마련할 수 있도록 협의해 보자. 글에 제시된 필자의 의견처럼 다목적실을 학습 공간과 휴게 공간으로 나누는 건 어떨까?

학생 3: 그러면 글에서도 우려한 것처럼 각각의 공간이 좁을 것 같아. 다목적실을 학습 공간으로 운영하는 시간과 휴게 공간으로 운영하는 시간을 구분하는 게 더 낫겠어.

학생 2: 다목적실을 시간대별로 학습 공간과 휴게 공간으로 운영하자는 의견에는 동의해. 그런데 그렇게 운영하기 위해서는 많은 학생이 수긍할 수 있는 기준이 필요해.

학생 3: 그래, 기준이 필요하겠다. 다목적실에서 공부하는 학생들이 가장 많을 때는 점심시간인 것을 고려하자. 그 시간에는 학습 공간으로 운영하고, 수업 사이의 쉬는 시간에는 휴게 공간으로 운영하는 건 어때?

학생 2: 공부하는 학생들을 고려하는 건 좋아. 하지만 점심시간은 수업 사이의 쉬는 시간보다 길어. 그 시간에 친구들과 대화하고 싶은 학생들의 마음도 존중해 줬으면 해. 투명 칸막이로 공간을 분리해서 대화 공간을 따로 만들면 좋겠어. 그렇게 하면 점심시간에 다목적실에서 친구들과 대화하기를 원하는 학생들의 요구가 수용될 수 있고 공간이 좁다는 느낌도 완화될 수 있을 거야. **[A]**

학생 3: 좋은 생각이다. 투명 칸막이 설치를 어떻게 할지 방법을 찾아봐야겠어.

학생 1: 나도 동의해. 이제 서로 다른 생각을 잘 절충해서 좋은 방안이 나온 것 같아. 점심시간에는 학습 공간과 휴게 공간으로 분리해 운영하고, 쉬는 시간에는 다목적실을 휴게 공간으로 운영하자. 다른 학생들에게 이 방안에 대해 어떤지 물어보고 많은 학생이 동의하면, 다목적실을 리모델링할 때 투명 칸막이를 설치해 공간을 분리해 달라고 학교에 건의해 보자. 오늘 협의는 이것으로 마무리하자.

103
▶ 24102-0103
2022학년도 3월 학력평가 38번

(가)를 쓰기 위해 세운 글쓰기 계획 중 글에 반영되지 않은 것은?

① 다목적실 활용 방안에 대한 논의에 참관해 갖게 된 문제의식을 밝혀야겠군.

② 다목적실 활용 방안에 대한 논의의 진행 순서가 잘못되었음을 지적해야겠군.

③ 다목적실 활용 방안에 대한 논의에서 대립한 두 주장의 근거를 요약해야겠군.

④ 다목적실 활용 방안에 대해 논의할 때 학생회 학생들이 지녀야 할 태도를 제시해야겠군.

⑤ 다목적실 활용 방안에 대해 논의할 때 학생 복지를 위해 학생회에서 고려해야 할 점을 제시해야겠군.

104
▶ 24102-0104
2022학년도 3월 학력평가 39번

(가)의 작문 맥락을 파악한 내용으로 가장 적절한 것은?

① 1문단에서 다목적실의 활용 방안에 대한 논의가 어떻게 마무리되었는지를 설명하고 있으므로, 공동체의 현안에 대해 조사한 내용을 보고하는 것이 작문 목적임을 알 수 있다.

② 2문단에서 다목적실을 학생 휴게실로 바꾸자는 주장을 먼저 서술하고 있으므로, 필자가 공동체의 현안에 대한 두 주장 중 한쪽을 다른 한쪽보다 중시하고 있음을 알 수 있다.

③ 3문단에서 다목적실을 학생들의 복지 공간으로 규정하고 있으므로, 공동체의 현안으로부터 파생될 수 있는 문제점들을 설명하는 것을 작문 주제로 삼았음을 알 수 있다.

④ 4문단에서 다목적실의 활용 방안을 다음 논의에서 마련하기를 바란다고 주문했으므로, 공동체의 현안 해결과 관련된 구성원을 예상 독자로 설정하고 있음을 알 수 있다.

⑤ 5문단에서 다목적실 활용 방안 마련의 어려움을 밝히고 있으므로, 공동체의 현안과 관련된 개인의 일상적 자기 성찰을 기록하는 데 적합한 작문 매체를 선택했음을 알 수 있다.

105
▶ 24102-0105
2022학년도 3월 학력평가 40번

〈보기〉는 (나)에 따라 작성한 건의문이다. 〈보기〉를 작성할 때 고려한 내용으로 적절하지 않은 것은? [3점]

● 보기 ●

교장 선생님, 안녕하세요.

학생회에서는 리모델링을 앞두고 있는 다목적실의 활용 방안을 협의했습니다. 그 방안은 쉬는 시간에는 다목적실을 휴게 공간으로 운영하고, 점심시간에는 학습 공간과 휴게 공간으로 분리해 운영하는 것입니다.

이러한 운영 방안에 대한 동의 여부를 온라인 투표를 활용해 학생들에게 물었습니다. 그 결과 전체 학생의 85%가 투표에 참여했으며, 그중 90%에 이르는 학생들이 해당 방안에 찬성했습니다. 자세한 설문 조사 결과는 학생회 누리집 게시판에서 확인하실 수 있습니다.

앞서 제시한 방안대로 다목적실을 활용한다면 학생들의 스트레스를 줄일 수 있고, 부족한 학습 공간도 확보할 수 있습니다. 그런데 이를 위해서는 학교에서 다목적실을 리모델링할 때 투명 칸막이를 이용해 휴게 공간과 학습 공간으로 공간을 분리해 주셔야 합니다. 많은 학생이 바라고 있는 만큼 저희의 건의를 꼭 들어주시면 좋겠습니다. 감사합니다.

① 학생회에서 마련한 다목적실의 활용 방안에 대해 학생들의 동의 여부를 조사한 결과를 제시한다.

② 다목적실의 활용 방안을 논의하는 과정에서 대두된 학생들의 갈등을 건의의 배경으로 제시한다.

③ 건의 내용을 제시하면서 학생들의 바람을 언급하여 건의 내용을 수용해 줄 것을 강조한다.

④ 학생회에서 제안한 다목적실의 활용 방안이 실현되었을 때 예상되는 효과를 제시한다.

⑤ 학생회에서 다목적실의 활용 방안에 대해 협의한 결과를 소개한다.

106 ▶ 24102-0106

(나)의 '학생 1'에 대한 설명으로 적절하지 않은 것은?

① (가)에서 언급한 논의 내용에 근거하여 그 내용과 다른 의견을 가진 학생을 비판하고 있다.

② (가)의 내용을 다른 학생들이 읽었는지 확인하고 (가)의 내용에 공감하는 태도를 드러내고 있다.

③ (가)의 필자의 입장을 취해 다른 학생들이 (가)에서 제시한 방안에 대해 의견을 개진하도록 유도하고 있다.

④ (가)의 내용과 관련해 지난 논의에서 자신이 느낀 바를 제시하며 그에 대한 다른 학생들의 의견을 묻고 있다.

⑤ (가)의 제언에 따라 협의한 결과 적절한 방안이 마련되었다고 판단하고 그 방안에 대한 실천 과제를 제안하고 있다.

107 ▶ 24102-0107

대화의 흐름을 고려할 때, [A]에 대한 이해로 가장 적절한 것은?

① '학생 3'은 '학생 2'의 의견을 재진술하면서 문제 상황을 구체적으로 언급하고 있다.

② '학생 3'은 '학생 2'의 의견에 동의하면서 의견을 뒷받침할 다른 근거를 요구하고 있다.

③ '학생 2'는 '학생 3'의 의견에 이의를 제기하면서 근거의 출처를 문제 삼고 있다.

④ '학생 2'는 '학생 3'의 의견에 일부 동의하면서 자신의 의견을 추가로 제시하고 있다.

⑤ '학생 2'는 '학생 3'의 의견을 따랐을 때 예상되는 문제점을 여러 관점에서 열거하며 입장의 변화를 요구하고 있다.

108~110

(가)는 편집장이 기자에게 보낸 요청이고, (나)는 그에 따라 기자가 작성한 초고이다. 물음에 답하시오.

(가) 편집장의 요청

정부, 기업, 그리고 소비자의 측면에서 식품 안전을 지키기 위한 기획 기사를 연재하고 있습니다. 이와 관련하여 '식품 이력 추적 관리 제도의 활성화 방안'을 주제로 글을 써 주세요. 글에는 ㉠제도의 취지, ㉡제도의 취지가 잘 살지 못하는 이유, ㉢제도의 취지를 살릴 수 있는 방안을 포함해 주세요.

(나) 초고

식품 이력 추적 관리 제도는 식품의 제조, 가공, 판매의 각 단계별 이력 정보를 기록하고 관리하는 제도이다. 이 제도는 소비자에게 이력 정보를 제공함으로써 소비자가 안전한 식품을 선택할 수 있도록 하고, 식품의 안전성에 문제가 발생했을 때 신속하게 유통을 차단하고 문제가 된 식품을 회수할 수 있도록 하기 위해 만들어졌다. 그러나 현실에서는 이 제도가 활성화되지 못해 문제점이 발생하고 있다.

식품 이력 추적 관리 제도의 취지가 제대로 살지 못하는 이유로는 첫째, 소비자가 식품 이력 정보를 이용하기 어렵다는 점을 들 수 있다. 식품 이력 정보는 식품 이력 관리 시스템에서 조회할 수 있는데, 조회하는 방법이 번거로워 소비자들이 쉽게 이용하지 못하기 때문이다. 둘째, 소비자가 식품 이력 관리 시스템에서 원하는 식품 이력 정보를 확인할 수 없는 경우가 많다. 식품 이력 추적 관리 제도는 식품을 이력 정보 의무 등록 식품과 자율 등록 식품으로 구분하는데, 후자의 경우 등록률이 매우 저조해서 소비자가 원하는 정보를 찾기 어렵다.

식품 이력 추적 관리 제도의 취지를 살리려면 어떻게 해야 할까? 관계 기관에서는 식품 이력 정보 조회 방법을 간소화할 수 있는 방안을 마련해서 소비자가 쉽게 이용할 수 있게 해야 한다. 그리고 자율 등록 식품을 취급하는 업체가 이 제도에 더 적극적으로 참여하도록 하여야 한다. 이를 위해 정부에서는 참여 업체에 더 많은 지원을 해야 한다.

[A] 식품 이력 추적 관리 제도를 활성화하기 위해서는 정부와 식품 업체가 적극적으로 노력해야 한다. 그래야 이 제도의 취지를 더 잘 살릴 수 있을 것이다.

108
▶ 24102-0108
2022학년도 3월 학력평가 43번

(나)에서 ㉠~㉢을 작성할 때 고려한 내용으로 가장 적절한 것은?

① ㉠: 최근에 논란이 되었던 사례를 활용하여 제도의 시행 목적을 제시하고 있다.

② ㉡: 의무 등록 식품과 자율 등록 식품의 구분 기준을 항목화하여 제시하고 있다.

③ ㉡: 정보 이용의 측면에서 소비자가 겪고 있는 어려움을 두 가지로 나누어 제시하고 있다.

④ ㉢: 다양한 해결 방안의 장단점을 비교하여 제시하고 있다.

⑤ ㉢: 조회 순서에 따라 식품 이력 정보 조회를 간소화하는 방안을 단계적으로 제시하고 있다.

109
▶ 24102-0109
2022학년도 3월 학력평가 44번

〈보기〉는 편집장의 조언에 따라 [A]를 고쳐 쓴 글이다. [A]를 〈보기〉로 고쳐 쓸 때 반영한 편집장의 조언으로 가장 적절한 것은?

● 보기 ●

식품 이력 추적 관리 제도의 취지를 잘 살리기 위해서는 정부와 식품 업체가 노력해야 하지만, 소비자도 이 제도를 적극적으로 활용해야 한다. 소비자가 식품 안전을 위해 자신들이 날마다 먹고 마시는 식품의 이력 정보에 관심을 가지고 이 제도를 적극적으로 활용할 때 이 제도는 활성화될 수 있을 것이다.

① 기획 연재의 의도를 살리기 위해 소비자가 기울여야 할 노력이 포함되도록 써 주시면 좋겠어요.

② 글에 균형 잡힌 관점이 드러나도록 식품 업체가 얻게 되는 긍정적 효과가 드러나게 써 주시면 좋겠어요.

③ 글의 설득력을 높이기 위해 식품 안전의 중요성을 널리 알릴 수 있는 정부의 방안이 포함되도록 써 주시면 좋겠어요.

④ 글의 주제를 강조하기 위해 식품 이력 추적 관리 제도의 취지를 살리는 정부의 지원 방안을 정리하여 써 주시면 좋겠어요.

⑤ 글의 완결성을 높이기 위해 소비자가 식품 이력 추적 관리 제도에 관심을 가지지 못하게 된 이유가 포함되도록 써 주시면 좋겠어요.

110
▶ 24102-0110
2022학년도 3월 학력평가 45번

다음은 (나)를 보완하기 위해 수집한 자료이다. 자료의 활용 방안으로 적절하지 <u>않은</u> 것은?

Ⅰ. 전문가 인터뷰

대부분의 식품은 식품 이력 추적 관리 번호를 식품 포장지에서 찾기도 어려우며 일단 찾아낸 번호를 통해 조회를 하려 해도 숫자를 일일이 입력해야 합니다. 그런데 일부 기업은 식품에 QR 코드를 사용하여 편리하게 식품 이력 정보를 확인하게 하고 있습니다. 이처럼 QR 코드를 사용하는 것이 보편화될 수 있게 관계 기관이 주도적인 역할을 해야 합니다.

Ⅱ. 신문 기사

보건 당국은 한 달 전 50여 곳의 학교에서 발생한 2,000여 명의 대규모 식중독 의심 사고의 원인이 케이크 크림 제조에 사용된 식재료 오염이었다고 발표했다. 문제가 된 식품은 식품 이력 추적 관리 제도의 자율 등록 대상 품목으로, 해당 업체는 식품 이력 정보의 추적을 위한 정보를 관련 시스템에 등록하지 않아 피해를 확산시켰다.

Ⅲ. 설문 조사

1. 소비자가 식품 이력 추적 관리 제도를 알게 된 경로	2. 기업이 식품 이력 추적 관리 제도에 자율적으로 참여하지 않는 이유

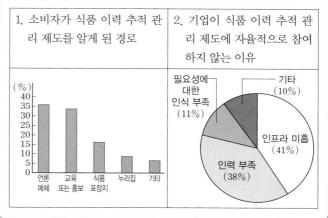

① Ⅰ을 활용하여, 소비자가 식품 이력 관리 시스템에서 식품 이력 정보를 확인하는 데 불편함을 겪고 있다는 2문단의 내용을 구체화한다.

② Ⅰ을 활용하여, 식품 이력 정보의 조회 방법을 간소화할 수 있는 방안에 관한 3문단의 내용을 보완한다.

③ Ⅱ를 활용하여, 식품 이력 추적 관리 제도가 활성화되지 못해 초래된 문제점의 사례를 1문단에 추가한다.

④ Ⅲ-1을 활용하여, 식품 이력 추적 관리 제도의 활성화를 위해 이 제도에 대한 교육 및 홍보를 강화해야 한다는 3문단의 내용을 뒷받침한다.

⑤ Ⅲ-2를 활용하여, 자율 등록 식품의 등록을 유도하기 위한 정부의 지원 방안에 인프라 확충, 인력 지원 등이 있다는 내용을 3문단에 추가한다.

111~113 다음은 학생의 발표이다. 물음에 답하시오.

안녕하세요? 오늘 발표를 맡은 ○○○입니다. 저는 얼마 전 읽은 책에서 17세기의 우리 음식 중 흥미로운 음식을 발견하여 '17세기의 두 가지 음식'을 발표 주제로 정했습니다. 혹시 『음식디미방』이라는 책을 알고 계신가요? (청중의 반응을 보며) 예상대로 아는 분이 많지 않으시네요. 이 책은 1670년경에 쓰인 한글 음식 조리서로, 당대의 음식을 알 수 있는 대표적인 자료인데요, '음식디미방'이란 '음식의 맛을 아는 방법'이라는 뜻입니다. 지금부터 책에 실린 음식 중 석류탕을 먼저 소개한 후 난면을 소개하겠습니다.

먼저 화면을 보시죠. (화면에 사진을 보여 주며) 어떤 음식에 더 관심이 있으신가요? (청중의 대답을 듣고 화면을 넘기며) 네, 여러분이 관심을 보이시는 이 사진이 '석류탕'입니다. 여기서 석류는 여러분이 알고 계신 바로 그 과일의 이름입니다. 석류탕은 석류 모양으로 빚은 만두를 넣어 만든 음식이기 때문에 붙여진 이름이지요. 석류탕은 꿩고기, 무, 표고 등에 간장과 후춧가루를 넣고 볶아 만두소를 만들고, 밀가루로 만든 피에 만두소와 잣가루를 넣어 석류 모양의 만두를 빚은 뒤 맑은장국에 넣어 끓여 낸 음식입니다.

(화면을 넘기고) 이 사진은 '난면'입니다. '계란' 할 때의 '란', '냉면' 할 때의 '면'입니다. 난면은 계란 흰자와 밀가루를 반죽한 후 썰거나 분틀에 눌러 면을 만들고 이를 삶아 낸 다음 꿩고기를 삶은 국물에 그 면을 말아 만든 음식입니다.

지금까지 17세기의 두 가지 음식을 소개했습니다. 『음식디미방』에는 두 음식을 포함하여 총 146가지의 음식이 면병류, 어육류, 주국방문 및 초류, 이 세 가지로 나뉘어 소개되어 있습니다. 면병류는 밀가루로 요리한 종류, 어육류는 생선과 고기를 요리한 종류, 주국방문 및 초류는 술과 식초 종류를 말합니다. 제가 소개한 것은 어육류에 속하는 음식이었습니다. 이 외에 다른 음식에 관심 있으신 분은 책을 보시면 흥미로운 음식들을 발견할 수 있을 겁니다. 제 발표는 여기서 마무리하겠습니다. 감사합니다.

111 ▶ 24102-0111

위 발표에 대한 설명으로 가장 적절한 것은?

① 두 가지 음식에 대해 발표한 내용을 중간중간 요약하고 있다.
② 소개한 두 음식에 대해 추가로 자료를 탐색할 것을 권유하고 있다.
③ 소개한 조리법을 활용하여 만들 수 있는 다른 음식들의 예를 들고 있다.
④ 발표자 자신의 경험과 관련하여 발표 주제의 선정 동기를 밝히고 있다.
⑤ 언급한 책의 역사적 가치를 전문가들의 서로 다른 견해를 인용하며 설명하고 있다.

112 ▶ 24102-0112

다음은 발표자가 위 발표를 준비하면서 작성한 메모이다. ㉠~㉤을 바탕으로 하여 발표에서 사용한 발표 전략으로 적절하지 않은 것은?

〈상황 분석〉
○ 수업 시간에 이루어지는 정보 전달 목적의 발표임. ·············· ㉠
○ 발표 장소는 대형 모니터가 설치된 교실임. ·············· ㉡
○ 청중이 『음식디미방』이라는 책을 잘 알지 못할 것임. ·············· ㉢
○ 청중이 음식 이름에 익숙하지 않을 것임. ·············· ㉣

〈실행 계획〉
○ 청중의 반응을 고려하여, 발표할 내용의 순서나 분량을 조정할 수 있음. ·············· ㉤

① ㉠: 청중이 발표 내용을 신뢰할 수 있도록 발표에서 다루려는 음식이 소개된 문헌을 밝힌다.
② ㉡: 전달 효과를 높이기 위해 모니터를 활용해 사진을 화면으로 제시하며 설명한다.
③ ㉢: 책에 대한 청중의 사전 지식을 점검하고, 책에 대한 이해를 돕기 위해 책의 집필 시기와 책 제목의 의미를 밝힌다.
④ ㉣: 청중의 이해를 돕기 위해 청중에게 익숙한 단어를 사용하여 음식의 이름을 설명한다.
⑤ ㉤: 청중과의 상호 작용으로 파악한 청중의 관심을 반영하기 위해, 도입부에서 안내한 발표 순서를 바꾸어 소개한다.

113 ▶ 24102-0113
2022학년도 수능 37번

〈보기〉는 위 발표를 들은 학생들의 반응이다. 〈보기〉에 드러난 학생들의 듣기 방식으로 가장 적절한 것은?

● 보기 ●

학생 1: 석류탕과 난면을 조리할 때 모두 꿩고기를 재료로 사용하는 걸 보니 당시에는 꿩고기가 구하기 쉬웠나 봐.

학생 2: 석류탕에서 만두 만드는 방법이 내가 아는 만두 만드는 방법과 크게 다르지 않네.

학생 3: 석류탕이 어육류에 속하는 걸 보니 고기를 핵심적인 재료로 간주해서 분류한 것 같아.

① 학생 1은 학생 2와 달리 발표에서 음식 재료를 설명한 내용이 정확한지 평가하며 들었다.

② 학생 2는 학생 1과 달리 자신이 알고 있는 조리법과 비교하며 제시된 정보를 사실과 의견으로 구분하며 들었다.

③ 학생 2는 학생 3과 달리 발표자가 두 번째로 소개한 음식의 조리법에 대한 발표 내용을 배경지식을 바탕으로 예측하며 들었다.

④ 학생 1과 학생 3은 모두 발표 내용과 관련하여 발표자가 언급하지 않은 내용을 추론하며 들었다.

⑤ 학생 2와 학생 3은 모두 사전 경험을 바탕으로 발표 내용의 효용성을 점검하며 들었다.

114~118
2022학년도 수능

(가)는 한 학생이 학생회 누리집 게시판에 올린 글이고, (나)는 (가)를 읽은 학생회 학생들이 나눈 대화이다. 물음에 답하시오.

(가)

안녕하세요. 저는 올해 학생회에서 개최하는 토론 한마당에 참가하고자 하는 ○○○입니다. 토론 한마당을 담당하는 학생회 운영진에게 토론 한마당 예선 방식의 개선을 건의하고자 게시판에 글을 쓰게 되었습니다.

학생회가 진행해 온 토론 한마당은 예선과 본선에서 항상 많은 청중이 참여한 가운데 대면 토론으로 진행되어 현장감이 넘친다는 장점이 있습니다. 그런데 참가 팀이 늘면서 예선을 위한 시간과 공간 부족, 예선을 운영할 인원과 심사자 확보 곤란 등의 어려움이 발생하여 이를 해소하기 위해 작년부터 예선에 참가할 수 있는 인원을 학급당 한 팀으로 제한했습니다.

하지만 이런 현행 예선 방식으로 인해 토론 한마당에 대한 학생들의 불만이 매우 높아졌다는 문제가 발생하였습니다. 학생회도 알다시피 작년 행사 이후 학교 신문이 전교생을 대상으로 실시한 설문 조사에서 토론 한마당에 불만족스럽다는 응답률이 76%로 매우 높았습니다. 불만의 원인은 예선 참가 기회가 제한되어 있는 현행 예선 방식의 한계에서 찾을 수 있습니다.

이를 해결하기 위해 더 많은 학생들이 참여할 수 있도록 예선 방식을 개선해 주십시오. 현행의 평가 방법인 대면 토론을 유지하려면 예선 기간이 짧아 참여자를 제한할 수밖에 없으니 예선 기간을 연장해 주시기 바랍니다. 예선 기간을 연장하지 않는다면 대면 토론 외의 다른 방법을 마련해 주시기 바랍니다. 실제로, 우리 학교와 학생 수도 거의 같고 토론에 대한 관심도 높은 인근 학교 중에서도 우리와 유사한 문제를 겪다가 예선 방식을 개선하여 이를 해결한 사례가 있습니다. 이 학교들에서는 대면 토론의 기간을 연장하거나, 대면 토론 대신 예선에서 토론 개요서로 평가하니까 많은 학생들이 예선에 참가할 수 있었습니다.

토론 한마당 예선의 기간을 연장하는 방식이나 평가 방법을 변경하는 방식으로 현행의 예선 방식을 개선하면 학생들이 더 많이 참가할 수 있게 되어 불만이 해소될 것입니다. 그러면 토론 한마당에 대한 학생들의 관심도 더 높아져 토론 한마당이 학생 자치 대표 행사로 자리매김하게 될 것입니다. 읽어 주셔서 감사합니다.

(나)

학생 1: 토론 한마당 행사의 예선 방식을 개선해 달라고 게시판에 올라온 글 봤지? 기간 연장은 일정상 당장 반영하기 곤란하니 참가 인원을 늘릴 수 있는 좋은 방안이 있는지 논의해 보자.

학생 2: 응. 예선 참가 인원을 학급당 한 팀으로 제한하다 보니, 토론에 참가하지 못하는 학생들이 많아져서 불만이 많다는 건데,

예선 방식을 바꿔야 되겠더라.

학생 1: 행사 운영을 위한 시간과 공간이 부족하고 심사자가 부족한 상황에서 대면 토론을 유지하다 보니 참가 인원을 제한하게 되어 불만이 많아진 거니까 대면 토론을 대신할 방안을 찾을 필요가 있어.

학생 2: 그러면 토론 개요서를 도입하는 게 좋겠어. 글에서 언급한 것이기도 하지. 논제에 대한 입장과 근거가 담긴 토론 개요서를 제출하도록 하여 예선을 치르는 거야.

학생 3: 동영상을 활용해 보는 건 어때? 참가 신청한 팀들 중 두 팀씩 서로 찬반을 나누어 토론을 하고, 그 과정을 동영상으로 촬영해 제출하게 하는 거야.

학생 1: 두 가지 방식이 여러 측면에서 달라 보이는데, 각각의 방안이 가지는 장점은 뭐라고 생각해?

학생 2: 토론 개요서로 평가하면 현행 방식일 때 예선에 참가하지 못할 학생들도 기회를 얻을 수 있어. 그리고 시간이나 장소에 구애를 덜 받고, 대면 토론을 운영할 인원이나 심사자를 섭외하는 부담도 많이 줄일 수 있어.

학생 3: 동영상을 제출하도록 하면 대면 토론과 달리 토론 시간이나 장소를 참가자들이 자율적으로 정할 수 있고, 토론 개요서를 평가할 때와 달리 참가자들이 상대방과 서로 소통하는 토론 과정을 평가할 수 있다는 장점이 있어.

학생 1: 두 방식의 단점이나 운영상 어려움에는 어떤 것들이 있을까? 청중이 모인 가운데 진행되는 대면 토론만큼의 현장감 있는 토론을 경험하기는 어려울 테니 그것 말고 얘기해 줄래?

학생 2: 동영상 촬영을 하려면 참가 팀들이 별도의 장비를 준비해야 해서 번거로워. 또 토론 개요서와 다르게 대면 토론만큼 시간이 필요하니까 많은 팀이 참가한다면 심사자의 평가 부담이 클 것 같네.

학생 3: ㉠토론 개요서로 평가하는 것보다 심사자 부담은 큰 게 맞겠네. 그런데 토론 개요서 평가는 참가자들이 소통하는 과정을 평가하긴 어려워.

학생 2: ㉡그래도 토론에서 더 중요한 건 적절한 근거를 들어 논제에 대한 자신의 입장이 타당함을 밝히는 논증 능력이니까 그걸 평가하는 건 가능하다고 생각해.

학생 3: 네 말이 맞는 것 같아.

학생 1: 나도 좋아. 토론 개요서를 평가하면 예선 참가 가능한 인원이 늘겠지. 그러면 게시판의 글에서 말한 학생들 불만이 해소될 거야. 모두들 동의했으니 이 방안을 도입하기로 하고 오늘 논의는 마무리하자.

114 ▶ 24102-0114
2022학년도 수능 38번

(가)의 작문 맥락을 파악한 내용으로 가장 적절한 것은?

① 공동체의 문제를 해결할 수 있는 주체를 예상 독자로 설정했다.

② 공동체의 문제를 해결하기 위해서는 공동체 구성원 개개인의 인식 개선이 필요함을 글의 주제로 삼았다.

③ 공동체의 문제와 관련하여 가치 있는 경험을 통해 얻은 깨달음을 성찰하는 것을 작문 목적으로 설정했다.

④ 공동체의 문제와 관련하여 자신의 생각을 진솔하게 기록하기 위해 개인적인 성격이 강한 작문 매체를 선택했다.

⑤ 공동체의 문제를 조사하고 분석한 절차와 결과가 잘 드러나도록 보고하는 형식을 갖춘 글의 유형을 선택했다.

115 ▶ 24102-0115
2022학년도 수능 39번

〈보기〉를 기준으로 하여 (가)를 평가한 내용으로 적절하지 않은 것은?

● 보기 ●
ⓐ 해결해야 할 현재의 문제를 제시했는가?
ⓑ 문제를 사실에 근거하여 제시했는가?
ⓒ 문제의 원인을 제시했는가?
ⓓ 문제 해결 방안의 실행 가능성을 점검하여 제시했는가?
ⓔ 문제 해결을 통한 기대 효과를 제시했는가?

① 2문단에서 현행 토론 한마당의 예선 방식으로 인해 발생한 문제를 언급한 내용은, 참가 팀이 늘면서 발생한 운영상의 어려움을 문제로 제시했다는 점에서 ⓐ를 충족하는군.

② 3문단에서 토론 한마당에 대한 설문 조사 결과를 인용한 내용은, 학생들의 불만이 높다는 문제를 사실에 근거하여 제시했다는 점에서 ⓑ를 충족하는군.

③ 3문단에서 현행 예선 방식의 한계를 언급한 내용은, 참가자 제한을 학생들이 불만족한 원인으로 제시했다는 점에서 ⓒ를 충족하는군.

④ 4문단에서 인근 학교의 사례를 언급한 내용은, 유사한 상황에서 문제를 해결한 사례를 통해 기간 연장 및 평가 방법 변경의 실행 가능성을 점검하여 제시했다는 점에서 ⓓ를 충족하는군.

⑤ 5문단에서 토론 한마당의 예선 방식 개선이 가져올 결과를 언급한 내용은, 문제 해결을 통한 기대 효과를 제시했다는 점에서 ⓔ를 충족하는군.

116
▶ 24102-0116
2022학년도 수능 40번

(나)의 '학생 1'에 대한 설명으로 적절하지 않은 것은? [3점]

① (가)에서 토론 한마당 예선 방식 개선을 요구한 것을 논의의 계기로 삼고 있다.

② (가)에서 서술한 예선 참가 인원 제한의 배경을 언급하며 논의의 필요성을 제시하고 있다.

③ (가)에서 예선 방식 개선을 위해 제시한 두 가지 방식 각각의 장단점을 판단하게 하며 논의를 진행하고 있다.

④ (가)에서 현행 예선 평가 방법의 장점으로 언급한 내용과 관련해서는 발언에서 제외하도록 논의 내용을 제한하고 있다.

⑤ (가)에서 서술한 현행 예선 방식에 대한 불만이 해소될 것을 언급하며 논의의 결론을 제시하고 있다.

117
▶ 24102-0117
2022학년도 수능 41번

㉠, ㉡의 발화에 대한 이해로 가장 적절한 것은?

① ㉠은 ㉠ 직전의 '학생 2'가 말한 내용에 담긴 의견의 일부를 긍정하면서 추가로 자신의 의견을 드러낸다.

② ㉠은 ㉠ 직전의 '학생 2'가 말한 내용에 담긴 의견에 동의를 표하면서 그 의견에 대한 상세한 설명을 요청한다.

③ ㉠은 ㉠ 직전의 '학생 2'가 말한 내용에 담긴 의견에 이의를 제기하면서 그 의견을 뒷받침하는 근거의 타당성을 지적한다.

④ ㉡은 ㉡ 직전의 '학생 3'이 말한 내용에 담긴 의견을 뒷받침할 수 있는 근거를 덧붙이면서 공감을 드러낸다.

⑤ ㉡은 ㉡ 직전의 '학생 3'이 말한 내용에 담긴 의견의 핵심을 재진술하면서 그 의견에 대해 동의를 유보한다.

118
▶ 24102-0118
2022학년도 수능 42번

(나)의 흐름을 다음과 같이 정리할 때, ㉮에 해당하는 내용으로 적절하지 않은 것은?

문제 인식 및 대안 생성 → ㉮대안에 대한 검토 → 최선의 대안 선택

① 동영상 방식의 장점으로, 참가자들이 시간과 장소를 자율적으로 정할 수 있다는 점이 언급되었다.

② 동영상 방식의 장점으로, 대면 토론에 비해 심사자 섭외의 부담을 줄일 수 있다는 점이 언급되었다.

③ 동영상 방식의 단점으로, 참가자가 별도의 촬영 장비를 준비해야 한다는 점이 언급되었다.

④ 토론 개요서 방식의 장점으로, 현행 방식에 비해 더 많은 학생이 예선에 참여할 수 있다는 점이 언급되었다.

⑤ 토론 개요서 방식의 단점으로, 참가자들의 소통 과정을 평가하기 어렵다는 점이 언급되었다.

119~121

다음은 '건강 상식' 잡지의 편집장이 보낸 요청과 그에 따라 기자가 작성한 초고이다. 물음에 답하시오.

안녕하세요. 편집장입니다. 기획 연재 '다양한 직업 세계의 직업병' 제2회 원고와 관련하여 '악기 연주자가 겪는 근골격계 질환'을 주제로 글을 쓰면서 ㉠질환의 개념, ㉡질환의 유병률, ㉢질환 완화 방법을 포함해 주세요. 감사합니다.

〈초고〉

직업성 질환 중 하나인 근골격계 질환은 근육, 신경, 뼈와 주변 조직 등 근골격계에 발생하는 손상 또는 통증을 말한다. 사무직의 요통이 대표적인 예이다. 악기 연주자들도 연주를 할 때 주로 사용하는 부위에 근골격계 질환을 겪는다.

악기 연주자들의 근골격계 질환 유병률을 악기군과 부위의 범주로 나누어 차이를 살펴보면 다음과 같다. 먼저 악기군별로 보면, 다른 악기 연주자들보다 건반 악기 연주자들의 유병률이 가장 높았다. 피아니스트 ○○○ 씨는 오랜 시간 건반에 손을 얹고 손가락을 과도하게 사용하다 보니 손목과 손가락에 통증이 심하다고 고충을 토로하며, 주변의 건반 악기 연주자들도 흔히 겪는 질환이라고 덧붙였다. 다음으로 부위별 유병률을 보면 목, 어깨, 팔꿈치, 손목과 같은 상지 부위에서 유병률이 가장 높았고, 부위별로 구체적인 유병률은 악기군에 따라 차이를 보였다. 악기군에 따른 근골격계 질환의 전체 부위 유병률 순위와 부위별 유병률 순위는 일부 차이를 보였다.

악기군별로 차이는 있지만, 연습 중 휴식, 운동, 연주 자세, 연주 기간 등이 근골격계 질환의 유병률에 영향을 미친다. 그렇다면 악기 연주자의 근골격계 질환 완화를 위한 방법은 무엇일까? 악기 연주자들이 실천할 수 있는 방법 중 특히 도움이 되는 것은 연습 중의 규칙적인 휴식이다. 이와 관련하여 근골격계 질환에 영향을 미치는 요인에 대한 악기 연주자의 인식 개선이 필요하다. 또한 근골격계 질환 완화에 도움이 되도록 적절한 운동을 하는 것도 필요하다.

119

▶ 24102-0119
2022학년도 수능 43번

초고에서 ㉠~㉢을 작성할 때 활용한 글쓰기 방법으로 가장 적절한 것은?

① ㉠: 질환의 개념을 묻고 답하는 방식으로 제시했다.
② ㉡: 두 범주를 설정하여 범주별로 질환 유병률의 차이를 제시했다.
③ ㉡: 악기 연주자의 질환 경험 사례를 악기군별로 제시했다.
④ ㉢: 질환 완화 방법을 질환의 부위별로 분석하여 제시했다.
⑤ ㉢: 질환 완화에 효과가 있는 운동의 과정을 단계별로 제시했다.

120

▶ 24102-0120
2022학년도 수능 44번

다음은 초고를 쓴 기자가 잡지 편집장에게 보낸 이메일의 일부이다. ⓐ에 들어갈 내용으로 가장 적절한 것은?

> 초고에 대한 검토 의견 중 (　　　ⓐ　　　) 요청에 따라 첫 문단을 아래와 같이 수정했습니다.
>
>> 직업성 질환 중 하나인 근골격계 질환은 근육, 신경, 뼈와 주변 조직 등 근골격계에 발생하는 손상 또는 통증을 말한다. 주로 장기간의 반복된 작업으로 근골격계에 손상이 누적되어 나타난다. 악기 연주자들도 연주를 할 때 유사한 동작을 오래 반복하다 보니 주로 사용하는 부위에 근골격계 질환을 겪는다.

① 직업성 질환이 아닌 예 삭제, 근골격계 질환의 발병 이유 추가
② 직업성 질환이 아닌 예 삭제, 근골격계 질환의 발병 조건 추가
③ 다른 직업군의 예 삭제, 근골격계 질환의 발병 부위 추가
④ 다른 직업군의 예 삭제, 근골격계 질환의 발병 유형 추가
⑤ 다른 직업군의 예 삭제, 근골격계 질환의 발병 원인 추가

121

▶ 24102-0121
2022학년도 수능 45번

다음은 초고를 보완하기 위해 추가로 수집한 자료이다. 자료 활용 방안으로 적절하지 않은 것은? [3점]

(가) □□ 의학회 논문 자료

　악기 연주자의 근골격계 질환의 전체 부위 유병률은 관악기는 57.6%, 건반 악기는 75.0%, 현악기는 68.1%로 나타났다. 통증 부위에 따른 유병률은 상지 부위의 경우, 관악기 대비 건반 악기가 1.82배, 현악기가 1.57배였고, 하지 부위는 관악기 대비 건반 악기가 1.72배, 현악기가 0.84배로 나타났다.

(나) △△ 연구소 통계 자료

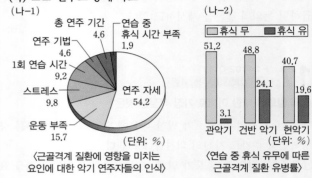

(나-1)
근골격계 질환에 영향을 미치는 요인에 대한 악기 연주자들의 인식

- 총 연주 기간 4.6
- 연주 기법 4.6
- 1회 연습 시간 9.2
- 스트레스 9.8
- 운동 부족 15.7
- 연습 중 휴식 시간 부족 1.9
- 연주 자세 54.2
(단위: %)

(나-2)
연습 중 휴식 유무에 따른 근골격계 질환 유병률

□ 휴식 무　■ 휴식 유
- 관악기: 51.2 / 3.1
- 건반 악기: 48.8 / 24.1
- 현악기: 40.7 / 19.6
(단위: %)

(다) ◇◇ 대학교 의대 교수 인터뷰 자료

"스트레칭 운동으로 근육의 긴장을 완화하고, 안정화 운동을 통해 바른 자세로 교정하면 근골격계에 도움이 됩니다."

① (가)를 활용하여, 악기군별 상지 부위의 유병률 차이에 대해, 건반 악기의 유병률이 가장 높고 다음으로 현악기, 관악기 순이라는 내용으로 2문단을 구체화한다.
② (가)를 활용하여, 악기군에 따른 부위별 유병률 순위에 대해, 상지 부위와 달리 하지 부위의 유병률은 전체 부위 유병률과 순위가 일치하지 않는다는 내용으로 2문단을 보강한다.
③ (나-1)을 활용하여, 질환의 유병률을 낮추는 데 도움이 되는 방법에 대해, 근골격계 질환이 연주 자세에 미치는 영향에 대한 인식 개선이 필요하다는 내용으로 3문단을 구체화한다.
④ (나-2)를 활용하여, 연습 중 휴식이 악기군별 유병률에 미치는 영향에 대해, 관악기의 경우가 현악기보다 유병률을 낮추는 데 휴식의 영향이 더 크다는 내용으로 3문단을 구체화한다.
⑤ (다)를 활용하여, 질환 완화에 도움이 되는 운동에 대해, 근골격계에 도움이 되는 운동과 그 효과에 관한 내용으로 3문단을 보강한다.

2022학년도 9월 모의평가

122~124 다음은 라디오 방송이다. 물음에 답하시오.

안녕하세요. 〈대화가 있는 지금〉의 진행자 □□□입니다. 오늘은 청취자께서 보내 주신 사연을 듣고 해결을 도와드리는 시간을 가질 텐데요, 지난주에 여러분이 보내 주신 사연 중에서 하나를 선정했어요. 이제 읽어 볼게요.

안녕하세요. 친구를 사귀는 것이 어려운 고등학생 ○○입니다. 저는 대화를 통해 서로에 대해 많이 알게 될수록 더 깊이 서로를 이해할 수 있다고 생각했어요. 그래서 친해지고 싶은 친구들과는 처음 만나 대화를 할 때부터 저의 고민을 이야기하려고 노력했어요. 그런데 오히려 친구들이 저와 더 거리를 두는 것 같은 느낌이 들어요. 매번 이런 상황이 반복되는데, 어떻게 하면 좋을까요?

○○ 님, 친구들과 더 가깝게 지내고 싶은 마음이 통하지 않아 많이 속상했겠어요. 다른 사람에게 자신에 대한 정보를 알리는 걸 자기표현이라고 하는데요, 대화를 할 때 진솔하게 자신을 드러내는 것은 다른 사람들과의 관계를 발전시키는 데 필요한 일이죠. 고민을 나누는 것도 자기표현의 일종이에요. 그런데 친밀감이 형성되기 전에 자신의 고민과 같은 민감한 정보까지 드러내는 것은 상대방이 부담을 느끼고 거리를 두는 원인이 돼요. 그래서 자기표현의 정도와 속도를 적절하게 조절할 필요가 있어요.

○○ 님, 이렇게 한번 해 보는 건 어떨까요? 친해지고 싶은 친구들과 처음에는 날씨, 텔레비전 프로그램 정도의 가벼운 화제로 대화를 시작하는 거예요. 그 후 친밀감이 형성되면 개인적 감정이나 고민, 자신의 성격과 가치관까지 이야기하고요. 친구를 알아 가면서 조금씩 마음속 이야기까지 하는 거죠. 청취자 여러분 중에서도 ○○ 님과 비슷한 경험을 하신 분이 계실 것 같아요. 여러분도 한번 시도해 보시겠어요?

방송을 듣고 여러분이 조언하고 싶은 말이나 소감을 청취자 게시판에 글로 남겨 주시면 좋겠어요. 오늘 방송 들어 주셔서 감사합니다. 다음 주에 또 다른 사연으로 만나요.

122 ▶ 24102-0122
2022학년도 9월 모의평가 35번

위 방송 진행자의 말하기 방식에 대한 설명으로 가장 적절한 것은?

① 질문의 형식을 활용하여 청취자에게 실천을 권유하고 있다.
② 견해의 근거가 되는 출처를 언급하여 청취자가 신뢰감을 갖게 하고 있다.
③ 감사 표현을 반복적으로 사용하여 청취자에게 정중한 태도를 드러내고 있다.
④ 스스로 묻고 답하는 방식으로 개념을 설명하여 청취자의 이해를 돕고 있다.
⑤ 중심 화제를 다양한 일상적 소재에 비유하여 청취자에게 친숙한 느낌을 주고 있다.

123 ▶ 24102-0123
2022학년도 9월 모의평가 36번

다음은 진행자가 방송 진행을 위한 계획을 메모한 것이다. 위 방송에 반영되지 <u>않은</u> 것은?

• 도입부
 – 청취자의 사연을 읽고 문제 해결을 돕는 방식으로 방송을 진행할 것임을 소개 ······································ ①
• 중심부
 – 사연을 읽고, 사연 속 상황으로 인해 사연 신청자가 느꼈을 감정을 언급 ·· ②
 – 사연 속 문제 상황의 원인을 밝히고, 사연 신청자의 문제 해결을 위해 조언 ·· ③
 – 대화할 때 활용할 수 있는 화제의 예를 제시하고, 각각의 예를 활용한 발화 내용을 구성하여 소개 ······················ ④
• 마무리
 – 방송 내용에 관해 청취자가 자신의 생각을 남길 수 있는 방법을 안내 ·· ⑤

〈보기〉는 위 방송의 게시판에 청취자가 남긴 글이다. 방송 내용을 고려할 때, 〈보기〉에서 확인되는 청취자의 듣기 반응에 대한 이해로 적절하지 않은 것은?

● 보기 ●

안녕하세요, 진행자님. 방송 정말 잘 들었어요. 저도 사연을 들으면서, 친구가 친해지기도 전에 갑자기 고민을 이야기해서 당황했던 기억이 떠올랐어요. 저도 다른 사람들에게 말하지 못했던 이야기를 그 친구와 공유해야 할 것 같은 의무감을 느껴서 부담이 됐었거든요. 대화할 때 상대방과의 친밀감을 고려해야 한다는 진행자님의 말씀을 들으면서 앞으로 제가 대화할 때에도 그렇게 하는 것이 도움이 되겠다고 생각했어요. 그래서 저도 ○○ 님께 자신을 드러내는 정도를 조절하면서 대화하는 건 정말 중요하다는 걸 꼭 말씀드리고 싶어요.

① 자기표현과 관련된 사례를 언급한 내용을 보니 자신의 경험을 떠올리며 들었다.
② 의무감을 느꼈다고 언급한 내용을 보니 자신의 고민을 나누어야 친밀감이 형성될 수 있다는 진행자의 말에 공감하며 들었다.
③ 대화할 때 고려할 점에 대해 언급한 내용을 보니 진행자의 조언을 올바르게 이해하며 들었다.
④ 방송에서 들은 조언을 자신에게 적용할 것을 언급한 내용을 보니 방송에서 얻은 정보의 유용성을 생각하며 들었다.
⑤ 사연 신청자에게 조언하는 내용을 보니 자기표현을 조절하는 대화에 관한 진행자의 의견에 동의하며 들었다.

125~129 (가)는 시정 소식지에 실린 글이고, (나)는 소식지 발행 이후에 개최된 협상이다. 물음에 답하시오.

(가)

시정 소식지 8월호(발행일: 20△△. 8. 1.)

신설 주민 복지 센터의 공간 활용을 위한 의견 수렴 실시

우리 시에서는 새로 건립되는 주민 복지 센터의 공간 활용 방안에 대해 Y동과 Z동 주민들을 대상으로 의견 수렴을 실시한다. 이번 의견 수렴은 사전에 선정된 몇 가지 방안에 대한 주민들의 선호도 파악을 목적으로 하며, 8월 9일부터 16일 사이에 시청 누리집 '시민 게시판'에 접속해서 참여할 수 있다.

지금까지 Y동과 Z동은 인근 세 개의 동과 주민 복지 센터를 함께 이용해 왔다. 그러나 Y동과 Z동은 다른 동들에 비해 기존의 주민 복지 센터와의 거리가 멀어서 이용에 어려움이 있었다. 또한 해당 두 동의 인구 증가로 현재의 주민 복지 센터로는 이용량을 감당하기 힘든 실정이다. 게다가 현재로서는 기존 주민 복지 센터를 확장하는 것이 불가능한 상황이다. 이러한 문제들 때문에 시청에서는 두 동을 위한 주민 복지 센터 신설을 추진해 왔다.

건립을 추진하면서 시청에서 Y동의 부지 한 곳과 Z동의 부지 한 곳을 후보지로 뽑자, 둘 중 어느 곳이 건립 부지로 더 적절한지에 대해 주민들 간에 의견 차이가 발생하기도 했다. 이에 시에서는 양측의 주민 대표와 함께 첫 협상의 자리를 가졌고, 부지의 면적, 인구 규모를 고려하여 Z동 부지에 새 주민 복지 센터를 건립하기로 결정했다. 양보를 한 Y동 주민들을 위해서는 새 주민 복지 센터로 연결되는 버스 노선을 신설하기로 했다.

시는 3층 규모의 해당 센터를 노인 복지 공간(1층), 육아 지원 공간(2층)으로 구성할 예정이다. 주민의 요구가 다양한 3층 공간은 의견 수렴을 통해 도서관, 주민 영화관, 체육 시설 중 주민 선호도를 파악하여 활용 방안을 결정한다. 두 동의 의견 수렴 결과가 불일치할 경우에는 이달 30일에 후속 협상을 진행하여 3층 공간 활용 방안을 결정할 계획이며, 의견 수렴 결과는 두 동 대표에게 전달된다.

(나)

시청 담당자: 오늘은 Z동에 신축할 주민 복지 센터 3층 공간 활용에 대해 협상을 진행하겠습니다. 첫 협상에 이어 후속 협상에도 참여해 주신 Y동 대표님과 Z동 대표님께 감사드립니다.

Y동 대표: 우리 동은 학령 인구의 비율이 높지만 아이들이 책을 읽고 공부할 수 있는 공간이 부족합니다. 그래서 도서관 건립을 지속적으로 건의해 왔습니다. 시청의 선호도 조사에서도 우리 동 주민들의 1순위는 도서관이었습니다. Z동에 주민 복지 센터가 지어지는 만큼 3층 공간에 대해서는 우리 동의 의견을 따라 주시면 좋겠습니다.

Z동 대표: 우리 동에서도 도서관을 선호하는 의견은 있었습니다. 하지만 우리 동은 중장년층 인구 비율이 높아 체육 시설의 필요성이 더 큽니다. 선호도 조사에서도 체육 시설을 가장 선호하는 것으로 나타났습니다. 이 점을 고려하여 체육 시설을 마련하면 좋겠습니다.

Y동 대표: 저희도 Z동의 상황을 알고 있습니다. 현재 진행 중인 저희 동의 체육 시설 확장 공사가 마무리되면 Z동의 중장년층 주민들도 편리하게 이용할 수 있을 것입니다. ㉠그러니 주민 복지 센터에 도서관을 만들면 두 동에 필요한 시설을 다 갖추게 되어 모두에게 이득이 되지 않을까요?

[A]

Z동 대표: 물론 두 시설을 다 이용할 수 있으면 좋습니다. 하지만 Y동의 체육 시설과 우리 동 사이의 거리가 멀고 교통편도 불편합니다. 주민 복지 센터로 연결되는 신설 버스 노선이 체육 시설에도 연결되도록 조정하는 추가 조치도 있어야 합니다.

시청 담당자: 그 문제는 버스 회사와 협의해야 하는 문제이고, 조정도 쉽지 않습니다.

Z동 대표: 그러면 체육 시설을 통한 수익 증가가 예상되는 Y동에서 비용을 부담해 주시는 것은 어떻습니까?

Y동 대표: 이번 협상을 준비하면서 우리 동에서 양보할 수 있는 부분에 대해 주민들과 의견을 나누었습니다. 우리 체육 시설에서 운영하는 무료 셔틀버스를 Z동까지 운행하는 것은 가능합니다.

Z동 대표: 그뿐만 아니라 Y동의 체육 시설 이용료는 기존 복지 센터 내 체육 시설 이용료보다 비쌉니다. ㉡Y동 입장에서는 이용자 증가로 더 큰 수익을 얻을 수 있지만, 우리 동 주민들은 체육 시설 이용에 대한 부담이 더 커질 것이므로 요금에 대한 부담을 낮춰 주십시오.

Y동 대표: 도서관을 설치하는 것에 동의해 주신다면 Z동 주민에게 우리 동 주민과 동일한 수준의 요금 할인을 적용하겠습니다.

Z동 대표: 네, 동의하겠습니다.

시청 담당자: 그럼 3층에 도서관을 설치하는 것으로 협상이 타결되었습니다. 세부 추진 방법은 차후에 논의하겠습니다. 참여해 주셔서 감사합니다.

125 ▶ 24102-0125
2022학년도 9월 모의평가 38번

(가)를 쓰기 위해 세운 글쓰기 계획 중 글에 반영되지 않은 것은?

① 실시 예정인 주민 의견 수렴의 목적과 참여 방법을 함께 밝혀야겠군.

② Y동과 Z동 주민들이 인근 지역 주민들과 주민 복지 센터를 함께 사용하고 있는 상황을 제시해야겠군.

③ 건립 부지의 적절성을 평가할 때 주민 참여가 필요하다는 의견 때문에 첫 협상이 개최되었음을 제시해야겠군.

④ 첫 협상의 결과를 이끌어 내면서 고려한 부지 선정의 기준이 무엇인지 제시해야겠군.

⑤ 새로 건립될 주민 복지 센터의 공간 활용에 대한 계획을 언급하며 후속 협상이 개최될 경우에 다룰 주제를 밝혀야겠군.

126 ▶ 24102-0126
2022학년도 9월 모의평가 39번

(가)를 작성할 때 활용한 내용 조직 방법으로 가장 적절한 것은?

① 1문단에서는 시청에서 주민 복지 센터 건립을 위해 수행하는 여러 업무를 유형에 따라 분류한다.

② 2문단에서는 시청에서 주민 복지 센터 신설을 추진하게 된 이유를 나열한다.

③ 2문단에서는 Y동 주민들이 겪는 문제를 Z동 주민들이 겪는 문제와 대조한다.

④ 3문단에서는 주민 복지 센터 건립을 추진하는 과정에서 발생할 수 있는 문제점을 분석한다.

⑤ 4문단에서는 다양한 시설들을 설치가 완료된 순서대로 제시한다.

127 ▶ 24102-0127
2022학년도 9월 모의평가 40번

(가)와 (나)의 맥락을 고려할 때, (가)를 읽고 (나)를 참관한 주민이 [A]에 보인 반응 중 적절하지 않은 것은?

① 시청 담당자의 말을 들으니, 소식지에서의 첫 협상과 같이 후속 협상에도 양측 동 대표가 참석하였군.

② Y동 대표의 말을 들으니, 소식지에 안내된 의견 수렴에 대하여 Y동의 결과가 언급되었군.

③ Y동 대표의 말을 들으니, 소식지에서 소개한 주민 복지 센터 건립 위치는 Z동의 중장년층 인구 비율을 고려하여 결정되었군.

④ Z동 대표의 말을 들으니, 소식지에서 소개한 공간 활용 방안 중에 도서관 설치를 선호하는 주민들이 Z동에도 있었군.

⑤ Z동 대표의 말을 들으니, 소식지에 언급된 신설 버스 노선에 대하여 조정 방안이 제시되었군.

화법과 작문

128 ▶ 24102-0128

협상 진행 과정을 고려할 때, ㉠, ㉡에 대한 설명으로 가장 적절한 것은? [3점]

① ㉠은 도서관 설치와 관련해 양보할 수 있는 범위를 제시하여 상대의 제안과 절충을 시도하는 발화이다.

② ㉠은 체육 시설에 대한 상대의 제안을 일부 수용하여 자신의 제안을 조정함으로써 상대의 양보를 이끌어 내는 발화이다.

③ ㉡은 체육 시설 설치가 실현 가능성이 낮음을 들어 자신의 이익을 극대화하는 발화이다.

④ ㉡은 체육 시설 이용에 대한 상대의 요구 사항을 언급하며 자신이 양보 가능한 범위를 제시하는 발화이다.

⑤ ㉡은 체육 시설 이용 시 예상되는 상대의 이익과 자신의 부담을 언급하며 추가적인 요구 사항을 제시하는 발화이다.

129 ▶ 24102-0129

〈보기〉는 (나)의 협상을 취재한 기자가 쓴 기사이다. 〈보기〉를 작성할 때 고려한 내용으로 적절하지 않은 것은?

● 보기 ●

Y동과 Z동의 주민 대표는 신설될 주민 복지 센터에 도서관을 설치하기로 합의했다. 신설 센터의 공간 활용에 대한 두 동의 의견 차이를 조정하기 위한 협상이 지난달 30일 오후 2시에 시청 회의실에서 개최되었다.

협상은 다음과 같이 진행되었다. Y동 대표가 지역에 학령 인구 비율이 높아서 도서관 설치가 필요하다고 하자, Z동 대표는 중장년층 비율이 높아 체육 시설이 필요하다고 밝혔다. 양측의 입장 차는 Y동 체육 시설의 활용이 대안으로 떠오르면서 좁혀지기 시작했으며, 세부적인 조건의 조율을 거쳐 합의가 도출되었다.

① 독자들이 협상이 개최된 장소와 시간을 파악할 수 있도록 한다.

② 독자들이 합의가 도출되기까지의 협상의 경과를 확인할 수 있도록 한다.

③ 독자들이 기사의 중심 내용인 협상의 결과를 도입부에서 파악할 수 있도록 한다.

④ 독자들이 기사에 인용된 내용을 바탕으로 협상에 참여한 두 동 대표의 입장을 파악할 수 있도록 한다.

⑤ 독자들이 기사에 언급된 필자의 의견을 통해 협상의 결과가 Y동과 Z동 주민에게 중요한 사안임을 확인할 수 있도록 한다.

130~132

다음은 학교 협동조합을 운영하는 학생이 작성한 보고서의 초고이다. 물음에 답하시오.

우리 학교 협동조합의 운영 개선안

Ⅰ. 서론

우리 학교는 '협력을 통한 나눔 실천'이라는 취지로 학생 조합원으로 구성된 협동조합을 만들어 전교생을 대상으로 협동 매점을 운영하고 있다. 조합 설립 2년 차를 맞이하여 ㉠협동조합의 현황을 살펴보고 문제점을 확인한 후, 그로 인해 ㉡발생할 수 있는 어려움을 파악하고, 문제점을 해결할 수 있는 방안을 찾기 위해 이 보고서를 작성하였다. ㉢문제의 원인을 파악하기 위해 전교생을 대상으로 한 설문 조사를 진행하였다.

Ⅱ. 본론

1. 현황

조합원들이 점심시간(12:30~13:30)에 협동 매점을 운영하고 있고, 수익금 전액을 ○○ 환경 단체에 기부하는 데 사용하고 있다. 조합원은 설립 초기에 107명으로 시작하였고 지난해 4분기에는 85명이었다. 전교생은 322명으로, 지난 1년간 인원 변동은 없었다. 아래의 표는 협동조합의 1년 차 운영과 관련해 전교생 대비 조합원 비율 및 협동 매점 수익금의 변동 추이를 보여 주는 통계 자료이다.

	1분기	2분기	3분기	4분기
조합원 비율(%)	33.2	30.4	28.6	26.4
협동 매점 수익금(원)	752,400	672,600	547,200	461,700

〈조합원 비율 및 협동 매점 수익금〉

2. 문제점 분석 및 해결 방안

[A]
현황을 통해 문제점을 확인할 수 있었다. 첫째, 조합원 비율이 감소하고 있다. 이러한 상황이 지속되면 협동조합을 유지하기 어려워질 수 있다. 둘째, 협동 매점의 수익금이 줄고 있다. 그래서 수익금 기부를 통한 나눔 실천 활동을 지속하기가 어려워질 수 있다.

설문 조사 결과, 조합원 비율이 감소한 원인은 조합원에 대한 혜택이 부족해서 탈퇴한 것, 홍보가 부족해서 가입이 저조한 것으로 분석되었다. 또 협동 매점 수익금이 감소하는 원인은 판매 물품, 운영 시간에 대한 불만이 쌓여 협동 매점 이용자가 줄고 있기 때문으로 분석되었다.

첫 번째 문제점의 해결 방안은 두 가지가 있다. 우선 조합원의 탈퇴를 막기 위해 조합원이 혜택을 받을 수 있는 방안을 마련한다. 예를 들어 수익금 중 일부를 조합원의 복지를 위해 체험 활동비로 지원하는 방안 등이다. 다음으로 홍보를 통해 협동조합 가입을 유도하는 방안을 마련한다. 두 번째 문제점의 해결 방안으로 협동 매점의 소비자인 학생들의 불만 사항을 파악할 수 있는 수단을 마련한다.

Ⅲ. 결론

조합원들에 대한 지속적인 관심과 협동 매점 운영에 대한 학생들과의 적극적인 소통이 필요하다. 개선안을 실천한다면 우리 학교의 협동조합이 더욱 발전할 수 있을 것이다.

130 ▶ 24102-0130
2022학년도 9월 모의평가 43번

학생이 보고서의 초고에 사용한 글쓰기 방법으로 가장 적절한 것은?

① 통계 자료를 통해 객관적인 정보를 제시한다.
② 문헌 자료 분석을 통해 결론의 근거를 제시한다.
③ 다양한 해결 방안의 장단점을 비교하여 설명한다.
④ 조사 기간과 방법 및 대상을 항목화하여 제시한다.
⑤ 조사 내용과 관련된 전문 용어의 개념을 설명한다.

131 ▶ 24102-0131
2022학년도 9월 모의평가 44번

㉠~㉢이 'Ⅱ. 본론'에 구체화된 내용으로 적절하지 <u>않은</u> 것은?

① ㉠: 협동 매점의 운영 시간 및 수익금 사용처
② ㉠: 조합원 비율 및 협동 매점 수익금의 변동 추이
③ ㉡: 협동조합 유지와 설립 취지의 지속적인 실현이 어려움
④ ㉢: 조합원에 대한 혜택이 부족하게 된 과정을 분석하여 파악한 원인
⑤ ㉢: 조합원 비율 및 협동 매점 수익금 감소와 관련된 설문 조사 내용을 분석하여 파악한 원인

132 ▶ 24102-0132
2022학년도 9월 모의평가 45번

〈보기〉는 보고서의 초고를 쓴 학생이 초고의 [A]를 보완하기 위해 수집한 자료이다. 자료 활용 방안으로 적절하지 <u>않은</u> 것은? [3점]

● 보기 ●

ㄱ. 전문가 인터뷰

"학교 협동조합은 학교를 기반으로 설립한 경제 조직이자 사회적 가치를 추구하는 교육 공동체입니다. 학생, 교직원, 학부모, 지역 주민 등이 참여할 수 있습니다. 수익금은 조합원의 복지를 위해 사용하거나 조합원의 동의를 바탕으로 공익을 위해 사용합니다."

ㄴ. 인근 학교 사례

Y학교의 협동조합에서는 SNS를 통해 소비자의 불만 사항을 파악하여 협동 매점 운영에 반영하고 있다. Z학교의 협동조합은 조합원 복지를 위해 수익금으로 도서 구입비를 지원하고 있다.

ㄷ. 우리 학교 학생 인터뷰

"저는 우리 학교 협동조합에 대해 잘 몰라서 가입하지 않았지만 알았다면 가입했을 것 같아요. 학교 게시판이나 누리집에도 협동조합에 대한 안내는 없었어요."

① ㄱ을 활용하여, 조합원을 위한 체험 활동비 지원이 조합원 복지 제도로서 협동조합의 수익금 사용 방법에 부합함을 밝혀 해결 방안의 근거로 제시한다.
② ㄴ을 활용하여, 조합원의 이탈 문제를 해결하는 방안의 예로 조합원에게 도서 구입비를 지원하는 것을 추가한다.
③ ㄴ을 활용하여, 협동 매점의 수익금 감소 문제를 해결하는 방안 중 하나로 SNS와 같은 소통 수단을 사용하는 것을 제시한다.
④ ㄷ을 활용하여, 협동 매점의 수익금을 늘리는 방안 중 하나로 협동조합에 대한 안내를 통해 협동 매점 이용자들의 불만 사항을 해소해 주는 것을 추가한다.
⑤ ㄷ을 활용하여, 조합원 가입이 저조한 문제를 해결하는 방안 중 하나로 학교 게시판이나 누리집에 협동조합을 홍보하여 학생들의 가입을 유도하는 것을 제시한다.

133~135 다음은 봉사 동아리 학생들을 대상으로 한 강연이다. 물음에 답하시오.

안녕하세요. □□ 산림 연구소 연구원 ○○○입니다. 강연 시작에 앞서 먼저 사진을 보실까요? (사진을 보여 주며) 기억나시지요? 지난 겨울 방학에 가로수 지킴이 활동을 하는 여러분의 모습입니다. 이번 여름 방학에도 가로수 지킴이로 활동할 여러분에게 도움을 드리고자 여름철 가로수 고사의 원인과 대책을 주제로 말씀드리겠습니다.

(사진을 보여 주며) 어디인지 아시겠어요? 여러분이 사는 △△시의 2년 전 사진입니다. 몇 월의 모습일까요? (청중의 답변을 듣고) 11월이나 12월이라고요? 그렇게 보이지만 8월의 모습입니다. 그해 여름이 얼마나 더웠는지 기억나시지요? (사진을 보여 주며) 이 사진도 가뭄과 폭염으로 말라 죽은 가로수의 모습입니다. 특히 도시의 가로수가 가뭄과 폭염으로 인한 건조에 취약한 것은 도시의 열악한 토양 환경 때문입니다. 도시의 토양은 물이 스며들기 어려워서 토양 내 수분 함유량이 매우 낮습니다. (그림을 보여 주며) 보시는 바와 같이 차도와 보도의 압력으로 토양 입자 사이의 틈이 줄어들어 있습니다. 이로 인해 뿌리에 충분한 수분이 전달되지 못하는 것이지요. 그래서 건조에 강한 수종을 가로수로 선정합니다. 잔뿌리가 땅 표면 가까이에 분포해서 적은 강우량에도 수분을 잘 흡수할 수 있는 수종을 선택하는 것이지요. 이와 함께 가로수가 건조에 견딜 수 있는 환경을 만들어 주기 위해 가로수의 기존 보호 틀을 확대해 물이 스며드는 면적을 넓히고 잔뿌리가 잘 자라도록 최대한 생육 공간을 확보합니다.

그런데 다들 아시는 것처럼 최근 기후 변화로 가뭄과 폭염이 심해지고 있어 도시의 가로수에 수분을 공급하는 일이 절실합니다. 가로수가 말라 죽지 않도록 땅 표면 아래 20cm까지 적셔 주려면 2시간 이상은 비가 내려야 하는데 폭염에는 잠시 쏟아지는 소나기로는 턱없이 부족합니다. 살수차를 동원해 물도 뿌리지만 한계가 있습니다. 그래서 사람이 직접 나무마다 물주머니를 매달고 토양 보습제를 투입하는 것입니다. 일일이 수작업해야 하는 일이라 여러분과 같은 자원봉사자의 역할이 매우 중요합니다. 가로수를 지키는 건 여러분이 살아갈 도시를 더욱 건강하게 가꾸는 일입니다. 여러분 덕분에 △△시의 가로수가 올여름에는 말라 죽지 않을 것입니다. 이상 강연을 마칩니다.

133 ▶ 24102-0133

위 강연자의 말하기 방식으로 가장 적절한 것은?

① 강연 대상을 다른 소재에 빗대어 설명하고 있다.
② 강연 내용과 관련한 청중의 경험을 환기하고 있다.
③ 통계 자료를 인용하여 강연 내용을 설명하고 있다.
④ 과거 사례와 최근의 사례를 대조하며 설명하고 있다.
⑤ 강연을 하게 된 소감을 밝히며 강연을 시작하고 있다.

134 ▶ 24102-0134

다음은 동아리 부장이 강연자에게 보낸 전자 우편이다. 이를 바탕으로 세운 강연자의 계획 중 강연에 반영되지 <u>않은</u> 것은?

> 안녕하세요. 저는 △△시 △△고등학교 봉사 동아리 부장입니다. 여름 방학 봉사 활동을 위해 도시의 가로수가 여름에 왜 말라 죽는지, 이를 막기 위해서 필요한 것은 무엇인지, 저희의 활동이 어떤 의미가 있는지를 알고자 동아리 학생들을 대표해 강연을 부탁드립니다. 강연하실 때 저희 지역과 관련한 자료를 활용해 주시면 도움이 될 것 같습니다. 감사합니다.

① 청중이 여름 방학 봉사 활동에 참여하므로 여름철 가로수 지킴이 활동을 위한 준비 사항을 안내한다.
② 청중이 도시 가로수 고사의 원인을 알고자 하므로 이와 관련한 도시의 토양 환경을 시각 자료를 활용하여 설명한다.
③ 청중이 도시 가로수의 고사를 방지하기 위한 방안을 알고자 하므로 가로수에 수분을 공급하는 다양한 방안을 설명한다.
④ 청중이 봉사 활동의 의의를 알고자 하므로 봉사 활동이 가뭄과 폭염에서 가로수를 보호하는 데 기여한다는 것을 설명한다.
⑤ 청중이 자신의 지역과 관련한 자료의 활용을 희망하므로 △△시의 사진을 보여 주며 질의응답한다.

135 ▶ 24102-0135
2022학년도 6월 모의평가 37번

다음은 학생이 강연을 들으면서 작성한 메모이다. 이를 바탕으로 학생의 듣기 과정을 이해한 내용으로 적절하지 <u>않은</u> 것은? [3점]

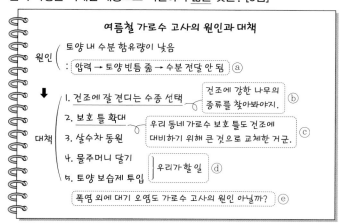

여름철 가로수 고사의 원인과 대책

원인 — 토양 내 수분 함유량이 낮음
　　　: 압력 → 토양 빈틈 좁음 → 수분 전달 안 됨 ⓐ

↓

대책
1. 건조에 잘 견디는 수종 선택 ── 건조에 강한 나무의 종류를 찾아봐야지. ⓑ
2. 보호 틀 확대 ── 우리 동네 가로수 보호 틀도 건조에 대비하기 위해 큰 것으로 교체한 거군. ⓒ
3. 살수차 동원
4. 물주머니 달기 ── 우리가 할 일 ⓓ
5. 토양 보습제 투입

폭염 외에 대기 오염도 가로수 고사의 원인 아닐까? ⓔ

① ⓐ: 화살표를 사용하여 강연 내용을 메모한 것으로 보아, 세부 정보들 사이의 관계를 파악하며 들었겠군.
② ⓑ: 강연 이후의 조사 계획을 작성한 것으로 보아, 강연 내용에서 더 알고 싶은 점을 떠올리며 들었겠군.
③ ⓒ: 동네 가로수의 보호 틀을 교체한 이유를 추측한 것으로 보아, 강연 내용을 자기 경험과 관련지으며 들었겠군.
④ ⓓ: 자신이 할 일을 따로 묶은 것으로 보아, 특정 기준으로 정보를 구분하며 들었겠군.
⑤ ⓔ: 강연 내용에 의문을 제기한 것으로 보아, 강연 내용의 논리적 모순을 확인하며 들었겠군.

136~140

(가)는 학생들의 대화이고, (나)와 (다)는 대화에 참여한 학생들이 작성한 초고이다. 물음에 답하시오.

(가)

학생 1: 이번 과제가 '공동체 문제의 해결을 위한 글을 써서 독자와 공유하기'잖아. 과제에 대해 생각 좀 해 봤어?

학생 2: 의류 수거함에 대해 쓰려고 자료 찾아보고 있어. 너는?

학생 1: 나도 의류 수거함 생각했는데. 잘 됐다. 찾은 자료 나한테 전자 우편으로 보내 줘.

학생 2: 음…, 주는 건 어렵지 않은데 네가 당연하다는 듯이 말해서 좀 당황스러워.

학생 1: 미안해. 기분 상하게 하려던 건 아니었어. 나도 자료 준비되면 줄 테니까 공유 좀 부탁해도 될까?

학생 2: 알겠어. 그렇게 하자.

[A]

학생 1: 그런데 넌 왜 의류 수거함에 대해 쓰려고 해?

학생 2: 평소에도 문제가 많다고 생각했는데, 우리 학교 친구들도 수거함이 관리될 필요가 있다고 하더라고.

학생 1: 나도 그렇게 생각해. 수거함이 망가진 채 방치된 데다가 수거함 주변에 옷들이 버려져 있잖아.

학생 2: 맞아. 의류 수거함 주변이 쓰레기장이 되고 있어. 수거함에 수거 대상이 아닌 물품과 쓰레기들도 많고. 너는 수거함이 그렇게 된 원인이 뭐라고 생각해?

학생 1: ㉠얼마 전 신문 기사를 봤는데 ○○시에서도 비슷한 문제가 있었지만 시청이 적극 노력해서 잘 해결했다는 걸 보면 우리 시청의 대처가 미흡해서인 것 같아.

학생 2: ㉡○○시청은 어떤 노력을 한 거야?

학생 1: 파손된 수거함을 수리하고 시민들에게 올바른 수거함 사용법을 알리는 캠페인도 했대.

학생 2: ㉢그러니까 네 말은 우리 시청이 적극적으로 나서지 않은 게 원인이라는 거지?

학생 1: 맞아. 공공의 문제 해결에는 시청의 영향력이 크니까.

학생 2: ㉣그 말도 맞지만 이용자의 탓이 더 크지 않을까? 아무리 시청이 관리를 잘해도 이용자들이 함부로 사용하면 궁극적으로는 문제가 해결되지 않으니까.

학생 1: 하지만 시청이 수거함의 올바른 이용 방식을 안내하는 게 먼저 아닐까? 안내대로 의류를 올바르게 배출하면 선별하는 데 드는 시간과 비용을 줄일 수 있잖아.

학생 2: ㉤나는 이 문제를 해결하려면 이용자부터 변화해야 한다고 생각하는데 너는 다르게 접근하는구나. 그럼 해결 방안을 구상해서 각자 글을 써 보자.

학생 1: 좋아. 나는 시청 누리집 게시판에 시청의 조치를 촉구하는 글을 올릴 거야.

학생 2: 그러면 나는 우리 학교 학생을 대상으로 우리가 할 수 있는 방안에 대해 글을 써서 학교 신문에 실어야지.

학생 1: 좋아. 그렇게 하자.

(나) 학생 1의 초고

시장님, 안녕하세요. 저는 □□ 고등학교 3학년 학생입니다. 저희 학교의 많은 학생들도 필요성을 느끼고 있는 의류 수거함 관리에 대해 건의할 사항이 있어 글을 씁니다.

첨부한 영상처럼 우리 시의 의류 수거함 중 상당수가 파손된 채 방치되어 그 주변이 쓰레기장이 되고 있습니다. 의류가 의류 수거함 주변에 버려져 있는 일도 많습니다.

반면에 링크의 신문 기사(https://www.****.co.kr/v3R4e)에서 알 수 있듯이, 인근 ○○시에서도 유사한 문제가 있었지만 시청이 노력한 결과, 시민의 불편이 해소되고 의류 수거함 이용이 활성화되었다고 합니다.

따라서 파손되고 방치된 의류 수거함을 수리하거나 교체해 주시고 의류 수거함의 올바른 이용에 대한 캠페인을 벌여 주셨으면 합니다. 그러면 도시의 미관이 개선되고 의류 수거함에 대한 시민들의 인식도 좋아질 것입니다.

건의드린 내용에 대한 답변을 기다리겠습니다. 감사합니다.

첨부 파일 우리 시의 의류 수거함 실태 동영상.mp4

(다) 학생 2의 초고

수거 대상이 아닌 물품과 쓰레기로 의류 수거함이 몸살을 앓고 있다. 수거함 주변이 쓰레기장이 된 곳도 있다. 이에 의류 수거함의 올바른 이용에 대한 관심이 요구되고 있다.

우리는 왜 의류 수거함을 올바르게 이용해야 할까? 첫째, 도시의 미관과 환경을 개선할 수 있다. 둘째, 다시 입기에 충분한 의류가 재사용되는 비율을 높일 수 있다. ⓐ외국은 기부와 판매 등의 방식을 통해 의류를 재사용하고 있다. 셋째, 의류를 자원으로 재활용하는 과정에 도움이 된다. 우리나라는 섬유 원료나 산업 자재의 자원으로 재활용될 수 있는 물품을 주로 수작업을 통해 선별한다. 따라서 올바르게 배출하면 선별 과정에서의 비용과 시간을 크게 줄일 수 있다.

그렇다면 학생인 우리가 할 수 있는 일은 무엇일까? 우선 의류 수거함 안이나 그 주변에 쓰레기를 버려서는 안 된다. 의류 수거함은 쓰레기통이 아니다. 다음으로 수거함에 넣을 수 있는 물건과 그렇지 않은 물건을 구분해서 넣어야 한다. ⓑ예를 들어 배출할 의류가 물에 젖었다면 반드시 말려야 한다. 이때 의류 수거함에 넣을 물건의 상태를 확인해야 한다. 이물질이 묻었다면 제거 후 배출하고 오염이 심하면 폐기하도록 한다.

의류 수거함을 올바르게 이용하는 일이 어른들만의 일은 아니다. 우리 학생들의 관심과 작지만 큰 실천이 모인다면 나눔과 공유라는 사회적 가치를 실현할 수 있을 것이다.

136
▶ 24102-0136
2022학년도 6월 모의평가 38번

대화의 흐름을 고려할 때, ㉠~㉤에 대한 설명으로 적절하지 않은 것은?

① ㉠: 사안의 원인을 묻는 상대에게 신문 기사의 내용을 근거로 답하고 있다.
② ㉡: 상대가 언급한 신문 기사의 내용에 대한 세부적인 정보를 상대에게 요청하고 있다.
③ ㉢: 사안의 원인에 대한 상대의 의견을 확인하고 있다.
④ ㉣: 상대의 의견을 인정하며 상대와 다른 견해를 드러내고 있다.
⑤ ㉤: 자신이 언급한 내용의 일부를 반복하며 절충안을 제시하고 있다.

137
▶ 24102-0137
2022학년도 6월 모의평가 39번

[A]의 학생 1의 발화에 대한 설명으로 가장 적절한 것은?

① 상대에게 바라는 행동을 제안한 것에 대한 긍정적 반응을 보고, 구체적인 의견을 덧붙이고 있다.
② 상대와의 의견을 최대한 일치시킨 것에 대한 긍정적 반응을 보고, 세부 내용을 추가적으로 제시하고 있다.
③ 상대에게 의사를 명료하게 드러내지 않은 것에 대한 부정적 반응을 보고, 상대의 정서에 적극 공감하고 있다.
④ 상대에게 원하는 바를 일방적으로 요구한 것에 대한 부정적 반응을 보고, 질문의 방식으로 상대의 동의를 구하고 있다.
⑤ 자신의 상황을 내세워 상대의 요구를 일부만 수용한 것에 대한 부정적 반응을 보고, 상대에게 동조의 뜻을 표현하고 있다.

138
▶ 24102-0138
2022학년도 6월 모의평가 40번

(가)의 대화 내용이 (나), (다)에 각각 반영된 양상으로 적절하지 않은 것은?

① (가)에서 학생 2가 글감 선정의 이유에 대해 언급한 내용이 (나)의 1문단에 학생 다수가 문제 해결의 필요성을 느끼고 있음을 밝히는 내용으로 제시되었다.
② (가)에서 학생 2가 의류 수거함의 상태에 대해 언급한 내용이 (다)의 1문단에 문제 제기의 내용으로 제시되었다.
③ (가)에서 학생 1이 신문 기사에 대해 언급한 내용이 (나)의 3문단에 건의를 뒷받침하는 사례로 제시되었다.
④ (가)에서 학생 1이 시청의 영향력에 대해 언급한 내용이 (나)의 2문단에 건의 수용의 기대 효과로 제시되었다.
⑤ (가)에서 학생 1이 의류를 올바르게 배출하는 일의 장점에 대해 언급한 내용이 (다)의 2문단에 의류 수거함을 올바르게 이용해야 하는 이유로 제시되었다.

139

▶ 24102-0139
2022학년도 6월 모의평가 41번

작문 맥락을 고려할 때 (나), (다)에 대한 이해로 적절하지 <u>않은</u> 것은?

① 글의 유형 면에서, (나)는 구체적이고 실행 가능한 방안을 제시하며 공동체의 문제 해결을 요구하는 형식의 글이다.

② 작문 매체 면에서, (나)는 필자가 언급한 내용을 예상 독자가 확인할 수 있도록 글의 특정 정보가 다른 자료에 연결되게 하고 있다.

③ 예상 독자 면에서, (다)는 문제 해결의 당위성을 강조하기 위해 지역 공동체의 모든 구성원을 독자로 상정하고 있다.

④ 글의 주제 면에서, (다)는 공동의 실천으로 해결할 수 있는 문제 상황과 그 해결 방안을 중심 내용으로 제시하고 있다.

⑤ 작문 목적 면에서, (나)와 (다)는 예상되는 긍정적인 효과를 근거로 제시하며 예상 독자를 설득하고 있다.

140

▶ 24102-0140
2022학년도 6월 모의평가 42번

〈보기〉를 점검 기준으로 할 때 ⓐ, ⓑ를 고쳐 쓰기 위한 방안으로 가장 적절한 것은?

● 보기 ●

㉮ 앞뒤 문장 간의 관계는 긴밀한가?
㉯ 주장을 뒷받침하는 논거인가?

① ㉮를 기준으로, ⓐ를 '여전히 다른 사람들이 입던 옷을 재사용하는 일을 꺼리는 사람들이 많기 때문이다'로 수정한다.

② ㉮를 기준으로, ⓑ를 '그러나 배출할 의류가 물에 젖었다면 반드시 말려야 한다'로 수정한다.

③ ㉮를 기준으로, ⓑ를 '의류와 가방, 담요 등은 가능하지만 솜이 붙과 베개, 신발 등은 넣어서는 안 된다'로 수정한다.

④ ㉯를 기준으로, ⓐ를 '왜냐하면 주변 친구들 중에는 의류 수거함에 쓰레기를 넣는 친구들이 없기 때문이다'로 수정한다.

⑤ ㉯를 기준으로, ⓑ를 '왜냐하면 이용자들이 재활용 가능 여부를 구분하는 일은 어렵기 때문이다'로 수정한다.

141~143

다음은 작문 상황과 이를 바탕으로 작성한 학생의 초고이다. 물음에 답하시오.

○ 작문 상황: 손 글씨 쓰기의 효과를 소개하는 글을 써서 교지에 실으려 함.

○ 학생의 초고

컴퓨터와 온라인을 기반으로 한 쓰기 환경이 조성됨에 따라, 많은 학생들이 펜을 쥐는 대신에 컴퓨터 자판을 두드리는 일이 일상화되었다. '손 글씨 쓰기'보다 힘이 덜 들고 편리하기 때문에 많은 학생들이 컴퓨터 자판을 이용한 쓰기를 선호한다. 하지만 손 글씨 쓰기의 효과는 생각보다 크다.

컴퓨터 자판으로 글자를 입력할 때에는 '강'을 입력하든 '물'을 입력하든 손가락으로 세 번의 타점을 두드리는 동작에는 큰 차이가 없다. 그러나 손으로 글씨를 쓸 때에는 손의 동선이 그대로 글씨를 이루며 단어마다 다른 궤적이 생기게 된다. 뇌의 시각 처리와 손을 통한 운동 경험, 쓰고자 하는 단어를 떠올리는 과정이 동시에 이루어져 뇌의 다양한 영역이 활성화되는 효과가 생기는 것이다.

손 글씨 쓰기는 컴퓨터 자판을 이용할 때보다 많은 시간이 소요된다. 하지만 이 느림 때문에 사고할 수 있는 시간이 확보된다. 또 느림 때문에 듣는 내용을 기록할 수 있는 양도 적어지므로 내용의 우선순위를 판단하고 체계를 세워 정리하게 된다. 이때 정보의 선별과 구조화라는 고등 사고 과정이 이루어진다. 결과적으로 해당 내용에 대한 이해도가 높아지는 것이다.

최근에는 정서적 효과도 주목받고 있다. 좋은 글귀를 손으로 차분히 따라 쓰는 필사는 자신이 적고 있는 글귀에 몰입하는 경험을 하게 한다. 자신의 손 글씨로 작성된 단 하나뿐인 책을 완성했다는 성취감을 맛보거나, 좋아하는 글을 음미하며 마음이 치유되는 느낌을 받기도 한다.

컴퓨터 자판을 이용한 쓰기는 현대 사회에서 필수적이다. 하지만 편리함이라는 그늘에 가려지기에는 손 글씨 쓰기가 우리에게 주는 효과가 이처럼 다양하다. [A]

141 ▶ 24102-0141
2022학년도 6월 모의평가 43번

다음은 초고를 작성하기 전에 학생이 떠올린 생각이다. @~ⓔ 중 학생의 초고에 반영되지 <u>않은</u> 것은?

- 손 글씨 쓰기의 개념을 정의하며 글을 시작해야겠어. ········· @
- 컴퓨터 자판을 이용한 쓰기가 일상화된 배경을 언급해야겠어. ···································· ⓑ
- 손 글씨 쓰기와 컴퓨터 자판을 이용한 쓰기의 차이를 예를 활용하여 설명해야겠어. ···································· ⓒ
- 컴퓨터 자판을 이용한 쓰기보다 손 글씨 쓰기의 속도가 느린 데서 오는 효과를 설명해야겠어. ···································· ⓓ
- 최근에 주목받는 손 글씨 쓰기의 효과를 언급해야겠어. ······· ⓔ

① @   ② ⓑ   ③ ⓒ   ④ ⓓ   ⑤ ⓔ

142 ▶ 24102-0142
2022학년도 6월 모의평가 44번

다음은 초고를 읽은 교지 편집부 담당 선생님의 조언이다. 이를 반영하여 [A]를 작성한 내용으로 가장 적절한 것은?

"이 글에 제시된 손 글씨 쓰기의 주요 효과를 모두 언급하고 비유적 표현을 활용해서 마무리하면 어떨까요?"

① 손 글씨 쓰기의 다양한 효과를 정확히 알고 이를 상황에 맞게 활용한다면 쓰기의 효율성을 높일 수 있을 것이다.
② 손 글씨 쓰기의 과정, 장점과 한계, 정서적 효과를 통해 손 글씨 쓰기가 동전의 양면과 같음을 기억해야 할 것이다.
③ 손 글씨 쓰기가 우리의 뇌, 이해, 정서에 미치는 긍정적 영향을 고려하여 손 글씨 쓰기의 횟수를 더욱 늘려야 할 것이다.
④ 손 글씨 쓰기는 글을 쓰는 능력을 향상시키고 정서적 효과를 주기에, 그 가치는 시대가 변해도 늘 별처럼 빛날 것이다.
⑤ 손 글씨 쓰기를 통해 뇌의 다양한 영역 활성화, 이해도 향상, 정서적 효과라는 세 가지 빛깔의 진주를 발견할 수 있을 것이다.

143 ▶ 24102-0143
2022학년도 6월 모의평가 45번

〈보기〉는 학생이 초고를 보완하기 위해 추가로 수집한 자료이다. 자료의 활용 방안으로 적절하지 <u>않은</u> 것은? [3점]

● 보기 ●

ㄱ. 전문가 인터뷰
"손으로 글씨를 쓸 때, 전두엽, 후두엽, 측두엽, 두정엽 등의 뇌의 전 영역에 걸쳐 신경 회로가 형성되어 활성화됩니다. 그래서 손 글씨 쓰기는 뇌를 건강하게 해 주는 일종의 뇌 운동이라고 할 수 있습니다."

ㄴ. 연구 자료
65명의 대학생에게 컴퓨터 자판을 이용한 쓰기와 손 글씨 쓰기라는 두 방식으로 강연 내용을 정리하도록 한 후 성취도를 확인했다. 그 결과, 기억 여부를 묻는 '과제 1'에서는 집단 간 차이가 없었으나, 개념의 이해를 묻는 '과제 2'에서는 손 글씨 쓰기 방식으로 정리한 집단이 훨씬 높은 성취를 보였다.

ㄷ. 우리 학교 설문 조사
ㄷ-1. 학습 과제 작성 시 선호하는 쓰기 방식은?
컴퓨터 자판을 이용한 쓰기 72%, 손 글씨 쓰기 28%

ㄷ-2. ㄷ-1에서 응답한 쓰기 방식을 선호하는 이유는?

쓰기 방식 순위	컴퓨터 자판을 이용한 쓰기	손 글씨 쓰기
1순위	과제 작성을 빠르게 할 수 있어서	내 과제에 애착이 생겨서
2순위	손으로 쓰면 팔이 아프고 귀찮아서	과제에 정성을 쏟을 수 있어서

① ㄱ을 활용하여, 뇌의 다양한 영역이 활성화된다는 2문단의 내용을 구체화한다.
② ㄴ에서 과제 1의 결과를 활용하여, 손 글씨 쓰기가 특정 상황에서 효과적이라는 3문단의 내용을 보강한다.
③ ㄴ에서 과제 2의 결과를 활용하여, 손 글씨 쓰기가 내용 이해도를 높인다는 3문단의 내용을 뒷받침한다.
④ ㄷ-1을 활용하여, 학생들이 컴퓨터 자판을 이용한 쓰기 방식을 선호한다는 1문단의 내용을 보강한다.
⑤ ㄷ-2를 활용하여, 손 글씨 쓰기가 과제를 수행할 때에도 정서적 효과를 준다는 내용을 4문단에 보충한다.

2021학년도 10월 학력평가

144~146   다음은 학생의 발표이다. 물음에 답하시오.

안녕하세요? 먼저 그림부터 보시죠. (자료를 제시하며) 이 풍속화 속 사람들은 무엇을 하는 걸까요? (청중의 대답을 듣고) 바둑이라고요? 놀이에 사용되는 판만 보면 그렇게 볼 수도 있지만, 아닙니다. 선비가 손에 작은 막대를 든 것이 보이시죠? 막대는 아래 사진에 있는 윤목으로, '승경도 놀이'에 쓰이는 도구입니다. 오늘은 풍속화에 그려질 정도로 조선 시대에 많은 사람들이 즐겼던 이 놀이에 대해 알려 드리겠습니다.

승경도 놀이는 조선 초기에 새롭게 정비한 관직 체계를 널리 알리고자 만들어진 것으로, 가장 높은 벼슬에 누가 먼저 오르는지를 겨루는 놀이입니다. (자료를 제시하며) 지금 보시는 이것이 바로 놀이의 핵심 도구인 승경도판인데, 많게는 300여 칸의 격자로 이루어져 있습니다. 여러분, 격자 안에는 무엇이 적혀 있을까요? (청중의 대답을 듣고) 아시는 분이 몇 분 계시네요. (화면을 가리키며) 이건 판의 한 칸을 확대한 것인데, 보시는 것처럼 각 칸에 가로 방향의 큰 글씨로 관직명이 적혀 있습니다. 그리고 세로 방향의 작은 글씨들은 다음에 이동할 수 있는 관직들입니다. 승경도판은 이렇게 칸마다 관직들이 적혀 있는데, (화면을 가리키며) 여기 가운데 부분과 바깥 부분을 나누는 굵은 선이 보이시죠? 선의 안쪽에는 중앙 관직이, 선의 바깥에는 지방 관직이 배치되어 있습니다.

이제 놀이의 규칙을 알아볼까요? 윤목을 던져 나온 수에 해당하는 관직의 칸으로 말을 이동하는 것입니다. (자료를 바꾸며) 이 윤목은 오각기둥의 막대로, 모서리에 눈금이 한 개에서 다섯 개까지 새겨져 있습니다. 그럼 한 번 윤목을 던져 몇 가지 경우로 진출할 수 있을까요? (청중의 대답을 듣고) 설명을 잘 들으셨는지 모두 맞히셨네요. 예, 윤목의 가장 큰 수가 5이니까 다섯 가지 경우로 진출할 수 있습니다. 예를 들어 윤목을 던져 5가 나왔다고 가정해 봅시다. (자료를 바꾸며) 말이 지금 대제학에 있다면 말은 어디로 이동해야 될까요? (청중의 대답을 듣고) 바로 이조 판서입니다. (화면을 가리키며) 놀이는 여기 판 바깥쪽 아랫부분의 격자들에서 시작하는데, 격자마다 문과, 무과, 군졸 등의 출신이 적혀 있습니다. 이는 각 출신에 따라 승진 과정이 다르다는 점을 반영한 것입니다. 그런데 윤목을 던져 1이 나오면 강등되거나 벌칙을 당할 수도 있습니다. 놀이의 벌칙은 유배, 파직, 사약 등이 있는데, 이는 실제 관직 생활에서 일어날 수 있는 일을 반영한 것입니다.

조선 시대에 양반뿐 아니라 민중들도 승경도 놀이를 즐겼다고 합니다. (놀이판을 들어 보이며) 이것은 저희 동아리에서 시범용으로 제작한 승경도판입니다. 오늘은 컴퓨터 게임 대신 저와 함께 승경도 놀이를 하면 어떨까요? 감사합니다.

144   ▶ 24102-0144
2021학년도 10월 학력평가 35번

위 발표에 대한 설명으로 가장 적절한 것은?

① 청중과 공유한 경험을 환기하며 발표의 목적을 밝히고 있다.
② 청중에게 질문을 던져 청중이 발표에 집중하도록 하고 있다.
③ 발표 순서를 안내하여 청중이 내용을 예측하도록 돕고 있다.
④ 정보의 출처를 언급해 발표 내용의 신뢰성을 확보하고 있다.
⑤ 발표 내용에 대한 청중의 이해도를 점검하며 발표를 마무리하고 있다.

145   ▶ 24102-0145
2021학년도 10월 학력평가 36번

〈보기〉의 자료를 활용하기 위한 계획 중 발표에 반영되지 않은 것은?

━━━━━━ • 보기 • ━━━━━━

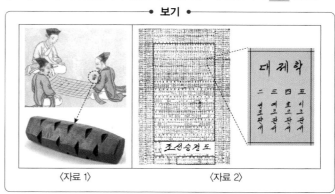

〈자료 1〉   〈자료 2〉

① 〈자료 1〉을 활용하여, 조선 시대에 승경도 놀이가 성행했음을 알려 준다.
② 〈자료 2〉를 활용하여, 승경도판의 칸에 들어 있는 글자들에 대한 정보를 알려 준다.
③ 〈자료 2〉를 활용하여, 놀이를 시작하는 출신의 종류와 출신을 정하는 방법을 소개한다.
④ 〈자료 2〉를 활용하여, 전체 승경도판의 관직 배치 방식과 놀이의 시작 지점을 제시한다.
⑤ 〈자료 1〉과 〈자료 2〉를 활용하여, 윤목을 던져 나온 수에 따라 말이 이동하는 방식을 설명한다.

다음은 위 발표를 들은 학생들의 반응이다. 학생의 반응을 이해한 내용으로 적절하지 <u>않은</u> 것은? [3점]

> 학생 1: 선조들의 놀이에 유배나 파직처럼 실제 관직 생활에서 일어날 수 있는 일까지 반영했다는 사실을 알게 되어 좋았어. 그럼 현실에서처럼 놀이에서도 유배나 파직이 되었을 때 다시 관직으로 복귀할 수 있었을까?
>
> 학생 2: 보드게임 중에도 주사위를 활용해서 하는 놀이가 있는데, 조선 시대에도 이와 비슷한 놀이를 즐겼다는 점을 알게 되어 유익했어. 이 놀이를 누가 만들었는지 궁금한데 그에 대한 설명이 없네. 자료를 찾아봐야겠어.
>
> 학생 3: 도구를 던져 나온 수에 따라 이동한다는 점은 윷놀이와 같네. 그렇지만 출신에 따라 승진 과정이 다르다고 하니 윷놀이와 달리 말이 잡히는 경우는 없겠어.

① 학생 1은 발표의 일부를 언급하며 그 내용의 타당성에 대한 의문을 제기하고 있다.

② 학생 2는 발표 내용과 관련해 궁금한 점에 대해 더 조사해야겠다고 생각하고 있다.

③ 학생 3은 발표에서 직접적으로 언급되지 않은 내용을 추론하고 있다.

④ 학생 1과 학생 2는 발표를 통해 새로운 사실을 알게 된 것을 긍정적으로 평가하고 있다.

⑤ 학생 2와 학생 3은 발표에서 언급한 내용을 배경지식을 활용하여 이해하고 있다.

> **147~151**
> (가)는 학교에서 진행한 강연이 끝난 후 학생들이 나눈 대화이고, (나)는 '학생 2'의 초고이다. 물음에 답하시오.

(가)

학생 1: 시민 의식을 주제로 한 김○○ 교수님의 오늘 강연 정말 유익했어. 한 시간이 금방 흘러가더라.

학생 2: 나도 강연에 집중하다 보니 시간 가는 줄 몰랐어. 개인의 선택과 행동에 의해 우리 사회가 만들어진다는 의미를 비유적으로 이야기한 게 마음에 와닿았어.

학생 1: 맞아. 우리 사회를 정원으로, 시민을 이 정원을 관리하는 정원사로 비유한 것이 정말 인상 깊었어.

학생 2: 또 인상 깊었던 내용이 있으면 말해 줄래?

학생 1: ㉠상호 의존적으로 맺어진 관계에서는 모든 행동이 잠재적으로 전염성이 아주 높다는 게 기억이 나. 한 사람이 어떤 나쁜 행동을 괜찮다는 듯이 하게 되면 다른 사람들도 똑같이 그 행동을 하게 되고, 그런 행동이 마치 바이러스처럼 퍼지게 된다는 거였지. 강연에서 이걸 설명하는 단어가 있었는데 뭐였더라?

학생 2: 강연에서는 '시민적 롬바드 효과'라고 했어.

학생 1: 아, 맞다. 난 뭘 배우면 중요한 단어가 기억이 안 나. 난 항상 이런 식이지. ⎤

학생 2: (다정한 목소리로) 괜찮아. 이미 그 단어가 가리키는 의미는 알고 있었잖아. ⎟ [A]

학생 1: (두 손을 맞잡으며) 그렇게 말해 줘서 고마워. ⎦

학생 2: 그런데 시민적 롬바드 효과를 막으려면 어떻게 해야 한다고 그랬지?

학생 1: ㉡나쁜 행동의 전염을 막으려면 어떻게 해야 한다고 했는지 알고 싶은 거지?

학생 2: 응, 그래.

학생 1: 강연에서는 사회에 해를 끼치는 행동이 확산되는 걸 막으려면 나부터 그런 행동을 하지 않아야 한다고 얘기했어.

학생 2: 맞아, 그랬지. 한 명, 한 명의 선택과 행동이 바로 이 사회를 만들어 가는 거니까.

학생 1: ㉢한 명, 한 명의 선택과 행동이 사회를 만들어 간다고 생각하니까 책임감이 느껴진다.

학생 2: 나도 마찬가지야. 가끔은 멋대로 행동해도 괜찮다고 생각했는데 이제는 달라져야겠어. 그런데 다른 사람이 나쁜 행동을 할 때 그냥 두고 보지 않는 것도 중요한 것 같아.

학생 1: ㉣나쁜 행동을 그냥 두고 본 경험이 있어서 그래?

학생 2: 청소하는 학생들이 쓰레기통을 분리수거장까지 들고 ⎤
가지 않고 아무 데나 쓰레기를 버리는 걸 봤었거든. 한 학 ⎟
생이 쓰레기를 버리니 다른 학생들도 따라서 그곳에 쓰레 ⎟ [B]
기를 버리고 교실로 가더라. 지켜보고도 말리지 못했어. ⎦

그게 계속 마음에 걸려.

학생 1: (고개를 끄덕이며) 그런 일이 있었구나. 그래도 중요한 건 그때 네가 그 학생들을 따라 하지 않았다는 거야.

학생 2: 고마워. 하지만 그때처럼 지켜보기만 한다면 결국 모든 학생들이 피해를 보게 될 거야.

학생 1: 생각해 보니 나도 아무 데나 쓰레기를 버리는 학생들이 급속도로 늘었다고 난감해하는 학교 관계자의 모습을 본 적이 있어. 문제가 더 심각해지기 전에 우리가 뭘 해야 되지 않을까?

학생 2: 나도 함부로 버려지는 쓰레기가 늘어서 골치가 아프다는 학교 관계자의 말을 들었어. (두 주먹을 불끈 쥐고) 그래, 결심했어! 난 우리가 이야기한 내용을 바탕으로 학교 신문에 글을 투고할래.

학생 1: ⓜ멋지다! 넌 우리가 사는 정원을 아름답게 만드는 정원사가 될 거야. 나도 할 수 있는 일을 찾아봐야겠어.

(나) 학생 2의 초고

학생회 게시판에 학교 내에 무분별하게 버려진 쓰레기 사진이 올라와 우리 학생들 사이에 화제가 된 일이 있었다. 필자도 청소하는 학생들이 쓰레기통을 분리수거장까지 들고 가지 않고 아무 데나 쓰레기를 버리는 것을 목격한 적이 있다. 학교 관계자에 따르면 최근에 우리 학교 내에 쓰레기를 함부로 버리는 학생들이 급속도로 늘어 쓰레기 처리에 골머리를 앓고 있다고 한다. 왜 이런 일이 일어나게 된 것일까?

얼마 전 학교에서 열린 김○○ 교수의 강연에 따르면, 상호 의존적인 관계로 맺어진 사회에 살고 있는 우리는 다른 사람의 행동에 쉽게 영향을 받는다. 한 사람의 나쁜 행동을 방치하면 그와 같은 행동이 마치 바이러스처럼 쉽게 퍼져 나간다. 이를 가리켜 '시민적 롬바드 효과'라고 한다. 지금 학교에서 발생하는 일은 시민적 롬바드 효과로 설명할 수 있다. 누군가가 쓰레기를 함부로 학교 내에 버리자 너도나도 이런 행동을 따라 하게 된 것이다. 이런 일이 확산되면 어떤 일이 발생할까?

지금처럼 학교 내에 함부로 쓰레기를 버리는 행동이 확산되면 학교에서 생활하는 모두가 괴로울 수밖에 없다. 강연에서는 사회에 해를 끼치는 행동이 확산되는 것을 막으려면 자신부터 그런 행동을 하지 않아야 한다고 주장했다. 이처럼 남들이 쓰레기를 버린다고 너도나도 따라 하는 행동을 해서는 안 된다. 나아가 쓰레기를 함부로 버리는 일을 목격하면 이를 막도록 노력해야 한다.

상호 의존적인 관계로 맺어져 있는 우리의 선택과 행동이 우리가 생활하는 학교를 만든다. 그렇다면 우리는 좀 더 큰 책임감을 느껴야 한다. 제멋대로 쓰레기를 버리는 학생에게 그 행동이 우리 학교를 어지럽히는 일이라는 점을 분명히 인식시킬 필요가 있다.

147 ▶ 24102-0147
2021학년도 10월 학력평가 38번

대화의 흐름을 고려할 때, ㉠~㉤에 대한 설명으로 적절하지 않은 것은?

① ㉠: 상대의 요청에 따라 강연에서 인상적이었던 내용을 제시하고 있다.

② ㉡: 상대가 한 질문의 의미를 자신이 제대로 이해했는지 확인하고 있다.

③ ㉢: 상대의 말을 다시 진술하며 그에 대한 자신의 생각을 덧붙이고 있다.

④ ㉣: 상대의 의견을 뒷받침할 수 있는 추가적인 사례를 요구하고 있다.

⑤ ㉤: 상대의 계획을 응원하기 위해 강연에서 들었던 비유를 활용하고 있다.

148 ▶ 24102-0148
2021학년도 10월 학력평가 39번

[A], [B]에 대한 설명으로 가장 적절한 것은?

① [A]에서 학생 2는 스스로에 대한 인식이 부정적인 상대에게, [B]에서 학생 1은 스스로의 행동을 자책하는 상대에게 위로의 말을 건네고 있다.

② [A]에서 학생 2는 상대의 말에 동의하고 있음을, [B]에서 학생 1은 상대의 말에 공감하고 있음을 준언어적 표현을 통해 드러내고 있다.

③ [A]에서 학생 2는 상대가 잘못 정리한 강연 내용을, [B]에서 학생 1은 상대가 스스로의 행동에 대해 평가한 생각을 수정하고 있다.

④ [A]에서 학생 2는 상대의 의견에 이의를 제기하며, [B]에서 학생 1은 상대의 의견 일부를 인정하며 자신의 의도를 설명하고 있다.

⑤ [A]에서 학생 2는 상대가 생각하지 못했던 강연의 의미를, [B]에서 학생 1은 상대가 한 행동의 의미를 알려 주고 있다.

149 ▶ 24102-0149
2021학년도 10월 학력평가 40번

(가)의 대화 내용이 (나)에 반영된 양상으로 적절하지 <u>않은</u> 것은?

① (가)에서 학생 2가 학생들의 나쁜 행동을 목격한 경험에 대해 언급한 내용이 (나)의 1문단에서 문제 상황의 실태를 드러내는 내용으로 제시되었다.

② (가)에서 학생 1, 학생 2가 학교 관계자의 말에 대해 언급한 내용이 (나)의 1문단에서 문제 상황의 심각성을 부각하는 내용으로 제시되었다.

③ (가)에서 학생 1이 문제 해결을 위한 행동의 필요성에 대해 언급한 내용이 (나)의 2문단에서 문제 해결 방안의 적절성을 입증하는 근거로 제시되었다.

④ (가)에서 학생 1, 학생 2가 강연에서 들은 시민적 롬바드 효과에 대해 언급한 내용이 (나)의 2문단에서 문제의 원인을 설명하는 내용으로 제시되었다.

⑤ (가)에서 학생 1, 학생 2가 사회에 해를 끼치는 행동의 확산을 막는 방법에 대해 언급한 내용이 (나)의 3문단에서 문제 해결과 관련한 주장의 내용으로 제시되었다.

150 ▶ 24102-0150
2021학년도 10월 학력평가 41번

(나)에 활용된 글쓰기 전략으로 가장 적절한 것은?

① 예상되는 반론을 제시하고 이를 반박하여 논지를 강화했다.

② 본문에서 설명하는 순서대로 요약한 내용을 포함하여 마무리했다.

③ 각 문단의 마지막마다 의문형 문장을 활용하여 문단의 핵심 내용을 강조했다.

④ '행동'이라는 말을 반복하여 예상 독자가 지닌 신중한 태도의 문제점을 지적했다.

⑤ '우리'라는 말을 자주 사용해 글에서 다루고 있는 내용이 공동체의 문제임을 부각했다.

151 ▶ 24102-0151
2021학년도 10월 학력평가 42번

다음은 학교 신문 편집부장의 검토 의견을 반영해 (나)의 마지막 문단을 학생 2가 수정한 원고이다. 검토 의견으로 가장 적절한 것은?

> 상호 의존적인 관계로 맺어져 있는 학교생활에 좀 더 큰 책임감을 느껴야 한다. 이에 '쓰레기 되가져가기'와 '버리지 마' 캠페인을 제안한다. 캠페인을 통해 무분별한 쓰레기 투기를 막을 수 있고, 쓰레기를 버리는 행동에 대한 거부감을 드러내는 것으로 나쁜 행동의 확산을 막을 수 있다.

① 학교 내에서 예의와 존중을 지키지 않는 행동에 대해 소극적으로 대처할 때의 문제점을 지적하며 글을 마무리해 주세요.

② 학교 내에서 쓰레기를 함부로 버리는 것을 막기 위한 구체적인 방법과 그 기대 효과를 설명하며 글을 마무리해 주세요.

③ 학교 내에서 쓰레기를 함부로 버리는 행동을 하는 심리가 무엇인지 설명하며 글을 마무리해 주세요.

④ 학교 내에서 분리수거를 효율적으로 실천하기 위한 교육적 방안을 제안하며 글을 마무리해 주세요.

⑤ 학교 내에서 분리수거를 하지 않는 학생에 대한 대처 방안을 안내하며 글을 마무리해 주세요.

정답과 해설 46쪽

Ⅰ 화법과 작문

152~154 다음은 작문 상황과 이를 바탕으로 작성한 학생의 초고이다. 물음에 답하시오.

○ 작문 상황: 마감 시한에 임박해서 과제를 수행하는 습관에 대한 글을 써서 교지에 실으려 함.

○ 학생의 초고

  학습 부장이 선생님께 과제를 제출해야 한다며 학생들을 독촉한다. 그러면 급히 과제를 마무리한 학생들이 학습 부장에게 몰려들어 과제를 건넨다. 우리는 과제 제출일이 되면 어김없이 이런 장면을 목격한다. 이처럼 우리 학교의 많은 학생들은 습관적으로 마감 시한에 임박해 과제를 수행하고 있다. 그런데 우려되는 점은 많은 학생들이 이러한 과제 수행 방식이 지닌 문제점을 제대로 알고 있지 못하다는 것이다.

  흔히 마감에 임박해 벼락치기로 과제를 수행하면 집중력이 높아져 좋은 성과를 낼 수 있다고 믿는 학생들이 많다. 실제로 벼락치기로 과제를 할 때는 일시적으로 집중력이 향상되기도 한다. 하지만 마감 시한에 임박해 과제를 수행하면 고등 사고 능력이 떨어져 과제의 완성도가 낮아질 수밖에 없다. 우리 학교의 선생님들을 인터뷰한 결과, 시간에 쫓겨 과제를 수행한 학생들의 결과물은 조건을 제대로 지키지 못하거나 중요한 정보가 누락되어 좋은 점수를 받지 못한 경우가 많았다고 한다.

  마감 시한에 임박해 과제를 수행하는 방식은 또 다른 문제를 유발한다. 과제에 온 정신이 쏠리면 수업의 준비물이나 다른 과목의 과제를 잊는 등 해야 할 일에 대해 살피지 못하는 경우가 발생한다. 여기서 알 수 있는 것처럼 짧은 시간에 과제 수행에만 집중하다 보면 과제 이외의 다른 중요한 일들을 소홀히 하게 된다.

  이런 문제를 해결하려면 어떻게 해야 할까? 먼저 과제 제출 시한을 확인하고 그에 따라 과제 수행 계획을 체계적으로 세워야 한다. 그리고 과제 수행 도중 계획의 이행 정도를 점검·조절하는 것이 좋다. [A]

152 ▶ 24102-0152

다음은 초고를 작성하기 전에 학생이 떠올린 생각이다. 학생의 초고에 반영되지 **않은** 것은?

① 인터뷰를 제시하여 학생들의 과제 수행에 관한 문제점을 강조해야겠어.
② 묻고 답하는 방식으로 과제 수행에 관한 문제 해결 방안을 제시해야겠어.
③ 과제 수행에 대한 통념을 언급한 후 이 통념이 사실과 다른 부분이 있음을 드러내야겠어.
④ 학교생활에서 벌어지는 모습을 제시해 과제 수행과 관련해 발생하는 문제 상황을 보여 주어야겠어.
⑤ 과제 수행과 관련한 문제의 발생 원인을 개인적 측면과 사회적 측면으로 구분하여 밝혀 주어야겠어.

153 ▶ 24102-0153

다음은 초고를 읽은 교지 편집부원이 조언한 내용이다. 이를 반영하여 [A]를 작성한 내용으로 가장 적절한 것은?

  앞서 언급한 두 가지 문제를 해결할 수 있음을 밝히며 마무리하되, 문맥에 어울리는 관용적 표현을 활용하면 좋겠어요.

① 그러면 과제 수행에 온전히 에너지를 쏟게 되어 자신의 과제 수행에 대해 만족할 수 있게 될 것이다.
② 그러면 시간적 여유를 가지고 과제를 수행해서 과제 이외의 다른 일들을 두루 살필 수 있게 될 것이다.
③ 그러면 다른 중요한 일들을 놓치더라도 과제 결과물에 대해서는 좋은 평가를 받을 수밖에 없게 될 것이다.
④ 그러면 돌다리를 두드려 보고 건너듯이 신중한 자세로 과제를 수행하는 것이 중요하다는 점을 알게 될 것이다.
⑤ 그러면 완성도 높은 과제 결과물도 얻고 해야 할 다른 일도 소홀히 하지 않게 되어 두 마리 토끼를 모두 잡게 될 것이다.

다음은 학생이 초고를 보완하기 위해 수집한 자료이다. 자료의 활용 방안으로 적절하지 <u>않은</u> 것은? [3점]

ㄱ. 우리 학교 설문 조사

ㄱ-1. 과제 제출 시한에 임박해서 과제를 수행하는 편인가?

예 78%	아니요 22%

ㄱ-2. (ㄱ-1에서 '예'라고 응답한 학생들을 대상으로) 본인이 제출한 과제 결과물에 만족하는가?

만족 65%	불만족 35%

ㄴ. 신문 기사의 일부

우리의 뇌는 무엇인가가 부족하다고 생각되면 본능적으로 그와 관련된 자극에 더 민감하게 반응하여 부족한 것을 채우기 위해 뇌의 에너지 대부분을 쏟게 된다. 한정된 집중력을 일시에 몰아주는 것이다. 이로 인해 짧은 시간에 한 가지 문제에 관심을 쏟다 보면 그 문제 해결에만 집중하게 되고, 그 외의 것에 대해서는 집중하지 않게 되는 '터널 시야 현상'이 발생할 수 있다.

ㄷ. 전문가 인터뷰

"과제 수행에는 고등 사고 능력이 요구되는데 시간에 쫓기면 이런 능력이 발휘되기 어렵습니다. 따라서 과제를 수행할 때에는 중요도와 시급성을 기준으로 일의 우선순위를 정하는 것이 중요합니다. 이를 바탕으로 계획을 세워 정해진 과업을 실행하고, 실행한 결과를 점검해야 합니다."

---

① ㄱ-1을 활용해, 마감 시한에 임박해 과제를 수행하는 습관을 지닌 학생이 많다는 1문단의 내용을 구체화한다.

② ㄴ을 활용해, 단시간에 과제를 해결하려 할 때 과제 외의 중요한 일들을 소홀히 하게 된다는 3문단의 내용을 보강한다.

③ ㄷ을 활용해, 마감 시한에 임박해 과제를 수행하면 과제의 완성도가 떨어진다는 2문단의 내용을 보강한다.

④ ㄱ-2와 ㄴ을 활용해, 과제 결과물에 대한 학생과 교사의 평가 기준이 일치하지 않는 이유를 2문단에 덧붙인다.

⑤ ㄴ과 ㄷ을 활용해, 뇌의 집중력은 한정되어 있으므로 일들의 우선순위를 정해 수행 계획을 세워야 한다는 내용을 4문단에 보충한다.

155~157 다음은 학생의 발표이다. 물음에 답하시오.

여러분, (그림 제시) 풍속화 속에 나오는 이 기계가 무엇인지 아시겠습니까? 바로 수차입니다. 조선 시대에도 이렇게 물을 끌어 올리는 수차를 이용해 농사를 지었다는 것이 흥미롭지 않나요? 그런데 이 그림 속 농민의 표정이 힘들어 보입니다. 수차는 직접 발로 밟아 물을 끌어 올리는 기계였기 때문에 수차를 이용해 물을 끌어 올리는 일은 농민들에게 여전히 고된 노동이었습니다. 바로 이런 농민들의 어려움을 해결하기 위해 조선의 실학자 하백원은 자승차를 설계했습니다. 자승차란 물을 스스로 끌어 올리는 수차라는 뜻입니다. 오늘은 이에 대해 발표하고자 합니다.

(설계도 제시) 이것은 자승차의 설계도인 『자승차도해』입니다. 100여 개가 넘는 각 부품이 그려져 있지만 시간 관계상 몇 장만 선택해 보여 드리겠습니다. 보시는 것처럼 자승차에 쓰이는 부품의 이름은 물론 치수와 재질까지 상세하게 설명하고 있습니다. 그렇지만 설계도만으로는 자승차의 모습이 어떤지 잘 모르시겠죠? (사진 1 제시) 이 사진은 『자승차도해』를 바탕으로 ○○ 과학관에서 직접 만들어 본 자승차의 모형입니다. (화면을 가리키며) 이 부분이 흐르는 물의 힘에 의해서 회전하는 물레방아인데 이것이 돌면 그 끝에 설치된 톱니바퀴가 돌아가게 됩니다. 톱니바퀴가 회전하면서 연결된 막대가 피스톤 역할을 합니다. 그러면 물통에 물이 차서 관을 통해 높은 곳으로 물이 이동하게 됩니다. (청중의 반응을 살핀 후) 제가 생각한 대로 이 사진만으로는 자승차가 작동되는 모습을 떠올리기 어려워하시는 것 같군요. 그래서 자승차가 작동되는 모습을 컴퓨터로 구현한 동영상 하나를 준비했습니다. (동영상 재생) 훨씬 이해가 잘 되시죠?

그런데 자승차가 당시에 널리 쓰였을까요? (청중의 반응을 살핀 후) 여러분들의 생각과 달리 자승차는 실용화되지 못했습니다. 물의 힘만으로는 자승차를 작동하기가 쉽지 않았던 것입니다. 그렇지만 여기에 사용되었던 과학적 원리들은 그렇게 단순한 것이 아니었습니다. (사진 2 제시) 보시는 것처럼 자동차에서는 톱니바퀴를 활용하여 운동의 방향을 바꾸는데 자승차에도 이와 유사한 과학적 원리가 사용됩니다. 이처럼 자승차에 적용된 시대를 뛰어넘은 과학적 발상은 높이 살 만합니다.

백성의 어려움을 고민했던 하백원의 노력과 의지가 담겨 있다는 점에서 자승차는 역사적인 의미가 있다고 생각합니다. 발표 내용에 대해 더 알고 싶거나 궁금한 게 있는 분들은 발표 후 제게 질문해 주시거나 제가 발표를 위해 참고한 ○○ 과학관 누리집에 방문해 보시면 관련된 정보를 더 자세히 알 수 있을 것입니다. 이상으로 발표를 마치겠습니다.

155 ▶ 24102-0155
2021학년도 3월 학력평가 35번

위 발표를 위한 계획 중 발표에 반영되지 않은 것은?

① 자승차라는 이름이 가진 뜻을 제시해야겠다.

② 자승차가 실제로 쓰이지 못한 이유를 설명해야겠다.

③ 자승차에 관한 추가 정보를 얻는 방법을 소개해야겠다.

④ 하백원이 자승차를 설계하려고 했던 이유를 밝혀야겠다.

⑤ 하백원이 자승차 개량 과정에서 겪은 시행착오를 언급해야겠다.

156 ▶ 24102-0156
2021학년도 3월 학력평가 36번

발표에서 학생이 자료를 활용한 방식에 대한 설명으로 적절하지 않은 것은?

① 화제와 관련하여 청중의 관심을 유도하기 위해 그림을 활용하였다.

② 발표 시간을 고려하여 발표 대상의 설계도 일부를 선택적으로 활용하였다.

③ 발표 대상의 각 부분을 제작하는 과정을 구체적으로 보여 주기 위해 사진 1을 활용하였다.

④ 청중의 반응을 예상하여 준비한 동영상을 발표 대상에 대한 청중의 이해를 돕기 위해 활용하였다.

⑤ 다른 사례와의 유사성을 들어 발표 대상의 과학적 우수성을 알려 주기 위해 사진 2를 활용하였다.

157 ▶ 24102-0157
2021학년도 3월 학력평가 37번

다음은 위 발표를 들은 학생들의 반응이다. 발표의 내용을 고려하여 학생의 반응을 이해한 내용으로 가장 적절한 것은? [3점]

> 학생 1: 물의 힘만으로 작동하기가 쉽지 않다고 했는데 이유를 구체적으로 알려 주지 않아 아쉬웠어. 나중에 발표자에게 직접 물어봐야겠어.
>
> 학생 2: 하백원이라는 실학자를 잘 몰랐었는데 새롭게 알게 되어 좋았어. 그가 백성의 어려움을 고민했던 실학자였다고 하니 자승차 이외에도 농사에 관련된 다른 기계를 더 고안했을 것 같아.
>
> 학생 3: 조선 시대에도 스스로 작동하는 수차를 만들려고 했다는 사실을 처음 알게 되어 유익했어. 현대 기술에서 자승차와 유사한 원리가 사용된 경우가 더 있을까? 나중에 검색해 봐야겠어.

① '학생 1'은 발표에서 알게 된 정보를 통해 자신이 평소 알고 있던 바를 수정하고 있다.

② '학생 2'는 추가적인 정보를 바탕으로 발표 내용의 신뢰성을 점검하고 있다.

③ '학생 3'은 발표에서 누락된 부분이 있다는 점을 지적하고 있다.

④ '학생 1'과 '학생 3'은 발표에서 직접적으로 언급되지 않은 내용을 추론하고 있다.

⑤ '학생 2'와 '학생 3'은 발표를 통해 새로운 사실을 알게 된 것을 긍정적으로 생각하고 있다.

158~161 (가)는 '활동 1'에 따른 대화이고, (나)는 '활동 2'에 따라 '지민'이 쓴 초고이다. 물음에 답하시오.

독후 활동

[활동 1] 책에서 인상적이었던 내용에 대해 이야기 나누기
[활동 2] '활동 1'을 바탕으로 교훈을 주는 글 쓰기

(가)

지민: 선생님께서 추천해 주신 책 다들 읽었지? 나는 지금까지 인식하지 못했던 우리들의 사고 경향에 대해 생각해 볼 수 있어 좋았는데, 너희들은 어땠어?

홍철: ㉠이 책이 내가 이해하기 너무 힘든 내용을 다루고 있지는 않은지 확인하려고 목차를 봤더니 걱정이 많이 되더라. 그런데 막상 읽어 보니 쉽게 설명을 잘 해 놓았더라.

윤주: 응. ㉡이 책은 우리의 사고 경향을 일곱 가지로 나눠 각 장에서 한 가지씩 설명하는 방식으로 구성되어 있어서 내가 하루 1장씩 일주일간 읽으려고 계획했었어. 그런데 3일 만에 다 읽었어.

지민: 어떤 내용이 흥미로웠는지 말해 줄래?

윤주: 배가 정박할 때 닻을 펄에 박아 두면 배가 일정 범위를 벗어나지 못하잖아. 그것처럼 우리도 주어진 기준에 얽매여 폭넓게 사고하지 못한다고 한 부분이 흥미로웠어.

홍철: 나는 우주 왕복선 챌린저호의 폭발 사고에 대한 내용이 기억에 남아. 보고 싶은 것만 보고 받아들이고 싶은 것만 받아들이는 성향이 특정한 판단을 강화하여 유용한 정보를 놓치고 오류를 범하게 만든다는 것이었어.

지민: ㉢(메모를 살피며) 3장에서 다룬 '정박 효과'와 5장에서 다룬 '확신의 덫'이 인상적이었다고 말하는 거구나.

윤주: (목소리를 높여) 우아! 그건 책의 내용을 메모해 둔 거야?

지민: 응, 맞아. 책을 읽으면서 책의 내용을 메모해 두면 독후 활동을 할 때 유용하거든. (메모를 살피며) 나는 책의 서문에서 '그 누구도 정답만을 말할 수는 없다.'라고 한 작가의 말이 인상적이었어.

홍철: ㉣나도 이 책의 작가가 우리에게 개방적인 자세를 가져야 한다는 교훈을 전해 주고 있다는 생각이 들었어.

지민: 나도 그렇게 생각해. 그래서 말인데, 우리가 독후 활동 중 '활동 2'를 해야 하잖아. 정박 효과나 확신의 덫을 일으키는 사고 경향의 문제점을 설명하고 우리가 가져야 할 바람직한 자세에 대해 서술하는 것이 좋겠지?

홍철: 음, 그런데 이 책에서도 언급하고 있듯이 그러한 사고 경향이 나쁜 것만은 아니야.

윤주: ㉤내가 이 책을 읽는 과정에서 더 알고 싶은 내용이 생겨서 책을 읽은 뒤에 이 책의 참고 문헌에 나와 있는 책도 찾아 읽었거든. 그 책에서도 그런 점을 언급하고 있더라.

지민: 그렇구나. 내가 초고에 그 점도 언급하도록 해 볼게.

홍철: 그런데 윤주야, (엄지손가락을 치켜들며) 그새 다른 책까지 찾아 읽어 보다니 대단하다.

윤주: (겸연쩍은 표정을 지으며) 내가 할 일이 없어서 그래.

지민: (간절한 눈빛으로) 윤주야, 초고를 쓸 때 참고하려고 그러는데, 내일까지 책 내용을 요약해서 줄 수 있니?　[A]

윤주: (안타까운 표정을 지으며) 그 책을 그냥 도서관에 반납해 버렸는데 어떡하지?

지민: (상냥한 말투로) 괜찮아. 내가 관련된 자료를 찾아볼게.

윤주: 응. 도울 일이 있으면 말해 줘.

(나)

　10만 원이라는 가격표가 붙은 물건을 3만 원에 살 수 있다면 우리는 이 물건을 사야 할까, 말아야 할까? 아마 우리 중 대부분은 물건의 가격이 합당한 것인가를 생각하지 않고 10만 원이라는 가격표에 얽매여 지갑 열기를 주저하지 않을 것이다. 배가 항구에 정박할 때 닻을 펄에 박아 두면 배가 일정 범위를 벗어나지 못하는 것처럼 초기에 제시된 기준이나 상황을 벗어나는 것이 쉽지 않기 때문이다. 심리학에서는 이를 '정박 효과'라고 부른다. 정박 효과는 비단 소비의 측면뿐만이 아니라 우리의 일상생활에서 흔히 일어난다. 우리는 일상에서 어떤 사람의 첫인상을 통해 그 사람의 성격을 판단해 버리는 일이 많은데, 이때의 직관적 판단은 진위 여부를 확인하는 데 오랜 시간이 걸리고 그것이 틀린 것일지라도 쉽게 바뀌지 않는다. 이 역시 정박 효과와 관련이 있다.

　우리는 자신의 판단이 옳다는 것을 확인시켜 주는 정보만을 받아들이려고 하는 사고 경향도 가지고 있다. 이러한 사고 경향은 '확신의 덫'에 빠지는 문제를 일으킨다. 우주 왕복선 챌린저호의 폭발 사고는 이러한 문제를 잘 보여 준다. 챌린저호는 발사된 지 약 72초 만에 폭발하였는데, 챌린저호의 폭발 가능성이 충분히 예견되었음에도 불구하고 관련 전문가들이 자신들의 기대와 상충하는 정보를 무시해 버렸다는 사실이 원인 규명 조사 과정에서 밝혀졌다. 전문가들조차 보고 싶은 것만 보고 믿고 싶은 것만 믿음으로써 잘못된 판단을 내리는 확신의 덫에 빠졌던 것이다. '답은 정해져 있고 너는 대답만 하면 돼.'라는 뜻을 가진 '답정너'라는 신조어를 떠올려 보면 확신의 덫에 빠져 있는 것이 어떤 것인지 쉽게 이해할 수 있다.

　아마 누군가는 정박 효과나 확신의 덫과 같은 문제를 일으킬 수 있는 직관적 판단과 자기 확신을 긍정적으로도 볼 수 있다는 반응을 보일 수 있다. 정보 부족과 시간 제약의 한계가 있는 상황에서 직관적 판단은 인지적 부담을 줄여 주고 의사 결정의 효율성을 높여 준다. 또한 어떠한 판단에 대한 자기 확신은 일을 적극적으로 추진할 수 있게 해 준다. 그러나 이러한 사고 경향은 터무니없거나 편향된 판단을 이끌어 낼 수 있다. 그러므로 우리는 이러한 문제점을 인지하고 예방하기 위해 노력해야 한다. 첫째, 누구든지 자신의 판단의 오류 가능성에 대해 인정할 수 있어야 한다. 그 누구도 정답만

을 말할 수는 없다. 둘째, 다른 사람들의 말을 경청할 줄 알아야 한다. 내 생각과 다른 생각도 수용할 수 있는 개방적인 자세는 경청에서부터 나온다. 이러한 두 자세를 통해 우리는 보다 합리적인 판단을 할 수 있고 나 자신과 타인, 세계를 올바르게 이해할 수 있다.

158 ▶ 24102-0158
2021학년도 3월 학력평가 38번

㉠~㉤에 대한 이해로 적절하지 **않은** 것은?

① ㉠: 책을 읽기 전에 미리 책의 내용 수준을 가늠하고자 하였음을 알 수 있다.
② ㉡: 책의 구성을 고려하여 책 읽기 계획을 세웠음을 알 수 있다.
③ ㉢: 책을 읽는 과정에서 책의 내용을 메모하였음을 알 수 있다.
④ ㉣: 책에 드러난 글쓰기 형식에 대해 평가하였음을 알 수 있다.
⑤ ㉤: 책을 읽은 뒤에 책의 내용과 관련하여 확장적 독서를 하였음을 알 수 있다.

159 ▶ 24102-0159
2021학년도 3월 학력평가 39번

[A]의 발화에 대한 설명으로 가장 적절한 것은?

① '홍철'의 발화에는 상대방을 칭찬하는 언어적 표현을 강화하는 비언어적 표현이 사용되었다.
② '윤주'의 첫 번째 발화에는 상대방에게 자신을 낮추는 언어적 표현을 보완하는 준언어적 표현이 사용되었다.
③ '지민'의 첫 번째 발화에는 상대방의 의견과 일치점을 찾고자 하는 언어적 표현을 부각하는 준언어적 표현이 사용되었다.
④ '윤주'의 두 번째 발화에는 상대방에게 이익이 되도록 제안하는 언어적 표현을 강조하는 비언어적 표현이 사용되었다.
⑤ '지민'의 두 번째 발화에는 언어적 표현이 담고 있는 내용이 자신의 의도와 다른 것임을 드러내는 준언어적 표현이 사용되었다.

160 ▶ 24102-0160
2021학년도 3월 학력평가 40번

(가)를 바탕으로 (나)를 설명한 내용으로 적절하지 **않은** 것은?

① (가)에 언급되지 않은 첫인상 판단에 대해 설명하여 정박 효과가 일상생활에서 흔히 일어난다는 점을 부연하였다.
② (가)에 언급된 챌린저호의 폭발 사고에 대해 정보를 추가하여 확신의 덫에 빠지는 문제를 설명하였다.
③ (가)에 언급되지 않은 신조어를 예로 들어 확신의 덫에 대한 이해를 도왔다.
④ (가)에 언급된 작가의 말을 직접 인용하여 시간 제약이 있는 상황에서 합리적 판단을 이끌어 내는 방법을 제시하였다.
⑤ (가)에 언급되지 않은 경청의 중요성에 대해 밝혀 개방적인 자세의 필요성을 강조하였다.

161 ▶ 24102-0161
2021학년도 3월 학력평가 41번

〈보기〉와 관련하여 (나)에 나타난 쓰기 전략을 분석한 내용으로 적절하지 **않은** 것은?

● 보기 ●

글쓰기는 필자와 독자의 의사소통을 위한 것이다. 글쓰기에서 필자가 전달하려는 내용이 독자에게 의미 있는 것으로 받아들여지기 위해서는 독자의 공감을 유도하는 것이 중요한데, 이때 사용할 수 있는 전략은 다양하다. 대표적으로 ⓐ1인칭 대명사를 사용하여 필자와 독자가 동일한 특성을 지니고 있는 관계임을 나타내어 독자와의 거리감을 좁히는 전략, ⓑ물음이나 독창적 표현 등을 사용하여 독자의 주의를 환기하는 전략, ⓒ글의 내용이 독자의 상황과 관련되어 있음을 밝히는 전략, ⓓ독자의 반응을 예측하여 글 속에서 미리 대응하는 전략, ⓔ독자에게 의미가 있을 만한 정보나 문제 해결 방법 등을 제시하는 전략 등이 있다.

① ⓐ와 관련하여, 필자와 독자를 모두 포함하는 '우리'라는 표현을 사용함으로써 필자와 독자의 거리감을 좁혔다.
② ⓑ와 관련하여, 상품을 구매하는 일상적 상황을 가정한 물음을 제시함으로써 독자의 주의를 환기했다.
③ ⓒ와 관련하여, 판단의 오류를 인정하지 않으려고 하는 사회적 이유를 분석하여 독자가 자신의 문제 상황을 알 수 있게 했다.
④ ⓓ와 관련하여, 직관적 판단과 자기 확신의 긍정적 측면에 내재된 문제점을 언급하여 예상되는 독자의 반응에 대응하는 입장을 제시했다.
⑤ ⓔ와 관련하여, 터무니없거나 편향된 판단을 예방하기 위해 필요한 태도를 설명함으로써 독자에게 문제 해결 방법을 알려 주었다.

162~165

(가)는 지역 문제 탐구 동아리에서 교지에 싣기 위해 작성한 보고서의 초고이고, (나)는 (가)의 작성에 참여한 학생이 시청 누리집에 게재한 건의문이다. 물음에 답하시오.

(가)

지역 주민들의 ○○숲 공원 이용에 대한 보고서

Ⅰ. 조사 동기 및 목적

생태 탐방 명소로 알려진 우리 지역의 ○○숲 공원을 이용하는 지역 주민들의 수가 점점 줄어들고 있다는 언론 보도가 있었다. 이를 계기로 지역 주민들이 ○○숲 공원 이용에 대해 어떻게 생각하는지를 알아보기 위해 조사해 보고자 한다.

Ⅱ. 조사 계획

- 조사 대상: □□시 주민 ◇◇명
- 조사 기간: 20××. 03. 01. ~ 03. 14.
- 조사 내용: ○○숲 공원 이용 현황, ○○숲 공원에 대한 인식

Ⅲ. 조사 결과

1. ○○숲 공원 이용 현황

조사 대상 중 지난 1년간 ○○숲 공원을 이용한 주민의 비율은 18%에 그쳤다. 또한 △△ 신문의 보도 내용에 따르면 최근 ○○숲 공원의 전체 이용객 중 76%가 외부 방문객들이었으며 그들은 대부분 생태 탐방을 위해 방문한 것이었다. 최근 ○○숲 공원을 이용하는 외부 방문객의 수는 13%p 증가한 반면에 지역 주민의 수는 10%p 감소하였다고 한다.

2. ○○숲 공원에 대한 인식

가. ○○숲 공원의 가치에 대한 인식

지역 주민들이 가장 중요하게 여기는 공원의 가치를 조사하였다. 그 결과, 지역 주민의 62%가 정신적 치유와 휴식에 도움을 주는 후생적 가치를, 23%가 소득을 증대해 주는 경제적 가치를, 15%가 수백여 종 수목이 자생하는 곳으로서의 생태적 가치를 가장 중요하게 여겼다.

나. ○○숲 공원 개선에 대한 인식

조사에 참여한 지역 주민의 85%가 개선이 필요하다고 답했다. 이들을 대상으로 공원 이용과 관련해 개선되기를 바라는 점을 조사한 결과는 다음과 같다.

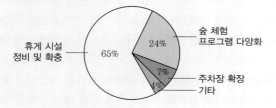

숲 체험 프로그램 다양화 24%
휴게 시설 정비 및 확충 65%
주차장 확장 7%
기타 4%

Ⅳ. 결론

정신적 치유와 휴식에 도움을 주는 후생적 가치를 ○○숲 공원의 가치로 가장 중요하게 여기는 지역 주민들의 비율이 62%에 이르렀으며, ○○숲 공원 개선이 필요하다고 응답한 사람들 중 65%는 휴게 시설 정비 및 확충이 필요하다고 답했다. 이를 고려해 ○○숲 공원을 이용하는 지역 주민의 수가 감소하고 있는 문제의 해결 방안을 모색할 필요가 있다. ─[A]

(나)

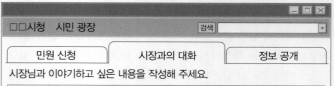

□□시청　시민 광장　　　　　　검색

| 민원 신청 | 시장과의 대화 | 정보 공개 |

시장님과 이야기하고 싶은 내용을 작성해 주세요.

시장님, 안녕하십니까? 저는 ○○ 고등학교 지역 문제 탐구 동아리 학생입니다. △△ 신문 보도 내용에 따르면, 최근 ○○숲 공원을 이용한 지역 주민의 수가 감소하였다고 합니다. 이에 저희 동아리에서 ○○숲 공원 이용에 대한 지역 주민의 인식을 조사해 보니, 많은 지역 주민들이 ○○숲 공원이 개선되기를 바라고 있었습니다. 그래서 이에 대한 건의를 드리고자 합니다.

△△ 신문 보도 내용에 따르면, 최근 ○○숲 공원의 전체 이용객 중 76%가 외부 방문객들이었습니다. 외부 방문객들의 ○○숲 공원 방문 목적은 대부분 생태 탐방이기 때문에 공원 내 휴게 시설의 부족을 문제점으로 여기는 외부 방문객은 그리 많지 않을 것입니다. 그러나 저희 동아리에서 조사한 내용에 따르면, ○○숲 공원의 개선이 필요하다고 답한 지역 주민의 65%가 공원 내 휴게 시설의 정비와 확충의 필요성을 느끼고 있었습니다.

○○숲 공원의 탐방로 곳곳에는 벤치가 설치되어 있습니다. 하지만 너무 낡아 휴식하기가 어려운 벤치가 많습니다. 이를 조속히 정비하여 주시기 바랍니다. 또한 공원 내부의 쉼터에는 현재 휴게 시설이 마련되어 있지 않습니다. 공원 탐방로의 중간 지점에 위치한 쉼터에 휴게 시설이 마련된다면 많은 지역 주민들이 편리하게 이용할 수 있을 것입니다.

○○숲 공원의 개선이 이루어진다면 지역 주민들의 공원 이용 만족도가 높아질 것입니다. 이는 지역 주민의 62%가 정신적 치유와 휴식에 도움을 주는 후생적 가치를 중요하게 여기고 있다는 저희 보고서의 내용에 의해 뒷받침됩니다.

시장님께서 늘 우리 □□시를 위해 많은 노력을 기울이고 계신 것으로 알고 있습니다. 조속한 답변과 조치를 기대합니다. 감사합니다.

162 ▶ 24102-0162
2021학년도 3월 학력평가 42번

작문 맥락을 고려할 때, (가)와 (나)에 대한 설명으로 가장 적절한 것은?

① 예상 독자를 고려할 때, (가)는 (나)와 달리 독자와의 관계를 고려하여 격식에 맞는 어투를 쓰고 있다.

② 글의 주제를 고려할 때, (나)는 (가)와 달리 주요 서술 대상의 특징을 유형별로 분류해 설명하고 있다.

③ 작문 목적을 고려할 때, (나)는 (가)와 달리 독자를 특정하여 문제 해결 방법을 제안하고 있다.

④ 작문 매체를 고려할 때, (가)와 (나)는 모두 필자와 독자 간의 즉각적인 소통 방식을 사용하고 있다.

⑤ 글의 유형을 고려할 때, (가)와 (나)는 모두 항목별로 소제목을 달아 정보를 정리하여 제시하고 있다.

163 ▶ 24102-0163
2021학년도 3월 학력평가 43번

다음은 학생이 (가)를 바탕으로 (나)를 작성하기 위해 떠올린 생각이다. (나)에 반영되지 **않은** 것은? [3점]

① (가)의 'Ⅲ-1'에서 제시한 신문 보도 내용을 근거로, 지역 주민들의 ○○숲 공원 이용이 줄어들었음을 언급해야겠다.

② (가)의 'Ⅲ-1'에서 제시한 신문 보도 내용을 근거로, 외부 방문객이 휴게 시설의 부족을 ○○숲 공원의 문제점으로 여기는 이유를 제시해야겠다.

③ (가)의 'Ⅲ-2-가'에서 제시한 우리 보고서의 조사 내용을 근거로, 우리 지역 주민들이 ○○숲 공원의 후생적 가치를 중시하고 있다는 내용을 제시해야겠다.

④ (가)의 'Ⅲ-2-나'에서 제시한 우리 보고서의 조사 내용을 근거로, 많은 지역 주민들이 ○○숲 공원의 개선이 필요하다고 생각하고 있음을 언급해야겠다.

⑤ (가)의 'Ⅲ-2-나'에서 제시한 우리 보고서의 조사 내용을 근거로, ○○숲 공원 내 휴게 시설의 정비와 확충이 필요하다고 생각하는 지역 주민이 많다는 것을 제시해야겠다.

164 ▶ 24102-0164
2021학년도 3월 학력평가 44번

다음의 점검 기준에 따라 (가)를 점검한 결과가 적절하지 **않은** 것은?

점검 기준	점검 결과	
• 조사 목적을 조사 동기와 관련지어 제시했는가?	○	…… ①
• 조사 계획에 조사 대상과 조사 기간을 밝혔는가?	○	…… ②
• 상위 항목과 하위 항목 간의 위계를 고려하였는가?	×	…… ③
• 조사 항목의 성격에 부합하는 다양한 그래프를 사용했는가?	×	…… ④
• 참고 문헌 항목을 설정하여 보고서에서 인용한 자료의 출처를 모두 명시했는가?	×	…… ⑤

165 ▶ 24102-0165
2021학년도 3월 학력평가 45번

〈보기〉는 [A]의 초안이다. 〈보기〉를 [A]와 같이 수정한 이유로 가장 적절한 것은?

● 보기 ●

○○숲 공원을 이용하는 지역 주민의 수가 감소하고 있다. 정신적 치유와 휴식에 도움을 주는 후생적 가치를 ○○숲 공원의 가치로 가장 중요하게 여기는 지역 주민들의 비율이 62%에 이르렀으며, ○○숲 공원 개선이 필요하다고 응답한 사람들 중 65%는 휴게 시설 정비 및 확충이 필요하다고 답했다.

① 하나의 긴 문장을 여러 개의 문장으로 나누어 제시하기 위해

② 내용 순서의 조정을 바탕으로 필자의 견해를 제시하기 위해

③ 조사 결과와 직접적으로 관련이 없는 정보를 삭제하기 위해

④ 보고서에 사용된 주요 개념에 대한 정보를 추가하기 위해

⑤ 맥락에 적합하지 않은 담화 표지를 수정하기 위해

166~168 다음은 학생의 발표이다. 물음에 답하시오.

안녕하세요? 이번 탐구 과제는 '우리 문화재 깊이 보기'인데요, 저는 '고구려 고분 벽화'에 대해 발표하려고 합니다. 여러분은 고구려 고분 벽화를 본 적이 있나요? (청중의 대답을 듣고) 생각보다 많지 않네요. 우리나라 고분 벽화의 대다수는 고구려 돌방무덤에 있습니다. 돌방무덤은 돌을 쌓아 방처럼 만든 무덤으로 3세기부터 만들어졌는데요, 바로 이 시기에 고분 벽화가 그려지기 시작했습니다. (㉠자료 제시) 여기가 돌방무덤의 내부입니다. 고분 벽화는 이곳의 천장과 벽에 그려져 있어요.

그럼 고구려 고분 벽화에는 무엇을 그렸을까요? (청중의 반응을 살피고) 네, 다양한 답변이 있네요. 3세기 중반부터 5세기 초에는 밥 먹는 모습, 사냥하는 모습 등 무덤 주인의 일상생활을 주로 그렸습니다. (㉡자료 제시) 이것은 주인과 종의 모습입니다. 여기에서 주목할 점은 주인을 종에 비해 크게 그린 건데요, 이렇게 주가 되는 것을 크게, 나머지는 작게 그리는 방법을 '주대종소법'이라고 합니다. 보시는 것처럼 고분 벽화에서는 이 방법을 활용하여, 무덤 주인의 권위를 강조하고 그의 풍요로운 삶이 사후 세계에서도 이어지길 바라는 마음을 담아냈습니다.

5세기 중반부터 6세기 초의 고분 벽화에는 연꽃무늬가 주로 등장합니다. 이때는 불교가 확산되는 시기로, 무덤 주인이 이상 세계에 다시 태어나길 바라는 마음을 연꽃을 통해 표현했습니다. 6세기 중반부터 7세기 전반의 일부 고분에는 연꽃 위에 도교 사상과 관련된 신선을 그렸는데요, (㉢자료 제시) 이것은 불교와 도교 사상이 공존하던 당시의 상황이 반영된 것이라 할 수 있습니다. 한편 이 시기 대다수의 고분 벽화에는 도교의 영향으로 청룡, 백호 등과 같은 사신(四神)을 주로 그렸습니다. 사신이 무덤 주인을 수호해 준다고 여겼기 때문입니다.

당대의 인식과 사회상을 담아낸 고분 벽화의 전통은 조선 전기까지 이어졌습니다. 고구려 고분 벽화는 선조들의 삶의 모습을 보여 준다는 점에서 역사 자료로서의 가치를 지니고 있습니다. 이상으로 발표를 마치겠습니다.

166 ▶24102-0166

위 발표자의 말하기 방식으로 가장 적절한 것은?

① 청중에게 기대하는 바를 언급하여 발표 목적을 부각하고 있다.
② 발표 내용과 관련된 질문을 하여 청중의 반응을 이끌어 내고 있다.
③ 청중의 요청에 따라 발표 내용과 관련된 정보를 추가하여 설명하고 있다.
④ 발표 내용의 순서를 안내하여 청중이 발표 내용을 예측하도록 돕고 있다.
⑤ 발표 내용이 청중과 관련성이 높음을 제시하여 청중의 흥미를 유발하고 있다.

167 ▶24102-0167

다음은 발표자가 제시한 자료이다. 발표자의 자료 활용에 대한 설명으로 적절하지 않은 것은? [3점]

[자료 1]　　　[자료 2]　　　[자료 3]

① 고구려 돌방무덤 내부에 벽화가 그려져 있음을 보여 주기 위해 ㉠에 [자료 1]을 활용하였다.
② 무덤 주인의 권위를 고분 벽화에 담아내었음을 보여 주기 위해 ㉡에 [자료 2]를 활용하였다.
③ 사후 세계에 대한 염원이 고분 벽화에 반영되어 있음을 보여 주기 위해 ㉡에 [자료 2]를 활용하였다.
④ 무덤 주인을 지켜 준다고 여긴 대상을 고분 벽화에 담아내었음을 보여 주기 위해 ㉢에 [자료 3]을 활용하였다.
⑤ 종교 사상이 고분 벽화에 영향을 주었음을 보여 주기 위해 ㉢에 [자료 3]을 활용하였다.

168 ▶ 24102-0168
2021학년도 수능 3번

학생의 발표를 바탕으로 할 때, [A]에 들어갈 청중의 질문으로 가장 적절한 것은?

```
[발표 후 질의응답]
– 청  중:                    [A]
– 발표자: 네, 그것은 고구려 이후에도 사람들이 사후 세계에 대해
         관심을 가지고 있었음을 의미한다고 생각합니다.
```

① 고구려 고분 벽화의 전통이 후대까지 이어졌다고 하셨는데요, 무덤 내부에 벽화를 계속 그렸다는 것은 어떤 의미인가요?

② 고구려에 도교가 확산된 시기가 있었다고 하셨는데요, 이 시기에 사신이 상징성을 지니게 되었다는 것은 어떤 의미인가요?

③ 고구려 고분 벽화에 주대종소법이 활용되었다고 하셨는데요, 당시에 인물의 크기를 다르게 그렸다는 것은 어떤 의미인가요?

④ 고구려 돌방무덤은 3세기에 출현했다고 하셨는데요, 이전 시기에서 볼 수 없었던 무덤 형태가 나타나게 된 것은 어떤 의미인가요?

⑤ 고구려 고분 벽화가 역사 자료로서의 가치가 있다고 하셨는데요, 문화재가 시대를 초월하여 가치를 지닌다는 것은 어떤 의미인가요?

169~172

(가)는 비평문 쓰기 모둠 활동 중 학생들이 나눈 대화이고, (나)는 이를 바탕으로 작성한 글의 초고이다. 물음에 답하시오.

```
비평문 쓰기 모둠 활동
[활동 1]: 모둠 활동을 통해 비평문에서 다룰 현안과 관점 정하기
[활동 2]: 우리 학교 학생들을 예상 독자로 하여 [활동 1]의 결과
        를 바탕으로 초고 작성하기
```

(가)

학생 1: 오늘은 내가 모둠장 할 차례니까 진행해 볼게. 지난번에 비평문에서 다룰 현안에 대해 각자 찾아보기로 했잖아. 의견 나눠 볼까?

학생 2: 그래, ㉠시사성이 있으면서도 우리 학교 학생들도 고민해 볼 만한 현안을 다루기로 했었지?

학생 3: 맞아. 나는 우리 학교 학생들의 독서 실태 개선으로 하는 게 좋을 거 같은데.

학생 2: ㉡근데 그건 교지에서 다룬 적이 있어서 내용이 겹치지 않을까?

학생 3: 그러네. 그럼 어떤 걸로 하지?

학생 1: 얼마 전에 읽은 신문 기사 중에 장소의 획일화에 대한 내용이 인상적이었거든. 그건 어때?

학생 2: ㉢장소의 획일화에 대해 조금 더 얘기해 줄래?

학생 1: 응. 장소가 본모습을 잃고 다른 장소와 유사하게 변한 것을 말해.

학생 3: 그렇구나. 우리 학교 근처에 있던 골목길도 다른 지역과 비슷한 ○○ 거리로 변해 버렸잖아. 우리의 추억이 깃든 장소인데. ㉣이것도 장소의 획일화 아닐까?

학생 1: 그래, 그게 장소 획일화의 사례 중 하나라고 볼 수 있을 것 같아.

학생 2: 그러고 보니 우리 학교 학생들도 경험했을 만한 내용이네. 장소의 획일화를 현안으로 다뤄 보자.

학생 3: 좋아. 근데 장소의 획일화가 나쁜 점만 있을까? 인기 있는 명소를 따라 해서 획일화되더라도 관광객이 늘어나면 이익이 될 수도 있잖아.

학생 1: 물론 이익이 될 수도 있겠지. 근데 획일화된 장소는 금방 식상해져 관광객이 줄어들지 않을까? 그렇게 되면 이익 역시 줄어들게 될 거고.

학생 2: 나도 그렇게 생각해. 그럼 장소의 획일화에 대해 부정적 관점으로 비평문 쓰기를 해 보자.

학생 3: 응. ㉤그럼 장소의 획일화로 어떤 문제들이 생길 수 있는지 더 생각해 볼까?

학생 1: 아무래도 장소의 다양성이 줄어드니까 가 볼 만한 장소가 줄어들겠지. 다른 문제점도 있을 텐데, 내가 자료 수집하면서 더 조사해 볼게. 다른 역할도 나눠 볼까?

학생 2: 초고는 내가 써 볼게. 초고 다 쓰면 검토 부탁해.

학생 3: 나도 자료를 찾는 대로 정리해서 공유할게.

(나)

제목: 이곳저곳 같은 장소, 장소의 획일화 무엇이 문제인가

우리 학교 학생이라면 학교 인근의 변화된 모습을 본 적이 있을 것이다. 학생들이 즐겨 찾던 골목길이 사라지고, 개성 없는 ○○ 거리가 자리 잡았다. 추억이 담긴 골목길이 전국의 수많은 ○○ 거리 중 하나가 되어 버렸다. 이처럼 장소가 고유한 특성을 잃고 다른 장소와 동질화된 것이 장소의 획일화이다. 이러한 장소의 획일화는 바람직하지 않다.

장소가 획일화되면 장소에서 느끼는 정서적 유대가 훼손된다. 장소는 물리적 환경으로서의 공간과는 구별되며, 인간과 밀접한 관계를 형성한다. 지리학자 에드워드 렐프는 '나의 장소'라고 느낄 수 있는 진정한 장소가 인간에게 중요하다고 밝히며, 장소에 대한 정서적 유대를 강조하였다. 인간과 장소의 관계가 장소의 획일화로 훼손되면, 장소는 더 이상 애착의 대상이 되지 못하며 안정감을 주지 못한다.

또한 장소가 획일화되면 장소를 통해 얻을 수 있는 경험의 다양성도 줄어든다. 인기 있는 장소를 따라 하면, 장소 고유의 특성이 사라져 경험의 다양성이 줄어드는 것이다. 교내 학술제에서 소개된 '우리 동네 보고서'를 보면, 학교 근처 골목길에서 일어난 변화가 최근 우리 동네 곳곳으로 퍼지고 있음을 확인할 수 있다. 이렇듯 장소가 획일화되어 차별성이 사라지게 되면 경험을 할 수 있는 장소 선택의 폭이 좁아진다.

그런데 장소의 획일화가 불가피하다고 주장하는 이들도 있다. 그들은 경제적 효과를 얻기 위해서는 유행하는 장소를 따라 할 수밖에 없다고 말한다. 그러나 이는 적절한 주장이 아니다. 어딜 가나 비슷한 장소에 싫증을 느낀 사람들은 더 이상 그곳을 찾지 않게 되고, 그로 인해 기대했던 경제적 효과도 지속되기 어렵기 때문이다.

장소의 가치는 장소가 가진 고유한 특성에 기인한다. △△ 재래시장에서는 전통적인 모습으로 장소의 고유성을 살려 상인과 방문객들에게 큰 호응을 얻고 있다. 이처럼 장소의 획일화에서 벗어나 각 장소에서만 느낄 수 있는 고유한 가치를 지키고 키우려는 노력이 필요하다.

169 ▶ 24102-0169
2021학년도 수능 4번

대화의 흐름을 고려할 때, ㉠~㉤에 대한 이해로 적절하지 않은 것은?

① ㉠: 상대가 언급한 내용을 구체화하여 확인하고 있다.
② ㉡: 상대의 제안에 대한 자신의 견해를 밝히고 있다.
③ ㉢: 상대의 의견에 대해 추가 정보를 요청하고 있다.
④ ㉣: 상대에게 자신의 생각이 맞는지 확인하고 있다.
⑤ ㉤: 상대의 의도를 정확히 파악했는지 확인하고 있다.

170 ▶ 24102-0170
2021학년도 수능 5번

다음은 '학생 1'이 [활동 1]을 준비하면서 작성한 메모이다. ㉮~㉺ 중 (가)의 '학생 1'의 발화에서 확인할 수 있는 내용만을 고른 것은?

- 모둠 활동 시작
  – [활동 1]과 관련해 지난 활동에서 논의된 사항 환기 ····· ㉮
- 비평문에서 다룰 현안 선정
  – 교지에 실린 비평문을 참고 자료로 제시 ················ ㉯
  – 매체에서 찾은 현안 제안 ································· ㉰
- 현안에 대한 관점 선정
  – 관점을 선정할 때 유의할 점 안내 ···················· ㉱
- 모둠 활동 마무리
  – [활동 2]와 관련해 모둠원들의 역할 분담 제안 ·········· ㉲

① ㉮, ㉯, ㉰   ② ㉮, ㉰, ㉲   ③ ㉮, ㉱, ㉲
④ ㉯, ㉰, ㉱   ⑤ ㉰, ㉱, ㉲

171 ▶ 24102-0171
2021학년도 수능 6번

'학생 2'가 (가)를 바탕으로 세운 글쓰기 계획 중, (나)에 반영되지 <u>않은</u> 것은?

- 제목
  [활동 1]에서 선정한 현안이 드러나게 제목을 구성해야겠군. ···· ①
- 1문단
  [활동 1]에서 예상 독자도 접했을 만하다고 논의된 경험을 제시하며 글을 시작해야겠군. ·············· ②
- 2문단
  [활동 1]에서 언급되지 않았던 전문가의 견해를 인용하여 현안에 대한 사회적 인식의 변화에 대해 설명해야겠군. ·············· ③
- 3문단
  [활동 1]에서 언급된 문제점과 관련하여, 장소의 획일화가 확산되고 있음을 보여 주는 추가 자료를 활용해야겠군. ·············· ④
- 4문단
  [활동 1]에서 제기되었던 의견을 반영하여 서술해야겠군.
- 5문단
  [활동 1]에서 다뤄지지 않았던 사례를 추가하여 장소의 획일화에서 벗어나기 위한 노력이 필요함을 부각해야겠군. ··········· ⑤

---

172 ▶ 24102-0172
2021학년도 수능 7번

다음은 선생님의 모둠 활동 안내이다. 이에 따라 (나)를 평가한 내용으로 적절하지 <u>않은</u> 것은? [3점]

선생님: 오늘은 모둠에서 작성한 비평문의 초고를 평가해 볼게요. 다음의 평가 기준에 따라 각 모둠별로 평가해 봅시다.

> ⓐ 현안에 대한 주장이 분명하게 드러나는가?
> ⓑ 현안에 대한 관점이 일관되는가?
> ⓒ 필자의 주장을 뒷받침할 근거를 제시하였는가?
> ⓓ 필자가 선택하지 않은 관점을 비판할 근거를 제시하였는가?

---

① ⓐ를 고려할 때, 장소의 획일화는 바람직하지 않다는 주장을 명시적으로 드러내고 있어.
② ⓑ를 고려할 때, 장소의 획일화에 대해 부정적으로 생각하는 관점을 일관되게 유지하고 있어.
③ ⓒ를 고려할 때, 획일화된 장소에 식상함을 느낀 사람들이 장소의 선택권을 요구했다는 점을 근거로 제시하고 있어.
④ ⓒ를 고려할 때, 장소가 획일화되면 인간이 장소에서 느끼는 정서적 유대와 안정감이 훼손된다는 점을 근거로 제시하고 있어.
⑤ ⓓ를 고려할 때, 장소의 획일화를 통해 얻으려는 경제적 효과가 지속되기 어렵다는 점을 비판의 근거로 제시하고 있어.

173~175
(가)는 작문 과제이고, (나)는 (가)를 바탕으로 쓴 학생의 초고이다. 물음에 답하시오.

(가) 작문 과제

○ 작문 목적: '게임화'에 대한 정보 전달
○ 주제: 다양한 분야에서 활용되고 있는 '게임화'의 특징
○ 예상 독자: '게임화'가 생소한 우리 학급 학생

(나) 학생의 초고

　'게임화(gamification)'란 게임적 사고나 게임 기법과 같은 요소를 다양한 분야에 접목시키는 것이다. 이때 게임이란 컴퓨터 게임에 국한되는 것이 아니라 일정한 규칙에 따라 즐기는 놀이를 아우르는 개념이다.

　게임화는 먼저 재미와 호기심을 느낄 수 있는 흥미로운 과제를 제공하여 이에 도전하게 만든다. 이후 과제에 참여한 사람들 간의 경쟁을 유도하거나, 목표를 달성하면 성취감과 같은 보상을 받을 수 있게 하여 참여자들이 과제에 몰입할 수 있도록 돕는다. 얼마 전 한국사 수업 시간에 우리나라 지도를 배경으로 윷놀이판을 만들어 모둠별 퀴즈 대결을 펼친 것도 게임화에 해당한다. 역사적 사건에 대한 퀴즈를 맞히면 다음 지역으로 이동하며 전국을 순회하는 과정에서 학생들은 수업에 더욱 몰입하는 모습을 보였다. 이러한 사례는 게임화의 특징을 잘 보여 준다.

　한편 게임화는 교육뿐만 아니라 보건, 기업의 마케팅 등 다양한 분야에서 활용되고 있다. 달리기를 하면 달린 거리와 소모 칼로리 등에 따라 보상을 제공하는 과제를 통해 참여자의 건강 증진에 도움을 줄 수 있다. 또한 비행기를 탈 때마다 마일리지를 올려 주고, 누적된 마일리지에 따라 회원의 지위를 차등 부여하는 등 기업의 마케팅 전략으로 활용되기도 한다.

　이처럼 게임화는 우리의 실생활과 밀접한 여러 분야에서 활용되고 있다. 무엇보다 중요한 것은 어떻게 게임화를 활용하느냐이다. 게임화를 통해 달성하고자 하는 목적을 고려하여 흥미, 도전, 경쟁, 보상과 같은 게임적 요소를 적절히 활용하는 지혜가 필요한 것이다.

173

▶ 24102-0173

2021학년도 수능 8번

(나)에 활용된 글쓰기 전략으로 적절하지 <u>않은</u> 것은?

① 제재에 대한 정보를 전달하기 위해 개념 간의 차이를 중심으로 대조한다.

② 제재의 특징을 드러내기 위해 제재가 가지는 효용적 측면을 부각한다.

③ 제재가 다양한 분야에서 활용되는 양상을 드러내기 위해 사례를 제시한다.

④ 제재에 대한 배경지식이 부족한 예상 독자의 이해를 돕기 위해 용어를 정의한다.

⑤ 제재와 관련한 정보를 효과적으로 전달하기 위해 예상 독자와 공유하고 있는 경험을 활용한다.

174

▶ 24102-0174

2021학년도 수능 9번

〈보기〉는 (나)의 '학생'이 '초고'를 보완하기 위해 추가로 수집한 자료이다. 자료 활용 방안으로 적절하지 <u>않은</u> 것은?

● 보기 ●

ㄱ. 신문 기사

　가상의 나무 심기가 실제 나무 심기로 이어지는 애플리케이션이 개발되었다. 이 애플리케이션은 사용자들이 가상의 나무를 심으며 얻는 성취감과 함께 환경 보호에 기여하고 있다는 보람을 느끼도록 설계되어, 가상의 나무 심기에 더욱 몰입하게 만든다는 평가를 받고 있다.

ㄴ. 전문가 인터뷰

　"게임화된 과제에서는 참여자가 무언가를 하거나 선택할 때마다 그에 대한 피드백이 즉시 제공됩니다. 이때 피드백의 한 유형인 보상 또한 신속하게 주어집니다. 참여자는 성취감과 같은 보상을 바탕으로 과제에 더 집중하게 됩니다."

ㄷ. 연구 자료

　○○초등학교 5학년을 대상으로, 사회 수업에 게임화를 적용한 학급과 적용하지 않은 학급으로 나누어 수업 전후의 변화를 측정하였다. 게임화를 적용한 학급은 적용하지 않은 학급과 달리, 도표와 같이 통계적으로 의미 있는 변화를 보였다.

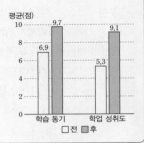

① ㄱ을 활용하여, 게임화가 다양한 분야에 적용되고 있다는 (나)의 내용에 게임화가 환경 분야에서도 활용된다는 점을 추가한다.

② ㄴ을 활용하여, 게임화의 특징을 다루고 있는 (나)의 내용에 참여자에게 피드백이 빠르게 제공된다는 점을 추가한다.

③ ㄷ을 활용하여, 게임화를 학습 상황에 적용한 (나)의 내용에 게임화가 학습 참여자의 학업 성취도를 높이는 데 효과적일 수 있다는 점을 제시한다.

④ ㄱ과 ㄴ을 활용하여, 게임화가 보상을 통해 참여자들의 몰입도를 높인다는 (나)의 내용을 뒷받침하는 근거로 추가한다.

⑤ ㄴ과 ㄷ을 활용하여, 게임화가 참여자의 호기심을 유발한다는 (나)의 내용에 학습 동기가 높을수록 과제 선택에 따른 성취감이 커진다는 점을 제시한다.

175 ▶ 24102-0175
2021학년도 수능 10번

다음은 (나)의 '학생'이 '초고'를 고쳐 쓰는 과정에서 수행한 학습 활동이다. [A]에 들어갈 내용으로 가장 적절한 것은?

학습 활동

○ 일상에 대한 성찰을 바탕으로, 자신이 쓴 글을 고쳐 써 보자.

(1) 자신이 쓴 글과 관련한 경험을 떠올려 보자.

> 지난 한국사 시간에 모둠별로 퀴즈 대결을 하는 과제에 참여했다. 다른 모둠을 꼭 이기고 싶다는 생각에 누구보다 열정적으로 과제에 임했다. 그러다 보니 나도 모르게 같은 모둠의 친구를 다그치며 싫은 소리를 해 버렸다. 집에 와서도 내내 마음이 편치 않아 다음 날 그 친구를 찾아가 미안하다는 말을 건넸다.

(2) (1)에서 작성한 내용을 바탕으로 고쳐 쓸 내용을 생각해 보자.

> 이번 일로 게임화에 대해 더 깊이 생각해 보게 되었다. 마지막 문단에서 [A] 내용을 제시하여 게임적 요소를 적절히 활용하는 지혜가 필요하다는 점을 강조해야겠다.

---

① 게임화를 통해 얻을 수 있는 물질적 보상에만 연연할 경우 주객이 전도될 수 있다는

② 게임화를 통해 단순히 흥미만 추구할 경우 상업적으로 변질되는 문제점이 발생할 수 있다는

③ 게임화된 과제에 도전하려는 의욕이 없는 경우 다른 참여자들의 과제 수행을 방해할 수 있다는

④ 게임화를 통해 달성하고자 하는 목적을 고려하지 않을 경우 과제에 대한 몰입이 저해될 수 있다는

⑤ 게임화의 경쟁적 속성이 지나치게 강조될 경우 참여자들 간의 관계에 부정적인 영향을 미칠 수 있다는

176~178

다음은 학생이 수업 시간에 한 발표이다. 물음에 답하시오.

떫은맛이 어떤 느낌인지 모르는 사람은 없을 것입니다. 그런데 그 맛이 어떻게 해서 느껴지는지, 떫은맛이 나는 식품이 몸에 어떤 영향을 주는지에 대해서는 잘 모르는 것 같습니다. 그래서 여러분에게 떫은맛에 대해 알려 드리려고 합니다.

과학 시간에 단맛, 짠맛, 신맛 등과 같은 기본적인 맛이 혀의 미각 세포를 통해 느껴진다고 배운 적이 있는데, 기억하시나요? (대답을 듣고) 다들 잘 알고 있네요. 그런데 떫은맛은 입속 점막과 같은 피부 조직이 자극을 받아 느껴지는 촉각에 해당해요. 떫은맛을 내는 성분은 입안에서 혀 점막의 단백질과 결합합니다. 그 과정에서 만들어진 물질이 혀의 점막을 자극하죠. 이 자극 때문에 우리는 입안이 텁텁하다고 느낍니다. 그 텁텁한 느낌을 떫은맛이라고 하는 거죠.

(사진을 보여 주며) 이것은 감의 단면입니다. 과육 사이에 보이는 작고 검은 점들을 본 적이 있으시죠? (대답을 듣고) 네, 다들 본 적이 있는 이 점들이 떫은맛을 내는 성분 중의 하나인 타닌입니다. 덜 익은 감의 타닌은 침에 녹는 성질이 있어 떫은맛을 느끼게 해요. 하지만 감이 익어 가면서 타닌이 침에 녹지 않는 성질로 변하기 때문에 잘 익은 감에서는 떫은맛이 느껴지지 않습니다.

떫은맛이 나는 식품을 적당히 먹으면 건강에 도움이 됩니다. ○○ 연구소의 연구에 따르면, 떫은맛을 내는 타닌이 들어 있는 감과 녹차는 당뇨와 고혈압 등을 개선하는 기능이 있다고 합니다. 다만 떫은맛이 나는 식품을 많이 섭취하면 입이 마르고, 대장에서 수분 흡수율이 지나치게 높아져서 속이 불편할 수 있으니 적당히 섭취하는 게 좋습니다.

떫은맛을 꺼리는 사람도 있지만 떫은맛은 다른 맛과 혼합돼 독특한 풍미를 형성하기도 합니다. 그 풍미 때문에 녹차나 홍차를 즐기는 사람도 많은데요, 발표를 준비하면서 우리 주변에 떫은맛이 나는 식품이 많다는 것을 알게 되었습니다. 떫은맛이 나는 식품에는 무엇이 더 있는지 여러분도 찾아보면 어떨까요? 이상으로 발표를 마치겠습니다.

176 ▶ 24102-0176
2021학년도 9월 모의평가 1번

위 발표에 대한 설명으로 가장 적절한 것은?

① 발표에 사용할 용어의 개념을 정의한 후 화제를 제시하고 있다.
② 청중의 요청에 따라 발표 내용에 대한 정보를 추가하여 설명하고 있다.
③ 발표 중간중간에 청중이 발표를 들으면서 주의해야 할 점을 안내하고 있다.
④ 발표 내용과 관련된 청중의 경험을 환기하며 청중의 반응을 확인하고 있다.
⑤ 발표 내용에 대한 청중의 이해 여부를 확인하는 질문을 하며 발표를 마무리하고 있다.

178 ▶ 24102-0178
2021학년도 9월 모의평가 3번

〈보기〉는 위 발표를 들은 학생들의 반응이다. 발표의 내용을 고려하여 학생의 반응을 이해한 내용으로 가장 적절한 것은?

● 보기 ●

학생 1: 녹차에 타닌이 들어 있다는 사실을 처음 알았어. 녹차의 떫은맛이 물에 우려내는 정도에 따라 달라지는 걸로 봐서 녹차의 타닌은 물에 녹는 성질을 가지고 있겠군.
학생 2: 떫은맛에 대해 관심이 없었는데 쉽게 접하는 과일인 감과 연결해서 설명하니 떫은맛에 관심이 생겼어. 떫은맛이 나는 건 먹어서 좋을 게 없다고 생각했는데 그렇지 않네. 몸에 좋다니 앞으로 적당히 먹어 봐야겠어.
학생 3: 감의 검은 점이 단맛을 내는 것이라고 생각했는데 떫은맛을 내는 성분이었구나. 감이 익어 가면서 그 성분의 성질이 변한다는 점이 흥미로웠어.

① '학생 1'은 발표 내용과 자신이 알고 있던 사실을 비교하며 발표에서 제시한 정보의 문제점을 지적하고 있다.
② '학생 2'는 발표자가 청중에게 익숙한 사물을 소재로 제시한 것에 대해 그 이유를 궁금해하고 있다.
③ '학생 3'은 발표에서 새롭게 알게 된 사실에 대해 추가적인 정보가 필요하다고 판단하고 있다.
④ '학생 1'과 '학생 2'는 모두, 발표에서 직접적으로 언급하지 않은 내용을 추론하고 있다.
⑤ '학생 2'와 '학생 3'은 모두, 발표에서 새롭게 알게 된 정보를 통해 자신이 평소 생각하던 바를 수정하고 있다.

177 ▶ 24102-0177
2021학년도 9월 모의평가 2번

다음은 발표를 하기 위해 작성한 메모와 발표 계획이다. 발표 내용에 반영되지 <u>않은</u> 것은?

	메모		발표 계획
①	청중은 떫은맛의 느낌은 알지만 떫은맛과 관련된 지식은 부족할 것임.	→	떫은맛에 대한 정보를 제공하는 것이 발표의 목적임을 밝혀야지.
②	청중은 기본적인 맛은 미각 세포를 통해 느낀다는 것을 배운 적이 있음.	→	기본적인 맛과 떫은맛이 느껴지는 감각의 차이를 언급하며 떫은맛이 느껴지는 과정을 설명해야지.
③	감의 타닌(과육의 검은 점)이 떫은맛을 냄.	→	떫은맛을 내는 다양한 성분을 분석한 시각 자료를 보여 줘야지.
④	떫은맛이 나는 식품이 건강에 도움을 줌.	→	떫은맛이 나는 식품의 효능과 관련된 연구 결과를 인용해야지.
⑤	떫은맛이 나는 식품은 여러 가지가 있음.	→	떫은맛이 포함되어 풍미를 느낄 수 있는 식품의 예를 언급해야지.

2021학년도 9월 모의평가

179~182

(가)는 텔레비전 방송의 인터뷰이고, (나)는 (가)를 시청하고 산림 치유 프로그램에 참여한 학생이 쓴 수기이다. 물음에 답하시오.

(가)

진행자: 산림 치유에 대해 알아보고자 ◇◇ 국립 산림 치유원의 산림 치유 지도사 이○○ 님을 모셨습니다. 안녕하세요.

지도사: 안녕하세요.

진행자: 시청자 분들께 산림 치유와 산림 치유 프로그램에 대해 간단히 소개해 주시겠어요?

지도사: 산림 치유란 피톤치드, 나뭇잎의 초록색 등과 같은 숲의 환경 요소로 심신의 건강을 회복시키는 것입니다. 산림욕, 숲 치료라고들 하시는데요. 공식 명칭은 산림 치유입니다. 산림 치유원과 치유의 숲에서는 숲 명상, 숲 체조 등의 활동으로 구성된 다양한 산림 치유 프로그램을 운영하고 있습니다. 저희가 운영하고 있는 숲 명상 사례를 잠시 보여 드리겠습니다. (동영상 제시) 시청자 분들께서는 화면을 보시면서, 숲의 소리에 귀 기울여 보세요. 숲의 짙은 녹음과 맑은 새소리에 마음이 편안해지실 겁니다.

진행자: (동영상을 보고 나서) 숲에서의 활동이 실감 나게 느껴지네요. 실제로 체험하면 훨씬 좋겠습니다. 중·장년층이 주로 이런 활동에 참여할 거라고 많은 분들이 생각하시는데, 실제로는 그렇지 않죠?

지도사: 청소년부터 노년층까지 폭넓은 연령층이 참여합니다. 최근에는 청소년 대상 프로그램의 인기가 높습니다.

진행자: 제 생각에는 청소년들이 학업 등으로 힘들어하는 경우가 많아져서 그런 것 같네요. 산림 치유 프로그램에 참여하면 어떤 점이 좋아요?

지도사: 요즘 스트레스 때문에 힘들어하는 분들이 많으시죠? 진행자께서도 스트레스 때문에 힘들었던 적 있으신가요?

진행자: 네, 업무 처리가 생각만큼 잘 진행되지 않아서 스트레스를 받았던 적이 있습니다. 그럴 땐 좀 힘들죠.

지도사: 스트레스는 마음을 지치게 하죠. 그럴 때 산림 치유 프로그램이 도움이 될 수 있습니다. (표 제시) 이 표는 저희가 프로그램 참가자의 스트레스 정도를 조사한 자료인데요. 참가 전과 후를 비교해 보면 두 집단 모두 스트레스 점수의 평균값이 절반 이하로 감소했음을 알 수 있습니다.

진행자: 산림 치유 프로그램의 효과를 잘 알 수 있네요.

지도사: 진행자께서도 참여하시면 스트레스가 줄어들고 마음이 좀 편해지실 겁니다. 꼭 한번 참여해 보세요.

진행자: 네, 그러겠습니다. 그러면 프로그램 운영 장소에 대해 알려 주시겠어요?

지도사: (그림 제시) 이렇게 한 곳의 산림 치유원과 스물일곱 곳의 국공립 치유의 숲이 여러 시·도에 분산돼 운영되고 있습니다. 적절한 장소를 골라 참가 신청을 하고 이용하시면 됩니다.

진행자: 말씀하신 참가 신청은 어떻게 할 수 있나요?

지도사: △△ 누리집에 신청 방법과 프로그램 정보가 안내되어 있으니, 그에 따라 신청하시면 됩니다.

진행자: 끝으로 시청자 분들께 한 말씀 해 주시죠.

지도사: 숲은 마음을 토닥여 주는 친구입니다. 숲으로 오세요.

진행자: 오늘 좋은 말씀 감사합니다.

(나)

내성적인 성격 때문에 고민이 많았다. 내 생각을 표현하고 친구들에게 말을 거는 것이 쉽지 않아 속상했고, 스트레스를 받았다. 그러던 중 산림 치유에 대한 방송 인터뷰를 보게 되었다. 인터뷰에서는 산림 치유 프로그램이 스트레스를 낮춰 준다고 했다. 그런 점이 나에게 도움이 될 것 같아 산림 치유 프로그램에 참여하기로 마음먹었다.

내 생각과 달리 인터뷰에서는 산림 치유 프로그램에 어른들만 참여하는 것이 아니라고 했다. '내 또래의 다른 청소년들도 산림 치유 프로그램을 많이 찾는구나.' 하고 생각했다. 그런데 인터뷰 내용만으로는 내게 맞는 청소년 프로그램이 언제, 어디서 열리는지 알 수 없었다. 그래서 인터뷰에서 알려 준 누리집에 들어가 보니 자세한 내용을 확인할 수 있었다. □□ 치유의 숲에서 운영하는 산림 치유 프로그램의 하나인 '쉼숲' 프로그램이 마음에 들었다.

'쉼숲' 프로그램에서 제일 좋았던 활동은 '나무와 대화하기'였다. 내 마음에 드는 나무를 하나 골라 그 나무와 20분 동안 대화하는 활동이었다. 나무에 귀를 대고 숲의 소리를 들어 보기도 하고, 그동안 하지 못했던 이야기를 나무에게 털어놓기도 했다. 친구들에게 나를 표현하지 못해 답답했던 것, 그런 내 모습 때문에 힘들었던 일들을 이야기했다. 그러고 나니 마음이 후련해지면서 고민하던 나 자신의 모습을 한 발짝 물러서서 바라볼 수 있었다. 인터뷰에서 숲을 '마음을 토닥여 주는 친구'라고 했던 말이 마음에 와닿았다.

[A]

179
▶ 24102-0179
2021학년도 9월 모의평가 4번

(가)에 나타난 의사소통 방식으로 적절하지 않은 것은?

① '진행자'는 '지도사'의 답변에 자신의 의견을 덧붙이고 있다.

② '지도사'는 '진행자'가 잘못 이해하고 질문한 내용을 바로잡아 주고 있다.

③ '진행자'는 '지도사'의 답변에 대한 추가 정보를 요청하는 질문을 하고 있다.

④ '진행자'는 자신의 경험을 언급하며 '지도사'의 질문에 대해 답변하고 있다.

⑤ '지도사'는 기대되는 긍정적인 결과를 언급하며 '진행자'의 참여를 권유하고 있다.

180 ▶ 24102-0180

〈보기 1〉은 '지도사'가 받은 전자 우편의 내용이고, 〈보기 2〉는 '지도사'가 인터뷰를 위해 준비한 자료이다. ⊙~ⓒ의 활용 계획 중 (가)에 드러나지 않은 것은? [3점]

─── ● 보기 1 ● ───

방송국입니다. 인터뷰 질문을 보내 드리니, 답변과 자료를 준비해 주세요. 추가 질문이 있으면 다시 연락드리겠습니다.

[질문 1] 산림 치유와 산림 치유 프로그램을 간단히 소개해 주시겠어요?
[질문 2] 산림 치유 프로그램의 긍정적 효과에 대해 소개해 주시겠어요?
[질문 3] 프로그램 운영 장소에 대한 정보를 알려 주시겠어요?

─── ● 보기 2 ● ───

⊙ [동영상]
○ 내용: '숲 명상' 참가자들이 숲에서 새소리 등 숲의 소리를 들으며 명상하는 장면 (1분 분량)

ⓛ [표]

산림 치유 프로그램 참가자 집단의
스트레스 점수 평균값 변화

참가자 집단	참가 전 점수 평균값	참가 후 점수 평균값
A 직업군	36.6점	12.4점
B 직업군	34.3점	10.8점

※ 32~49점 구간: '스트레스 관련 질환 주의군'에 해당함.

ⓒ [그림]

△ 산림 치유원 1개
● 치유의 숲 27개

① [질문 1]에 대한 답변 과정에서 ⊙을 제시하며, 실제 산림 치유 프로그램 활동을 간접 체험해 보도록 안내해야겠군.
② [질문 1]에 대한 답변 과정에서 ⊙을 제시하여, 영상과 소리를 통해 산림 치유 프로그램 활동을 생생하게 전달해야겠군.
③ [질문 2]에 대한 답변 과정에서 ⓛ을 제시하여, 수치 변화로 알 수 있는 산림 치유 프로그램의 효과를 보여 줘야겠군.
④ [질문 2]에 대한 답변 과정에서 ⓛ을 제시하며, 많은 직장인이 스트레스 관련 질환 주의군에 속한다는 점을 언급해야겠군.
⑤ [질문 3]에 대한 답변 과정에서 ⓒ을 제시하며, 산림 치유 프로그램 운영 장소의 수와 분포에 대한 정보를 제공해야겠군.

181 ▶ 24102-0181

(가)와 (나)를 고려할 때, 학생이 글을 쓰기 위해 떠올렸을 생각으로 적절하지 않은 것은?

① 인터뷰에서 숲을 비유적으로 표현했는데, 그 어구를 활용해 산림 치유 프로그램이 나에게 도움이 되었음을 제시해야겠다.
② 인터뷰에서 산림 치유 프로그램이 스트레스 해소에 좋다고 했는데, 그 점이 프로그램에 참여하는 계기였음을 밝혀야겠다.
③ 인터뷰에서 산림 치유 프로그램에 청소년들도 참가한다고 했는데, 이 말을 듣고 산림 치유 프로그램에 대한 기존의 생각이 바뀌었음을 밝혀야겠다.
④ 인터뷰에서 숲의 환경 요소가 심신에 좋은 영향을 준다고 했는데, 산림 치유 프로그램에서 만난 다른 사람들도 좋은 영향을 받았음을 언급해야겠다.
⑤ 인터뷰에서 청소년을 대상으로 하는 산림 치유 프로그램의 운영 시기와 장소에 대한 정보를 얻지 못했는데, 이에 대한 구체적 정보를 누리집에서 찾을 수 있었음을 언급해야겠다.

182 ▶ 24102-0182

다음을 고려할 때, [A]에 들어갈 내용으로 가장 적절한 것은?

[글쓰기 과정에서의 자기 점검]
체험의 의미가 부각되도록 '쉼숲' 프로그램에 참여하기 전과 후의 내 마음 상태를 모두 표현해야겠어. 그리고 삶의 자세에 대한 다짐을 나타내야지.

① 주말에 집에만 틀어박혀 지내던 나는 이제 주말이 오면 종종 숲으로 향한다. 숲이 내가 믿고 기댈 수 있는 친구가 되었기 때문이다.
② 고민거리를 지니고 있던 나는 나무와 대화를 나눈 후 마음의 짐을 덜어 낼 수 있었다. 산림 치유의 효과를 실감한 뜻깊은 시간이었다.
③ 인터뷰에서 알게 된 산림 치유 프로그램을 직접 경험해 보니 정말 만족스러웠다. 앞으로 힘든 일이 생길 때마다 숲을 찾아가 숲의 응원을 받고 와야겠다.
④ 이제 나는 집에 돌아와 다시 일상을 보내고 있다. 나를 따뜻하게 맞아 주던 숲을 기억하면서 나도 다른 사람들에게 향기로운 사람이 되려고 노력할 것이다.
⑤ 성격 때문에 속상해하던 나는 나무와 대화를 나누고 나서, 속상했던 마음이 풀리고 내 성격을 인정하게 되었다. 이제 내 모습을 아끼며 살아갈 것이다.

2021학년도 9월 모의평가

183~185

(가)는 글을 쓰기 전 학생이 작성한 메모이고, (나)는 (가)를 작성한 학생이 쓴 글이다. 물음에 답하시오.

(가) 학생의 메모

• 작문 상황: 교내 학생들에게 인포그래픽에 대해 소개하는 글을 써서 교지에 실으려 함.

• 예상 독자가 궁금해할 만한 내용
 – 어떤 것을 인포그래픽이라고 할까? ································· ㉠
 – 인포그래픽의 유형을 나누는 기준은 무엇일까? ·············· ㉡
 – 비상구 표시등의 그래픽 기호도 인포그래픽일까? ············· ㉢
 – 인포그래픽이 글에 비해서 더 나은 점은 무엇일까? ··········· ㉣
 – 인포그래픽이 널리 쓰이게 된 배경은 무엇일까? ··············· ㉤

(나) 학생의 글

　[그림]과 같이 복합적인 정보의 배열이나 정보 간의 관계를 시각적인 형태로 나타낸 것을 '인포그래픽'이라고 한다.
　인포그래픽에 대한 높은 관심은 시대의 변화와 관련이 있다. 정보가 넘쳐 나고 정보에 주의를 지속하는 시간이 점차 짧아지면서, 효과적으로 정보를 전

[그림]

달할 수 있는 인포그래픽에 주목하게 된 것이다. 특히 소셜 미디어의 등장은 정보 공유가 용이한 인포그래픽의 쓰임을 더욱 확대하였다.
　인포그래픽과 유사한 것으로, 비상구 표시등의 그래픽 기호처럼 시설이나 사물 등을 상징화하여 표시한 픽토그램이 있다. 그러나 픽토그램은 인포그래픽과 달리 복합적인 정보를 나타내기 어렵다. 예를 들어 컴퓨터를 나타낸 픽토그램은 컴퓨터 자체를 떠올리게 하지만, 인포그래픽으로는 컴퓨터의 작동 원리도 효과적으로 설명할 수 있다.
　인포그래픽은 독자의 정보 처리 시간을 절감할 수 있다. 글은 문자 하나하나를 읽어야 정보를 파악할 수 있지만, 인포그래픽은 시각 이미지를 통해 한눈에 정보를 파악할 수 있다. 또한 인포그래픽은 독자의 관심을 끌 수 있다. 김○○ 박사의 논문에 따르면, 인포그래픽은 독자들이 정보에 주목하는 정도를 높이는 효과가 있다고 한다.
　시각적인 형태로 복합적인 정보를 나타냈다고 해서 다 좋은 인포그래픽은 아니다. 정보를 한눈에 파악하게 하는지, 단순한 형태와 색으로 구성됐는지, 최소한의 요소로 정보의 관계를 나타냈는지, 재미와 즐거움을 주는지를 기준으로 좋은 인포그래픽인지를 판단해 봐야 한다. 시각적 재미에만 치중한 인포그래픽은 정보 전달력을 떨어뜨릴 수 있다.
　　　학생들도 쉽게 인포그래픽을 만들 수 있다. 발표를 하거나
[A]　보고서를 작성할 때 인포그래픽을 활용해 보면 어떨까? 발표와 보고서의 전달력이 한층 높아질 것이다.

---

183 ▶ 24102-0183
2021학년도 9월 모의평가 8번

㉠~㉤ 중 (나)에 반영되지 <u>않은</u> 것은?

① ㉠　　② ㉡　　③ ㉢　　④ ㉣　　⑤ ㉤

---

184 ▶ 24102-0184
2021학년도 9월 모의평가 9번

〈보기〉는 [A]의 초고이다. 〈보기〉를 [A]로 고쳐 쓸 때 반영한 친구의 조언으로 가장 적절한 것은?

● 보기 ●

　지금까지 인포그래픽에 대해 살펴보았다. 인포그래픽의 여러 특성에 비추어 볼 때 앞으로 인포그래픽이 활용되는 분야는 더욱 늘어날 것이다.

① 예상 독자가 탐구해야 할 문제가 포함되도록 써 보는 게 어때?
② 예상 독자가 얻을 수 있는 효용이 드러나도록 써 보는 게 어때?
③ 글의 내용에 대해 균형 잡힌 관점이 드러나도록 써 보는 게 어때?
④ 글의 도입에서 제기한 문제에 대한 답이 포함되도록 써 보는 게 어때?
⑤ 글의 내용을 설명한 순서대로 요약한 내용이 포함되도록 써 보는 게 어때?

다음은 (나)를 읽은 학생이 이를 참고하여 작성한 글의 일부이다. (나)의 정보를 활용한 방식으로 가장 적절한 것은? [3점]

> 설문 조사 결과 우리 학교 학생의 90%가 학교 정보 알림판을 읽어 본 적이 없었습니다. 그 이유를 물은 인터뷰에서 학생들 대다수는 '알림판에 관심이 안 생겨서'라고 답했습니다.
>
> 이러한 문제를 해결하기 위해, 알림판을 인포그래픽으로 만들어 주실 것을 건의합니다. 많은 학생들이 인포그래픽을 선호하며, 인포그래픽이 유용하다는 점도 알고 있습니다. 특히 교지의 글에서 인용한 논문을 찾아보니, 인포그래픽을 활용하면 정보에 주목하는 정도가 글만 활용할 때보다 성별이나 나이와 상관없이 2배 정도 높아졌다고 합니다. 또한 인근 학교에서는 학교 신문에 인포그래픽을 추가했더니 학교 신문을 읽는 학생이 3배 늘었다고 합니다. 건의가 수용되면 알림판에 관심을 갖는 학생들이 많아질 것입니다.

① (나)에 언급된 인포그래픽의 관심 유발 효과와 관련하여, 그 효과가 확인된 인근 학교의 사례를 문제 해결 방안의 근거로 제시하였다.

② (나)에 인용된 인포그래픽 연구 논문과 관련하여, 그 논문의 내용에 대해 추가적으로 조사한 정보를 문제 상황의 내용으로 제시하였다.

③ (나)에 진술된 좋은 인포그래픽의 기준과 관련하여, 그 기준으로 알림판의 정보가 신뢰할 만한지 평가한 결과를 문제 상황의 내용으로 제시하였다.

④ (나)에 언급된 인포그래픽의 사용 목적과 관련하여, 그 사용 목적이 무엇인지 교내 학생들에게 설문한 결과를 문제 상황의 내용으로 제시하였다.

⑤ (나)에 언급된 인포그래픽의 효율성과 관련하여, 그 효율성에 얼마나 공감하는지 교내 학생들에게 인터뷰한 내용을 문제 해결 방안의 근거로 제시하였다.

186~188 다음은 '교내 연설 대회'에 참가한 학생의 연설이다. 물음에 답하시오.

여러분, 환경의 날 행사 때 교내 방송으로 시청했던 영상을 잠시 떠올려 봅시다. 작은 빙하에 의지한 채 바다를 부유하던 북극곰의 눈물을 보며 모두들 가슴 아파하지 않으셨습니까? 그 눈물은 이산화 탄소에 의한 지구 온난화가 빚어 낸 비극입니다. 이와 관련하여 저는 연안 생태계의 가치와 보호에 대한 관심을 촉구하고자 합니다.

2019년 통계에 따르면 우리나라의 이산화 탄소 배출량은 세계 11위에 해당하는 높은 수준입니다. 그동안 우리나라는 이산화 탄소 배출을 줄이려 노력하고, 대기 중 이산화 탄소 흡수를 위한 산림 조성에 힘써 왔습니다. 그런데 우리가 놓치고 있는 이산화 탄소 흡수원이 있습니다. 바로 연안 생태계입니다.

연안 생태계는 대기 중 이산화 탄소 흡수에 탁월합니다. 물론 연안 생태계가 이산화 탄소를 얼마나 흡수할 수 있겠냐고 말하는 분도 계실 것입니다. 하지만 연안 생태계를 구성하는 갯벌과 염습지의 염생 식물, 식물성 플랑크톤 등은 광합성을 통해 대기 중 이산화 탄소를 흡수하는데, 산림보다 이산화 탄소 흡수 능력이 뛰어납니다. 2018년 정부 통계에 따르면, 우리 연안 생태계 중 갯벌의 면적은 산림의 약 4%에 불과하지만 연간 이산화 탄소 흡수량은 산림의 약 37%이며 흡수 속도는 수십 배에 달합니다.

또한 연안 생태계는 탄소의 저장에도 효과적입니다. 연안의 염생 식물과 식물성 플랑크톤은 이산화 탄소를 흡수하여 갯벌과 염습지에 탄소를 저장하는데 이 탄소를 블루카본이라 합니다. 산림은 탄소를 수백 년간 저장할 수 있지만 연안은 블루카본을 수천 년간 저장할 수 있습니다. 연안 생태계가 훼손되면 블루카본이 공기 중에 노출되어 이산화 탄소 등이 대기 중으로 방출됩니다. 그러므로 블루카본이 온전히 저장되어 있도록 연안 생태계를 보호해야 합니다.

㉠지금 우리가 연안 생태계로 눈을 돌리지 않으면 북극곰의 눈물은 우리의 눈물이 될 것입니다. 건강한 지구를 후손에게 물려주기 위해 일회용품 줄이기, 나무 한 그루 심기와 함께 이산화 탄소의 흡수원이자 저장고인 지구의 보물, 연안 생태계를 보호하고 그 가치를 알리는 데 동참합시다.

186 ▸ 24102-0186
2021학년도 6월 모의평가 1번

위 연설자의 말하기 방법으로 적절하지 <u>않은</u> 것은?

① 청유의 문장을 사용하여 주장이 야기한 논란을 해소한다.
② 통계 자료를 근거로 활용하여 주장의 신뢰성을 강화한다.
③ 예상되는 반론을 언급하여 특정 대상의 가치를 강조한다.
④ 청중과 공유하는 경험을 들어 상황의 심각성을 인식시킨다.
⑤ 비유적 표현을 활용하여 문제 해결에 동참할 것을 촉구한다.

187 ▸ 24102-0187
2021학년도 6월 모의평가 2번

다음은 위 연설자가 자신의 연설을 홍보하기 위해 작성한 포스터이다. 위 연설을 바탕으로 할 때 적절하지 <u>않은</u> 것은? [3점]

○○고등학교 교내 연설 대회
지구 온난화 대응의 새로운 접근, 연안 생태계!

연설자: △△△

○ 연설 관련 그림 자료

〈연안 생태계〉

식물성 플랑크톤 CO_2 CO_2 염생 식물
흡수 흡수
저장
C(블루카본) 염습지

연안의 염생 식물과 식물성 플랑크톤은 광합성을 통해 대기 중의 이산화 탄소를 흡수하여 갯벌과 염습지에 탄소를 저장함. ········· ①

○ 연설 내용

• 우리나라는 이산화 탄소 배출량 순위가 높은 편이며 대기 중 이산화 탄소를 줄이고자 노력해 왔음. ·········· ②
• 연안 생태계는 대기 중 이산화 탄소 감축 효과가 있으며 산림보다 이산화 탄소 흡수 능력이 우수함. ·········· ③
• 연안 생태계가 훼손되면 블루카본이 공기 중에 노출되어 문제가 발생함. ·········· ④
• 대기 중 이산화 탄소 감축을 위한 기존의 방법을 연안 생태계 보호가 대체할 수 있음. ·········· ⑤

---

188 ▸ 24102-0188
2021학년도 6월 모의평가 3번

위 연설을 듣고 그 취지에 공감한 학생이 ㉠에 주목하여 친구들을 설득할 말로 가장 적절한 것은?

① 연안 생태계의 복구에 무심했던 나를 반성했어. 일회용품 사용을 자제하여 연안 생태계를 되살리자.
② 블루카본이 지구 온난화의 원인임을 알았어. 북극곰을 위해 연안 생태계 보호의 중요성을 홍보하자.
③ 북극곰의 모습에서 우리의 미래를 보는 것 같았어. 북극곰을 살리기 위해 산림 조성이 시급함을 알리자.
④ 우리도 북극곰처럼 위기에 처할 수 있어. 이제 연안 생태계의 가치를 알고 이를 보호하기 위해 관심을 갖자.
⑤ 북극곰과 공생하려면 나무 한 그루가 의미 있다는 것을 알았어. 이산화 탄소를 줄이기 위해 작은 일부터 실천하자.

189~192

(가)는 한 학생이 학교 홈페이지 '자유 게시판'에 올린 글이고, (나)는 이를 바탕으로 학생회 학생들이 나눈 대화이며, (다)는 학생회 학생들이 작성한 건의문이다. 물음에 답하시오.

(가)

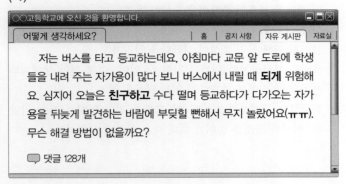

○○고등학교에 오신 것을 환영합니다.

| 어떻게 생각하세요? | | 홈 | 공지 사항 | 자유 게시판 | 자료실 |

저는 버스를 타고 등교하는데요. 아침마다 교문 앞 도로에 학생들을 내려 주는 자가용이 많다 보니 버스에서 내릴 때 **되게** 위험해요. 심지어 오늘은 **친구하고** 수다 떨며 등교하다가 다가오는 자가용을 뒤늦게 발견하는 바람에 부딪힐 뻔해서 무지 놀랐어요(ㅠㅠ). 무슨 해결 방법이 없을까요?

💬 댓글 128개

(나)

학생 1: 어제 학교 **홈피** '자유 게시판'에 올라온 글 봤어?

학생 2: 아, 등굣길 문제?

학생 3: 나도 봤어. 조회 수도 엄청나고, 댓글을 보니 공감하는 애들이 **되게** 많더라.

학생 1: 그래서 말인데, 안전한 등굣길을 만들기 위해 학생회 차원에서 건의문을 써서 게시하는 건 어때?

학생 3: (고개를 끄덕이며) 좋은 생각이야.

학생 1: 내 생각엔 첫째로, 일단 학생들이 **학교 올 때** 자가용 이용은 자제하자고 제안하면 좋겠어.

학생 2: 그런데, 자가용 등교는 대부분 사정이 있는 거 아닐까? 다리를 다쳤거나 집이 너무 멀거나 하는.

학생 1: 내 기억에 차에서 내리는 애들 중 다리가 불편해 보이는 경우는 별로 없던데? 집도 멀지 않은데 차 타고 오는 애들도 많이 봤고. [A]

학생 3: 어떤 방법으로 학교에 오든 그건 개인의 선택에 맡겨야 할 문제 아닐까?

학생 1: 그렇다 해도 댓글 보면 많은 애들이 자가용 등교 때문에 등굣길이 안전하지 않다고 여기는 건 분명해 보여. 누군가의 선택이 다른 많은 사람들을 불편하게 한다면 그건 문제가 있다고 봐야지. [B]

학생 2: 그렇다고 특별한 사정이 있는 애들까지 자가용 등교를 미안하게 만들 필요는 없잖아?

학생 3: 그럼 글 쓸 때 이런 경우는 이해해 주자고 따로 언급하는 건 어때?

학생 1: 그 정도면 괜찮겠다. 자가용을 이용하지 않았을 때 남은 물론 자기한테도 좋은 점이 있다는 것도 알려 주면 좋겠어.

학생 3: 응. 그리고 다른 사람의 자가용 등교 때문에 위험했던 적이 있는 학생들은 그 기억을 떠올리게 해 주자. 실제 자가용 등교로 인한 사고가 얼마나 많은지 자료도 찾아 제시하고.

학생 2: 그래. 그럼 이제 등굣길 안전을 위해 추가로 제안할 게 뭐가 있을지 생각해 보자. 아, 등굣길에 주변을 살피며 걸어야 한다는 건 어때?

학생 1: 나도 **너하고** 같은 생각 했는데. 그럼 **우리** 지금까지 이야기한 내용을 정리해서 학교 게시판에 올려 보자.

(다)

학생 여러분, 안녕하세요? 제28대 학생회입니다.

오늘 아침 여러분의 등굣길은 어떤 모습이었나요? 안전했나요?

㉠최근 학교 홈페이지에 올라온 글처럼, 여러분도 **학교에 올 때** 누군가 등교에 이용한 자가용으로 인해 놀라거나 위험에 처한 적이 있을 것입니다. ㉡자가용 등교는 자신의 등굣길은 편하게 해 주지만 다른 학생들의 등굣길을 혼잡하고 위험하게 만들기도 합니다. ㉢□□경찰서의 자료에 따르면, 우리 지역 학교 앞 교통사고 발생률은 일과 시간과 대비하여 등교 시간에 67% 정도 높다고 합니다. 여러분이 타고 온 차도 다른 학생들에게 해가 될 수 있습니다. 특히 우리 학교 앞 도로는 유난히 좁다 보니 횡단보도에 정차하는 경우도 많아 **몹시** 위험합니다.

㉣물론 걷기가 불편하거나 집이 많이 먼 경우는 자가용 등교가 불가피할 수 있습니다. 그러나 이런 경우가 아니라면, 안전한 등굣길을 위해 우선 자가용 이용을 자제하는 것이 필요합니다.

또한 안전한 등굣길을 만들려면 주변을 살피며 걷는 습관도 필요합니다. 휴대 전화를 보거나 이어폰을 꽂고 걷다 보면 차가 오는 것을 보지 못해 위험해질 수 있기 때문입니다.

우리가 조금만 노력하면, 차에 놀라며 걷는 대신 **친구와** 함께 여유로운 발걸음으로 교문을 들어서는 아침 풍경을 만들 수 있습니다. 또, 자가용을 이용할 필요가 없게 부지런히 등교 준비를 하다 보면 규칙적인 생활 습관도 갖게 될 것입니다.

㉤여러분은 안전한 등굣길을 만들고 싶지 않으신가요? 그러려면 자가용 이용은 자제하고 주변을 살피며 걸어 주세요. 다 함께, 평화로운 등교 장면을 상상이 아닌 현실로 만듭시다.

긴 글 읽어 주셔서 감사합니다.

2020년 △월 △일
○○고등학교 학생회

189 ▶ 24102-0189
2021학년도 6월 모의평가 4번

(가)~(다)를 비교하여 이해한 내용으로 적절하지 <u>않은</u> 것은?

① 개인의 경험을 이야기하는 (가)보다 공식적인 성격이 강한 (다)에서 격식을 갖춘 표현이 더 두드러지게 나타나는군.
② (나)의 '홈피'와 (다)의 '홈페이지'를 비교해 보면, (다)에서는 줄인 말을 되도록 쓰지 않는 문어적인 특징을 확인할 수 있군.
③ (가), (나)는 (다)와 달리 의사소통 참여자들이 시간과 공간을 모두 공유하는 상황이므로 (가), (나)에는 언어적 표현 외에 비언어적 표현도 함께 나타나는군.
④ (나)의 '학교 올 때', '우리'와 (다)의 '학교에 올 때', '우리가'를 비교해 보면, (나)에서는 조사의 생략이 문어보다 자유롭게 허용되는 구어적인 특징을 확인할 수 있군.
⑤ (가)는 (다)처럼 문어 상황이지만 (가)의 '되게', '친구하고', (나)의 '되게', '너하고', (다)의 '몹시', '친구와'를 비교해 보면, (가)에서는 (나)에서처럼 구어적인 특징을 확인할 수 있군.

190 ▶ 24102-0190
2021학년도 6월 모의평가 5번

[A], [B]에 대한 설명으로 가장 적절한 것은?

① [A]에서 '학생 1'은 '학생 2'의 발화를 듣고 자신이 확인한 주변 상황을 근거로 들어 '학생 2'의 의견을 뒷받침하고 있다.
② [A]에서 '학생 3'은 '학생 1'의 발화 중 일부를 재진술하여 '학생 1'이 제시한 상황에 대한 자신의 이해가 정확한지 확인하고 있다.
③ [B]에서 '학생 1'은 자신의 관점과 상반되는 다수의 생각을 언급하며 자신의 의견이 지닌 차별성을 부각하고 있다.
④ [B]에서 '학생 3'은 '학생 2'가 한 말을 요약하며 '학생 2'의 견해가 지닌 한계를 드러내고 있다.
⑤ [A], [B] 모두에서 '학생 2'는 질문의 형식을 활용하여 '학생 1'의 의견에 대해 추가로 생각할 점이 있음을 밝히고 있다.

191 ▶ 24102-0191
2021학년도 6월 모의평가 6번

〈보기〉를 참고할 때, ㉠~㉤에 대한 반응으로 가장 적절한 것은?

• 보기 •

글을 쓸 때는 설득 전략과 표현 방식을 활용하여 설득 효과를 높일 수 있다. 논리적 추론을 강조하는 이성적 설득 전략에는 전문가 소견이나 객관적 자료 활용하기, 예상 반론을 언급하고 필자의 주장이 우위에 있음을 드러내기 등이 있다. 독자의 감정에 호소하는 감성적 설득 전략에는 독자의 공감을 얻기 위해 독자나 필자의 경험을 언급하기 등이 있다. 또한 표현 방식으로는 이중 부정이나 설의법 등이 활용된다.

① ㉠에서 현안과 관련한 예상 독자의 경험을 언급한 것은 필자의 주장이 전문가의 의견에 부합함을 강조하고 있다고 볼 수 있겠어.
② ㉡에서 필자의 경험을 제시하고 그와 대비되는 예상 독자의 경험을 제시한 것은 독자의 감정에 호소하여 설득의 효과를 높이고 있다고 볼 수 있겠어.
③ ㉢에서 구체적인 수치를 사용하여 현황을 보여 준 것은 객관적인 자료를 제시하여 이성적 설득 전략을 활용한 것으로 볼 수 있겠어.
④ ㉣에서 예상 독자가 제기할 수 있는 이견을 언급한 것은 그 의견이 실현 불가능한 것임을 밝혀 필자의 주장이 우위에 있음을 드러내기 위한 것으로 볼 수 있겠어.
⑤ ㉤에서 현재의 상황이 지속됨으로써 발생할 결과를 설의적인 표현으로 제시한 것은 표현 방식을 활용하여 설득적 효과를 높이고 있는 것으로 볼 수 있겠어.

192 ▶ 24102-0192
2021학년도 6월 모의평가 7번

〈보기〉는 (나)를 반영하여 (다)를 쓸 때 적용한 내용 전개 과정이다. 〈보기〉의 ⓐ~ⓔ에 따라 (나)와 (다)를 관련지어 이해한 내용으로 적절하지 <u>않은</u> 것은?

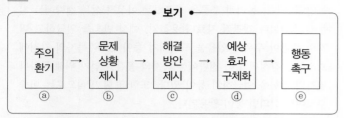

─● 보기 ●─

주의 환기 ⓐ → 문제 상황 제시 ⓑ → 해결 방안 제시 ⓒ → 예상 효과 구체화 ⓓ → 행동 촉구 ⓔ

① ⓐ: (나)에서 안전한 등굣길 만들기를 화제로 삼았던 것을 반영하여, (다)에서는 이와 관련한 독자의 일상을 떠올려 보게 함으로써 화제에 대한 주의를 환기하고 있다.

② ⓑ: (나)에서 자가용 등교로 인해 등굣길이 위험하다는 인식을 드러낸 것을 반영하여, (다)에서는 자가용 등교가 학교 주변 환경과 맞물려 심각한 문제가 되고 있음을 제시하고 있다.

③ ⓒ: (나)에서 자가용 이용이 불가피한 학생이 있음을 언급한 것을 반영하여, (다)에서는 집이 먼 경우 부지런히 등교 준비를 해야 한다는 것을 해결 방안으로 제시하고 있다.

④ ⓓ: (나)에서 자가용 등교 자제가 자신에게도 좋은 점이 있음을 알려 주자고 한 의견을 반영하여, (다)에서는 자가용 이용을 자제했을 때 예상되는 긍정적 변화를 구체화하고 있다.

⑤ ⓔ: (나)에서 등굣길 안전을 확보하기 위한 방법으로 언급한 제안들을 반영하여, (다)에서는 등교 시에 유념할 행동 방향을 제시하며 독자가 이를 실천하도록 촉구하고 있다.

193~195 다음을 읽고 물음에 답하시오.

[작문 상황]

○ 작문 목적: 물 섭취와 관련된 잘못된 인식을 바로잡을 수 있는 올바른 물 섭취 방법에 대한 정보 제공
○ 예상 독자: 학교 학생들
○ 전달 매체: 2020년 6월에 발간될 학교 신문

[수집한 자료 목록]

구분	내용	출처	연도(제작 / 발행)
〈자료 1〉	전문가가 권하는 물 섭취 방법	○○신문	2019
〈자료 2〉	물 중독 사례	△△방송 다큐멘터리	2014
〈자료 3〉	한국인의 물 섭취 현황	□□병원 보고서	2004
〈자료 4〉	1일 1인당 수돗물 사용량 현황	환경부 연례 보고서	2013

[초고]

학생들은 물 섭취에 대해 어떤 인식을 가지고 있을까? 인터뷰를 통해 만난 우리 학생들은 대부분 물은 많이 마실수록 좋다고 답했다. 물이 관절의 충격을 흡수하며, 장기와 조직을 보호하는 등의 역할을 한다는 점에서 물 섭취는 중요하다. 그러나 물을 많이 섭취한다고 무조건 좋은 것만은 아니다. 그렇다면 바람직한 물 섭취를 위해 유의할 점은 무엇일까?

우선, 한 번에 마시는 물의 양에 유의해야 한다. 단시간 내에 지나치게 많은 양의 물을 마시면 혈액 속 나트륨 농도가 정상 수치 이하로 내려가는 '물 중독'이 발생할 수 있다. 그러면 피로감이 커지고, 두통 또는 어지럼증에 시달리거나, 장기가 붓는 등의 증상이 나타날 수 있다. 한 다큐멘터리에서는 물 중독 환자들의 모습을 보여주며 그 위험성을 경고하기도 했다.

다음으로, 물을 마시는 때에 대해서도 유의해야 한다. ◇◇대학 연구 팀의 실험이 이를 뒷받침한다. 연구 팀은 먼저 실험 참여자들을 대상으로 목이 마른지 물어보았다. 그런 다음 이들에게 동일한 과제를 부여했다. 이후 관찰을 통해 이들의 물 섭취 유무를 파악하며 과제 수행 능력을 측정했다. 실험 결과는 우리에게 다음과 같은 정보를 제공한다. 목이 마를 때 물을 마신 경우는 물을 마시지 않은 경우보다 과제 수행 능력이 뛰어나다. 이는 일반적인 생각과 같다. 반면 일반적 생각과 달리 목마르지 않은 때 물을 마신 경우는 물을 마시지 않은 경우보다 과제 수행 능력이 떨어진다.

193 ▶ 24102-0193
2021학년도 6월 모의평가 8번

수집한 자료를 다음의 기준에 따라 선별한 후, 선별된 자료를 반영하여 '초고'를 작성하였다. 각 자료에 대한 이해로 적절하지 <u>않은</u> 것은? [3점]

선별 기준	그렇다	아니다
(가) 작문 목적에 부합하는가?		
(나) 출처가 분명한 최근의 정보인가?		

① 〈자료 1〉은 '내용'이 물 섭취 방법에 대한 올바른 정보를 제공하기에 적합하다고 보아 (가)에 대해 '그렇다'라고 판단했겠군.
② 〈자료 2〉는 '내용'이 물 섭취에 대한 많은 학생들의 인식이 잘못되었음을 뒷받침하는 정보를 제공한다고 보아 (가)에 대해 '그렇다'라고 판단했겠군.
③ 〈자료 3〉은 '연도'를 고려하면 최근의 상황을 반영하지 못하지만 '출처'가 명확하고 물 섭취 실태를 보여 주기에 적절하다고 보아 (나)에 대해 '그렇다'라고 판단했겠군.
④ 〈자료 4〉는 '내용'이 물 섭취에 관해 정확한 정보를 제공하려는 목적에 부합하지 않는다고 보아 (가)에 대해 '아니다'라고 판단했겠군.
⑤ 〈자료 4〉는 '출처'는 분명하지만 해마다 발간되는 보고서라는 점에서 '연도'를 고려했을 때 최근의 현황에 대한 정보가 아니라고 보아 (나)에 대해 '아니다'라고 판단했겠군.

194 ▶ 24102-0194
2021학년도 6월 모의평가 9번

위의 '초고'에 반영된 내용 조직 방법으로 적절하지 <u>않은</u> 것은?

① 1문단에서 물 섭취에 대한 학생들의 인식은 묻고 답하는 구조로 제시한다.
② 1문단에서 물의 인체 내 역할은 원인과 결과의 관계가 드러나도록 제시한다.
③ 2문단에서 물 중독 증상에 대한 부분은 정보를 나열하여 제시한다.
④ 3문단에서 물 섭취에 대한 실험 방법은 그 과정을 순서대로 제시한다.
⑤ 3문단에서 물 섭취에 대한 실험 결과는 비교·대조의 방법으로 제시한다.

195 ▶ 24102-0195
2021학년도 6월 모의평가 10번

〈보기〉는 '초고'를 읽은 친구의 조언이다. 〈보기〉를 반영하여 '초고'에 마지막 문단을 추가한다고 할 때 가장 적절한 것은?

● 보기 ●

글이 마무리되지 않은 느낌이 드니까 중심 내용으로 제시한 두 가지 유의 사항을 모두 포함하는 문장을 추가하는 것이 좋겠어. 그리고 중심 내용에 담긴 정보가 독자에게 어떤 긍정적인 가치가 있는지도 언급하는 게 좋겠어.

① 물은 적당한 양을 필요한 때에 마셔야 좋은 것이다. 물 섭취에 대한 올바른 정보를 이해하고 삶에 적용한다면 건강을 지키며 삶의 질을 높일 수 있을 것이다.
② 언제 마시는가에 따라 물도 독이 될 수 있음을 유의해야 한다. 갈증을 느낄 때 물을 마셔야만 물이 인체에서 수행하는 역할을 활성화하는 데 기여할 수 있다.
③ 물은 인체에 필수적이나 한 번에 많은 물을 마시지는 말아야 한다. 물이 인체에 미치는 영향을 정확히 안다면 물이 지닌 긍정적 가치를 더 많이 발견할 수 있을 것이다.
④ 물 중독 사례와 연구 팀의 실험을 통해 물 섭취 시 유의 사항을 확인하였다. 결국 물을 한 번에 많이 마시면 건강에 해롭고, 목마르지 않은데 마시면 과제 수행 능력이 떨어진다.
⑤ 당연하다고 생각했던 것들이 거짓인 경우도 있는데 물은 많이 마실수록 좋다는 인식도 그러하다. 올바른 물 섭취를 생활화한다면 학습 능력 향상에 도움을 얻을 수 있을 것이다.

196~198 다음은 학생의 발표이다. 물음에 답하시오.

저는 요즘 휴대폰 사용 시간이 늘어나면서 사물이 또렷이 보이지 않고 눈에 피로를 느끼는 일이 잦아졌는데요, 여러분들도 저와 같은 증상을 경험하고 있지 않으신가요? (청중의 반응을 확인하고) 역시 그러시네요. 실제 휴대폰 사용으로 인해 안구 질환 환자가 급증했다고 합니다. 그래서 오늘은 제가 여러분들께 도움을 드리고자 휴대폰 사용과 눈 건강에 대해 발표하고자 합니다.

본래 우리 눈은 자동 초점 기능이 있어서 보고자 하는 대상과의 거리가 바뀔 때 초점을 순식간에 맞출 수 있습니다. 그런데 휴대폰을 오랜 시간 동안 보는 습관을 갖게 되면 조절 긴장증이 생겨 눈의 자동 초점 기능이 저하됩니다. 왜 그런 현상이 생기는 것일까요? 지난 시간에 선생님께서 수정체에 대해 설명해 주셨죠? (㉠자료 제시) 여기 수정체를 둘러싸고 있는 이 근육의 이름도 기억하시나요? (대답을 듣고) 네, 맞습니다. 바로 섬모체근입니다. 그리고 수정체와 섬모체근을 잇는 이것은 걸이 인대라고 합니다. 다음 화면을 함께 보시죠. (㉡자료 제시) 보시는 것처럼 먼 곳을 볼 때에는 섬모체근이 늘어나 걸이 인대가 팽팽한 상태가 됩니다. 그러면 걸이 인대가 잡아당기고 있는 수정체가 납작해져 초점을 맞출 수 있게 되는 것입니다. 가까운 곳을 볼 때에는 그 반대가 되고요. 휴대폰을 오래 보게 되면 걸이 인대가 이완된 상태가 지속되어 나중에는 자동 초점 기능이 저하되는 것입니다.

그렇다면 눈 건강을 유지하기 위해 어떻게 해야 하는 것일까요? 휴대폰을 오랫동안 보게 되는 경우에는 중간중간에 걸이 인대를 유연하게 하는 눈 초점 운동을 해 주는 것이 좋습니다. 자, 여러분 저를 따라 해 보시죠. 먼저 30cm 이내의 근거리를 10초 동안 바라봅니다. 그리고 바로 이어서 5m 이상의 원거리를 10초 동안 바라봅니다. 이것을 번갈아 1분 이상 해 주면 됩니다. 어떠신가요? 눈이 좀 시원해지셨나요? (청중의 반응을 확인하고) 그러면 눈 초점 운동은 얼마나 효과가 있을까요? (㉢자료 제시) 보시는 것처럼 눈 초점 운동을 하루에 10회 이상 지속적으로 한 사람은 눈의 자동 초점 기능이 크게 향상되었음을 확인할 수 있습니다.

오늘의 제 발표가 여러분의 눈 건강에 도움이 되었으면 좋겠습니다. 그렇지만 무엇보다 눈 건강에 가장 좋은 것은 휴대폰 보는 시간을 줄여 눈을 쉬게 해야 한다는 점은 잘 아시죠? 시력은 한번 저하되면 눈 초점 운동을 한다고 해도 회복되기 어렵기 때문입니다. 오늘 제가 발표한 내용은 대한안과학회에서 발간한 학술지와 대한시과학회의 누리집에 게재된 자료를 바탕으로 했습니다. 그럼 이상으로 발표를 마치겠습니다.

196 ▶ 24102-0196

위 발표에 반영된 학생의 발표 계획으로 적절하지 않은 것은?

① 청중과 공유하고 있는 경험을 언급하여 발표 내용과 관련된 청중의 지식을 환기해야겠어.
② 발표 내용의 순서를 안내하여 청중이 발표 내용을 예측할 수 있도록 해야겠어.
③ 청중에게 질문을 던지는 방식으로 청중과 상호 작용해야겠어.
④ 발표 내용 선정의 이유를 밝혀 청중의 관심을 유도해야겠어.
⑤ 정보의 출처를 밝혀 발표 내용의 신뢰성을 높여야겠어.

197 ▶ 24102-0197

〈보기〉는 위 발표에서 발표자가 제시한 자료이다. 발표자의 자료 활용에 대한 설명으로 가장 적절한 것은?

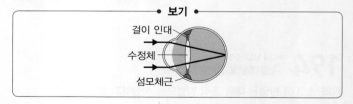

━━━━━━━━● 보기 ●━━━━━━━━
걸이 인대
수정체
섬모체근

① 대상과의 거리에 따라 수정체가 초점을 맞추는 원리를 설명하기 위해 ㉠에서 활용하였다.
② 섬모체근의 기능이 저하되었을 때 수정체에 이상이 생길 수 있다는 것을 설명하기 위해 ㉠에서 활용하였다.
③ 눈 초점 운동이 걸이 인대의 힘을 키워 초점을 맞추는 기능이 향상된다는 것을 설명하기 위해 ㉡에서 활용하였다.
④ 먼 곳을 볼 때는 걸이 인대가 잡아당기고 있는 수정체가 납작해진다는 것을 설명하기 위해 ㉡에서 활용하였다.
⑤ 휴대폰으로 인해 저하된 시력을 회복시켜 줄 수 있는 눈 초점 운동의 방법을 설명하기 위해 ㉢에서 활용하였다.

198

▶ 24102-0198
2020학년도 10월 학력평가 3번

다음은 학생이 위 발표를 들으며 떠올린 생각들이다. 이를 바탕으로 학생의 듣기 활동을 이해한 내용으로 적절하지 <u>않은</u> 것은?

> ○ 컴퓨터 화면의 경우도 가까이에서 오랫동안 보는 것이 습관화되면 조절 긴장증을 유발할 수 있겠네.
>
> ○ 눈 초점 운동을 꾸준히 하면 효과가 있다고 했으니 나도 하루에 10회 이상 눈 초점 운동을 해 봐야지.
>
> ○ 휴대폰 사용으로 안구 질환 환자가 급증했다고 하는데, 얼마나 증가했는지 구체적으로 알고 싶어. 관련 자료를 인터넷 검색으로 찾아봐야겠어.
>
> ○ 수정체를 모양체라고도 하고 걸이 인대를 친대라고도 하는 것으로 알고 있어. 그런데 같은 대상에 서로 다른 이름을 붙인 이유는 무엇일까?

① 발표 내용과 관련된 자신의 배경지식을 떠올리며 들었다.
② 발표자가 제시한 정보의 정확성에 의문을 제기하며 들었다.
③ 발표 내용을 통해 알게 된 사실을 유사한 경우에 적용하며 들었다.
④ 발표자가 제시한 방법이 효과가 있을 것이라고 여기고 실천을 다짐하며 들었다.
⑤ 발표 내용과 관련하여 생긴 궁금증을 해결하는 데 필요한 정보를 어떻게 수집할지를 생각하며 들었다.

199~202

(가)는 지역 신문에 실린 기사문이고, (나)는 (가)의 보도 이후에 개최된 협상이다. 물음에 답하시오.

(가)

□□ 백화점 주변의 극심한 교통 혼잡 해결되려나

구청 측과 □□ 백화점 측은 지난 9월 7일 구청에서 만나, 백화점 방문 차량으로 인해 발생하고 있는 문제들을 해결하기 위해 함께 노력하기로 큰 틀에서 합의했다.

구청 측은 최근 □□ 백화점을 방문하는 차량이 크게 증가함에 따라 교통 혼잡으로 인해 민원이 폭증하는 문제가 발생하고 있음을 지적했다. 이에 따라 구청 측은 □□ 백화점에 해결책을 조속히 마련할 것을 요청할 예정이며, 필요한 부분이 있다면 구청도 적극적으로 협조할 것이라고 말했다. 한편, 백화점 측도 문제 해결을 위해 적극적으로 나서겠다고 밝혔다. 다만 주차장 확보라는 근본적인 문제 해결이 쉽지 않다는 점을 걱정하며 구청 측의 협조가 필요함을 강조하였다.

□□ 백화점 주변의 교통량을 분석한 교통 연구소의 최근 자료에 의하면 백화점이 입점한 이후 그 전보다 주변 도로의 주말 평균 교통량이 45%나 증가했고, 평균 정체 시간도 20분이나 증가한 것으로 나타났다. ㉠이 자료에서는 주말에 백화점으로 유입되는 차량의 수가 백화점의 주차 수용력을 40% 초과하기 때문에 주차장 추가 확보가 시급하다고 분석했다.

인근 아파트 주민 김 모 씨는 백화점을 방문하는 차량으로 인해 생활에 불편을 겪는 일이 많다면서 이번 협상을 통해 문제가 해결되기를 바란다고 말했다. 양측은 세부적인 해결 방안을 협의하기 위해 이달 내 추가 협상을 진행하기로 하였다.

(나)

구청 측: 오늘은 문제 해결을 위한 세부적인 방안에 대해 논의하겠습니다. 아시다시피, 최근 백화점 방문 차량이 많아지면서 주변의 교통 혼잡이 심각한 상황입니다. 주차장 10부제를 운영하여 백화점 방문 차량의 수가 줄어들 수 있도록 조치해 주시기 바랍니다. [A]

백화점 측: 고객의 입장을 먼저 생각해야 하는 저희 입장에서는 쉬운 선택이 아니지만 상황의 심각성을 고려하여 주차장 10부제 운영을 적극적으로 검토해 보겠습니다. 대신 백화점 앞을 지나는 버스 노선을 증설해 주셨으면 합니다.

구청 측: 그 문제는 여러 입장에 따라 이해관계가 복잡하고 또 다른 교통 혼잡을 유발할 수 있어 곤란합니다.

백화점 측: ⓐ그렇다면 백화점 앞을 지나는 기존 마을버스의 배차 간격을 줄여 주시면 좋겠습니다.

구청 측: 그것은 마을버스 회사와 협의해 추진해 보도록 하겠습니다. 그런데 백화점 방문자들이 인근 아파트의 주차장

을 무단으로 이용하는 경우도 있고 백화점으로 진입하려는
차량들이 아파트 입구를 막아 아파트 차량의 진출입을 방 [B]
해하는 경우도 많습니다. 이에 대한 해결책도 마련해 주시
기 바랍니다.

백화점 측: 그럼 무단 주차 예방을 위해 현수막을 부착하고 고객 알림
문자를 발송하는 등의 조치를 하겠습니다. 또한 주차 안내 요원을
백화점 외부에도 배치해 차량의 동선을 관리하도록 하겠습니다.

구청 측: 협조해 주신다니 감사합니다. 그렇지만 무엇보다 교
통 혼잡의 문제를 근본적으로 해결하기 위해서는 백화점 내 [C]
부에 주차장 추가 확보가 필요합니다. △△ 백화점처럼 건물
옥상에 주차 공간을 마련하는 것도 한 방법이 될 것입니다.

백화점 측: 저희도 옥상 주차장을 검토하였으나 설계상의 문제로 추
진이 어려웠습니다. 그래서 백화점 외부에 새로운 부지를 찾고
있는데, 쉽지 않은 상황입니다. 서면으로 요청드린 바와 같이 구
청 측에서 도와주시면 좋겠습니다.

구청 측: 저희도 문제 해결 방안을 고심해 보았습니다. ○○
유수지 주변 공터를 주차장으로 이용하는 것은 어떻습니
까? 백화점과 떨어져 있기는 하지만 도보로 이동은 가능한 [D]
거리이므로 괜찮지 않겠습니까?

백화점 측: ○○ 유수지는 백화점과 떨어져 있기 때문에 손님들의
편의를 최우선으로 생각해야 하는 저희들 입장에서는 쉬운 선택
이 아닙니다. 주차장 부족 현상은 주로 주말에 일어나므로 주말
에 한해 백화점 가까이에 위치한 구청 주차장을 개방해 주시는
것은 어떻습니까?

구청 측: 주말에 구청의 지하 주차장은 비어 있는 경우가 많
아 안 되는 것은 아니지만, 출입구가 좁고 시설도 노후화
되어 많은 차량이 오갈 경우 안전 문제 등이 우려됩니다. [E]
따라서 면밀한 검토가 필요합니다.

백화점 측: 그렇다면 저희가 구청 주차장의 시설을 개선하고 주말에
는 안전 요원도 배치하도록 하겠습니다.

구청 측: 그렇게 하면 지역 주민들의 편의도 향상될 수 있겠네요.
그럼 그 방안을 적극적으로 검토해 보겠습니다.

백화점 측: 대신 우리 백화점 방문자에 한해 주차 요금을 면제해 주
셨으면 합니다.

구청 측: 백화점 주차장을 무료로 운영하지 않는 상황에서 구청 주
차장을 무료로 운영할 경우 이곳으로 너무 많은 차량이 몰려 또
다른 문제가 발생할 것입니다.

백화점 측: ⓑ그럼 백화점 방문자에 대해 주차 요금을 할인해 주시
면 어떻습니까?

구청 측: 지하 주차장 개방 여부에 대한 검토가 우선적으로 이루어
져야 할 것으로 보입니다. 주차 요금 책정 등 구체적인 운영 방안
은 차후에 논의하는 것이 좋겠습니다.

백화점 측: 네, 좋습니다. 긍정적 결과를 기대하겠습니다.

---

199 ▶ 24102-0199
2020학년도 10월 학력평가 4번

다음은 기자가 취재 과정에서 작성한 메모이다. (가)에 반영되지 않은 것은?

> **[구청 측과 백화점 측 협상 취재]**
>
> 〈구청 측과의 인터뷰〉
> ○ □□ 백화점 방문 차량으로 인한 민원 발생 ·················· ①
> ○ 문제 해결을 위한 노력 요청 및 협조 의향 ·················· ②
>
> 〈백화점 측과의 인터뷰〉
> ○ 문제 해결을 위한 의지 표명 및 협조 당부 ·················· ③
>
> 〈교통 연구소 자료 수집 및 지역 주민 인터뷰〉
> ○ □□ 백화점 관련 교통 상황 통계 ························· ④
> ○ 시설 개선을 통한 주차 문제 해결 사례 ·················· ⑤

---

200 ▶ 24102-0200
2020학년도 10월 학력평가 5번

〈보기〉는 ㉠의 초안이다. 기자가 〈보기〉를 ㉠과 같이 수정한 이유로 가장 적절한 것은?

> ● 보기 ●
>
> 이 자료에서는 □□ 백화점의 주차장 추가 확보가 시급하다고
> 분석했다. 그리고 주말에 백화점으로 유입되는 차량의 수가 백화
> 점의 주차 수용력을 40% 초과한다고 했다.

① 주요 개념에 대한 정보를 추가하기 위해
② 주관적인 의견이 담긴 부분을 삭제하기 위해
③ 한 측의 입장으로 치우친 정보를 수정하기 위해
④ 긴 문장을 나누어 내용을 효과적으로 표현하기 위해
⑤ 문제 원인과 해결 방안의 순서에 따라 정보를 재배치하기 위해

201
▶ 24102-0201
2020학년도 10월 학력평가 6번

다음은 '구청 측'에서 협상을 준비하는 과정에서 작성한 협상 계획서의 일부이다. 다음을 참고하여 [A] ~ [E]를 이해한 내용으로 적절하지 <u>않은</u> 것은? [3점]

논의할 내용	세부 내용
⋮	⋮
백화점 방문 차량 관련 민원	백화점 방문자들의 차량 증가에 따른 교통 혼잡 ········ ㉮
	백화점 방문자들의 아파트 주차장 무단 이용 ·········· ㉯
	인근 아파트 차량의 진출입 방해 ···························· ㉰
주차장 공간 확보	백화점 내부에 새로운 주차 공간 확보 ···················· ㉱
	백화점 외부에 새로운 주차 공간 확보 ···················· ㉲
⋮	⋮

① [A]는 ㉮와 관련된 문제의식을 드러내며 상대측에 요구 사항을 제시하고 있다.
② [B]는 ㉯, ㉰와 관련된 문제 상황을 언급하며 문제 해결을 위한 방안을 마련할 것을 상대측에 요구하고 있다.
③ [C]는 ㉱의 필요성을 언급하며 다른 사례를 참고하여 문제를 해결할 것을 제안하고 있다.
④ [D]는 ㉲와 관련하여 대안을 제시하면서 이에 대한 상대측의 수용 의사를 묻고 있다.
⑤ [E]는 ㉱, ㉲와 관련된 상대측의 요구 사항을 수용하면서 그에 상응하는 요구 조건을 직접 제시하고 있다.

202
▶ 24102-0202
2020학년도 10월 학력평가 7번

(나)의 담화 흐름을 고려할 때, ⓐ와 ⓑ의 공통점으로 가장 적절한 것은?

① 상대측이 제시한 문제점에 대해 추가적인 설명을 요구하는 발화이다.
② 상대측의 제안을 수용할 경우 예상되는 부작용에 대해 언급하는 발화이다.
③ 상대측이 지적한 문제점을 고려하여 요구 사항을 수정하여 제시하는 발화이다.
④ 상대측이 제기할 수 있는 의견을 가정하며 그 의견의 타당성 여부를 묻는 발화이다.
⑤ 상대측의 제안을 수용하기 어려운 이유를 들어 상대측에게 양보를 요구하는 발화이다.

2020학년도 10월 학력평가

203~205
다음은 작문 상황에 따라 학생이 쓴 초고이다. 물음에 답하시오.

[작문 상황]
○ 목적: 예상 독자인 우리 학교 학생들을 설득함.
○ 주제: 정보 전달을 위한 글쓰기 능력 향상을 위해 노력해야 한다.
○ 독자 분석
 ㉠ 정보 전달을 위한 글쓰기의 중요성을 인식하지 못하는 학생들이 있다.
 ㉡ 글쓰기 능력은 선천적이라고 생각하는 학생들이 있다.

[학생의 초고]
우리는 일상생활에서 설명문이나 보고서 등 정보 전달을 위한 글을 쓰게 되는 일이 많다. 전문가들은 지식 정보화 사회가 도래하면서 정보 전달을 위한 글쓰기가 더욱 중요해졌다고 말하고 있다. 글쓰기의 효과에 대한 대다수 연구 논문에서도 정보 전달을 위한 글쓰기 능력이 학습 능력이나 업무 능력에 많은 도움을 준다고 밝히고 있다.

일부 학생들은 글쓰기 능력이 타고나는 것이기 때문에 아무리 노력해도 나아지지 않는다고 말하기도 한다. 그러나 정보 전달을 위한 글쓰기 능력은 선천적인 능력보다 후천적인 노력이 더 중요하다. 국내의 ○○ 대학교에서 발표한 자료에 따르면, 이 대학에서 정보 전달을 위한 글쓰기 교육을 받은 학생들이 작성한 보고서의 완성도가 그 이전보다 월등히 높아졌다고 한다. 또한 미국, 독일 등의 국가에서는 어릴 때부터 학생들에게 탐구 보고서와 같은 정보 전달을 위한 글쓰기 교육을 철저하게 하고 있다.

그렇다면 정보 전달을 위한 글쓰기 능력은 어떻게 향상시킬 수 있을까? 정보 전달을 위한 글쓰기에서 가장 중요한 것은 가치 있는 정보를 담아내는 것이다. 가치 있는 정보란 독자의 요구와 흥미 등을 고려하면서도 참신하고 실용적이며 출처가 분명한 것을 말한다. 이러한 정보를 찾기 위해서는 다양한 매체를 활용하여 자료를 풍부하게 수집하는 능력을 갖추어야 한다. 이는 반복적인 훈련을 통해 가능하다. [A]

처음부터 좋은 글을 쓸 수 있는 사람은 없다. ([B])

203

▶ 24102-0203

2020학년도 10월 학력평가 8번

㉠, ㉡을 바탕으로 세운 글쓰기 계획 중 '학생의 초고'에 활용되지 <u>않은</u> 것은?

① ㉠을 고려하여, 시대적 상황과 관련하여 정보 전달을 위한 글 쓰기의 중요성을 강조하는 전문가들의 견해를 제시한다.

② ㉠을 고려하여, 정보 전달을 위한 글쓰기 능력으로 얻을 수 있 는 이점을 다룬 연구 논문의 내용을 제시한다.

③ ㉡을 고려하여, 정보 전달을 위한 글쓰기 교육의 효과에 대한 기관의 자료를 제시한다.

④ ㉡을 고려하여, 정보 전달을 위한 글쓰기 교육을 적극적으로 하고 있는 외국의 사례를 제시한다.

⑤ ㉡을 고려하여, 훈련을 통해 정보 전달을 위한 글쓰기 능력이 향상될 수 있음을 보여 주는 실험의 과정을 제시한다.

204

▶ 24102-0204

2020학년도 10월 학력평가 9번

〈보기〉는 [A]를 보완하기 위해 추가로 수집한 자료이다. 자료 활용 방안 으로 가장 적절한 것은? [3점]

● 보기 ●

(가) 글쓰기 능력 진단을 위한 설문 조사 (대상: 우리 학교 학생들)

1. 평소 어떤 종류의 글을 가장 많이 쓰십니까?

정보 전달을 위한 글 37%	사회적 상호 작용을 위한 글 26%	자기표현을 위한 글 24%	설득을 위한 글 13%

2. 정보 전달 글쓰기 능력에 만족하십니까?

아니요 74%	예 26%

3. 정보 전달 글쓰기에서 가장 어려운 부분은 무엇입니까?

자료 수집 48%	내용 조직 34%	문장 표현 18%

(나) 작문 관련 서적 자료

　정보 전달 글쓰기에서 유용한 내용을 담아내기 위해서는 정보 를 효과적으로 조직해야 한다. 그러기 위해서는 수집한 자료를 비교, 대조, 분류 등의 방식으로 정리하는 유형적 사고법을 활용 해 체계화할 수 있어야 한다.

① (가): 정보 전달을 위한 글을 많이 쓴다는 점에서, 학생들이 다 양한 글을 쓰도록 유도해야 한다는 내용을 추가해야겠군.

② (가): 자신의 글쓰기 능력에 만족하지 못하고 있다는 점에서, 학생들의 자신감을 키워 주어야 한다는 내용을 추가해야겠군.

③ (나): 유형적 사고법을 통해 자료를 수집할 수 있다는 점에서, 비교, 대조, 분류 등의 방식으로 수집된 자료가 더 유용하다는 내용을 추가해야겠군.

④ (나): 유용한 내용을 담아내기 위해서는 정보를 효과적으로 조 직해야 한다는 점에서, 수집한 자료를 체계화하는 훈련도 필요 하다는 내용을 추가해야겠군.

⑤ (가), (나): 내용 조직에 가장 큰 어려움을 느끼고 있다는 점에 서, 학생들의 수준을 고려한 내용 조직 방법을 마련해야 한다 는 점을 추가해야겠군.

205 ▶ 24102-0205
2020학년도 10월 학력평가 10번

[B]에 들어갈 내용을 〈조건〉에 따라 작성한 것으로 가장 적절한 것은?

● 조건 ●

정보 전달을 위한 글쓰기의 중요성을 강조하고 직유법을 활용해 글의 주제를 효과적으로 드러내면서 글을 마무리하자.

① 우리는 정보 전달이 일상이 된 시대에 살고 있다. 꾸준히 노력해서 정보 전달 글쓰기와 가까워지도록 하자.

② 정보는 일용할 양식처럼 우리의 삶을 풍요롭게 한다. 정보를 다양하게 활용하여 우리의 삶을 더욱 풍성하게 만들자.

③ 정보 전달을 위한 글쓰기는 학업과 업무에 큰 영향을 준다. 글쓰기 능력의 향상을 위해 반복적인 노력을 해 나가자.

④ 작은 물방울이 큰 바위를 뚫는다. 꾸준히 훈련하면 누구나 만족할 만한 정보 전달의 글을 쓸 수 있다는 것을 명심하자.

⑤ 정보 전달을 위한 글쓰기 능력은 지식 정보화 사회의 핵심 역량이다. 농부의 땀방울이 좋은 열매를 맺게 하듯이 정보 전달을 위한 글쓰기 능력의 향상을 위해 노력하자.

206~208

다음은 학생이 수업 시간에 한 발표이다. 물음에 답하시오.

안녕하세요. 저는 이번 시간에 조선의 왕실 의례인 종묘 제례에서 공연된 종묘 제례악에 대해 발표하고자 합니다. 종묘 제례악은 악인이 제례 절차에 따라 연주를 하면 이에 맞춰 무인들이 춤을 추는 종합 예술로, 음양의 조화를 이루도록 구성되었습니다. 이와 관련하여 먼저 악기와 연주에 반영된 음양의 조화에 대해 설명한 다음, 춤에 반영된 음양의 조화에 대해 설명하겠습니다.

종묘 제례악은 연주가 시작될 때 축을 세 번 칩니다. (자료를 보여 주며) 화면을 보시죠. 네모난 절구통처럼 생긴 악기가 바로 축입니다. 축은 방망이를 잡고 아래로 쿵쿵쿵 세 번 두드려 연주하는 것으로, 양을 상징합니다. 그럼, 이 자료의 아래쪽에 있는 호랑이 모양의 악기는 무엇일까요? 이것은 어인데, 연주가 끝날 때 사용했습니다. 여기 호랑이의 머리가 보이시죠? 연주자는 채로 머리를 세 번 친 다음, 등을 세 번 긁었습니다. 이 악기는 음을 상징하여 축과 조화를 이룹니다.

(자료를 보여 주며) 여기 앞의 자료는 종묘 제례악의 공연 장면을 담고 있는 '오향친제반차도'라는 그림입니다. 이 그림에도 축과 어가 있습니다. 어디 있을까요? 그림에서 ㉠로 표시된 부분이 상월대이고, ㉡로 표시된 부분이 하월대입니다. 상월대와 하월대의 오른쪽에는 축이, 왼쪽에는 어가 있습니다. (자료를 가리키며) 음을 상징하는 하월대에서는 양의 음악인 양률이 연주되고, 양을 상징하는 상월대에서는 음의 음악인 음려가 연주되어 음양의 조화를 이룹니다.

(자료를 가리키며) ㉢에 많은 사람들이 여러 줄로 서 있는 것이 보이시나요? 이들은 춤을 추는 무인들입니다. 종묘 제례악의 춤은 조상의 문덕을 찬양하는 문무와 무공을 찬양하는 무무로 나뉩니다. 문무는 양을 상징하기 때문에 음을 상징하는 몸을 숙이는 동작부터 시작하고, 무무는 음을 상징하기 때문에 양을 상징하는 몸을 펴는 동작부터 시작합니다. 이렇게 춤에서도 음양의 조화가 이루어집니다.

(자료를 보여 주며) 이 포스터에서도 알 수 있듯이 지금도 매년 5월 첫 일요일이면 종묘에서 종묘대제가 거행됩니다. (자료를 보여 주며) 현대의 종묘대제에서도 이 그림의 ㉠, ㉡, ㉢처럼 악단과 무인들이 위치하여 종합 예술로서의 종묘 제례악을 공연합니다. (자료를 보여 주며) 그래서 이 포스터에서도 '음악과 춤이 어우러진'이라고 홍보하고 있는 것입니다. 이 행사에 참여하여 우리의 문화유산을 체험하고 그 속에 담긴 음양의 조화도 느껴 보시면 어떨까요? 이상 발표를 마치겠습니다.

206 ▶ 24102-0206
2020학년도 3월 학력평가 1번

위 발표에 대한 설명으로 가장 적절한 것은?

① 전문가의 말을 직접 인용하여 내용의 신뢰성을 높이고 있다.

② 발표 중간에 자신이 말한 내용을 요약하여 청중의 이해를 돕고 있다.

③ 발표 내용의 순서를 안내하여 청중이 내용을 예측할 수 있도록 하고 있다.

④ 발표를 시작할 때 주제를 선정한 이유를 밝혀 청중의 관심을 유도하고 있다.

⑤ 질문을 통해 청중과 공유하는 경험을 환기하여 발표의 내용과 연결 짓고 있다.

207 ▶ 24102-0207
2020학년도 3월 학력평가 2번

〈보기〉의 자료를 활용하기 위한 계획 중 발표에 반영되지 않은 것은?

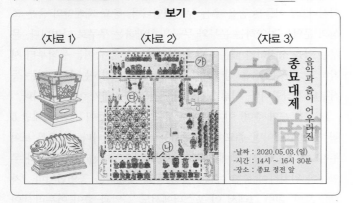

━━━━━━━━ ● 보기 ━━━━━━━━
〈자료 1〉   〈자료 2〉   〈자료 3〉

① 〈자료 1〉을 활용하여, 축과 어의 모양과 연주 방법을 설명한다.

② 〈자료 2〉를 활용하여, 상월대와 하월대에서 이루어진 음양의 조화에 대해 설명한다.

③ 〈자료 3〉을 활용하여, 종묘 제례악이 공연되는 행사의 개최 시기와 장소를 소개한다.

④ 〈자료 1〉과 〈자료 2〉를 활용하여, 상월대와 하월대에서 사용하는 축과 어가 만들어진 유래를 제시한다.

⑤ 〈자료 2〉와 〈자료 3〉을 활용하여, 종합 예술로서의 종묘 제례악이 현대에 이어지고 있음을 강조한다.

208 ▶ 24102-0208
2020학년도 3월 학력평가 3번

다음은 발표를 듣고 청중이 보인 반응이다. 이를 바탕으로 청중의 듣기 활동을 이해한 내용으로 적절하지 않은 것은? [3점]

┌─────────────────────────────────────┐
│ ○청자 1: 얼마 전에 종묘 제례악 공연을 영상으로 봤어. 그때 미 │
│   처 알지 못했던 내용을 발표를 통해 알게 되어서 좋았어. 축과 │
│   어 이외의 다른 악기들에 대해서도 설명했다면 더 좋지 않았을 │
│   까? │
│ ○청자 2: 문무가 양을 상징하고 무무가 음을 상징한다고 설명했 │
│   는데, 문무와 무무가 왜 각각 양과 음을 상징하는지 설명해 주 │
│   지 않아 아쉬워. 내가 자료를 찾아봐야지. │
│ ○청자 3: 음악 시간에 제례악에는 종묘 제례악 외에 문묘 제례악 │
│   도 있다고 배워서 알고 있어. 그런데 서로 어떻게 다를까? 관련 │
│   내용을 알아봐야겠어. │
└─────────────────────────────────────┘

① '청자 1'은 새로운 사실을 알게 된 것을 긍정적으로 생각하고 있다.

② '청자 2'는 누락된 내용이 있는 것을 발표의 문제점으로 지적하고 있다.

③ '청자 3'은 자신의 배경지식을 활용하여 발표 내용과 관련 있는 대상을 떠올리고 있다.

④ '청자 1'과 '청자 3'은 발표의 일부를 언급하며 그 내용의 타당성에 대해 의문을 제기하고 있다.

⑤ '청자 2'와 '청자 3'은 발표를 듣고 생긴 궁금한 점에 대해 조사해야겠다고 생각하고 있다.

209~212 (가)는 동아리 학생들의 회의 중 일부이고, (나)는 이를 바탕으로 작성한 글의 초고이다. 물음에 답하시오.

(가)

학생 1: ㉠교지 담당 선생님께서 교지의 건강 상식 코너에 실을 글을 우리 의학 동아리에서 써 주었으면 좋겠다고 하셨거든. 그래서 이번 시간에는 교지에 실을 글을 어떻게 쓰면 좋을지에 대해 논의해 보자.

학생 2: 그래, 좋아. 그럼 먼저 글의 제재부터 정하도록 하자.

학생 3: 나는 요즘 유행하고 있는 독감을 글감으로 삼으면 좋겠는데, 너희들 생각은 어때?

학생 2: 보건 선생님께서 지난달에 학생 전체를 대상으로 독감 예방 교육을 하셨잖아. 아마 많은 학생들이 독감 예방법에 대해서는 잘 알고 있을 거야. 학생들에게 새롭게 알려 줄 것이 없을까?

학생 1: 그럼 척추 건강에 대한 정보를 알려 주는 것이 어떨까? 근래에 교지에서 다룬 적이 없고 보건 교육을 통해서도 제시된 적이 없어서 척추 건강에 대해 구체적으로 잘 알지 못하는 학생들이 많을 거야.

학생 3: 좋아. 우리가 하루 중 대부분의 시간을 앉아서 보내다 보니 목이나 허리가 뻐근하다고 느끼는 경우가 많잖아. 척추 건강에 대한 정보는 많은 학생들이 알고 싶어 하는 내용일 거야.

학생 2: 척추 건강에 대한 정보는 너무 어렵지 않을까? 전문적인 용어나 개념이 많으면 학생들이 이해하기가 힘들 거야.

학생 3: ㉡척추 건강에 대해 알려 주는 전문 잡지의 기사와 텔레비전 프로그램을 본 적이 있는데, 모두 특별히 어려운 내용은 없었어.

학생 2: 좋아. 그럼 이제 어떤 내용으로 구성할지에 대해 이야기해 보자.

학생 3: ㉢얼마 전에 척추 질환을 앓고 있는 청소년들의 수가 증가하는 추세를 보인다는 기사를 읽었어. 이를 활용하여 글의 시작 부분에서 척추 질환의 원인을 알고 예방하기 위한 노력이 필요하다고 말하자.

학생 2: 그래. 그다음에는 어떤 내용이 이어져야 할까? 척추 질환의 원인부터 구체적으로 설명해야 하지 않을까?

학생 1: 맞아. 학생들의 생활 습관에 초점을 맞추어서 원인을 설명하는 것이 좋겠어.

학생 2: ㉣척추 건강은 생활 습관과 관련이 깊기 때문에 그렇게 쓰면 학생들이 생활 습관을 점검하는 데 도움이 될 거야.

학생 1: 그다음에는 척추 질환의 증상에 대해 자세히 알려 주어야 하지 않을까?

학생 2: ㉤그보다는 제시된 원인을 바탕으로 척추 질환을 예방하는 방안을 제시해야 글의 흐름이 자연스러울 거야.

학생 1: 알았어. 그럼 예방하는 방안으로 척추 건강을 위한 올바른 자세와 운동 방법에 대해 소개하자.

학생 2, 3: 응, 그래.

(나)

한 조사 기관에 따르면, 해마다 척추 질환으로 병원을 찾은 청소년들이 연평균 5만 명에 이르며 그 수가 지속적으로 증가하고 있다. 청소년의 척추 질환은 성장을 저해하고 학업의 효율성을 저하시킬 수 있다. 그렇기 때문에 적절한 대응 방안이 마련되지 않으면 문제가 더욱 심각해질 것이다. 따라서 청소년 척추 질환의 원인을 알고 예방하기 위한 노력이 필요하다.

전문가들은 앉은 자세에서 척추에 가해지는 하중이 서 있는 자세에 비해 1.4배 정도 크기 때문에 책상 앞에 오래 앉아 있는 청소년들의 경우, 척추 건강에 적신호가 켜질 가능성이 매우 높다고 말한다. 또한 전문가들은 청소년들의 운동 부족도 청소년 척추 질환의 원인이라고 강조한다. 척추 건강을 위해서는 기립근과 장요근 등을 강화하는 근력 운동이 필요하다. 그런데 실제로 질병관리본부의 조사에 따르면, 청소년들 가운데 주 3일 이상 근력 운동을 하고 있다고 응답한 비율은 남성이 약 33%, 여성이 약 9% 정도밖에 되지 않았다.

청소년들이 생활 속에서 비교적 쉽게 척추 질환을 예방할 수 있는 방법은 무엇일까? 첫째, 바른 자세로 책상 앞에 앉아 있는 습관을 들여야 한다. 의자에 앉아 있을 때는 엉덩이를 의자 끝까지 밀어 넣고 등받이에 반듯하게 상체를 기대 척추를 꼿꼿하게 유지해야 한다. 또한 책을 보기 위해 고개를 아래로 많이 숙이는 행동은 목뼈가 받는 부담을 크게 늘려 척추 질환을 유발하므로 책상 높이를 조절하여 목과 허리를 펴고 반듯하게 앉아 책을 보는 것이 좋다. 둘째, 틈틈이 척추 근육을 강화하는 운동을 해 준다. 허리를 곧게 펴고 앉아 어깨를 뒤로 젖히고 고개를 들어 하늘을 본다. 그리고 발을 어깨보다 약간 넓게 벌리고 서서 양손을 허리에 대고 상체를 서서히 뒤로 젖혀 준다. 이러한 동작들은 척추를 지지하는 근육과 인대를 강화시켜 척추가 휘어지거나 구부러지는 것을 막아 준다. 따라서 이런 운동은 척추 건강을 위해 반드시 필요하다.

209 ▶ 24102-0209

㉠~㉤에 대한 설명으로 적절하지 <u>않은</u> 것은?

① ㉠: 회의 안건을 제시하게 된 이유에 대해 설명하고 있다.

② ㉡: 자신의 경험을 토대로 상대방의 우려를 해소하고 있다.

③ ㉢: 앞서 논의된 내용을 자신이 제대로 이해했는지 확인하고 있다.

④ ㉣: 상대방의 제안이 지닌 효용성에 대해 언급하고 있다.

⑤ ㉤: 상대방이 제시한 의견에 대해 이의를 제기하고 있다.

210
▶ 24102-0210
2020학년도 3월 학력평가 5번

(가)에 대한 이해로 적절하지 않은 것은?

① '학생 1'이 척추 건강에 대한 정보를 알려 주자고 한 것은 '학생 2'의 발언을 고려하여 대안을 제시한 것이다.

② '학생 3'이 '학생 1'의 제안에 동의한 것은 척추 건강에 관한 정보가 독자의 관심을 끌 수 있다고 본 것이다.

③ '학생 2'가 내용의 수준과 관련된 언급을 한 것은 독자의 이해를 고려한 것이다.

④ '학생 3'이 척추 질환의 원인을 알아야 한다고 한 것은 '학생 2'의 제안이 지닌 한계를 보완하고자 한 것이다.

⑤ '학생 1'이 생활 습관에 초점을 맞추어 원인을 설명하자고 한 것은 '학생 2'의 제안을 구체화하는 방향을 제시한 것이다.

211
▶ 24102-0211
2020학년도 3월 학력평가 6번

(가)를 바탕으로 (나)를 작성했다고 할 때, (나)에 반영된 내용으로 적절하지 않은 것은?

① 척추 질환의 발병 여부를 알 수 있는 증상에 대해 알려 주며 척추 질환의 위험성을 제시한다.

② 척추 근육을 강화할 수 있는 운동법을 제시하고 척추 건강을 위한 운동의 필요성을 강조한다.

③ 척추 질환을 앓고 있는 청소년의 연평균 인원을 제시하여 청소년 척추 질환에 대한 문제의식을 환기한다.

④ 앉은 자세에서 척추에 가해지는 하중에 대해 언급하며 청소년에게 척추 질환이 많이 발생하는 원인을 설명한다.

⑤ 의자에 앉아 있을 때와 책을 볼 때의 바른 자세에 대해 알려 주어 척추 질환의 예방을 위한 올바른 생활 습관을 안내한다.

212
▶ 24102-0212
2020학년도 3월 학력평가 7번

〈보기〉를 바탕으로 (나)의 끝부분에 새로운 문단을 이어 쓴다고 할 때, 그 내용으로 가장 적절한 것은?

● 보기 ●

○선생님의 조언: 척추 건강이 청소년들에게 중요한 이유를 제시하고 척추 건강을 위한 노력을 강조하는 내용으로 마무리해 보렴. 이때 비유적 표현을 활용하여 표현 효과를 높이는 것도 필요해.

① 청소년뿐만 아니라 컴퓨터 앞에 오래 앉아 있는 직장인들도 바른 자세로 앉아 있는 습관을 들여야 한다. 또한 꾸준한 운동을 하여 척추가 휘어지거나 구부러지는 것을 막도록 하자.

② 우리 몸의 보배인 척추가 건강해야 신체적 성장이 원활해지고 학업의 효율성을 높일 수 있다. 척추 질환을 예방하기 위해 바르게 앉고 꾸준히 운동하는 습관을 기르도록 하자.

③ 척추는 몸에서 가장 중요한 기관이다. 척추 질환을 방치할 경우, 심폐 기능과 소화 기능에도 장애가 생길 수 있으므로 척추 질환이 발생하지 않도록 유의하자.

④ 고정된 자세를 오래 유지하거나 목을 움츠리고 있는 것은 척추 건강에 독이 된다. 그리고 턱을 괴고 있는 습관 역시 척추 질환을 유발할 수 있다.

⑤ 질병의 치료를 위해서는 운동을 꾸준히 하는 것이 중요하다. 올바른 생활 습관은 건강에 제일 좋은 보약이다.

213~215

2020학년도 3월 학력평가

(가)는 학교 신문에 실을 글을 쓰기 위해 학생이 작성한 메모이고, (나)는 이에 따라 쓴 초고이다. 물음에 답하시오.

(가) 학생의 메모

[작문 상황]

○ 목적: 게임 중독세에 대한 나의 입장을 밝힘.

○ 주제: 게임 중독세를 도입하지 않아야 한다.

○ 예상 독자: 우리 학교 학생들

[독자 분석]

○ 일부 학생들은 게임 중독세가 무엇인지 잘 모른다. ············· ㉠

○ 게임 중독세를 알고 있는 학생들 중에는 나와 상반되는 입장을 가진 학생들도 있다. ·· ㉡

(나) 학생의 글

세계보건기구(WHO)가 게임 이용 장애, 즉 게임 중독을 국제질병 분류 제11차 개정판에 등록하기로 결정하였다. 우리나라에서는 2026년부터 게임 중독을 질병으로 분류할 것이라고 한다. 이와 관련하여 국내에서는 게임 중독세의 도입에 대한 논의가 시작되어 입장이 대립하고 있다. 게임 중독세란 게임 중독에 대한 책임 부담의 일환으로 게임 업체에 부과하는 세금이다. 게임 업체가 납부하는 세금을 게임 중독을 예방하고 치료하는 데 쓰자는 것이다. 하지만 나는 게임 중독세 도입을 다음과 같은 이유로 반대한다.

게임 중독세는 세금 징수의 당위성이 인정되지 않는다. 세금으로 특별 목적 기금을 조성하려면 검증을 통해 그 당위성을 인정할 수 있어야 한다. 담배에 건강 증진 기금을 위한 세금을 부과하는 것은 담배가 건강에 유해한 요소들로 이루어져 있다는 것이 의학적으로 증명되어 세금 징수의 당위성이 인정되기 때문이다. 하지만 게임은 유해한 요소들로 이루어져 있다는 것이 의학적으로 증명되지 않았다.

게임 중독세는 게임 업체에 조세 부담을 과도하게 지우는 것이다. 게임 업체는 이미 매출에 상응하는 세금을 납부하고 있는데, 여기에 게임 중독세까지 내도록 하는 것은 지나치다. 카지노, 복권 등 사행 산업을 대상으로 연 매출의 일부를 세금으로 추가 징수하는 경우가 있긴 하지만, 게임 산업은 문화 콘텐츠 산업이지 사행 산업이 아니다. 또한 스마트폰 사용 중독 등에 대해서는 세금을 부과하지 않는데, 유독 게임 중독에 대해서만 세금을 부과하는 것은 형평성에 맞지 않는다.

[A]
게임 중독세는 게임에 대한 편견을 강화하여 게임 업체에 대한 부정적 이미지만을 공식화한다. 게임 중독은 게임 이용자의 특성이나 생활 환경 등이 원인이 되어 발생하는 것이지 게임 자체에서 비롯되는 것은 아니다. 게임 중독이 이용자 개인의 책임이 큰 문제임에도 불구하고 게임 업체에 징벌적 세금을 물리는 것은 게임을 사회악으로 규정하고 게임 업체에 사회 문제를 조장하는 기업이라는 낙인을 찍는 것이다.

[B]
게임 중독세는 게임 산업을 위축시켜 성장을 저해할 수 있다. 우리나라의 게임 산업은 빠르게 발전해 국가 경제에 기여해 왔다. 과거에는 사람들이 게임을 하는 데서 즐거움을 찾았으나 이제는 게임을 하는 것을 보고 공유하는 데서 즐거움을 찾고 있다. 세금의 과도한 부과로 게임 산업이 위축된다면 엄청난 국가적 손실이 아닐 수 없다. 게임 중독세의 도입으로 게임 산업이 퇴보하는 일이 없기를 바란다.

213
▶ 24102-0213
2020학년도 3월 학력평가 8번

㉠, ㉡을 고려하여 (나)를 작성했다고 할 때, (나)에 활용된 글쓰기 전략으로 적절하지 <u>않은</u> 것은?

① ㉠을 고려하여, 게임 중독세의 개념과 게임 중독세를 도입하려는 목적을 제시한다.

② ㉠을 고려하여, 게임 중독세 도입에 대한 논의가 시작된 배경으로 세계보건기구의 결정이 있었다는 정보를 제시한다.

③ ㉡을 고려하여, 게임 산업을 카지노, 복권과 같은 사행 산업으로 분류한 것은 법적 근거가 없음을 지적한다.

④ ㉡을 고려하여, 스마트폰 사용 중독에 대해 세금을 부과하지 않는 것을 들어 게임 중독세의 형평성 문제를 지적한다.

⑤ ㉡을 고려하여, 세금으로 특별 목적 기금을 조성하는 조건을 밝히고 게임 중독세가 그에 부합하지 않는다고 지적한다.

214

〈보기〉에서 근거를 찾아 [A]에 대해 반박하는 글을 쓰려고 한다. 글에 담길 내용으로 가장 적절한 것은? [3점]

● 보기 ●

게임 중독으로 인한 사건이 끊이지 않으면서 게임 중독에 대한 사회적 차원의 대책이 필요하다는 목소리와 함께 게임 업체에 대한 비난의 목소리도 높아지고 있다. 게임 중독이 게임 자체에서 비롯되는 것임에도 불구하고 게임 업체가 이에 대한 사회적 책임을 지지 않고 있다는 것이다. 게임 중독세는 특별 목적 기금을 조성하기 위한 것으로 사회 문제 해결에 필요하다.

① 게임 중독은 게임 자체에서 비롯되는 사회적 문제이기 때문에 게임 업체는 게임 중독세를 통해 사회적 책무를 다함으로써 이미지를 개선할 수 있다.

② 게임 중독세를 부과하려고만 할 것이 아니라 게임 중독으로 인한 사회 문제를 해결할 수 있는 근본적 방법에 대해 고민해야 한다.

③ 게임 중독의 책임을 세금을 통해 게임 업체가 지도록 하는 것은 이용자들에게 게임의 유해성을 성찰하는 기회를 줄 것이다.

④ 게임 중독세를 통해 게임 중독의 예방과 치료를 위한 재원을 마련함으로써 게임 산업의 양적 성장을 도모해야 한다.

⑤ 게임 중독세를 부과한다고 해서 게임 중독으로 인해 발생하는 사고가 줄어들지는 않을 것이다.

215

다음은 학생이 [B]를 고쳐 쓰는 과정의 일부이다. ⓐ에 들어갈 내용으로 가장 적절한 것은?

점검	[B]에는 (ⓐ)해야겠다.

↓

고친 글	게임 중독세는 게임 산업을 위축시켜 성장을 저해할 수 있다. 우리나라의 게임 산업은 빠르게 발전해 국가 경제에 기여해 왔다. 2010년 7.4조 원이었던 국내 게임 산업 규모가 2019년에는 12.5조 원에 달한다. 세금의 과도한 부과로 게임 산업이 위축된다면 엄청난 국가적 손실이 아닐 수 없다. 게임 중독세의 도입으로 게임 산업이 퇴보하는 일이 없기를 바란다.

① 의미가 중복되는 문장이 있으니 이를 삭제하고, 문장 간 연결이 긴밀하지 않으니 연결 표현을 추가

② 글의 흐름에서 벗어나는 문장이 있으니 이를 삭제하고, 내용을 뒷받침하는 근거가 없으니 이를 추가

③ 맥락에 부적합한 담화 표지가 있으니 이를 삭제하고, 글 전체를 마무리하는 문장이 없으니 이를 추가

④ 글의 통일성을 해치는 문장이 있으니 이를 삭제하고, 전체 내용을 요약해 주는 문장이 없으니 이를 추가

⑤ 앞 문단에서 다룬 중복된 내용이 있으니 이를 삭제하고, 주제를 명료하게 드러낼 수 있는 문장이 없으니 이를 추가

216~218 다음은 학생의 발표이다. 물음에 답하시오.

안녕하세요. 여러분의 필통에는 어떤 필기구가 가장 많은가요? (청중의 답을 듣고) 네, 제 생각대로 볼펜이 많군요. 그럼 사람들은 왜 볼펜을 애용할까요? 값이 싸고 휴대하기 편해서이기도 하지만 또 다른 장점이 있습니다. 그래서 오늘은 볼펜이 사람들에게 널리 사용되는 이유를 말씀드리겠습니다.

먼저 볼펜은 글씨를 쓸 때 종이가 찢어지거나 볼펜 끝부분이 망가지는 일이 적습니다. 이게 왜 장점일까요? (자료 1을 가리키며) 보시는 것처럼 볼펜이 사용되기 이전부터 쓰이던 만년필은 모세관 현상에 의해 힘들이지 않고 글씨를 쓸 수 있습니다. 하지만 펜촉이 날카로워 종이가 찢어지기도 하고, 거친 표면에 글씨를 쓰면 펜촉이 망가지기도 쉽습니다.

아, 질문이 있으시네요. (㉠청중의 질문을 듣고) 겉으로는 잘 보이지 않지만 종이의 섬유소가 가는 대롱의 역할을 하기 때문에 펜촉에 있던 잉크가 모세관 현상에 의해 종이로 흘러가서 쉽게 필기할 수 있는 겁니다. 이해되셨나요? (청중이 고개를 끄덕이는 것을 보고) 네, 그럼 발표를 이어 가겠습니다.

(자료 2를 가리키며) 보시는 것처럼 볼펜은 글씨를 쓸 때 볼과 종이의 마찰에 의해 볼이 구르지요. 이 과정에서 볼의 잉크가 종이에 묻으며 글씨가 써집니다. 그런데 볼펜의 볼이 빠진 경험이 한 번쯤 있으시죠? (자료 3을 가리키며) 보시는 것처럼 볼펜은 잉크가 들어갈 대롱의 끝에 볼을 넣은 후 밑부분을 오므려 볼이 빠지지 않도록 하는데요, 볼이 빠지는 문제를 정밀한 기술로 보완하고 있습니다.

또한 볼펜은 종류가 다양하여 사람들이 필요에 따라 고를 수 있어서 좋습니다. 글자가 물에 잘 번지지 않는 유성 볼펜, 필기감이 부드러운 수성 볼펜, 여러 색을 하나에 담은 다색 볼펜, 글씨를 쓰고 지울 수 있는 볼펜, 우주에서 사용할 수 있는 가압 볼펜 등 선택의 폭이 넓습니다.

볼펜은 신문 기자였던 라즐로 비로가 특허를 낸 이후 상용화되면서 기존 필기구의 단점을 보완하고 사람들의 다양한 요구를 반영하여 꾸준히 사용되고 있습니다. 지금까지, 볼펜이 사람들에게 널리 사용되는 이유를 말씀드렸습니다. 감사합니다.

---

216 ▶ 24102-0216
2020학년도 수능 1번

위 발표자의 말하기 방식으로 적절하지 않은 것은?

① 발표 대상의 종류를 열거하여 장점을 소개하고 있다.
② 청중의 대답을 예상하고 질문하여 화제를 제시하고 있다.
③ 청중의 경험을 이끌어 내며 관련된 내용을 설명하고 있다.
④ 내용의 신뢰성을 높이기 위해 전문가의 견해를 인용하고 있다.
⑤ 발표 대상의 특징을 부각하기 위해 다른 대상과 비교하고 있다.

---

217 ▶ 24102-0217
2020학년도 수능 2번

다음은 위 발표에 활용된 매체 자료이다. 발표를 참고할 때, 발표 내용과 자료를 활용한 이유를 바르게 짝지은 것은? [3점]

	자료	발표 내용	매체 자료를 활용한 이유
①	자료 1	만년필에 적용된 모세관 현상	표면의 거친 정도에 따라 모세관 현상이 일어나는 정도의 차이를 대비하여 보여 주기 위해
②	자료 2	볼펜의 제작 과정	볼펜의 복잡한 내부 구조를 단순화하여 보여 주기 위해
③	자료 2	볼펜으로 글씨가 써지는 원리	볼이 있는 부분의 단면을 확대하여 볼의 잉크가 종이에 묻는 원리를 보여 주기 위해
④	자료 3	볼펜의 볼을 고정하는 과정	볼펜의 볼을 정밀하게 가공하는 절차를 단계적으로 보여 주기 위해
⑤	자료 3	볼펜에 잉크를 주입하는 방법	잉크가 흘러나오는 과정을 한눈에 확인할 수 있도록 순서대로 보여 주기 위해

위 발표의 흐름을 고려할 때, ㉠으로 가장 적절한 것은?

① 만년필로 종이에 글씨를 수월하게 쓸 수 있는 것이 모세관 현상과 어떤 관련이 있나요?

② 만년필 외에 모세관 현상이 적용되어 손쉽게 필기할 수 있는 필기구에는 무엇이 있나요?

③ 만년필 펜촉의 굵기와 필기할 때 힘을 들이는 정도는 어떤 연관성이 있나요?

④ 만년필로 힘들이지 않고 글씨를 쓰려면 어떤 형태의 펜촉을 사용해야 하나요?

⑤ 종이의 섬유소가 가는 대롱과 같은 역할을 한다는 것이 무슨 의미인가요?

219~222 (가)는 토론의 일부이고, (나)는 청중으로 참여한 학생이 '토론 후 과제'에 따라 쓴 초고이다. 물음에 답하시오.

(가)

사회자: 이번 시간에는 '인공 지능을 면접에 활용하는 것이 바람직하다.'라는 논제로 토론을 진행하겠습니다. 찬성 측이 먼저 입론해 주신 후 반대 측에서 반대 신문해 주십시오.

찬성 1: 저희는 인공 지능을 면접에 활용하는 것이 바람직하다고 생각합니다. 인공 지능을 활용한 면접은 인터넷에 접속하여 인공 지능과 문답하는 방식 으로 진행됩니다. 지원자는 시간과 공간에 구애받지 않고 면접에 참여할 수 있는 편리성이 있어 면접 기회가 확대됩니다. 또한 회사는 면접에 소요되는 인력을 줄여, 비용 절감 측면에서 경제성이 큽니다. 실제로 인공 지능을 면접에 활용한 ○○회사는 전년 대비 2억 원 정도의 비용을 절감했습니다. 그리고 기존 방식의 면접에서는 면접관의 주관이 개입될 가능성이 큰 데 반해, 인공 지능을 활용한 면접에서는 빅데이터를 바탕으로 한 일관된 평가 기준을 적용할 수 있습니다. 이러한 평가의 객관성 때문에 많은 회사들이 인공 지능 면접을 도입하는 추세입니다.

반대 2: 기존 면접에서는 면접관의 주관이 개입될 여지가 있다고 하셨는데요, 회사의 특수성을 고려해 적합한 인재를 선발하려면 오히려 해당 분야의 경험이 축적된 면접관의 생각이나 견해 가 면접 상황에서 중요한 판단 기준이 돼야 하지 않을까요?

찬성 1: 면접관의 생각이나 견해로는 지원자의 잠재력 을 판단하기 어렵습니다. 오히려 오랜 기간 회사의 인사 정보가 축적된 데이터가 잠재력을 판단하는 데 적합하기 때문에 인공 지능 면접이 신뢰성도 높습니다. 회사 관리자들을 대상으로 한 설문 조사에서도 잠재력 파악에 인공 지능을 활용한 면접을 신뢰한다는 비율이 높게 나왔습니다. [A]

사회자: 이번에는 반대 측에서 입론해 주신 후 찬성 측에서 반대 신문해 주십시오.

반대 1: 저희는 인공 지능을 면접에 활용하는 것이 바람직하다고 보지 않습니다. 먼저 인공 지능을 활용한 면접은 기술적 결함 이 발생할 수 있습니다. 이로 인해 면접이 원활하지 않거나 중단되어 지원자들에게 불편을 줄 수 있고, 지원자들의 면접 기회가 상실될 수 있습니다. 또한 인공 지능을 활용한 면접은 당장의 비용 절감 효과에 주목해서는 안 되고 장기적인 관점에서 보아야 합니다. 현재의 경제성만 고려하면 미래에 더 큰 경제적 가치를 창출할 인재를 놓치게 돼 결국 경제적이지 않습니다. 마지막으로 인공 지능의 빅데이터는 왜곡될 가능성이 있습니다. 빅데이터는 사회에서 형성된 정보가 축적된 결과물 로서 특정 대상과 사안에 치우친 것일 수 있습니다. 이러한 이유로 △△회사는 인공 지능을 활용한 면접을 폐지했습니다.

찬성 1: △△회사는 인공 지능을 활용한 면접을 폐지했지만, 통계 자료에서 보다시피 인공 지능을 면접에 활용하는 것은 확대되고 있는 추세이지 않습니까?

반대 1: 경제적인 이유로 인공 지능 면접이 활용되고 있지만, 인공 지능을 활용한 면접의 한계가 드러난다면 이를 폐지하는 기업들이 늘어나게 될 것입니다.

[B]

토론 후 과제: 논제에 대한 자신의 입장을 밝히고, 이를 확장하여 '인간과 인공 지능의 관계'에 대해 주장하는 글 쓰기

(나) 학생의 초고

인공 지능을 면접에 활용하는 것은 바람직하지 않다. 인공 지능 앞에서 면접을 보느라 진땀을 흘리는 인간의 모습을 생각하면 너무 안타깝다. 미래에 인공 지능이 인간의 고유한 영역까지 대신할 것이라고 사람들은 말하는데, 인공 지능이 인간을 대신할 수 있을까? 인간과 인공 지능의 관계는 어떠해야 할까?

인공 지능은 인간의 삶을 편리하게 돕는 도구일 뿐이다. 인간이 만든 도구인 인공 지능이 인간을 평가할 수 있는지에 대해 생각해 볼 필요가 있다. 도구일 뿐인 기계가 인간을 평가하는 것은 정당하지 않다. 인간이 개발한 인공 지능이 인간을 판단한다면 주체와 객체가 뒤바뀌는 상황이 발생할 것이다.

인공 지능이 발전하더라도 인간과 같은 사고는 불가능하다. 인공 지능은 겉으로 드러난 인간의 말과 행동을 분석하지만 인간은 말과 행동 이면의 의미까지 고려하여 사고한다. 인공 지능은 빅데이터를 바탕으로 결과를 도출해 내는 기계에 불과하므로, 통계적 분석을 할 뿐 타당한 판단을 할 수 없다. 기계가 타당한 판단을 할 것이라는 막연한 기대를 한다면 머지않아 인간이 기계에 예속되는 상황이 벌어질지도 모른다.

인공 지능은 사회적 관계를 맺을 수 없다. 반면 인간은 사회에서 의사소통을 통해 관계를 형성한다. 이 과정에서 축적된 인간의 경험이 바탕이 되어야 타인의 잠재력을 발견할 수 있다.

219 ▶ 24102-0219
2020학년도 수능 4번

(가)의 입론을 쟁점별로 정리한 내용으로 적절하지 <u>않은</u> 것은?

[쟁점 1] 인공 지능을 활용한 면접은 편리한가?

▶ 찬성 1: 때와 장소에 얽매이지 않고 면접에 참여할 수 있는 점을 들어 입장을 분명히 밝히고 있다.
▶ 반대 1: 기술적 결함으로 인한 문제 상황을 제시하여 지원자가 오히려 불편할 수 있음을 강조하고 있다. ·············· ①

[쟁점 2] 인공 지능을 활용한 면접은 경제적인가?

▶ 찬성 1: 면접에 소요되는 인력을 줄임으로써 경제적 효과가 큼을 비용 절감의 사례를 통해 강조하고 있다. ·············· ②
▶ 반대 1: 경제적 가치를 창출할 인재를 놓치게 되는 점을 들어 장기적으로는 경제적이지 않음을 밝히고 있다. ·············· ③

[쟁점 3] 인공 지능을 활용한 면접에서의 평가는 객관적인가?

▶ 찬성 1: 면접관의 주관에 영향을 받지 않고 일관된 평가 기준을 적용할 수 있어 객관적임을 밝히고 있다. ·············· ④
▶ 반대 1: 빅데이터에 근거하지 않고 왜곡된 정보를 바탕으로 평가하므로 객관적이지 않음을 강조하고 있다. ·············· ⑤

220 ▶ 24102-0220
2020학년도 수능 5번

[A], [B]에 대한 설명으로 가장 적절한 것은?

① [A]의 반대 2는 상대측이 제시한 근거의 적절성에 의문을 제기하며 적합한 사례를 요구하고 있다.

② [A]의 찬성 1은 상대측의 이의 제기에 대해 반박하며 자료를 통해 자신의 주장이 타당함을 강조하고 있다.

③ [B]의 찬성 1은 상대측의 진술 내용에 이의를 제기하며 사실 관계를 확인할 수 있는 자료를 추가로 요청하고 있다.

④ [B]의 반대 1은 상대측이 제시한 근거 자료의 출처를 확인하고 새로운 정보를 통해 향후 전망을 제시하고 있다.

⑤ [A]의 찬성 1과 [B]의 반대 1은 모두 상대측이 언급한 의견에 이의를 제기하고 실현 가능한 방안을 추가하고 있다.

다음은 (가)에 청중으로 참여한 학생이 (나)를 쓰기 위해 작성한 과제 학습장의 일부이다. (나)에 반영되지 <u>않은</u> 것은?

토론 중 메모	글쓰기 전략
[입론] 찬성 1 • 인공 지능과 문답하는 방식	**1문단** • 논제에 대한 나의 입장을 밝히며 인공 지능 앞에서 면접을 치르는 인간의 모습에 대한 느낌을 제시해야겠어. ············· ㉠
[반대 신문] 반대 2 • 면접관의 생각이나 견해 찬성 1 • 지원자의 잠재력	**2문단** • 인공 지능이 지닌 기술적 결함을 근거로 활용하여 기계가 인간을 평가하는 것이 정당하지 않음을 강조해야겠어. ············· ㉡ **3문단** • 인간은 말과 행동의 이면에 담긴 의미까지 고려할 수 있으므로 인공 지능과 대조되는 고유한 사고 능력이 있음을 강조해야겠어. ············· ㉢
[입론] 반대 1 • 기술적 결함 • 사회에서 형성된 정보가 축적된 결과물	• 인공 지능은 사회에서 형성된 정보에 기반하여 결과를 도출해 내는 기계일 뿐이므로 타당한 판단을 할 수 없음을 부각해야겠어. ············· ㉣ **4문단** • 타인의 잠재력은 인공 지능으로 파악할 수 있는 것이 아니라 사회적 관계에서 축적된 인간의 경험으로 파악할 수 있음을 제시해야겠어. ············· ㉤

① ㉠   ② ㉡   ③ ㉢   ④ ㉣   ⑤ ㉤

〈보기〉를 바탕으로 (나)의 끝부분에 새로운 문단을 이어 쓴다고 할 때, 그 내용으로 가장 적절한 것은?

> • 보기 •
>
> ○친구의 조언: 1문단에서 제기한 첫째 물음에 대해 너의 입장을 드러내야 할 것 같아. 둘째 물음에 대해서는 2문단에 썼던 두 단어를 활용하여 인간과 인공 지능의 관계를 드러내는 게 좋겠어.

① 인공 지능은 인간의 고유한 영역을 대신할 수 없다. 인공 지능과 인간의 의사소통을 통한 사회적 관계 형성은 불가능하다.

② 인공 지능은 인간을 대신하기보다는 보조하는 도구이어야 한다. 그러므로 인간은 인공 지능과 공존할 수 있는 길을 모색해야 한다.

③ 인공 지능은 인간보다 우위에 있을 수 없다. 그러나 인공 지능이 지속적으로 발전하고 있으므로 인간이 객체가 되는 날이 머지않았다.

④ 인공 지능은 인간을 대체할 수 없다. 인간의 삶을 결정하는 주체는 인간이고 인공 지능은 인간이 이용하는 객체일 뿐임을 명심해야 한다.

⑤ 객체인 인공 지능을 이용하는 인간의 태도가 무엇보다 중요하다. 인간은 인공 지능과의 소통을 통해 자신의 삶을 주체적으로 이끌어 가야 한다.

223~225

(가)는 학교 신문에 실을 글을 쓰기 위해 학생이 작성한 메모이고, (나)는 이에 따라 쓴 초고이다. 물음에 답하시오.

(가) 학생의 메모

[작문 상황]

○ 목적: 지역 방언 보호에 대한 관심 촉구
○ 주제: 지역 방언의 보호가 필요하다.
○ 예상 독자: 우리 학교 학생들

[독자 분석]

○ 지역 방언이 사라져 가는 실태를 잘 모름. ·············· ㉠
○ 지역 방언의 가치에 대한 인식이 부족함. ·············· ㉡

(나) 학생의 초고

　세계에서 언어가 사라져 가는 현상은 우리나라 지역 방언에서도 벌어지고 있다. 특히 지역 방언의 어휘는 젊은 세대 사이에서 빠르게 사라져 가고 있는 실정이다. 일례로 한 조사에 따르면 우리 지역의 방언 어휘 중 특정 단어들을 우리 지역 초등학생의 80% 이상, 중학생의 60% 이상이 '전혀 사용하지 않는다.'라고 답했다. 또한 2010년에 유네스코에서는 제주 방언을 소멸 직전의 단계인 4단계 소멸 위기 언어로 등록하였다.

[A] 　지역 방언이 사라져 가는 원인은 복합적이다. 서울로 인구가 집중되면서 지역 방언을 사용하는 인구가 감소하였으며, 대중 매체의 영향으로 표준어가 확산되어 가는 것도 한 원인이다.

　일부 학생들은 표준어로도 충분히 대화할 수 있다며 지역 방언이 꼭 필요하냐고 말할 수도 있다. 그럼에도 우리는 왜 지역 방언 보호에 관심을 가져야 하는 것일까? 그것은 지역 방언의 가치 때문이다. 지역 방언은 표준어만으로는 표현하기 어려운 감정과 정서의 표현을 가능하게 한다. 그리고 '다슬기' 외에 '올갱이, 데사리, 민물고동'과 같이 동일한 대상을 지역마다 다르게 표현하는 지역 방언이 있는 것처럼 지역 방언은 우리말의 어휘를 더욱 풍부하게 만드는 바탕이 된다.

[B] 　지역 방언은 우리의 소중한 언어문화 자산이다. 지역 방언의 세계 문화유산 지정이 시급하다. 사라져 가는 지역 방언의 보호에 관심을 기울이자.

223
▶ 24102-0223

㉠, ㉡을 바탕으로 세운 글쓰기 계획 중 (나)에 활용되지 <u>않은</u> 것은?

① ㉠을 고려하여, 우리 지역 학생들의 지역 방언 사용 실태를 보여 주는 조사 결과를 제시한다.
② ㉠을 고려하여, 소멸 위기 언어로 등록될 정도로 심각한 위기에 처한 지역 방언이 있다는 내용을 제시한다.
③ ㉠을 고려하여, 문제의식을 환기하기 위해 지역 방언으로 인해 의사소통에 어려움을 겪었던 경험을 제시한다.
④ ㉡을 고려하여, 예상되는 반론을 제시하며 지역 방언의 보호에 관심을 가져야 하는 이유를 강조한다.
⑤ ㉡을 고려하여, 지역 방언의 예를 활용하며 지역 방언의 가치를 설명한다.

224
▶ 24102-0224

다음은 [A]를 보완하기 위해 추가로 수집한 자료이다. 자료 활용 방안으로 가장 적절한 것은? [3점]

[자료 1] 언어 의식 조사	[자료 2] 전문가 인터뷰
표준어 사용자가 지역 방언 사용자와 대화할 때 받는 느낌 (단위: %) 58.9 / 42.5 17.0 / 19.1 0.8 / 23.3 / 38.3 / 0.1 2010년 / 2015년 ■ 편하고 친근함　■ 불편하고 어색함 □ 별 느낌 없음　■ 모름/무응답	"방언 사용 지역에서는 관공서와 학교 등에서나 표준어가 높은 비율로 사용되는 것이 일반적이었어요. 그런데 최근 조사 자료에 따르면, 일상생활에서도 표준어가 상당히 높은 비율로 사용되고 있습니다. 아무래도 표준어가 세련된 느낌을 준다고 생각하기 때문이겠지요."

① [자료 1]: 지역 방언에 대한 긍정적 느낌의 비율과 부정적 느낌의 비율 변화 양상이 상반된다는 점에서, 지역 방언에 대한 무관심을 원인으로 추가해야겠군.
② [자료 1]: 지역 방언 사용자와 대화할 때 받는 느낌의 순위가 변함이 없다는 점에서, 시대의 변화상을 반영하지 못한 지역 방언 교육 정책을 원인으로 추가해야겠군.
③ [자료 2]: 표준어와 지역 방언을 구분하여 사용해야 한다는 인식이 부족하다는 점에서, 공식적 상황에서의 표준어 사용 교육이 부재한 것을 원인으로 추가해야겠군.
④ [자료 2]: 공식적 상황에서 사용하는 표준어를 일상에서도 사용하려는 경향이 있다는 점에서, 방언을 사용해도 되는 상황에서도 표준어를 쓰려는 태도를 원인으로 추가해야겠군.
⑤ [자료 1]과 [자료 2]: 지역 방언에 대한 표준어 사용자와 지역 방언 사용자의 인식이 서로 다르다는 점에서, 대중 매체의 지역 방언에 대한 편향성을 원인으로 추가해야겠군.

다음은 학생이 [B]를 고쳐 쓰는 과정의 일부이다. ⓐ, ⓑ에 해당하는 내용을 바르게 짝지은 것은?

점검	[B]에는 (ⓐ)해야겠다.

↓

고친 글	지역 방언은 지역의 고유한 문화와 정서를 담고 있다는 점에서 우리의 소중한 언어문화 자산이다. 우리의 언어문화를 전 세계에 알릴 수 있기 때문에 지역 방언의 세계 문화유산 지정이 시급하다. 사라져 가는 지역 방언의 보호에 관심을 기울이자.

↓

재점검	고친 글을 읽어 보았는데 (ⓑ)해야겠다.

↓

다시 고친 글	지역 방언은 지역의 고유한 문화와 정서를 담고 있다는 점에서 우리의 소중한 언어문화 자산이다. 사라져 가는 지역 방언의 보호에 관심을 기울이자.

① ⓐ: 문장의 내용을 뒷받침하는 근거가 없으니 이를 추가
   ⓑ: 글의 흐름에서 벗어나는 문장이 있으니 이를 삭제

② ⓐ: 문단이 완결되지 않았으니 마무리하는 문장을 추가
   ⓑ: 글의 통일성을 해치는 문장이 있으니 이를 삭제

③ ⓐ: 문장 간 연결이 긴밀하지 않으니 연결 표현을 추가
   ⓑ: 의미가 중복되는 문장이 있으니 이를 삭제

④ ⓐ: 글의 목적에 부합하는 정보가 부족하니 이를 추가
   ⓑ: 글의 맥락에 부적합한 담화 표지가 있으니 이를 삭제

⑤ ⓐ: 주요 개념의 설명이 부족하니 부연 설명을 추가
   ⓑ: 앞 문단에서 다룬 중복된 내용이 있으니 이를 삭제

226~228 다음은 학생이 수업 시간에 한 발표이다. 물음에 답하시오.

안녕하세요? 이번 시간에 발표를 맡은 ○○○입니다. 저는 전통극과 관련된 문화유산 중 '예산대'를 소개하고자 합니다.

예산대를 알기 위해서는 먼저 '산대'를 알아야 하는데요, 산대는 산 모양의 큰 무대입니다. 산대는 대개 고정되어 있었지만 『광해군일기』에 사람들이 산대를 끌어냈다는 기록이 있는 것으로 보아 이동이 가능한 산대가 있었음을 알 수 있습니다. 그중 하나가 바로 예산대인데, 이 명칭은 『성종실록』에 이미 기록되어 있습니다. 예산대의 구체적인 모습은 조선 영조 때 중국 사신단의 일정을 담은 『봉사도』에서 찾아볼 수 있습니다. 여러분의 이해를 돕기 위해 준비한 자료를 보겠습니다. (㉠자료 제시) 기이한 돌산처럼 보이는 물체를 사람들이 움직이고 있죠? 이것이 바로 전통 인형극을 위한 예산대의 전체 모습입니다.

우선, 예산대에 있는 인형들을 알아볼까요? 수레바퀴 바로 위에는 선녀 인형과 낚시꾼 인형이, 그 위에는 원숭이 인형 등이 있습니다. 그림이 작아 잘 안 보일 테니 이 인형들만 확대해서 보여 드릴게요. (㉡자료 제시) 지금 보는 선녀 인형은 양팔을 흔들며 춤을 추었답니다. 낚시꾼 인형은 낚싯대를 앞뒤로 움직이는 모습을 연출했다고 해요. 그리고 원숭이 인형은 돌아가면서 주변 구멍에 얼굴을 내밀어 관객들에게 웃음을 주었다고 합니다.

여러분, 예산대 위의 인형들은 어떻게 움직일 수 있었는지 궁금하지 않으세요? 예산대 아랫부분에 힌트가 있습니다. (㉢자료 제시) 여기 보이는 수레바퀴가 그 역할을 했는데요, 이 그림은 최근 예산대를 복원하는 과정에서 내부 구조를 재현한 것입니다. 사람들이 예산대를 이동하면, 예산대 내부의 톱니바퀴가 수레바퀴로부터 동력을 전달받아 회전하면서 인형들을 움직였습니다.

이처럼 예산대는 이동 시에 인형들을 자동으로 움직여 극에 활력을 불어넣었다는 점에서 우리 조상들의 지혜를 보여 줍니다. 여러분, 예산대에 대해 관심이 좀 생겼나요? (청중의 대답을 듣고) 여러분도 기술과 예술을 접목한 전통문화의 또 다른 예를 찾아보면 좋겠습니다. 이상으로 발표를 마치겠습니다.

226 ▶ 24102-0226
2020학년도 9월 모의평가 1번

위 발표에 대한 설명으로 적절하지 <u>않은</u> 것은?

① 청중에게 질문을 하여 발표 내용에 관심을 유도하고 있다.

② 정보의 출처를 언급하여 발표 내용의 신뢰성을 높이고 있다.

③ 청중과 공유했던 경험을 제시하며 발표의 목적을 밝히고 있다.

④ 발표 주제와 관련된 단어의 의미를 설명하여 청중의 이해를 돕고 있다.

⑤ 발표에 대한 청중의 반응을 확인하며 청중에게 바라는 바를 제시하고 있다.

228 ▶ 24102-0228
2020학년도 9월 모의평가 3번

다음은 발표 후 청중의 질문에 대한 발표자의 답변이다. 발표 내용과 답변을 바탕으로 할 때, 청중의 질문으로 가장 적절한 것은?

> "신선의 세계에서 유희를 즐기는 인물과 동물을 나타낸 것입니다. 당시 사람들이 꿈꾸던 이상향 속의 존재들이지요."

① 예산대에는 여러 인형들이 있다고 하셨는데, 그 인형들은 어떤 의미를 지니고 있나요?

② 전통극 무대에는 상징적 의미가 있다고 하셨는데, 예산대는 무엇을 상징하는 것인가요?

③ 예산대는 산 모양의 큰 무대라고 하셨는데, 그 산은 신선의 세계와 어떤 관련이 있나요?

④ 예산대에서 인형극이 행해졌다고 하셨는데, 사람이 직접 예산대 위에서 공연할 수 있었나요?

⑤ 『봉사도』는 중국 사신단의 일정을 보여 준다고 하셨는데, 예산대 외에 다른 그림에는 무엇이 있었나요?

227 ▶ 24102-0227
2020학년도 9월 모의평가 2번

〈보기〉는 위 발표에서 발표자가 제시한 자료이다. 발표자의 자료 활용에 대한 설명으로 가장 적절한 것은? [3점]

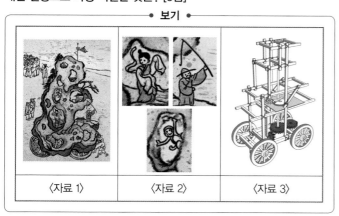

● 보기 ●

| 〈자료 1〉 | 〈자료 2〉 | 〈자료 3〉 |

① 예산대의 제작 과정을 보여 주기 위해 ㉠에 〈자료 1〉을 활용하였다.

② 예산대의 구조를 설명하기 위해 ㉠에 〈자료 3〉을 활용하였다.

③ 예산대의 유래를 설명하기 위해 ㉡에 〈자료 2〉를 활용하였다.

④ 예산대 인형의 형태를 보여 주기 위해 ㉢에 〈자료 2〉를 활용하였다.

⑤ 예산대 인형이 움직이는 원리를 설명하기 위해 ㉢에 〈자료 3〉을 활용하였다.

229~230 다음은 학생이 교지에 실을 글을 쓰기 위한 면담이다. 물음에 답하시오.

학생: 안녕하세요? 한국고 교지 편집부 기자 ○○○입니다.

사서: 네, 반가워요. 햇살도서관 사서 △△△입니다.

학생: 전화로 미리 말씀드린 것처럼 햇살도서관을 저희 학교 교지에 소개하는 글을 쓰려고 합니다. 햇살도서관이 학생들에게 참 좋을 거라고 주변 분들이 추천하시더라고요.

사서: 우리 도서관을 소개한다니 고마워요.

학생: 도서관에 다녀온 주민들이 SNS에 '햇살도서관은 책을 빌리는 곳, 그 이상의 장소'라고 쓴 것을 봤어요.

사서: 아마 '책편지' 서비스 때문일 거예요. 이 서비스가 특히 주민들에게 호응이 좋아요.

학생: 책편지 서비스는 어떻게 하는 건가요?

사서: 혹시 신청 방법이 궁금한 거예요?

학생: 아, 신청 방법뿐만 아니라 서비스 진행 과정도 설명해 주시겠어요?

사서: 네, 책편지 서비스를 이용하려면 도서관에 직접 와서 책을 통해 어떤 고민을 해결하고 싶은지 신청서를 작성하면 됩니다. 저희 사서들이 그것을 보고, 고민 해결에 도움이 될 만한 책을 선정합니다. 다음 날 선정한 이유를 적은 편지를 책과 함께 신청자에게 드립니다. 일종의 개인 맞춤형 서비스죠. [A]

학생: 저희 학교 학생들에게 도움이 되겠네요. 이 서비스를 시작하시게 된 이유는 무엇인가요?

사서: 지역 주민들께 책으로 도움을 드리고 싶었어요.

학생: 구체적으로 어떤 도움을 주시고 싶었나요? [B]

사서: 우리는 많은 고민 속에 살지만 그 답을 찾기가 힘들잖아요. 우리 도서관에서는 고민을 해결하는 데 책이 도움을 줄 수 있다고 생각해서 책편지 서비스를 시작하게 됐어요.

학생: 그렇군요. 그런데 이 서비스를 운영하시는 데 어려움은 없으세요?

사서: 적은 인원으로 일일이 책을 고르고 편지를 쓰는 게 힘든 건 사실이에요. 하지만 서비스를 즐겁게 이용하시는 주민들의 모습에 보람을 느끼고 있어요.

학생: 인자하신 모습만큼이나 마음이 따뜻하시네요. 마지막으로 질문드리겠습니다. 선생님께 도서관이란 어떤 곳인가요?

사서: 도서관은 단순히 책을 빌리는 곳이 아니라, 책을 경험하는 곳이라고 생각해요.

학생: 책으로 주민들에게 도움을 주시려는 선생님의 친절한 마음이 한국고 학생들에게도 전해졌으면 좋겠어요.

사서: 고맙습니다.

229
▶ 24102-0229

[A], [B]에 대한 이해로 가장 적절한 것은?

① [A]에서 학생은 사서의 답변이 질문의 의도에서 벗어났다고 판단하여 같은 질문을 다시 하고 있다.

② [A]에서 사서는 질문에 대한 답변을 학생이 제대로 이해하지 못했다고 판단하여 이를 확인하는 질문을 하고 있다.

③ [B]에서 학생은 사서의 답변이 면담의 목적에서 벗어났다고 판단하여 새로운 질문을 하고 있다.

④ [A]에서 사서는 학생의 질문이 명확하지 않았다고 판단하여 질문의 의도를 확인하고 있고, [B]에서 학생은 사서의 답변을 듣고 더 알고 싶은 점을 질문하고 있다.

⑤ [A]에서 학생은 질문의 의미가 잘못 전달됐다고 판단하여 다시 질문하고 있고, [B]에서 사서는 학생의 질문 중 일부 내용을 반복하여 자신의 이해 여부를 확인하고 있다.

230
▶ 24102-0230

다음은 위 면담을 바탕으로 학생이 쓴 글이다. 면담과 학생 글을 고려할 때, 학생이 활용한 글쓰기 방법으로 적절하지 않은 것은?

> **책과 마음이 닿는 햇살도서관**
> **"도서관은 책을 경험하는 곳입니다."**
>
> 햇살도서관은 책편지 서비스를 하는 마을 도서관이다. 인자한 인상의 사서 선생님의 설명에 따르면 책편지 서비스는 햇살도서관에서 신청자의 고민 해결에 도움이 되는 책을 골라 주고, 그 이유를 편지에 적어 주는 개인 맞춤형 서비스이다. 이 서비스를 경험한 주민들은 햇살도서관이 책을 빌리는 곳, 그 이상의 장소라고 말한다. 책편지 서비스는 방문객들을 친절하게 응대해 주는 사서 선생님들 덕분에 큰 호응을 얻고 있다. 진로 탐색이나 교우 관계에 고민이 있는 한국고 학생들이 이 서비스를 이용하면, 고민 해결에 많은 도움을 받을 수 있을 것으로 기대된다.

① 면담에서 받은 사서에 대한 주관적 인상을 포함하여 독자들에게 도서관에 대한 호감을 높인다.

② 책편지 서비스가 도움이 될 만한 대상자를 구체화하여 책편지 서비스를 통한 기대 효과를 알린다.

③ 마지막 질문에 대한 사서의 답변 중 일부를 글의 부제로 제시하여 도서관에 대한 관심을 이끌어 낸다.

④ 면담에서 알게 된 책편지 서비스 신청 방법을 제시하여 책편지 서비스 이용에 대한 정보를 제공한다.

⑤ 면담에서 학생이 사서에게 언급한, 도서관에 대한 주민들의 반응을 제시하여 도서관의 장점을 부각한다.

231~232 2020학년도 9월 모의평가

다음은 작문 과제에 따라 작성한 학생들의 글이다. 물음에 답하시오.

[작문 과제]

일상의 체험을 바탕으로 자신을 성찰하는 글을 써 보자.

[학생의 글]

(가) 학생 1

옥수수 씨앗을 심으러 학교 텃밭에 가는 날이었다. 처음 심어 보는 옥수수라 마음이 설렜다. 그런데 텃밭에는 잡초가 무성했다. 잡초를 뽑고 텃밭의 흙을 정리하느라 흙먼지가 날리고 땀이 흘렀다. 생각보다 일이 많고 힘들었다. 괜히 시작한 것 같아 후회가 되면서 나도 모르게 투덜대며 얼굴을 찡그렸다. 옆에서 나를 지켜보신 선생님께서 "하나의 생명을 심을 때는 심는 사람의 마음도 함께 심는 거란다. 즐거운 마음으로 심어야지."라고 하셨다. 생각해 보니 텃밭에 오면서 느꼈던 설렘은 어느새 투덜댐으로 바뀌어 있었다. 당장의 어려움 때문에 시작할 때의 마음을 잊었던 것은 아닐까? 텃밭에 올 때의 마음으로 옥수수 씨앗을 심으며 선생님의 말씀을 떠올렸다. '하나의 생명을 심을 때는 심는 사람의 마음도 함께 심는 거란다.'

(나) 학생 2

선배와 학교 텃밭에 옥수수 씨앗을 심고 아침저녁으로 살피며 싹이 나기를 손꼽아 기다렸다. 열흘쯤 지나자 선배의 옥수수는 싹이 올라오는데, 내 옥수수의 싹은 아직 보이지 않았다. 마음이 조마조마하여 여러 번 텃밭에 갔다. 선배는 때가 되면 싹이 돋아날 테니까 너무 조급해하지 말고 기다려 보자고 했다. 선배의 말에 나를 되돌아보았다. 왜 그렇게 조급해했던 것일까? 나는 평소 무엇인가를 여유롭게 기다리지 못하고, 결과가 빨리 나오기를 바랄 때가 많았다. 이런 태도는 친구들을 대할 때도 마찬가지였다. 우정을 쌓기 위해서는 서로 알아 가기 위한 기다림의 자세가 필요한데, 빨리 친해지고 싶어서 조급해하며 서운했던 적이 많았다. 기다림의 시간을 소중하게 여기며 성급한 마음을 먹지 말아야겠다고 생각했다. 그렇게 생각한 지 며칠 지나지 않아 옥수수 싹이 어느새 올라와 있었다.

---

231 ▶ 24102-0231
2020학년도 9월 모의평가 6번

(가)와 (나)를 통해 두 학생의 글쓰기 과정을 이해한 내용으로 적절하지 않은 것은?

① '학생 1'과 '학생 2'는 모두 타인의 조언을 성찰의 계기로 삼았다.

② '학생 1'과 '학생 2'는 모두 식물이 자라는 모습에서 새로운 의미를 발견하였다.

③ '학생 1'과 '학생 2'는 모두 자신을 돌아보기 위해 스스로에게 질문하는 방식을 사용하였다.

④ '학생 1'은 같은 문장을 다시 인용하며, '학생 2'는 자신이 원했던 상황이 이루어진 모습을 제시하며 글을 마무리하였다.

⑤ '학생 1'은 자신의 감정 변화를 중심으로, '학생 2'는 자신의 태도를 타인과의 관계와 연결 지어 내용을 전개하였다.

---

232 ▶ 24102-0232
2020학년도 9월 모의평가 7번

〈보기〉는 (가)와 (나)를 읽은 학생들이 나눈 대화의 일부이다. ㉠~㉤에 대한 설명으로 적절하지 않은 것은?

● 보기 ●

A: 친구들이 쓴 글 읽어 봤어? 소감이 어때?

B: '학생 1', '학생 2' 모두 학교 텃밭에서 체험한 내용에 대해 쓴 점이 흥미로웠어. '학생 1'은 자신이 느낀 점을 진솔하게 표현한 점이 좋았고, '학생 2'는 결과를 얻기 위해서 기다림의 자세가 필요하다고 한 점이 인상 깊었어.

A: 나도 그렇게 생각해. ㉠그런데 기다림의 자세만으로 목표한 결과를 얻을 수 있다고 생각하니?

B: 그럼. ㉡예전에 수영을 배울 때 빨리 잘하고 싶었지만 생각처럼 되지 않은 적이 있어서 '학생 2'의 생각이 이해되더라. 나도 성급하게 생각하지 말고 꾸준히 연습해야겠다고 마음먹으니까 실력이 늘더라고.

A: ㉢'학생 2'의 생각처럼 여유를 갖고 기다리는 것도 중요하지만 문제점을 고치려는 노력도 중요하지 않을까? 원하는 결과가 나오지 않을 때 그 과정에 문제가 있을지도 모르잖아. ㉣노력에 따라 목표한 결과를 얻는 시기를 앞당길 수도 있어.

B: 그렇게 생각할 수도 있겠네. ㉤같은 글을 읽고 이야기해 보니, 서로의 생각이 어떤 점에서 비슷하고 다른지 알 수 있어서 좋았어.

① ㉠: '학생 2'의 글에 의문을 제기하며 상대의 생각을 묻고 있다.

② ㉡: 자신의 경험을 들어 '학생 2'의 글에 공감하고 있다.

③ ㉢: '학생 2'의 글에 담긴 생각을 인정하면서 자신의 생각을 추가하고 있다.

④ ㉣: '학생 2'의 글과 자신의 생각의 공통점을 근거로 자신의 의견을 강조하고 있다.

⑤ ㉤: '학생 1', '학생 2'의 글을 읽고 대화를 나누는 행위에 대해 이유를 들어 긍정적으로 평가하고 있다.

233~235
(가)는 작문 과제이고, (나)는 (가)를 바탕으로 쓴 학생의 글이다. 물음에 답하시오.

(가) 작문 과제

- 주제: 확증 편향에 빠지지 않기 위한 방안
- 글의 목적: 확증 편향에 빠지지 않기 위해 노력해야 함을 주장하기
- 예상 독자: 확증 편향의 개념이 생소한 우리 학교 학생들

(나) 학생의 글

만약 특정 주제에 대해 자신의 생각과 상반되는 증거를 본다면 사람들은 어떻게 반응할까? 미국의 한 심리학자는 사형 제도에 찬성, 반대하는 대학생들에게 사형 제도의 효과에 관한 상반된 연구 결과를 제공한 후 반응을 살피는 실험을 수행하였다. 그 결과 자신의 생각을 지지하는 연구 결과에 대해서는 '역시 그렇지.'라고 반응한 반면, 자신의 생각과 반대되는 연구 결과에 대해서는 받아들이지 않고 여러 이유를 들어 그 연구가 잘못되었을 가능성을 제기하는 반응을 보였다.

이처럼 자신의 생각이나 주장과 일치하는 정보만을 선택적으로 수집하고 그렇지 않은 것은 의도적으로 무시하는 심리적 경향을 확증 편향이라고 한다. 확증 편향에 빠질 경우 비판적 사고를 하기 어려워 비합리적인 판단을 내리기 쉽다. 또한 확증 편향에 의해 형성된 사고방식은 사회적으로 편향된 통념을 형성하여 사회 문제를 야기할 수 있다.

[A] ┌ 따라서 확증 편향에 빠지지 않기 위해서는 먼저 반대 입장에서 생각해 보는 자세를 지녀야 한다. 왜냐하면 고려의 대상이 되지 않았던 기존 증거들을 탐색하게 되어 판단의 착오를 줄일 수 있기 때문이다. 진화론을 주장한 찰스 다윈은 자신의 생각이 옳다는 확신이 강해질수록 그와 모순되는 증거들을 └ 더 적극적으로 찾아 나섰기에 학문적 업적을 이룰 수 있었다.

다음으로는 토의와 같은 집단 의사 결정 방법을 거치도록 해야 한다. 이를 통해 확증 편향에 빠질 때 발생할 수 있는 개인의 판단 착오를 발견하여 수정할 수 있으며, 더 나아가 구성원 간 상호 작용을 통해 시너지 효과를 거둘 수 있기 때문이다.

마지막으로 자신의 생각이나 판단의 결과를 책임지는 자세를 지녀야 한다. 자신의 생각이나 판단을 글이나 말로 표현할 때 그것이 불러일으킬 영향을 예상하여 책임감을 가진다면, 판단의 착오를 줄이기 위해 더욱 신중하게 생각하게 될 것이기 때문이다.

물론 확증 편향에 빠지지 않는 것이 쉬운 일은 아니다. 하지만 개인이나 집단이 비합리적으로 판단하거나 서로 갈등하는 일을 막으려면 확증 편향에 빠지지 않기 위한 노력을 지속적으로 기울여야 한다.

233 ▶ 24102-0233

(가)를 바탕으로 (나)를 쓰기 위해 세운 글쓰기 계획 중 (나)에 활용된 것은?

① 주제를 구체화하기 위해 확증 편향의 원인을 개인적 측면과 사회적 측면으로 나누어 제시해야겠다.
② 글의 목적을 강조하기 위해 확증 편향의 문제점에 대한 상반된 견해를 비교하여 설명해야겠다.
③ 글의 목적을 분명히 하기 위해 확증 편향에 빠지지 않기 위한 방안의 한계와 이를 보완할 방향을 제시해야겠다.
④ 예상 독자의 이해를 돕기 위해 확증 편향을 보여 주는 예를 들어 개념을 설명해야겠다.
⑤ 예상 독자의 관심을 반영하기 위해 사회적 쟁점을 두고 우리 학교 학생들 간에 벌어진 논쟁을 제시해야겠다.

234 ▶ 24102-0234

(나)에 제시된, 확증 편향에 빠지지 않기 위한 방안에 대해 〈보기〉를 바탕으로 비판하는 글을 쓰려고 한다. 비판의 내용으로 가장 적절한 것은?
[3점]

━━━━●보기●━━━━

갈릴레이는 태양의 흑점 이동과 목성의 위성 존재 등 경험적 사실을 근거로 지동설이 옳음을 주장하였다. 하지만 당시 과학계에서는 천동설을 지지했기에 갈릴레이의 거듭된 증거 제시에도 불구하고 논의를 거쳐 이를 거부하였다. 지동설은 갈릴레이 사후에야 받아들여지게 되었다.

① 자신의 주장과 일치하는 정보만을 선택적으로 수집한다면 비판적 사고에 부정적 영향을 줄 수 있다.
② 집단 구성원 간의 상호 작용이 원활하게 이루어진다면 확증 편향으로 인한 판단의 착오를 줄일 수 있다.
③ 현상에 대해 판단을 내릴 때 책임감 있는 자세를 갖지 않는다면 보고 싶은 대로 보는 관습에서 벗어나기 어렵다.
④ 집단의 의견이 한쪽으로 치우쳐 있다면 집단 의사 결정 방법을 거치더라도 비합리적인 의사 결정이 이루어질 수 있다.
⑤ 가치관이 다양한 세상에서 일관된 자아 정체성을 유지할 수 있는 것은 인간에게 확증 편향이 있기에 가능한 일이다.

235

〈보기〉는 [A]의 초고이다. 〈보기〉를 고쳐 쓰기 위해 친구들이 조언한 내용 중 [A]에 반영되지 <u>않은</u> 것은?

● 보기 ●

반대 입장에서 생각해 보는 자세를 지녀야 한다. 즉, 자신의 판단이 틀릴 수도 있는 이유에 대해 구체적으로 떠올려 보는 것이다. 그러나 반대를 위한 반대는 의사 결정에 역효과를 초래할 수 있다.

① 앞 문단과의 연결 관계를 보여 주기 위해 문단 간의 관계를 알려 주는 표현을 추가하는 게 어때?
② 첫 번째 문장의 내용을 뒷받침하는 근거가 제시되어 있지 않으니까 제시된 방안의 긍정적 효과를 근거로 추가하는 게 어때?
③ 두 번째 문장의 내용이 앞 문장과 유사하니까 두 문장의 핵심어를 포함한 한 문장으로 교체하는 게 어때?
④ 세 번째 문장의 내용이 문단의 통일성에서 벗어나니까 해당 문장을 삭제하는 게 어때?
⑤ 주장의 설득력을 강화하기 위해 역사적 인물의 사례를 주장에 대한 근거로 추가하는 게 어때?

236~238 다음은 학생의 발표이다. 물음에 답하시오.

여러분, '탈'이라고 하면 무엇이 떠오르세요? (청중의 대답을 듣고) 저는 며칠 전에 『세계 여러 나라의 탈』이라는 책을 읽었는데요, 인상적인 탈이 있어서 여러분께 소개하고자 발표 주제로 선정했습니다. 발표를 준비하던 중 마침 국어 시간에 '봉산 탈춤'을 배워서 발표를 준비하는 데 도움이 되었습니다.

여러분, (화면 1을 가리키며) 이 탈의 이름을 아세요? (청중의 반응이 없자) 안동에서 볼 수 있는 탈이에요. (대답을 듣고) 하회탈이라고 말씀하신 분들이 많군요. 흔히들 그렇게 알고 계시는데 정확히는 하회탈 중 양반탈입니다. '봉산 탈춤'의 양반탈과 달리 눈 아래부터 귀 위까지 이어진 선이 눈꼬리와 겹쳐 미소를 만드는데, 단순한 얼굴형에 특별한 장식이나 화려한 색채 없이 눈썹, 눈, 코, 입을 선으로 표현한 것이 인상적입니다. "양반은 냉수 마시고도 이 쑤신다."라는 말에 담긴 허풍과 여유가 동시에 느껴지지 않나요?

(화면 2를 가리키며) 이 탈은 중국의 장수 관우 탈인데요, 무엇이 가장 먼저 보이세요? (청중의 대답을 듣고) 저는 용이 새겨진 복잡한 모양의 관에 시선이 갔습니다. 양반탈이 이마 부분까지만 표현돼 있는 것과 달리 관우 탈은 머리에 쓴 관까지 표현돼 있습니다. 그리고 보시는 것처럼 얼굴이 강렬한 붉은색이어서 무시무시하면서도 화려한 느낌을 줍니다. 얼굴과 머리 부분을 모두 이용해 관우의 박력과 위엄을 드러내고 있는 것이 인상적입니다.

마지막은 아프리카 카메룬의 탈입니다. 일반적으로 아프리카의 탈은 과장과 생략이 특징입니다. (화면 3을 가리키며) 보시는 것처럼 이 탈도 추상적으로 보일 만큼 과감한 생략이 인상적인데요, 단순한 곡선과 직선으로 표현된 커다란 눈이 작은 코와 대비되어 더 두드러져 보입니다.

지금까지 소개한 탈들을 (화면 4를 가리키며) 이렇게 정리해 보았습니다. 선을 활용하여 단순하게 표현된 왼쪽 탈들, 화려한 장식에 다소 복잡한 오른쪽 탈이 보이시죠? 이 차이가 탈의 용도 때문은 아닌지 궁금하여 기회가 되면 '탈의 용도에 따른 모양'이란 주제로 탐구해 보려 합니다. 여러분도 한번 조사해 보시면 어떨까요? 이만 발표를 마치겠습니다. 감사합니다.

236 ▶ 24102-0236
2020학년도 6월 모의평가 1번

위 발표에 대한 설명으로 가장 적절한 것은?

① 도입부에서 발표에 사용될 용어의 개념을 설명하며 화제를 제시하고 있다.
② 수업 시간의 경험이 발표 주제 선정의 동기가 되었음을 밝히고 있다.
③ 전문가의 말을 인용하며 발표 내용에 대한 신뢰도를 높이고 있다.
④ 청중에게 질문을 던지고 청중의 반응을 확인하며 추가 정보를 제시하고 있다.
⑤ 발표 내용에 대한 청중의 이해도를 확인하며 마무리하고 있다.

237 ▶ 24102-0237
2020학년도 6월 모의평가 2번

다음은 위 발표에 반영된 매체 자료 활용 계획이다. 발표를 참고할 때 A, B에 들어가기에 가장 적절한 것은? [3점]

	화면 1 화면 2 화면 3	화면 4
제시 순서		
내용 구성	A ➡	B

	A	B
①	사용된 색채를 중심으로 각각의 탈 소개하기	탈들의 형태상 차이점이 부각되도록 구분하여 제시하기
②	형태적 특징을 중심으로 각각의 탈 소개하기	탈들의 복잡성이 대비되도록 유형화하여 제시하기
③	인상적이었던 순서를 밝히며 각각의 탈 소개하기	탈들의 공통점이 드러나도록 순서를 변경하여 제시하기
④	지리적으로 인접한 순서를 밝히며 각각의 탈 소개하기	탈들의 관이 가진 장식성이 대비되도록 제시하기
⑤	표현된 선의 유사성을 중심으로 각각의 탈 소개하기	탈들의 선의 형태에 따른 분류 기준이 드러나도록 제시하기

238 ▶ 24102-0238
2020학년도 6월 모의평가 3번

〈보기〉는 위 발표를 들으며 떠올린 생각들이다. 〈보기〉의 듣기 활동을 이해한 내용으로 적절하지 <u>않은</u> 것은?

• 보기 •

○ 저 탈이 하회탈인 줄 알았는데, 하회탈의 한 종류였구나. 양반탈 말고 다른 하회탈도 설명해 주겠지?
○ 나도 관우 탈을 박물관에서 봤을 때에 정말 화려하다고 생각했었어.
○ 발표자가 말한 대로 '탈의 용도에 따른 모양'에 대해 조사해 보면 좋을 것 같아.

① 발표 내용을 예측하며 능동적인 태도로 듣고 있다.
② 발표를 들으며 갖게 된 의문을 해결하며 듣고 있다.
③ 발표자가 제안한 탐구 주제를 긍정적으로 수용하며 듣고 있다.
④ 발표 내용과 관련된 경험을 떠올리며 발표자의 설명에 공감하며 듣고 있다.
⑤ 발표를 통해 알게 된 새로운 정보를 활용하여 기존 지식을 수정하며 듣고 있다.

2020학년도 6월 모의평가

239~242 (가)는 지역 신문에 실린 기사문이고, (나)는 (가)의 보도 이후에 지역 사회에서 개최된 협상이다. 물음에 답하시오.

(가)

'전통 한옥의 멋' 솔빛 마을이 달라진다
솔빛 마을, 시청과 한옥 관광지 조성에 합의

시청 측과 솔빛 마을 주민 측은 △월 △일 시청에서 회동해, 지역 경제 활성화와 전통 한옥의 가치 전파를 위한 한옥 관광지 조성 사업을 연내 추진하는 데 큰 틀에서 합의했다.

시청 측은 솔빛 마을의 한옥이 타 지역 한옥에 비해 규모가 크고 보존 상태가 양호해 사업 경쟁력이 충분할 것이라고 말했다. 또한 전통문화 체험 프로그램 운영, 둘레길 조성, 마을 진입로 정비 등을 추진할 계획이라고 밝혔다.

주민 측도 사업이 마을 발전과 한옥의 가치 전파에 기여할 것이라고 말했다. 다만 한옥 관광지로 조성된 인근 ○○ 마을에서 발생한 과잉 관광 현상이 솔빛 마을에서 되풀이되지는 않을지 걱정했다.

지역 연구소 자료에 의하면 2010년 이래 ○○ 마을의 마을 소득과 관광객 수는 각각 연평균 약 5%, 7%씩 증가했다. ㉠그러나 관광객 수가 마을이 감당할 수 있는 방문 인원의 최대치인 관광 수용력을 초과했다. 이로 인해 주민들은 각종 문제에 봉착했고, 그에 따라 올해 4월 기준 ○○ 마을의 토착 거주 인구는 8년 전 대비 12% 감소했다.

주민 측은 ○○ 마을을 타산지석으로 삼아 예상되는 문제를 최소화할 방안을 마련해 이를 시청 측과 논의할 것이라고 말했다. 양측은 세부적인 사업 추진 계획을 협의하기 위해 이달 내 추가 협상을 진행한다.

(나)

시청 측: 지난 협상 후 기사를 통해 여러분의 입장을 확인했습니다. 성공적인 사업 진행을 위해 주민들의 적극적인 협조가 필요합니다. 우선 주민들의 한옥을 관광객들에게 개방해 주시기 바랍니다. ⓐ관광객에게 한옥 내부를 직접 관람하는 기회를 제공하면 관광객의 만족도를 높일 수 있지 않겠습니까?

주민 측: 저희도 사업이 성공적으로 진행되기 위해 노력할 것입니다. 그러나 한옥 내부를 개방하면 주민들의 사생활이 침해받아 삶의 질이 저하될 것입니다. 결국 ○○ 마을처럼 오랫동안 거주했던 주민들이 떠난 자리가 관광업에 종사하는 외지인들로 채워져, 전통 마을로서의 모습도 퇴색될 것입니다. [A]

시청 측: 이해합니다. 저희도 모든 한옥을 개방해 달라는 것은 아닙니다. 희망하는 주민들에 한하여 한옥을 개방하되 가능하면 많이 동참해 주십사 하는 것입니다. 개방을 허락하실 경우에도 예약한 관광객에게만 관람을 허용하고, 한옥 관광 도우미가 동행하여 미개방 영역이 침해되지 않도록 관리하겠습니다. 그렇게 하면 여러분이 우려하시는 바는 발생하지 않을 것입니다.

주민 측: 한옥 내부 관람을 않고 골목길 관람만 한다 해도 많은 관광객이 한곳에 몰리면 현재의 마을 여건상 개방 여부와 상관없이 주민들의 삶이 침해될 것입니다. 많은 관광객이 다닐 만큼 길이 넓지도 않고요. 결국 지역 주민의 삶의 질과 관광객의 여행 경험의 질이 동시에 악화될 것입니다. [B]

시청 측: 한옥 내부 관람 인원은 매일 일정 수 이하로 제한하고, 단체 관광은 마을 관광 에티켓 교육을 이수한 경우에만 실시하도록 하겠습니다. 또한 실시간 정보 안내판을 설치하여 관광객의 동선이 분산되도록 유도하겠습니다. ⓑ이 방법으로 특정 장소에 관광객이 몰리는 것을 방지할 수 있지 않겠습니까?

주민 측: 그 정도 계획은 마을의 여건을 고려할 때 받아들일 수 있는 현실적인 방안이라 봅니다. 그러면 한옥 개방 시간은 오후 5시까지로 제한해 주십시오. 또한 한옥 관광 도우미로 지역 어르신들을 우선 채용해 주십시오. [C]

시청 측: 지역민 일자리 창출이라는 측면에서 채용 건은 수용할 수 있습니다. 대신 개방 시간은 늘려 주시길 바랍니다. 야간 개방에 대한 관광객들의 호응이 클 것이므로 관광 산업이 활성화될 것입니다. ⓒ그러면 주민들의 소득도 증대되지 않을까요?

주민 측: 개방 시간을 연장하면 주민들의 피로도가 높아질 것입니다. 그것을 상쇄할 만한 대가를 얻는다면 주민들이 연장에 찬성하겠지만, 실질적으로 개방 시간 연장의 이득은 관광 산업에 종사하는 일부에게만 돌아갈 것입니다. 야간 개방으로 주민들의 불만이 커지면 시청 측도 부담이 되지 않겠습니까? [D]

시청 측: 그러면 야간은 아니더라도 오후 7시까지 개방은 고려해 주십시오. 그 후는 주민들의 생활을 배려하여 관광객들의 방문을 엄격히 제한하겠습니다.

주민 측: 그렇게 하신다면 그 점은 주민들과 다시 상의해 보겠습니다. 대신 관광 산업 발전으로 증대된 세수는 반드시 주민 생활 복지 개선에 사용해 주십시오. 노인 회관 시설 개·보수와 주민 문화 시설 마련에 중점적으로 활용해 주신다면 개방 시간과 관련해 주민들의 동의를 얻을 수 있을 것입니다. [E]

239 ▶ 24102-0239
2020학년도 6월 모의평가 4번

다음은 기자가 (가)를 작성하기 전 취재 계획을 메모한 것이다. (가)에 반영되지 <u>않은</u> 것은?

> [기사 내용] 솔빛 마을 한옥 관광지 조성 사업
> [조사 방법] 관계자 취재, 관련 기관 문헌 자료 수집
>
> 〈시청 측과 주민 측 협상 취재〉
> • 사업 추진 목적 및 양측 합의 사항
>
> 〈시청 측과의 인터뷰〉
> • 사업 경쟁력에 대한 판단 ·················· ①
> • 사업 추진 계획 ·································· ②
>
> 〈솔빛 마을 주민 측과의 인터뷰〉
> • 사업 추진에 따른 기대 및 우려 사항 ····· ③
>
> 〈지역 연구소 자료 수집〉
> • ○○ 마을 한옥 관광지 사업 관련 통계 ······ ④
> • 관광지 운영에 따른 피해 경감 사례 ········· ⑤

240 ▶ 24102-0240
2020학년도 6월 모의평가 5번

〈보기〉는 ㉠의 초안이다. 〈보기〉를 ㉠과 같이 수정한 이유로 가장 적절한 것은?

> ●━━━ 보기 ━━━●
>
> 그러나 관광객 수가 마을의 관광 수용력을 초과했다. 이로 인해 주민들은 각종 문제에 봉착했고, 그에 따라 올해 4월 기준 ○○ 마을 토착 거주 인구는 8년 전 대비 12% 감소했다.

① 독자의 관심도를 고려하여 인과 관계에 따라 정보를 배열하기 위해
② 독자의 이해도를 고려하여 주요 개념에 대한 정보를 추가하기 위해
③ 글의 통일성을 고려하여 주제와 관련이 없는 정보를 삭제하기 위해
④ 글의 응집성을 고려하여 맥락에 적합하지 않은 담화 표지를 수정하기 위해
⑤ 글의 가독성을 고려하여 긴 문장을 두 문장으로 나누어 간결하게 표현하기 위해

241 ▶ 24102-0241
2020학년도 6월 모의평가 6번

다음은 솔빛 마을 주민 측에서 협상을 준비하는 과정에서 작성한 협상 계획서의 일부이다. 다음을 참고하여 [A]~[E]를 이해한 내용으로 적절하지 <u>않은</u> 것은?

논의할 내용	세부 내용	대응 전략
⋮	⋮	⋮
과잉 관광 문제 – 관광 수용력을 중심으로	개인 생활 침해, 공동체 구성원의 이탈과 같은 상황에 대처하지 못할 우려 ·········· ㉮	
	관광객이 기대하는 관광 경험의 질적 수준을 유지하지 못할 우려 ·········· ㉯	
	동시에 방문할 수 있는 관광객 규모를 넘을 우려 ·········· ㉰	
지역민을 위한 현안	일자리 창출 ·········· ㉱	
	생활 복지 개선 ·········· ㉲	
⋮	⋮	⋮

① [A]에서는 ㉮와 관련된 문제 상황을 언급하며 상대측의 요구에 대한 입장을 제시하고 있다.
② [B]에서는 ㉯와 관련된 문제의식을 드러내며 상대측 의견에 대해 부정적으로 전망하고 있다.
③ [C]에서는 ㉰와 관련된 상대측 계획에 대한 수용 가능성을 언급하면서 추가적인 요구 사항을 제시하고 있다.
④ [D]에서는 ㉱에 대한 입장을 드러내면서 상대측에 그에 대한 대안을 요구하고 있다.
⑤ [E]에서는 ㉲에 대한 필요성을 드러내며 상대측의 요구에 대한 수용 가능성을 언급하고 있다.

242 ▶ 24102-0242
2020학년도 6월 모의평가 7번

(나)의 담화 흐름을 고려할 때, ⓐ~ⓒ의 공통점으로 가장 적절한 것은?

① 논의할 대상을 제한하여 상대방에게 선택할 것을 권유하는 발화이다.
② 예상되는 효과를 언급하며 상대방에게 자신의 의도를 전달하는 발화이다.
③ 상대방이 제기할 수 있는 의견을 가정하며 그 의견의 타당성 여부를 묻는 발화이다.
④ 상대방과 공유하고 있는 정보에서 자신이 파악하지 못한 부분에 대하여 설명을 요구하는 발화이다.
⑤ 상대방과 공동으로 기대하는 상황이 발생할 조건을 제시하며 기대가 충족되지 않을 가능성을 부정하는 발화이다.

2020학년도 6월 모의평가

243~245

(가)는 학생의 일기이고, (나)는 (가)를 쓴 학생이 친구들과 함께 작성한 글의 초고이다. 물음에 답하시오.

(가)

○월 ○일

환경 동아리 시간에 'PVC가 환경에 끼치는 영향'을 주제로 특강을 들었다. 특강을 통해 PVC가 플라스틱의 일종이라는 것과 정말 많은 물건이 PVC 재질로 만들어져 있다는 것을 알게 되었다. 심지어 나뿐만 아니라 많은 학생들이 가지고 있는 필통에도 PVC가 사용되었다고 한다. 그런데 그 PVC가 환경 문제의 원인이 된다고 한다. 내가 환경을 오염시키고 있었다니! 나 때문에 환경이 오염되면 안 된다는 생각이 문득 들었다. 그래서 동아리 친구들과 이야기를 나눠 보니 친구들도 나와 같은 생각을 하고 있었다. 환경 오염을 조금이라도 줄이기 위해 무엇인가 해야겠다는 생각에 친구들과 함께 의논을 했다.

(나)

안녕하세요? 저희는 □□고등학교 환경 동아리 학생들입니다. 저희가 이렇게 글을 쓰게 된 이유는 귀사에서 제조하는 필통에 대해 건의하기 위해서입니다.

저희 학교 학생들은 평소 귀사에서 만든 학용품을 자주 구입합니다. 그런데 ㉠귀사의 필통이 몸체는 PVC 재질이고, 지퍼는 철이어서 문제가 있음을 알게 되었습니다.

저희는 귀사가 필통의 재질을 개선하는 것이 옳다고 생각합니다. ㉡귀사뿐 아니라 여러 회사에서 학용품에 PVC 재질의 플라스틱을 사용하는 경우가 많아, 환경을 오염시킬 수 있기 때문입니다. 그렇지 않아도 ㉢우리나라 국민들의 플라스틱 사용량은 세계적으로 많고 그 증가율도 매우 높다고 합니다. 플라스틱을 완전히 사용하지 않을 수는 없겠으나, ㉣환경에 끼치는 영향 등을 고려한다면 PVC 사용이라도 줄여 가야 할 것입니다. 그러므로 ㉤귀사에서도 필통의 재질을 다른 것으로 바꾸어 주시기를 부탁드립니다.

끝까지 읽어 주셔서 감사합니다.

243 ▶ 24102-0243
2020학년도 6월 모의평가 8번

작문 맥락을 고려할 때, (가)와 (나)에 대한 설명으로 적절하지 <u>않은</u> 것은?

① (가)의 글쓴이와 같은 생각을 하는 사람들이 (나)의 글쓰기 과정에 참여하고 있다.

② (가)에서 언급한 개인의 경험이 동기가 되어 (나)의 사회적 문제 해결의 글쓰기를 이끌어 내고 있다.

③ (가)는 (나)와 달리 예상 독자의 관심사에 대한 분석이 글쓰기에 중요하게 작용하고 있다.

④ (나)는 (가)와 달리 글쓴이의 주장과 그에 대한 논거가 제시되고 있다.

⑤ (가)는 (나)에 비해 글쓴이의 체험을 기록하고 이를 통해 일상을 반성하려는 성격이 두드러진다.

244 ▶ 24102-0244
2020학년도 6월 모의평가 9번

〈보기〉는 (나)에 대한 학생들의 수정 의견이다. 〈보기〉를 참고할 때, (나)에 추가할 내용으로 가장 적절한 것은?

• 보기 •

초고에서는 건의 내용을 언급한 후 글을 읽어 준 것에 감사하는 끝인사로 마무리했잖아. 그런데 글의 설득력을 높이려면 건의 내용을 언급한 후에 건의가 받아들여졌을 때 소비자와 기업 양쪽이 얻게 될 이익을 직접적으로 표현하면 좋겠어.

① 재질을 개선한다면 소비자는 질 좋은 PVC 제품을 구매할 기회를 얻게 되고, 귀사는 제품의 재질을 개선하기 전보다 높은 수익을 얻을 수 있을 것입니다.

② 재질을 개선한다면 소비자는 귀사의 제품을 선택함으로써 자원 재활용에 동참하게 되는 것이며, 그렇게 되면 우리나라의 플라스틱 사용량이 줄어들 것입니다.

③ 재질을 개선한다면 귀사처럼 환경 보호에 동참하는 기업이 늘어나게 됨으로써 소비자는 환경을 오염시키지 않으면서 다양한 제품을 선택할 수 있을 것입니다.

④ 재질을 개선한다면 소비자는 제품을 구입하면서 환경 오염에 대한 부담을 덜 수 있을 것이며, 개선하지 않는다면 귀사에 환경 오염에 대한 부담이 돌아올 것입니다.

⑤ 재질을 개선한다면 소비자는 귀사 제품을 구매하며 환경 보호를 실천했다는 만족감을 얻을 것이고, 귀사는 친환경 기업이라는 신뢰감을 고객에게 주게 되어 매출이 증가할 것입니다.

다음은 (나)를 작성한 후 추가로 수집한 자료이다. 자료를 활용하여 (나)의 ㉠~㉤을 수정·보완하고자 할 때 적절하지 <u>않은</u> 것은? [3점]

⑦ 논문 자료

플라스틱은 가공성이 우수하고 저렴하지만 재활용하지 않고 폐기하는 경우에 분해가 되지 않아 환경 오염을 일으킨다. 플라스틱은 성분에 따라 PVC, PP, PET 등으로 나뉘는데, 염화 비닐이 주성분인 PVC는 질기고 깨지지 않아 투명 지퍼백, 필통 등에 쓰인다. PVC를 부드럽게 하기 위해 첨가하는 프탈레이트는 인체에 유해할 수 있다. 이에 비해 식품 용기, 학용품 등에 사용되는 PP나 음료병 등에 주로 사용되는 PET는 프탈레이트가 첨가되지 않는다.

⑭ 통계 자료

〈1인당 연간 플라스틱 사용량(kg)
세계 1위~6위 국가〉

(꺾은선 그래프: 가로축 연도 2009~2015, 세로축 사용량(kg) 70~170)

범례: 벨기에, 이스라엘, 대만, 미국, 한국, 체코

⑭ 보고서 자료

〈재질에 따른 재활용 정도〉

재질		재활용 정도	
		용이함	어려움
플라스틱	PVC		○
	PP	○	
	무색 PET	○	
	유색 PET		○
철		○	

① ㉠: ⑭를 참고하여 문제점을 구체적으로 드러내려면 필통의 지퍼는 재활용이 용이한 재질이지만 몸체는 재활용이 어려운 재질인 것이 문제라고 수정해야겠군.

② ㉡: ⑦를 활용하여 상대방의 입장을 이해함을 드러내려면 PVC로 필통을 만드는 이유가 가격과 가공성 면에서 유리하며 질기기 때문일 것이라는 내용을 추가해야겠군.

③ ㉢: ⑭를 활용하여 정보를 정확하게 제시하려면 우리나라의 1인당 연간 플라스틱 사용량은 2009~2015년 기간 중 세계 3위에 해당할 만큼 많고 그 증가율도 가장 높았다고 수정해야겠군.

④ ㉣: ⑦와 ⑭를 참고하여 문제의 심각성을 드러내려면 PVC는 재활용이 어려워 환경에 부정적인 영향을 끼칠 뿐 아니라, 제조 공정에서 첨가되는 물질이 인체에 해로울 수 있다는 내용을 추가해야겠군.

⑤ ㉤: ⑦와 ⑭를 참고하여 건의 내용을 구체적으로 제시하려면 필통의 재질을 플라스틱으로 유지할 경우에 재활용이 용이하고 프탈레이트가 첨가되지 않는 PP로 바꾸어 달라고 수정해야겠군.

지난 체험 학습 때 저희 천문대에 오셔서 별을 관측했던 것을 기억하시죠? (대답을 듣고) 천체 망원경으로 별자리들을 보면서 즐거워했던 여러분의 모습이 떠오릅니다. 그런데 여러분, 천체 망원경이 없었던 조선 시대에도 하늘을 관측해 기록했다는 사실을 알고 계신가요? (반응을 보고) 잘 모르는 학생이 많군요. 오늘은 이에 대해 말씀드리겠습니다.

태조는 조선 건국이 천명에 따른 것임을 밝히기 위해 큰 비석에 '천상열차분야지도'라는 천문도를 새겼습니다. 앞의 화면을 봐 주시겠어요? 천상열차분야지도를 컴퓨터로 재현한 것입니다. (화면의 글자들을 가리키며) 여기 '천상(天象)'이라는 글자가 보이시죠? 하늘의 형상을 뜻합니다. 옆의 '열(列)'은 무슨 뜻일까요? 펼쳐 놓았다는 뜻입니다. 그리고 '차(次)'와 '분야(分野)'는 구획을 나눠 체계적으로 별을 표시했음을 의미합니다.

제목 바로 아래를 보시면, 가운데에 '天'이 표기된 원형의 중성기가 있습니다. 중성기는 24절기의 황혼과 새벽에, 남중하는 별자리를 기록한 것입니다. 이것은 절기에 따른 별의 위치로 밤의 시각을 알 수 있게 해 줍니다.

(화면을 가리키며) 천문도 중앙에는 원형의 별 그림인 성도가 있습니다. 성도의 가운데 부분을 확대해 보겠습니다. 우리가 함께 천문대에서 봤던 별자리가 보이시나요? (반응을 보고) 많은 분들이 찾으셨군요. 그럼 지난번에 직접 관측했던 북극성도 잘 찾으셨겠네요. 여기 북극성을 중심으로 작은 원이 그려져 있습니다. 이 원은 계절에 관계없이 항상 관측할 수 있는 하늘의 범위를 나타냅니다. (화면을 바꾸며) 이 부분은 성도의 외곽 경계선인데, 이 경계선 안에 있는 별들을 보면 크기가 다른 것들이 있습니다. (화면을 확대하며) 한 예로, 여기 경계선 주변의 두 별을 보십시오. 하나는 크고, 하나는 작습니다. 이 차이는 별의 밝기가 다름을 나타냅니다. 이것은 별을 모두 동일한 크기로 표시한 동시대 중국의 천문도와 다른 점입니다.

성도의 아래에는 여러 설명이 있습니다. 그중에 '천문을 관측해 중성을 바로잡는 것은, 요와 순의 정치를 본받는 것'이라는 기록이 있습니다. 이 말은 천문에 대한 선조들의 생각을 보여 주는 것으로 하늘을 받들어 백성들에게 절기를 알리고 좋은 정치를 하기 위해 천문을 중요히 여겨야 한다는 뜻입니다. 이처럼 천상열차분야지도는 선조들의 얼과 뛰어난 능력을 보여 줍니다. 이러한 천상열차분야지도를 잘 기억해 주십시오.

246 ▶ 24102-0246
2019학년도 10월 학력평가 1번

위 강연에 대한 설명으로 가장 적절한 것은?

① 강연을 시작할 때 강연 순서를 미리 안내하여 청중이 내용의 흐름을 예측하며 듣도록 하고 있다.
② 질문을 던져 청중이 강연자와 다른 관점에서 강연 내용을 생각 해 보도록 유도하고 있다.
③ 강연 대상의 변화 과정과 그에 수반되는 문제점을 제시하고 있다.
④ 청중과 공유하고 있는 경험을 환기하여 강연의 내용과 연결 짓 고 있다.
⑤ 청중의 이해도를 점검하며 마무리하여 강연 주제를 강조하고 있다.

247 ▶ 24102-0247
2019학년도 10월 학력평가 2번

〈보기〉는 강연에서 활용한 자료이다. 이에 대한 이해로 적절하지 않은 것은?

● 보기 ●

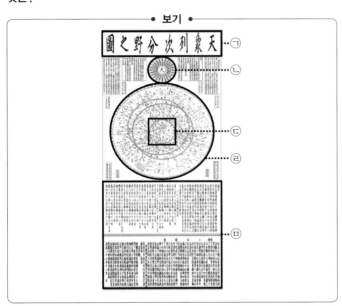

① ㉠의 글자들을 가리키며 '천상열차분야지도'라는 명칭에 대해 설명하였다.
② ㉡의 가운데에 있는 글자를 언급하며 밤의 시각을 알기 위해 중성기를 활용하는 방법을 예를 들어 설명하였다.
③ ㉢을 확대해 보여 주며 북극성을 중심으로 일 년 내내 관측할 수 있는 하늘의 범위가 성도에 그려져 있음을 제시하였다.
④ ㉣의 외곽 경계선 주변의 별들을 확대해 보여 주며 성도와 동 시대 중국 천문도의 차이점을 언급하였다.
⑤ ㉤의 일부를 인용하며 선조들이 천문을 중요하게 여겼음을 제 시하였다.

248 ▶ 24102-0248
2019학년도 10월 학력평가 3번

다음은 강연을 듣고 학생들이 보인 반응이다. 이를 바탕으로 학생들의 듣기 활동을 이해한 내용으로 적절하지 않은 것은? [3점]

○ 학생 1: 천체 망원경 없이 하늘을 관측했다니 놀랍네. 관련 자료 를 찾아봐야겠어. 또 어떤 기준으로 '차'와 '분야'의 구획을 나 누었는지도 알아봐야겠어.
○ 학생 2: 조선 시대에 별자리를 체계적으로 정리한 천문도가 있 었음을 알게 되어 유익했어. 그런데 '남중', '중성' 같은 말의 의미가 궁금했는데 설명해 주지 않아 아쉬웠어. 이 말들의 의 미는 따로 찾아봐야겠어.
○ 학생 3: 태조가 조선 건국의 정당성 확보를 중요하게 여겼다고 알고 있었는데, 이를 바탕으로 '천상열차분야지도'의 제작 목 적을 이해할 수 있었어. 천문이 정치와 관련이 있었다는 것을 알게 되어 좋았어.

① '학생 1'은 강연에서 사용한 자료의 출처를 확인하며 정보의 신 뢰성을 점검하고 있다.
② '학생 2'는 강연 내용에 설명이 부족한 부분이 있다는 점을 지 적하고 있다.
③ '학생 3'은 자신의 배경지식을 활용하여 강연에서 언급한 내용 을 이해하고 있다.
④ '학생 1'과 '학생 2'는 강연의 내용과 관련하여 궁금한 점에 대 해 조사해야겠다고 생각하고 있다.
⑤ '학생 2'와 '학생 3'은 강연을 통해 새로운 사실을 알게 된 것을 긍정적으로 평가하고 있다.

249~252 (가)는 도서부원들 간의 토의이고, (나)는 (가)를 바탕으로 쓴 안내문의 초고이다. 물음에 답하시오.

(가)

학생 1: ㉠도서부에서 매년 진행하고 있는 '○○ 독서 대화'의 참여 인원이 재작년에 이어 작년에도 줄었어. 오늘 토의에서는 이 문제점을 짚고 개선 방안을 마련해 보자.

학생 2: 작년에는 모든 모둠에서 읽어야 할 도서가 한 권뿐이어서 학생들이 많이 참여하지 않았던 것 같아. 선정 도서의 내용이 자신의 관심 분야와 일치하지 않는 학생들은 독서 대화에 관심을 갖지 않았을 거야.

학생 3: 맞아. 그리고 홍보의 부족도 참여가 적었던 이유라고 생각해. ㉡작년에는 도서관 앞 게시판에만 일주일 정도 안내문을 붙여 놓았거든. 도서관을 자주 이용하지 않는 학생들은 독서 대화에 대해 알 수 없었을 거야.

학생 1: ㉢선정 도서가 한 권밖에 없었고 홍보가 부족했던 점을 개선해야겠구나. 이 밖에도 개선해야 할 점이 또 있을까?

학생 3: 작년에 참여한 학생들을 대상으로 이루어진 설문 조사를 살펴보면, 화제가 잘 맞지 않아 대화가 산만하게 이루어져서 아쉬웠다는 의견이 많았어.

학생 2: ㉣우리 모둠에서도 화제가 잘 맞지 않아 책의 내용에 대해 깊이 있는 이야기를 나누지 못했던 것 같아.

학생 1: ㉤이제부터는 지금까지 논의된 바를 바탕으로 문제를 개선하기 위한 방안에 대해 이야기해 보자. 먼저 책 선정 문제부터 이야기해 볼까?

학생 2: 학생들이 개인적으로 읽고 싶어 하는 도서를 선정 도서에 포함해 주는 것은 어때?

학생 3: 그러면 선정 도서가 다양해지겠지만, 학생들의 선택이 개별적으로 이루어져 독서 대화를 위한 모둠을 꾸리기가 어려울 수 있어. 도서부에서 선생님과 학생들의 추천을 받고, 추천받은 도서들 중에서 세 권을 선정하는 것이 좋겠어. [A]

학생 2: 내가 미처 생각하지 못한 문제가 있었네. 그렇게 세 권을 선정하도록 하고, 세 권 중 어떤 책을 선택했는지 기입하도록 참가 신청서를 만들자.

학생 1, 3: 그래, 좋아.

학생 1: 모둠별로 독서 대화를 할 때에, 화제를 서로 맞추기 위한 방안으로는 어떤 것이 있을까?

학생 3: 우리 도서부에서 선정 도서별로 화제를 미리 정해서 제시하는 것이 어떨까? [B]

학생 2: 학생들은 다양한 관점에서 책에 대해 이야기하고 싶어 할 거야. 우리가 제시한 화제가 학생들의 관심을 끌 수

없는 것이라면 대화가 제대로 이루어지지 않을 것 같아. 학생들이 이야기 나누고 싶은 내용을 질문으로 만들어 오도록 하는 것이 어떨까?

학생 3: 그게 좋겠다. 그러면 질문을 중심으로 모둠을 구성하여 학생들이 대화를 나누도록 하면 되겠어.

학생 1: 홍보가 부족했던 문제점은 어떻게 해결해야 할까?

학생 2: 학교 신문에 안내문을 실어서 많은 학생들이 볼 수 있도록 하면 어떨까? 내가 초고를 써 올게.

학생 1, 3: 그래. 초고를 써 오면 다 같이 모여 수정하자.

(나)

'○○ 독서 대화'에 여러분을 초대합니다
– 우리들의 소중한 추억이 될 독서 대화

여러분, 좋은 책을 읽고 친구들과 함께 생각을 나누고 싶지 않은가요? 도서부에서는 매년 '○○ 독서 대화'를 진행하여 책 속에서 다양한 삶의 문제를 발견하고 그에 대해 함께 이야기하는 시간을 갖고 있습니다.

올해는 10월 △일 금요일 17시에 도서관에서 함께 이야기하고자 합니다. 이번에는 학생들의 선택의 폭을 넓혀 주기 위해 작년과 달리 선생님과 학생들의 추천을 받아 도서부에서 세 권의 도서를 선정했습니다. 독서 대화에 참여하기 위해서는 10월 □일까지 도서부로 신청하면 됩니다. 이때 함께 이야기하고 싶은 책 한 권을 신청서에 꼭 기입하여 제출하기 바랍니다.

'○○ 독서 대화'에 참여를 신청한 분들은 선택한 책을 읽고 나서 함께 이야기 나누고 싶은 내용을 질문으로 만들어 행사 3일 전까지 도서부에 제출해야 합니다. 그러면 질문을 중심으로 모둠을 구성하여 깊이 있고 폭넓은 대화를 나누게 될 것입니다.

독서 대화에 참여했던 학생들은 다양한 의견을 존중하는 태도를 기를 수 있어 좋았다고 했습니다. ㉮저희가 준비한 독서 대화에 많은 참여를 바랍니다.

249 ▶ 24102-0249

㉠~㉤에 대한 이해로 적절하지 <u>않은</u> 것은?

① ㉠: 토의에서 논의할 내용과 관련 있는 문제 상황을 제시하고 있는 발화이다.

② ㉡: 자신의 견해를 뒷받침하는 사실을 근거로 제시하고 있는 발화이다.

③ ㉢: 앞서 논의한 내용을 정리하여 제시하고 있는 발화이다.

④ ㉣: 자신이 처했던 상황을 근거로 문제를 해결할 수 있는 대안을 제시하고 있는 발화이다.

⑤ ㉤: 토의를 진전시키기 위해 앞으로 논의할 내용을 제시하고 있는 발화이다.

250 ▶ 24102-0250
2019학년도 10월 학력평가 5번

[A], [B]의 담화에 대한 설명으로 가장 적절한 것은?

① [A]에서는 '학생 3'이, [B]에서는 '학생 2'가 상대 의견의 문제점을 지적하며 대안을 제시하고 있다.

② [A]에서는 '학생 2'가, [B]에서는 '학생 3'이 상대 의견을 일부 인정하며 자신의 의견과 절충하고 있다.

③ [A]에서는 '학생 2'가, [B]에서는 '학생 3'이 상대가 제시한 방안의 실현 가능성을 검토하며 상대 의견의 한계를 지적하고 있다.

④ [A]에서와 달리 [B]에서는 '학생 3'이 '학생 2'의 의견에 반대하며 자신의 제안을 수정하고 있다.

⑤ [B]에서와 달리 [A]에서는 '학생 2'가 '학생 3'의 의견에 대한 타당성을 점검하기 위해 근거를 요구하고 있다.

251 ▶ 24102-0251
2019학년도 10월 학력평가 6번

다음은 '학생 2'가 (나)를 쓰기 위해 작성한 메모이다. 이 중 (나)에 반영되지 않은 것은?

> ○ 올해와 작년 독서 대화의 차이점 제시 ····················· ⓐ
> ○ 독서 대화에 참여를 신청하는 방법 제시 ··················· ⓑ
> ○ 독서 대화를 위해 선정할 도서의 분야 제시 ··············· ⓒ
> ○ 독서 대화에 참여하려는 학생들의 준비 사항 제시 ········· ⓓ
> ○ 독서 대화에 참여했던 학생들의 소감 제시 ················· ⓔ

① ⓐ　　② ⓑ　　③ ⓒ　　④ ⓓ　　⑤ ⓔ

252 ▶ 24102-0252
2019학년도 10월 학력평가 7번

다음은 (나)를 작성한 후, 학생들이 퇴고 과정에서 나눈 대화이다. 이를 참고해 ㉮를 수정·보완한 내용으로 가장 적절한 것은? [3점]

> 학생 1: 마지막 부분에 학생들의 참여를 독려하기 위해, 한 권의 책에 대해서 여러 사람이 이야기를 나눔으로써 얻을 수 있는 이점을 추가하도록 하자.
> 학생 3: 부제의 내용을 활용하면서 함께한다는 의미도 드러내면 더욱 좋을 것 같아.

① 책을 읽으며 독서 대화를 위한 이야깃거리를 찾아보세요. 책을 깊이 읽고 내면화하는 시간이 될 것입니다. 독서 대화에 많은 참여를 바랍니다.

② 도서부는 독서 대화를 위해 많은 준비를 하고 있습니다. 여러분의 참여로 저희가 준비한 행사가 완성될 수 있습니다. 독서 대화에 많은 참여를 바랍니다.

③ 누구나 책 속에서 다양한 삶의 모습을 발견할 수 있습니다. 좋은 책을 만나 여러분의 문제를 해결할 실마리를 찾아보세요. 독서 대화에 많은 참여를 바랍니다.

④ 책을 읽으며 스스로를 돌아보면서 진정한 자신을 만날 수 있을 것입니다. 내면의 이야기에 귀 기울이는 의미 있는 시간을 가져 보세요. 독서 대화에 많은 참여를 바랍니다.

⑤ 한 권의 책을 읽고 여러 사람의 생각이 모이면 넓고 깊은 깨달음에 이를 수 있습니다. 이렇게 함께한 경험은 학창 시절의 뜻깊은 기억으로 남을 것입니다. 독서 대화에 많은 참여를 바랍니다.

253~255 다음 글을 읽고 물음에 답하시오.

(가) 학생의 일기

○○로부터 최근에 겪은 일을 들었다. ㉠친구 관계를 고민하면서 자신의 개인 블로그에 잠시 썼다가 지웠던 글이 △△ 사이트에 공개되어 있어 난처했다는 것이었다. 이후 '잊힐 권리'에 대해 학급 친구들과 이야기를 나누었다. 그런데 ㉡학급 친구들 중에는 잊힐 권리가 무엇인지, 그것이 사회적으로 왜 중요한지를 모르는 친구들이 많았고, ㉢나와 반대 의견을 가진 친구도 있었다. 그래서 나는 학급 신문에 잊힐 권리가 적극적으로 보장되어야 한다는 내용의 글을 써야겠다고 생각했다.

(나) 학생이 수집한 자료의 일부

한 설문 조사에 따르면 ⓐ전체 응답자 중 70%가 개인의 존엄성을 지키기 위해 잊힐 권리를 적극적으로 보장해야 한다는 주장에 공감했다. 그리고 ⓑ디지털 기술의 발달로 개인 정보가 자신도 모르게 널리 퍼질 수 있음을 우려한다고 응답한 사람들의 비율이 3년 연속 67%, 69%, 73%로 증가했다. …(중략)… 우리나라의 현행법 체계에 ⓒ잊힐 권리에 관한 법률이 있다. 그런데 ⓓ이 법률에서는 현재 잊힐 권리를 소극적으로 보장하고 있다. …(중략)… ⓔ전문가들은 현실의 변화를 법과 제도가 따라가지 못하고 있다고 지적하고 있다.

– 법률 전문 잡지 –

(다) 학생의 초고

인터넷 공간에서 우리는 사람들이 남겨 놓은 개인의 흔적을 쉽게 만날 수 있다. 이러한 '디지털 흔적'의 노출로 인해 우리 주위에서도 피해가 발생하고 있다. 일상에서 우리들 중에 누구라도 피해자가 될 수 있는 것이다. 나는 이를 막기 위해서 '잊힐 권리'가 적극적으로 보장되어야 한다고 생각한다.

잊힐 권리는 정보 주체의 의사에 따라 자신과 관련된 과거 기록의 공개 여부를 결정할 수 있도록 보장하는 권리이다. 가령 A의 신상에 관한 정보가 담긴 글, 사진, 동영상 등이 불특정 다수가 접근할 수 있는 인터넷 공간에서 공개되는 것과 관련하여 A가 공개 여부를 결정할 수 있도록 하는 권리이다. 이 권리는 디지털 기술이 발달함에 따라 원치 않는 개인의 정보가 빠르게 확산될 수 있다는 불안감을 느끼는 사람들이 많아지고 있는 상황에서 점점 더 중요하게 여겨지고 있다.

현재 정보 통신망 이용 촉진 및 정보 보호 등에 관한 법률에 따르면, 명예 훼손 또는 사생활 침해에 해당한다고 소명한 정보에 대해 삭제 또는 차단을 요청할 수 있지만, 정보 통신 서비스 사업자가 이에 응하지 않을 경우에 제재할 조항이 없다. 한편 사생활 침해라고 소명하기는 어렵지만 삭제하고 싶은 정보가 존재하는데, 그럴 때에 삭제할 법적인 방법이 없다. 이처럼 현재는 잊힐 권리에 대한 보장을 소극적으로 하고 있을 뿐이다.

[A]
우리들은 인터넷을 사적인 용도로 많이 사용한다. 그에 따라 개인의 사진이나 자유로운 생각 등이 여러 인터넷 공간에 있을 수 있다. 과거에는 개인적인 기록들이 주로 개인의 통제가 가능한 사진첩이나 일기장 등에 남아 있었지만, 이제는 개인의 통제가 어려운 여러 인터넷 공간에 남아 있는 경우가 많다. 개인적인 기록들에 대한 권한은 전적으로 해당 개인에게 있어야 한다. 따라서 잊힐 권리를 적극적으로 보장하는 법적 장치가 마련되어야 한다.

잊힐 권리가 표현의 자유와 알 권리를 침해한다는 측면에서 잊힐 권리의 적극적 도입을 반대하는 입장도 있다. 물론 표현의 자유와 알 권리도 중요하다. 그러나 그 권리들보다 개인의 존엄성이 더 우선시되어야 한다. 많은 사람들이 잊힐 권리의 적극적 보장에 찬성하는 까닭도 여기에 있다. 잊힐 권리를 적극적으로 보장하여 디지털 흔적으로 인한 피해로부터 개인의 존엄성을 보호한다면 더욱 건강한 정보화 사회를 만들어 나갈 수 있을 것이다.

253 ▶ 24102-0253

(가)의 ㉠~㉢을 고려하여 (다)를 작성했다고 할 때, 학생의 초고에 활용된 글쓰기 전략으로 적절하지 않은 것은?

① ㉠을 고려해, '디지털 흔적'으로 인한 피해가 일상에서 직면할 수 있는 문제임을 강조한다.
② ㉡을 고려해, '잊힐 권리'의 개념을 예를 들어 설명한다.
③ ㉡을 고려해, '잊힐 권리'가 중요한 권리로 대두된 상황을 제시한다.
④ ㉢을 고려해, '잊힐 권리'에 대해 자신과 반대되는 입장을 소개한 후 그에 대한 자신의 생각을 제시한다.
⑤ ㉢을 고려해, '디지털 흔적'을 삭제하는 기술의 한계로 잊힐 권리가 제대로 보장되지 못하고 있음을 부각한다.

254 ▶ 24102-0254
2019학년도 10월 학력평가 9번

(나)를 활용하여 (다)를 작성했다고 할 때, 학생의 자료 활용에 대한 설명으로 적절하지 **않은** 것은?

① ⓐ를 토대로, 많은 사람들이 개인의 존엄성을 중시해 잊힐 권리의 적극적 보장에 동의하고 있음을 제시했다.

② ⓑ에 대한 해석을 바탕으로, 디지털 기술의 발달로 원치 않는 개인 정보의 확산을 우려하는 사람들이 많아지고 있는 상황을 제시했다.

③ ⓒ의 내용을 찾아, 정보에 대한 삭제 또는 차단을 요청할 수 있는 경우를 제시했다.

④ ⓓ를 참고하여, 정보 통신망 이용 촉진 및 정보 보호 등에 관한 법률에서 잊힐 권리를 보장하는 것의 한계를 제시했다.

⑤ ⓔ를 일반화하여, 인터넷 공간이 우리 삶의 편의를 높여 주는 만큼 알 권리 보장의 필요성도 커지고 있음을 제시했다.

255 ▶ 24102-0255
2019학년도 10월 학력평가 10번

〈보기〉에서 근거를 찾아 [A]에 대해 반박하는 글을 쓰고자 한다. 글에 담길 내용으로 가장 적절한 것은? [3점]

●─── 보기 ───●

　인터넷 공간에서 유통되는 개인적인 기록들 중에는 공적인 성격을 가지게 되는 것들이 있다. 예를 들어, 유권자들이 국회 의원 선거에 출마한 후보자의 자질을 검증할 때 후보자의 디지털 흔적은 중요한 참고 자료가 될 수 있다. 이와 같은 사례는 디지털 흔적이 공익을 위해 사용될 수 있음을 보여 준다.

① 사회의 투명성을 높인다는 이유로 사적인 자료를 활용하여 개인의 인성을 검증한다면, 개인 정보를 검열의 도구로 악용하게 될 것이다.

② 법적 장치를 통해 잊힐 권리를 적극적으로 보장하면, 공익을 위해 필요한 정보들까지 사라지거나 왜곡될 수 있다. 이것은 공익을 훼손하는 것이다.

③ 디지털 흔적에 대한 통제 권한을 각 개인에게 주어야 한다. 그리고 디지털 흔적을 더 많은 분야에서 공익을 위해 활용할 수 있게 해 주는 제도적 장치가 필요하다.

④ 인터넷 공간에서 개인의 표현의 자유는 보장되어야 한다. 그러나 그 자유에는 자신의 표현에 대해 도덕적으로 책임을 지고자 하는 의식이 반드시 뒷받침되어야 한다.

⑤ 과거에는 개인적인 기록이 통제가 가능했지만, 오늘날에는 매체의 발달로 인하여 통제가 어렵다. 따라서 개인이 통제할 수 있도록 만들어 주는 제도적 장치가 필요하다.

256~258 다음은 학생의 발표이다. 물음에 답하시오.

　여러분, 지난 체험 학습 때 생태 공원의 교육관에서 함께 시청했던 다큐멘터리를 기억하시죠? 저는 그와 관련하여 생태 복원을 통해 환경 문제를 해결하는 방안을 소개하고자 합니다. (화면을 가리키며) 이곳은 ○○ 나라의 항구 도시 □□입니다. 과거 이 지역은 수중 생물들이 방파제 역할을 했으나, 항구가 건설되면서 수중 생태계가 파괴되어 물이 범람하는 일이 잦아졌습니다. (화면을 가리키며) 여기는 운하인데요, 이 운하가 만들어져 물이 잘 순환되지 않아 오염되는 문제가 생겼습니다. 이러한 문제들의 해결을 위해 여러 방안이 강구되어 왔는데, 최근에 굴 구조체를 활용하는 프로젝트가 진행되고 있습니다.

　지난 과학 시간에 굴이나 홍합이 자연의 방파제가 될 수 있고 물을 정화할 수 있다는 것을 함께 배웠는데, 기억하시나요? (청중의 반응을 살핀 후) 대부분 기억하시는군요. 제가 소개하는 프로젝트는 우리가 알고 있는 이러한 굴의 능력을 활용한 것입니다. □□ 도시의 해안가에는 원래 굴이 많이 서식했지만, 항구와 운하를 만들면서 일부 지역을 제외하고는 거의 사라졌습니다. 이 프로젝트에서는 이렇게 사라진 굴의 서식지를 복원하여 도시 환경을 개선하는 것을 목표로 삼고 있습니다.

　(화면을 가리키며) 여기가 굴 서식지를 대규모로 조성하고 있는 곳입니다. 이곳에 굴 서식지가 조성되면 물이 정화되고 암초처럼 크고 단단하게 굳어진 굴 구조체가 방파제 역할을 하게 됩니다. 그런데 굴은 이곳에만 있는 것이 아닙니다. (화면을 가리키며) 여기 운하에도 굴이 있습니다. 운하에서는 '떠 있는 용승 시스템'을 설치하여 어린 굴을 키웁니다. 이 장치의 부표 아래에는 물을 흘려보내는 통로가 있으며, 통로 양옆에 굴을 키우는 방이 있습니다. 이곳의 굴들은 성장하면서 운하의 물을 정화합니다. 이 장치에서 어린 굴이 어느 정도 자라면 해안가 근처의 암초망으로 옮겨지고, 그곳에서 작은 굴 구조체 덩어리가 형성되면 대규모 서식지로 옮겨집니다.

　이 프로젝트가 완성되면 (화면을 가리키며) 이 지역은 파도에 의한 물의 범람이 없어지고, 깨끗한 물로 둘러싸인 쾌적한 환경이 될 것입니다. 그리고 (화면을 가리키며) 이곳에 대규모로 만들어진 굴 서식지에는 굴뿐만 아니라 다양한 수중 생물들이 새로운 생태계를 형성할 것으로 전망됩니다. 이와 같이 생태 복원을 통해 환경을 개선하는 것은 자연과 인간이 공생하는 좋은 방안이 될 것입니다.

위 발표에 대한 설명으로 가장 적절한 것은?

① 질문을 통해 청중과 공유하는 경험을 환기하여 발표의 내용과 연결 짓고 있다.

② 발표 순서를 제시하여 청중이 발표의 흐름을 파악할 수 있도록 하고 있다.

③ 여러 사례를 비교한 결과를 제시하며 발표의 주제를 이끌어 내고 있다.

④ 발표 중간중간에 발표 내용을 요약하여 청중의 이해를 돕고 있다.

⑤ 전문가의 말을 인용하여 발표 내용의 신뢰성을 높이고 있다.

〈보기〉는 발표에 활용된 자료이다. 이와 관련하여 발표자가 세운 계획 중, 발표에 반영되지 <u>않은</u> 것은?

● 보기 ●

① ㉠을 짚으며 ㉠이 만들어져 발생한 문제점을 제시해야겠어.

② ㉠을 짚으며 ㉠에 설치되는 '떠 있는 용승 시스템'의 기능과 구조에 대해 설명해야겠어.

③ ㉡을 짚으며 ㉡이 조성되었을 때 나타날 변화를 제시해야겠어.

④ ㉡을 짚으며 굴 서식지의 확대로 ㉡에 새롭게 조성되는 생태계를 보존하는 방안을 설명해야겠어.

⑤ ㉢을 짚으며 프로젝트의 완성으로 ㉢에 기대되는 효과를 제시해야겠어.

〈보기〉는 학생들이 발표를 들으며 떠올린 생각이다. 이를 바탕으로 학생들의 듣기 활동을 이해한 내용으로 적절하지 <u>않은</u> 것은? [3점]

● 보기 ●

학생 1: 굴 구조체를 활용하는 프로젝트가 인간과 자연이 공생하는 방안이 된다는 것을 알게 되어 유익했어. 얼마 전 △△ 나라에서 맹그로브 숲이 파괴되어 해일이 심해졌다는 기사를 읽었는데, 맹그로브 숲이 복원될 필요가 있겠어.

학생 2: 도시 가까이에 생태계를 복원해 친환경적인 도시 환경을 조성할 수 있음을 알게 되어 좋았어. 그런데 굴이 오염된 물을 정화한다고 했는데, 그 효과가 미미하지 않을까?

학생 3: 대규모 굴 서식지를 조성한다고 했는데 너무 시간이 오래 걸리고 비용이 많이 들어 경제성이 낮은 것은 아닐까? 그리고 운하가 만들어진 후 물이 잘 순환되지 않는다고 했는데, 그 문제의 해결에 대한 내용은 언급되지 않아 발표에 미흡한 부분이 있는 것 같아 아쉬웠어.

① '학생 1'은 발표 내용과 관련 있는 사례를 떠올리고 있다.

② '학생 2'는 발표 내용과 관련하여 자신이 실천할 수 있는 방법을 생각하고 있다.

③ '학생 3'은 발표에 누락된 내용이 있는 것을 부정적으로 평가하고 있다.

④ '학생 1'과 '학생 2'는 모두 이전에 몰랐던 사실을 발표를 통해 알게 된 것을 긍정적으로 생각하고 있다.

⑤ '학생 2'와 '학생 3'은 모두 발표 내용의 일부를 언급하며 이와 관련하여 의문을 제기하고 있다.

2019학년도 3월 학력평가

259~262 (가)는 학교 신문반 회의이고, (나)는 (가)를 바탕으로 작성한 기사문의 초고이다. 물음에 답하시오.

(가)

학생 1: ㉠지난 회의에서 급식 메뉴를 학생들이 직접 선정하는 행사에 대한 기사를 쓰기로 결정했는데, 오늘은 기사의 내용 구성에 대해 논의해 보자.

학생 2: 학생들은 자신들이 좋아하는 급식 메뉴가 급식으로 제공된다는 사실에 관심이 많아. 본문의 처음 부분에 학생들이 선정한 급식 메뉴와 제공 날짜를 밝히면 학생들이 기사 내용에 주목할 거야.

학생 3: 그러면 학생들이 단순히 급식 메뉴에만 관심을 갖게 되어 행사의 취지가 부각되지 않을 수 있어. 그러므로 학생들의 급식 만족도를 높이고 음식물 쓰레기를 줄이기 위해 행사가 실시된다는 취지부터 언급하는 것이 좋겠어.

학생 1: 좋아. 그렇게 하면서 급식 메뉴를 학생들이 직접 선정하게 된 취지가 표제나 부제에 드러나도록 하자.

학생 2: 그래, 너희들 의견대로 하면 기사의 핵심 내용이 강조되겠구나. ㉡그럼 학생들이 직접 급식 메뉴를 선정하는 취지부터 부각한 후, 선정된 급식 메뉴와 제공 날짜를 밝히자.

학생 1, 3: 응, 그래.

학생 1: ㉢학생들이 어떤 과정을 거쳐 급식 메뉴를 선정하게 되었는지도 소개해야 하지 않을까?

학생 3: 좋아, 그런데 급식 메뉴 선정에 참여하는 학생들이 어떻게 정해졌는지부터 밝혀야 하지 않을까? 학생들이 이 점을 많이 궁금해할 것 같아.

학생 2: 그 내용도 필요한데 너무 길게 쓰면 기사가 산만하다는 인상을 줄 수 있어. 이 점을 고려하여 쓰면 좋겠어. 그리고 ㉣급식 메뉴 선정 방법을 그 과정에 따라 서술하자. 그러면 기사를 읽은 학생들이 급식 메뉴를 선정하게 되었을 때 도움을 받을 수 있을 거야.

학생 1, 3: 그게 좋겠다.

학생 3: 내가 취재해 보니, 급식 메뉴 선정에 참여했던 학생들이 학생 선호와 학교 급식 영양 기준을 모두 고려해야 해서 어려움을 겪었다고 하더라.

학생 1: ㉤맞아, 전에 내가 학교 급식 영양 기준에 대해 조사한 적이 있어 알고 있는데, 그 기준들과 학생들의 선호를 모두 고려하여 메뉴를 선정하느라고 매우 힘들었을 거야. 그 내용을 포함시키도록 하자.

학생 2: 그래, 좋아.

학생 1: 그럼 본문의 마지막 부분은 어떻게 할까?

학생 2: 학생들이 급식에 대해 가지고 있던 불만의 주요 내용을 정리하고 해결을 촉구하면 어떨까?

[A]

학생 3: 그런 내용은 기사문의 통일성을 해칠 수 있을 것 같아. 학생들이 급식 메뉴를 직접 선정함으로써 얻을 수 있는 효과를 제시하면서 학생들의 관심을 촉구하는 것이 좋겠어.

학생 2: 아, 그렇구나. 그렇게 하면 설득력을 높일 수 있겠다. 나도 동의할게.

학생 1: 응, 그래. 그리고 학생들의 급식 메뉴 선정 횟수를 늘릴 수 있다는 향후 계획도 함께 언급하면 어때?

학생 2, 3: 좋아.

학생 1: 그럼, 이제 기사문을 작성해 보자.

[B]

(나)

[표제] 우리가 직접 선정하는 급식 메뉴

[부제] 급식 만족도를 높이고 잔반을 줄이기 위해 실시돼

[전문] 4월 3일(수), 3학년 7반 학생들이 직접 선정한 급식 메뉴가 학교 급식으로 제공된다.

[본문] 학교 급식에 대한 학생들의 만족도를 높이고 잔반을 줄여 환경 문제 개선에 기여하기 위해 이번 달부터 1달에 1번씩 학생들이 직접 급식 메뉴를 선정한다. 다음 달 급식 메뉴는 3학년 7반 학생들이 선정했다. 메뉴로는 흑미밥, 대패 삼겹살 구이, 상추 쌈, 명이 나물, 된장국, 구슬 아이스크림이 선정되었으며, 4월 3일(수) 급식으로 제공될 예정이다.

급식 메뉴를 선정하는 학생들은 매월 잔반을 가장 적게 배출하는 학급의 학생들이 선정된다. 급식 메뉴 선정에 참여한 3학년 7반 학생들은 먼저 학생들이 선호하는 음식을 조사한 후, 그 조사 결과를 바탕으로 급식 식단표의 열량 정보를 고려하여 여러 개의 안을 마련했다. 그리고 영양사 선생님의 조언을 구해 급식 메뉴를 결정했다. ㉮급식 메뉴 선정에 참여했던 학생들은 메뉴 선정 과정에서 경험했던 어려움을 토로했다.

학생들이 직접 급식 메뉴를 선정하면 급식에 대한 만족도가 높아질 뿐만 아니라 음식물 쓰레기가 줄어드는 효과도 커질 것으로 기대된다. 이에 따라 학생들이 직접 선정한 급식 메뉴가 제공된 후 학생들의 호응이 좋을 경우, 현재 매월 1회인 학생들의 급식 메뉴 선정 횟수를 늘릴 계획이다. 그러므로 급식 메뉴를 직접 선정하는 행사에 많은 학생들이 관심을 가지고 적극적으로 참여하는 것이 중요하다.

259 ▶ 24102-0259
2019학년도 3월 학력평가 4번

㉠~㉤에 대한 이해로 적절하지 <u>않은</u> 것은?

① ㉠: 지난 회의 결과를 환기하며 회의에서 다루어야 할 내용을 제시하고 있는 발화이다.

② ㉡: 기사문의 내용 구성에 대해 논의하며 드러난 쟁점을 제시하고 있는 발화이다.

③ ㉢: 의문의 형식을 활용하여 기사문에 포함되어야 하는 내용을 제안하고 있는 발화이다.

④ ㉣: 기사문의 내용이 독자에게 유용할 수 있도록 기사문의 서술 방식을 제안하고 있는 발화이다.

⑤ ㉤: 자신의 배경지식을 토대로 다른 학생이 앞서 말한 내용에 대해 공감하는 태도를 드러내고 있는 발화이다.

260 ▶ 24102-0260
2019학년도 3월 학력평가 5번

[A], [B]의 담화에 대한 설명으로 가장 적절한 것은?

① [A]에서 '학생 1'은 '학생 3'의 제안의 문제점을 지적하고 대안을 제시하고 있다.

② [A]에서 '학생 3'은 '학생 2'의 의견을 일부 인정하면서 자신의 의견과 절충한 방안을 제시하고 있다.

③ [B]에서 '학생 3'은 '학생 2'의 의견에 동의하면서 추가적인 방안을 제안하고 있다.

④ [A]와 [B]에서 '학생 2'는 '학생 3'이 제안한 내용의 효과를 고려하여 그 내용을 수용하고 있다.

⑤ [A]와 [B]에서 '학생 1'은 '학생 3'이 제안한 내용과 관련하여 구체적인 시행 방안을 덧붙이고 있다.

261 ▶ 24102-0261
2019학년도 3월 학력평가 6번

다음은 (가)를 바탕으로 (나)를 쓰기 위해 작성한 메모이다. 이 중 (나)에 반영되지 <u>않은</u> 것은?

- 보도하고자 하는 행사의 취지가 드러나도록 표제나 부제를 작성해야겠어. ······· ⓐ
- 급식 메뉴 선정에 참여한 학생들의 반응을 제시하여 행사의 효과를 부각해야겠어. ······· ⓑ
- 학생들의 급식 메뉴 선정 횟수를 늘릴 계획과 관련지어 학생들의 행사 참여를 유도해야겠어. ······· ⓒ
- 학생들의 궁금증을 해소해 주기 위해 급식 메뉴 선정에 참여하는 학생들을 선정하는 방법을 제시해야겠어. ······· ⓓ
- 급식 메뉴에 대한 학생들의 관심을 고려해 학생들이 선정한 급식 메뉴와 제공 날짜를 구체적으로 밝혀야겠어. ······· ⓔ

① ⓐ   ② ⓑ   ③ ⓒ   ④ ⓓ   ⑤ ⓔ

262 ▶ 24102-0262
2019학년도 3월 학력평가 7번

〈보기〉는 (나)를 작성한 후, 학생들이 퇴고 과정에서 나눈 대화이다. 이를 참고하여 ㉮를 수정·보완한 내용으로 가장 적절한 것은? [3점]

● 보기 ●

학생 1: 기사문의 초고를 살피다 보니, 회의에서 기사문에 포함하기로 했던 급식 메뉴 선정 과정의 어려움과 그 이유를 잘 드러내지 못한 것 같아.

학생 2: 그래, 맞아. 글의 맥락에 맞게, 급식 메뉴 선정에 참여한 학생의 말을 인용하여 그 내용을 구체적으로 제시하자.

① 급식 메뉴 선정에 참여했던 학생들은, 급식 메뉴를 선정하는 일이 어려운 일이긴 하지만 앞으로 이와 같은 일을 계속 확대할 필요가 있다는 반응을 보였다.

② 급식 메뉴 선정에 참여했던 학생들은, 선정된 급식 메뉴가 학교 급식 영양 기준과 학생 선호를 모두 반영한 것이므로 선정 메뉴에 대한 불평을 자제해 달라고 당부했다.

③ 이 과정에 참여한 ○○○은, 학생들이 선호하는 음식 위주로 급식 메뉴를 선정하다 보니 학교 급식 단가를 충분히 고려하지 못한 채 메뉴를 선정한 것에 대해 안타까워했다.

④ 이 과정에 참여한 ○○○은, 영양사 선생님께서 평소 학생들의 선호와 학교 급식 영양 기준을 모두 고려해서 메뉴를 선정하시느라 어려움이 많으실 것이라며 그 노고를 생각하면 좋겠다고 말했다.

⑤ 이 과정에 참여한 ○○○은, 학생들이 선호하는 음식들은 고열량으로 학교 급식 영양 기준에 맞지 않는 것들이 많고, 기준에 부합하는 것들은 선호하지 않는 학생들이 많아서 메뉴를 확정하는 데 시간이 너무 오래 걸렸다고 했다.

2019학년도 3월 학력평가

263~265 글을 쓰기 위해 (가)의 메모를 작성한 후, (나)의 자료를 수집하고 (다)를 작성하였다. 물음에 답하시오.

(가) 학생의 메모

○ 학습 활동 과제: 사회적 쟁점에 대해 학급 학생들에게 의견을 밝히는 글을 쓴다.

○ 학급 학생들에 대한 분석

> • 일부 학생들은 사전 규제 방식과 사후 규제 방식이 무엇인지 잘 모른다. ································· ㉠
> • 드론이 개인 정보를 수집하고 활용하는 것에 대해 궁금해하는 학생들이 있다. ························· ㉡
> • 드론의 개인 정보 수집과 활용을 규제하는 방식에 대해 나와 상반된 견해를 가진 학생들도 있다. ········· ㉢

(나) 학생이 수집한 자료의 일부

> ⓐ무인 항공기인 드론의 활용 범위가 넓어지고 있다. …(중략)… ⓑ최근 기술의 발달로 드론이 더 작고 가벼워짐에 따라 주택가, 사무실 등에서 비행이 가능해져 비행 중에 여러 가지 개인 정보를 쉽게 수집할 수 있게 되었다. 법학자들은 ⓒ헌법에서 보장하고 있는 개인의 기본권이 드론에 의해 침해되는 일이 늘어날 것을 우려하고 있다. …(중략)… 드론의 개인 정보 수집과 활용을 규제하는 방법으로는 ⓓ사전 규제 방식과 사후 규제 방식이 있다. 드론 산업 관계자들은 사전 규제 방식을 택한 상태에서 ⓔ드론 기술과 산업을 발전시키기 위해서는 개인 정보의 수집·활용 동의 절차가 간소화되어야 한다고 말하고 있다.
>
> – 기술 전문 잡지 『○○』 –

(다) 학생의 초고

현재 우리나라는 드론의 개인 정보 수집과 활용에 대해 '사전 규제' 방식을 적용하고 있다. 이는 개인 정보 수집과 활용을 원칙적으로 금지하면서 예외적인 경우에만 허용하는 방식으로 정보 주체의 동의 없이 개인 정보를 수집·활용하기 어려운 것이다. 이와 관련하여 개인 정보를 대부분의 경우 개인 동의 없이 활용하는 것을 허용하고, 예외적인 경우에 제한적으로 금지하는 '사후 규제' 방식을 도입해야 한다는 의견이 대두하고 있다. 그러나 나는 사전 규제 방식의 유지에 찬성한다.

드론은 고성능 카메라나 통신 장비 등이 장착되어 있는 경우가 많아 사전 동의 없이 개인의 초상, 성명, 주민 등록 번호 등의 정보뿐만 아니라 개인의 위치 정보까지 저장할 수 있다. 또한 드론에서 수집한 정보를 검색하거나 전송하는 중에 사생활이 노출될 가능성이 높다. 더욱이 드론의 소형화, 경량화 기술이 발달하고 있어 사생활 침해의 우려가 커지고 있다. 이와 같은 사실들은 사전 규제 방식이 유지되어야 함을 뒷받침한다.

[A]
> 드론은 인명 구조, 시설물 점검 등의 공공 분야뿐만 아니라 제조업, 물류 서비스 등의 민간 분야까지 활용 범위가 확대되고 있다. 이에 따라 드론이 개인 정보를 수집하는 일이 많아지면서 사생활 침해 사례가 증가하고 있다. 이러한 상황에서 사후 규제 방법을 도입하면 드론을 이용하여 개인 정보를 자유롭게 수집할 수 있게 만들어, 사생활 침해는 더욱 심해지고 개인 정보의 복제, 유포, 훼손, 가공 등 의도적으로 악용하는 사례까지 증가할 것이다.

사후 규제 방식을 도입하면 개인 정보의 수집과 활용에 제약이 적기 때문에 드론을 다양한 분야에 활용할 수 있게 되고 그에 따라 드론 기술과 산업이 더욱 빠르게 발전할 수 있다는 의견이 있다. 그러나 이와 같은 입장은 산업적 이익을 우선시하여 개인 정보 보호에 관한 개인의 기본권을 등한시하는 결과를 초래할 수 있다. 사전 규제 방식을 유지하면서도 개인 정보 수집과 활용에 동의를 얻는 절차를 간소화하고 편의성을 높이면 정보의 활용이 용이해져 드론 기술과 산업의 발전을 도모할 수 있다.

헌법에서는 주거의 자유, 사생활의 비밀과 자유 등을 명시하여 개인의 사생활이 보호받도록 하고 있고, 개인 정보를 자신이 통제할 수 있는 정보의 자기 결정권을 부여하고 있다. 이와 같은 기본권이 안정적으로 보호될 때 드론 기술과 산업의 발전으로 얻게 되는 사회적 이익은 더욱 커질 것이다.

263 ▶ 24102-0263
2019학년도 3월 학력평가 8번

㉠~㉢을 고려하여 (다)를 작성했다고 할 때, 학생의 초고에 활용된 글쓰기 전략으로 적절하지 **않은** 것은?

① ㉠을 고려해, 개인 정보 수집과 활용에 대한 사전 규제 방식과 사후 규제 방식의 주요 내용을 제시한다.

② ㉡을 고려해, 개인 정보의 수집과 활용에 용이한 드론의 특성을 언급한다.

③ ㉡을 고려해, 드론이 개인 정보를 수집하고 활용하는 기술적 원리와 한계를 설명한다.

④ ㉢을 고려해, 사후 규제 방식을 도입했을 때 예상되는 부정적 결과를 제시한다.

⑤ ㉢을 고려해, 사후 규제 방식의 도입으로 드론 기술과 산업이 빠르게 발전할 수 있다는 입장의 문제점을 지적한다.

264

▶ 24102-0264
2019학년도 3월 학력평가 9번

(나)를 활용하여 (다)를 작성했다고 할 때, 학생의 자료 활용에 대한 설명으로 적절하지 않은 것은?

① ⓐ를 구체화하여, 공공 분야와 민간 분야에서 드론의 활용 범위가 넓어지고 있음을 제시했다.

② ⓑ를 토대로, 드론으로 인한 사생활 침해의 우려가 커지고 있음을 제시했다.

③ ⓒ의 구체적인 내용을 찾아, 개인의 기본권이 안정적으로 보호받아야 할 필요성을 강조했다.

④ ⓓ에서 하나의 방식을 선택하여, 개인 정보의 침해를 예방하지 못해 발생하는 피해를 경제적 측면에서 강조했다.

⑤ ⓔ를 참고하여, 사전 규제 방식을 유지하면서도 드론 기술과 산업의 발전을 도모할 수 있음을 제시했다.

265

▶ 24102-0265
2019학년도 3월 학력평가 10번

〈보기〉에서 근거를 찾아, [A]에 대해 반박하는 글을 쓰고자 한다. 글에 담길 내용으로 가장 적절한 것은?

● 보기 ●

여러 나라에서 사후 규제 방식을 도입하면서도 개인의 기본권을 보호하는 방안들을 시행하고 있다. 한 예로 '징벌적 손해 배상 제도'를 도입한 것을 들 수 있다. 개인 정보의 복제, 유포, 위조 등으로 정보 주체에게 신체나 재산 등의 중대한 손실을 입힌 경우 손해액의 3~5배 정도를 배상하도록 하여 엄격하게 책임을 물음으로써 개인 정보를 효과적으로 보호하고 있다.

① 개인의 동의를 구한 상황에서 개인 정보를 자유롭게 이용하도록 하는 것이 추후에 발생할지 모르는 문제를 예방하는 효과적인 방법이다.

② 개인의 동의 없이 개인 정보를 수집하고 활용하는 것을 허용하되 엄격한 기본권 보호 방안을 시행함으로써 개인 정보의 불법적인 이용을 막을 수 있다.

③ 드론의 활용 범위를 민간 분야까지 확대하기 위해서는 징벌적 손해 배상 제도를 도입하되 개인 정보의 침해 종류에 따라 손해 배상액을 결정해야 한다.

④ 개인 정보의 수집과 활용을 원칙적으로 금지하되 규제를 완화하면 개인 정보의 복제, 유포, 위조 등으로 정보 주체에게 일어나는 피해가 증가할 것이다.

⑤ 사전 규제와 사후 규제 방식을 절충해서 개인 정보의 수집과 활용을 규제하는 법안을 마련하여 시행하면 개인 정보의 악용으로 인한 신체나 재산상의 중대한 손실을 줄일 수 있다.

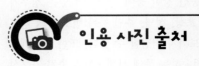

인용 사진 출처

이미지파트너스 55쪽 90번, 이경윤, 「월하탄금도」, ⓒ고려대학교박물관

55쪽 90번, 김홍도, 「전다한화」, 간송미술문화재단

Engine of Korea

산학협력 연구중심 대학
ERICA와 함께 갑시다

캠퍼스
혁신파크

여의도 공원 면적 규모
1조 5,000억 원 투자(2030년)
대한민국의 실리콘밸리

KAKAO DATA CENTER

**BK21 10개
교육연구단(팀) 선정**

· 전국 578개 연구단(팀)에
2020.9. ~ 2027. 8.(7년)
총 2조 9천억 원 지원

**중앙일보 대학평가
10년연속 10위권**

· 현장의 문제를 해결하는
IC-PBL 수업 운영
· 창업 교육 비율 1위
· 현장 실습 비율 1위

여의도에서 25분!

· 신안산선 개통 2025년

한양대에리카역   여의도역
광명역 영등포역
KTX   ITX

 한양대학교 ERICA
Education Research Industry Cluster @ A…

문제를 사진 찍고
해설 강의 보기
Google Play | App Store

EBS*i* 사이트
무료 강의 제공

2025학년도 수능 대비

수능
기출의 미래

All New

정답과 해설

국어영역 | 화법과 작문

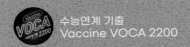
수능연계 기출
Vaccine VOCA 2200

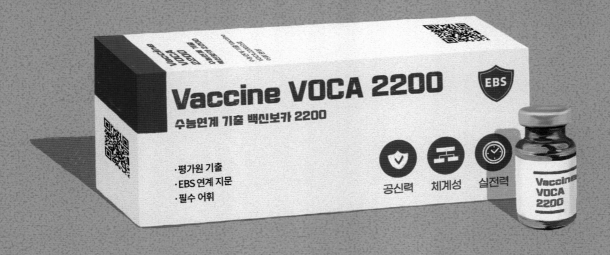

○ 수능 영단어장의 끝판왕!
10개년 수능 빈출 어휘 + 7개년 연계교재 핵심 어휘

○ 수능 적중 어휘 자동암기 3종 세트 제공
휴대용 포켓 단어장 / 표제어 & 예문 MP3 파일 / 수능형 어휘 문항 실전 테스트

휴대용 **포켓 단어장** 제공

수능 기출의 미래

국어영역 | 화법과 작문

All New

정답과 해설

정답과 해설

I 화법과 작문

본문 10~144쪽

01 ④	02 ⑤	03 ④	04 ④	05 ⑤	06 ①
07 ③	08 ③	09 ②	10 ⑤	11 ①	12 ②
13 ④	14 ③	15 ④	16 ⑤	17 ①	18 ⑤
19 ①	20 ③	21 ⑤	22 ⑤	23 ①	24 ⑤
25 ②	26 ④	27 ③	28 ⑤	29 ①	30 ④
31 ②	32 ⑤	33 ③	34 ①	35 ④	36 ①
37 ③	38 ②	39 ⑤	40 ②	41 ②	42 ①
43 ②	44 ④	45 ②	46 ⑤	47 ⑤	48 ③
49 ④	50 ④	51 ①	52 ①	53 ①	54 ②
55 ④	56 ①	57 ⑤	58 ③	59 ④	60 ②
61 ③	62 ②	63 ④	64 ⑤	65 ②	66 ①
67 ④	68 ④	69 ③	70 ①	71 ④	72 ②
73 ⑤	74 ②	75 ①	76 ⑤	77 ②	78 ①
79 ④	80 ③	81 ②	82 ⑤	83 ②	84 ④
85 ⑤	86 ④	87 ⑤	88 ③	89 ③	90 ①
91 ⑤	92 ④	93 ②	94 ⑤	95 ②	96 ①
97 ④	98 ⑤	99 ②	100 ③	101 ⑤	102 ⑤
103 ②	104 ③	105 ②	106 ①	107 ④	108 ③
109 ①	110 ④	111 ④	112 ⑤	113 ④	114 ①
115 ①	116 ②	117 ①	118 ②	119 ②	120 ①
121 ②	122 ②	123 ④	124 ②	125 ②	126 ②
127 ③	128 ②	129 ⑤	130 ①	131 ②	132 ④
133 ②	134 ①	135 ⑤	136 ⑤	137 ②	138 ④
139 ③	140 ②	141 ①	142 ⑤	143 ②	144 ②
145 ②	146 ①	147 ④	148 ①	149 ②	150 ⑤
151 ②	152 ②	153 ⑤	154 ④	155 ⑤	156 ②
157 ⑤	158 ④	159 ①	160 ②	161 ②	162 ②
163 ②	164 ②	165 ②	166 ②	167 ⑤	168 ②
169 ⑤	170 ②	171 ③	172 ③	173 ①	174 ⑤
175 ⑤	176 ②	177 ②	178 ③	179 ②	180 ④
181 ②	182 ②	183 ②	184 ③	185 ①	186 ①
187 ⑤	188 ②	189 ②	190 ⑤	191 ②	192 ②
193 ③	194 ②	195 ①	196 ⑤	197 ②	198 ②
199 ⑤	200 ⑤	201 ②	202 ③	203 ⑤	204 ④
205 ⑤	206 ③	207 ④	208 ④	209 ③	210 ④
211 ①	212 ②	213 ③	214 ①	215 ②	216 ④
217 ②	218 ①	219 ⑤	220 ②	221 ②	222 ②
223 ③	224 ④	225 ①	226 ②	227 ②	228 ①
229 ④	230 ②	231 ②	232 ④	233 ④	234 ④
235 ②	236 ②	237 ②	238 ②	239 ⑤	240 ②
241 ④	242 ②	243 ②	244 ②	245 ②	246 ④
247 ②	248 ②	249 ②	250 ①	251 ②	252 ⑤
253 ⑤	254 ⑤	255 ②	256 ①	257 ②	258 ②
259 ②	260 ④	261 ②	262 ⑤	263 ③	264 ④
265 ②					

자료 눈을 개폐하는 기능이 있는 물고기에 대한 학생의 발표
내용 말뚝망둑어 눈의 개폐가 가능한 이유 및 말뚝망둑어와 꾸구리의 눈 개폐 양상과 역할을 소개함.

01 발표 표현 전략 사용하기   정답률 93.7%

정오답 ☑체크

① 발표자는 주로 평이하고 일상적인 용어를 사용하여 발표하였으며, 전문 용어의 개념을 정의하고 있지 않다.
② 청중이 발표 내용에 대한 추가적인 정보를 요청하는 부분은 찾아볼 수 없다.
③ 발표의 처음 부분에서 발표의 중심 제재를 소개하고 있을 뿐, 발표의 진행 순서를 안내하고 있지 않다.
✓④ 발표자는 민물고기 꾸구리가 눈을 개폐하는 양상을 설명한 후, 이 내용을 바탕으로 꾸구리가 낮과 밤 중 언제 주로 활동하는지를 질문함으로써 청중의 답변을 이끌어 내고 그 적절성을 판단하고 있다.
⑤ 발표 주제를 선정하게 된 계기를 밝히고 있지 않으며, 이를 위해 청중과 공유하는 기억을 환기하고 있지도 않다.

답 ④

02 발표 내용 조직하기 / 발표에서 자료, 매체 활용하기
정답률 55.4%

정오답 ☑체크

① 발표자는 발표를 시작하면서 청중에게 물고기가 눈을 감는 모습을 상상해 볼 것을 요청하였으며, '잘 떠오르지 않으시죠?'라고 질문하며 일반적으로 물고기는 눈꺼풀이 없어 눈을 감지 못한다는 설명을 덧붙이고 있다.
② 발표자는 말뚝망둑어 눈의 개폐 과정을 드러내기 위해 '말뚝망둑어가 눈을 닫을 때 위로 볼록 솟아 있는 눈이 아래의 구멍으로 들어가고, 이어서 눈 아래 피부가 올라와 눈을 덮어 줍니다.'와 같이 눈의 움직임과 눈 아래 피부의 움직임을 순서대로 설명하고 있다.
③ 발표자는 말뚝망둑어의 눈 근육이 둥근망둑어에 비해 그 기울기가 훨씬 가파르기 때문에 말뚝망둑어 눈의 개폐가 가능하다고 설명하고 있다.
④ 발표자는 '(자료 제시) 동영상에 보이는 것처럼'에서 확인할 수 있듯이 동영상을 보여 주며 말뚝망둑어 눈의 개폐를 설명한 후, '(자료 제시) 나란히 놓인 두 사진이 보이시죠?'에서 확인할 수 있듯이 사진을 제시하며 꾸구리 눈의 개폐 양상을 설명하고 있다.
✓⑤ 발표자는 꾸구리 눈이 개폐된 모습의 차이를 드러내기 위해 두 사진을 나란히 놓아 제시하였다. 따라서 '두 사진을 화면에 순차적으로 제시해야겠어.'라는 발표 계획은 발표에 반영되지 않았음을 알 수 있다.

답 ⑤

03 발표 내용 이해, 평가하기　정답률 92.5%

정오답 ✅체크

① '학생 1'은 눈꺼풀이 없는 다른 물고기들이 눈으로 들어오는 빛의 양을 조절하는 방법에 대한 설명이 빠져 있음을 언급하며 이에 대한 궁금증을 드러내고 있다. 이는 발표에서 언급되지 않은 정보에 대해 궁금증을 드러낸 것으로 볼 수 있다.

② '학생 2'는 눈꺼풀 같은 피부가 있는 물고기의 또 다른 예로 상어를 떠올리고 있다. 이는 발표 내용과 관련하여 자신의 배경지식을 떠올리고 있는 것으로 볼 수 있다.

③ '학생 3'은 말뚝망둑어 눈의 개폐에 대한 연구 결과가 믿을 만한 것인지를 궁금해하였다. 이는 발표에 제시된 내용을 신뢰할 수 있는지에 대해 의문을 제기한 것으로 볼 수 있다.

✓④ '학생 1'은 눈꺼풀이 없는 다른 물고기들이 눈으로 들어오는 빛의 양을 조절하는 방법에 대한 설명이 빠져 있음을 언급하며 이에 대한 궁금증을 드러내고 있지만, 발표 내용을 통해 알게 된 정보의 효용성을 판단하고 있지는 않다. '학생 3'은 발표에서 전달한 정보가 흥미롭다고 언급하면서 그 신뢰성에 대해 의문을 드러내고 있지만, 정보의 효용성을 판단하고 있지는 않다.

⑤ '학생 2'는 상어의 눈꺼풀 같은 피부가 꾸구리 눈에 있는 피부와 같은 역할을 수행하는지 누리집에서 검색해야겠다고 말했으며, '학생 3'은 말뚝망둑어 눈의 개폐에 대한 연구 결과와 관련된 내용을 도서관에서 찾아봐야겠다고 말했다. 따라서 '학생 2'와 '학생 3' 모두 발표 내용과 관련하여 추가적인 정보를 탐색하려 하고 있음을 알 수 있다.

📖 ④

[04~08] 화법과 작문 통합

(가)
자료　'전통 문화 연구 동아리' 학생들의 대화
내용　교지에 글을 쓰려고 전통 한지의 우수성 및 전통 한지를 계승하고 발전시킬 방법에 대해 이야기를 나눔.

(나)
자료　(가)를 바탕으로 '학생 1'이 작성한 초고
내용　(가)에서 나눈 대화 내용을 바탕으로 전통 한지의 우수성 및 전통 한지를 계승하고 발전시킬 방법에 대해 씀.

04 대화 맥락 분석하기　정답률 70.8%

정오답 ✅체크

① '학생 1'의 요청은 첫 번째 발화와 세 번째 발화에서 제시되었으며, 이는 모두 의견 제시에 대한 요청으로 한정되어 있다. 대화에 적극적인 태도로 참여할 것을 요청하고 있지는 않다.

② '학생 1'은 마지막 발화에서 대화의 내용을 정리해 글을 작성할 것임을 밝히고 있다. 추후 모임에서 논의할 사항을 안내하고 있지는 않다.

③ '학생 1'은 네 번째 발화에서 '학생 2'와 '학생 3'의 입장을 요약 정리하면서 이들 간의 차이점을 확인하고 양쪽 모두 일리가 있음을 인정하고 있다. 그러나 양쪽의 합의를 이끌어 내고 있지는 않다.

✓④ '학생 1'은 첫 번째 발화에서 이전 대화의 내용을 환기하고 우선 이야기할 내용을 제시하였으며, 이후 두 번째 발화에서는 문제 상황을 언급하고 있다. 이어 세 번째 발화에서는 이러한 문제 상황의 해결 방안에 대해 이야기해 볼 것을 질문의 방식을 통해 요청하고 있다. 따라서 '학생 1'은 질문을 통해 문제 상황에 대한 것에서 해결 방안에 대한 것으로 대화 내용을 전환하고 있음을 확인할 수 있다.

⑤ 대화 참여자가 제시한 정보에 대해 '학생 1'이 출처를 요구하는 발화는 찾아볼 수 없다.

📖 ④

05 대화 내용 이해, 평가하기　정답률 70.4%

정오답 ✅체크

① [A]에서 '학생 2'는 전통 한지가 빛에 안정적이기 때문에 보존성이 좋다는 '학생 3'의 말을 받아 '서양 종이는 빛을 받으면 색이 잘 변하는데 전통 한지는 빛에 더 강하'다는 표현으로 바꾸어 말하면서 자신의 이해가 맞는지를 질문하고 있다.

② [A]에서 '학생 3'은 서양 종이와 전통 한지를 비교하는 '학생 2'의 말에 대해, 닥나무로 만든 중국, 일본의 종이와 전통 한지를 비교하며 전통 한지의 우수성을 추가적으로 설명하고 있다.

③ [B]에서 '학생 2'는 전통 한지를 어떤 식으로든 사용하지 않으면 결국 사라지게 될 것이라는 '학생 3'의 말을 '나도 그렇게 생각해.'라며 수용한 후, 전통 한지 사용을 늘리기 위한 정부 차원의 노력이 필요하다는 자신의 의견을 제시하고 있다.

④ [B]에서 '학생 3'은 민간에서 만든 생활용품이나 공예품에 쓰이는 한지는 품질 낮은 한지가 대부분이라는 '학생 2'의 말에 대해, '민간에서 쓰이는 한지가 대부분 품질이 낮다는 건 확인이 필요할 것 같아.'라고 하며 정보의 정확성에 의문을 제기하고 있다.

✓⑤ [B]에서 전통 한지 사용을 늘리기 위한 정부 차원의 노력이 필요하다고 주장하는 '학생 2'의 말에 대해, '학생 3'은 그것만으로는 문제를 해결하기 어렵다고 지적하며 민간에서 전통 한지를 많이 사용하는 것이 더 중요하다는 입장을 밝히고 있다. 또한 생활용품이나 공예품에 쓰이는 한지는 품질이 낮은 경우가 대부분이라는 '학생 2'의 말에 대해, '학생 3'은 확인이 필요할 것 같다고 말하고 있다. 즉 '학생 3'은 '학생 2'의 주장에 대해 한계를 지적하거나 정보의 확인이 필요함을 지적하고 있을 뿐, 해결 방안이 공정하지 못하다고 지적하고 있지는 않다.

📖 ⑤

06 정보 전달 글쓰기 내용 생성하기 정답률 32.7%

정답 해설 PLUS

다음은 (가)에서 '학생 1'이 대화의 내용과 자신이 떠올린 생각을 작성한 메모 이다. ㉠~㉤이 (나)에 반영된 양상으로 적절하지 않은 것은? [3점]

```
≪대화 내용≫                           ≪떠올린 생각≫
◎ 우수성
• 문화재 상태 복구에 사용 (유럽)        글에서 어떻게 활용?    ㉠
• 보존성 뛰어남                        뒷받침할 자료가
 - 빛에 안정적                         더 필요할 듯        ㉡
 - 질기고 오래감                       글에서 모두 활용?    ㉢
◎ 사용 부진: 업체 및 전수자 감소
◎ 해결 방안
• 전통 방식, 국내산 닥나무, 기술 전수    분류가 필요할 듯      ㉣
• 정부 차원 (    ?    )                어떤 방안이 있을까?   ㉤
  민간 차원 (생활용품, 공예품)
◎ 전통의 계승: 자부심, 명품의 가치, 사용 가치
```

❶ '학생 2'의 발화를 토대로 작성된 ㉠은, 전통 한지의 우수성을 부각하기 위한 내용으로 (나)에 반영되었다.
 전통 한지 사용에 무관심한 국내 현실을 부각하기 위해 반영됨 ✗

② '학생 3'의 발화를 토대로 작성된 ㉡은, 세계 기록 유산과 관련된 내용이 추가되어 (나)에 반영되었다.
 (나)의 2문단에 반영됨 ○

③ '학생 3'의 발화를 토대로 작성된 ㉢은, 전통 한지의 보존성을 설명하는 내용 중 일부가 제외되어 (나)에 반영되었다.
 '빛에 안정적'이라는 내용은 제외됨 ○

④ '학생 2'의 발화를 토대로 작성된 ㉣은, 전통 한지의 품질 유지를 위한 방안이 범주화되어 (나)에 반영되었다.
 (나)의 4문단에 반영됨 ○

⑤ '학생 2'의 발화를 토대로 작성된 ㉤은, 전통 한지의 사용 확대를 위한 방안이 구체화되어 (나)에 반영되었다.
 (나)의 4문단에 반영됨 ○

함정 탈출 비법 문제의 메모에서 '대화 내용'은 (가)에 있는 내용이고, '떠올린 생각'은 '학생 1'이 (나)를 쓰려고 떠올린 생각이다. 이 문제에서는 ①의 내용이 그럴듯하다고 생각해 적절한 선지로 판단할 수 있는데, 이것이 함정이다. '학생 2'가 말한 유럽의 한지 사용 사례를 '학생 1'이 (나)에서 반영한 맥락은 전통 한지의 우수성을 부각하기 위해서가 아니다. 즉 우리 전통 한지에 대한 관심이 높은 유럽과 달리 우리나라에서는 정작 전통 한지에 대한 관심이 덜하다는 것을 부각하기 위한 맥락에서 사용하였다는 것을 파악할 수 있어야 이 문제의 함정을 피할 수 있는 것이다.

정오답 ✓체크

✓❶ 유럽에서는 손상된 종이 문화재를 복구하는 용도로 우리 전통 한지를 사용하고 있다는 '학생 2'의 첫 번째 발화는, 전통 한지에 대한 관심이 높은 유럽의 상황과 대조를 이루는 국내의 현실에 대한 우려를 부각하기 위한 내용으로 (나)의 3문단에 반영되었다. 따라서 '학생 2'의 해당 발화가 전통 한지의 우수성을 부각하기 위한 내용으로 (나)에 반영되었다는 설명은 적절하지 않다.

② 전통 한지가 보존성이 뛰어나다는 '학생 3'의 첫 번째 발화 내용은, (나)의 2문단에 유네스코 세계 기록 유산을 아시아에서 가장 많이 보유한 나라가 우리나라이며, 그중 대부분이 전통 한지에 기록된 문화유산이라는 내

용이 추가되어 반영되었다.

③ '학생 3'은 첫 번째 발화에서 전통 한지가 빛에 안정적이라고 하였으며, 두 번째 발화에서는 전통 한지의 질기고 오래가는 특성을 언급하였다. (나)의 2문단에는 이 중 두 번째 발화의 내용만이 반영되고 첫 번째 발화의 내용은 제외되었다.

④ '학생 2'는 네 번째 발화에서 전통 한지의 높은 품질을 유지하려면 전통 방식으로 만들고 국내산 닥나무만 사용해야 하며, 기술 전수 교육도 해야 한다고 주장하였다. 이 중 국내산 닥나무만 사용해야 한다는 것은 '재료 측면'으로, 전통 방식으로 만들고 기술 전수 교육을 해야 한다는 것은 '제작 기술 측면'으로 범주화되어 (나)의 4문단에 반영되었다.

⑤ 전통 한지 사용을 늘리기 위한 정부 차원의 노력이 필요하다는 '학생 2'의 다섯 번째 발화 내용은, (나)의 4문단 후반부에 공공 부문에서의 전통 한지 사용 장려와 문화재 수리에서의 활용이 전통 한지 사용의 확대를 위한 정부 차원의 방안으로 제시됨으로써 구체화되었다.

답 ①

07 설득 글쓰기 표현 전략 사용하기 정답률 83.9%

정오답 ✓체크

① 자신의 특별한 경험을 언급하고 있지는 않다.

② 자신의 주장에 대한 예상 반론과 그에 대한 반박은 언급되지 않았다.

✓③ 4문단에서 전통 한지 사용을 확대하기 위한 노력이 필요하다고 하며, 민간 차원에서는 전통 한지의 활용 분야를 넓힐 필요가 있다고 주장하고 있다. 그리고 '일례로 전통 한지는 친환경 소재로 주목받아 의류와 침구류 제작에 사용되고 있어, 그 응용 범위가 점차 확대되어 갈 것으로 기대된다.'라고 사례를 들어 민간 차원에서 전통 한지의 활용 분야를 넓힐 필요가 있다는 주장의 실현 가능성을 제시하고 있다.

④ 2문단에서 전통 한지의 섬유 조직에 대한 언급을 하고 있으므로 제재의 물리적 특성을 분석한 내용은 있다고 볼 수 있으나, 이를 통해 한지의 우수성을 언급하고 있는 것이지 문제 상황의 원인을 제시한 것은 아니다.

⑤ 보도 자료의 내용을 인용하고 있지는 않다.

답 ③

08 설득 글쓰기 내용 점검, 조정하기 정답률 84.0%

정오답 ✓체크

① 고친 글에는 전통 한지를 계승하고 발전시킴으로써 예상되는 기대 효과가 언급되어 있지 않다.

② (나)의 마지막 문단에도 '우리의 자랑스러운 문화유산'이라는 진술에 전통 한지를 계승해야 할 필요성이 드러나 있다고 볼 수 있다.

✓③ (나)의 마지막 문단에는 전통 한지의 계승 및 발전과 관련하여 전통 한지와 그 제작 기술의 가치를 이어 나가기 위한 노력이 필요하다는 점만 언급된 반면, 고쳐 쓴 글에는 '전통 한지와 그 제작 기술의 원형을 보존하여 품질을 유지하는 한편, 전통 한지의 사용을 확대하여 전통 한지가 다양한 방식으로 활용될 수 있도록 해야 한다.'와 같이 전통 한지의 사용을 확대하기 위한 노력의 방향이 추가로 언급되어 있다. 따라서 고친 글에 반영된 수정 계획은 전통 한지의 계승 및 발전을 위한 두 가지 방향을 모두 드러내는 방향으로 수정하자는 것이었음을 알 수 있다.

④ (나)의 마지막 문단에서 사용한 접속 표현인 '따라서'는 적절한 표현이며, 고친 글에서 수정되지 않았다.

⑤ (나)의 마지막 문단에도 전통 한지의 특성에 대한 내용은 언급되어 있지 않다.

답 ③

[09~11] 작문

자료 학교 신문의 기고란에 싣기 위해 쓴 학생의 초고
내용 청소년이 기후 변화 대응 활동에 참여하지 않는 원인 및 청소년의 참여를 유도하는 방안 등에 대해 씀.

09 설득 글쓰기 맥락 분석하기
정답률 68.9%

정오답 ☑체크

① 3문단에서 청소년의 참여를 이끌어 내려면 청소년이 실천할 수 있는 방안을 알려 주는 것이 중요하며, 이때의 대응 방안은 생활 속에서 실천할 수 있는 것부터 사회적인 차원의 것까지 다양하다고 언급하고 있다.
✓❷ 4문단에서 기후 변화 대응 활동에 대한 청소년들의 참여를 이끌어 내기 위해서는 자신의 활동을 통해 상황을 개선할 수 있다는 인식을 형성하는 것이 중요하며 이를 위해서는 체계적이고 지속적인 지원이 필요하다고 언급하고 있으나, 청소년 참여를 위한 지원 정책을 언급하지는 않았다.
③ 2문단에서 청소년들이 기후 변화 대응 활동에 참여하지 않는 원인을 분석하고 있다.
④ 4문단에서 기후 변화 대응 활동에 대한 청소년들의 참여를 이끌어 내기 위해서는 자신의 활동을 통해 상황을 개선할 수 있다는 인식을 형성하는 것이 중요하다고 언급하고 있다.
⑤ 1문단에서 인류의 생존을 위협하는 기후 변화가 가속화되는 상황이므로 기후 변화에 대한 대응에 미래 세대인 청소년들이 관심을 가지고 참여해야 한다는 사회적 공감대가 형성되고 있음을 언급하고 있다.

답 ②

10 설득 글쓰기 내용 점검, 조정하기
정답률 82.4%

정오답 ☑체크

① 독자의 관심을 이끌어 내는 표현이 없고, 기후 변화의 심각성이 잘 드러나지 않았다.
② '이제 더 이상은 미룰 수 없다'에서 기후 변화의 심각성을 드러내며 독자의 관심을 이끌어 내고 있다고 볼 수는 있지만, '기후 변화에 대처하는 삶의 양식 전환'이 5문단에서 말하고자 하는 바를 잘 드러냈다고 보기 어렵다.
③ '환경에 위협받는 삶'에서 독자의 관심을 끌면서 기후 변화의 심각성을 드러내고 있으나, '인간 중심의 삶에서 환경과 공존하는 생활로 전환'에는 5문단에서 말하고자 하는 바가 잘 드러나지 않았다.
④ '기후 변화 문제'로 인해 '모두가 실천적 노력으로 모여야 할 시기'라는 표현에서 기후 변화의 심각성이 어느 정도 드러난다고 볼 수 있으나, 기후 변화 문제는 청소년에게만 해당되는 문제가 아니며, 5문단에서 말하고자 하는 바 또한 잘 드러났다고 볼 수 없다.
✓❺ 교사는 독자의 관심을 이끌어 낼 수 있도록 표현할 것, 기후 변화의 심각성이 잘 드러나는 내용으로 쓸 것, 글의 5문단의 내용이 잘 드러나는 내용으로 쓸 것을 조언하고 있다. ⑤는 '미래를 위협하는 기후 변화'에서 독자의 관심을 이끌어 내는 동시에 기후 변화의 심각성을 드러내고 있고, '실

천을 도와 청소년의 삶에서 대응을 실현할 때'에서 개인 및 공동체 차원에서의 실천과 이에 대한 지원을 통해 기후 변화에 대한 대응이 청소년의 삶에서 멀리 있는 것이 아니라는 생각을 만들어 갈 수 있다는 5문단의 내용을 잘 드러내고 있다.

답 ⑤

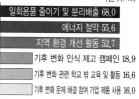

11 설득 글쓰기 자료, 매체 활용하기
정답률 27.5%

정답 해설 PLUS

〈보기〉는 초고를 보완하기 위해 추가로 수집한 자료이다. 자료의 활용 방안으로 적절하지 않은 것은? [3점]

● 보기 ●

ㄱ. 기후 변화 대응 활동 관련 설문 조사 자료

(대상: 우리 지역 청소년 600명)

ㄱ-1. 참여하지 않은 이유
(참여하지 않은 청소년 431명 응답)
(단위: %)

기타 3.9
참여한다고 달라지지 않을 것 같아서 14.2
충분한 정보가 없어서 19.5
별로 관심이 없어서 27.8
참여 기회가 없어서 34.6

ㄱ-2. 참여한 활동 (복수 응답)
(참여한 청소년 169명 응답)
(단위: %)

일회용품 줄이기 및 분리배출 68.0
에너지 절약 55.6
지역 환경 개선 활동 52.7
기후 변화 인식 제고 캠페인 18.9
기후 변화 관련 학교 밖 교육 및 활동 16.6
기후 변화 문제 해결 참여 기업 제품 사용 16.0

ㄴ. 신문 기사

청소년 기후 변화 대응 세미나가 ○○에서 개최되었다. 참여자들은, 기존의 교육이 기후 변화에 관심을 갖도록 만들었으나 청소년들의 실천적 대응을 이끌어 내기에는 한계가 있었다고 지적하며, 청소년들도 적극 참여하고 실천하며 효용을 체감할 수 있도록 학교·사회의 실천 연계형 교육으로 전환해야 한다는 데 의견을 모았다.

ㄷ. 인터뷰 자료

□□ 생태환경연구소 △△△ 박사는 "현재 각 국가가 온실가스 감축을 시행하고 있지만 각국에서 설정한 목표로 감축을 하더라도, 2020년에 출생한 세계 각국의 아이들은 평생 동안 50년 전에 태어난 세대에 비해 7배 수준의 폭염을 겪을 것이라고 예상합니다."라고 말했다.

❶ ㄱ-1을 활용하여, 청소년들이 대응 방안에 무관심하거나 관련 정보가 충분하지 않은 것을, 방안을 실천하더라도 효과가 없다고 청소년들이 생각하는 이유로 2문단에 구체화해야겠어.
대응 방안에 무엇이 있는지 제대로 모르는 경우임

② ㄴ을 활용하여, 기존 교육의 한계를 지적하며 세미나 참여자들이 동의한 내용을, 기후 변화 대응과 관련한 학교 교육의 변화 방향으로 4문단에 보강해야겠어.

③ ㄷ을 활용하여, 미래 세대는 폭염으로 인한 영향을 더 크게 받게 될 것이라는 전문가의 예측을, 청소년들의 활동 참여에 대한 사회적 공감대 형성의 근거로 1문단에 추가해야겠어.

④ ㄱ-1과 ㄱ-2를 활용하여, 청소년 다수가 참여한 활동들을, 참여 기회가 없다고 답한 청소년들이 생활 속에서 실천할 수 있는 기후 변화 대응 활동의 사례로 3문단에 추가해야겠어.

⑤ ㄱ-2와 ㄴ을 활용하여, 지역 환경 개선 활동이나 캠페인 등 지역 사회와 연계될 수 있는 활동들을, 청소년의 긍정적 인식 형성을 위해 학교가 지원할 사례로 4문단에 구체화해야겠어.

정오답 ✔ 체크

✔**①** 2문단에서는 청소년이 기후 변화 대응 활동에 참여하지 않는 원인을 '기후 변화 대응 방안에 무엇이 있는지 제대로 모르는 경우'와 '(자신의 실천은 효과가 없다고 생각하여) 방안을 알면서 참여하지 않는 경우'로 나누어 제시하고 있다. ㄱ-1에서 청소년들이 '별로 관심이 없어서'라고 응답한 결과나 '충분한 정보가 없어서'라고 응답한 결과는 첫 번째 원인을 구체화하는 자료로 활용할 수 있으나 두 번째 원인을 구체화하는 자료로 활용하기는 어렵다.

② 4문단에서는 청소년들의 기후 변화 대응 활동에의 참여를 도울 수 있도록 학교 교육에 변화가 필요하다고 주장하고 있다. ㄴ에 의하면 세미나 참여자들 역시 청소년들이 기후 변화 대응 활동에 적극 참여하고 실천하며 효용을 체감할 수 있도록 기존 교육을 전환해야 한다는 데에 동의하고 있다. 따라서 ㄴ을 통해 4문단에서 언급한 학교 교육의 변화 방향을 뒷받침하는 것은 적절한 자료 활용 방안이다.

③ 1문단에서는 인류의 생존을 위협하는 기후 변화가 가속화되는 상황이므로 미래 세대인 청소년들이 기후 변화 대응 활동에 관심을 가지고 참여해야 한다는 사회적 공감대가 형성되고 있음을 언급하고 있다. ㄷ은 2020년에 출생한 아이들이 그 전 세대에 비해 더 심각한 수준의 폭염을 겪을 것이라는 전문가의 예측을 다루고 있다. 따라서 ㄷ을 청소년들이 기후 변화 대응 활동에 관심을 가지고 참여해야 한다는 사회적 공감대 형성의 근거로 삼는 것은 적절한 자료 활용 방안이다.

④ 3문단에서는 청소년의 참여를 이끌어 내려면 청소년들이 생활 속에서 실천할 수 있는 기후 변화 대응 방안부터 알려 주는 것이 중요하다고 말하고 있다. ㄱ-1은 기후 변화 대응 활동에 참여하지 않은 청소년들 가운데 '참여 기회가 없어서'라고 응답한 청소년이 가장 많았음을 보여 주고 있고, ㄱ-2는 기후 변화 대응 활동에 참여한 청소년들이 생활 속에서 실천한 일들을 다루고 있다. 따라서 ㄱ-1과 ㄱ-2를 활용하면, 참여 기회가 없다고 생각해서 기후 변화 대응 활동에 참여하지 않은 청소년들에게 생활 속에서 실천할 수 있는 대응 활동의 사례를 제시할 수 있고, 이러한 내용을 3문단을 뒷받침하는 사례로 제시할 수 있다.

⑤ 4문단에서는 기후 변화 대응 활동에 대한 청소년의 긍정적 인식이 형성될 수 있도록 학교의 지원이 필요하다는 주장을 하고 있다. ㄱ-2는 기후 변화 대응 활동에 참여한 청소년 중 지역 환경 개선 활동이나 기후 변화 인식 제고 캠페인을 하는 청소년들이 있음을 보여 주고 있고, ㄴ은 기존의 교육을 학교·사회의 실천 연계형 교육으로 전환해야 한다는 전문가의 의견을 다루고 있다. 따라서 ㄱ-2와 ㄴ을 활용하면, 기후 변화 대응 활동에 대한 청소년의 긍정적 인식 형성을 위해 학교의 지원이 필요한 활동으로 지역 환경 개선 활동이나 캠페인 등이 있음을 언급할 수 있다.

답 ①

12 발표 표현 전략 사용하기   정답률 85.3%

정오답 ✔ 체크

① 발표자는 1문단에서 '지난 수업 시간에 곰팡이의 생육 환경에 대해 우리가 조사했던 활동이 기억나나요?'라고 청중에게 묻고 있다. 이는 발표에 대한 청중의 주의를 환기하기 위해 청중과 공유하고 있는 경험을 언급한 것이다.

✔**②** 발표의 도입 부분에서 청중이 발표 내용을 예측하도록 발표의 중심 화제를 제시할 뿐 그 제시 순서를 밝히고 있지는 않다.

③ 발표자는 2문단에서 '식물 뿌리와 함께 사는 곰팡이가 식물 뿌리와 상호 작용한다는 것을 알고 있나요?'라고 청중에게 묻고 있다. 이는 청중이 발표 내용에 대해 사전에 알고 있었는지 확인하기 위해 식물 뿌리와 함께 사는 곰팡이와 관련된 질문을 한 것이다.

④ 발표자는 2문단에서 곰팡이와 식물 뿌리의 상호 작용에는 곰팡이의 균사가 중요한 역할을 한다고 설명하면서 '균사는 곰팡이의 몸을 이루는 세포가 실 모양으로 이어진 것을 말합니다.'라고 설명하고 있다. 이는 청중이 균사의 개념을 파악하도록 균사의 정의를 제시한 것이다.

⑤ 발표자는 2문단에서 식물 뿌리를 감싸고 있는 실처럼 생긴 것이 곰팡이의 균사라고 설명하고 있다. 이는 균사의 모양에 대한 청중의 이해를 돕기 위해 이를 일상적 소재인 '실'의 모양에 빗대어 표현한 것이다. 또한 3문단에서 식물 뿌리와 연결된 곰팡이의 균사는 양분이 오가는 통로가 되어, 마치 서로를 잇는 다리와 같은 역할을 한다고 설명하고 있다. 이는 균사의 역할에 대한 청중의 이해를 돕기 위해 이를 일상적 소재인 '다리'의 역할에 빗대어 표현한 것이다.

답 ②

13 발표에서 자료, 매체 활용하기   정답률 88.5%

정오답 ✔ 체크

① [화면 1]은 식물 뿌리를 균사가 감싸고 있는 모습을 보여 주는 자료이다. 발표자는 이 화면을 ㉠에 제시하여 식물 뿌리를 감싸고 있는 실처럼 생긴 것이 곰팡이의 균사라고 설명한 뒤, 균사의 정의를 제시하였다.

② [화면 1]은 균사가 식물 뿌리를 실처럼 감싸고 있다는 것을 보여 주기 위해 ㉠에서 활용된 자료이다. 3문단에서 식물과 식물을 연결한 균사를 통해 양분이 식물 간에 전달된다고 설명했지만, 이를 설명하기 위해 [화면 1]을 활용하지는 않았다.

③ [화면 2]는 식물 뿌리와 곰팡이 사이에 양분이 오간다는 점을 보여 주기 위해 ㉡에서 활용한 자료이다. 2문단에서 곰팡이의 몸을 이루는 세포가 실 모양으로 이어진 것이 균사임을 설명했지만, 이는 [화면 1]을 ㉠에 활용하여 설명한 것이지 [화면 2]를 ㉡에 제시한 것과는 관계가 없다.

✔**④** [화면 2]는 식물 뿌리와 곰팡이 사이에 양분이 오간다는 점을 보여 주는 자료이다. 발표자는 3문단에서 식물 뿌리와 연결된 곰팡이의 균사가 양분이 오가는 통로가 된다고 설명한 뒤, 화면을 제시하여 곰팡이가 토양에서 흡수한 양분은 식물 뿌리로 전달되고, 식물이 광합성으로 만든 양분도

곰팡이로 전달된다고 설명하였다. 이를 통해 [화면 2]가 ⓒ에 제시된 자료임을 알 수 있다.

⑤ [화면 3]은 곰팡이에 따라 균사가 식물 뿌리와 연결되는 방식이 다르다는 점을 보여 주는 자료이다. 발표자는 이 화면을 ⓒ에 제시하여 화면의 왼쪽처럼 균사가 식물 뿌리 세포의 내부로 들어가는 곰팡이가 있고, 화면의 오른쪽처럼 균사가 식물 뿌리의 겉면이나 식물 뿌리 세포를 감싸는 곰팡이도 있다는 점을 설명하였다. 3문단에서 균사가 땅속에서 퍼져 나가면서 주변에 서식하는 여러 식물의 뿌리와 연결될 수 있음을 설명했지만, 이는 [화면 3]을 ⓒ에 제시한 것과는 관계가 없다.

답 ④

14 발표 내용 이해, 평가하기 　　　정답률 94.3%

정오답 ✔ 체크

① 발표자의 답변에서 균사가 식물 뿌리 세포의 내부까지 어떻게 들어가는지를 설명한 부분은 없다.

② 발표자의 답변에서 곰팡이가 식물 이외에 다른 생물과도 상호 작용할 수 있는지를 설명한 부분은 없다. 발표자는 곰팡이와 식물 뿌리의 상호 작용에 대해서만 설명하였다.

✔❸ 발표자는 질문을 듣고 곰팡이나 식물에 눈이 있어 서로를 찾아가는 것은 아니라고 언급하며, 곰팡이와 식물 뿌리는 각각 상대의 생장을 촉진하는 물질을 내놓아 상대를 자기 쪽으로 유인하여 만날 수 있다고 답변하였다. 이는 곰팡이의 균사는 거리가 떨어져 있는 식물 뿌리와 연결될 수 있다는 3문단의 내용과 관련이 있다. 따라서 발표자의 답변 내용을 바탕으로 청중이 '서로 떨어져 있는 곰팡이와 식물 뿌리가 어떻게 닿을 수 있나요?'라고 질문했음을 추측할 수 있다.

④ 발표자는 곰팡이와 식물 뿌리가 각각 상대의 생장을 촉진하는 물질을 내놓는다고 답변하였다. 하지만 발표자의 답변에서 곰팡이와 식물 뿌리의 생장을 촉진하는 물질에 어떤 것이 있는지를 설명한 부분은 없다.

⑤ 발표자는 곰팡이와 식물 뿌리가 각각 상대의 생장을 촉진하는 물질을 내놓아 상대를 자기 쪽으로 유인한다고 설명하였다. 하지만 발표자의 답변에서 곰팡이와 연결된 식물 뿌리가 그렇지 않은 식물 뿌리보다 빨리 생장하는지를 설명한 부분은 없다.

답 ③

[15~19] 화법과 작문 통합

(가)

자료　진행자가 전문가 두 명과 함께한 방송 대담의 일부

내용　지역 박물관 증축을 앞두고 두 전문가가 박물관의 공간 구성과 운영상 중점을 둬야 할 부분에 대한 의견을 밝힘.

(나)

자료　(가)의 내용을 바탕으로 학생회 학생들이 나눈 대화

내용　방송 대담을 들은 지역 학생들이 박물관에 건의할 내용에 대해 의논함.

(다)

자료　(나)에서 나눈 의견을 바탕으로 학생회장이 작성한 건의문

내용　박물관장에게 유물 모형을 체험할 수 있는 공간을 마련하고 청소년 대상의 진로 체험 강좌를 운영해 달라고 건의함.

---

15 대담 맥락 분석하기 　　　정답률 69.9%

정오답 ✔ 체크

① [A]에 앞서 '전문가 1'은 이 지역이 ○○ 문화의 중심지였고, 박물관에서는 ○○ 문화의 흥망성쇠를 보여 주는 유물을 다수 보유하고 있다는 점을 들어 ○○ 문화권 상설 전시실의 규모를 확대할 것을 제안하고 있다. 그리고 [A]에서 진행자는 '전문가 1'이 제안한 내용을 요약하며 이에 대한 '전문가 2'의 생각을 묻고 있다. [A]에 앞서 '전문가 1'이 진행자에게 질문을 하고 있지는 않다.

② [A]에서 진행자가 '전문가 1'의 답변 중 이해가 어려운 내용을 밝힌 부분은 없고, '전문가 1'에게 추가 답변을 요청하고 있지도 않다.

③ [B]에서 진행자는 '전문가 1'과 '전문가 2'의 의견에 대해 감사를 표할 뿐, 두 사람의 제안을 종합하고 있지 않다. 또한 [B]에서 진행자가 공간 구성에 대한 자신의 의견을 제시한 부분은 없다.

✔❹ [B]에서 진행자는 앞서 '전문가 1'과 '전문가 2'가 박물관의 공간 구성에 대해 밝힌 의견에 대하여 '공간 구성에 대한 두 분의 좋은 말씀 고맙습니다.'라며 감사를 표하고 있다. 그런 뒤, 이어서 논의할 사항으로 '운영상 중점을 둘 부분'을 제시하고 있다.

⑤ [C]에 앞서 '전문가 2'는 박물관에서 운영할 교육 프로그램 기획 단계에서 시민에게 의견을 묻고 이를 운영에 반영할 수 있다는 의견을 제시하고 있다. 진행자는 [C]에서 '전문가 2'가 언급한 내용 중 일부를 재진술하며 그렇게 하면 수요자의 요구에 맞는 교육 프로그램 운영이 가능하겠다며 예상되는 효과를 밝히고 있는 것이지, 예상되는 문제를 밝히고 있는 것은 아니다.

답 ④

16 대담 내용 이해, 평가하기 　　　정답률 77.5%

정오답 ✔ 체크

① ⓐ와 관련하여 (가)의 '전문가 1'은 첫 번째 발화에서 ○○ 문화권 상설 전시실의 규모를 확대할 것을 제안하면서, 박물관이 토기와 왕릉의 왕관 등 ○○ 문화의 흥망성쇠를 보여 주는 유물을 다수 보유하고 있음을 그 이유로 제시하고 있다.

② ⓑ와 관련하여 (가)의 '전문가 1'은 네 번째 발화에서 충분한 연구가 전제되지 않으면 내실 있는 전시가 어렵다는 점을 들어 유물 연구를 강화해야 한다고 주장하고 있다.

③ ⓒ와 관련하여 (가)의 '전문가 1'은 세 번째 발화에서 보존 공간이 부족해 5년 만에 재증축한 □□ 박물관의 사례를 제시하며, 증축 공간에 한계가 있으니 유산 보존이라는 박물관 본연의 기능에 집중해야 한다는 의견을 밝히고 있다.

④ ⓓ와 관련하여 (가)의 '전문가 2'는 세 번째 발화에서 최근 새로 제시된 박물관의 정의에 공동체의 참여에 관한 내용이 추가되었는데, 이는 박물관 운영 과정에서 시민의 의견을 적극 수용해야 한다는 의미로 볼 수 있다고 언급하고 있다.

✔❺ ⓔ와 관련하여 (가)의 '전문가 2'는 첫 번째 발화에서 교육, 공연, 시민 교류 등을 위한 시민 활용 공간들을 확보해서 박물관을 복합 문화 공간으로 조성해야 한다고 주장하고 있다. 하지만 그 근거로 공간별로 시민이 얻을 수 있는 효과가 다양함을 제시하고 있지는 않다.

답 ⑤

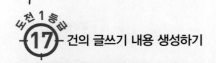
정답 해설 PLUS

(가), (나)의 담화 내용이 (다)에 반영된 양상으로 가장 적절한 것은? [3점]

❶ '학생회장'이 '전문가 1'의 발언을 언급하며 밝힌 의견이 <u>박물관의 진로 체험 강좌 운영의 기대 효과</u>로 제시되었다.

(다)의 3문단에 드러남 ○

② '학생회장'이 '전문가 2'의 발언을 언급하며 밝힌 의견이 증축될 박물관의 향후 전망으로 제시되었다. ✕

③ '학생 1'이 '전문가 1'의 발언을 언급하며 밝힌 의견이 <u>박물관 전시 방식의 개선</u>이라는 건의 사항으로 제시되었다.

④ '학생 1'이 '전문가 2'의 발언을 언급하며 밝힌 의견이 <u>체험 교육 활동에 대한 청소년의 선호</u>라는 건의 이유로 제시되었다. ✕

⑤ '학생 2'가 '전문가 2'의 발언을 언급하며 밝힌 의견이 <u>역사학 관련 진로 체험 강좌의 부재</u>라는 문제 상황으로 제시되었다. ✕

> **함정 탈출 비법** 난도가 아주 높은 문항은 아니지만, 화법과 작문이 통합되어 있어 선지 내용을 파악하는 데 시간이 많이 소요되는 유형의 문제이다. 이런 유형의 문항을 풀 때는 선지의 내용 구조를 명확히 파악해야 한다. (가)와 (나)는 담화이고 (다)는 건의문이다. 먼저 (가)에 있었던 전문가 의견과 (나)에서 이를 언급한 학생의 의견을 연결한 각 선지의 앞부분 내용을 확인한다. 그리고 앞부분 내용이 (다)의 건의 내용으로 제시되었는지 확인한다. 즉 각 선지의 뒷부분 내용이 앞의 의견을 기반으로 제시된 것인지를 확인하면 되는 것이다.

정오답 ✔체크

✔❶ (가)의 '전문가 1'은 네 번째 발화에서 박물관의 핵심은 유물 보존과 연구라고 언급하였다. 그리고 (나)의 '학생회장'은 두 번째 발화에서 방송에서 유물 보존과 연구가 박물관의 핵심이라고 했는데, 이와 관련한 강좌는 진로 개발에 큰 도움이 될 거라며 자신의 의견을 밝혔다. 이를 바탕으로 (다)의 3문단에서는 청소년 대상의 진로 체험 강좌를 운영해 달라고 건의하며, 유물의 보존과 연구에 대해 배우는 강좌가 운영된다면 지역 청소년의 진로 개발에 큰 도움이 될 것이라는 기대 효과를 제시하였다.

② (다)의 4문단에서는 증축될 박물관이 자랑스러운 역사를 간직한 참여의 공간이 될 것이라는 향후 전망을 제시하였다. 이는 (가)의 '전문가 2'가 세 번째 발화에서 박물관의 정의와 관련해 공동체의 참여를 언급한 것과 관계가 있다고 볼 수 있다. 하지만 (나)에서 '학생회장'이 '전문가 2'의 발언을 언급하며 자신의 의견을 밝힌 부분은 없으므로 이는 적절하지 않다.

③ (가)의 '전문가 1'은 첫 번째 발화에서 박물관이 위치한 지역이 ○○ 문화의 중심지였음을 언급하였다. 그리고 (나)의 '학생 1'은 첫 번째 발화에서 전문가가 우리 지역은 ○○ 문화의 중심지였다고 했으므로, 박물관을 왕릉 모양으로 만들면 뜻깊을 것이라며 자신의 의견을 밝혔다. (다)의 3문단에서는 진로 체험 강좌를 운영해 달라고 건의하며 우리 지역이 ○○ 문화의 중심지여서 많은 청소년이 역사적 자긍심을 느끼고 있다는 내용을 제시하였다. 이는 '학생 1'의 의견과는 다른 내용이며, 박물관 전시 방식의 개선과도 관계가 없으므로 적절하지 않다.

④ (다)의 2문단에서는 유물 모형을 체험할 수 있는 공간을 마련해 달라고 건의하며, 청소년은 체험해 보는 교육 활동을 좋아한다는 점을 그 이유로 밝혔다. 이는 (나)의 '학생 1'이 세 번째 발화에서 설명 위주의 기존 전시 방식에 친구들의 불만이 많으므로 유물 모형을 만져 보며 체험할 수 있는 공간을 만들어 달라고 건의하자고 제안한 것과 관계가 있다고 볼 수 있다. 하지만 (나)에서 '학생 1'이 '전문가 2'의 발언을 언급한 부분은 없으므로 이는 적절하지 않다.

⑤ (가)의 '전문가 2'는 첫 번째 발화에서 이번 기회에 시민 활용 공간들을 확보해서 박물관을 복합 문화 공간으로 조성해야 한다고 언급하였다. 그리고 (나)의 '학생 2'는 세 번째 발화에서 전문가도 박물관이 다양한 시민 활용 공간을 확보해야 한다고 했음을 언급하며, 유물 모형을 만져 보며 체험할 수 있는 공간을 만들어 달라고 건의하자는 '학생 1'의 의견에 동의했다. 이를 바탕으로 (다)의 2문단에서는 유물 모형을 체험할 수 있는 공간을 마련해 달라고 건의하였다. (다)의 3문단에서 역사학 관련 진로 체험의 기회가 부족함을 문제 상황으로 제시하였지만, 이는 '학생 2'가 '전문가 2'의 발언을 언급하며 밝힌 의견과는 관계가 없으므로 적절하지 않다.

답 ①

18 건의 글쓰기 표현 전략 사용하기   정답률 65.4%

정오답 ✔체크

① ㉠은 유물 모형을 체험할 수 있는 공간이 마련되면 지역의 많은 청소년이 유물의 가치에 대해 더 재미있게 배울 수 있을 것이라며 청소년이 얻을 수 있는 이점을 제시한 것이다. 이는 건의를 받는 독자인 박물관장이 얻을 수 있는 이점과는 관계가 없으므로 ㉵에 해당하지 않는다.

② ㉡은 체험 공간 조성과 관련해 독자가 체험 중의 안전사고를 우려할 수 있지만 그 문제는 해결이 가능하며, 또 다른 이점도 있음을 제시한 것이다. 체험 중 안전사고의 문제는 건의의 수용과 관련해 예상되는 우려일 뿐 필자의 건의 사항은 아니므로 ㉴에 해당하지 않는다.

③ ㉡에서 청소년에게 자원봉사의 기회를 제공하는 이점이 있다는 것은 체험 중 안전사고 문제를 해결하기 위해 자원봉사자를 참여시켰을 때 기대할 수 있는 효과이다. ㉡에서 체험 중 안전사고에 대한 우려와 자원봉사 기회 제공이라는 이점을 비교하지 않았고, 독자가 우려하는 점보다 건의 수용의 기대 효과가 더 크다는 것을 제시한 것도 아니므로 ㉵에 해당하지 않는다.

④ ㉢은 독자가 건의를 수용할 경우 박물관 운영에 부담이 된다는 우려보다 청소년에게 미치는 영향과 관련해 기대 효과가 더 크다는 것을 제시한 것이다. ㉢에서 독자의 이점과 관련해 박물관 운영상의 부담이 해결된다는 점을 제시한 것은 아니므로 ㉵에 해당하지 않는다.

✔❺ ㉢은 독자가 건의를 수용할 경우 박물관 운영에 부담이 된다고 우려할 수도 있지만, 이보다 청소년이 꿈을 키우고 지역에 대한 청소년의 자긍심이 높아지는 효과가 더 클 것이라며 기대 효과를 제시한 것이다. 이는 박물관 운영상의 부담과 청소년에게 미치는 영향을 비교하여, 독자가 우려할 수 있는 점보다 건의 수용의 기대 효과가 더 크다는 것을 제시한 것이므로 ㉵에 해당한다.

답 ⑤

19 건의 글쓰기 내용 점검, 조정하기   정답률 53.2%

정오답 ✔체크

✔❶ 진로 체험 강좌가 운영된다면 우리 지역에 큰 도움이 될 것이라는 초고의 내용이 (다)의 3문단에서 지역 청소년의 진로 개발에 큰 도움이 될 것

이라는 내용으로 수정되었다. 이는 지역 청소년의 진로 개발과 관련하여 진로 체험 강좌 운영의 기대 효과를 제시한 것이다. (다)의 3문단에서 청소년 진로 개발의 중요성을 언급한 부분은 없다.

② 박물관에서 진로 체험 강좌를 운영해야 한다는 초고의 내용이 (다)의 3문단에서 청소년 대상의 진로 체험 강좌를 운영해 달라는 내용으로 수정되었다. 이는 진로 체험 강좌의 수강 대상을 제시한 것이다.

③ '우리 지역은 역사적 자긍심이 느껴지는 곳'이라는 초고의 내용이 (다)의 3문단에서 '우리 지역은 ○○ 문화의 중심지여서 많은 청소년이 역사적 자긍심을 느끼고 있'다는 내용으로 수정되었다. 이는 청소년이 지역에 자긍심을 느끼는 이유를 추가한 것이다.

④ '체험 강좌가 운영된다면'이라는 초고의 내용이 (다)의 3문단에서 '유물의 보존과 연구에 대해 배우는 강좌가 운영된다면'이라는 내용으로 수정되었다. 이는 청소년이 진로 체험 강좌에서 배울 수 있는 내용을 밝힌 것이다.

⑤ '또한 음악회, 미술전 등 문화 행사도 열어 주셨으면 합니다.'라는 초고의 내용이 (다)의 3문단에서는 삭제되었다. 이는 진로 체험 강좌 운영의 요구에서 벗어나는 내용을 삭제한 것이다.

답 ①

[20~22] 작문

(가)
자료 불량 식품에 관한 글을 쓰려는 학생의 생각
내용 불량 식품의 개념, 불량 식품에 해당하는 것, 불량 식품 근절 방안을 제시하려 함.

(나)
자료 학생이 (가)를 바탕으로 쓴 초고
내용 연구 보고서를 바탕으로 불량 식품의 개념을 밝히고, 불량 식품인 것과 아닌 것을 구분하여 제시한 뒤, 안전한 식생활을 위해 시행되고 있는 어린이 식품안전보호구역 제도와 이물 보고 의무화 제도를 소개함.

20 설득 글쓰기 내용 조직하기   정답률 91.0%

정오답 ✔체크

① (나)의 1문단에서 '연구 보고서에 따르면, 불량 식품은 생산, 유통, 판매 등의 과정에서 식품 위생 관련 법규를 준수하지 않은 식품을 말한다.'와 같이 연구 보고서에서 제시한 불량 식품의 개념을 밝히면서 ㉠을 구체화하고 있다.

② (나)의 2문단에서 '예를 들어, 저렴한 군것질거리는 ~ 유해한 불량 식품이다.'와 같이 불량 식품에 해당하지 않는 것과 불량 식품에 해당하는 것을 밝히면서 ㉡을 구체화하고 있다.

✔❸ (나)에서 ㉡을 구체화하기 위하여 불량 식품에 대한 인식의 변화나 이러한 변화를 시기별로 제시하는 내용은 찾아볼 수 없다.

④ (나)의 3문단에서는 '학교 주변에서 불량 식품 판매 사례가 발생함에 따라', 4문단에서는 '식품 이물에 대한 업체의 소극적 대응에 소비자 불만이 커지면서'와 같이 불량 식품 근절을 위한 제도가 도입된 배경을 제시하면서 ㉢을 구체화하고 있다.

⑤ (나)의 3문단에서는 어린이 식품안전보호구역 제도를, 4문단에서는 이물 보고 의무화 제도를 설명하면서 ㉢을 구체화하고 있다.

답 ③

21 설득 글쓰기 내용 생성하기   정답률 69.4%

정오답 ✔체크

① 식품 산업의 변화와 관련된 내용은 등장하지만, 독자가 글의 중심 내용을 아는 것이 어떤 의의가 있는지를 밝히는 내용은 확인할 수 없다. '건강한 먹거리에 대한 기대가 큰 만큼 불량 식품 근절을 위한 노력이 요구된다.'는 독자가 아닌 식품업체와 관련이 있는 내용이다.

② 식품 산업의 변화와 관련된 내용은 등장하지만, '허위 광고나 과대광고로 홍보하는 식품의 신고 방법'이 글의 중심 내용에 해당한다고 볼 수는 없다.

③ 독자가 글의 중심 내용을 아는 것이 어떤 의의가 있는지는 밝히고 있으나, 식품 산업의 변화와 관련한 내용이 반영되어 있지 않다.

④ 식품 산업의 변화와 관련된 내용은 등장하지만, 독자가 글의 중심 내용을 아는 것이 어떤 의의가 있는지를 밝히는 내용은 확인할 수 없다. '식품업체는 소비자의 신뢰를 얻을 수 있는 식품 생산에 집중할 전망이다.'는 독자가 아닌 식품업체와 관련이 있는 내용이다.

✔❺ 첫 번째 문장인 '식품 유통 및 ~ 출시되고 있다.'는 식품 산업의 변화에 대한 내용에 해당하고, 두 번째 문장인 '이 변화에 맞춰 ~ 건강을 지키는 첫걸음이다.'는 독자가 글의 중심 내용을 아는 것이 어떤 의의가 있는지를 밝히는 내용에 해당한다.

답 ⑤

22 설득 글쓰기 자료, 매체 활용하기   정답률 59.7%

정오답 ✔체크

① ㄱ-2는 2007년부터 2016년까지 누적된 불량 식품 적발 건 중 이물 검출 유형의 건수가 가장 많다는 사실을 보여 준다. 따라서 ㄱ-2는 (나)의 4문단에서 '불량 식품 적발 유형 중 이물 검출 사례가 가장 많았는데'를 구체화하는 자료로 활용할 수 있다.

② ㄴ에서는 A사의 허위·과대 광고에 대해 '잘못된 정보로 소비자를 기만하여 소비자의 건강을 해친다는 점'을 지적하고 있다. 따라서 ㄴ은 (나)의 2문단에서 '허위 광고나 과대광고를 통해 판매되는 식품은 소비자에게 유해한 불량 식품'이라는 내용을 구체화하는 자료로 활용할 수 있다.

③ ㄷ에서는 불량 식품이 건강상의 문제를 일으킨다는 전문가의 말을 인용하고 있다. 따라서 ㄷ은 (나)의 1문단에서 '불량 식품은 건강과 직접적으로 관련된다.'라는 내용을 구체화하는 자료로 활용할 수 있다.

④ ㄱ-1은 어린이 기호 식품 조리·판매 업소의 식품 위생 및 안전 점검 결과에서 '위반율'이 매년 줄어들고 있다는 것을 보여 주고 있으며, ㄷ은 '전담 관리원의 활동으로 위반 업소의 비율이 감소하고 있'다는 전문가의 말을 인용하고 있다. 따라서 ㄱ-1과 ㄷ은 (나)의 3문단에서 '이 제도는 어린이가 위생적이고 안전한 식품을 접하게 하는 효과가 있다.'라는 내용을 뒷받침하는 자료로 활용할 수 있다.

✔❺ ㄱ-2를 통해 2007년부터 2016년까지 누적된 불량 식품 적발 건 중 이물 검출 유형의 건수가 가장 많다는 사실을, ㄴ을 통해 이물 검출이 소비자의 불안감을 조성한다는 사실을 확인할 수 있다. (나)의 4문단에서 이를 활용하여 이물 보고 의무화 제도가 도입된 배경을 보완할 수 있다. 그러나 4문단에서 제도에 대한 소비자 불만이 커진 이유와 관련한 내용은 찾아볼 수 없다. 따라서 ㄱ-2와 ㄴ을 활용하여 제도에 대한 소비자 불만이 커진 이유를 보여 주는 자료를 4문단에 추가하는 방안은 적절하지 않다.

답 ⑤

[23~25] 화법

자료 주시경, 최현배 선생에 대한 문화 해설사의 강연
내용 문화 해설사가 학생들을 대상으로 한글 대중화를 위해 힘쓴 두 인물인 주시경, 최현배 선생에 대해 강연함.

23 강연 표현 전략 사용하기　　정답률 86.0%

정오답 ✅체크

✔❶ 강연자는 주시경 선생이 한글을 가르칠 수 있다면 어디든 마다하지 않고 책 보따리를 들고 다녔기에 '주 보따리'로 불렸다고 이야기하고 있다. 이는 한글을 가르치는 일에 열정이 있었던 주시경 선생의 특성을 보여 주는 것이라고 할 수 있다. 또한 최현배 선생이 옥고를 치르는 중에도 검열을 피해 솜옷 속에 쪽지를 숨겨 놓으며 한글을 연구했다는 이야기도 한글 연구에 대해 굳은 의지가 있었던 최현배 선생의 특성을 보여 주는 일화라고 할 수 있다.

② 강연자가 자신의 경험을 시간 순서에 따라 전달하고 있는 부분은 없다.

③ 강연자는 한글 교육과 연구에 힘쓴 주시경, 최현배 선생을 각각 소개하고 있다. 이 과정에서 제자인 최현배 선생이 스승인 주시경 선생의 길을 따랐음을 언급하고 있지만, 두 인물을 대조하여 그 차이를 부각하고 있지는 않다.

④ 강연자는 도입 부분에서 '목소리를 높여' 강연의 화제인 주시경, 최현배 선생을 소개하고 있다. 이는 준언어적 표현을 조절하여 화제를 강조하여 제시한 것일 뿐, 화제를 다른 것으로 전환한 것은 아니다.

⑤ 강연자는 강연을 시작할 때 강연을 하게 된 소감을 밝히고 있지 않다.

답 ①

24 강연 내용 생성하기　　정답률 85.0%

정오답 ✅체크

① 강연자는 한글 창제 이야기에 대한 청중의 배경지식을 고려하여 한글 대중화에 힘쓴 주시경, 최현배 선생을 강연의 화제로 선정하였다.

② 강연자는 최현배 선생의 대표 저서인 『한글갈』을 소개할 때, 청중이 생소하게 느낄 만한 우리말 '갈'의 의미를 풀이해서 제시하였다.

③ 강연자는 강연 내용에 관심 있는 청중이 추가 정보를 찾을 수 있도록 두 인물의 대표 저서, 주시경 선생에 대한 다큐멘터리, 최현배 선생에 대한 자료가 있는 △△ 기념관 누리집을 안내하였다.

④ 강연자는 강연의 도입 부분에서 주시경, 최현배 선생이 어떤 관계일지 질문을 던져 궁금증을 유발하였다. 그런 뒤 최현배 선생을 소개할 때 두 인물이 사제간이라는 답을 제시하여 청중이 강연 내용에 집중할 수 있도록 하였다.

✔❺ 강연자는 한 손을 올렸다 내리는 비언어적 표현과 함께 주시경 선생이 남긴 "말이 오르면 나라도 오르고, 말이 내리면 나라도 내리나니라."라는 말을 인용하여 청중이 강연 내용을 인상적으로 기억할 수 있도록 전달하였다. 그러나 강연에서 최현배 선생이 남긴 말을 인용한 부분은 없으므로, 두 인물이 남긴 말을 각각 인용한 것은 아니다.

답 ⑤

25 강연 내용 이해, 평가하기　　정답률 79.0%

정오답 ✅체크

① '청중 1'은 강연을 통해 한글 학회의 출발점이 국어 연구 학회였음을 알게 되었다고 밝히고 있다. 이는 강연에서 새로 알게 된 정보를 언급한 것이지, 자신이 알고 있던 내용을 강연 내용과 비교하여 평가한 것은 아니다.

✔❷ '청중 2'는 자신이 조선어 학회 사건에 대한 발표를 맡았음을 밝히며 강연 내용이 발표에 도움이 될 것 같다고 반응하고 있다. 이는 강연을 통해 알게 된 정보를 유용성 측면에서 평가한 것으로 볼 수 있다.

③ '청중 3'은 강연에서 주시경 선생의 저서를 소개할 때 제목만 알려 주고 별다른 설명이 없었다는 점을 아쉬워하고 있다. 이는 강연에서 설명하지 않은 부분에 대한 아쉬움을 드러낸 것이지, 강연에서 직접 언급되지 않은 내용을 추론한 것은 아니다.

④ '청중 1'은 한글 학회의 출발점이 국어 연구 학회였음을 알게 되었다며 강연에서 새롭게 알게 된 사실을 언급하고 있다. 하지만 이 사실에 대해 의구심을 드러내고 있지는 않다. 또한 '청중 3'도 강연에서 설명하지 않은 부분에 대한 아쉬움을 드러냈을 뿐, 강연에서 새롭게 알게 된 사실에 대해 의구심을 드러내고 있지는 않다.

⑤ '청중 3'은 강연에서 언급된 주시경 선생의 저서 제목과 관련하여, 그 저서들이 어떤 내용인지 찾아봐야겠다는 생각을 드러내고 있다. 이는 강연에서 언급된 내용과 관련하여 추가 정보를 탐색하려는 것이다. 그러나 '청중 2'는 강연에서 최현배 선생이 조선어 학회 사건에 연루되어 옥고를 치르며 한글을 연구했다는 내용을 자신의 발표에 활용하려고 할 뿐, 강연에 언급된 내용과 관련한 추가 정보를 탐색하려 하고 있지는 않다.

답 ②

[26~30] 화법과 작문 통합

(가)

자료 '규격화된 초보 운전 표지 부착을 의무화해야 한다.'라는 논제에 대한 반대 신문식 토론의 일부
내용 규격화된 초보 운전 표지 부착을 의무화하는 것에 찬성하는 측이 입론을 하고, 이어서 이를 반대하는 측이 반대 신문을 함.

(나)

자료 토론에 참여한 반대 측 학생이 작성한 소감문의 초고
내용 토론에 참여한 반대 측 학생이 토론에 참여하게 된 계기와 토론 준비 과정을 시간 순서에 따라 제시한 뒤, 자신의 토론 활동을 점검하고 평가함.

26 토론 표현 전략 사용하기　　정답률 77.0%

정오답 ✅체크

① '찬성 1'은 관련 연구들을 참고하여 초보 운전자를 '자동차 보험 가입 경력 기준 1년 미만자'로 정의하고 있지만, 이와 관련해 반대 측의 동의를 구하고 있지는 않다.

② '찬성 1'은 초보 운전 표지 의무화를 뒷받침하기 위한 사례로 일본의 초보 운전 표지 의무 부착 제도를 언급하고 있다. 이는 외국의 사례를 언급한 것이지만 사례를 종류별로 분류하여 논의의 범위를 확장하고 있지는 않다.

③ '찬성 1'은 최근 '초보인데 보태 준 거 있어?'라는 표지를 커다랗게 붙인

차를 봤던 특정 경험을 활용하여 표지의 내용과 형식을 자율에 맡겨 발생하는 문제를 제시하고 있을 뿐, 이 경험을 활용해 기존 정책의 목적을 설명하고 있지는 않다.

✔④ '찬성 1'은 얼마 전 초보 운전자의 운전 미숙으로 인해 교통사고가 연이어 발생하면서 초보 운전 표지 의무화에 대한 논의가 본격화되고 있다고 언급하고 있다. 이는 초보 운전과 관련해 최근에 발생한 사건을 언급하여 초보 운전 표지 의무화에 대한 논의의 필요성을 드러낸 것이다.

⑤ '찬성 1'은 논의의 배경으로 초보 운전자의 운전 미숙으로 인한 교통사고가 연이어 발생하여 초보 운전 표지 의무화에 대한 논의가 본격화되고 있다는 점과 현행법상 초보 운전자의 정의만으로는 면허 취득자의 실제 운전 여부를 파악하기 어렵다는 점을 제시하고 있다. 그러나 이를 정책이 변화한 과정을 중심으로 제시하고 있지는 않다.

답 ④

27 토론 내용 이해, 평가하기 　　정답률 86.0%

정오답 ✔체크

① 입론에서 찬성 측은 초보 운전자가 운전이 서툴기 때문에 사고 위험이 높을 수밖에 없다고 하며, 그 근거로 초보 운전자의 사고율이 전체 운전자의 평균에 비해 18%p 높다는 통계를 인용하였다. 이에 대해 반대 측은 ㉠에서 통계의 정확한 출처가 어디인지를 묻고 있다. 이는 상대가 근거로 인용한 자료가 신뢰할 만한 것인지 출처를 확인하려는 질문이다.

② 입론에서 찬성 측은 초보 운전자가 운전이 서툴기 때문에 사고 위험이 높을 수밖에 없다고 하며, 표지 부착 의무화는 초보 운전자를 보호할 뿐 아니라 모두의 안전을 위해 반드시 필요하다고 주장하였다. 이에 대해 반대 측은 ㉡에서 운전 미숙이 사고의 주요 원인이라면 표지 부착 의무화로 사고가 감소할지 의문을 제기하고 있다. 이는 표지 부착 의무화가 운전 미숙을 해결해 주지는 않으므로, 표지 부착 의무화로 사고가 감소한다는 상대의 주장이 타당하지 않음을 지적하려는 질문이다.

✔❸ 반대 신문에 대한 답변에서 찬성 측은 초보 운전 표지 부착을 의무화하면 경력 운전자들이 초보 운전자를 배려하는 태도로 운전할 수 있어 초보 운전자의 사고 위험을 감소시킬 수 있으리라 생각한다고 답변했다. 이에 대해 반대 측은 ㉢에서 일부 경력 운전자들이 표지를 부착한 초보 운전자에 대해 위협 운전을 할 수도 있지 않냐고 묻고 있다. 이는 경력 운전자들의 실제 태도가 상대의 생각과 다를 수 있음을 언급하여 제도의 실효성을 지적하고 있는 것이지, 상대의 주장이 공정하지 않음을 지적하고 있는 것은 아니다.

④ 입론에서 찬성 측은 국가 차원에서 예산을 들여 규격화된 표지를 제작하고 배부해 초보 운전자가 이를 의무적으로 부착하게 해야 한다고 주장하였다. 이에 대해 반대 측은 ㉣에서 제도 도입으로 비용이 발생할 텐데 결국 득보다 실이 더 크지 않을지 의문을 제기하고 있다. 이는 비용의 측면에서 상대방의 주장이 실질적 이익이 있는지를 확인하려는 질문이다.

⑤ 입론에서 찬성 측은 국가 차원에서 규격화된 초보 운전 표지를 제작하고 배부해 초보 운전자가 의무적으로 부착하게 해야 한다고 주장하였다. 이에 대해 반대 측은 ㉤에서 표지 의무화는 제재를 가한다는 뜻이라는 점을 언급하면서 위반자를 적발하는 등 제도를 운영하는 것이 현실적으로 가능할지 묻고 있다. 이는 현실에서 제도를 운영하는 일이 실행 가능한지를 확인하려는 질문이다.

답 ③

똑똑! 궁금해요

Q 문제 발문에 반대 신문의 목적을 고려하라는 말이 있는데, 반대 신문의 목적이 무엇인지 궁금해요.

A 이 문제에서 (가)는 반대 신문식 토론의 일부이지요. 토론이란 쟁점에 관해 서로 다른 견해를 가지고 있는 양측이 각자 논리적인 근거를 제시하며 자신의 견해가 타당함을 주장하는 화법이에요. 토론에서 반대 신문이란 상대측이 발언한 내용에 대해 논리적으로 허점이 드러나도록 묻고 상대측의 답변을 듣는 토론의 한 과정을 말해요. 먼저 반대 신문을 하기 위해서는 상대측의 입론이나 반론 내용을 정확히 듣고 이해해서 문제를 제기할 부분을 찾아야 해요. 그리고 상대측 발언의 신뢰성, 타당성, 공정성을 비판적으로 검토하고 논리적으로 부족한 점을 짚으면서 상대측 발언의 허점이 드러나도록 질문합니다. 지문의 ㉠~㉤이 그러한 질문에 해당하지요. 그러면 이러한 반대 신문을 왜 하는 걸까요? 바로 반대 신문을 통해서 드러난 상대방의 논리적 허점은 자신의 다음 입론이나 반론에서 펼칠 주장을 뒷받침하는 데 활용할 수 있기 때문이랍니다. 이제 반대 신문의 목적이 무엇인지 알 수 있겠죠?

28 토론에서 자료, 매체 활용하기 　　정답률 53.0%

정오답 ✔체크

① (나)에서는 '초보 스티커, 되레 난폭 운전자들의 표적'이라는 제목의 표지 부착 부작용 사례를 다룬 인터넷 신문 기사를 수집했음을 밝히고 있다. 그리고 (가)의 '반대 2'는 세 번째 발화에서 일부 경력 운전자들이 표지를 부착한 초보 운전자에 대해 위협 운전을 할 수도 있다고 언급하고 있다. 따라서 반대 측은 인터넷 신문 기사 자료를 바탕으로 표지 부착 의무화가 오히려 교통사고를 유발할 수 있다고 주장할 수 있다.

② (나)에서는 미국 대다수의 주에서 임시 면허 기간을 두어 초보 운전자의 운전 숙련도를 높이는 단계적 운전면허 제도를 시행하고 있다는 논문 자료를 찾았음을 밝히고 있다. 그리고 (가)의 '반대 2'는 두 번째 발화에서 초보 운전자의 운전 미숙이 사고의 주요 원인이라면 표지 부착 의무화로 사고가 감소할지 의문을 제기하고 있다. 따라서 반대 측은 논문 자료에 제시된 단계적 운전면허 제도를 바탕으로, 표지 부착을 의무화하지 않고도 초보 운전자의 운전 숙련도를 높여 교통사고를 줄일 수 있다고 주장할 수 있다.

③ (나)에서는 관련 기관에 메일로 자료를 요청하여 교통 문화 지수가 운전자의 인식 개선을 위한 다양한 활동을 통해 매년 꾸준히 상승하고 있다는 내용의 보도 자료를 받았음을 밝히고 있다. 그리고 (가)의 '반대 2'는 네 번째 발화에서 운전 문화 개선은 필요하다고 생각하지만 표지 부착 의무화로 해결될 문제는 아니라고 본다고 언급하고 있다. 따라서 반대 측은 보도 자료에 제시된 교통 문화 지수의 상승 추세를 바탕으로, 운전 문화는 홍보나 캠페인 등을 통해 개선할 수 있으므로 표지 부착 의무화가 불필요하다고 주장할 수 있다.

④ (나)에서는 운전자가 자신의 개성을 자유롭게 표현하고 있는 다양한 초보 운전 표지 사진들을 인터넷에서 찾아 저장했다고 밝히고 있다. 그리고 (가)의 '반대 2'는 첫 번째 발화에서 찬성 측의 발언 내용으로 볼 때 찬성 측은 이미 표지 규격화가 표현의 자유를 침해한다는 점을 인정한 것으로 보인다고 지적하고 있다. 따라서 반대 측은 다양한 초보 운전 표지 사진들을 활용하여, 국가 차원의 표지 규격화가 개성 있는 표지를 부착하고자 하는 운전자의 자기표현의 자유를 침해할 수 있으므로 규격화가 불필요하다

고 주장할 수 있다.

✓❺ (나)에서는 초보 운전자 대부분이 표지를 부착하고 있다는 설문 결과 자료를 스크랩했음을 밝히고 있다. 그리고 (가)의 '반대 2'는 네 번째 발화에서 표지를 규격화해 제작하고 배부하려면 국가의 예산이 소요된다고 언급하며, 규격화된 초보 운전 표지 부착 의무화는 비용이 발생하여 득보다 실이 더 클 수 있다는 점을 지적하고 있다. 따라서 반대 측은 설문 결과 자료를 바탕으로 기존 표지를 규격화된 표지로 교체하는 데 국가 예산이 소요되므로 규격화가 불필요하다고 주장할 수 있다. 하지만 (가)와 (나)에서 반대 측이 표지 교체 비용을 초보 운전자가 부담하게 된다고 보고 있지는 않다.

답 ⑤

29 성찰 글쓰기 내용 조직하기 정답률 51.0%

정오답 ✅체크

✓❶ 1문단에서는 토론의 논제를 보고 자신도 내년이면 면허를 취득할 수 있는 나이가 된다는 생각에 관심이 생겼다며 토론에 참여하게 된 계기를 밝혔다. 하지만 논제에 대해 반대 입장을 선택하게 된 계기는 밝히고 있지 않다.

② 2문단에서는 먼저 쟁점을 분석한 후 주장할 내용을 정리하였고, 다음 날에는 근거 자료를 마련했으며, 그다음 날에는 친구와 도서관에 가서 자료를 찾았음을 제시하였다. 이는 토론을 준비하는 과정을 시간 순서에 따라 제시한 것이다.

③ 2문단에서는 인터넷에서 초보 운전 표지 사진들과 신문 기사를 수집하였고, 관련 기관에 메일로 요청하여 보도 자료를 받았으며, 도서관에서 논문 자료를 찾고 설문 결과를 스크랩했음을 제시하였다. 이는 토론에 활용할 자료를 수집한 경로에 따라 나누어 제시한 것이다.

④ 3문단에서는 평소 사람들 앞에서 말할 때 긴장해서 말을 더듬는 편이라 걱정이 되었다고 밝히며, 이를 극복하기 위해 실전처럼 말하는 연습을 반복했고 그 덕분에 토론에서 침착하게 말할 수 있었다고 밝혔다. 이는 자신의 말하기 불안 문제를 인식하고 문제를 해결하기 위한 노력을 제시한 것이다.

⑤ 3문단에서는 토론 후 상호 평가를 해 보니, 친구는 준비한 자료를 활용해 논리적으로 답변한 반면, 자신은 찬성 측 반론을 미흡하게 반박한 것 같아 조금 아쉬웠다고 밝혔다. 이는 친구와 자신을 대비하는 방식으로 토론 활동에 대한 평가를 제시한 것이다.

답 ①

30 성찰 글쓰기 내용 점검, 조정하기 정답률 85.0%

정오답 ✅체크

① 토론의 경쟁적 속성이 지닌 장점에 대한 내용은 [A]에서 확인할 수 없고, 고쳐 쓴 글에서도 단점에 대한 내용을 확인할 수 없다.

② 고쳐 쓴 글에는 토론을 통해 배운 점이 제시되었을 뿐, 토론에서 겪은 시행착오와 이를 보완할 계획이 제시되지는 않았다.

③ 고쳐 쓴 글에 토론 중 겪은 어려움이 제시되지는 않았다.

✓④ [A]에는 토론을 준비하며 많은 시간과 노력이 든다는 점을 깨달은 내용만 제시되었지만, 고쳐 쓴 글에는 토론 중 상대의 발언을 잘 듣고 문제를 깊이 이해할 수 있었으며 사회적 쟁점을 바라보는 다양한 시각의 중요성

을 알았다는 내용이 추가되었다. 이를 통해 실제 토론을 하면서 깨달은 점도 함께 제시해 보라는 조언이 반영되었음을 확인할 수 있다.

⑤ 고쳐 쓴 글에는 토론을 준비하며 시간과 노력을 들여 자료 조사와 말하기 연습을 했다는 점이 제시되었을 뿐, 협력하며 준비하는 토론의 가치가 제시되지는 않았다.

답 ④

[31~33] 작문

(가)

자료 기획 기사를 연재 중인 학교 신문의 일부

내용 이번 호에는 기획 연재 중인 '또 하나의 집, 학교 공간 바꾸기'의 〈2편〉 기사를 싣는다고 소개함.

(나)

자료 학생이 작성한 〈2편〉의 초고

내용 '또 하나의 집, 학교 공간 바꾸기'라는 기획 주제에 따라 현재 사용하지 않는 학교 공간을 새롭게 바꿀 것을 제안함.

31 설득 글쓰기 표현 전략 사용하기 정답률 90.0%

정오답 ✅체크

① 1문단에서 우리 학교는 학습을 위한 공간에 집중되어 있어 아쉽다는 내용은 있지만, 이러한 실태를 부각하기 위해 우리 학교와 다른 학교 공간의 구조를 비교하는 내용은 찾아볼 수 없다.

✓② 4문단에서 학교에 정서적 안정과 사회적 성장을 위한 공간이 조성될 경우 기대되는 효과로 '나의 생각은 커 가고 친구들과 어울리며 행복을 느낄 수 있을 것'과 '학업에도 더욱 열중할 수 있는 동력이 되며 학교에 대한 자부심도 느끼게 할 것'을 언급하고 있다.

③ 1문단에서 학교에는 지적 성장을 위한 공간뿐만 아니라 정서적 안정과 사회적 성장을 위한 공간도 필요하다는 것을 언급하며, 공간 개선의 필요성을 제시하고 있다. 하지만 공간 개선의 필요성을 강조하기 위하여 학교의 기능이 변화해 온 과정을 분석하는 내용은 찾아볼 수 없다.

④ 학교 공간의 중요성에 대한 질문을 반복하는 내용과 문제 해결의 시급성을 드러내는 내용은 찾아볼 수 없다.

⑤ 1문단 마지막 문장에서 3층과 4층에서 현재 사용하지 않는 서편 끝 교실을 새롭게 바꿀 것을 제안하고 있다. 그리고 2문단에서는 4층 교실, 3문단에서는 3층 교실의 구체적인 활용 방안을 제안하고 있다. 공간별 개선 방안을 제안하였다고는 볼 수 있지만, 공간의 이동에 따라 각 공간의 문제점을 나열하고 있지는 않다.

답 ②

32 설득 글쓰기 자료, 매체 활용하기 정답률 63.0%

정오답 ✅체크

① ㄱ에서는 38.0%의 학생들이 조용한 휴식 공간을, 32.0%의 학생들이 자유로운 친교 공간을 바라고 있음을 알 수 있다. 따라서 ㄱ은 1문단에서

학습 이외 다른 용도의 공간 조성이 필요한 이유의 근거 자료로 활용할 수 있다.

② ㄷ-1에서는 실내 공간에서 자연을 느끼며 안정감을 얻을 수 있는 방법으로 목재 사용과 천연 소재 소품 이용을 제시하고 있다. 따라서 ㄷ-1은 2문단에서 학생들이 자연을 느낄 수 있는 공간을 조성하기 위한 방안을 제시하는 데에 활용할 수 있다.

③ ㄷ-2에서는 청소년기는 벽을 없앤 공간에서 자신이 노출되는 것에 부담을 느낄 수 있다며, 이동식 가구를 이용하면 그러한 부담감을 낮추는 데도움이 된다고 하였다. 따라서 ㄷ-2는 3문단에서 자신이 노출되는 것에 대한 부담을 줄이며 소모임을 할 수 있는 공간을 조성하기 위한 방안을 제시하는 데에 활용할 수 있다.

④ ㄴ에서는 투명한 유리 재료를 이용하면 시각적 확장 효과를 얻을 수 있고 실내 공간의 개방감이 높아진다고 하였다. 그리고 ㄷ-1에서는 창을 통해 자연과의 시각적 연결을 늘림으로써 실내 공간에서 자연을 느끼며 안정감을 얻을 수 있다고 하였다. 따라서 ㄴ과 ㄷ-1은 2문단에서 통창 설치를 제안하는 근거 자료로 활용할 수 있다.

✓❺ ㄴ에서는 벽을 없애는 형태적 확장을 통해 실내 공간의 개방감이 높아진다는 내용이 언급되어 있다. 하지만 ㄷ-2에서는 청소년기는 벽을 없앤 공간에서 자신이 노출되는 것에 부담을 느낄 수 있으니, 이러한 부담감을 낮추기 위해서는 색의 대비, 부분 조명을 이용하는 것이 도움이 된다고 하였다. 따라서 색이 대비되는 소품을 비치하고 부분 조명을 설치하는 것은 공간의 개방감을 높이는 방안으로 볼 수 없다.

답 ⑤

33 설득 글쓰기 내용 점검, 조정하기   정답률 85.0%

정오답 ☑체크

① 학습 공간 외에 사색의 공간, 어울림의 공간을 조성하자는 내용은 〈2편〉 초고의 핵심 내용에 해당하므로, ⓐ는 적절하다.

② 공간의 변화가 학생들의 학교에 대한 자부심과 학업에 긍정적인 영향을 미친다는 내용은 〈2편〉 초고의 핵심 내용에 해당하므로, ⓑ는 적절하다.

✓❸ 〈보기〉에서 편집부장은 '〈2편〉 초고의 핵심 내용'과 '〈3편〉 표제, 부제의 내용'이 드러나도록 작성하자고 하였다. 〈3편〉 부제에서는 학생 주도의 변화를 언급하고 있는데, ⓒ는 학부모와 지역 사회의 참여를 요구하고 있다. 따라서 ⓒ는 편집부장이 주문한 내용으로 적절하지 않다.

④ 국내외의 많은 학교들이 생태 공간을 조성하고 있다는 내용은 〈3편〉의 표제와 부제의 내용에 해당하므로, ⓓ는 적절하다.

⑤ 학생들이 학교 공간 개선에 중심 역할을 하고 있다는 내용은 〈3편〉의 부제의 내용에 해당하므로, ⓔ는 적절하다.

답 ③

[34~36] 화법

자료   콘웨이의 생명 게임에 대한 학생의 발표
내용   콘웨이의 생명 게임을 통해 복잡한 생명 현상에도 모종의 질서가 있음을 설명함.

34 발표자의 말하기 방식 파악하기   정답률 83.3%

정오답 ☑체크

✓❶ 발표자는 화면을 설명하면서 청중에게 질문을 하고 답을 듣는 상호 작용을 통해 정보를 제공하고 있다.

② 발표자는 청중과 공유한 경험을 언급하긴 했지만, 이를 활용하여 청중의 관심 분야를 확인하지는 않았다.

③ 발표자가 전문가들의 서로 다른 견해를 인용하고 있지는 않다.

④ 발표자가 발표 중간중간에 내용을 요약하고 있지는 않다.

⑤ 발표자는 발표를 시작할 때 청중에게 기대하는 바를 언급하지 않았다.

답 ①

35 자료 활용 방안 파악하기   정답률 79.1%

정오답 ☑체크

① ㉠을 활용하여, 격자판의 칸에 음영을 표시한 칸은 살아 있는 세포가 있는 칸이고, 음영을 표시하지 않은 칸은 살아 있는 세포가 없는 칸임을 설명하였다.

② ㉡을 활용하여, 2세대에서 1인 이웃이 없는 a가 3세대에서 0이 되는 것을 세포의 고립에서 비롯된 결과로 설명하였다.

③ ㉢을 활용하여, 1인 이웃이 두 개이면 1이든 0이든 그 상태가 변하지 않는다는 규칙을 바탕으로 1인 이웃이 2개(b, d) 있는 a와 1인 이웃이 2개(d, f) 있는 b 모두 세대가 바뀌어도 상태가 변하지 않는다는 것을 제시하였다.

✓❹ 발표자는 ㉣을 활용하여 주기 유형을 설명하면서, 1세대에서 b, e, h가 1이었다가 2세대에서 d, e, f가 1이 되고 3세대에서 다시 b, e, h가 1이 됨을 설명하였다. 따라서 1세대와 3세대의 격자판의 양상이 서로 다르다는 것을 보여 주었다고 할 수 없다.

⑤ ㉤을 활용하여, [화면 2]는 1세대에서 모든 칸이 1이었다가 3세대에서 모든 칸이 0이 되는 멸종 유형이고, [화면 3]은 1세대에서 b, d, f, h가 1이었던 것이 3세대까지 그대로 이어지는 안정 유형이라는 점에서 두 유형이 차이가 있음을 언급하였다.

답 ④

36 듣기 전략 파악하기   정답률 66.1%

정오답 ☑체크

✓❶ 이웃에 살아 있는 세포가 많을수록 세포의 생존에 불리하다는 발표 내용을 바탕으로, '학생 1'은 이웃에 살아 있는 세포가 많을수록 세포의 생존에 유리하다고 짐작했던 자기 생각을 수정하고 있다.

② '학생 2'는 발표에서 다루어지지 않은 정보가 있음을 아쉬워할 뿐, 발표 내용이 사실에 부합하는지 의문을 제기한 것은 아니다.

③ '학생 3'은 발표를 듣고 새롭게 알게 된 정보를 바탕으로 발표 내용을 긍정적으로 평가하고 있을 뿐, 자신의 의문이 해소되었다는 점에서 긍정

적으로 평가한 것은 아니다.

④ '학생 1'은 발표에서 언급된 세포 과잉과 관련하여 1인 이웃이 네 개인 경우부터 세포 과잉으로 보는 이유에 대해 의문을 제기하고 있을 뿐, 발표 내용이 적용되지 않은 예외적 상황이 있는지 검토한 것은 아니다. 또한 '학생 3'은 해당 모형이 실제 현실에 적용되는지 확인해 보겠다고 했을 뿐, 발표 내용이 적용되지 않은 예외적 상황이 있는지 검토한 것은 아니다.

⑤ '학생 3'이 발표에서 자신에게 필요한 내용이 다루어지지 않아 아쉬워하고 있다고 볼 수는 없다.

답 ①

[37~41] 화법과 작문 통합

(가)

자료 학생회 누리집 게시판에 올라온 글
내용 한 학생이 작년에 치러진 체험전 행사의 문제점을 개선하기 위한 방안을 학생회에 건의함.

(나)

자료 (가)를 읽고 학생회 학생들이 나눈 대화
내용 작년 행사의 문제점을 참고하여 자료들을 선별해 사용하고, 행사의 목적에 부합하는 프로그램을 추가하기로 논의함.

37 글쓰기의 맥락 파악하기

정답률 85.2%

정오답 ✅ 체크

① (가)에서 프로그램을 변경한 주체를 예상 독자로 설정하고 있지는 않다.
② (가)에서 행사의 취지에 대한 학생들의 인식 개선이 필요함을 글의 주제로 삼고 있지는 않다.
✓❸ (가)는 작년 행사의 문제점을 개선하기 위한 방안을 건의하는 글이다. (가)의 작문 목적은 작년 행사의 문제점을 참고하여 행사 목적에 부합하는 프로그램을 구성해야 한다고 제안하는 데에 있다.
④ (가)는 학생회 누리집 게시판에 올라온 글이다. 학생회 누리집 게시판은 공적인 성격이 강한 작문 매체이다.
⑤ 건의하는 글은 주관적인 견해를 배제하고 사실을 있는 그대로 설명하는 글의 유형이라고 볼 수 없다.

답 ③

38 건의하는 글의 내용 평가하기

정답률 85.2%

정오답 ✅ 체크

① 1문단에서 학생회의 준비 기간을 생각할 때 지금이 건의하기에 적절한 시기라고 판단해서 문제점 개선 방안을 건의했다는 점에서 〈보기〉의 ⓐ를 충족한다고 할 수 있다.
② 2문단에서 작년 행사에 대한 설문 조사 결과를 인용한 내용은, 설문 조사 결과라는 사실에 근거하여 올해 행사를 위해 개선해야 할 문제를 제기했다는 점에서 〈보기〉의 ⓑ를 충족한다고 할 수 있다.
③ 2문단에서 작년 행사가 자료를 전시하는 데 치우쳤다고 언급한 내용은, 작년 행사에 만족한 학생의 비율이 30%밖에 안 된 이유에 관한 것이

라는 점에서 〈보기〉의 ⓒ를 충족한다고 할 수 있다.
✓④ (가)의 3문단에서 에너지 하베스팅이 적용된 제품의 제작과 사용을 언급하며 문제 해결 방안을 제시하고 있다. 하지만 에너지 하베스팅에 대한 이해도를 높이기 위한 체험의 실현 가능성 여부를 점검하여 제시하고 있지는 않다.
⑤ 4문단에서 학생들의 만족도가 높아질 것이라고 언급한 내용은, 건의한 방안을 시행했을 때 기대되는 효과라는 점에서 〈보기〉의 ⓔ를 충족한다고 할 수 있다.

답 ④

39 검토 의견을 반영해 고쳐 쓰기

정답률 61.8%

정오답 ✅ 체크

① (가)의 마지막 문단을 보면, 〈보기〉의 첫 번째 문장에서 부적절하게 사용된 어휘인 '개조한다면'을 '개선한다면'으로 바꾸었다.
② (가)의 마지막 문단을 보면, 〈보기〉의 두 번째 문장에서 잘못 사용된 접속어인 '그러나'를 삭제하였다.
③ (가)의 마지막 문단을 보면, 글의 자연스러운 흐름에서 어긋나는 〈보기〉의 세 번째 문장을 삭제하였다.
④ (가)의 마지막 문단을 보면, 〈보기〉의 네 번째 문장에서 빠져 있는 목적어인 '에너지를'을 추가하였다.
✓⑤ (가)의 마지막 문단을 보면, 〈보기〉의 다섯 번째 문장에서 목적어에 맞게 서술어를 수정하라는 조언을 반영하지 않고, '학생들을'을 '학생들에게'로 바꾸어 수정하였다.

답 ⑤

40 발화의 의미와 기능 이해하기

정답률 80.2%

정오답 ✅ 체크

① [A]에서 '학생 1'은 작년 행사의 문제점을 여러 관점에서 소개하고 있지 않으며, [B]에서 논의된 내용을 종합하고 있지도 않다.
✓② '학생 2'는 [A]에서 프로그램이 자료를 전시하는 데 치우쳐서 에너지 하베스팅을 일상생활과 관련지어 구체적으로 이해하기 어려웠다는 점을 만족도가 낮은 원인으로 제시하고 있다. 그리고 [B]에서는 학생들이 신발 발전기를 직접 제작해서 사용하게 하는 프로그램을 마련하는 것을 문제 해결 방안으로 제시하고 있다.
③ [A]에서 '학생 3'은 작년 행사에서 사용한 사진과 영상 자료에 문제가 없었는지에 대한 논의의 필요성을 제기하고 있지만, [B]에서 이 논의의 의미를 강조하고 있지는 않다.
④ [A]와 [B] 모두에서 '학생 1'은 논의한 내용을 정리하고 있지 않다.
⑤ [A]에서 '학생 2'가 '학생 3'의 질문에 답하는 부분을 찾아볼 수 없다.

답 ②

41 대화 맥락에 맞게 내용 정리하기

정답률 84.6%

정오답 ✅ 체크

①, ② 작년 행사를 점검하는 논의에서 전시에 치우쳐 프로그램이 다양하지 않다는 언급과 유사한 내용이 반복되는 자료가 일부 있었다는 언급

이 있으므로, 이러한 내용들은 회의록의 내용으로 적절하다.

✔ ③ 건의 내용을 점검하는 논의에서 건의 내용이 행사에 참여하는 학생의 수를 늘리기 위한 방안으로 적합하다는 언급이 없었으므로, 이러한 내용은 회의록의 내용으로 적절하지 않다.

④, ⑤ 추가 프로그램을 마련하는 논의에서 학생들이 전기가 생산되는 것을 직접 확인할 수 있는 신발 발전기를 제작해서 신고 걷는 프로그램과 평평한 판 위에서 뛰어 휴대 전화를 충전할 수 있도록 하는 것에 대한 언급이 있으므로, 이러한 내용들은 회의록의 내용으로 적절하다.

🅳 ③

---

③ 관용구를 활용하고 있지 않다.

④ 1문단에서 밝힌 작문의 계기에 관한 내용을 포함하고 있지 않고, 대용 표현도 사용하지 않았다.

⑤ 관용구를 활용하지 않았고, 대용 표현도 활용하지 않았다.

🅳 ②

[42~44] 작문

자료 지역 사회의 문제에 대한 견해를 담은 학생의 초고
내용 학생이 자신이 사는 지역에서 청년층 인구가 감소하는 원인을 밝히고, 외국의 사례를 근거로 그 해결 방안을 제안함.

42 글쓰기 전략 파악하기 　　　　정답률 63.0%

정오답 ✔체크

✔ ① 3문단에서 산업 진흥 정책과 함께 보육·교육 여건의 개선이 이루어지고 지역의 특색 있는 문화가 발전할 때 청년층 인구 증가의 효과가 컸던 외국의 사례를 근거로 ○○시 청년층 인구 감소 문제에 대한 해결 방안을 제안하고 있다.

② 구체적인 수치를 활용하여 청년층 인구 감소 문제의 심각성을 강조하고 있다. 하지만 문제에 관한 쟁점을 바탕으로 문제의 심각성을 강조한 것은 아니다.

③ 청년층 인구 감소와 관련된 복합적인 문제 양상을 다루었지만, 문제의 다양한 발생 원인을 근거로 문제 해결의 어려움을 주장하고 있지는 않다.

④ 양질의 일자리를 늘리기 위한 지방 자치 단체의 노력을 언급하였지만, 기존 방안의 한계라는 관점에서 문제에 대한 논의의 시급성을 주장하고 있지는 않다.

⑤ 청년층 인구 감소 문제에 대한 여러 연구 결과를 바탕으로 문제를 분석하기 위한 다양한 관점을 제안하고 있지는 않다.

🅳 ①

43 조건에 맞는 글쓰기 　　　　정답률 72.6%

정오답 ✔체크

① 1문단에서 밝힌 작문의 계기에 관한 내용을 포함하고 있지 않다.

✔ ② 문제 해결을 위해 지역민 모두가 함께 고민하는 것이 중요하다는 작문의 계기가 포함되었고, '백지장도 맞들면 낫다'라는 관용구를 활용하였다. 그리고 '이를 위해서는'에서 앞 문장과의 응집성을 높일 수 있는 대용 표현을 사용하였다.

44 자료 활용 방안에 대해 파악하기 　　　　정답률 57.3%

정오답 ✔체크

① (가)의 2018년부터 2022년 사이의 전체 인구수 감소 추이를 활용하여 약 30만 명의 인구가 약 27만 명으로, 10% 가까이 줄었다는 사실을 확인할 수 있고, 1문단에서 ○○시의 전체 인구가 2018년에 비해 2022년에 10% 가까이 감소했다고 제시한 것에 대해 구체적인 수치를 활용해 나타낼 수 있다.

② (나)는 인구 증가를 위해 우리 지역에서 가장 먼저 해결해야 할 과제에 대한 ○○시 20~30대 청년층 주민들의 응답을 보여 주는 설문 조사 결과이다. 이는 양질의 일자리 창출뿐만 아니라 정주 여건을 개선할 필요성도 보여 준다. 이러한 점에서 (나)는 3문단에서 보육·교육 여건의 개선과 문화 발전의 필요성을 언급한 것과 관련해 추가 자료로 활용할 수 있다.

③ 2문단에서 정주 여건이 인구 유입의 장애 요인이라고 언급한 것에 대해, (다)의 전문가 인터뷰를 활용하여 청년층 인구가 타 지역에 비해 빠르게 감소하고 있는 상황에서 보육·교육, 문화와 같은 정주 여건의 열악함을 청년층 인구 감소의 주요 원인으로 추가할 수 있다.

✔ ④ 〈보기〉의 (가)는 2018년부터 2022년 사이 ○○시의 전체 인구수 변동 추이와 전년도 대비 인구 감소율 및 20~30대 청년층 인구수 변동 추이와 전년도 대비 청년층 인구 감소율을 보여 주는 통계 자료이다. (다)는 ○○시의 청년층 인구가 타 지역보다 빠르게 감소하는 주요 원인을 제시한 전문가 인터뷰 자료이다. 이 인터뷰에서는 양질의 일자리 부족과 함께 정주 여건의 악화를 청년층 인구 감소의 핵심적인 요인으로 꼽고 있다. 이러한 (가)와 (다)를 활용하더라도 우리 지역과 타 지역의 청년층의 구체적인 인구 감소 속도를 비교한 값을 추가할 수는 없다.

⑤ 4문단에서 청년층에게 필요한 제도와 기반 시설을 언급한 것에 대해, (나)의 설문 조사 결과와 보육·교육, 문화와 같은 정주 여건에도 주목해야 한다고 언급한 (다)의 전문가 인터뷰를 활용하여 그 내용을 구체화할 수 있다.

🅳 ④

자료 전통 건축물의 결구 방법에 관한 전통 목조 건축 연구원의 강연
내용 전통 건축물 부재들의 결구 방법인 이음과 맞춤을 그림 자료들과 경
복궁의 근정전 사례를 들어 소개함.

45 강연자의 말하기 방식 파악하기 정답률 93.0%

정오답 ☑ 체크

① 강연자가 청중의 관심사를 확인하거나 이를 바탕으로 강연 내용을 조
정하고 있지는 않다.

✓ ❷ 강연자는 강연 초반에 화면 속 목재를 가리키며 무엇인지 묻거나 강연
중간중간에 맞춤과 이음의 차이점, 원기둥의 홈에 창방과 하부 안초공을
결구하는 방법 등에 대해 청중에게 질문하고 답을 들으며 상호 작용하고
있다.

③ 청중이 강연자에게 강연 내용과 관련 있는 추가적인 정보를 요청하고
있지는 않다.

④ 강연자가 강연 내용과 청중의 관련성을 언급하고 있지는 않고, 청중에
게 주의를 집중할 것을 요청하고 있지도 않다.

⑤ 강연자는 청중에게 경복궁 근정전에서 사용된 이음과 맞춤을 사례로
보여 주고 있다. 하지만 강연 내용에 대한 청중의 잘못된 이해를 바로잡고
있지는 않다.

답 ②

46 자료 활용 방안의 적절성 파악하기 정답률 64.0%

정오답 ☑ 체크

① 강연자는 [자료 1]을 활용하여, 부재들에 어떤 변형도 가하지 않고 두
부재를 이은 '맞댄이음'과 부재들에 홈을 만들고 그 홈에 나비 모양의 부재
인 나비장을 끼워 두 부재를 이은 '나비장이음'으로 '이음'의 결구 방법을
구분하고 있다.

② 강연자는 [자료 2]를 활용하여, 부재들이 결구된 부분을 통해 '장부맞
춤'과 '반턱맞춤'의 차이점을 밝히고 있다.

③ 강연자는 [자료 3]을 활용하여, 경복궁 근정전에서 창방, 평방, 안초공,
원기둥과 같은 부재들이 '이음'과 '맞춤'으로 결구되어 있는 것을 소개하고
있다.

④ 강연자는 [자료 1]과 [자료 2]를 활용하여, 결구되는 부재들의 방향에
주목하여 '이음'과 '맞춤'을 설명하고 있다. [자료 1]의 '이음'과 달리 [자료
2]의 '맞춤'은 다른 방향으로 교차하는 부재들을 결구하는 방법이다.

✓ ❺ 강연자는 원기둥의 홈에 창방과 하부 안초공을 결구한다는 것을 설명
하고 있다. 원기둥의 홈에 '맞춤'하는 하부 안초공의 모양을 분석하고 있지
는 않다.

답 ⑤

47 듣기 전략 파악하기 정답률 83.0%

정오답 ☑ 체크

① '학생 1'은 덕수궁에 있는 전통 건축물들의 구조를 결구 방법에 주목해
이해해 보려고 함으로써 강연자가 제언한 대로 이음과 맞춤에 주목해 여

러 전통 건축물의 구조를 이해하려 하고 있다.

② '학생 2'는 강연자가 언급하지 않은 내용이지만 강연 내용을 바탕으로
전통 건축물이 수려한 미감을 자아내는 이유는 이음과 맞춤을 통해 다양
한 형태의 구조로 만들어졌기 때문인 것 같다고 추측하고 있다.

③ '학생 3'은 강연에서 나비 모양으로 부재를 만드는 이유를 구조적 안정
성과 관련지어 설명해 주지 않은 것에 대해 아쉬워하고 있다.

④ '학생 1'은 전통 건축물 부재들의 결구 방법에 대한 궁금증이 강연을 통
해 해소되었다는 점에서 강연 내용을 긍정적으로 평가하고 있다. '학생 2'
는 강연자의 설명을 통해 경복궁 근정전의 원기둥 상부와 부재들이 어떻
게 짜 맞춰져 있는지에 대한 궁금증이 해소되었다는 점에서 강연 내용을
긍정적으로 평가하고 있다.

✓ ❺ '학생 3'은 전통 건축물에 사용되는 부재의 모양이 구조적 안정성과 관
련이 있다는 기존의 배경지식을 떠올려 나비 모양의 부재에 대한 강연 내
용과 전통 건축물에 사용되는 부재에 대한 자신의 지식이 연계되는 지점
을 확인하고 있다. 하지만 '학생 1'은 강연의 유익한 점을 언급하고 있지만,
기존의 배경지식을 떠올려 자신의 지식과 강연 내용이 연계되는 지점을
확인하고 있지 않다.

답 ⑤

똑똑! 궁금해요

Q 화법 문제를 풀면서 이런 문항을 많이 보았어요. 틀리지 않고 바르
게 풀 수 있는 방법을 알려 주세요.

A

이 문항은 강연 내용을 고려해서 청중의 반응을 분석한 것으로 적
절하지 않은 것을 찾는 문항이에요. 이 문항에서 박스 안에 제시된 내
용이 강연 내용을 들은 후 청중(학생)이 보인 반응입니다. 이런 유형
의 문항은 최근 수능에서 해마다 출제되어 왔어요. 전형적인 듣기 관
련 평가 문항이지요. 이런 유형의 문항을 풀 때에는 청중의 각 반응들
이 적절한지를 빠르게 판단하고, 선지를 분석한 내용이 청중의 반응
내용과 일치하는지를 확인하는 것이 중요합니다. 이 문항의 경우 선
지를 분석할 때에 '다른 사례에 적용', '추측하고', '아쉬워하고', '긍정
적으로 평가', '기존의 배경지식을 떠올려' 등과 같은 선지 안의 말들
에 주목해 청중의 반응 내용과 연결해 적절성을 따지면 답을 찾을 수
있습니다.

(가)

자료 학생회에서 주최한 치유 농업 여행을 다녀온 학생의 소감문
내용 치유 농업 여행에 참가한 학생이 프로그램의 세부 내용과 소감을 시
간적 순서에 따라 써서 학생회 게시판에 올림.

(나)

자료 치유 농업 여행을 홍보하는 글을 쓰기 위해 학생회 학생들이 나눈
대화
내용 학생회 게시판에 올라온 글을 읽고, 두 번째 치유 농업 여행을 홍보하
는 글에 보완해야 할 점에 대해 논의함.

48 글쓴이의 글쓰기 방법 파악하기   정답률 93.0%

정오답 ☑체크

① 치유 농업 여행에 참가해서 경험한 사례들이 제시되어 있지만, 그 사례에서 겪은 어려움은 제시되어 있지 않다.

② 치유 농업 여행에 참가한 경험을 다른 참가자의 경험과 비교하고 있지는 않다.

✓ ❸ (가)의 2문단을 보면, 치유 농업 여행의 세부 프로그램 내용과 소감을 시간적 순서에 따라 제시하고 있다.

④ 치유 농업에 대한 전문가의 견해를 직접 인용하고 있는 부분은 없다.

⑤ 치유 농업 여행에 대한 만족감을 표현하고 있지만, 치유 농업 여행의 프로그램이 지닌 장점을 다른 교육 여행 프로그램과 대조하고 있지는 않다.

🔳 ③

49 고쳐 쓰기 방안 반영 여부 파악하기   정답률 72.0%

정오답 ☑체크

① 〈보기〉의 첫 번째 문장에서 중복되는 의미인 '도움이 되는'과 '유익한' 중 '도움이 되는'을 삭제하였으므로, 의미가 중복되는 표현을 수정하라는 조언을 반영하였다.

② 〈보기〉의 두 번째 문장에서 부적절하게 사용된 어휘인 '탓'을 '덕분'으로 바꾸었으므로, 부적절하게 사용된 어휘를 바꾸라는 조언을 반영하였다.

③ 글의 내용과 관계없는 〈보기〉의 세 번째 문장을 삭제하였으므로, 글의 통일성을 고려해 해당 문장을 삭제하라는 조언을 반영하였다.

✓ ❹ (가)의 마지막 문단을 보면, 〈보기〉의 네 번째 문장에서 고맙다는 말을 전하는 행위가 미치는 대상인 객체(학생회 학생들)를 분명하게 표현하라는 조언을 반영하지 않고, 해당 문장을 수정하였다.

⑤ 〈보기〉의 다섯 번째 문장 대신 치유 농업에 관한 자료를 찾아보고 더 깊이 이해해 봐야겠다는 계획을 세웠다고 구체화하였으므로, 해당 문장의 내용을 더 구체적으로 제시해 달라는 조언을 반영하였다.

🔳 ④

50 발화의 의미와 기능 이해하기   정답률 77.0%

정오답 ☑체크

① [A]에서 '학생 3'은 첫 번째 발화에서 치유 농업 여행의 효과를 강조하자는 '학생 2'의 의견에 동의하면서 자신의 의견을 덧붙이고 있다. 자신의 의견과 부합하지 않는 부분을 구별해 언급하고 있지는 않다.

② [A]에서 '학생 1'은 두 번째 발화에서 '학생 2'의 제안이 글의 성격에 맞지 않는다는 점을 지적하며, '학생 3'의 제안 중 일부인 설문 조사 결과 만족도가 높았다는 내용만 언급하자는 제안을 하고 있다. '학생 2'와 '학생 3'에게 근거 자료를 요청하고 있지는 않다.

③ [B]에서 '학생 3'은 첫 번째 발화에서 '학생 2'의 제안에 대한 공감을 표현하고 있지만, 두 번째 발화에서 그 제안과 '학생 1'의 제안을 절충하고 있지 않다. 두 번째 발화에서도 '학생 1'의 제안에 공감하고 있다.

✓ ❹ [A]에서 '학생 1'은 첫 번째 발화에서 '학생 3'의 발화가 자신이 이해한 바와 같이, 여행을 통해 학업에 지친 마음을 치유할 수 있었다는 소감문의 내용을 홍보하는 글에 포함하자는 의미인지 '학생 3'에게 확인하고 있다. 그리고 [B]에서 '학생 1'은 첫 번째 발화에서 '학생 2'의 발화가 자신이 이해

한 바와 같이, 여행 관련 정보를 좀 더 자세하게 안내받을 수 있는 별도의 방법을 홍보하는 글에 제시하자는 의미인지 '학생 2'에게 확인하고 있다.

⑤ [A]와 [B] 모두에서 '학생 2'는 두 번째 발화에서 상대의 발화 내용이 대화 맥락에 어긋나 있다고 생각해 발화하고 있지 않으며, 대화의 흐름을 조정하고 있지도 않다.

🔳 ④

51 대화 맥락 분석하기   정답률 69.0%

정오답 ☑체크

✓ ❶ (나)에서 '학생 3'은 다음번 모임을 위해, 학생회 게시판에 올라온 소감문에서 지난번 치유 농업 여행의 부족한 점이나 다시 생각해 봐야 할 점과 관련된 내용을 정리해 논의할 사항을 메모해 오겠다고 하였다. 소감문에는 안전 교육에 대한 언급이 없으므로, 참가자 안전 교육과 관련한 검토는 '학생 3'이 작성한 메모의 내용으로 적절하지 않다.

② (가)의 소감문에서 '이 여행에 함께했던 다른 학생들과 소감을 나눌 수 있는 장이 마련되면 좋겠다'고 하였으므로, '학생 3'이 작성한 메모의 내용으로 적절하다.

③ (가)의 소감문에서 '산책에 주어진 시간이 너무 짧아 아쉬움이 컸다'고 하였으므로, '학생 3'이 작성한 메모의 내용으로 적절하다.

④ (가)의 소감문에서 '비가 올 때를 대비한 프로그램이 준비되어 있지 않아 비가 오면 시간을 허비할 수도 있었다'고 하였으므로, '학생 3'이 작성한 메모의 내용으로 적절하다.

⑤ (가)의 소감문에서 '치유 농업에 대한 안내가 부족하여 참가를 망설이는 학생들이 있었다'고 하였으므로, '학생 3'이 작성한 메모의 내용으로 적절하다.

🔳 ①

52 대화 내용이 글쓰기에 반영된 양상 이해하기   정답률 51.0%

정오답 ☑체크

✓ ❶ '학생 2'가 작성한 초고에서는 소 껴안기 프로그램을 추가하였다고 했는데, (나)의 학생들 대화에서는 이에 대한 언급이 없다.

② 치유 농업 여행에서 학업에 지친 마음을 치유할 수 있었다는 소감문의 내용을 '학생 2'의 초고에서 확인할 수 있으므로, 치유 농업 여행이 준 만족감을 표현한 소감문의 내용을 홍보하는 글에 포함하자는 의견이 반영되었다고 볼 수 있다.

③ 치유 농업 여행 후 진행된 설문 조사에서 만족도가 매우 높았다는 내용을 '학생 2'의 초고에서 확인할 수 있으므로, 설문 조사의 만족도 결과를 홍보하는 글에 간단하게 언급하자는 의견이 반영되었다고 볼 수 있다.

④ 치유 농업 여행에 참가를 원하는 학생들은 학생회 게시판을 통해 일정과 내용, 신청 방법을 확인할 수 있다는 내용을 '학생 2'의 초고에서 확인할 수 있으므로, 치유 농업 여행에 관한 추가 정보를 얻을 수 있는 별도의 방법을 안내하자는 의견이 반영되었다고 볼 수 있다.

⑤ 학생들이 모여 앉아 별을 보는 사진과 소감문에서 인상적이었던 '토닥토닥'이라는 표현을 '학생 2'의 초고에서 확인할 수 있으므로, 학생들의 활동 모습 사진과 소감문에서 인상적이었던 표현을 함께 제시하자는 의견이 반영되었다고 볼 수 있다.

🔳 ①

자료　지역 신문에 기고하기 위해 작성한 학생의 초고
내용　캠핑장에서의 화재와 일산화 탄소 중독 사고가 생명에 미치는 심각성을 제기하고 문제의 원인을 밝힘.

53 글쓰기 전략 파악하기　정답률 86.0%

정오답 ✔체크

✔❶ 1문단에서 캠핑장에서의 화재와 일산화 탄소 중독 사고가 생명에 미치는 위해의 심각성이 크다고 문제의 심각성을 제기했다. 그리고 2, 3문단에서 문제의 원인을 이용객의 캠핑 용품 사용 안전 수칙 미준수, 캠핑장 사업자의 소방 시설 미비, 소방 시설에 대한 관계 당국의 감독 소홀, 부주의한 난방 기기 사용 등으로 밝히고 있다.

② 주장에 대해 예상되는 반론이나, 그에 대해 반박을 한 내용은 나타나 있지 않다.

③ 마지막 문단에서 캠핑장에서의 안전사고 예방 수칙을 설명하고 있을 뿐, 해결 방안의 장단점을 비교한 내용은 찾을 수 없다.

④ 일반적으로 널리 통하는 개념을 제시하거나 그 개념이 지닌 모순을 지적하고 있지는 않다.

⑤ 캠핑장에서의 화재와 일산화 탄소 중독 사고가 심각하다는 문제 상황은 있지만, 이 문제 상황을 해결하기 위한 대책을 마련하기 어렵다는 내용은 제시하지 않았다.

目 ①

54 조건에 맞게 글쓰기　정답률 84.0%

정오답 ✔체크

① 문제 해결의 주체 중에서 캠핑장 이용객이 빠져 있고 안전시설에 대한 내용만 있어, 핵심 내용을 문제 해결의 모든 주체와 관련지어 요약하였다고 볼 수 없다.

✔❷ 캠핑장에서의 화재와 일산화 탄소 중독 사고를 예방하기 위해 노력해야 한다는 핵심 내용을 캠핑장 이용객, 사업자, 관계 당국이라는 문제 해결의 주체와 관련지어 요약하고 있다. 그리고 이렇게 문제가 해결될 때 사고 없는 안전한 캠핑이 이루어진다는 효과를 언급하고 있다.

③ 문제 해결의 주체 중에서 캠핑장 이용객과 관계 당국이 빠져 있어, 핵심 내용을 문제 해결의 모든 주체와 관련지어 요약하였다고 볼 수 없다.

④, ⑤ 글의 핵심 내용을 문제 해결의 주체와 관련지어 요약하지도 않았고, 문제가 해결될 때 예상되는 효과를 언급하지도 않았다.

目 ②

55 자료 활용 방안 파악하기　정답률 63.0%

정오답 ✔체크

① (가-1)은 통계 자료로 캠핑장 안전사고 중 물리적 충격으로 발생하는 사고가 49.9%로 가장 높은 비율을 차지하고 있음을 보여 주고 있다. 이를 활용하여 물리적 충격으로 발생하는 사고가 캠핑장에서의 안전사고 중 발생 빈도가 가장 높다는 1문단의 내용을 구체화할 수 있다.

② (가-2)는 통계 자료로 캠핑 용품 관련 안전사고 중 화재와 관련한 사고가 58.1%로 가장 높음을 알 수 있다. 이를 활용하여 캠핑 용품 관련 안전사고 중 화재 관련 사고의 발생 비율이 가장 높다는 2문단의 내용에 58.1%라는 구체적인 수치를 추가할 수 있다.

③ (나)는 소방 시설의 미비와 관계 당국의 관리 소홀로 인하여 다수의 사상자가 발생한 캠핑장 사고 사례를 보여 주는 신문 기사이다. 이를 활용하여 소방 시설의 미비와 관리 감독의 소홀은 화재의 조기 진화를 어렵게 하여 인명 피해를 키운다는 2문단의 내용에 사례를 추가할 수 있다.

✔❹ (가-2)는 캠핑 용품 관련 안전사고 현황에 대한 통계 자료로, 화재, 물리적 충격, 일산화 탄소 중독 관련 사고가 차지하는 비율을 제시하고 있다. (나)는 신문 기사로 캠핑 중 발생하는 일산화 탄소 중독 사고가 증가했다는 점과 소방 시설의 미비와 관계 당국의 관리 소홀로 다수의 사상자가 발생한 캠핑장 사고 사례를 보여 준다. (가-2)와 (나)를 활용하여 일산화 탄소 중독 사고와 화재 사고가 물리적 충격으로 발생하는 사고보다 많다는 1문단의 내용을 뒷받침할 수 없다. 1문단에서는 캠핑장에서의 화재나 일산화 탄소 중독 사고가 생명에 미치는 위해의 심각성이 크지만, 캠핑장 안전사고 발생 건수 자체는 화재, 일산화 탄소 중독 사고보다 물리적 충격으로 발생하는 사고가 더 많다고 제시하고 있다. 그렇기 때문에 일산화 탄소 중독 사고와 화재 사고가 물리적 충격으로 발생한 사고보다 많다는 진술은 적절하지 않다.

⑤ (나)의 신문 기사에는 캠핑장에서 발생하는 안전사고 중 생명에 심각한 위해를 미치는 일산화 탄소 중독 사고가 예년보다 증가했다는 내용이 있다. (다)의 전문가 인터뷰에는 일산화 탄소 중독 사고의 경우 다른 사고보다 인명 피해율이 높다는 내용이 있다. 그러므로 (나)와 (다)를 활용하여 일산화 탄소 중독 사고는 인명 피해율이 높아서 주의가 필요함에도 캠핑 중 일산화 탄소 중독 사고는 줄지 않고 있다는 3문단의 내용을 구체화할 수 있다.

目 ④

[56~58] 화법

자료 도로 위 안전 설계에 관한 학생의 발표
내용 도로에 시공된 홈의 기능, 터널 안 조명등 간격이 다른 이유, 곡선 도로 위에서 바깥쪽 경사가 높은 이유 등을 설명함.

56 발표 표현 전략 사용하기 정답률 92.6%

정오답 ☑체크

✓❶ 발표에서 다룰 화제가 '안전 설계'임은 제시되어 있으나, 용어의 개념을 정의하여 발표에서 다룰 화제의 범위를 한정하고 있지는 않다.
② 1문단의 '지난 수업 시간에 우리는 도로에서 볼 수 있는 안전 설계에 대해 배웠는데요, 이와 관련한 유익한 내용이 있어 소개하려 합니다.'에서 청중과 공유하는 기억과 관련지어 발표의 계기를 밝히고 있다.
③ 2문단의 '여러분, 달리는 차 안에서 특정 구간을 지날 때 드르륵하는 소리가 들리며 차가 진동하는 것을 느껴 본 적 있나요? (대답을 듣고)'에서 청중의 경험과 관련한 질문을 하며 청중의 반응을 확인하고 있다.
④ 3문단에서 교통사고 발생 건수가 월 평균 2.6건이었던 것이 가로 홈을 시공하자 3개월간 0건이 되었음을 밝히고 있는데, 이는 구체적인 수치를 밝혀 발표 내용의 근거로 활용한 부분이라 볼 수 있다.
⑤ 5문단의 '그동안 무심코 지나쳤던 도로에서 안전을 위한 장치들을 찾아보길 바라며 발표를 마치겠습니다.'에서 발표 내용과 관련하여 청중에게 바라는 바를 언급하며 발표를 마무리하고 있다.

답 ①

57 발표에서 자료, 매체 활용하기 정답률 90.4%

① [자료 1]은 진행 방향과 일치하는 세로 홈과, 진행 방향에 수직인 가로 홈을 진하게 표시한 그림이다. 따라서 [자료 1]을 홈 사이의 도로면 너비를 달리해서 멜로디를 만든다는 내용을 설명하기 위해 ㉠에서 활용하지는 않았다.
② [자료 1]은 세로 홈은 도로에 살얼음이 생기는 일을 줄이고, 가로 홈은 제동 거리를 줄여 준다는 것을 보여 주기 위해 ㉠에서 활용된 자료이다. 따라서 [자료 1]을 ㉢에서 활용하지는 않았다.
③ [자료 2]는 홈의 너비와, 홈 사이의 도로면 너비를 합한 값에 따라 음 높이가 정해진다는 것을 보여 주기 위해 ㉡에서 활용된 자료이다. 따라서 [자료 2]를 특정 구간을 지날 때 느끼는 차의 진동이 홈 때문일 수 있다는 내용을 설명하기 위해 ㉡에서 활용하지는 않았다.
④ [자료 3]은 터널 입구 쪽과 출구 쪽이 중간 구간보다 밝다는 것을 설명하기 위해 ㉢에서 활용된 자료이다. 따라서 [자료 3]을 ㉠에서 활용하지는 않았다.
✓❺ [자료 3]은 〈낮의 터널 내부〉에 대한 자료로서, 조명등이 설치된 간격이 달라서 낮에 터널 입구 쪽과 출구 쪽이 중간 구간보다 밝다는 것을 보여 주는 자료임을 알 수 있다. 따라서 [자료 3]은 달라지는 밝기에 눈이 서서히 적응하도록 조명등의 설치 간격을 달리한다는 내용을 설명하기 위해 ㉢에서 활용하였음을 알 수 있다.

답 ⑤

58 발표 내용 이해, 평가하기 정답률 96.7%

① '학생 1'의 '곡선 도로에 경사를 준다는 내용을 간략히 제시해서 아쉬워.'라는 반응을 볼 때, '학생 1'의 의문이 해소되었다고 볼 수는 없으며, '학생 1'이 발표 내용을 긍정적으로 평가하고 있지도 않다.
② '학생 2'의 '멜로디가 들리는 도로가 재미를 위한 것인 줄 알았는데, 안전을 위한 거였군.'을 볼 때 발표 내용이 '학생 2'의 배경지식과 일치하지 않았음을 알 수 있다. 그러나 '학생 2'가 그 이유를 궁금해하고 있지는 않다.
✓❸ '학생 1'은 '도서관에서 그 원리를 알아봐야겠어.'라고 반응하였으며, '학생 2'는 '이런 도로가 실제로 어디에 있는지 조사해 봐야겠어.'라고 반응하였다. 따라서 '학생 1'과 '학생 2'는 모두 발표에서 언급된 내용과 관련하여 추가적인 정보를 탐색하려 하고 있다고 볼 수 있다.
④ '학생 1'과 '학생 3'은 발표에서 언급된 내용과 관련하여 추가적인 정보를 탐색하려 하고 있을 뿐, 발표를 통해 새롭게 알게 된 정보가 사실과 부합하는지를 판단하고 있지는 않다.
⑤ '학생 2'는 실제로 이런 도로가 어디에 있는지를 조사해 봐야겠다고 반응하였으며, '학생 3'은 미세한 유리 알갱이를 차선에 바르는 방법과, 밤에도 터널 구간별 밝기가 다른지에 대해 알고 싶다고 반응하였다. 따라서 '학생 2'와 '학생 3'은 모두, 자신의 경험을 바탕으로 발표 내용의 효용성을 점검하고 있지는 않다.

답 ③

[59~63] 화법과 작문 통합

(가)

자료 학교 행사에 참여한 학생이 마을 소식지에 쓴 후기
내용 마을 사람들이 볼 식물 지도를 전교생이 함께 만든 과정과 그 과정에서 느낀 점들을 밝힘.

(나)

자료 (가)를 읽은 다른 지역 학생들의 대화
내용 다른 지역 학교의 동아리원들이 (가)의 사례를 참고하여 식물 지도를 만들고자 의견을 나눔.

59 성찰 글쓰기 표현 전략 사용하기 정답률 90.8%

① 1문단을 보면 식물 지도 만들기 행사에서 자신이 깨달은 점을 밝히고는 있으나, 문제점과 해결책을 제시하는 방식으로 서술되지는 않았다.
② 2문단을 보면 식물 지도를 만든 과정을 순서에 따라 제시하고 있기는 하지만, 원인과 결과를 제시하는 방식으로 서술하지는 않았다.
③ 2문단을 보면 학급마다 특색 있게 식물 지도를 그렸다는 언급은 있으나, 그러한 학급별 식물 지도의 특색을 나열하지는 않았다.
✓❹ 3문단을 보면 '다 함께 식물 지도 만들기'를 위해 식물을 조사하는 과정에서 몇몇 친구들은 힘들다고 포기했지만, 자신은 '누군가는 이 지도를 보며 마을의 식물에 관심'을 가질 수 있을 것이라고 생각하며 끝까지 포기하지 않았다는 점을 언급하고 있다. 따라서 식물 조사에 임하는 자신의 참여 자세를 친구들의 참여 자세와 대조하는 방식으로 서술하였다고 볼 수 있다.

⑤ 3문단을 보면 식물을 조사하는 과정에서 힘들다고 포기한 학생들이 있었음은 언급하고 있으나, 그 친구들이 겪은 어려움을 묻고 답하는 방식으로 서술하지는 않았다.

답 ④

60 성찰 글쓰기 내용 점검, 조정하기 　정답률 86.8%

① 〈보기〉에서는 교실 밖에서 관찰한 식물을 언급하지 않았으나 (가)의 마지막 문단에서는 '화살나무나 분꽃 등의 식물'을 관찰했음을 언급하고 있다.

② 〈보기〉에서는 이번 행사를 통해 자신이 어떤 점을 반성했는지를 언급하지 않았으나, (가)의 마지막 문단에서는 '그동안 주변의 식물에 무심했던 나 자신을 반성하게 되었다.'와 같이 자신의 어떤 점을 반성했는지 밝히고 있다.

③ 〈보기〉에서는 다른 학교에서도 식물 지도 만들기 행사를 열면 좋겠다는 생각만 언급하고 있으나, (가)의 마지막 문단에서는 '더 많은 학생들이 자연의 소중함을 느낄 수 있을 것'이라고 이 행사를 개최했을 때 예상되는 기대 효과를 제시하고 있다.

✓ ❹ (가)의 마지막 문단에 교실 밖 관찰 활동을 위해 책을 활용한 학습을 선행해야 한다는 내용은 언급되지 않았다. 오히려 교실 밖 관찰 활동을 하니 책으로만 접했을 때보다 식물에 대한 관심이 더 커지는 것 같았다고 하였다.

⑤ 교실 밖에서 이루어지는 관찰 활동의 효과로, 〈보기〉에서는 '학업으로 인한 부담감을 덜어 준다'는 점을 언급하고 있으나, (가)의 마지막 문단에서는 '책으로만 접했을 때보다 식물에 대한 관심이 더 커지는 것'을 언급하고 있다. 〈보기〉의 내용을 (가)의 마지막 문단과 같이 수정한 것은 교실 밖 관찰 활동의 긍정적 효과를 '식물에 대한 관심을 높이자'는 행사의 취지와 관련짓기 위한 것이라 볼 수 있다.

답 ④

61 대화 맥락 분석하기 　정답률 58.9%

① [A]에서 '학생 2'는 '여러 종류의 식물이 있는 곳도 좋지만, 나는 우리 학교 학생들이 볼 지도이니 학생들에게 친숙한 장소가 더 좋을 듯해.'와 같이 '학생 1'의 발화를 일부 재진술한 후 자신의 견해를 밝히고 있다.

② [A]에서 '학생 1'은 □□농장에는 매실나무만 많다는 점을, '학생 2'는 □□농장은 아무나 들어갈 수 없는 곳이어서 가 본 학생이 거의 없다는 점을 들어, 각기 다른 이유로 '학생 3'의 제안에 반대하는 입장을 드러내고 있다.

✓ ❸ [B]에서 '학생 1'은 '학생 3'의 질문에 대해 '약효가 있는 식물은 그 정보도 제시하자는 거지?', '식물이 사람의 정서에 어떤 영향을 미칠 수 있는지에 대한 내용을 싣자는 말이었어?'와 같이 되물으며 그 과정에서 자신이 상대의 발화 내용을 잘못 이해했음을 깨닫고 있다. 그러나 '학생 3'은 '학생 1'의 발화 내용을 잘못 이해하고 있지 않다.

④ [B]에서 '학생 2'는 '그거 좋은데?'와 같이 '학생 3'에게 공감을 표한 후, '우리가 행복산에서 조사할 꽃과 나무 중 일부에는 그런 내용도 추가로 표시하면 되겠다.'라고 말하며 '학생 3'의 제안을 구체화할 방안을 제시하고 있다.

⑤ [A]의 첫 번째 발화에서 '학생 3'은 '□□농장에 갔으면 하는데, 너희 생각은 어때?'와 같이 자신이 제안한 바에 대한 '학생 1'과 '학생 2'의 의견을 묻고 있다. 또한 [B]의 첫 번째 발화에서도 '학생 3'은 '식물 이름과 함께 식물이 어떤 효용이 있는지도 제시했으면 하는데, 너희는 어떻게 생각해?'와 같이 자신이 제안한 바에 대한 '학생 1'과 '학생 2'의 의견을 묻고 있다.

답 ③

똑똑! 궁금해요

Q 이 문항을 풀 때 모두 적절한 선지처럼 보여서 당황했어요. 당황하지 않고 답을 찾는 비법을 알려 주세요.

A 많은 학생이 이 문항의 답을 찾지 못한 이유는 ③번 선지를 읽고 [B]를 다시 보면서 '학생 1'과 '학생 3'의 대화가 원활해 보이지 않는다 판단하고 ③도 적절한 선지라 판단했기 때문입니다. 바로 선지 내용 중 '서로가'라는 글자를 놓치는 실수를 한 것이죠. 즉 선지에서는 두 학생 모두 상대가 말한 내용을 잘못 이해했음을 깨닫고 있다고 했지만, 정확하게는 '학생 1'만 '학생 3'의 말을 잘못 이해하고 있다는 것을 깨닫고 있는 상황입니다. 화법과 작문 문제를 틀리지 않고 풀기 위해서는 이처럼 어휘 하나하나에 주목해야 합니다. 화법과 작문 문제를 풀 때 어휘 하나라도 놓치는 실수를 하면 틀릴 수 있다는 것, 늘 기억하세요.

62 정보 전달 글쓰기 내용 생성하기 　정답률 61.7%

① (가)의 2문단에서 '식물의 이름을 알려 주는 누리집을 이용해 식물 이름을 편리하게 찾았다.'라는 내용을 확인할 수 있고, (나)의 '학생 2'는 다섯 번째 발화에서 '식물 이름은 ○○ 고등학교처럼 누리집을 이용해 편리하게 찾자.'라고 제안하고 있다. 따라서 (가)의 아이디어를 (나)에서 수용하고자 했음을 알 수 있다.

✓ ❷ (나)에서 '학생 2'는 다섯 번째 발화에서 '국가 보호종을 비롯해 주목할 만한 몇몇 식물만 표시해야 할 듯해.'라고 말하고 있다. 그리고 (가)의 2문단에서 ○○ 고등학교 학생들은 '최대한 여러 종류의 식물 사진을 찍은' 후에 '학급마다 특색 있게 그린 지도 위에 조사한 모든 식물의 이름을 표시'했음을 알 수 있다. 따라서 (나)의 학생들이 '(○○ 고등학교처럼) 우리도 몇몇 주목할 식물만 지도에 표시한다.'를 수용할 점으로 논의했다는 내용은 적절하지 않다.

③ (가)의 2문단에서 식물 지도의 범위를 '△△동 전체'로 했다는 점을 알 수 있다. 그러나 (나)의 '학생 2'는 첫 번째 발화에서 '학교에서 걸어갈 만한 거리만 지도의 범위로 삼는 게 좋지 않을까?'라고 제안하고 있으며 이에 대해 '학생 1'이 '그러자.'라고 동의하고 있다. 따라서 (나)에서는 (가)의 지도의 범위에 대한 아이디어를 수용하지 않았음을 알 수 있다.

④ (가)의 2문단을 통해 ○○ 고등학교에서는 식물 지도의 범위를 '△△동 전체'로 했다는 점을, 3문단을 통해 학생들이 '평소 우리가 잘 모르던 곳까지 꼼꼼히 살피며' 조사를 진행했음을 알 수 있다. 그러나 (나)의 '학생 2'의 두 번째 발화를 보면 '우리 학교 학생들이 볼 지도이니 학생들에게 친숙한 장소'를 조사하자고 제안하고 있으며 이에 대해 '학생 3'은 '듣고 보니 일리가 있네.'라고 동의하고 있다. 따라서 식물을 조사할 장소에 대해서는 (나)에서 (가)의 아이디어를 수용하지 않았음을 알 수 있다.

⑤ (가)의 2문단에서 ○○ 고등학교에서는 '학급별로 만든 지도를 이어 붙여' △△동 식물 지도를 완성했음을 알 수 있다. 그러나 (나)의 '학생 2'의 여덟 번째 발화를 보면 '○○ 고등학교가 이어 붙이는 방식으로 지도를 만든 건 참신하긴 한데 통일감이 없어 부자연스러울 듯해.'라고 말하고 있으

므로 (가)의 지도를 이어 붙이는 방식은 (나)에서 수용하지 않았음을 확인할 수 있다.

目 ②

63 대화 내용 이해, 평가하기 정답률 79%

① '학생 2'의 다섯 번째 발화를 보면, '국가 보호종을 비롯해 주목할 만한 몇몇 식물만 표시해야 할 듯해.'라고 밝히고 있으나, 식물이 있는 곳의 핵심적인 특징을 제시하기로 논의한 내용은 (나)에 제시되어 있지 않다.

② '학생 3'의 일곱 번째 발화를 보면, '행복산은 갈림길이 많으니 걷기에 더 편한 길을 화살표로 표시도 하고.'라고 밝히고 있으나, 국가 보호종 식물이 있는 곳으로 가는 길을 동선으로 표시하기로 논의한 내용은 (나)에 제시되어 있지 않다.

③ '학생 3'의 두 번째와 세 번째 발화, '학생 1'의 네 번째 발화, '학생 2'의 세 번째 발화를 통해 □□농장은 식물을 조사하는 장소로 선정되지 않았음을 알 수 있다.

✓ ❹ '학생 2'는 자신의 일곱 번째 발화에서 '장소마다 대표 식물을 하나씩 선정해서 그 식물 이름 밑에 식물의 사진도 함께 제시하는 건 어때?'라고 제안하였다. 그러나 ㉣에는 식물의 이름만 제시되어 있고 식물의 사진은 제시되어 있지 않다. 각 장소마다 하나씩 대표 식물의 사진을 제시하기로 했으므로 ㉣에 사진을 추가해야겠다는 반응은 적절하다.

⑤ '학생 3'의 일곱 번째 발화를 보면, '군집을 이루고 있는 식물은 모두 빗금으로 표시하자.'라고 밝히고 있을 뿐, 군집을 이루고 있는 식물 중 학생들에게 낯선 식물은 빗금으로 표시하기로 논의한 내용은 (나)에 제시되어 있지 않다.

目 ④

[64~66] 작문

자료 교지에 싣기 위해 작성한 학생의 초고
내용 커피 찌꺼기, 즉 커피박이 잘못 버려지는 사례를 제시하고 재활용 방안에 대해 알림.

64 설득 글쓰기 내용 생성하기 정답률 93.6%

① 1문단에서 '커피를 만든 후 남은 커피 찌꺼기'를 '커피박'이라 한다고 밝히고 있다.

② 2문단에서 커피박을 싱크대 배수구에 버리거나 흙에 버리기도 한다며 커피박이 잘못 처리되고 있는 예를 제시하고 있다.

③ 3문단에서 커피박이 탈취제나 방향제, 합성 목재를 대신하는 재료, 비료, 바이오 에너지의 원료로 활용되고 있음을 밝히고 있다.

④ 1문단에서 우리나라의 연간 1인당 커피 소비량이 세계 평균의 2배 이상임을 밝히고 있다.

✓ ❺ 학생의 초고는 커피로 인한 사회적 문제를 논할 때 상대적으로 관심을 받지 못하는 커피박 문제에 대한 관심을 촉구하고 있는 글이기는 하지만, 커피로 인해 발생하는 사회적 문제가 해마다 증가하고 있는 실태를 제시하고 있지는 않다.

目 ⑤

65 설득 글쓰기 내용 점검, 조정하기 정답률 85.9%

① 초고 2~4문단에서 언급한 문제 상황 가운데 2문단의 문제 상황에 대한 해결 방안을 언급하지 않았다.

✓ ❷ 조언에 따라 [A]에는 먼저 초고 2~4문단에서 문단별로 문제 삼고 있는 점을 해결할 방안(2문단은 커피박 처리 문제, 3문단은 재활용 분야 홍보, 4문단은 커피박 수거 시설 확충)을 언급하고, 다음으로 우리 사회가 지녀야 할 태도를 커피에 대한 사랑과 관련지으며 글을 마무리하는 내용이 들어가야 한다. 첫 문장에서 초고 2~4문단에서 언급한 문제 상황에 대한 각각의 해결 방안을, 두 번째 문장에서 커피에 대한 사랑과 관련지으며 우리 사회가 지녀야 할 태도를 제시하고 있으므로 [A]의 내용으로 적절하다.

③ 조언에서 언급한 내용이 전혀 반영되지 않았다.

④ 초고 2~4문단의 문제 상황에 대한 해결 방안은 언급하였으나 우리 사회가 지녀야 할 태도를 제시하지 않았다.

⑤ 우리 사회가 지녀야 할 태도와 커피박 수거 시설 설치의 효과는 제시하였으나 초고 2~4문단의 문제 상황에 대한 해결 방안을 언급하지 않았다.

目 ②

66 설득 글쓰기 자료, 매체 활용하기 정답률 78.3%

✓ ❶ (가)에는 커피박이 소각될 때 발생하는 탄소 배출량이 제시되어 있다. 이는 커피박이 분리배출되지 않고 소각용 쓰레기와 함께 잘못 배출되었을 때 대기에 악영향을 줄 수 있다는 내용을 뒷받침하는 근거로 쓰일 수 있다. 그러나 (가)를 커피박이 우리 사회에서 관심을 받지 못하고 있는 배경을 보여 주는 자료라고 볼 수 없으므로 활용 방안으로 적절하지 않다.

② (가)는 추출 직후 커피박에 남은 카페인과 수분이 각각 식물과 토양에 악영향을 미치는 이유를 밝히고 있다. 따라서 커피박이 식물과 토양에 악영향을 미친다는 점을 제시하고 있는 2문단의 내용을 구체화하는 자료로 활용할 수 있다.

③ (나)는 커피박으로 만들 수 있는 바이오 에너지의 종류를 밝히고 있다. 이는 최근 커피박이 바이오 에너지의 원료로 활용될 수 있다는 점을 제시하고 있는 3문단을 뒷받침하는 자료로 활용할 수 있다.

④ (다)는 커피박 수거를 효과적으로 하고 있는 스위스의 사례를 들고 있다. 우리나라의 커피박 수거 시설이 매우 부족함을 제시하고 있는 4문단에 이 자료를 활용한다면 해외에 비해 우리나라의 커피박 수거 시설이 매우 부족한 상황임을 부각하기에 효과적일 것이다.

⑤ (다)는 커피박 수거 시설의 확충이 커피박 분리배출에 대한 관심과 커피박 수거나 운반 등과 관련한 일자리 창출로 이어질 것이라 전망하고 있다. 이 자료를 4문단에 활용한다면 커피박 수거 시설의 확충이 커피박 분리배출에 대한 시민들의 관심을 높이는 것뿐만 아니라, 일자리 창출이라는 또 다른 효과를 가져올 수 있음을 보여 줄 수 있다.

目 ①

자료 '종자 보존'에 관한 학생의 발표
내용 종자 보존의 중요성을 설명하고 전 세계에서 두 군데에만 있는 종자 금고 중 하나가 우리나라에 있음을 밝힘.

67 발표 표현 전략 사용하기 정답률 63.3%

정오답 ✅ 체크

① 발표에서 '종자 금고'가 무엇인지에 대해서는 설명하고 있으나, 청중에게 친숙한 사례로 개념 간의 차이를 부각하고 있지는 않다.
② '(손가락 두 개를 펼쳐 보이며)'와 같이 비언어적 표현은 사용하고 있으나, 이를 통해 청중의 행동 변화를 촉구하고 있지는 않다.
③ 발표 중간중간에 청중에게 질문을 던지며 청중의 대답을 듣고 있지만, 청중의 질문을 받으며 청중과 상호 작용하고 있지는 않다.
✓❹ 발표자는 발표 도입부에서 '개똥쑥에서 말라리아 치료 성분을 발견했다는 지난주 특강 내용 기억나시나요?'와 같이 청중과 공유하고 있는 경험을 언급하여 청중의 주의를 환기하고 있다.
⑤ 청중에게 퀴즈를 내거나 질문을 던지고 있지만, 발표 내용에 대한 청중의 이해 정도를 확인한 후, 이어질 발표의 순서를 안내하고 있지는 않다.

답 ④

68 발표에서 자료, 매체 활용하기 정답률 81.6%

정오답 ✅ 체크

① [화면 1]은 〈멸종 위기에 처한 나무〉를 보여 주는 자료로, 나무의 경우 30%에 해당하는 종이 멸종 위기임을 보여 준다. 매년 나무 종이 얼마나 감소하고 있는지를 보여 주고 있지는 않다.
② [화면 1]은 〈멸종 위기에 처한 나무〉를 보여 주는 자료로, 멸종 위기의 나무 종 중에서 종자가 보존되고 있는 종의 비율을 보여 주고 있지는 않다.
③ [화면 2]는 전체 식물 중 40%에 해당하는 종이 멸종 우려 수준임을 보여 주는 자료로, 전체 멸종 우려 종에서 식물 종이 차지하는 비율을 보여 주고 있지는 않다.
✓❹ 발표자는 '(ⓒ화면을 보여 주며) 화면 속 건물 아래쪽에 보이는 공간이 저장고가 있는 지하의 모습인데, 외부 영향을 최소화하기 위해 지하에 종자를 보관하고 있습니다.'라고 설명하고 있다. 또한 [화면 3]은 〈우리나라 종자 보관 시설〉로 지하에 종자가 보관되어 있음을 보여 주고 있다. 따라서 [화면 3]은 외부 영향을 최소화하기 위해 종자를 지하에 보관하고 있음을 보여 주는 자료로 ⓒ에 제시하였음을 알 수 있다.
⑤ [화면 3]은 〈우리나라 종자 보관 시설〉을 보여 주는 자료이지만, 지하 종자 저장고의 위치가 종자의 발아 상태에 따라 달라짐을 보여 주고 있지는 않다.

답 ④

69 발표 내용 이해, 평가하기 정답률 92.4%

정오답 ✅ 체크

① 발표자는 종자 금고가 노르웨이와 우리나라에 있다고 하였으나 두 나라 종자 금고의 차이에 대해서는 언급하지 않았다. 따라서 '종자 금고는 현

재 두 나라에 있다고 하셨는데, 두 나라의 종자 금고에는 어떤 차이점이 있나요?'라는 질문은 적절하다.
② 발표자는 '우리나라뿐만 아니라 외국의 종자도 기탁받아 4천 종 넘게 보관하고 있'다고 하였으나, 종자를 기탁받는 절차에 대해서는 언급하지 않았다. 따라서 '기탁받은 종자를 보관하고 있다고 하셨는데, 종자를 기탁받는 절차는 어떻게 되나요?'라는 질문은 적절하다.
✓❸ 청자와 발표자가 나눈 질의응답의 내용을 보면, 발표자가 '그 내용은 발표에 없었네요. 추가로 그 내용에 대해 알려 드릴게요.'라고 말하고 있으므로 [A]에는 발표자가 발표 중에 언급하지 않은 내용에 대한 청자의 질문이 제시되어야 한다. 발표자는 종자 금고에 '우리나라뿐만 아니라 외국의 종자도 기탁받아 4천 종 넘게 보관하고 있'다고 하였으므로 종자 금고에는 우리나라 종자만이 아니라 외국의 종자도 기탁받아 보관 중임을 알 수 있다. 따라서 '현재 보관 중인 종자 규모를 말씀하셨는데, 종자 금고에는 우리나라 종자만 보관하나요?'라는 질문은 적절하지 않다.
④ 발표자는 '장기 보관이 가능하도록 적정 온도와 습도를 유지하고 있'다고 하였으나, 적정 온도가 어느 정도인지에 대해서는 언급하지 않았다. 따라서 '적정한 온도를 유지해 종자를 보관한다고 말씀하셨는데, 적정 온도는 어떻게 되나요?'라는 질문은 적절하다.
⑤ 발표자는 '보관된 종자는 특수한 상황이 아니면 반출하지 않'는다고 하였으나, 반출했던 경우에 대해서는 언급하지 않았다. 따라서 '종자 금고에 보관된 종자는 특수한 상황이 아니면 반출하지 않는다고 하셨는데, 반출했던 경우가 있나요?'라는 질문은 적절하다.

답 ③

(가)

자료 '청소년의 팬 상품 소비'를 제재로 학교 신문에 실을 글의 초고
내용 팬 상품 시장의 규모가 커지면서 청소년의 팬 상품 소비가 늘어나는 가운데 우려되는 점들을 항목화하여 밝힘.

(나)

자료 (가)를 수정하기 위해 학생들이 나눈 대화
내용 청소년의 팬 상품 소비에 대해 긍정하는 관점도 균형 있게 다루기로 협의하고, (가)를 고쳐 쓰기 위한 다양한 방안을 논의함.

70 비평 글쓰기 표현 전략 사용하기 정답률 75.9%

정오답 ✅ 체크

✓❶ (가)의 2~5문단을 보면, '하지만', '다음으로', '마지막으로', '따라서'와 같은 담화 표지로 문단 간의 연결 관계를 드러내고 있다.
② 특정 이론을 활용하거나 중심 화제의 개념을 제시하고 있지는 않다.
③ 학교 근처의 '팬 상품' 판매점의 경우와 같이 우리나라의 사례는 제시하고 있으나, 다른 나라의 사례와 대조하여 문제 해결의 필요성을 강조하고 있지는 않다.
④ 예상되는 반론을 제시하거나 이를 반박하고 있지는 않다.
⑤ (가)에서 중심 화제인 '청소년의 팬 상품 소비'에 대한 인식을 시기별로 제시하고 있지는 않다.

답 ①

71 비평 글쓰기 내용 생성하기   정답률 91.7%

정오답 ✅ 체크

① (가)의 1문단을 보면, '일요일 오후에 방문해 본 우리 학교 근처의 ～ 팬 상품을 사려는 청소년들로 북적였다.'와 같이 현장을 방문하여 목격한 팬 상품 판매점의 분위기를 제시함으로써 팬 상품의 인기를 드러내고 있다.

✓❷ (가)의 2문단을 보면, 설문 조사 자료를 근거로 들어 청소년이 충동적으로 팬 상품을 소비하는 비율이 높음을 제시하고 있다. 따라서 글쓴이 자신의 경험을 근거로 들어 충동적인 팬 상품 소비 태도가 청소년에 미치는 부정적 영향을 제시하고 있다는 내용은 적절하지 않다.

③ (가)의 3문단을 보면, '사회학자 유△△ 교수는 ～ 그 원인을 밝혔다.'와 같이 전문가의 견해를 인용하여 팬 상품을 과시적으로 소비하는 행위의 심리적 원인을 제시하고 있다.

④ (가)의 4문단을 보면, '1학년 정○○은 ～ 인터뷰 과정에서 속마음을 드러내었다.'와 같이 학생을 인터뷰하여 팬 상품을 소비하는 이유가 소외감과 관련되어 있음을 제시하고 있다.

⑤ (가)의 5문단을 보면, '정신과 전문의 박□□의 저서『청소년의 팬 상품 소비문화』에서 언급하였듯이 ～ 소비 태도를 갖출 필요가 있다.'와 같이 관련 저서를 근거로 들어 청소년들이 합리적이고 주체적인 소비 태도를 갖출 필요가 있음을 제시하고 있다.

답 ②

72 대화 맥락 분석하기   정답률 86.5%

정오답 ✅ 체크

① [A]에서 '나도 그런 긍정적인 면이 있다는 의견에 동의해. 하지만 ～ 더 커 보여.'라는 '학생 2'의 발화는 상대방과 의견이 다름을 제시하기 전에 공통되는 의견부터 말하고 있으므로, ㉲에 해당한다.

✓❷ [B]에서 '괜찮아. 이제 막 시작했어.'라는 '학생 1'의 발화는 문제의 원인을 자신의 탓으로 돌리는 것은 아니므로 ㉲에 해당하지 않는다. 이는 상대방의 부담을 덜어 주는 발화이므로 ㉮에 해당한다.

③ [C]에서 '두 관점이라니 무슨 말이야?'라는 '학생 3'의 발화는 늦게 대화에 참여하여 대화 맥락을 파악하지 못하여 발생한 것으로, 상대방의 물음에 대한 답변을 하는 대신 되묻고 있으므로, ㉯에 해당한다.

④ [D]에서 '방금까지 청소년의 팬 상품 소비에 대해 ～ 논의 중이었어.'라는 '학생 1'의 발화는, 대화 맥락을 파악하지 못한 '학생 3'에게 앞서 논의 중인 내용을 전달하고 있으므로, ㉱에 해당한다.

⑤ [E]에서 '학생들이 ～ 볼 수 있게, 괜찮다면 두 관점의 내용을 모두 글에 담아 줄 수 있어?'라는 '학생 3'의 발화는, 질문의 형식을 활용함으로써 명령형으로 표현했을 때보다 상대방의 부담을 완화하고 있으므로, ㉮에 해당한다.

답 ②

73 대화 내용 생성하기   정답률 82.6%

정오답 ✅ 체크

① ㉠을 보면, '2020년에 실시한'과 같이 설문 조사가 언제 이루어졌는지를 밝히고 있다.

---

② ㉠을 보면, '설문 조사에 따르면'과 같이 설문 조사 자료를 인용하고 있음을 밝히고 있다.

③ ㉠을 보면, 설문 조사의 응답 결과를 순위대로 밝히고 있지 않지만, 이는 설문 조사 자료의 신뢰도와는 관련이 없다.

④ ㉠을 보면, 설문 조사의 결과가 시사하는 점을 밝히고 있지 않지만, 이는 설문 조사 자료의 신뢰도와는 관련이 없다.

✓❺ (나)의 대화 상황을 살펴보면, 설문 조사 자료를 인용할 때 빠뜨린 부분이 있을 경우 설문 조사 자료의 내용을 믿기 어려움을 알 수 있다. ㉠에는 설문 조사를 한 주체와 응답 대상이 밝혀져 있지 않으며, 이는 설문 조사 자료의 내용을 믿기 어렵게 만든다.

답 ⑤

74 비평 글쓰기 내용 점검, 조정하기   정답률 46.4%

정답 해설 PLUS

(나)의 논의 내용을 반영하여, (가)를 고쳐 쓰기 위한 방안으로 가장 적절한 것은?

제목	○ '청소년의 팬 상품 소비 문제점과 해결 방안'으로 교체한다. 팬 상품 소비의 긍정적인 면에 대한 내용이 드러나야 함 ✗ …… ①
처음	○ 2014년도 국내 팬 상품 시장 규모에 관한 정보를 추 (나) '학생 1'의 열 번째 발화 ○ 가한다. …… ❷
중간	○ '일회성 소비'를 '과시적 소비'로 교체한다. …… ③ 충동적 소비 ○ 팬 상품 소비가 과소비로 이어진다는 내용을 추가 논의된 내용이 없음 ✗ 한다. …… ④
끝	○ 마지막 문장의 내용은 기업의 사회적 책임에 관한 삭제해야 함 내용으로 교체한다. ✗ …… ⑤

함정 탈출 비법 고쳐쓰기 방안의 적절성을 판단하는 문항이다. 이러한 문제를 풀기 위해서는 먼저 적절성을 판단하기 위한 기준을 파악하는 것이 중요하다. 이 문제의 경우 (나)에서 초고를 수정하기 위한 대화를 하고 있으므로 (나)의 대화 내용을 빠르게 파악하는 것이 중요하다. 그리고 (나)에서 제시한 문제점과 선지 내용을 비교해 문제점이 적절하게 해결되었는지를 판단하도록 한다.

정오답 ✅ 체크

① (나)에서 '학생 1', '학생 2' 각각의 여섯 번째 발화를 보면, (가)의 제목을 팬 상품 소비의 긍정적인 면에 대한 내용이 드러나도록 수정해야 함을 알 수 있다. 따라서 제목을 '청소년의 팬 상품 소비 문제점과 해결 방안'으로 교체한다는 내용은 적절하지 않다.

✓❷ (가)의 1문단 마지막 문장 '국내 팬 상품 시장의 규모는 ～ 2014년과 비교해 크게 확대되었다.'와 (나)의 '학생 1'의 열 번째 발화 '팬 상품 시장의 규모가 확대되었음을 강조하려면 ～ 시장의 규모를 밝혀야 할 것 같아.'를 통해 (가)의 '처음'에 2014년도 국내 팬 상품 시장 규모에 관한 정보를 추가해야 함을 알 수 있다.

③ (나)에서 '학생 3'의 네 번째 발화를 보면, 2문단은 충동적 소비를 다루고 있으므로 '일회성 소비'를 '충동적 소비'로 교체해야 함을 알 수 있다. 따라서 '일회성 소비'를 '과시적 소비'로 교체한다는 내용은 적절하지 않다.

④ (나)에서 '학생 2'의 다섯 번째 발화를 통해 팬 상품 소비의 긍정적인 면에 대한 내용을 추가할 필요성을 알 수 있지만, (나)에서 팬 상품 소비가 과소비로 이어진다는 내용을 추가하겠다는 논의는 진행되지 않았다. 따라서 팬 상품 소비가 과소비로 이어진다는 내용을 추가한다는 진술은 적절하지 않다.

⑤ (가)의 마지막 문단의 마지막 문장과 (나)에서 '학생 3'의 다섯 번째 발화를 연결하여 보면, 마지막 문단에 글의 초점에서 벗어나는 내용이 있어 삭제해야 함을 알 수 있다. 따라서 마지막 문장의 내용을 기업의 사회적 책임에 관한 내용으로 교체한다는 진술은 적절하지 않다.

답 ②

[75~77] 작문

(가)

자료 글쓰기를 위한 학생의 생각

내용 체육 대회의 새 이름 짓기 공모전과 관련해서 학교 누리집에 올릴 글의 내용을 구성함.

(나)

자료 (가)에서 한 생각을 바탕으로 쓴 학생의 초고

내용 공모전을 하는 이유와 이름 짓기의 효과, 그리고 이름 짓기의 방법을 설명함.

---

75 정보 전달 글쓰기 내용 이해, 평가하기   정답률 92.5%

정오답 ✅ 체크

✓❶ (나)의 1문단을 보면, 체육 대회라는 이름에 대한 학생들의 부정적 반응은 나타나 있지 않으며, 공모전을 하는 이유는 올해부터 바뀌는 체육 대회의 특징이 잘 드러나는 이름이 필요하기 때문임을 알 수 있다.

② (나)의 1문단에서, 공모전을 하는 이유는 올해 체육 대회가 새로운 프로그램으로 구성될 예정이므로 올해부터 바뀌는 체육 대회의 특징이 잘 드러나는 이름이 필요하기 때문임을 제시하고 있다.

③ (나)의 2문단에서, 이름 짓기를 통해 이미지를 개선한 '보조개 사과'의 사례를 제시하여 이름 짓기의 효과를 구체화하고 있다.

④ (나)의 3문단에서 '임산부 배려석'이라는 이름이 주는 효과를 '임산부 양보석'과 비교하여 이름 짓기를 잘하면 사람들의 참여 동기를 이끌어 낼 수 있음을 밝힘으로써, 이름 짓기의 효과를 구체화하고 있다.

⑤ (나)의 4문단의 마지막 문장에서 이름 짓기를 할 때 사람들이 기분 좋게 수용할 수 있는 표현을 사용해야 함을 밝힘으로써, 이름 짓기의 방법을 구체화하고 있다.

답 ①

---

76 정보 전달 글쓰기 내용 생성하기   정답률 88.9%

정오답 ✅ 체크

① 이름 짓기가 학생들에게 어려운 일이 아님은 밝히고 있으나, 2문단에서 언급한 이름 짓기의 효과가 아닌 이름 짓기의 방법을 제시하고 있다.

② 이름 짓기가 학생들에게 어려운 일이 아님은 밝히고 있으나, 2문단에서 언급한 이름 짓기의 효과와 관련되지 않은 원활한 의사소통의 필요성을 제시하고 있다.

③ 2문단의 이름 짓기의 효과와 관련하여 공모전 참여를 권유하면서 마무리하고 있으나, 이름 짓기가 학생들에게 어려운 일이 아님을 밝히고 있지 않다.

④ 이름 짓기가 학생들에게 어려운 일이 아님을 밝히지 않았으며, 2문단에서 언급한 이름 짓기의 효과와 관련되지 않은, 새로운 체육 대회의 이름이 가져다줄 효과를 제시하고 있다.

✓❺ '이름 짓기는 학생들도 충분히 할 수 있다.'와 같이 이름 짓기가 학생들에게 어려운 일이 아님을 밝히고 있다. 그리고 '새로운 체육 대회는 ~ 공모전에 도전해 보는 것은 어떨까?'와 같이 대상에 대한 긍정적인 이미지를 갖게 할 수 있다는 2문단에서 언급한 이름 짓기의 효과와 관련하여 공모전 참여를 권유하면서 마무리하고 있다.

답 ⑤

---

77 정보 전달 글쓰기 자료, 매체 활용하기   정답률 84.3%

정오답 ✅ 체크

① [자료 1]을 보면, '등급 외 사과'보다 '보조개 사과'가 외관과 맛 항목에서 모두 점수가 높음을 알 수 있다. 이는 이름 짓기가 대상에 대한 인식을 변화시켰음을 보여 주는 근거이므로, 대상에 대한 인식 변화와 관련된 2문단에 활용할 수 있다.

✓❷ [자료 1]을 보면, '보조개 사과'와 '등급 외 사과'의 영양소 항목에서 점수 차이는 0.8로 다른 항목에 비해 가장 작게 나타났음을 알 수 있다. 그러나 이러한 결과가 이름 짓기가 대상에 대한 긍정적 이미지를 갖게 할 수 있다는 근거가 될 수는 없다.

③ [자료 2]를 보면, '대한민국 구석구석'이라는 이름이 국내 관광에 대한 인식을 개선하여 관광객이 증가하는 데 기여하였음을 알 수 있다. 이는 잘 지어진 이름이 참여 동기를 이끌어 낸 사례이므로, 참여 동기와 관련된 3문단에 또 다른 사례로 활용할 수 있다.

④ [자료 2]를 보면, 'G4C'라는 이름은 지나치게 생소해 의미 파악이 어렵다는 지적에 '민원24'로 이름을 바꾸자 누리집의 인지도가 향상되었음을 알 수 있다. 이는 이름이 지나치게 생소하여 사람들에게 받아들여지지 않은 사례이므로, 이름 짓기의 방법과 관련된 4문단에 활용할 수 있다.

⑤ [자료 2]를 보면, '민원24'라는 이름은, 대상의 특성을 잘 드러내지 못하고 지나치게 생소해 의미 파악이 어려운 'G4C'라는 이름과 달리, 누리집의 인지도를 향상하였음을 알 수 있다. 이는 대상의 특성을 잘 드러내면서 이해하기 쉽게 이름을 짓는 것이 중요함을 보여 주는 사례이므로, 이름 짓기의 방법과 관련된 4문단에 활용할 수 있다.

답 ②

추는 남동쪽, 감자는 북동쪽, 고추는 남서쪽, 옥수수는 북서쪽에 배치했음을 언급하고 있다.

✓ ❹ 발표자는 텃밭에 작물을 배치할 때, 작물의 키와 재배 기간을 고려해야 한다는 점을 설명하기 위해 시각 자료를 활용하고 있다. 발표의 내용을 토대로 옥수수는 키가 크기 때문에 어느 위치에서나 잘 자랄 수 있음을 추론할 수는 있으나, 제시된 자료([자료 1]과 [자료 2])를 활용해 해당 내용을 설명한 부분은 찾을 수 없다.

⑤ 발표자는 첫해와 다음 해의 작물 배치도([자료 1]과 [자료 2])를 활용해 첫해와 다음 해 모두 배추는 동일한 위치에 있었음에도 주변 작물의 재배 기간과 키에 따라 자라는 정도가 달랐음을 언급하고 있다.

답 ④

[78~80] 화법

자료 텃밭 가꾸기를 안내하기 위한 텃밭 경험자의 사례 발표
내용 좁은 텃밭을 가꿀 때는 작물을 심기 전에 효율적인 배치를 위해 작물의 키와 재배 기간을 고려할 것을 조언함.

78 발표 표현 전략 사용하기   정답률 84.0%

정오답 ☑체크

✓ ❶ 발표자는 시각 자료를 활용하여 내용의 이해를 돕고 있다. 그러나 그림을 그리면서 설명을 한 부분은 발표 내용에서 확인할 수 없다.

② 발표자는 발표의 도입 부분에서 '잘 들리시나요?'라는 질문을 통해 전달 상태를 확인하고 있다. 이후 준언어적 표현인 목소리의 크기를 조절하여 발표의 전달력을 높이며 진행하고 있다.

③ 발표자는 발표의 도입 부분에서 '저는 텃밭을 처음 가꿀 때 가정에서 필요한 다양한 작물을 심고 싶었어요. 아마 15제곱미터 정도의 좁은 텃밭을 가꾸기 시작하시는 여러분도 비슷한 마음이실 거예요.'라며 자신의 경험에 비추어 청중의 관심을 짐작하여 말하고 있다.

④ 발표자는 발표 중 '그러면 어떻게 해야 할까요?'라고 질문을 한 뒤 작물의 배치도를 그려 보면 도움이 될 것이라고 답을 하며 발표 내용을 전달하고 있다.

⑤ 발표자는 발표의 마지막 부분에서 '그렇다면 배치도를 그려 효율적으로 텃밭을 가꿔 보세요. 땀을 흘려 손수 먹거리를 수확하는 기쁨을 누리실 수 있을 겁니다.'라는 발언을 통해 먹거리를 수확하는 기쁨이라는 효용을 제시하면서 청중에게 실천을 권유하고 있다.

답 ①

80 발표 내용 이해, 평가하기   정답률 92.0%

정오답 ☑체크

① 발표자는 발표 중에 좁은 땅을 효율적으로 사용하기 위해 기존의 작물을 수확하고 다른 작물로 교체했다는 언급을 하고 있다. 따라서 작물을 교체한 이유를 제시하지 않았다는 '청자 1'의 반응은 발표의 내용을 정확하게 이해하고 보인 반응으로 보기 어렵다.

② '청자 2'는 브로콜리와 케일의 키에 대해 자신이 알고 있는 정보를 언급하기는 했으나, 이를 발표 내용과 비교하지 않았고 발표에서 다룬 정보의 문제점도 제시하지 않았다.

✓ ❸ '청자 3'은 발표자가 작물들의 키 순서만 언급하고 작물들이 다 자랐을 때의 키가 어느 정도인지 알려 주지 않았음을 지적하면서, 다 자랐을 때의 작물들의 키를 구체적으로 알려 주면 좋았을 것이라며 아쉬움을 표현하고 있다.

④ '청자 1'이 발표 내용과 관련하여 의문을 제기하기는 했지만, '청자 1'과 '청자 2' 모두 자신의 과거 경험을 떠올리지는 않았다.

⑤ '청자 2'와 '청자 3' 모두 발표의 내용이 적용되지 않는 예외적인 상황을 검토하지는 않았다.

답 ③

똑똑! 궁금해요

Q 화법 선지에 준언어적 표현이라는 말이 자주 나오던데, 자세히 설명해 주세요.

A 준언어적 표현은 언어와 함께 사용하면서 언어적 표현의 의미를 강화하거나 대화 상황에 변화를 주는 표현인데요, 말의 억양이나 목소리 크기, 어조 등을 말합니다. 이외에 비언어적 표현이라는 말도 자주 등장하는데요, 이 말은 언어 이외의 방법으로 의미 전달에 영향을 미치는 표현을 가리킵니다. 즉 말하는 자세나 손동작, 몸동작, 표정, 시선 등이 비언어적 표현에 속합니다.
모두 의사소통 상황에서 표현을 효과적으로 하기 위해 사용하는 전략이라 발표자의 표현 전략을 묻는 문항에 자주 등장하는 말입니다.

[81~85] 화법과 작문 통합

(가)
자료 '디스토피아 작품의 인기 현상'에 대한 비평문을 쓰기 위해 학생들이 나눈 대화
내용 디스토피아의 정의, 디스토피아 작품의 소재 및 표현 방식, 작품 사례, 메시지 등에 관한 정보를 공유함.

(나)
자료 (가)를 바탕으로 '학생 1'이 작성한 비평문의 초고
내용 디스토피아 작품의 인기 현상이 사회를 개선하는 계기가 될 것이므로 이를 긍정적으로 보아야 한다는 관점을 드러냄.

79 발표에서 자료, 매체 활용하기   정답률 76.0%

정오답 ☑체크

① 발표자는 식물의 광합성과 관련한 내용을 설명하면서 첫해의 작물 배치도([자료 1])를 활용해 상대적으로 키가 큰 고추와 옥수수를 동쪽에 배치하여 상추와 감자에 그늘이 많이 생겼음을 언급하고 있다.

② 발표자는 재배 기간을 고려해야 함을 설명하면서 첫해의 작물 배치도([자료 1])를 활용해 고추 재배가 10월까지 계속되는 바람에 옥수수를 수확하고 나서 심은 배추가 광합성을 많이 하지 못했음을 언급하고 있다.

③ 발표자는 다음 해의 작물 배치도([자료 2])를 활용해 키 순서에 따라 상

81 대화 표현 전략 사용하기   정답률 92.0%

정오답 ☑체크

① '학생 1'은 첫 번째 발화에서 해당 담화 상황이 '디스토피아 작품의 인기 현상'에 대한 글을 쓰기 위한 것임을 제시하고, 글의 내용과 구성에 대한

이야기를 해 보자며 다른 친구들의 참여를 유도하고 있다.

✔❷ '학생 1'은 두 번째 발화에서 자신이 조사해 온 '디스토피아'의 사전적 의미를 제시하고 있다. 그러나 그 내용을 대화 참여자가 이해하고 있는지 확인하는 부분은 찾을 수 없다.

③ '학생 1'은 세 번째 발화에서 앞선 '학생 3'의 발화 내용과 관련해 자극적인 장면이 지닌 부정적인 점에 대한 자신의 이해가 적절한지를 점검하고 있다.

④ '학생 1'은 네 번째 발화에서 앞서 '학생 3'이 언급한 작품의 '메시지'를 다시 언급한 뒤, '구체적인 메시지'가 무엇인지 질문하면서 해당 내용에 대한 추가적인 설명을 요청하고 있다.

⑤ '학생 1'의 다섯 번째 발화와 여섯 번째 발화를 보면 '학생 1'이 허구인 디스토피아적 미래가 어떻게 현재의 사회를 비판하는 메시지를 담을 수 있는지를 질문하고 그에 따른 답변을 들으면서, 디스토피아 작품이 현재의 문제에 대한 경계의 메시지를 담고 있음을 이해해 가고 있음을 파악할 수 있다.

답 ②

82 대화 맥락 분석하기   정답률 81.0%

정오답 ✔체크

① ㉠에서 '학생 2'가 '학생 3'이 말한 디스토피아적 세계를 형상화한 영화나 드라마가 인기라는 내용에 동의한 것은 맞지만, ㉠에서 제시되고 있는 디스토피아 작품의 각종 소품을 구입하는 모습은 디스토피아 작품의 인기 원인이 아니라 인기 현상 그 자체를 보여 주는 사례로 보아야 한다.

② ㉡은 '학생 3'이 디스토피아 작품에서 나타나는 자극적인 장면으로 인해 발생하는 문제점을 언급한 발화이지, 디스토피아 작품의 메시지가 무엇인지를 언급한 발화가 아니다.

③ ㉢은 '학생 3'이 자신의 독서 경험을 바탕으로 「멋진 신세계」가 제시하는 메시지를 언급한 발화이지, 과학 기술 발전에 대한 반대 입장에 동의함을 드러낸 발화가 아니다.

④ ㉣은 디스토피아 작품들의 구체적인 메시지가 무엇이냐는 '학생 1'의 질문에 대해 '학생 3'이 답변한 발화이지, 다른 대화 참여자가 잘못 파악한 부분을 바로잡는 발화가 아니다.

✔⑤ ㉤은 '학생 3'이 '학생 1'의 이전 발화 내용 중 일부를 재진술하면서 '학생 1'이 궁금해하는 부분이 '허구적 미래가 어떻게 현재 사회를 비판할 수 있는지'에 대한 것임을 확인하는 발화이다.

답 ⑤

83 비평 글쓰기 내용 생성하기   정답률 85.0%

정오답 ✔체크

① (나)의 1문단에서는 (가)를 바탕으로 디스토피아의 사전적 정의를 설명한 뒤 그와 반대 개념인 '유토피아'와 비교하고 있다.

✔❷ (나)의 2문단에서는 (가)에서 언급한 내용과 관련해 자극적인 장면에 반복적으로 노출될 때 나타날 수 있는 부정적인 현상과 그에 대한 우려를 제시하고 있다. 하지만 자극적인 표현에 재미를 느끼는 독자의 취향을 문제 삼는 내용은 (나)에서 찾을 수 없다.

③ (나)의 3문단에서는 (가)에서 디스토피아 작품의 소재로 언급한 현재의 문제가 극단화된 미래 상황을 과학 기술의 오남용, 핵전쟁, 환경 파괴 등으로 구체화하여 제시하고 있다.

④ (나)의 4문단에서는 (가)에서 언급했던 「멋진 신세계」를 통해 과학 기술에 대한 맹신이 현재 우리 사회가 점검해야 할 문제라는 점을 깨닫게 하고 있다.

⑤ (나)의 5문단에서는 (가)에서 언급한 디스토피아 작품의 메시지를 바탕으로 디스토피아 작품의 인기 현상은 사회를 개선하는 계기가 될 것이라는 긍정적인 의미를 제시하고 있다.

답 ②

84 비평 글쓰기 표현 전략 사용하기   정답률 83.0%

정오답 ✔체크

① 표제와 부제가 (나)의 내용을 반영하고 있다고 볼 수 있으나, 글쓴이의 관점이 드러나지 않는다. 또한 부제에 비유적 표현이 사용되지 않았다.

② 디스토피아 작품이 우리 사회의 문제를 보여 준다는 점에서 표제나 부제가 (나)의 내용을 반영하고 있지만, 글쓴이의 관점이 드러났다고 보기 어렵다. 또한 부제에 비유적 표현이 사용되지 않았다.

③ 부제의 '묵직한 메시지'에서 비유적 표현이 활용되었으나, 표제나 부제가 (나)에서 다뤄진 내용과 거리가 있고 글쓴이의 관점도 드러나지 않는다.

✔❹ (나)의 5문단에서는 디스토피아 작품은 우리가 현실의 문제를 인식하여 그 문제가 극단화되지 않도록 경계하게 한다는 점에서 의미가 있다고 언급하고 있다. 그리고 디스토피아 작품의 인기 현상이 사회를 개선하는 계기가 될 것이라고 했다. 따라서 '디스토피아 작품 열풍, 더 나은 사회를 향한 열망'이라는 표제는 디스토피아 작품의 주제 의식과 글쓴이의 관점을 드러내고 있다고 할 수 있다. 또한 '아픈 사회를 들여다보는 거울이 되다'라는 부제에서 '아픈 사회'와 '거울'이라는 비유적 표현이 활용되어 제시된 조건에 부합한다고 할 수 있다.

⑤ 부제에서 '대화'는 비유적 표현으로 볼 수 있으나, 표제와 부제 모두 글쓴이의 관점을 드러내고 있다고는 보기는 어렵다.

답 ④

85 비평 글쓰기 내용 점검, 조정하기   정답률 58.0%

정오답 ✔체크

① (나)의 1문단에서 디스토피아 작품의 흥행과 그에 대한 기사들이 많이 작성되고 있음을 확인할 수 있다. 이를 바탕으로 디스토피아 작품의 인기 현상이 사회적으로 사람들이 관심을 가질 만한 사안임을 알 수 있다.

② (나)의 5문단에서 디스토피아 작품의 인기 현상이 사회를 개선하는 계기가 될 것이므로 이를 긍정적으로 보아야 한다는, 필자가 선택한 관점의 주장을 확인할 수 있다.

③ (나)의 4문단에서 디스토피아 작품의 인기 현상 때문에 자극적으로 묘사된 장면이 초래하는 문제가 부각되어 보일 수 있지만, 이러한 장면은 오히려 무감각하게 받아들이고 있는 현실의 문제점을 강렬하게 자각하도록 하는 필수적 장치라고 언급하고 있다. 이는 자극적인 장면도 필요하다는 내용이므로 필자가 선택한 관점의 약점을 보완한 것이라고 할 수 있다.

④ (나)의 2문단에서 충격적으로 묘사된 자극적인 장면에 반복적으로 노출되면 결국 회의주의나 절망에 빠질 수 있다는, 필자가 선택하지 않은 관점의 주장을 언급하고 있다.

✔❺ (나)의 2문단에 충격적으로 묘사된 자극적인 장면에 반복적으로 노출되

면 생길 수 있는 부정적인 현상이 제시되어 있으나, 그 내용 중 현실의 문제점을 무감각하게 받아들이게 된다는 내용은 찾을 수 없다. 또한 해당 내용은 필자가 선택하지 않은 관점의 약점을 비판한 내용이라고 볼 수도 없다.

閻 ⑤

[86~88] 작문

자료 작문 상황과 이를 바탕으로 청소년 문제와 관련해 학생이 쓴 주장하는 글의 초고
내용 청소년을 위한 감정 관리 프로그램의 실질적인 확대 실시를 위한 두 가지 방안을 제시함.

86 설득 글쓰기 표현 전략 사용하기 정답률 53.0%

정오답 ✔체크

① 초고의 1문단에서 부정적 감정을 겪는 청소년의 증가라는 문제의 원인으로 '감염병 유행에 따른 일상의 변화'라는 원인을 제시하고 있지만, 원인을 항목별로 유형화한 것은 아니다.

② 초고에서 일반적으로 널리 알려진 생각이나 지식, 즉 통념을 언급한 내용이나 통념의 모순을 지적한 내용은 찾을 수 없다.

✔③ 초고의 2문단에서 '청소년의 감정 관리 프로그램이 실시되고 있어 프로그램 확대 실시는 필요 없다'라는, 예상되는 반론의 주장을 제시한 뒤, '하지만 기존의 감정 관리 프로그램은 소수의 청소년만을 대상으로 한 전문적인 상담 활동만으로 시행'되고 있다는 한계가 있다고 하였다. 이는 예상되는 반론의 주장을 반박한 것이다.

④ 초고의 3문단에서 '청소년을 위한 감정 관리 프로그램의 실질적인 확대 실시'라는 주장을 제시하고 있지만, 이 주장의 한계점을 제시한 부분은 찾을 수 없다.

⑤ 초고의 3문단에서 문제 해결 방안으로 '실시 대상의 확대'와 '활동 내용의 다양화'를 제시하고 있지만, 이에 대한 장단점을 비교한 내용은 찾을 수 없다.

閻 ③

87 설득 글쓰기 자료, 매체 활용하기 정답률 71.0%

정오답 ✔체크

① 감염병 유행 이후 부정적 감정을 겪는 청소년이 증가했음을 알 수 있는 [자료 1]의 (가)와 심리적 고위험군임에도 심리 상담 경험이 없는 경우가 많음을 알 수 있는 [자료 1]의 (나)를 바탕으로 ㉡이 필요한 이유를 뒷받침하는 자료를 추가하는 것은 적절하다.

② 초고에서는 ㉠이 필요한 이유로 '부정적인 정체성을 형성할 우려'만 제시하고 있으므로 [자료 2]를 활용해 부정적 감정이 관리되지 않으면 뇌 성장이 저해될 수 있음을 추가하는 것은 적절하다.

③ 초고에서는 ㉢이 필요한 이유만 제시했으므로 청소년 대상으로 실시할 수 있는 여러 감정 관리 프로그램을 포함한 [자료 3]을 활용해 ㉢의 구체적인 활동 사례를 추가하는 것은 적절하다.

④ 초고에서는 ㉠이 필요한 이유로 '부정적인 정체성을 형성할 우려'만 제시하고 있으므로 [자료 1]의 (가)와 [자료 2]를 통해 부정적 감정을 겪는 청소년이 늘어난 현상이 학습 및 학업에 곤란을 겪는 청소년의 증가로 이어

질 수 있음을 추가하는 것은 적절하다.

✔⑤ 초고의 3문단에서는 활동 내용의 다양화를 통해 보다 다양하고 단계적인 활동을 마련해야 청소년의 개인적 특성에 맞는 감정 관리 활동을 선택할 수 있음을 제시하고 있다. 하지만 심리적 고위험군임에도 상담 경험이 없는 경우가 많음을 알 수 있는 [자료 1]의 (나)와 전교생을 대상으로 한 감정 노트 쓰기가 학생들의 부정적 감정 해소에 효과가 있음을 알 수 있는 [자료 3]을 바탕으로 '전문 상담 기관이 학생들의 부정적 감정 해소에 도움을 주었다는 연구 결과'라는 내용을 도출하기 어려울 뿐만 아니라, 그러한 내용을 추가할 경우 초고의 전체적인 내용과도 어울리지 않는다.

閻 ⑤

똑똑! 궁금해요

Q 주장하는 글을 보완하기 위해 수집한 자료나 매체를 활용하는 방안의 적절성을 묻는 문항을 풀 때 유의해야 할 점을 알려 주세요.

A 초고가 주장하는 글일 경우에는 초고에 제시된 주장이 무엇인지를 먼저 파악하는 것이 중요합니다. 대체로 보완할 자료나 매체가 제공하는 정보는 초고에 드러난 주장을 뒷받침하는 근거들이기 때문입니다. 그다음엔 보완할 자료나 매체가 제공하는 정보의 내용을 정확하게 분석해야 합니다. 이때 추가 정보는 〈보기〉에 통계 자료, 전문 서적, 전문가의 견해 등 다양한 방식으로 제시됩니다. 마지막으로 선지에서 추가하거나 제시하겠다고 한 내용이 초고를 보완하기에 적절한지 따져 보면서 답을 찾으면 됩니다.

88 설득 글쓰기 내용 점검, 조정하기 정답률 52.0%

정오답 ✔체크

① 초고의 [A]에서는 모든 청소년을 대상으로 한 '감정 관리 프로그램' 실시를 제시하고 있으므로 실행 방법이 나타나지 않았다는 것은 적절하지 않다.

② 초고의 [A]에는 '지역 구성원'이라는 예상 독자가 언급되어 있다.

✔③ 초고의 [A]는 초고에서 제시하고 있는 해결 방안의 접근 방향인 '실시 대상의 확대'와 '활동 내용의 다양화' 중에서 '실시 대상의 확대'만을 언급하고 있으나, 〈보기〉에서는 '실시 대상의 확대'와 '활동 내용의 다양화'를 모두 언급하고 있다. 따라서 '해결 방안 중 일부만 제시되어 있으니 글에서 다룬 주장을 모두 포함'하자는 것은 고쳐쓰기 과정에서 반영된 교사의 조언으로 적절하다.

④ 초고의 [A] 내용 중 앞에서 논의한 내용과 거리가 있는 내용을 찾기 어렵고, 〈보기〉와 비교하더라도 특별히 삭제된 부분을 찾기 어렵다.

⑤ 초고의 [A]에서는 '청소년 문제에 적극적으로 대응하고 청소년이 심리적으로 건강한 청소년기를 보낼 수 있다'는 해결 방안의 이점을 다루고 있다.

閻 ③

[89~91] 화법

자료   정신적 여유로움을 담은 그림들을 소개하기 위한 강연
내용   조선 시대의 화가인 이경윤과 김홍도의 그림을 소개하고 두 그림을 비교함.

89 말하기 방식 파악하기 정답률 84.8%

정오답 ☑체크

① 마지막 문단에서 강연자는 일상에 파묻혀 바쁘게만 지내고 있지 않은지 점검하여 그림 속 문인들처럼 차를 가까이하며 여유로움을 느낄 것을 청중에게 권유하고 있지만, 청중이 당면할 수 있는 문제 상황들을 열거하고 있지는 않다.

② 1문단에서 강연자는 청중에게 자연 속에서 음악을 들으며 한가롭게 차를 마신 경험이 있는지 묻고 있지만, 청중과 함께 공유한 경험을 환기하고 있지는 않다.

✓❸ 마지막 문단에서 강연자는 청중에게 '은일'과 '망중한'의 의미를 아는지 질문하고, 청중의 반응을 살펴 모르는 사람들이 많다는 것을 확인한 뒤에 '은일'과 '망중한'의 의미를 제공하고 있다.

④ 강연자가 강연 도중에 강연의 내용을 이해할 때 주의해야 할 점을 청중에게 제시하고 있지는 않다.

⑤ 1문단에서 강연자는 정신적 여유로움을 담아낸 그림들을 소개하고자 한다고 말하며 강연의 내용을 안내하고 있을 뿐, 강연에서 다룰 내용들의 순서를 안내하고 있지는 않다.

답 ③

90 자료 활용 방안 파악하기 정답률 92.4%

정오답 ☑체크

✓❶ 2문단에서 강연자는 청중에게 자연 속에서 차를 마시는 상상을 해 보라고 한 후에 〈자료 1〉을 보여 주며 청중이 상상한 장면과 〈자료 1〉의 그림이 비슷한지 묻고 있다. 하지만 〈자료 1〉을 보여 주며 그림 속 소재들에 대한 청중의 감상 의견을 유형별로 나누어 분석하고 있지는 않다.

② 2문단에서 강연자는 〈자료 1〉의 소재인 거문고와 차를 각각 지시하며 이러한 소재들이 그림에서 나타내고 있는 의미를 설명하고 있다.

③ 3문단에서 강연자는 〈자료 2〉를 보여 주며 그림 속 인물과 소재에 주목해 다동이 차를 준비하고 있다는 점과 거문고가 있다는 점이 〈자료 1〉과 유사한 점임을 청중이 찾을 수 있도록 유도하고 있다.

④ 3문단에서 강연자는 〈자료 2〉의 소재인 기암괴석과 파초, 그리고 야자수를 각각 지시하며 그림에 반영되어 있는 당대 문인들의 취향을 언급하고 있다.

⑤ 4문단에서 강연자는 〈자료 1〉과 〈자료 2〉를 함께 보여 주며 〈자료 1〉은 자연의 공간인 산속을 배경으로 삼고 있고, 〈자료 2〉는 인위적 공간인 정원을 배경으로 삼고 있다는 점을 제시하고 있다.

답 ①

91 듣기 전략 파악하기 정답률 91.1%

정오답 ☑체크

① '학생 1'은 강연 내용과 관련하여 이경윤의 「월하탄금도」의 소재인 거문

고가 도연명의 고사와 관련이 있다는 자신의 배경지식을 떠올리고 있다.

② '학생 2'는 강연을 통해 오랜만에 자신의 생활을 돌아보는 기회를 가질 수 있었다는 점을 근거로 강연을 긍정적으로 평가하고 있다.

③ '학생 3'은 강연을 듣고 자연물을 소재로 하는 그림 속 공간에 대해 새롭게 알게 된 정보를 통해 자신이 생각했던 바를 수정하고 있다.

④ '학생 1'은 거문고와 관련된 도연명의 고사에 대해 강연에서 다루지 않아 아쉬워하고 있다. 또한 '학생 2'는 이경윤의 「월하탄금도」와 김홍도의 「전다한화」의 제목이 지닌 의미를 강연자가 강연에서 설명하지 않은 것에 대해 아쉬워하고 있다.

✓❺ '학생 1'은 강연 내용과 관련하여 이경윤의 「월하탄금도」의 소재인 거문고가 도연명의 고사와 관련이 있다는 자신의 배경지식을 떠올리고 있다. 또한 거문고와 관련된 도연명의 고사에 대해 강연에서 다루기를 기대했는데 다루지 않아 아쉬워하고 있다. '학생 3'은 강연을 듣고 자연물을 소재로 하는 그림 속 공간에 대해 새롭게 알게 된 정보를 통해 자신이 생각했던 바를 수정하고 있다. 하지만 두 학생 모두 강연 내용과 관련하여 강연자가 언급하지 않은 내용을 추론하고 있는 것은 아니다.

답 ⑤

[92~96] 화법과 작문 통합

(가)

자료   학교 신문 동아리 학생들의 회의
내용   학교 신문에 실을 행사 관련 글에 들어갈 내용을 구성함.

(나)

자료   (가)의 내용을 바탕으로 작성한 학생의 초고
내용   기사문 형식에 따라 표제, 부제, 전문, 본문으로 구성하여 행사의 취지를 설명하고 다양한 프로그램을 소개함.

92 대화의 의미와 기능 이해하기 정답률 95.9%

정오답 ☑체크

① ㉠에서 '학생 3'은 상대가 학생회 임원들이 등교하는 학생들을 맞이하는 프로그램을 진행한다고 설명하자, 해당 프로그램이 학생들의 외로움을 달래 주려는 것 같다고 프로그램의 내용을 추측하며 짧게 인사를 나누는 것이 외로움을 더는 효과가 있는지 의문을 드러내고 있다.

② ㉡에서 '학생 2'는 상대가 말한 동아리들의 점심시간 학생 휴게실 운영 방안의 효용에 대해 동의하며 전자 기기에 빠져서 대면 소통이 부족한 학생들에게 도움이 될 것 같다고 말하고 있다.

③ ㉢에서 '학생 2'는 상대가 또래 상담 동아리의 '행복한 대화 벤치' 프로그램의 내용을 설명하자, 이를 재진술하며 자신이 이해한 바가 맞는지 질문을 통해 확인하고 있다.

✓❹ ㉣에서 '학생 3'은 상대가 '행복한 대화 벤치' 사례에 대한 글을 봤는데 이 사례를 신문 기사에 활용하는 것이 어떠하냐고 제안하자, 이에 대해 구체적인 내용을 조사해 보겠다고 답하고 있다. 상대에게 프로그램 소개에 필요한 자료를 요청하고 있지는 않다.

⑤ ㉤에서 '학생 2'는 상대가 학생이 이동하는 동선에 따라 행사 프로그램을 소개하고 각 프로그램의 기대 효과를 덧붙이자고 하자, 좋은 생각이라고 긍정적으로 평가하며 행사 개최의 이유를 밝히기 위해 기사 앞부분에

외로움의 위험성에 대해 언급하는 게 필요하다는 자신의 의견을 덧붙이고 있다.

답 ④

93 발화의 의미와 기능 이해하기 정답률 85.9%

정오답 ✅체크

① '학생 1'은 회의 중에 각자 인터뷰한 내용을 모두 이야기했는지 확인하였을 뿐, 논의된 사항을 정리하지는 않았다. 따라서 문제점 또한 지적한 바가 없다.

✓ ❷ '학생 1'은 회의 첫 부분에서 '친해지길 바라' 행사를 학교 신문에 싣기로 하고 기사문 작성을 위해 관련 내용을 조사하기로 했다는 지난 회의의 결정 사항을 환기하며, 인터뷰 내용을 공유하고 초고의 내용 구성을 어떻게 할지 이야기하자고 회의 진행 순서를 제시하였다.

③ '학생 1'은 기사문 작성을 위한 역할 분담을 어떻게 할지 물었을 뿐, 그 역할을 개인별로 배분하지는 않았다.

④ '학생 1'은 회의 첫 부분에서 인터뷰 내용을 공유하고 초고의 내용 구성을 어떻게 할지 이야기하자고 하였을 뿐, 인터뷰 자료를 효과적으로 공유할 수 있는 방안을 제시하지는 않았다.

⑤ '학생 1'은 회의 마지막 부분에서 각자 조사한 자료의 출처가 믿을 만한지 확인해 달라고 요청하였지만, 자료 점검의 필요성을 제시하거나 출처를 점검하는 방법을 안내하지는 않았다.

답 ②

94 글쓰기 계획의 반영 여부 파악하기 정답률 45.3%

정답 해설 PLUS

(가)와 (나)를 고려할 때, '학생 3'이 초고를 쓰기 위해 떠올렸을 생각으로 적절하지 않은 것은?

① 학생회장의 인터뷰를 직접 인용하여 행사의 취지를 드러내야겠다.
<small>"이 행사를 통해 ~ 좋겠다."</small>

② 공연 동아리들의 프로그램에 대해 추가적으로 조사한 정보를 제시
<small>사물놀이, 댄스, 연극 동아리에서 진행하는 체험 활동</small>
해야겠다.

③ 영국에서 시작된 '행복한 대화 벤치'를 들어 프로그램의 기대 효과
를 제시해야겠다.
<small>(나)의 [본문]의 3문단</small>

④ 회의에서 언급된 내용 구성 방법을 고려하여, 학생들의 이동 동선
에 따라 프로그램을 소개해야겠다.

⑤ 회의에서 언급된 연구 결과를 뒷받침하기 위해, 전문가의 견해를
<small>(나)에 활용되지 않음</small> ✗
인용하여 외로움이 미치는 해악을 밝혀야겠다.

함정 탈출 <small>비법</small> 작성된 글(학생의 초고)을 보고 글쓴이가 글을 쓰기 위해 세웠을 계획을 추리하는 문항이다. 이러한 문항을 풀기 위해서는 각 선지의 내용이 지문에 나타나 있는지를 파악해야 한다. 화법과 작문 문항을 풀 때, 빨리 풀어야 한다는 마음에 급하게 풀다가 함정에 빠지는 학생들이 많은데, 지문에서 확인하는 절차 없이 기억에 의존해 답을 찾기 때문이다. 화법과 작문 통합된 지문은 짧지 않기 때문에 선지 내용이 지문에 드러나 있는지 다시 한번 꼭 체크하면서 문제를 풀도록 한다.

정오답 ✅체크

① (나)의 1문단에서 학생회장의 말을 직접 인용하여 행사의 취지를 설명하였다.

② 행사에 참여하는 공연 동아리들의 프로그램과 관련해 (나)의 5문단에서 추가 정보를 제시하였다.

③ (나)의 3문단에서 영국에서 시작된 '행복한 대화 벤치'의 효과를 들어 또래 상담 동아리의 '행복한 대화 벤치' 프로그램이 학생들로 하여금 학교 공동체와 연결되어 있다는 느낌을 받게 할 것이라는 기대 효과를 제시하였다.

④ (가)에서 학생의 이동 동선에 따라 행사 프로그램을 소개하자고 한 내용 구성 방법에 따라 (나)에서 각 프로그램을 소개하였다.

✓ ❺ (가)에서 언급된, 짧은 순간에 친근감을 표현하더라도 혼자라는 느낌이 덜 든다는 연구 결과가 (나)에서 활용되지 않았다. (나)의 외로움이 미치는 해악에 대한 전문가의 견해는 외로움의 위험성을 지적하는 것이지, (가)에서 언급된 연구 결과를 뒷받침하는 것이 아니다.

답 ⑤

95 글쓰기 내용 점검하기 정답률 86.4%

정오답 ✅체크

① [표제]에서 외로움을 줄이고 친밀함을 높이는 목적으로 행사가 열린다고 밝혔으므로, [표제]에서 행사의 목적을 나타냈다는 점검 결과 '예'는 적절하다.

② [부제]에서 행사의 명칭과 함께 감염병으로 끊어진 관계를 연결하려는 행사의 배경을 담았으므로, [부제]가 [표제]를 보완하는 기능을 하였다는 점검 결과 '예'는 적절하다.

✓ ❸ [전문]에서 '친해지길 바라' 행사가 언제, 어디에서, 왜 진행되는지 등이 제시되어 있지 않으므로, [전문]에서 육하원칙을 모두 지켜 행사를 요약적으로 제시했다는 점검 결과 '예'는 적절하지 않다.

④ [본문]에서 이번 행사를 위해 참여자들의 상호 소통을 중시하는 자율적인 성격의 프로그램들을 학생회와 여섯 개의 동아리가 준비했다고 하였으므로, [본문]에서 행사 프로그램의 성격을 밝혔다는 점검 결과 '예'는 적절하다.

⑤ [본문]에서 학생회와 여섯 개의 동아리가 진행하는 프로그램을 소개하였으므로, [본문]에서 누가 무슨 내용의 프로그램을 진행하였는지를 전달하였다는 점검 결과 '예'는 적절하다.

답 ③

96 글의 내용 고쳐 쓰기 정답률 87.7%

정오답 ✅체크

✓ ❶ [A]를 고쳐 쓴 〈보기〉에서는 학생회장이 행사를 통해 바라는 점이 삭제되었는데, 삭제된 내용은 (나)의 [본문] 앞부분에서 행사를 통해 외로움을 느끼는 학생들이 도움을 받았으면 좋겠다고 한 학생회장의 말에 이미 언급된 내용이다. 그리고 〈보기〉에 '친해지길 바라' 행사 소식을 접한 학생들이 행사에 대한 기대감을 드러내는 내용을 추가하였다.

②, ④ [A]에서 삭제된 내용은 학생회장이 행사를 통해 바라는 점으로 주제와 관련된 정보라고 볼 수 있다. 또한 〈보기〉에서 행사에 대한 잘못된 정보를 바로잡거나 학생들에게 적극적인 행사 참여를 호소하고 있지도 않다.

③ 〈보기〉에서 학생들에게 행사 참여 방법을 추가하여 소개하고 있지는 않다.
⑤ 〈보기〉에 행사 프로그램이 추가되어 있지는 않다.

답 ①

[97~99] 작문

자료 작문 상황과 이를 바탕으로 작성한 학생의 초고
내용 최근 대형 산불의 발생 건수가 증가하고 있음을 언급하고, 산불이 확산되는 요인과 이를 막는 방법을 제시함.

97 내용 조직 방법의 반영 여부 파악하기   정답률 88.1%

정오답 ✓체크

① 1문단에서 산불로 인해 훼손되는 산림의 면적이 넓어지고 경제적인 손실도 상당하다는 점을 들어 산불 피해의 심각성을 강조하고 있다. 하지만 묻고 답하는 방식으로 산불 피해의 심각성을 강조하고 있지는 않다.
② 2문단에서 인위적 요인과 자연적 요인으로 나누어 산불의 발생 원인을 제시하고 있지만, 통념을 반박하는 방식으로 산불의 발생 원인을 제시하고 있지는 않다.
③ 2문단에서 수관화에 대해 설명하고 있지만, 사물에 빗대는 방식으로 설명하고 있지는 않다.
✓④ 3문단에서 숲 가꾸기의 방법을 낙엽을 긁어내는 것, 낮은 위치의 나뭇가지를 쳐 내는 것, 생장이 나쁜 나무를 솎아 내어 큰 나무 사이의 간격을 넓히는 것으로 나열하여 제시하고 있다.
⑤ 3문단에서 산불 확산을 해결하는 방안으로 숲 가꾸기와 내화 수림대 조성을 제시하고 있다. 하지만 대비의 방식으로 산불 확산을 해결하는 여러 방안의 장단점을 분석하고 있지는 않다.

답 ④

똑똑! 궁금해요

Q 정보를 전달하는 글의 내용 조직 방법으로 어떤 것들이 있는지 알려 주세요.

A 정보의 성격에 따라 글의 내용을 조직하는 방법이 다르답니다. 즉 세부 정보의 성격에 따라 나열 구조, 순서 구조, 비교·대조 구조, 문답 구조, 인과 구조, 문제 해결 구조 등의 방식을 활용할 수 있습니다. 여기서 나열 구조란 서로 대등한 관계에 있는 정보를 늘어놓는 내용 조직 방법이고, 순서 구조는 과정이나 시간, 공간 등 일정한 순서에 따라 내용을 조직하는 방법입니다. 그 밖에도 위 문항 선지에 나와 있는 것처럼 일반적으로 널리 통하는 개념인 통념을 반박하는 방식, 사물에 빗대는 방식 등을 활용하여 내용을 조직하기도 합니다.

98 자료 활용 방안 파악하기   정답률 79.1%

정오답 ✓체크

① Ⅰ은 전문가 인터뷰로, 수관화가 발생하면 불기운이 강하고 비화 현상을 일으킬 수 있어 산불이 넓은 지역으로 빠르게 번질 수 있다는 내용을 제시하고 있다. 이를 활용해 수관화가 발생하면 산불이 빠르게 확산된다

는 2문단의 내용을 구체화할 수 있다.
② Ⅱ는 신문 기사로, 사례를 통해 산불로 인한 산림 피해가 심각하다는 내용을 제시하고 있다. 이를 활용해 산불로 인한 피해가 심각하다는 것을 보여 주는 사례를 1문단에 추가할 수 있다.
③ Ⅲ-2는 침엽수인 소나무와 활엽수인 떡갈나무에 불이 붙는 데 걸리는 시간을 비교한 자료로, 소나무에 비해 상대적으로 떡갈나무가 시간이 오래 걸린다는 것을 보여 준다. 이를 활용해 내화 수림대 조성에 침엽수보다 활엽수가 사용된다는 3문단의 내용을 뒷받침할 수 있다.
④ Ⅰ은 전문가 인터뷰로, 수관화가 침엽수림에서 많이 일어나므로 산림 정책을 펼칠 때 침엽수와 활엽수가 혼합된 혼효림을 조성하는 방향으로 산림 정책을 변화시켜야 한다는 내용을 제시하고 있다. Ⅲ-1은 우리나라의 나무 종류별 산림 면적을 보여 주는 자료로, 침엽수림이 가장 높은 비중을 차지하고 있다는 것을 보여 준다. 따라서 Ⅰ과 Ⅲ-1을 활용해 산불 확산을 막는 방법으로 우리나라 산림 정책에 변화가 필요하다는 내용을 3문단에 추가할 수 있다.
✓⑤ 2문단에서는 산불을 확산시키는 요인으로 바람과 지형, 산림의 종류를 제시하고 있다. 그런데 Ⅱ는 신문 기사로, 사례를 통해 산불로 인한 산림 피해가 심각하다는 것과 산불로 인해 피해를 입은 산림과 토양을 복구하는 데 많은 시간이 필요하다는 것을 보여 준다. Ⅲ-2는 침엽수인 소나무와 활엽수인 떡갈나무에 불이 붙는 데 걸리는 시간을 비교한 자료로, 소나무에 비해 상대적으로 떡갈나무가 시간이 오래 걸린다는 것을 보여 준다. 즉 Ⅱ와 Ⅲ-2에서는 산불을 확산시키는 요인으로 토양이 있다는 내용을 확인할 수 없으므로, 2문단에 산불을 확산시키는 요인에 바람과 지형 외에 토양과 수종이 있다는 내용을 추가할 수 없다.

답 ⑤

99 조건에 맞는 글 쓰기   정답률 86.0%

정오답 ✓체크

①, ③, ④, ⑤ 앞서 제시한 산불 확산 방지 방법의 효과와 산불 확산 방지에 관심을 가져야 하는 이유를 밝히지 않았다.
✓② 숲 가꾸기와 내화 수림대 조성은 산불 확산 방지 방법인데, 이를 '방패'라는 비유를 사용해서 그 효과를 표현하고 있다. 그리고 산불 확산 방지에 관심을 가져야 하는 이유는, 산불로부터 우리의 자연과 재산을 지켜야 하기 때문이라고 밝히고 있다.

답 ②

[100~102] 화법

자료 '다크 패턴'에 관한 정보를 전달하기 위한 학생의 발표
내용 다크 패턴의 뜻과 유형을 설명하고 그로 인한 피해 정도 및 주의할 점을 알림.

100 발표자의 말하기 방식 파악하기   정답률 91.0%

정오답 ☑체크

① 발표자는 앞부분에서 자신의 이름을 말한 뒤 바로 시각 자료를 제시하며 화제를 제시하고 있다. 발표할 내용의 순서를 따로 제시하지 않았다.
② 발표자는 청중의 요청을 받지도 않았고 발표 내용에 대한 정보를 추가로 설명하지도 않았다. 시간 관계상 다 소개하기 어려우니 관심이 있으면 한국소비자원 누리집을 참고하라고 할 뿐이다.
✓ ❸ 발표자는 청중에게 자신의 휴대 전화의 앱에서 특정 버튼을 눌러 광고 창을 닫으려고 했지만 자신의 의도와 다르게 새로운 광고 창이 열렸던 경험을 활용하여 발표에서 다룰 화제를 제시하고 있다.
④ 발표자는 사례를 통해 청중의 화제 이해를 돕고 있지만, 발표에서 청중이 잘못된 이해를 하는 부분은 찾아볼 수 없다.
⑤ 발표자는 다크 패턴으로 인한 피해를 예방할 수 있도록 주의를 기울여야 한다는 당부의 말을 하며 발표를 마무리하고 있다. 질문을 통해 청중이 발표 내용을 이해했는지 확인하고 있지 않다.

답 ③

101 발표자의 발표 전략 파악하기   정답률 76.0%

정오답 ☑체크

① 발표가 정보 전달을 목적으로 한다는 메모를 바탕으로 발표자는 4문단에서 청중에게 전달하는 정보의 신뢰성을 높이기 위해 앱에서 다크 패턴이 사용된 상황을 보여 주는 자료를 제시하면서 자료의 출처를 함께 밝히고 있다.
② 발표하는 장소가 모니터가 설치된 교실이라는 메모를 바탕으로 발표자는 1문단에서 자신이 전달하는 정보의 전달 효과를 높이기 위해 모니터 화면을 통해 자신의 휴대 전화에 설치된 앱의 화면을 시각 자료로 보여 주고 있다. 또한 3문단에서도 모니터 화면을 통해 휴대 전화에 설치된 앱을 해지하는 장면과, 이때 나타나는 다크 패턴의 유형을 시각 자료로 제시하고 있다.
③ 예상 청중이 다크 패턴에 대해 잘 알지 못할 수 있다는 메모를 바탕으로 발표자는 2문단에서 청중의 이해를 돕기 위해 다크 패턴의 개념에 이어서 다크 패턴의 우리말 용어도 제시하고 있다.
④ 예상 청중이 다크 패턴으로 인한 피해를 입은 경험이 있을 것이라는 메모를 바탕으로 발표자는 2문단에서 다크 패턴의 유형을 소개하는데, 이때 1문단에서 청중에게 확인한 바 있는, 발표자의 경험과 유사하게 광고 창을 닫으려고 했지만 자신의 의도와 다르게 새로운 광고 창으로 연결되었던 청중의 경험을 활용하고 있다.
✓ ❺ 발표 시간의 제약으로 인해 발표할 내용의 분량을 조절해야 한다는 메모는 있다. 하지만 작성된 메모를 바탕으로 발표 시간을 고려해 다크 패턴의 피해를 예방하는 방법을 도식화한 자료를 제시하는 부분은 없다.

답 ⑤

102 듣기 전략 파악하기   정답률 88.0%

정오답 ☑체크

① '학생 1'은 다크 패턴과 인간 심리의 관련성에 대해 알고 싶은 것이 있어 그것을 조사해 봐야겠다고 말하고 있다. 이는 다크 패턴에 대한 발표 내용과 관련해 궁금한 점을 더 조사해야겠다고 생각한 것이다.
② '학생 2'는 속임수 유형에 대한 설명이 자신이 조사한 내용과 일치해서 발표에 신뢰감을 느낀다고 말하고 있다. 이는 발표에서 속임수 유형을 설명한 내용이 정확한지 평가하는 것이다.
③ '학생 3'은 지금 자신의 휴대 전화에 설치된 앱에 다크 패턴이 적용되어 있는지 확인해 봐야겠다고 말하고 있다. 이는 발표 내용을 바탕으로 자신의 현재 상황을 점검하려 하는 것이다.
④ '학생 1'은 다크 패턴에 대해 많은 것을 알게 되어서 좋았다고 말하며 발표를 통해 얻은 정보를 긍정적으로 평가하고 있다. 또한 '학생 3'은 다크 패턴에 관한 많은 정보를 확인할 수 있는 누리집을 알게 되어서 유익했다고 말하며 발표를 통해 얻은 정보를 긍정적으로 평가하고 있다.
✓ ❺ '학생 2'는 무료 앱을 설치하면서 자신의 의도와 다르게 원하지 않던 앱까지 설치되었던 자신의 경험을 말하고 있지만, 발표에서 들은 정보를 사실과 의견으로 구분하고 있는 것은 아니다. '학생 3'은 발표를 듣고 다크 패턴에 대한 많은 정보를 확인할 수 있는 누리집을 알게 되었다는 점을 긍정적으로 평가하고 있지만, 발표에서 들은 정보를 사실과 의견으로 구분하고 있는 것은 아니다.

답 ⑤

[103~107] 화법과 작문 통합

(가)
자료 학생회 누리집 게시판에 올린 학생의 글
내용 앞서 열렸던 다목적실 활용 방안에 관한 논의 내용을 요약하고 당시 양측이 보인 논의 태도상의 문제점을 언급함.

(나)
자료 (가)를 읽은 학생회 학생들이 나눈 대화
내용 (가)를 바탕으로 학생들이 자신들의 논의 태도를 반성하며 상대방의 입장을 고려해 다목적실 활용에 관한 절충된 방안을 마련함.

103 글쓰기 계획의 반영 여부 파악하기   정답률 88.0%

정오답 ☑체크

① (가)의 1문단에서는 다목적실의 활용 방안에 대한 학생회의 논의에서 다목적실을 학생 휴게실로 바꾸자는 측과 기존처럼 학습 공간으로 사용하자는 측의 논의 태도에 문제가 있었음을 밝히고 있고, 마지막 문단에서는 그 양측이 모두 서로의 입장을 이해하려는 노력이 부족하다는 것을 느꼈다며 논의에 참관해 갖게 된 문제의식을 언급하고 있다.
✓ ❷ (가)에서는 다목적실의 활용 방안에 대한 학생회의 논의에서 다목적실을 학생 휴게실로 바꾸자는 측과 기존처럼 학습 공간으로 사용하자는 측이 서로 자신의 입장만 내세웠고, 논의 태도에도 문제가 있다고 보고 있다. 다목적실의 활용 방안에 대한 논의의 진행 순서가 잘못되었음을 지적하고 있지는 않다.
③ (가)의 2문단에서 다목적실의 활용 방안에 대한 논의 내용을 요약한다

고 하며, 대립한 두 주장의 근거를 제시하고 있다.
④ (가)의 5문단에서 다목적실을 학생 휴게실로 바꾸자는 측과 학습 공간으로 계속 사용하자는 측 모두 논의에서 서로의 입장을 이해하려는 노력이 부족했다고 보고, 열린 마음으로 상대 입장을 배려하며 논의에 임해야 한다고 의견을 제시하는 등 학생회 학생들이 논의할 때 지녀야 할 태도를 제시하고 있다.
⑤ (가)의 3문단에서 학생회라면 학생 모두의 복지를 고려해야 한다고 하며, 학생 전체를 위한 복지 공간인 다목적실의 활용 방안도 학생 모두를 고려하여 마련해야 함을 말하고 있다.

답 ②

104 작문 맥락 파악하기   정답률 77.0%

정오답 ✅ 체크

① (가)의 1문단에서 다목적실의 활용 방안에 대한 학생회 논의가 어떻게 마무리되었는지는 설명하고 있지만, 논의에서의 문제점에 대한 자신의 생각을 쓴다고 밝히고 있으므로 공동체의 현안에 대해 조사한 내용을 보고하는 것이 작문 목적은 아니다.
② (가)의 2문단에서는 다목적실 활용 방안에 대한 논의에서 대립한 두 주장의 근거를 요약했을 뿐이다. 필자가 두 주장 중 어느 한쪽을 중시하고 있음을 알 수 있는 부분은 없다.
③ (가)의 3문단에서는 다목적실은 학생 전체를 위한 복지 공간이므로 학생회는 학생 모두를 위한 다목적실의 활용 방안을 고민해야 함을 제시하고 있다. 즉 공동체의 현안은 다목적실의 활용 방안을 마련하는 것에 있음을 알 수 있다. 따라서 공동체의 현안으로부터 파생될 수 있는 문제점들을 설명하는 것을 작문 주제로 삼았다는 것은 적절하지 않다.
✓❹ (가)의 4문단에서 다목적실의 공간 활용 방안에 대한 필자 자신의 의견을 제시하고, 구체적인 공간 활용 방안을 다음 논의에서 마련하기를 바란다고 주문하고 있다. 다목적실 활용 방안 마련은 공동체의 현안 해결과 관련되고 이를 논의하는 주체는 학생회 학생들이므로, 공동체의 현안 해결과 관련된 구성원을 예상 독자로 설정하고 있다고 볼 수 있다.
⑤ (가)는 5문단에서 알 수 있듯이 양측이 열린 마음으로 상대방을 배려하며 방안 마련에 임할 것을 당부하기 위해 학생회 누리집 게시판에 올린 글이다. 이러한 게시판은 공동의 일과 관련된 글을 주로 올려 의견을 나누는 매체 공간이므로 개인의 일상적 자기 성찰을 기록하는 작문 매체와는 거리가 멀다고 할 수 있다.

답 ④

105 독자를 고려한 글 쓰기   정답률 86.0%

정오답 ✅ 체크

① 학생회에서 마련한 다목적실의 활용 방안에 대한 온라인 투표 결과 전체 학생의 85%가 투표에 참여했고 그중 90%가 찬성했음을 제시하고 있다.
✓❷ 다목적실의 활용 방안에 대해 협의한 결과를 제시하고 있다. 그러나 논의 과정에서의 갈등에 대한 내용은 제시하고 있지 않다.

③ 많은 학생이 다목적실을 학습 공간과 휴게 공간으로 분리해 운영하는 것을 바라고 있다는 점을 밝혀 건의 내용을 수용해 줄 것을 강조하고 있다.
④ 학생회에서 제안한 다목적실의 활용 방안이 실현되었을 때 학생들의 스트레스를 줄일 수 있고, 부족한 학습 공간도 확보할 수 있다는 예상 효과를 제시하고 있다.
⑤ 학생회에서 협의해 마련한 다목적실 활용 방안은 쉬는 시간에는 휴게 공간으로 운영하고 점심시간에는 학습 공간과 휴게 공간으로 분리해 운영하는 것이라고 소개하고 있다.

답 ②

106 발화의 의미와 기능 이해하기   정답률 87.0%

정오답 ✅ 체크

✓❶ '학생 1'은 (가)의 내용을 언급하고 있으나, 그 내용과 다른 의견을 가진 학생을 비판하고 있지는 않다.
② '학생 1'은 첫 번째 발화에서 지난 논의에 대해 비평하는 (가)를 다른 학생들이 읽었는지 확인하고, 특히 글의 마지막 부분에 공감하면서 읽었다고 언급하여 (가)의 내용에 공감하는 태도를 드러내고 있다.
③ '학생 1'은 두 번째 발화에서 다목적실을 학습 공간과 휴게 공간으로 나누자는 (가)의 의견을 취해 이에 대해 다른 학생들이 의견을 내도록 유도하고 있다.
④ '학생 1'은 첫 번째 발화에서 논의 과정에서 상대방의 입장을 고려하지 않아 갈등이 고조되는 걸 느꼈다고 말하며 그에 대한 다른 학생들의 의견을 묻고 있다.
⑤ '학생 1'은 마지막 발화에서 서로 다른 생각을 잘 절충해서 좋은 방안이 나온 것 같다고 말하고, 다른 학생들이 이 방안에 동의하면 다목적실을 리모델링할 때 투명 칸막이로 공간을 분리해 달라고 학교에 건의해 보자며 실천 과제를 제안하고 있다.

답 ①

107 대화의 의미와 기능 이해하기   정답률 85.0%

정오답 ✅ 체크

① '학생 3'은 다목적실을 시간대별로 분리해 운영하려면 그 기준이 필요하다는 '학생 2'의 의견에 동의하면서 바로 자신의 의견을 제안하여 말하고 있다. '학생 2'의 의견을 재진술하면서 문제 상황을 구체적으로 언급하고 있지는 않다.
② '학생 3'은 다목적실을 시간대별로 나누어 학습 공간과 휴게 공간으로 운영할 때 기준이 필요하다는 '학생 2'의 의견에 동의하면서 이와 관련한 자신의 의견을 제시하고 있다. '학생 2'에게 의견을 뒷받침할 다른 근거를 요구하고 있지는 않다.
③ '학생 2'는 '학생 3'의 의견에 이의를 제기하고 있지만, 그 의견의 근거의 출처를 문제 삼고 있지는 않다.
✓❹ '학생 3'은 다목적실에서 공부하는 학생들이 가장 많은 점심시간에는 다목적실을 학습 공간으로 운영하고 수업 사이의 쉬는 시간에는 휴게 공간으로 운영하자는 의견을 제시하고 있다. '학생 2'는 '학생 3'의 의견에 대

해, 점심시간에는 학습 공간으로 운영하되 대화하고 싶은 학생들의 마음도 존중해 투명 칸막이로 다목적실의 공간을 나누어서 점심시간에도 이용할 수 있는 대화 공간을 따로 만들자고 하여, '학생 3'의 의견에 일부 동의를 하면서 자신의 의견을 추가로 제시하고 있다.

⑤ '학생 2'는 '학생 3'의 의견에 대해, 수업 사이의 쉬는 시간보다 긴 점심시간에 공부하는 학생만 다목적실을 이용하는 것에 대해 이의를 제기할 뿐, '학생 3'의 의견에 따랐을 때 예상되는 문제점을 여러 관점에서 열거하며 입장의 변화를 요구하고 있지는 않다.

답 ④

[108~110] 작문

(가)

자료 편집장이 기자에게 보낸 요청 사항

내용 '식품 이력 추적 관리 제도의 활성화 방안'을 주제로 글을 써 줄 것을 요청함.

(나)

자료 (가)에 따라 기자가 작성한 초고

내용 '식품 이력 추적 관리 제도'의 뜻과 취지. 이 제도의 취지가 잘 살지 못하는 이유 및 제도의 취지를 살릴 수 있는 방법을 제시함.

108 글쓰기 전략 파악하기
정답률 **79.0%**

정오답 ✔체크

① (나)의 1문단에서 소비자에게 안전한 식품을 선택할 수 있도록 하고, 식품의 안전성에 문제가 발생하였을 때 신속하게 조치를 취할 수 있도록 하는 식품 이력 추적 관리 제도의 취지를 제시하고 있지만, 최근에 논란이 되었던 사례를 활용하여 이를 제시하고 있지는 않다.

② (나)의 2문단에서 식품 이력 추적 관리 제도가 식품을 이력 정보 의무 등록 식품과 자율 등록 식품으로 나누고, 이 중 자율 등록 식품의 등록률이 낮다는 점을 제도의 취지가 잘 살지 못하는 이유로 제시하고 있지만, 식품을 의무 등록 식품과 자율 등록 식품으로 구분하는 기준을 항목화하여 제시하고 있지는 않다.

✔❸ (나)의 2문단에서 제도의 취지가 잘 살지 못하는 이유를 소비자가 식품 이력 정보를 조회하는 방법이 번거롭다는 점과 소비자가 식품 이력 관리 시스템에서 원하는 식품 이력 정보를 확인할 수 없는 경우가 많다는 점으로 나누어서 소비자가 식품 이력 정보를 이용하는 데 어려움을 겪고 있음을 제시하고 있다.

④ (나)의 3문단에서 관계 기관에서는 식품 이력 정보의 조회 방법을 간소화하기 위한 방안을 마련하고 식품 업체가 식품 이력 추적 관리 제도에 더 적극적으로 참여하도록 정부의 지원이 있어야 한다는 점을 제도의 취지를 살릴 수 있는 해결 방안으로 제시하고 있지만, 이러한 방안의 장단점을 비교하여 제시하고 있지는 않다.

⑤ (나)의 3문단에서 관계 기관에서는 식품 이력 정보의 조회 방법을 간소화하기 위한 방안을 마련해야 한다고 언급하고 있지만, 식품 이력 정보 조회의 간소화 방안을 단계적으로 제시하고 있지는 않다.

답 ③

---

109 글의 내용을 점검하고 조정하기
정답률 **83.0%**

정오답 ✔체크

✔❶ [A]와 〈보기〉를 비교하면, 〈보기〉는 식품 이력 추적 관리 제도의 취지를 살리기 위해 소비자가 제도를 적극적으로 활용하는 것이 필요하다는 내용을 추가해서 제시하고 있다. 이를 통해 볼 때, 〈보기〉는 기획 연재 의도를 살려 소비자가 기울여야 할 노력이 포함되도록 글을 쓰면 좋겠다는 편집장의 의도를 반영한 것으로 볼 수 있다.

② 〈보기〉에 식품 업체가 얻게 되는 긍정적 효과가 드러나 있지 않다.

③ 〈보기〉에 식품 안전의 중요성을 알릴 수 있는 정부의 방안이 포함되어 있지 않다.

④ 〈보기〉에 식품 이력 추적 관리 제도의 취지를 살리는 정부의 지원 방안이 드러나 있지 않다.

⑤ 〈보기〉에 소비자가 식품 이력 추적 관리 제도에 관심을 가지지 못하게 된 이유가 포함되어 있지 않다.

답 ①

---

110 자료 활용 방안 파악하기
정답률 **55.0%**

정오답 ✔체크

① Ⅰ은 식품 이력 추적 관리 번호를 식품 포장지에서 찾기도 어렵고 식품 이력 정보를 조회하기 위해 이 번호를 입력하는 것도 번거롭다는 내용을 제시하고 있다. 이를 활용하여 (나)의 2문단에서 식품 이력 정보를 조회하는 방법이 번거로워 소비자가 불편을 겪고 있다는 내용을 구체화할 수 있다.

② Ⅰ은 식품 이력 정보를 조회하는 데 겪는 어려움에 대해 일부 기업이 QR 코드를 활용해 해결하고 있다는 내용을 제시하고 있다. 이를 활용하여 식품 이력 정보의 조회 방법을 간소화할 수 있는 방안에 관한 3문단의 내용을 보완할 수 있다.

③ Ⅱ는 식중독 사건이 학교 급식에서 발생했는데, 문제가 된 식품은 자율 등록 대상으로 식품 업체가 해당 식품의 이력 추적을 위한 정보를 시스템에 등록하지 않아 피해가 확산되었다는 내용을 제시하고 있다. 이를 활용하여 (나)의 1문단에 제도가 활성화되지 못해 초래된 문제점의 사례를 추가할 수 있다.

✔❹ Ⅲ-1은 설문 조사 결과로, 소비자가 언론 매체, 교육 또는 홍보 등의 경로로 식품 이력 추적 관리 제도를 알게 되었다는 점을 제시하고 있다. 그런데 (나)의 3문단에는 이 제도에 대한 교육과 홍보를 강화해야 한다는 내용이 포함되어 있지 않아서 Ⅲ-1의 설문 조사 결과를 활용할 수 없다.

⑤ Ⅲ-2는 식품 업체가 식품 이력 추적 관리 제도에 자율적으로 참여하지 않는 이유를 인프라 미흡과 인력 부족 등으로 제시하고 있다. 이를 활용하여 (나)의 3문단에 정부가 참여 업체를 지원하는 방안으로 인프라 확충, 인력 지원 등이 있다는 내용을 추가할 수 있다.

답 ④

[111~113] 화법

자료 '17세기의 두 가지 음식'을 주제로 한 학생의 발표
내용 한글 음식 조리서인 『음식디미방』에 실린 우리 음식 중 '석류탕'과 '난면'에 대해 소개함.

111 발표 내용 생성하기   정답률 76.0%

정오답 ✅체크

① 석류탕과 난면을 순서대로 소개하고 있으며 음식 이름·음식의 재료 및 만드는 방법을 제시하고 있다. 그러나 두 가지 음식에 대해 발표한 내용을 중간중간에 요약하지는 않았다.

② 발표 마지막에서 책에 설명된 음식의 세 가지 종류를 설명하고, 자신이 발표한 두 가지 음식 외에 다른 음식에 관심이 있는 경우 『음식디미방』을 읽어 볼 것을 제안하고 있을 뿐 소개한 두 음식에 대한 추가 자료 탐색을 권유하는 것은 아니다.

③ 석류탕과 난면의 조리법을 소개하고, 『음식디미방』에서 설명하고 있는 음식의 종류를 언급하고 있지만 소개한 조리법을 활용한 다른 음식들의 예를 들고 있지는 않다.

✓④ 발표의 도입부에서 학생은 '저는 얼마 전 읽은 책에서 17세기의 우리 음식 중 흥미로운 음식을 발견하여 '17세기의 두 가지 음식'을 발표 주제로 정했습니다.'라고 말하고 있다. 이는 발표자가 읽었던 책과 관련한 경험을 바탕으로 발표 주제를 정했음을 말하는 것이므로, 주제 선정 동기를 자신의 경험과 관련하여 밝히고 있다는 진술은 적절하다.

⑤ 발표의 서두에서 『음식디미방』이 1670년경에 쓰인 한글 음식 조리서로, 당대의 음식을 알 수 있는 대표적인 자료라며 책의 역사적 가치를 언급하고 있지만 전문가들의 서로 다른 견해를 인용하고 있지는 않다.

圖 ④

112 발표 표현 전략 사용하기   정답률 93.0%

정오답 ✅체크

① 발표자는 석류탕과 난면이라는 다소 생소한 음식을 소개하고 있는데, 이 두 음식이 『음식디미방』이라는 17세기에 쓰인 책에 나와 있음을 밝히고 있다.

② 발표의 중간 부분에서 음식 사진을 보여 주며 발표를 진행하고 있다.

③ 발표의 서두에서 『음식디미방』이라는 책을 알고 있는지 묻고 난 후, 1670년경이라는 집필 시기와 '음식의 맛을 아는 방법'이라는 책 제목의 의미를 밝히고 있다.

④ 석류탕이라는 음식과 관련하여 '여러분이 알고 계신 바로 그 과일의 이름'이라고 제시하고 있으며, 난면과 관련해서는 ''계란' 할 때의 '란', '냉면' 할 때의 '면''이라고 설명하면서 청중에게 익숙한 단어를 사용하여 음식의 이름을 소개하고 있다.

✓⑤ 발표자는 발표 도입부에서 책에 대한 청중의 지식을 묻고 '석류탕을 먼저 소개한 후 난면을 소개하겠'다며 발표 순서를 제시하고 있다. 이후 사진을 보여 주며 청중과 상호 작용한 후, 청중이 관심을 보이는 석류탕과 관

113 발표 내용 이해, 평가하기   정답률 77.0%

정오답 ✅체크

① '학생 1'은 석류탕과 난면이 공통적으로 꿩고기를 재료로 사용하였음을 언급하고 있지, 음식 재료에 대한 설명의 정확성 여부를 평가하고 있지 않다. 그리고 '학생 2'는 음식 재료에 대해 말한 것이 아니라 음식을 만드는 방법에 대해 언급하고 있다.

② 음식의 재료에 대해 언급하고 있는 '학생 1'과 달리 '학생 2'는 석류탕을 만드는 방법에 대해 자신이 알고 있는 만두 만드는 방법과 비교하고 있다. 그러나 석류탕 만드는 방법에 대한 설명을 사실과 의견으로 구분하며 들은 것은 아니다.

③ '학생 3'은 석류탕이 어육류에 속한다는 정보를 듣고 자신의 생각을 말하고 있다. '학생 2'는 석류탕의 조리법과 자신의 배경지식을 비교하여 제시하고 있으므로, 두 번째로 소개한 음식인 난면의 조리법에 대해 배경지식을 바탕으로 예측하며 들었다는 진술은 적절하지 않다.

✓④ '학생 1'은 석류탕과 난면이 모두 꿩고기를 재료로 사용하였다는 설명을 듣고 이로부터 당시 꿩고기가 구하기 쉬운 재료가 아니었을까라는 추측을 하고 있다. '학생 3'은 『음식디미방』에서 석류탕을 어육류에 속하는 음식으로 분류했다는 설명을 듣고 이로부터 석류탕은 고기를 핵심 재료로 간주해서 분류하지 않았을까라는 추측을 하고 있다. 따라서 '학생 1'과 '학생 3' 모두 발표 내용과 관련하여 발표자가 언급하지 않은 내용을 추론하며 들었다고 이해할 수 있다.

⑤ '학생 2'의 경우 자신이 알고 있는 만두 만드는 방법과 비교하며 듣고 있으며, '학생 3'은 석류탕이 어육류에 속한다는 정보를 바탕으로 추론하며 듣고 있다. 그러나 '학생 2'와 '학생 3' 모두 발표 내용의 효용성을 점검하며 들은 것은 아니다.

圖 ④

[114~118] 화법과 작문 통합

(가)

자료 학생회 누리집 게시판에 올린 학생의 글
내용 토론 한마당 예선 방식에 대한 학생들의 불만 내용을 언급하며, 토론 한마당을 담당하는 학생회 운영진에게 토론 한마당 예선 방식의 개선을 건의함.

(나)

자료 (가)를 읽은 후 학생회 학생들이 나눈 대화
내용 토론 한마당 예선 방식을 현행의 대면 토론 평가 방식에서 토론 개요서 평가 방식으로 변경하기로 함.

114 건의 글쓰기 맥락 분석하기 정답률 78.0%

정오답 ✅ 체크

✓ ❶ (가)는 학생회에서 개최하는 토론 한마당의 예선 방식에 대한 학생들의 불만 내용을 제기하며, 주최측인 학생회에 대해 이러한 문제를 해결해 줄 것을 요구하는 내용을 담고 있는 건의문이다. 즉 (가)는 공동체의 문제를 해결할 수 있는 학생회 운영진을 예상 독자로 설정하여 작성된 글이다.

② (가)는 토론 한마당 예선 방식의 문제를 언급하며 주체인 학생회를 예상 독자로 하여 예선 방식 변경의 필요성을 강조하고 있다. 공동체 구성원 개개인의 인식 개선이 필요하다는 내용은 언급되지 않았다.

③ (가)는 토론 한마당 예선 방식의 개선을 제안하며 주최측에 공동체 문제의 해결을 요구하고 있는 글이다. 그러므로 깨달음에 대한 성찰을 작문 목적으로 설정했다는 분석은 적절하지 않다.

④ (가)는 학교생활 중에 일어난 문제와 관련하여 학교 구성원들이 함께 이용하는 학생회 누리집 게시판에 올린 글이다. 그러므로 개인적인 성격이 강한 작문 매체를 선택했다는 내용은 적절하지 않다.

⑤ (가)는 건의문 형식에 맞게 문제점에 대한 분석과 그 해결 방안에 대한 내용으로 구성되어 있다. 하지만 문제 분석의 절차와 결과까지 드러나 있는 것은 아니다. 공동체의 문제를 조사하고 분석한 절차와 결과가 잘 드러나도록 하는 것은 보고하는 글의 형식에 해당한다.

🖋 ①

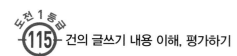
똑똑! 궁금해요

Q 작문 문제를 풀다 보면 발문에 '작문 맥락'이라는 말이 자주 나오는데, '작문 맥락'이 정확히 무엇인지 궁금해요.

A 작문 맥락이란 글을 쓰는 과정에 개입하는 여러 가지 상황이나 관습, 영향 등을 의미합니다. 작문의 맥락을 구성하는 요소에는 필자, 독자, 주제, 목적, 매체 등이 있지요. (가)의 작문 맥락을 살펴보면, 필자는 토론 한마당에 참가하고자 하는 학생이고, 독자는 토론 한마당을 개최하는 주체인 학생회이며, 글을 쓴 목적은 토론 한마당 예선 방식의 개선을 건의하기 위함이고, 매체는 인터넷 게시판임을 알 수 있습니다.

도전 1등급 115 건의 글쓰기 내용 이해, 평가하기 정답률 48.0%

정답 해설 PLUS

〈보기〉를 기준으로 하여 (가)를 평가한 내용으로 적절하지 <u>않은</u> 것은?

● 보기 ●

ⓐ 해결해야 할 현재의 문제를 제시했는가?
ⓑ 문제를 사실에 근거하여 제시했는가?
ⓒ 문제의 원인을 제시했는가?
ⓓ 문제 해결 방안의 실행 가능성을 점검하여 제시했는가?
ⓔ 문제 해결을 통한 기대 효과를 제시했는가?

❶ 2문단에서 <u>현행 토론 한마당의 예선 방식으로 인해 발생한 문제를</u>
    _{2문단에 언급된 내용이 아님}
언급한 내용은, 참가 팀이 늘면서 발생한 운영상의 어려움을 문제
           _{ⓐ에 해당하는 내용이 아님}
로 제시했다는 점에서 ⓐ를 충족하는군.

② 3문단에서 <u>토론 한마당에 대한 설문 조사 결과를 인용한 내용</u>은, 학생들의 불만이 높다는 문제를 사실에 근거하여 제시했다는 점에서 ⓑ를 충족하는군.

③ 3문단에서 <u>현행 예선 방식의 한계를 언급한 내용</u>은, 참가자 제한을 학생들이 불만족한 원인으로 제시했다는 점에서 ⓒ를 충족하는군.

④ 4문단에서 <u>인근 학교의 사례를 언급한 내용</u>은, 유사한 상황에서 문제를 해결한 사례를 통해 기간 연장 및 평가 방법 변경의 실행 가능성을 점검하여 제시했다는 점에서 ⓓ를 충족하는군.

⑤ 5문단에서 <u>토론 한마당의 예선 방식 개선이 가져올 결과를 언급한 내용</u>은, 문제 해결을 통한 기대 효과를 제시했다는 점에서 ⓔ를 충족하는군.

함정 탈출 비법 〈보기〉의 ⓐ~ⓔ는 (가)의 정보 제시 순서대로 나열되어 있다. 따라서 ⓐ~ⓔ를 (가)에 대응하여 하나하나 따져 보아야 한다. ①의 진술은 얼핏 보면 맞는 말처럼 보일 수 있다. 그러나 (가)에서 학생이 '해결해야 할 현재의 문제'(ⓐ)로 제시하고 있는 것은 '운영상의 어려움'이 아니라, 그러한 어려움으로 인해 예선 참가 인원을 학급당 한 팀으로 제한한 현행 예선 방식에 대한 학생들의 불만이다. 이를 제대로 파악해 내야 함정에 빠지지 않고 답을 찾을 수 있다.

정오답 ✅ 체크

✓ ❶ 2문단은 시간, 공간, 인원 확보 등의 문제로 예선 참가 인원을 학급당 한 팀으로 제한하게 되었다는 내용을 제시하고 있다. 즉 2문단에서는 현행 예선 방식으로 인해 발생한 문제에 대해 언급하고 있는 것이 아니라 현행 예선 방식으로 운영하게 된 배경을 설명하고 있다.

② 설문 조사는 전교생을 대상으로 진행된 것이므로 학생들의 의견을 반영하고 있는 자료라고 할 수 있다. 3문단에서 설문 조사 결과를 인용한 내용은 토론 한마당 예선 방식에 대한 학생들의 불만이 높다는 점을 사실에 근거하여 뒷받침하고 있으므로, 이는 ⓑ를 충족하고 있다고 할 수 있다.

③ 3문단에서 예선에 참가할 수 있는 인원을 학급당 한 팀으로 제한함으로써 학생들의 불만이 고조되었다는 점을 현행 예선 방식의 한계로 지적하고 있다. 이는 문제의 원인을 제시하고 있는 내용이므로 ⓒ를 충족하고 있다고 할 수 있다.

④ 4문단에서 우리 학교와 유사한 문제를 겪던 인근의 학교들이 대면 토론의 기간을 연장하거나 예선에서 토론 개요서를 활용하는 방법으로 문제를 해결했다는 점을 제시한 것은, 문제 해결의 사례를 통해 해결 방안의 실행 가능성을 점검한 것이라고 할 수 있으므로, 이는 ⓓ를 충족하고 있다고 할 수 있다.

⑤ 5문단에서 토론 한마당 예선 방식을 개선하면 학생들의 불만이 사라질 뿐만 아니라 참가 인원도 더 많아질 것이라고 언급한 것은 문제 해결을 통한 기대 효과를 제시한 것이다. 그러므로 이는 ⓔ를 충족하고 있다고 할 수 있다.

🖋 ①

정답 해설 PLUS

(나)의 '학생 1'에 대한 설명으로 적절하지 않은 것은? [3점]

① (가)에서 토론 한마당 예선 방식 개선을 요구한 것을 논의의 계기
　'학생 1'의 첫 번째 발화
로 삼고 있다. ○

② (가)에서 서술한 예선 참가 인원 제한의 배경을 언급하며 논의의
　'학생 1'의 두 번째 발화
필요성을 제시하고 있다. ○

❸ (가)에서 예선 방식 개선을 위해 제시한 두 가지 방식 각각의 장단
　(가)에서 제시한 방식+(나)에서 '학생 3'이 제시한 방식 ✕
점을 판단하게 하며 논의를 진행하고 있다.

④ (가)에서 현행 예선 평가 방법의 장점으로 언급한 내용과 관련해서
　'학생 1'의 네 번째 발화
는 발언에서 제외하도록 논의 내용을 제한하고 있다. ○

⑤ (가)에서 서술한 현행 예선 방식에 대한 불만이 해소될 것을 언급
　'학생 1'의 다섯 번째 발화
하며 논의의 결론을 제시하고 있다. ○

함정 탈출 비법 (나)에서 '학생 1'은 대화를 주도하는 사회자 역할을 하고 있다. '학생 1'의 발화 순서를 따라가며 선지의 정오를 판단하되, 선지에 제시된 '(가)에서'라는 전제 조건에 유의해야 함정에서 벗어날 수 있다. ③의 전제 조건인 '(가)에서 예선 방식 개선을 위해 제시한 두 가지 방식'은 예선 기간을 연장하는 방식과 평가 방법을 변경하는 방식을 말하는데, (나)에서 '학생 1'이 '각각의 장단점을 판단하게' 한 두 가지 방식은 토론 개요서 방식과 동영상 방식이라는 점에 유의해야 한다.

정오답 ☑체크

① '학생 1'은 토론 한마당 예선 방식 개선을 요구하는 (가)의 내용을 언급하며 논의를 시작하고 있다.

② '학생 1'은 시간과 공간, 심사자의 부족 등 예선 참가 인원 제한의 배경을 언급하면서 방안 마련의 필요성을 제시하고 있다.

✓❸ (가)에서는 토론 한마당 예선 방식 개선을 위해 예선의 기간을 연장하는 방안과 현행의 대면 토론을 토론 개요서 제출로 대체하는 방안이 제시되었다. 하지만 (나)에서 '학생 1'은 첫 번째 발화를 통해 일정상의 문제로 예선 기간 연장이 불가하다는 점을 밝힘으로써 이를 논의 대상에서 제외하고 있다. 대신 '학생 3'이 제안한 동영상을 활용하는 방안을 논의 대상으로 삼고 있다. '학생 1'의 세 번째 발화를 통해 (가)에서 제시한 토론 개요서 제출 방식과 학생회의 논의에서 새롭게 제시된 동영상 활용 방식에 대한 장단점을 판단하게 하며 논의를 진행하고 있음을 알 수 있다.

④ 현행 예선 방식은 학급당 한 팀만 예선에 참가하도록 하는 것이지만, 현장감 있는 대면 토론으로 진행된다는 장점이 있다. '학생 1'은 '청중이 모인 가운데 진행되는 대면 토론만큼의 현장감 있는 토론을 경험하기는 어려울 테니 그것 말고 얘기해 줄래?'라며 현행 예선 방식의 장점에 해당하는 내용은 발언에서 제외하도록 논의 내용을 제한하고 있다.

⑤ '학생 1'은 마지막 발화를 통해 토론 개요서로 평가하는 방식을 사용하면 예선 참가 기회가 제한된다는 현행 예선 방식에 대한 학생들의 불만이 해소될 것이라는 기대 효과를 제시하면서 토론 개요서 평가 방안의 도입이라는 논의의 결론을 제시하고 있다.

답 ③

117 대화 표현 전략 사용하기　　　정답률 86.0%

정오답 ☑체크

✓❶ ㉠은 ㉠ 직전의 '학생 2'가 말한 '동영상 촬영은 별도의 장비가 필요하니 참가 팀들의 입장에서 번거롭다'는 내용과 '동영상 촬영을 심사하려면 대면 토론만큼 시간이 필요하므로 심사자의 평가 부담이 크다'는 내용 중 후자의 내용에 긍정하는 반응을 제시하고 있다. 그리고 그에 덧붙여 토론 개요서로는 참가자들이 소통하는 과정을 평가하기 어렵다는 의견을 제시하고 있다.

② ㉠은 ㉠ 직전의 '학생 2'가 말한 내용 중 일부에 대해 동의를 표하고 있다. 하지만 동의를 표한 의견과 관련하여 자신의 의견을 덧붙이고 있을 뿐 그에 대한 상세한 설명을 요청하고 있지는 않다.

③ ㉠은 ㉠ 직전의 '학생 2'가 말한 내용에 대해 특별히 이의를 제기하거나 근거의 타당성을 지적하고 있지 않다. 오히려 심사자와 관련된 내용에 대해서는 긍정하는 반응을 드러내고 있다.

④ ㉡은 ㉡ 직전의 '학생 3'이 말한 내용 중 '토론 개요서 평가는 참가자들이 소통하는 과정을 평가하기 어렵다'는 내용에 대해 토론에서 더 중요한 것은 논증 능력임을 강조하며 토론 개요서 평가 방식을 긍정하고 있다. 그러므로 '학생 3'의 의견에 대해 공감을 드러낸다는 내용은 적절하지 않다.

⑤ ㉡ 직전의 '학생 3'은 '동영상 촬영을 활용하는 방식은 토론 개요서 활용 방안보다 심사자 부담이 크다'는 것을 인정하면서도 '토론 개요서 평가는 참가자들이 소통하는 과정을 평가하기 어렵다'고 주장하고 있다. ㉡에서 이런 내용을 재진술하는 부분은 없다.

답 ①

118 대화 맥락 분석하기　　　정답률 82.0%

정오답 ☑체크

① '학생 3'의 두 번째 발화에서 동영상 방식의 장점으로 참가자들이 토론 시간이나 장소를 자율적으로 정할 수 있다는 점이 언급되고 있다.

✓❷ (나)에 제시된 대안은 '토론 개요서 평가 방식'과 '동영상 평가 방식'이다. 이 두 대안에 대해 학생들은 장단점을 파악하며 검토를 진행하고 있는데, 동영상 방식과 관련해서는 심사자 평가 부담이 크다는 점이 언급되고 있고 학생들은 이에 대체로 동의하고 있다. '학생 2'의 세 번째 발화에서 확인할 수 있듯이 심사자 섭외의 부담을 줄일 수 있는 것은 토론 개요서 방식의 장점이다.

③ '학생 2'의 네 번째 발화에서 동영상 방식은 참가 팀들이 별도의 촬영 장비를 준비해야 한다는 점이 언급되고 있다.

④ '학생 2'의 세 번째 발화에서 토론 개요서 방식은 학생들의 참가 기회를 제한하지 않기 때문에 현행 방식보다 더 많은 학생들이 예선에 참가할 수 있다는 점이 언급되고 있다.

⑤ '학생 3'의 세 번째 발화에서 토론 개요서 방식으로는 참가자들이 소통하는 과정을 평가하기 어렵다는 점이 언급되고 있다.

답 ②

[119~121] 작문

자료 '건강 상식' 잡지 편집장의 요청에 따라 기자가 작성한 초고
내용 직업성 질환 중 하나인 근골격계 질환의 개념을 밝히고, 악기 연주자
들의 근골격계 질환 유병률 및 질환 완화 방법에 대해 설명함.

119 정보 전달 글쓰기 표현 전략 사용하기
정답률 77.0%

정오답 ☑ 체크

① 초고의 1문단에서 '직업성 질환 중 하나인 근골격계 질환은 근육, 신경, 뼈와 주변 조직 등 근골격계에 발생하는 손상 또는 통증을 말한다.'라고 하며 질환의 개념에 대해 설명하고 있는데, 묻고 답하는 방식으로 제시하지는 않았다.

✓❷ 2문단의 '악기 연주자들의 근골격계 질환 유병률을 악기군과 부위의 범주로 나누어 차이를 살펴보면'에서 질환 유병률에 대한 내용은 범주를 둘로 나누어 그 차이를 제시하고 있음을 확인할 수 있다.

③ 질환의 유병률과 관련하여 2문단에서 피아니스트 ○○○ 씨의 질환 경험 사례를 들고 있다. 그렇지만 이는 건반 악기 연주자들의 사례이지 악기군별로 그 사례를 제시한 것은 아니다.

④ 3문단에서 질환 완화 방법을 휴식, 운동, 연주자의 인식 개선 등으로 언급하고 있지만, 질환의 부위별로 분석하여 제시하지는 않았다.

⑤ 3문단에서 적절한 운동의 필요성을 언급하고 있지만, 운동의 과정을 단계적으로 제시하지는 않았다.

답 ②

120 정보 전달 글쓰기 내용 점검, 조정하기
정답률 85.0%

정오답 ☑ 체크

① 사무직의 요통 사례도 직업성 질환에 해당한다.

② 사무직의 요통 사례도 직업성 질환에 해당하며, 근골격계 질환의 발병 조건이 아니라 발병 원인을 추가로 제시한 것이다.

③ 근골격계 질환의 발병 부위를 추가한 것이 아니라, 발병 원인을 추가한 것이다.

④ 근골격계 질환의 발병 유형을 추가한 것이 아니라, 발병 원인을 추가한 것이다.

✓❺ 초고와 초고 수정안을 비교하면, 수정안에서 초고의 '사무직의 요통이 대표적인 예이다.'가 삭제되었음을 알 수 있다. 또한 수정안의 둘째 문장 '주로 장기간의 반복된 작업으로 근골격계에 손상이 누적되어 나타난다.'를 추가하여 근골격계 질환의 발병 원인을 언급하고, 셋째 문장을 통해 악기 연주자들의 근골격계 질환 발병의 원인도 역시 유사한 동작을 오래 반복하는 것과 관련이 있음을 밝히고 있다. 이를 통해 '악기 연주자가 겪는 근골격계 질환'이라는 주제와 관련이 없는 다른 직업군, 즉 사무직의 사례를 삭제하였고, 장기간의 반복 작업으로 인한 근골격계의 손상 누적이라는 근골격계 질환의 발병 원인을 추가하였음을 알 수 있다.

답 ⑤

도전 1등급
121 정보 전달 글쓰기 자료, 매체 활용하기
정답률 40.0%

정답 해설 PLUS

다음은 초고를 보완하기 위해 추가로 수집한 자료이다. 자료 활용 방안으로 적절하지 않은 것은? [3점]

> (가) □□ 의학회 논문 자료
>
> 악기 연주자의 근골격계 질환의 전체 부위 유병률은 관악기는 57.6%, 건반 악기는 75.0%, 현악기는 68.1%로 나타났다. 통증 부위에 따른 유병률은 상지 부위의 경우, 관악기 대비 건반 악기가 1.82배, 현악기가 1.57배였고, 하지 부위는 관악기 대비 건반 악기가 1.72배, 현악기가 0.84배로 나타났다.
>
> (나) △△ 연구소 통계 자료
>
> (나-1)
>
>
>
> 총 연주 기간 4.6 / 연습 중 휴식 시간 부족 1.9 / 연주 기법 4.6 / 1회 연습 시간 9.2 / 스트레스 9.8 / 운동 부족 15.7 / 연주 자세 54.2 (단위: %)
>
> 〈근골격계 질환에 영향을 미치는 요인에 대한 악기 연주자들의 인식〉
>
> (나-2)
>
>
>
> □ 휴식 무 ■ 휴식 유
> 관악기 51.2 / 3.1, 건반 악기 48.8 / 24.1, 현악기 40.7 / 19.6 (단위: %)
>
> 〈연습 중 휴식 유무에 따른 근골격계 질환 유병률〉
>
> (다) ◇◇ 대학교 의대 교수 인터뷰 자료
>
> "스트레칭 운동으로 근육의 긴장을 완화하고, 안정화 운동을 통해 바른 자세로 교정하면 근골격계에 도움이 됩니다."

① (가)를 활용하여, 악기군별 상지 부위의 유병률 차이에 대해, 건반 악기의 유병률이 가장 높고 다음으로 현악기, 관악기 순이라는 내용으로 2문단을 구체화한다.

② (가)를 활용하여, 악기군에 따른 부위별 유병률 순위에 대해, 상지 부위와 달리 하지 부위의 유병률은 전체 부위 유병률과 순위가 일치하지 않는다는 내용으로 2문단을 보강한다.

❸ (나-1)을 활용하여, 질환의 유병률을 낮추는 데 도움이 되는 방법에 대해, 근골격계 질환이 연주 자세에 미치는 영향에 대한 인식 (순서가 바뀜) 개선이 필요하다는 내용으로 3문단을 구체화한다.

④ (나-2)를 활용하여, 연습 중 휴식이 악기군별 유병률에 미치는 영향에 대해, 관악기의 경우가 현악기보다 유병률을 낮추는 데 휴식의 영향이 더 크다는 내용으로 3문단을 구체화한다.

⑤ (다)를 활용하여, 질환 완화에 도움이 되는 운동에 대해, 근골격계에 도움이 되는 운동과 그 효과에 관한 내용으로 3문단을 보강한다.

정오답 ☑체크

① (가)를 보면, 상지 부위의 경우 관악기 대비 건반 악기가 1.82배, 현악기가 1.57배이므로, 유병률은 건반 악기, 현악기, 관악기의 순임을 알 수 있다.

② 전체 부위 유병률은 건반 악기가 75.0%, 현악기가 68.1%, 관악기가 57.6%로, 이는 상지 부위의 유병률과 순위가 일치한다. 그러나 하지 부위 유병률은 관악기 대비 건반 악기가 1.72배, 현악기가 0.84배로, 건반 악기, 관악기, 현악기 순임을 알 수 있다. 따라서 전체 부위 유병률과 하지 부위 유병률의 순위는 일치하지 않는다.

✓❸ (나-1)은 근골격계 질환이 연주 자세에 미치는 영향이 아니라, 근골격계 질환에 영향을 주는 요인에 대한 악기 연주자들의 인식을 조사한 통계 자료이다.

④ (나-2)를 보면, 연습 중 휴식이 있으면 관악기는 근골격계 질환 유병률이 51.2%에서 3.1%로, 현악기는 40.7%에서 19.6%로 감소하였다. 따라서 현악기보다는 관악기가 휴식을 하는 것이 유병률을 낮추는 데 훨씬 효과적임을 알 수 있다.

⑤ 초고의 3문단에서는 질환 완화에 도움이 되도록 적절한 운동을 하는 것이 필요함을 언급하고 있다. 따라서 3문단에서 (다)를 활용하여 스트레칭 운동, 안정화 운동 등의 운동 방법과 근육의 긴장 완화, 바른 자세로의 교정 등 그 효과를 제시하는 것으로 구체화할 수 있다.

🅐 ③

[122~124] 화법

자료	청취자가 보내 준 사연을 듣고 해결을 도와주고자 하는 라디오 방송
내용	친구와의 사이에서 발생한 자기표현과 관련된 고민과 그에 대한 구체적인 해결 방안을 제시하고 있음.

122 대화 표현 전략 사용하기   정답률 91.0%

정오답 ☑체크

✓❶ 4문단의 첫 번째 문장 '○○ 님, 이렇게 한번 해 보는 건 어떨까요?'와 마지막 문장 '여러분도 한번 시도해 보시겠어요?'에서 질문하는 형식을 활용하여 청취자에게 실천을 권유하고 있음을 확인할 수 있다.

② 라디오 진행자의 견해는 지문에 제시되어 있으나, 그 견해의 근거가 되는 출처는 제시되지 않았다.

③ 마지막 문단에서 '오늘 방송 들어 주셔서 감사합니다.'처럼 라디오 진행자는 감사 표현을 사용하고 있으나, 반복적으로 사용하고 있지는 않다.

④ 3문단에서 '자기표현'의 개념을 설명하여 청취자의 이해를 돕고 있으나, 스스로 묻고 답하는 방식으로 개념을 설명하고 있지는 않다.

⑤ 중심 화제인 대인 관계에서의 '자기표현'을 다양한 일상적 소재에 비유한 내용은 지문에 제시되지 않았다.

🅐 ①

123 대화 내용 생성하기   정답률 86.0%

정오답 ☑체크

① 1문단의 '오늘은 청취자께서 보내 주신 사연을 듣고 해결을 도와드리는 시간을 가질 텐데요.'를 통해 청취자의 사연을 읽고 문제 해결을 돕는 방식으로 방송을 진행할 것임을 도입부에서 소개하겠다는 진행자의 계획이 방송에 반영되었음을 알 수 있다.

② 1문단의 마지막 문장 '이제 읽어 볼게요.'와 2문단의 내용을 통해 사연을 읽겠다는 진행자의 계획이 방송에 반영되었음을 알 수 있다. 또한 3문단의 '○○ 님, 친구들과 더 가깝게 지내고 싶은 마음이 통하지 않아 많이 속상했겠어요.'를 통해 사연 속 상황으로 인해 사연 신청자가 느꼈을 감정을 언급하겠다는 진행자의 계획이 방송에 반영되었음을 알 수 있다.

③ 3문단의 '친밀감이 형성되기 전에 자신의 고민과 같은 민감한 정보까지 드러내는 것은 상대방이 부담을 느끼고 거리를 두는 원인이 돼요.'를 통해 사연 속 문제 상황의 원인을 밝히겠다는 진행자의 계획이 방송에 반영되었음을 알 수 있다. 또한 3문단의 '자기표현의 정도와 속도를 적절하게 조절할 필요가 있어요.'와 4문단의 내용을 통해 사연 신청자의 문제 해결을 위해 조언하겠다는 진행자의 계획이 방송에 반영되었음을 알 수 있다.

✓❹ 4문단의 두 번째 문장 '친해지고 싶은 친구들과 처음에는 날씨, 텔레비전 프로그램 정도의 가벼운 화제로 대화를 시작하는 거예요.'에서 대화할 때 활용할 수 있는 화제의 예로 '날씨'와 '텔레비전 프로그램'을 제시하고 있으나, 각각의 예를 활용한 발화 내용을 구성하여 소개하고 있지는 않다.

⑤ 5문단의 '방송을 듣고 여러분이 조언하고 싶은 말이나 소감을 청취자 게시판에 글로 남겨 주시면 좋겠어요.'를 통해 방송 내용에 관해 청취자가 자신의 생각을 남길 수 있는 방법을 안내하겠다는 진행자의 계획이 방송에 반영되었음을 알 수 있다.

🅐 ④

124 대화 내용 이해, 평가하기   정답률 89.0%

정오답 ☑ 체크

① 〈보기〉에서 '친구가 친해지기도 전에 갑자기 고민을 이야기해서 당황했던 기억이 떠올랐어요.'라고 자기표현과 관련된 사례를 언급하고 있으므로 청취자는 자신의 경험을 떠올리며 들었다고 할 수 있다.

✓ **❷** 〈보기〉에서 다른 사람들에게 말하지 못했던 이야기를 '그 친구'와 공유해야 할 것 같은 의무감을 느꼈다고 언급한 것을 통해, 청취자는 자신의 고민을 나누어야 친밀감이 형성될 수 있다는 진행자의 말에 공감한 것이 아니라 친밀감이 형성되기 전에 자신의 민감한 정보를 드러내는 것은 상대방이 부담을 느끼고 거리를 두는 원인이 된다는 진행자의 말에 공감하며 방송을 들었음을 확인할 수 있다. 진행자는 먼저 친밀감을 형성하고 난 후에 고민을 나누는 것이 좋다고 말한 것이다.

③ 〈보기〉에서 '대화할 때 상대방과의 친밀감을 고려해야 한다는 진행자님의 말씀을 들으면서 앞으로 제가 대화할 때에도 그렇게 하는 것이 도움이 되겠다고 생각했어요.'라고 대화할 때 고려할 점에 대한 진행자의 조언에 공감하였음을 언급하고 있으므로 청취자는 진행자의 조언을 올바르게 이해하며 들었다고 할 수 있다.

④ 〈보기〉에서 '앞으로 제가 대화할 때에도 그렇게 하는 것이 도움이 되겠다고 생각했어요.'라고 방송에서 들은 조언을 청취자 자신에게 적용할 것을 언급하고 있으므로 청취자는 방송에서 얻은 정보의 유용성을 생각하며 들었다고 할 수 있다.

⑤ 〈보기〉에서 청취자는 '저도 ○○ 님께 자신을 드러내는 정도를 조절하면서 대화하는 건 정말 중요하다는 걸 꼭 말씀드리고 싶어요.'라고 사연 신청자에게 조언하고 있다. 이는 3문단에서 자기표현을 조절하는 대화에 관해 '자기표현의 정도와 속도를 적절하게 조절할 필요가 있어요.'라고 말한 진행자의 의견과 일치하므로 청취자는 자기표현을 조절하는 대화에 관한 진행자의 의견에 동의하며 들었다고 할 수 있다.

답 ②

[125~129] 화법과 작문 통합

(가)

자료   '신설 주민 복지 센터의 공간 활용'에 대한 시정(市政) 소식지

내용   Y동과 Z동 주민을 위한 주민 복지 센터 신설을 추진한 이유와 부지 선정 과정, 공간 활용 방안에 대한 의견 수렴 실시를 안내함.

(나)

자료   소식지 발행 이후 개최된 신설 주민 복지 센터의 공간 활용 방안에 대한 협상

내용   신설 주민 복지 센터의 3층 공간에 Y동 주민은 도서관을, Z동 주민은 체육 시설을 설치하기를 바라는 것이 핵심 쟁점인데, 협상을 통해 도서관을 설치하기로 합의함.

125 정보 전달 글쓰기 내용 생성하기   정답률 79.0%

정오답 ☑ 체크

① (가)의 1문단 중 '이번 의견 수렴은 ~ 참여할 수 있다.'를 통해 주민 의견 수렴의 목적과 참여 방법을 함께 밝혀야겠다는 글쓰기 계획이 글에 반영되었음을 알 수 있다.

---

② (가)의 2문단 중 '지금까지 Y동과 Z동은 ~ 함께 이용해 왔다.'를 통해 Y동과 Z동 주민들이 인근 지역 주민들과 주민 복지 센터를 함께 사용하고 있는 상황을 제시해야겠다는 글쓰기 계획이 글에 반영되었음을 알 수 있다.

✓ **❸** (가)의 3문단 중 '건립을 추진하면서 ~ 첫 협상의 자리를 가졌고'를 통해 첫 협상이 개최된 이유가 Y동과 Z동의 부지 중 어느 곳이 더 주민 복지 센터 건립 부지로 적절한지에 대해 주민들 간에 의견 차이가 발생했기 때문임을 알 수 있다. 첫 협상이 개최된 이유가 '주민 참여가 필요하다는 의견 때문'임을 제시해야겠다는 글쓰기 계획은 글에 반영되지 않았다.

④ (가)의 3문단 중 '부지의 면적, 인구 규모를 고려하여 Z동 부지에 새 주민 복지 센터를 건립하기로 결정했다.'를 통해 첫 협상의 결과를 이끌어 내면서 고려한 부지 선정의 기준이 무엇인지 제시해야겠다는 글쓰기 계획이 글에 반영되었음을 알 수 있다.

⑤ (가)의 4문단 중 '시는 3층 규모의 ~ 구성할 예정이다.'를 통해 새로 건립될 주민 복지 센터의 공간 활용에 대한 계획을 언급하였음을 알 수 있고, '두 동의 의견 수렴 결과가 ~ 두 동 대표에게 전달된다.'를 통해 후속 협상이 개최될 경우에 다룰 주제를 밝혀야겠다는 글쓰기 계획이 글에 반영되었음을 알 수 있다.

답 ③

126 정보 전달 글쓰기 내용 조직하기   정답률 91.0%

정오답 ☑ 체크

① (가)의 1문단에서 주민 복지 센터 건립을 위해 시에서 수행하는 주민 대상 의견 수렴 업무를 소개하고 그 방법을 언급하였으나, 여러 업무를 제시하고 있지 않고, 또 이를 유형에 따라 분류하고 있지도 않다.

✓ **❷** (가)의 2문단에서는 'Y동과 Z동은 다른 동들에 비해 기존의 주민 복지 센터와의 거리가 멀어서 이용에 어려움이 있었다.', '두 동의 인구 증가로 현재의 주민 복지 센터로는 이용량을 감당하기 힘든 실정이다.', '기존 주민 복지 센터를 확장하는 것이 불가능한 상황이다.'와 같이 시청에서 주민 복지 센터 신설을 추진하게 된 이유를 나열하고 있다.

③ (가)의 2문단에서 Y동과 Z동의 주민들이 겪는 문제를 언급하고 있으나, 함께 겪고 있는 문제들을 제시하였을 뿐, 이를 대조하고 있지는 않다.

④ (가)의 3문단에서 주민 복지 센터 건립을 추진하는 과정에서 발생할 수 있는 문제점(주민들 간의 의견 차이)을 제시하고 있지만, 이를 분석하고 있지는 않다.

⑤ (가)의 4문단에서 주민 복지 센터를 구성할 다양한 시설들을 언급하고 있으나, 설치가 완료된 시설은 없으므로 설치가 완료된 순서대로 제시한 것은 아니다.

답 ②

127 협상 내용 이해, 평가하기   정답률 71.0%

정오답 ☑ 체크

① [A]에서 시청 담당자의 첫 번째 발화 중 '첫 협상에 이어 후속 협상에도 참여해 주신 Y동 대표님과 Z동 대표님'을 통해 소식지에서의 첫 협상과 같이 후속 협상에도 양측 동 대표가 참석하였음을 알 수 있다.

② (가)의 4문단 중 '의견 수렴 결과는 두 동 대표에게 전달된다.'와 [A]에서 Y동 대표의 첫 번째 발화 중 '시청의 선호도 조사에서도 우리 동 주민들

의 1순위는 도서관이었습니다.'를 통해 소식지에 안내된 의견 수렴에 대하여 Y동의 결과가 언급되었음을 알 수 있다.

✓❸ (나)는 Z동에 신축할 주민 복지 센터 3층 공간 활용에 대한 협상이다. 이 협상에서 Y동 대표는 주민 복지 센터의 건립 부지를 Z동의 부지로 결정할 때 고려한 사안에 대해 언급하고 있지 않다. 또한 (가)에서 부지의 면적과 인구 규모를 고려하여 Z동 부지에 주민 복지 센터를 건립하기로 결정하였음을 확인할 수 있을 뿐, Z동의 중장년층 인구 비율을 고려하여 이를 결정하였다는 정보는 Y동 대표의 발화에서 확인할 수 없다.

④ (가)의 4문단 중 '도서관, 주민 영화관, 체육 시설 중 주민 선호도를 파악하여 활용 방안을 결정한다.'와 [A]에서 Z동 대표의 첫 번째 발화 중 '우리 동에서도 도서관을 선호하는 의견은 있었습니다.'를 통해 소식지에서 소개한 공간 활용 방안 중에 도서관 설치를 선호하는 주민들이 Z동에도 있었음을 알 수 있다.

⑤ (가)의 3문단 중 '새 주민 복지 센터로 연결되는 버스 노선을 신설하기로 했다.'와 [A]에서 Z동 대표의 두 번째 발화 중 '주민 복지 센터로 연결되는 신설 버스 노선이 체육 시설에도 연결되도록 조정하는 추가 조치도 있어야 합니다.'를 통해 소식지에 언급된 신설 버스 노선에 대하여 조정 방안이 제시되었음을 알 수 있다.

답 ③

똑똑! 궁금해요

Q (가)의 3문단에서 '부지의 면적, 인구 규모를 고려하여 Z동 부지에 새 주민 복지 센터를 건립하기로 결정했다.'라고 했는데, 이 경우 Z동의 중장년층 인구 비율을 고려하여 결정된 것이라고 볼 수 없나요?

A 3문단의 내용을 보면, 신설 주민 복지 센터 건립 부지는 부지의 면적, 인구 규모를 고려해 Z동 부지에 건립하기로 결정되었다는 것을 알 수 있어요. 그런데 여기서 고려한 인구 규모는 중장년층의 인구 비율과는 관련성이 없어요. 즉 건립 부지 결정에는 각 동의 전체 인구수가 고려된 것이지, 특정 연령층의 비율이 고려된 것은 아니에요. 또한 Z동 대표가 Z동 중장년층 인구 비율을 언급한 것은 건립 부지 선정의 타당성을 제시하기 위한 것이 아니라, 체육 시설 조성이 필요한 이유를 제시하기 위한 것이에요.

128 협상 표현 전략 사용하기
정답률 89.0%

정오답 ✓체크

① ㉠에서 Y동 대표가 도서관 설치와 관련해 양보할 수 있는 범위를 제시하고 있지는 않다.

② ㉠에서 Y동 대표가 체육 시설에 대한 상대의 제안을 일부 수용하고 있지는 않다.

③ ㉡에서 Z동 대표가 체육 시설 설치가 실현 가능성이 낮음을 언급하고 있지는 않다.

④ ㉡에서 Z동 대표가 체육 시설 이용에 대한 상대의 요구 사항을 언급하고 있지는 않다.

✓⑤ ㉡에서 Z동 대표는 'Y동 입장에서는 이용자 증가로 더 큰 수익을 얻을 수 있다'며 체육 시설 이용 시 예상되는 상대(Y동)의 이익을 언급하고 있고, '우리 동 주민들은 체육 시설 이용에 대한 부담이 더 커질 것'이라며 Y동의 체육 시설 이용 시 예상되는 Z동의 부담을 언급하고 있다. 또한 '요금에 대한 부담을 낮춰 주십시오.'라며 Y동의 체육 시설 이용과 관련하여 추가적인 요구 사항을 제시하고 있다.

답 ⑤

129 정보 전달 글쓰기 내용 생성하기
정답률 78.0%

정오답 ✓체크

① 〈보기〉의 1문단 중 '협상이 지난달 30일 오후 2시에 시청 회의실에서 개최되었다.'를 통해 독자들이 협상이 개최된 장소와 시간을 파악할 수 있다.

② 〈보기〉의 2문단을 통해 독자들이 합의가 도출되기까지의 협상의 경과를 확인할 수 있다.

③ 〈보기〉의 1문단의 첫 문장 'Y동과 Z동의 주민 대표는 신설될 주민 복지 센터에 도서관을 설치하기로 합의했다.'를 통해 독자들이 기사의 중심 내용인 협상의 결과를 도입부에서 파악할 수 있다.

④ 〈보기〉의 2문단 중 'Y동 대표가 ~ 필요하다고 밝혔다.'를 통해 독자들이 기사에 인용된 내용을 바탕으로 협상에 참여한 두 동 대표의 입장을 파악할 수 있다.

✓⑤ 〈보기〉는 (나)의 협상을 취재한 기자가 쓴 기사이다. 따라서 〈보기〉의 기사에는 취재한 내용의 사실만 나열되고 있을 뿐, 필자의 의견이 언급되지는 않는다.

답 ⑤

[130~132] 작문

자료 '우리 학교 협동조합'에 관한 보고서 초교
내용 우리 학교 협동조합의 현황을 살펴보고 문제점을 확인한 후, 협동조합 활성화를 위한 방안을 모색함.

130 보고 글쓰기 표현 전략 사용하기
정답률 91.0%

정오답 ✓체크

✓❶ 보고서 본론의 '1. 현황'에서 〈조합원 비율 및 협동 매점 수익금〉 통계 자료를 제시하였다. 이를 통해 통계 자료를 활용하여 객관적인 정보를 제시하는 글쓰기 방법이 사용되었음을 확인할 수 있다.

② 결론의 내용은 학생이 본론의 '2. 문제점 분석 및 해결 방안'을 토대로 작성한 것이다. 보고서에서 문헌 자료를 분석한 내용은 확인할 수 없다.

③ 본론의 '2. 문제점 분석 및 해결 방안'의 3문단에 해결 방안이 제시되어 있지만 해결 방안의 장단점을 비교하여 설명하고 있지는 않다.

④ 서론 마지막 부분의 '전교생을 대상으로 한 설문 조사를 진행하였다.'에서 조사 대상을 제시하였다. 그러나 이를 항목화하여 제시하고 있지는 않으며, 조사 기간과 방법을 제시하지도 않았다.

⑤ 보고서에 조사 내용과 관련된 전문 용어의 개념을 설명한 부분은 드러나 있지 않다.

답 ①

131 보고 글쓰기 내용 생성하기
정답률 70.0%

정오답 ✓체크

① '1. 현황'의 '조합원들이 점심시간 ~ 사용하고 있다.'에서 ㉠과 관련하여 협동 매점의 운영 시간과 수익금 사용처를 확인할 수 있다.

② '1. 현황'의 〈조합원 비율 및 협동 매점 수익금〉 통계 자료를 통해 ㉠과

관련하여 협동조합의 조합원 비율 및 협동 매점 수익금의 변동 추이를 확인할 수 있다.

③ '2. 문제점 분석 및 해결 방안'의 1문단에서 ⓛ과 관련하여 협동조합 유지와 설립 취지의 지속적인 실현이 어려움을 확인할 수 있다.

✓❹ '2. 문제점 분석 및 해결 방안'의 2문단에서 '설문 조사 결과, 조합원 비율이 감소한 원인은 조합원에 대한 혜택이 부족해서 탈퇴한 것'이라고 언급한 부분을 통해 조합원에 대한 혜택이 부족하여 조합원 비율이 감소하고 있다는 문제의 원인은 알 수 있다. 그러나 조합원에 대한 혜택이 부족하게 된 과정을 분석한 내용이나 이를 바탕으로 조합원 비율이 감소한 원인을 파악한 내용은 본론에 제시되지 않았다.

⑤ '2. 문제점 분석 및 해결 방안'의 2문단에서 조합원 비율이 감소한 원인과 협동 매점 수익금이 감소하는 원인에 대한 설문 조사 결과를 제시하였다. 이를 통해 ⓒ과 관련하여 설문 조사 내용을 분석하여 원인을 파악하였음을 확인할 수 있다.

📘 ④

132 보고 글쓰기 자료, 매체 활용하기   정답률 75.0%

[정오답 ✓체크]

① 〈보기〉의 ㄱ은 학교 협동조합의 수익금이 조합원의 복지를 위해 사용되거나 조합원의 동의를 바탕으로 공익을 위해 사용된다는 점을 언급한 전문가 인터뷰이다. 이를 활용하여 '수익금 중 일부를 조합원의 복지를 위해 체험 활동비로 지원하는 방안'이 조합원 복지 제도로서 협동조합의 수익금 사용 방법에 부합함을 밝혀 조합원에 대한 혜택 부족으로 인한 탈퇴 문제 해결 방안의 근거로 제시하는 것은 적절하다.

② 〈보기〉의 ㄴ은 Z학교의 협동조합이 조합원 복지를 위해 수익금으로 도서 구입비를 지원하고 있다는 내용 등을 다룬 인근 학교 사례이다. 이를 활용하여 '조합원의 탈퇴를 막기 위해 조합원이 혜택을 받을 수 있는 방안을 마련한다.'의 예로 제시할 수 있다. 따라서 조합원에게 도서 구입비를 지원하는 것을 조합원의 이탈 문제를 해결하는 방안으로 추가하는 것은 적절하다.

③ 〈보기〉의 ㄴ은 Y학교의 협동조합에서 SNS를 통해 소비자의 불만 사항을 파악하여 협동 매점 운영에 반영하고 있다는 내용 등을 다룬 인근 학교 사례이다. 이를 활용하여 '두 번째 문제점의 ~ 수단을 마련한다.'의 예로 SNS와 같은 소통 수단을 사용하는 것을 제시하는 것은 협동 매점의 수익금 감소 문제를 해결하는 방안으로 적절하다.

✓❹ 〈보기〉의 'ㄷ. 우리 학교 학생 인터뷰'의 내용은 학교 협동조합에 대해 잘 몰라서 협동조합에 가입하지 않았고, 학교 게시판이나 누리집에도 협동조합에 대한 안내가 없었다는 것이다. 따라서 협동조합에 대한 안내를 조합원 비율 감소 문제를 해소하기 위한 방안으로 활용할 수는 있으나, 협동 매점의 수익금을 늘리는 방안이나 협동 매점 이용자들의 불만 사항을 해소해 주는 것과는 관련이 없다.

⑤ 〈보기〉의 ㄷ은 학교 협동조합에 대해 잘 몰라서 가입하지 않았다는 점과 학교 게시판이나 누리집에 협동조합에 대한 안내가 없었다는 점을 언급한 학생 인터뷰이다. 이를 활용하여 '홍보를 통해 협동조합 가입을 유도하는 방안을 마련한다.'의 예로 학교 게시판이나 누리집에 협동조합을 홍보하여 학생들의 가입을 유도하는 것을 제시하는 것은 조합원 가입이 저조한 문제를 해결하는 방안으로 적절하다.

📘 ④

[133~135] 화법

자료 산림 연구소 연구원이 봉사 동아리 학생들에게 도시의 가로수를 주제로 한 강연

내용 여름철 가로수 고사의 원인과 대책 및 가로수 지킴이 봉사 활동의 의의를 밝힘.

133 강연(발표) 표현 전략 사용하기   정답률 84.0%

[정오답 ✓체크]

① 여름철 가로수의 고사 원인과 대책을 순서대로 설명하고 있을 뿐, 강연 대상인 '가로수'를 다른 소재에 빗대어 설명하는 내용은 강연에 제시되지 않았다.

✓❷ 1문단의 '(사진을 보여 주며) 기억나시지요?', 2문단의 '그해 여름이 얼마나 더웠는지 기억나시지요?' 등에서 강연자가 강연 내용과 관련한 청중의 경험을 환기하고 있음을 알 수 있다.

③ 강연 내용을 설명하기 위해 통계 자료를 인용한 부분은 제시되지 않았다.

④ 2문단에서 '여러분이 사는 △△시의 2년 전 사진입니다.'와 같이 과거 사례를 제시하고 있으나, 이를 최근의 사례와 대조하며 설명하는 내용은 강연에 제시되지 않았다.

⑤ 1문단에서 청중(봉사 동아리 학생들)이 봉사 활동을 했던 모습을 사진으로 보여 주고 강연의 주제를 언급하며 강연을 시작하고 있을 뿐, 강연을 하게 된 소감을 밝히는 내용은 제시되지 않았다.

📘 ②

134 강연(발표) 내용 생성하기   정답률 75.0%

[정오답 ✓체크]

✓❶ 전자 우편의 '여름 방학 봉사 활동을 위해'를 통해 청중이 여름 방학 봉사 활동에 참여할 예정임을 알 수 있다. 그러나 여름철 가로수 지킴이 활동을 위한 준비 사항에 대한 내용은 강연에 제시되지 않았으므로, 이를 안내한다는 계획은 강연에 반영되지 않았다.

② 전자 우편의 '도시의 가로수가 여름에 왜 말라 죽는지'를 통해 청중이 도시 가로수 고사의 원인을 알고자 함을 알 수 있다. 또한 강연 2문단의 '(그림을 보여 주며) 보시는 바와 같이 ~ 전달되지 못하는 것이지요.'에서 확인할 수 있듯이 도시 가로수 고사의 원인과 관련한 도시의 토양 환경을 시각 자료를 활용하여 설명한다는 계획은 강연에 반영되었다.

③ 전자 우편의 '이를 막기 위해서 필요한 것은 무엇인지'를 통해 청중이 도시 가로수의 고사를 방지하기 위한 방안을 알고자 함을 알 수 있다. 또한 강연 3문단의 '살수차를 동원해 ~ 투입하는 것입니다.'에서 확인할 수 있듯이 가로수에 수분을 공급하는 다양한 방안을 설명한다는 계획은 강연에 반영되었다.

④ 전자 우편의 '저희의 활동이 어떤 의미가 있는지를 알고자'를 통해 청중이 봉사 활동의 의의를 알고자 함을 알 수 있다. 또한 강연 3문단의 '여러분 덕분에 △△시의 가로수가 올여름에는 말라 죽지 않을 것입니다.'에서 확인할 수 있듯이 봉사 활동이 가뭄과 폭염으로부터 가로수를 보호하는 데 기여한다는 것을 설명한다는 계획은 강연에 반영되었다.

⑤ 전자 우편의 '강연하실 때 저희 지역과 관련한 자료를 활용해 주시면 도움이 될 것 같습니다.'를 통해 청중이 자신의 지역과 관련한 자료의 활용을 희망함을 알 수 있다. 또한 강연 2문단의 '어디인지 아시겠어요? 여러분이

사는 △△시의 2년 전 사진입니다. 몇 월의 모습일까요? ~ 8월의 모습입니다.'에서 확인할 수 있듯이 △△시의 사진을 보여 주며 질의응답한다는 계획은 강연에 반영되었다.

閏 ①

135 강연(발표) 내용 이해, 평가하기 정답률 78.0%

정오답 ✅체크

① ⓐ는 화살표 '→'를 사용하여 토양 내 수분 함유량이 낮아지는 과정을 작성한 메모이다. 이를 통해 학생이 세부 정보들의 인과 관계를 파악하며 들었음을 알 수 있다.

② ⓑ는 건조에 강한 나무의 종류를 찾아보겠다는, 강연 이후의 조사 계획을 작성한 메모이다. 이를 통해 학생이 강연 내용에서 더 알고 싶은 점을 떠올리며 들었음을 알 수 있다.

③ ⓒ는 동네 가로수의 보호 틀을 교체한 이유를 건조에 대비하기 위한 것으로 추측한 내용을 작성한 메모이다. 이를 통해 학생이 동네 가로수 보호 틀을 교체한 것을 목격한 자기 경험과 강연 내용을 관련지으며 들었음을 알 수 있다.

④ ⓓ는 강연 3문단의 '일일이 수작업해야 하는 일이라 여러분과 같은 자원봉사자의 역할이 매우 중요합니다.'를 들은 학생이 자원봉사자가 할 일을 따로 묶으며 작성한 메모이다. 이를 통해 특정 기준으로 정보를 구분하며 들었음을 알 수 있다.

✓⑤ ⓔ는 강연에서 설명한 폭염 외에 대기 오염도 가로수의 고사 원인에 해당하지 않는지 강연 내용 이외의 궁금증을 떠올리며 들었음을 보여 주는 메모이다. 이는 강연에서 언급하지 않은 내용과 관련해 자신의 추측을 드러낸 것일 뿐, 강연 내용의 논리적 모순을 확인하는 것은 아니다.

閏 ⑤

[136~140] 화법과 작문 통합

(가)
자료 과제 수행을 위한 학생들의 대화
내용 공동체 문제로 의류 수거함을 선택한 후 의류 수거함 문제의 원인과 해결 방안에 대해 의견을 나누고 과제 수행을 위한 글쓰기 계획을 공유함.

(나)
자료 시청 누리집 게시판에 올릴 '학생 1'의 건의문 초고
내용 우리 시의 시장님을 예상 독자로 하여 의류 수거함 문제의 시 차원에서의 해결 방안과 그에 따른 효과를 제시하며 답변을 요청함.

(다)
자료 학교 신문에 실을 '학생 2'의 기고문 초고
내용 의류 수거함의 문제점과 올바른 이용에 대한 학생들의 관심과 실천을 촉구함.

136 대화 내용 이해, 평가하기 정답률 91.0%

정오답 ✅체크

① '학생 2'는 다섯 번째 발화에서 '너는 수거함이 그렇게 된 원인이 뭐라고

생각해?'라고 사안의 원인을 묻고 있으며, '학생 1'은 ㉠에서 얼마 전에 본 신문 기사의 내용을 근거로 하여 '우리 시청의 대처가 미흡해서인 것 같아.'라고 답하고 있다.

② '학생 1'이 여섯 번째 발화에서 언급한 '시청이 적극 노력해서 잘 해결했다'는 신문 기사의 내용에 대해, '학생 2'는 ㉡을 통해 ○○시청이 한 노력에 대한 세부적인 정보를 '학생 1'에게 요청하고 있다.

③ '학생 1'이 여섯 번째 발화에서 '우리 시청의 대처가 미흡해서인 것 같아.'라며 의류 수거함 문제의 원인을 언급한 것에 대해, '학생 2'는 ㉢과 같이 상대의 의견을 확인하고 있다.

④ '학생 1'이 여덟 번째 발화에서 제시한 '공공의 문제 해결에는 시청의 영향력이 크'다는 의견에 대해, '학생 2'는 ㉣에서 '그 말도 맞다고 인정하고 있다. 그러는 한편 '이용자의 탓이 더 크지 않을까?'라며 상대와 다른 견해를 드러내고 있다.

✓⑤ '학생 2'는 ㉤에서 '나는 이 문제를 해결하려면 이용자부터 변화해야 한다고 생각하는데'라며 앞서 문제 상황의 원인이 이용자에게 있다고 언급한 내용을 일부 반복하고 있으나, '학생 1'과 상충되는 의견에 대한 절충안을 제시하고 있지는 않다.

閏 ⑤

137 대화 내용 점검, 조정하기 정답률 93.0%

정오답 ✅체크

① '학생 1'은 '학생 2'에게 '찾은 자료 나한테 전자 우편으로 보내 줘.'라며 특정 행동을 요구했으나 이에 대해 '학생 2'는 긍정적 반응을 보이지 않았다. 다시 제안했을 때 '학생 2'가 긍정적 반응을 보이긴 했지만 이에 대해 '학생 1'이 구체적인 의견을 덧붙이지는 않았다.

② '학생 1'이 '학생 2'와 의견을 최대한 일치시키는 발화는 제시되지 않았다.

③ '학생 1'이 '학생 2'에게 의사를 명료하게 드러내지 않거나 이에 대해 '학생 2'가 부정적인 반응을 보인 부분은 확인할 수 없다. '학생 2'는 '학생 1'이 의사를 명료하게 드러내지 않아서가 아니라 일방적으로 요구하는 태도 때문에 부정적 반응을 드러낸 것이다.

✓④ [A]에서 '학생 1'은 '찾은 자료 나한테 전자 우편으로 보내 줘.'라며 상대에게 원하는 바를 일방적으로 요구하고 있다. 이에 대해 '학생 2'는 '네가 당연하다는 듯이 말해서 좀 당황스러워.'라며 부정적 반응을 드러내고 있다. 그러자 '학생 1'은 '나도 자료 준비되면 줄 테니까 공유 좀 부탁해도 될까?'라며 질문의 방식으로 상대의 동의를 구하고 있다.

⑤ '학생 1'이 자신의 상황을 내세워 상대의 요구를 일부만 수용하고 있지는 않다.

閏 ④

138 설득 글쓰기 내용 생성하기, 건의 글쓰기 내용 생성하기 정답률 77.0%

정오답 ✅체크

① (가)에서 '학생 2'는 네 번째 발화에서 '우리 학교 친구들도 수거함이 관리될 필요가 있다고 하더라고.'처럼 글감 선정의 이유에 대해 언급하고 있다. 이는 (나)의 1문단에서 '저희 학교의 많은 학생들도 필요성을 느끼고 있는 의류 수거함 관리'처럼 학생 다수가 문제 해결의 필요성을 느끼고 있음을 밝히는 내용으로 제시되었다.

② (가)에서 '학생 2'는 다섯 번째 발화에서 '의류 수거함 주변이 ~ 쓰레기들도 많고.'처럼 의류 수거함의 상태에 대해 언급하고 있다. 이는 (다)의 1문단에서 '수거 대상이 아닌 ~ 된 곳도 있다.'처럼 문제 제기의 내용으로 제시되었다.

③ (가)에서 '학생 1'은 여섯 번째 발화에서 '얼마 전 신문 기사를 봤는데 ○○시에서도 비슷한 문제가 있었지만 시청이 적극 노력해서 잘 해결했다'처럼 신문 기사에 대해 언급하고 있다. 이는 (나)의 3문단에서 '인근 ○○시에서도 ~ 활성화되었다고 합니다.'와 같이 건의를 뒷받침하는 사례로 제시되었다.

✓❹ (가)에서 '학생 1'은 여덟 번째 발화에서 시청의 영향력에 대해 언급하고 있다. 그러나 (나)의 2문단에는 의류 수거함 문제의 실태가 제시되어 있으므로, 시청의 영향력에 대해 언급한 내용이 건의 수용의 기대 효과로 제시되었다는 진술은 적절하지 않다.

⑤ (가)에서 '학생 1'은 아홉 번째 발화에서 '안내대로 의류를 올바르게 배출하면 선별하는 데 드는 시간과 비용을 줄일 수 있잖아.'처럼 의류를 올바르게 배출하는 일의 장점에 대해 언급하고 있다. 이는 (다)의 2문단에서 '올바르게 배출하면 선별 과정에서의 비용과 시간을 크게 줄일 수 있다.'처럼 의류 수거함을 올바르게 이용해야 하는 이유로 제시되었다.

📖 ④

139 다양한 맥락을 고려한 작문   정답률 70.0%

정오답 ☑체크

① (나)는 4문단의 '파손되고 방치된 의류 수거함을 수리하거나 교체해 주시고 의류 수거함의 올바른 이용에 대한 캠페인을 벌여 주셨으면 합니다.'에서 확인할 수 있듯이 구체적이고 실행 가능한 방안을 제시하며 의류 수거함이 제대로 관리되지 않는 상황에 대한 공동체의 문제 해결을 요구하는 형식의 글이다.

② (나)는 3문단에서 필자가 언급한 내용을 예상 독자가 확인할 수 있도록 '링크의 신문 기사(https://www.****.co.kr/v3R4e)'를 통해 글의 특정 정보가 다른 자료에 연결되게 하고 있다.

✓❸ (가)에 나타난 '학생 2'의 마지막 발화의 '나는 우리 학교 학생을 대상으로', (다)의 3문단의 '학생인 우리가 할 수 있는 일은 무엇일까?', 4문단의 '의류 수거함을 올바르게 이용하는 일이 어른들만의 일은 아니다.'에서 확인할 수 있듯이 (다)의 예상 독자는 지역 공동체의 모든 구성원이 아니라 필자가 속해 있는 학교의 학생이다.

④ (다)는 필자와 예상 독자가 공동의 실천으로 해결할 수 있는 문제 상황으로 의류 수거함이 제대로 관리되지 않는 상황을 제시하고 있다. 그리고 그 해결 방안으로 '의류 수거함 안이나 그 주변에 쓰레기를 버려서는 안 된다.'와 '수거함에 넣을 수 있는 물건과 그렇지 않은 물건을 구분해서 넣어야 한다.'를 제시하고 있다.

⑤ (나)는 4문단의 '도시의 미관이 개선되고 의류 수거함에 대한 시민들의 인식도 좋아질 것입니다.'에서, (다)는 2문단의 '첫째, 도시의 미관과 ~ 도움이 된다.'에서 예상되는 긍정적인 효과를 근거로 제시하며 예상 독자를 설득하고 있다.

📖 ③

140 설득 글쓰기 내용 점검, 조정하기   정답률 78.0%

정오답 ☑체크

① ⓐ의 앞 문장은 의류 수거함을 올바르게 이용함으로써 의류가 재사용되는 비율을 높일 수 있다는 내용이므로, ⓐ를 '여전히 다른 사람들이 입던 옷을 재사용하는 일을 꺼리는 사람들이 많기 때문이다'로 수정할 경우 앞뒤 문장 간의 관계가 부자연스러워진다.

② ⓑ의 앞 문장은 수거함에 넣을 수 있는 물건과 그렇지 않은 물건을 구분해서 넣어야 한다는 내용이다. ⓑ는 이와 관련된 내용으로 보기 어려우므로 ⓑ의 '예를 들어'를 '그러나'로 수정하더라도 앞뒤 문장 간의 관계는 자연스럽지 않다.

✓❸ ⓑ의 앞 문장은 수거함에 넣을 수 있는 물건과 그렇지 않은 물건을 구분해서 넣어야 한다는 내용이므로 넣을 수 있는 물건과 그렇지 않은 물건의 구체적인 예에 해당하는 내용이 여기에 이어지는 것이 자연스럽다. 따라서 ㉮를 기준으로 볼 때, 앞뒤 문장 간의 관계가 긴밀하도록 ⓑ를 '의류와 가방, 담요 등은 가능하지만 솜이불과 베개, 신발 등은 넣어서는 안 된다'로 수정하는 것은 적절하다.

④ ⓐ의 앞 문장은 의류 수거함을 올바르게 이용함으로써 의류가 재사용되는 비율을 높일 수 있다는 내용이므로, 이와 내용상 관련이 없는 '왜냐하면 주변 친구들 중에는 의류 수거함에 쓰레기를 넣는 친구들이 없기 때문이다'는 이러한 주장을 뒷받침하는 논거가 되지 못한다.

⑤ ⓑ의 앞 문장은 수거함에 넣을 수 있는 물건과 그렇지 않은 물건을 구분해서 넣어야 한다는 내용이므로 이와 내용상 관련이 없는 '왜냐하면 이용자들이 재활용 가능 여부를 구분하는 일은 어렵기 때문이다'는 이러한 주장을 뒷받침하는 논거가 되지 못한다.

📖 ③

[141~143] 작문

자료 작문 상황과 이를 바탕으로 학생이 작성한 초고
내용 우리 학교 학생들을 예상 독자로 하는 학교 교지에 싣기 위해 손 글씨 쓰기의 효과를 소개하는 글을 씀.

141 소개 글쓰기 내용 생성하기   정답률 89.0%

정오답 ☑체크

✓❶ 초고의 도입 부분에서는 컴퓨터 자판을 이용한 쓰기가 일상화된 배경과 많은 학생들이 컴퓨터 자판을 이용한 쓰기를 선호하는 이유를 제시하고 있다. 그러나 손 글씨 쓰기의 개념을 정의하는 내용은 제시하고 있지 않다.

② 초고 1문단의 '컴퓨터와 온라인을 기반으로 ~ 쓰기를 선호한다.'를 통해 반영되었음을 확인할 수 있다.

③ 초고 2문단의 '컴퓨터 자판으로 ~ 생기게 된다.'를 통해 반영되었음을 확인할 수 있다.

④ 초고 3문단의 '이 느림 때문에 ~ 정리하게 된다.'를 통해 반영되었음을 확인할 수 있다.

⑤ 초고 4문단의 '최근에는 정서적 효과도 주목받고 있다.'를 통해 반영되었음을 확인할 수 있다.

📖 ①

142 소개 글쓰기 표현 전략 사용하기   정답률 82.0%

정오답 ☑체크

① 손 글씨 쓰기의 주요 효과를 언급하지 않았으며, 비유적 표현도 활용

하지 않았다.

② '손 글씨 쓰기가 동전의 양면과 같음'에서 비유적 표현을 활용했으나, 손 글씨 쓰기의 과정이나 한계는 글에 제시된 손 글씨 쓰기의 주요 효과에 해당하지 않는다.

③ '손 글씨 쓰기가 우리의 뇌, 이해, 정서에 긍정적 영향을 미친다고 손 글씨 쓰기의 주요 효과는 언급하였으나, 비유적 표현을 활용하여 마무리하지 않았다.

④ '그 가치는 시대가 변해도 늘 별처럼 빛날 것이다.'에서 비유적 표현을 활용했으나, 글을 쓰는 능력을 향상시키는 것은 글에 제시된 손 글씨 쓰기의 주요 효과에 해당하지 않는다.

✓❺ '뇌의 다양한 영역 활성화, 이해도 향상, 정서적 효과'에서 글에 제시된 손 글씨 쓰기의 주요 효과를 모두 언급하였고, '세 가지 빛깔의 진주를 발견할 수 있을 것이다.'에서 비유적 표현을 활용해서 마무리하고 있다.

답 ⑤

143 소개 글쓰기 자료, 매체 활용하기   정답률 77.0%

정오답 ✅체크

① ㄱ은 손으로 글씨를 쓸 때 뇌의 전 영역에 걸쳐 신경 회로가 형성되어 활성화된다는 내용의 전문가 인터뷰이고, 2문단은 손으로 글씨를 쓸 때 뇌의 다양한 영역이 활성화된다는 내용이다. 따라서 ㄱ을 활용하여 2문단의 내용을 구체화하는 방안은 적절하다.

✓❷ 3문단은 손 글씨 쓰기가 특정 상황에서 효과적이라는 내용이 아니라 손 글씨 쓰기로 인해 사고할 수 있는 시간이 확보되고 고등 사고 과정이 이루어져 해당 내용에 대한 이해도가 높아진다는 내용이다. ㄴ의 과제 1은 컴퓨터 자판을 이용한 쓰기 집단과 손 글씨 쓰기 집단이 기억 여부의 성취도 면에서 차이가 없었다는 결과를 보여 주므로 과제 1의 결과를 활용하여 3문단의 내용을 보강하는 것은 적절하지 않다.

③ ㄴ의 과제 2는 손 글씨 쓰기 방식으로 강연 내용을 정리한 집단이 컴퓨터 자판을 이용한 쓰기 방식으로 정리한 집단보다 개념 이해의 측면에서 훨씬 높은 성취를 보였다는 결과를 보여 주는 자료이고, 3문단은 손 글씨 쓰기가 내용에 대한 이해도를 높인다는 내용이다. 따라서 ㄴ의 과제 2의 결과를 활용하여 3문단의 내용을 뒷받침하는 방안은 적절하다.

④ ㄷ-1은 학습 과제 작성 시 우리 학교 학생들이 컴퓨터 자판을 이용한 쓰기 방식을 선호함을 보여 주는 설문 조사 결과이고, 1문단은 학생들이 컴퓨터 자판을 이용한 쓰기 방식을 선호한다는 내용이다. 따라서 ㄷ-1을 활용하여 1문단의 내용을 보강하는 방안은 적절하다.

⑤ ㄷ-2는 손 글씨 쓰기 방식으로 학습 과제를 작성하면 과제에 '애착'이 생긴다거나, 과제에 '정성'을 쏟을 수 있다는 설문 조사 결과이므로, 이는 4문단에서 제시한 '정서적 효과'를 뒷받침할 수 있다.

답 ②

[144~146] 화법

자료 '승경도 놀이'에 대한 학생의 발표
내용 풍속화에 그려질 정도로 조선 시대에 많은 사람들이 즐겼던 '승경도 놀이'에 대해 개념, 놀이의 핵심 도구, 놀이 규칙 등을 소개함.

144 발표자의 말하기 방식 파악하기   정답률 96.0%

정오답 ✅체크

① 청중과 공유한 경험이 드러난 부분은 없다.

✓❷ 발표자는 1문단에서 '이 풍속화 속 사람들은 무엇을 하는 걸까요?', 2문단에서 '여러분, 격자 안에는 무엇이 적혀 있을까요?'라며 청중에게 질문을 던짐으로써 청중이 발표에 집중하도록 하고 있다.

③ 발표자는 발표를 시작하면서 자료를 제시하며 발표 내용에 대해 궁금해하도록 했을 뿐, 발표 순서를 안내하지는 않았다.

④ 발표자가 놀이 정보를 알려 주는 부분에서 정보의 출처를 밝히고 있지는 않다.

⑤ 발표의 마무리에서 '승경도 놀이'를 함께 해 보자고 제의를 하고 있을 뿐, 발표 내용에 대한 청중의 이해도를 점검하고 있지는 않다.

답 ②

145 자료 활용 방안 파악하기   정답률 70.0%

정오답 ✅체크

① 〈자료 1〉은 승경도 놀이를 하는 장면이 그려진 풍속화와 함께 윤목의 사진을 제시한 것이다. 이를 활용하여 풍속화 속 사람들에 대한 질문을 통해 승경도 놀이를 소개하면서 이처럼 풍속화에 그려질 정도로 조선 시대에 많은 사람들이 이 놀이를 즐겼음을 1문단에서 알려 주고 있다.

② 〈자료 2〉에서 판의 한 칸을 확대한 부분을 가리키며 각 칸에 가로 방향의 큰 글씨로 관직명이 적혀 있고, 세로 방향의 작은 글씨로 다음에 이동할 수 있는 관직들이 적혀 있음을 2문단에서 알려 주고 있다.

✓❸ 〈자료 2〉는 승경도판의 전체 모습과 함께 판의 한 칸을 확대해 제시한 것이다. 이를 활용하여 발표의 3문단에서는 판 바깥쪽 아랫부분의 격자들에서 놀이를 시작한다는 점을 밝히며, 격자마다 문과, 무과, 군졸 등의 출신이 적혀 있음을 언급하고 있다. 그러나 놀이를 시작할 때 출신을 정하는 방법을 소개하는 부분은 없다.

④ 2문단에서 〈자료 2〉의 승경도판 전체 모습을 가리키며 굵은 선의 안쪽에 중앙 관직이, 선의 바깥에 지방 관직이 배치되어 있음을 언급하며 승경도판의 관직 배치 방식을 제시하고 있다. 그리고 이 자료를 활용해 3문단에서는 판 바깥쪽 아랫부분의 격자들에서 놀이를 시작한다고 언급하며 놀이의 시작 지점을 제시하고 있다.

⑤ 〈자료 1〉의 윤목의 사진을 활용하여 윤목의 모서리에 눈금이 새겨져 있음을 3문단에서 언급하고 있다. 그리고 윤목을 던져 나온 수에 따라 다섯 가지 경우로 진출할 수 있음을 밝힌 뒤 〈자료 2〉를 제시해 말이 이동하는 방식을 설명하고 있다.

답 ③

146 듣기 전략 파악하기
정답률 82.0%

✓❶ '학생 1'은 발표에서 놀이의 벌칙에 대해 설명한 부분과 관련해 유배나 파직이 되었을 때 현실에서처럼 다시 관직으로 복귀할 수 있었을지에 대한 의문을 제시하고 있다. 이는 발표 내용과 관련해 궁금한 점을 떠올린 것이지 발표 내용의 타당성에 대해 의문을 제기한 것은 아니다.

② '학생 2'는 놀이를 만든 사람에 대해 궁금해하며 자료를 찾아봐야겠다고 생각하고 있다. 이는 승경도 놀이에 대해 설명한 발표 내용과 관련하여 궁금한 점에 대해 더 조사해야겠다고 생각한 것이다.

③ '학생 3'은 출신에 따라 승진 과정이 다르다고 설명한 발표 내용과 관련해 윷놀이와 달리 말이 잡히는 경우는 없겠다며 발표에서 직접적으로 언급되지 않은 내용을 추론하고 있다.

④ '학생 1'은 선조들의 놀이에 유배나 파직처럼 실제 관직 생활에서 일어날 수 있는 일까지 반영했다는 사실을 알게 되어 좋았다고 말하며 발표에서 새로운 사실을 알게 된 것을 긍정적으로 평가하고 있다. 또한 '학생 2'는 보드게임 중에도 주사위를 활용해서 하는 놀이가 있는데, 조선 시대에도 이와 비슷한 놀이를 즐겼다는 점을 알게 되어 유익했다고 말하며 발표에서 새로운 사실을 알게 된 것을 긍정적으로 평가하고 있다.

⑤ '학생 2'는 보드게임 중에도 주사위를 활용하는 놀이가 있다는 배경지식을 바탕으로 승경도 놀이에 대한 발표 내용을 이해하고 있다. 또한 '학생 3'은 윷놀이에 관한 배경지식을 바탕으로 윤목이라는 도구를 던져 나온 수에 따라 말을 이동한다고 언급한 발표 내용을 이해하고 있다.

冒 ①

[147~151] 화법과 작문 통합

(가)

자료 학교에서 진행한 강연이 끝난 후 '학생 1'과 '학생 2'가 나눈 대화
내용 시민 의식을 주제로 한 김○○ 교수의 강연을 듣고 '시민적 롬바드 효과'에 대해 대화함.

(나)

자료 '학생 2'의 초고
내용 (가)에서 이야기한 '시민적 롬바드 효과'를 학교 내에 쓰레기를 함부로 버리는 행동과 연결 지어 학교 신문에 투고할 글을 씀.

---

147 발화의 의미와 기능 이해하기
정답률 72.0%

① ㉠에서 '학생 1'은 '학생 2'가 강연에서 인상 깊었던 내용이 무엇이었는지 말해 주기를 요청하자, 이에 대해 답하고 있다.

② ㉡에서 '학생 1'은 앞서 '학생 2'가 '그런데 시민적 롬바드 효과를 막으려면 어떻게 해야 한다고 그랬지?'라고 묻자, 이를 질문 형태로 다시 진술하며 자신이 제대로 이해했는지를 확인하고 있다.

③ '학생 2'가 '한 명, 한 명의 선택과 행동이 사회를 만들어 간다'고 말하자, ㉢에서 '학생 1'은 이를 다시 말하며 '책임감이 느껴진다'그 그에 대한 자신의 생각을 덧붙이고 있다.

✓④ ㉣에서 '학생 1'은 '학생 2'의 의견을 듣고 관련된 경험이 있는지 묻고 있다. '학생 1'이 질문하기 전에 '학생 2'가 사례를 말하지 않았기 때문에 '학생 1'은 의견을 뒷받침하는 추가적인 사례를 요구할 수 없다.

⑤ ㉤에서 '학생 1'은 '학생 2'의 계획을 듣고 멋지다고 말하며 '정원을 아름답게 만드는 정원사가 될 것'이라는 비유를 사용해 '학생 2'를 응원하고 있다. 해당 비유를 강연에서 들었다는 것은 '우리 사회를 정원으로, 시민을 이 정원을 관리하는 정원사로 비유한' 강연 내용이 인상 깊었다고 언급한 '학생 1'의 두 번째 발화에서 확인할 수 있다.

冒 ④

똑똑! 궁금해요

Q 선지 ④에서 ㉣은 추가적인 사례를 질문 형식으로 요구한 거 아닌가요?

A '학생 1'은 '다른 사람이 나쁜 행동을 할 때 그냥 두고 보지 않는 것도 중요한 것 같아.'라는 '학생 2'의 의견을 듣고 이에 대해 나쁜 행동을 그냥 두고 본 경험이 있었느냐고 확인하고 있는 거예요. ㉣ 뒤에 나오는 내용을 만약 ㉣ 앞에서 말했다면 '학생 2'가 구체적인 사례를 들어 의견을 말한 것이 되어 '학생 1'이 상대의 의견을 뒷받침할 수 있는 추가적인 사례를 하나 더 요구할 수 있겠지만, 주어진 대화에서는 '학생 1'이 질문하기 전에 '학생 2'가 사례를 말하지 않았기 때문에 ㉣은 추가적인 사례로 볼 수 없답니다.

---

148 대화의 의미 이해하기
정답률 89.0%

✓❶ [A]의 대화에서 '학생 1'이 강연에서 들은 중요한 단어를 기억하지 못해 자신을 부정적으로 언급하자, '학생 2'는 괜찮다며 위로하고 있고 '학생 1'은 이에 대해 고마움을 표현하고 있다. [B]의 대화에서 '학생 1'은 '학생 2'가 쓰레기를 아무 데나 버리는 학생들을 보고도 말리지 못했다고 자책하자, 그 행동을 따라 하지 않은 것이 중요하다고 위로하고 있고 '학생 2'는 이에 대해 고마움을 표현하고 있다.

② [A]에서 '학생 2'는 '학생 1'이 자신은 뭘 배우면 중요한 단어가 잘 기억이 안 난다고 하자 준언어적 표현을 활용해 '다정한 목소리로' 괜찮다며 위로하고 있지 상대의 말에 동의하고 있는 것은 아니다. [B]에서 '학생 1'은 '학생 2'가 쓰레기를 아무 데나 버리는 학생들을 보고도 말리지 못했다며 자책하자 비언어적 표현을 활용해 '고개를 끄덕이며' 그래도 중요한 건 그 학생들을 따라 하지 않았다는 거라며 위로하고 있지 상대의 말에 공감하고 있는 것은 아니다.

③ [A]에서 '학생 1'은 강연 내용을 잘못 정리한 것이 아니라 자신은 뭘 배우면 중요한 단어가 잘 기억이 안 난다고 자책하고 있고, '학생 2'는 이런 '학생 1'을 위로하고 있다. [B]에서 '학생 2'는 쓰레기를 아무 데나 버리는 학생들을 보고도 말리지 못했다며 자책하고 있고, '학생 1'은 이런 '학생 2'를 위로하고 있다.

④ [A]에서 '학생 2'는 상대의 의견에 이의를 제기하고 있지 않다. [B]에서 '학생 1'은 상대의 의견 일부를 인정하며 자신의 의도를 설명하고 있지 않다.

⑤ [A]에서 '학생 2'는 상대가 생각하지 못했던 강연의 의미를 알려 주고 있지 않다. [B]에서 '학생 1'은 상대가 한 행동의 의미를 알려 주고 있지 않다.

冒 ①

149 대화 내용이 글쓰기에 반영된 양상 이해하기 정답률 82.0%

정오답 ☑체크

① (가)에서 '학생 2'는 청소하는 학생들이 쓰레기통을 분리수거장까지 들고 가지 않고 아무 데나 쓰레기를 버리는 걸 봤다고 언급하였다. 이 내용이 (나)의 1문단에서 학교 내에 쓰레기가 무분별하게 버려지고 있는, 문제 상황의 실태를 드러내는 내용으로 제시되었다.

② (가)에서 '학생 1'은 아무 데나 쓰레기를 버리는 학생들이 매우 빠른 속도로 늘었다고 난감해하는 학교 관계자의 모습을 보았다고 언급하였고, '학생 2'는 함부로 버려지는 쓰레기 때문에 골치가 아프다는 학교 관계자의 말을 들었다고 언급하였다. 이 내용이 (나)의 1문단에서 제시되어 학교 내에 쓰레기를 함부로 버리는 문제의 심각성을 부각하고 있다.

✓❸ (가)에서 '학생 1'이 언급한 문제 해결을 위한 행동의 필요성이 (나)의 2문단에 문제 해결 방안의 적절성을 입증하는 근거로 제시되지는 않았다. (나)의 2문단에서는 강연 내용을 바탕으로 학교 내에 쓰레기를 함부로 버리는 행동을 따라 하는 현상을 설명하고 있다.

④ (가)에서 '학생 1'과 '학생 2'는 한 사람이 어떤 나쁜 행동을 괜찮다는 듯이 하게 되면 다른 사람들도 똑같이 그 행동을 하게 되고, 그런 행동이 마치 바이러스처럼 퍼지게 된다는 '시민적 롬바드 효과'에 대해 언급하였다. 이 내용이 (나)의 2문단에서 누군가 쓰레기를 함부로 학교 내에 버리자 너도나도 이런 행동을 따라 하게 된 것이라는, 문제의 원인을 설명하는 내용으로 제시되었다.

⑤ (가)에서 '학생 1'은 사회에 해를 끼치는 행동이 확산되는 걸 막기 위해서 나부터 그런 행동을 하지 않아야 한다는 강연 내용을 언급하고 있고, '학생 2'는 나쁜 행동을 그냥 두고 보지 않는 것도 중요하다고 언급하고 있다. 이 내용이 (나)의 3문단에서 학교 내에 쓰레기를 함부로 버리는 행동을 해서는 안 된다는 것과 쓰레기를 함부로 버리는 일을 목격하면 이를 막도록 노력해야 한다는, 문제 해결과 관련한 주장의 내용으로 제시되었다.

답 ③

150 글쓰기 전략 파악하기 정답률 85.0%

정오답 ☑체크

① (나)에는 예상되는 반론을 제시한 부분이 드러나 있지 않다. 따라서 이를 반박하여 논지를 강화하고 있지도 않다.

② 문제 상황에 대해 해결 방안을 제시하며 글을 마무리하고 있을 뿐, 본문에서 설명하는 순서대로 요약한 내용을 포함하여 마무리하고 있지는 않다.

③ 3, 4문단에서는 의문형 문장을 활용하지 않았다. 1문단의 마지막에서는 '왜 이런 일이 일어나게 된 것일까?'라는 의문형 문장을 활용하여 문제 상황에 대한 독자의 관심을 이끌어 내고 있고, 2문단의 마지막에서는 '이런 일이 확산되면 어떤 일이 발생할까?'라는 의문형 문장을 활용하여 문제의 심각성을 독자들에게 환기하고 있다. 하지만 문단의 핵심 내용을 강조하지는 않았다.

④ (나)에는 '행동'이라는 말이 반복해서 등장하지만, 예상 독자의 신중한 태도의 문제점을 지적하는 내용은 없다.

✓❺ (나)에서는 '우리'라는 말을 자주 사용하고 있다. 이를 통해 학교 내에 쓰레기를 함부로 버리는 문제가 학교 공동체 구성원인 학생들 전체의 문제임을 부각하고 있다.

답 ⑤

151 글의 내용에 대한 검토 의견 반영해 고쳐 쓰기 정답률 88.0%

정오답 ☑체크

① (나)에서 언급된 문제 상황은 학교 내에서 쓰레기를 아무 데나 함부로 버린다는 것이지, 학교 내에서 예의와 존중을 지키지 않는 행동에 대한 문제가 아니다. 수정된 원고 또한 이러한 내용과 관계없는 내용이므로 검토 의견으로 적절하지 않다.

✓❷ (나)의 마지막 문단이 제멋대로 쓰레기를 버리는 학생에게 그 행동의 의미가 무엇인지를 분명하게 인식시킬 필요가 있다는 내용에서, 쓰레기를 함부로 버리는 것을 막기 위해 '쓰레기 되가져가기'와 '버리지 마' 캠페인이라는 구체적인 방법과 이를 통해 기대할 수 있는 효과가 무엇인지를 설명하는 내용으로 수정되었다. 따라서 학교 신문 편집부장의 검토 의견으로 적절한 것임을 알 수 있다.

③ (나)에서 언급된 문제 상황이 학교 내에서 쓰레기를 아무 데나 함부로 버리는 행동인 것은 맞다. 하지만 이런 행동을 하는 심리가 무엇인지를 설명하는 내용으로 수정되지는 않았다.

④ 수정한 원고를 보면, (나)의 마지막 문단의 첫 번째와 두 번째 문장을 한 문장으로 수정했고, 바로 이어서 쓰레기를 함부로 버리지 않기 위한 구체적인 방안과 그로 인한 효과를 언급한 문장을 추가하였다. 그러나 학교 내에서 분리수거를 효율적으로 실천하기 위한 교육적 방안을 제안하며 글을 마무리하고 있지는 않다.

⑤ 수정한 원고를 보면, (나)의 마지막 문단의 첫 번째와 두 번째 문장을 한 문장으로 수정했고, 바로 이어서 쓰레기를 함부로 버리지 않기 위한 구체적인 방안과 그로 인한 효과를 언급한 문장을 추가하였다. 그러나 학교 내에서 분리수거를 하지 않는 학생에 대한 대처 방안을 안내하며 글을 마무리하고 있지는 않다.

답 ②

[152~154] 작문

자료 작문 상황을 바탕으로 작성한 학생의 초고
내용 마감 시한에 임박해서 과제를 수행하는 습관 때문에 야기되는 문제점들을 해결하기 위한 방안을 밝힘.

152 글쓰기 계획의 반영 여부 파악하기 정답률 79.0%

정오답 ☑체크

① 초고의 2문단에서 우리 학교 선생님들과 한 인터뷰를 제시하여 마감 시한에 임박해 과제를 수행하면 과제의 완성도가 낮아질 수밖에 없다는 문제점을 강조하고 있다.

② 초고의 4문단에서 '이런 문제를 해결하려면 어떻게 해야 할까?'라고 묻고, 이에 대한 답변으로 '먼저 과제 제출 시한을 확인하고 그에 따라 과제 수행 계획을 체계적으로 세워야 한다. 그리고 과제 수행 도중 계획의 이행 정도를 점검·조절하는 것이 좋다.'와 같이 과제 수행에 관한 문제의 해결 방안을 제시하고 있다.

③ 초고의 2문단에서 벼락치기로 과제를 수행하면 집중력이 높아져 좋은 성과를 낼 수 있다고 믿는 학생들의 통념을 언급한 후, '하지만 마감 시한에 임박해 과제를 수행하면 고등 사고 능력이 떨어져 과제의 완성도가 낮아질 수밖에 없다.'라며 이 통념이 사실과 다른 부분이 있다는 내용을 드러내고 있다.

④ 초고의 1문단에서 학습 부장이 선생님께 과제를 제출해야 한다며 학생

들을 독촉하면 급히 과제를 마무리한 학생들이 학습 부장에게 몰려들어 과제를 건네는, 학교생활에서 벌어지는 모습을 제시해 과제 수행과 관련해 발생하는 문제 상황을 보여 주고 있다.

✓❺ 초고에서 알 수 있는 과제 수행과 관련한 문제는, 학생들이 마감 시한에 임박해서 과제를 수행하여 과제의 완성도가 낮아진다는 것과 과제 외의 다른 중요한 일들을 소홀히 하게 된다는 것이다. 초고에 이러한 문제의 발생 원인을 개인적 측면과 사회적 측면으로 구분하여 밝히고 있는 부분은 없다.

📄 ⑤

153 조건에 맞는 글 쓰기   정답률 90.0%

정오답 ✅체크

① 편집부원의 조언 내용을 정리하면 앞서 언급한 두 가지 문제, 즉 마감 시한에 임박해서 과제를 수행하면 과제의 완성도가 낮아지고 과제 이외의 다른 중요한 일들을 소홀히 하게 된다는 문제를 해결할 수 있음을 밝히되 관용적 표현을 활용하라는 것이다. 그런데 과제 수행에만 온전히 에너지를 쏟게 된다는 것은 앞서 제시한 과제 수행 계획을 체계적으로 세우고 과제 수행 도중 계획의 이행 정도를 점검·조절하는 것이 좋다는 의견과 안 맞을뿐더러 관용적 표현도 활용하지 않았으므로 [A]의 내용으로 적절하지 않다.
② 과제 제출 시한을 확인한 후 그에 따라 과제 수행 계획을 체계적으로 세우고 과제 수행 도중 계획의 이행 정도를 점검·조절하면 시간적 여유를 가지고 과제를 수행할 수 있고 과제 이외의 다른 일들도 두루 살필 수 있으므로 적절한 내용이지만, 관용적 표현을 활용하지 않았다.
③ 과제 제출 시한을 확인한 후 그에 따라 과제 수행 계획을 체계적으로 세우고 과제 수행 도중 계획의 이행 정도를 점검·조절하면 다른 중요한 일들을 놓치더라도 과제 결과물이 좋은 평가를 받는다는 내용은 글의 주제에도 어긋나고, 앞서 언급한 두 가지 문제의 해결 방안으로도 적절하지 않다. 또한 관용적 표현을 활용하지도 않았다.
④ '돌다리를 두드려 보고 건너듯이'에서 관용적 표현을 활용하였지만, 앞서 언급한 두 가지 문제를 해결할 수 있음을 드러내는 내용이 아니다.
✓❺ 초고의 2, 3문단에서는 마감 시한에 임박해서 과제를 수행하면 과제의 완성도가 낮아지고 과제 이외의 다른 중요한 일들을 소홀히 하게 된다는 문제를 제시하고 있다. 이와 관련해 '완성도 높은 과제 결과물도 얻고 해야 할 다른 일도 소홀히 하지 않게' 된다며 두 가지 문제를 해결할 수 있음을 밝히면서 '두 마리 토끼'를 모두 잡게 될 것이라고 문맥에 어울리는 관용적 표현을 활용하였으므로 [A]의 내용으로 적절하다.

📄 ⑤

똑똑! 궁금해요

Q ▸ 교지 편집부원의 조언 내용에서 '관용적 표현'을 활용하라고 했는데요, 관용적 표현의 특징이나 표현 방법에 대해 알려 주세요.

A ▸ 관용적 표현은 예를 들어 '발이 넓다. – 교제의 범위가 넓다.', '핏대를 올리다. – 몹시 화를 내다.', '화살을 돌리다. – 공격이나 나무람의 방향을 (그쪽으로) 돌리다.' 등과 같이 둘 이상의 단어가 합쳐져서 특별한 뜻을 나타내는 어구나 구절을 말해요. 넓게는 속담이나 격언 등도 관용적 표현으로 보기도 합니다. 각 단어들의 개별적인 의미만으로는 전체적인 의미를 파악할 수 없는 특수한 의미를 나타내는 표현이지요. 관용적 표현을 활용하면 단어들의 원래 의미의 단순 결합이 아니라, 새로운 특수한 의미를 지니게 됩니다. 관용적 표현은 주로 비유적으로 표현되거나 둘 이상의 단어가 한 덩어리로 굳어져 사용되므로, 표현을 함부로 바꿀 수 없어요.

154 자료 활용 방안 파악하기   정답률 81.0%

정오답 ✅체크

① ㄱ-1은 학생들에게 과제 제출 시한에 임박해서 과제를 수행하는 편인지를 조사한 결과이다. 질문에 '예'라고 답한 학생들이 78%에 이르므로 이를 활용해 우리 학교의 많은 학생들이 습관적으로 마감 시한에 임박해 과제를 수행하고 있다는 1문단의 내용을 구체화할 수 있다.
② ㄴ은 우리 뇌의 작용과 관련하여 짧은 시간에 한 가지 문제에 관심을 쏟다 보면 그 문제 외의 다른 것들에 대해 집중하지 못함을 언급한 신문 기사이다. 이를 활용해 짧은 시간에 과제를 수행하려 할 때 과제 이외의 다른 중요한 일들을 소홀히 하게 된다는 3문단의 내용을 보강할 수 있다.
③ ㄷ은 시간에 쫓기면 과제 수행에 필요한 고등 사고 능력이 발휘되기 어렵다는 전문가 인터뷰 내용이다. 이를 활용해 마감 시한에 임박해서 과제를 수행하면 과제의 완성도가 낮아질 수밖에 없다는 2문단의 내용을 보강할 수 있다.
✓❹ 2문단에서는 벼락치기로 과제를 수행했을 때 집중력이 높아져 좋은 성과를 낼 수 있다고 믿는 학생들의 생각과 관련하여, 과제의 완성도가 낮아져 좋은 점수를 받지 못한 경우가 많았다는 내용을 제시하고 있다. ㄱ-2는 과제를 제출 시한에 임박해서 수행하는 편인 학생들에게 과제 결과물에 대한 만족도를 조사한 결과이다. 그리고 ㄴ은 짧은 시간에 과제를 수행하면 과제 외의 것에 대해서는 집중하지 못하는 터널 시야 현상이 발생할 수 있음을 언급한 신문 기사이다. 이들 자료에서 학생과 교사의 과제 평가 기준에 대한 내용은 확인할 수 없으므로 이를 활용해 2문단에 학생과 교사의 평가 기준이 일치하지 않는 이유를 덧붙이는 것은 적절하지 않다.
⑤ ㄴ은 우리 뇌가 부족함을 인식하면 부족한 것을 채우기 위해 한정된 집중력을 몰아주게 된다는 내용의 신문 기사이다. 그리고 ㄷ은 과제를 수행할 때 중요도와 시급성을 기준으로 일의 우선순위를 정하는 것이 중요하다는 전문가 인터뷰 내용이다. 이를 활용해 일들의 우선순위를 정해 수행 계획을 세워야 한다는 내용을 4문단에 보충할 수 있다.

📄 ④

자료 '자승차'에 대한 학생의 발표
내용 조선 시대에 농사에 이용되었던 '자승차'의 원리와 쓰임, 역사적 의미에 대해 설명함.

155 발표 계획의 반영 여부 파악하기 정답률 89.0%

정오답 ☑체크

① 발표의 1문단에서 자승차라는 이름이 가진 뜻을 '물을 스스로 끌어 올리는 수차'라고 제시하고 있다.
② 발표의 3문단에서 자승차가 당시에 실용화되지 못했다고 밝히면서, 자승차를 물의 힘만 사용하여 작동하기가 쉽지 않았다고 그 이유를 설명하고 있다.
③ 발표에서 자승차에 대한 내용을 설명한 뒤, 발표자는 발표를 마무리하며 자신에게 질문을 하거나 ○○ 과학관 누리집에 방문하면 발표 내용에 대해 더 자세한 정보를 얻을 수 있을 것이라고 추가 정보를 얻는 방법을 소개하고 있다.
④ 발표에서 조선 시대에 농민들에게 수차 이용이 고된 노동이었음을 언급하며, 하백원이 농민들의 이런 어려움을 해결하기 위해 자승차를 설계했다고 자승차 설계의 이유를 밝히고 있다.
✓❺ 발표에서 하백원이 자승차를 개량한 과정이나 그 과정에서의 시행착오를 언급하고 있지는 않다.

📋 ⑤

똑똑! 궁금해요

Q 화법에서 자주 나오는 담화 형태가 '발표'인 거 같은데요. '발표'의 특징을 알려 주세요.

발표는 여러 사람 앞에서 자신의 생각이나 어떠한 사실을 설명하는 말하기예요. 따라서 청중의 흥미, 요구, 지적 수준, 관점 등을 고려하고 적합한 자료를 활용하여 내용을 구성해야 합니다. 발표를 하는 과정에서도 청중의 반응을 살피면서 청중과 상호 작용하며 발표를 해야 효과적이지요. **A**

156 자료 활용 방안 파악하기 정답률 82.0%

정오답 ☑체크

① '그림'은 수차를 이용하는 농민의 모습이 담긴 풍속화이다. 발표자는 화제인 자승차라는 수차와 관련하여 청중의 관심을 유도하기 위해 '그림'을 활용하고 있다.
② '설계도'는 자승차의 부품들이 그려진 것이다. 발표자는 발표 시간에 대해 언급하면서 100여 개가 넘는 부품의 설계도 중 몇 장을 선택해 보여 주는 방식으로 '설계도' 일부를 선택적으로 활용하고 있다.
✓❸ '사진 1'은 자승차의 모형이 담긴 것이다. 발표자는 '사진 1'을 활용하여 발표 대상인 자승차가 작동하는 과정을 설명하였다. 발표에 자승차의 각 부분을 제작하는 과정을 보여 주기 위해 '사진 1'을 활용하는 부분은 없다.
④ '동영상'은 자승차가 작동되는 모습을 컴퓨터로 구현한 것이다. 발표자는 청중이 자승차가 작동되는 모습을 떠올리기 어려워할 것으로 예상하고, 청중의 이해를 돕기 위해 준비했던 '동영상'을 활용하고 있다.

⑤ 발표자는 자승차에 자동차의 톱니바퀴와 유사한 과학적 원리가 사용되었다고 언급하면서, 시대를 뛰어넘은 과학적 발상이 적용된 자승차의 우수성을 알려 주기 위해 '사진 2'를 활용하고 있다.

📋 ③

157 듣기 전략 파악하기 정답률 89.0%

정오답 ☑체크

① '학생 1'이 발표에서 알게 된 정보를 통해 자신이 평소 알고 있던 바를 수정하고 있지는 않다.
② '학생 2'가 발표 내용의 신뢰성을 점검하고 있지는 않다.
③ '학생 3'은 현대 기술에서 자승차와 유사한 원리가 사용된 경우가 더 있는지를 궁금해하면서 이에 대해 조사해 보겠다고 하고 있다. '학생 3'이 발표에서 누락된 부분이 있다는 점을 지적하고 있지는 않다.
④ '학생 1'과 '학생 3'이 발표에서 직접적으로 언급되지 않은 내용을 추론하고 있지는 않다.
✓❺ 발표를 통해 '학생 2'는 하백원이라는 실학자를 잘 몰랐었는데 새롭게 알게 되어 좋았다고 했으며, '학생 3'은 조선 시대에도 스스로 작동하는 수차를 만들려고 했다는 사실을 처음 알게 되어 유익했다고 했다. '학생 2'와 '학생 3'은 모두 발표에서 새로운 사실을 알게 된 것을 긍정적으로 생각하고 있다고 할 수 있다.

📋 ⑤

(가)

자료 독후 활동에 따른 학생들의 대화
내용 '책에서 인상적이었던 내용에 대해 이야기 나누기'라는 독후 활동에 따라 선생님께서 추천해 주신 책을 읽고 난 후 '지민', '홍철', '윤주'가 대화함.

(나)

자료 독후 활동에 따라 '지민'이 쓴 초고
내용 (가)를 바탕으로 책에서 인상적이었던 '정박 효과'와 '확신의 덫'을 주제로 교훈을 주는 글을 씀.

158 발화의 의미와 기능 이해하기 정답률 92.0%

정오답 ☑체크

① ㉠에서 '홍철'은 책의 수준이 자신에게 맞는 것인지를 확인하기 위해 책의 목차를 살펴보고 걱정을 많이 했다고 하였다. 이는 '홍철'이 책을 읽기 전에 미리 책의 내용 수준을 가늠하고자 한 것임을 알 수 있다.
② ㉡에서 '윤주'는 책이 사고 경향을 7가지로 나눠 각 장에서 한 가지씩 설명하는 방식으로 구성되어 있음을 파악한 뒤, 일주일간 책을 읽으려고 계획하였음을 밝혔다. '윤주'는 책을 읽기 전에 책의 구성을 고려하여 책 읽기 계획을 세웠음을 알 수 있다.
③ ㉢에서 '지민'은 메모를 살피며 앞서 친구들이 흥미로웠다고 이야기한 부분을 확인하고 있다. 이를 통해 '지민'은 책을 읽는 과정에서 책의 내용을 메모하였음을 알 수 있다.
✓❹ ㉣에서 '홍철'은 작가가 책을 통해 전달해 주고 있는 교훈에 대해 말하

고 있다. ⓔ에서 '홍철'이 책에 드러난 글쓰기 형식에 대해 평가하고 있지는 않다.

⑤ ⓜ에서 '윤주'는 '이 책의 참고 문헌에 나와 있는 책'도 찾아 읽었다고 밝히고 있다. 이를 통해 '윤주'는 책을 읽은 뒤에 책의 내용과 관련하여 확장적 독서를 하였음을 알 수 있다.

답 ④

159 준언어적 표현, 비언어적 표현 이해하기 정답률 **85.0%**

정오답 ✔체크

✔❶ 준언어적 표현은 말을 할 때 언어적 표현에 덧붙어 의미 전달에 영향을 미치는 성량, 속도, 어조 등을 말한다. 비언어적 표현은 말을 할 때 언어적 표현과는 독립적으로 의미 전달에 영향을 미치는 시선, 표정, 몸동작 등을 말한다. [A]에서 '홍철'은 엄지손가락을 치켜드는 비언어적 표현을 사용하여 다른 책까지 찾아 읽었다는 '윤주'를 칭찬하는 언어적 표현을 강화하고 있다.

② [A]에서 '윤주'는 첫 번째 발화에서 비언어적 표현인 '겸연쩍은 표정'을 사용하여 자신을 낮추는 언어적 표현을 보완하고 있다.

③ [A]에서 '지민'은 첫 번째 발화에서 상대방에게 부탁하고자 하는 언어적 표현을 강화하기 위해 '간절한 눈빛'이라는 비언어적 표현을 사용하고 있다.

④ [A]에서 '윤주'는 두 번째 발화에서 자신의 의지와 관계없이 상대방의 요청을 들어주지 못한다는 언어적 표현을 강조하기 위해 '안타까운 표정'이라는 비언어적 표현을 사용하고 있다.

⑤ [A]에서 '지민'은 두 번째 발화에서 '괜찮아.'라는 언어적 표현과 일치하는 '상냥한 말투'라는 준언어적 표현을 사용하고 있다.

답 ①

160 글의 내용 조직 방법 이해하기 정답률 **81.0%**

정오답 ✔체크

① (나)에서는 정박 효과가 비단 소비의 측면에서만 일어나는 것이 아니라 우리의 일상생활에서 흔히 일어나는 것이라고 하면서 첫인상 판단에 대해 설명하였다. (가)에서는 첫인상 판단에 대해 언급하지 않았다.

② (가)에서 '홍철'은 책의 내용 중 우주 왕복선 챌린저호의 폭발 사고에 대한 내용이 기억에 남는다고 말하였다. (나)에서는 챌린저호의 폭발 사고에 대한 정보를 추가하여 확신의 덫에 빠지는 문제를 설명하였다.

③ (나)에서는 '답정너'라는 신조어를 예로 들어 확신의 덫에 빠져 있는 것이 어떤 것인지 쉽게 이해할 수 있게 하였다. (가)에서는 신조어에 대한 언급을 하지 않았다.

✔❹ (가)에서 '지민'은 책의 서문에서 '그 누구도 정답만을 말할 수는 없다.'라고 한 '작가의 말'이 인상적이었다고 밝히고 있다. (나)에서 '그 누구도 정답만을 말할 수는 없다.'라는 문장을 제시하고는 있지만 이를 통해 시간 제약이 있는 상황에서 합리적 판단을 이끌어 내는 방법을 제시하지는 않았다.

⑤ (가)에 언급되지 않았지만, (나)에서는 경청의 중요성을 제시하며 개방적인 자세의 필요성을 강조하고 있다.

답 ④

161 글쓰기 전략 파악하기 정답률 **68.0%**

정오답 ✔체크

① ⓐ와 관련하여, (나)에서는 필자와 독자를 모두 포함하는 '우리'라는 표현을 사용하여 필자와 독자의 거리감을 좁히고 있음을 알 수 있다.

② ⓑ와 관련하여, (나)의 첫 번째 문단에서 상품을 구매하는 일상적 상황을 가정하여 독자에게 묻고 있는 내용을 확인할 수 있다.

✔❸ ⓒ와 관련하여, (나)에서는 정박 효과와 확신의 덫에 대해 설명하면서 누구든지 자신의 판단의 오류 가능성에 대해 인정할 수 있어야 하며, 다른 사람들의 말을 경청할 줄 알아야 한다고 말하고 있다. 하지만 (나)에서 판단의 오류를 인정하지 않으려고 하는 사회적 이유를 분석하고 있지는 않으며, 이를 통해 독자가 자신의 문제 상황을 알 수 있게 한다고 볼 수도 없다.

④ ⓓ와 관련하여, (나)의 마지막 문단에서 직관적 판단과 자기 확신의 긍정적 측면에 내재된 문제점을 언급하여 예상되는 독자의 반응에 대응하는 내용을 제시하고 있다.

⑤ ⓔ와 관련하여, (나)의 마지막 문단에서 터무니없거나 편향된 판단을 예방하기 위해 필요한 태도를 설명하며 문제 해결 방법을 제시하고 있다.

답 ③

[162~165] 작문

(가)

| 자료 | 지역 문제 탐구 동아리에서 교지에 싣기 위해 작성한 보고서의 초고 |
| 내용 | 지역 주민들의 ○○숲 공원 이용률이 점점 감소하는 문제점의 해결 방안을 모색함. |

(나)

| 자료 | (가)의 작성에 참여한 학생이 시청 누리집에 게재한 건의문 |
| 내용 | □□시의 시장님께 지역 주민들의 ○○숲 공원 이용률을 높이기 위한 방안으로 ○○숲 공원 개선에 힘써 줄 것을 건의함. |

162 글쓰기에서 고려한 작문 맥락 파악하기 정답률 **84.0%**

정오답 ✔체크

① (나)는 필자인 학생이 예상 독자인 시장님과의 관계를 고려하여 예의 바르고 격식에 맞는 어투를 사용하고 있다.

② (가)는 지역 문제와 관련된 내용을 보고서 서식에 맞추어 일목요연하게 정리하고 있고, (나)는 건의 내용을 명확하게 제시하고 있지만 유형별로 분류하고 있지는 않다.

✔❸ (가)는 독자에게 정보를 전달하는 것이 작문의 주된 목적이고, (나)는 독자를 설득하는 것이 주된 목적인 글로, 시장님을 대상으로 한 것이다. (나)는 ○○숲 공원을 이용하는 지역 주민의 수가 감소하였다는 문제를 해결하기 위한 방법으로 낡은 벤치 정비, 공원 쉼터 내 휴게 시설 마련을 제안하고 있다.

④ (가)의 작문 매체가 인쇄 매체인 교지임을 고려할 때, (가)는 필자와 독자 간의 즉각적인 소통 방식을 사용하고 있지 않다.

⑤ (나)는 항목별로 소제목을 달아 정보를 정리하여 제시하고 있지 않다.

답 ③

163 글쓰기 계획 파악하기
정답률 80.0%

① (가)의 'Ⅲ-1'에서 제시한 신문 보도 내용에서는 최근 ○○숲 공원을 방문하는 지역 주민의 수가 10%p 감소하였음을 언급하고 있다. 이를 근거로 (나)의 1문단에서 ○○숲 공원을 이용한 지역 주민의 수가 감소하였다고 언급하고 있다.

✓❷ (가)의 'Ⅲ-1'에서 제시한 신문 보도 내용에서는 최근 ○○숲 공원을 이용하는 외부 방문객들의 대부분이 생태 탐방을 위해 공원을 방문한다고 하였다. 이를 근거로 (나)의 2문단에서는 외부 방문객들의 주된 방문 목적을 언급하며, 이들이 공원 내 휴게 시설의 부족을 문제점으로 여기는 경우가 많지 않을 것이라고 언급하고 있다. (나)에 외부 방문객이 휴게 시설의 부족을 ○○숲 공원의 문제점으로 여기는 이유를 제시한 내용은 없다.

③ (가)의 'Ⅲ-2-가'에서 제시한 보고서의 조사 내용에서는 지역 주민의 62%가 정신적 치유와 휴식에 도움을 주는 후생적 가치를 공원의 가장 중요한 가치로 인식하고 있음을 언급하였다. 이를 근거로 (나)의 4문단에서 관련 내용을 제시하고 있다.

④ (가)의 'Ⅲ-2-나'에는 지역 주민의 85%가 공원의 개선이 필요하다고 답변한 내용이 제시되었다. 이러한 조사 내용을 근거로, (나)의 첫 번째 문단에서 많은 지역 주민들이 ○○숲 공원이 개선되기를 바라고 있다고 제시하고 있다.

⑤ (가)의 'Ⅲ-2-나'에서 제시한 보고서의 조사 내용에서는 ○○숲 공원에 개선이 필요하다고 답한 지역 주민들을 대상으로 공원 이용과 관련해 개선되기를 바라는 점을 조사한 결과, 휴게 시설 정비 및 확충이 65%로 가장 많은 비중을 차지하고 있음을 원그래프를 통해 보여 주고 있다. 이를 근거로 (나)의 2문단에서 관련 내용을 제시하고 있다.

🔲 ②

---

164 보고서의 작성 방법 이해하기
정답률 50.0%

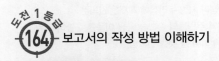

정답 해설 PLUS

다음의 점검 기준에 따라 (가)를 점검한 결과가 적절하지 않은 것은?

점검 기준	점검 결과	
• 조사 목적을 조사 동기와 관련지어 제시했는가? Ⅰ에 드러남	○	…… ①
• 조사 계획에 조사 대상과 조사 기간을 밝혔는가? Ⅱ에 드러남	○	…… ②
• 상위 항목과 하위 항목 간의 위계를 고려하였는가? 고려했음	×	…… ❸
• 조사 항목의 성격에 부합하는 다양한 그래프를 사용했는가? 사용하지 않았음	×	…… ④
• 참고 문헌 항목을 설정하여 보고서에서 인용한 자료의 출처를 모두 명시했는가? 명시하지 않음	×	…… ⑤

점검 기준이 (가)에 적용되었으면 점검 결과는 ○로, 점검 기준이 (가)에 적용되지 않았으면 ×로 표시되어야 한다. 따라서 적용되었는데도 점검 결과를 ×로 표시하면 결과표를 제대로 작성하지 못한 것이 된다.

① 'Ⅰ'에서 조사의 목적을 ○○숲 공원 이용에 대해 지역 주민들이 어떻게 생각하는지 알아보는 것이라고 밝히고 있다. 이는 앞서 제시된 ○○숲 공원을 이용하는 지역 주민들의 수가 점점 줄어들고 있다는 상황과 관련되어 있다. 따라서 이 기준을 준수하였다고 결과를 표기한 것은 적절하다.

② 'Ⅱ'에 조사 계획을 제시하면서 조사 대상과 조사 기간을 밝히고 있다. 따라서 이 기준을 준수하였다고 결과를 표기한 것은 적절하다.

✓❸ 'Ⅲ'에서 조사 결과를 제시할 때, 상위 항목인 '2. ○○숲 공원에 대한 인식'의 하위 항목으로 '가. ○○숲 공원의 가치에 대한 인식', '나. ○○숲 공원 개선에 대한 인식'을 제시하고 있다. 여기에서 (가)가 상위 항목과 하위 항목 간의 위계를 고려한 것임을 확인할 수 있다. 따라서 점검 결과에서 (가)가 이 기준을 준수하지 않았다고 결과를 표기한 것은 적절하지 않다.

④ 'Ⅲ-2-나'에서 ○○숲 공원 개선이 필요하다고 답한 지역 주민들을 대상으로 공원 이용과 관련해 개선되기를 바라는 점에 대해 조사한 결과를 제시할 때, 각 항목에 응답한 주민의 비율을 나타내기 위해 원그래프를 사용한 것은 조사 항목의 성격에 부합하는 것이라 할 수 있다. 다만, 현재의 보고서에서 그래프를 다양하게 사용하고 있지는 않다. 따라서 이 기준을 준수하지 않았다고 결과를 표기한 것은 적절하다.

⑤ (가)에서 참고 문헌 항목을 설정하여 인용한 자료의 출처를 명시하고 있지는 않다. 따라서 이 기준을 준수하지 않았다고 결과를 표기한 것은 적절하다.

🔲 ③

---

165 글의 내용을 점검하고 고쳐 쓰기
정답률 64.0%

① 〈보기〉와 [A] 모두 긴 문장을 제시하고 있으므로 적절하지 않다.

✓❷ 〈보기〉와 비교하였을 때, [A]에서는 ○○숲 공원을 이용하는 지역 주민의 수가 감소하고 있다는 내용의 순서를 맨 마지막으로 조정하여 문제 해결 방안을 모색할 필요가 있다는 필자의 견해를 함께 제시했다.

③ 〈보기〉와 [A] 모두 조사 결과와 직접적으로 관련이 없는 정보는 확인할 수 없다.

④ 〈보기〉와 비교하였을 때, [A]에서 보고서에 사용된 주요 개념에 대한 정보를 추가한 부분은 없다.

⑤ 〈보기〉와 비교하였을 때, [A]에서 맥락에 적합하지 않은 담화 표지를 수정한 부분은 없다.

🔲 ②

[166~168] 화법

자료 탐구 과제(우리 문화재 깊이 보기) 수행을 위한 학생의 발표
내용 고구려 고분 벽화의 소재에 담긴 당대의 인식과 사회상 및 고구려 고분 벽화의 역사 자료로서의 가치를 밝힘.

166 발표 표현 전략 사용하기　　정답률 87.0%

정오답 ✅체크

① 발표자가 청중에게 기대하는 바를 언급하지 않았으므로 청중에게 기대하는 바를 언급하여 발표 목적을 부각하고 있다는 진술은 적절하지 않다.

✔❷ 1문단의 '여러분은 고구려 고분 벽화를 본 적이 있나요? (청중의 대답을 듣고) 생각보다 많지 않네요.', 2문단의 '그럼 고구려 고분 벽화에는 무엇을 그렸을까요? (청중의 반응을 살피고) 네, 다양한 답변이 있네요.' 등에서 발표자가 발표 내용과 관련한 질문을 하여 청중의 반응을 이끌어 내고 있음을 확인할 수 있다.

③ 청중이 발표자에게 요청한 바가 없으므로 청중의 요청에 따라 발표 내용과 관련된 정보를 추가하여 설명하고 있다는 진술은 적절하지 않다.

④ 발표자가 발표 내용의 순서를 안내하지 않았으므로 발표 내용의 순서를 안내하여 청중이 발표 내용을 예측하도록 돕고 있다는 진술은 적절하지 않다.

⑤ 발표자가 발표 내용이 청중과 관련성이 높다는 것을 언급하지 않았으므로 발표 내용이 청중과 관련성이 높음을 제시하여 청중의 흥미를 유발하고 있다는 진술은 적절하지 않다.

🔖 ②

167 발표에서 자료, 매체 활용하기　　정답률 49.8%

정답 해설 PLUS

다음은 발표자가 제시한 자료이다. 발표자의 자료 활용에 대한 설명으로 적절하지 않은 것은? [3점]

[자료 1]　　　[자료 2]　　　[자료 3]

① 고구려 돌방무덤 내부에 벽화가 그려져 있음을 보여 주기 위해 ㉠에 [자료 1]을 활용하였다.
'여기가 ~ 그려져 있어요' ⭕

② 무덤 주인의 권위를 고분 벽화에 담아내었음을 보여 주기 위해 ㉡에 [자료 2]를 활용하였다.
무덤 주인의 권위 강조 ⭕

③ 사후 세계에 대한 염원이 고분 벽화에 반영되어 있음을 보여 주기 위해 ㉡에 [자료 2]를 활용하였다.
풍요로운 삶이 이어지기를 바람 ⭕

❹ 무덤 주인을 지켜 준다고 여긴 대상을 고분 벽화에 담아내었음을
무덤 주인을 지켜 준다고 여긴 대상은 청룡, 백호 등과 같은 사신임 ❌
보여 주기 위해 ㉢에 [자료 3]을 활용하였다.

⑤ 종교 사상이 고분 벽화에 영향을 주었음을 보여 주기 위해 ㉢에
불교와 도교 사상의 공존 ⭕
[자료 3]을 활용하였다.

함정 탈출 비법　주어진 자료를 먼저 분석해 보아야 한다. [자료 1]은 고구려 돌방무덤 내부에 벽화가 그려져 있음을 알 수 있는 자료이다. [자료 2]는 주인을 크게 종을 작게 그렸음을 보여 주고 있다. 이는 특히 '무덤 주인의 권위를 강조'하려는 의도도 있지만 '그(무덤 주인)의 풍요로운 삶이 사후 세계에서도 이어지길 바라는 마음'도 함께 담은 것이다. [자료 3]은 불교와 관련 있는 연꽃 위에 도교 사상을 나타내는 신선이 그려져 있는 그림으로, 불교와 도교가 공존하던 당시 상황을 반영한 것이다.

정오답 ✅체크

① 1문단에서 '(㉠자료 제시) 여기가 돌방무덤의 내부입니다. 고분 벽화는 이곳의 천장과 벽에 그려져 있어요.'라고 했으므로, ㉠에 고구려 돌방무덤 내부에 벽화가 그려져 있는 [자료 1]을 활용하는 것은 적절하다고 할 수 있다.

② 2문단에서 '(㉡자료 제시) 이것은 주인과 종의 모습입니다. 여기에서 주목할 점은 주인을 종에 비해 크게 그린 건데요, ~ 보시는 것처럼 고분 벽화에서는 이 방법을 활용하여, 무덤 주인의 권위를 강조하고'라고 했으므로, ㉡에 종에 비해 주인이 크게 그려져 있는 [자료 2]를 활용하는 것은 적절하다고 할 수 있다.

③ 2문단에서 '(㉡자료 제시) 이것은 주인과 종의 모습입니다. 여기에서 주목할 점은 주인을 종에 비해 크게 그린 건데요, ~ 보시는 것처럼 고분 벽화에서는 이 방법을 활용하여, ~ 그의 풍요로운 삶이 사후 세계에서도 이어지길 바라는 마음을 담아냈습니다.'라고 했으므로, ㉡에 종에 비해 주인이 크게 그려져 있는 [자료 2]를 활용하는 것은 적절하다고 할 수 있다.

✔❹ 3문단의 '한편 이 시기 대다수의 고분 벽화에는 도교의 영향으로 청룡, 백호 등과 같은 사신을 주로 그렸습니다. 사신이 무덤 주인을 수호해 준다고 여겼기 때문입니다.'에 제시된 것처럼, 무덤 주인을 지켜 준다고 여긴 대상은 사신이다. 그런데 [자료 3]의 고분 벽화에 그려진 대상은 사신이 아니라 연꽃 위에 그린 도교 사상과 관련된 신선이므로, 무덤 주인을 지켜 준다고 여긴 대상을 고분 벽화에 담아내었음을 보여 주기 위해 ㉢에 [자료 3]을 활용하였다는 진술은 적절하지 않다.

⑤ 3문단에서 '6세기 중반부터 7세기 전반의 일부 고분에는 연꽃 위에 도교 사상과 관련된 신선을 그렸는데요, (㉢자료 제시) 이것은 불교와 도교 사상이 공존하던 당시의 상황이 반영된 것이라 할 수 있습니다.'라고 했으므로, ㉢에 연꽃 위에 도교 사상과 관련된 신선이 그려져 있는 [자료 3]을 활용하는 것은 적절하다고 할 수 있다.

🔖 ④

168 발표 내용 생성하기　　정답률 64.0%

정오답 ✅체크

✔❶ 청중의 질문에 대한 발표자의 대답에서 핵심은 고구려 이후에도 사후 세계에 관한 관심이 이어졌다는 것이다. 따라서 청중의 질문에도 이와 관련된 내용이 있어야 한다. '고구려 고분 벽화의 전통이 후대까지 이어졌다'라는 내용과 '무덤 내부에 벽화를 계속 그렸다는 것은 어떤 의미'라는 내용은 발표자의 대답에서 다루어진 내용과 대응된다. 따라서 발표자의 대답이 나오기에 가장 적절한 질문이라고 할 수 있다.

② '이 시기'는 고구려 시기를 의미하므로 '고구려 이후'에 대한 발표자의 대답이 나오기 위한 질문으로는 적절하지 않다.

③ '당시'는 고구려 시기를 의미하므로 '고구려 이후'에 대한 발표자의 대답이 나오기 위한 질문으로는 적절하지 않다.

④ '이전 시기에서 볼 수 없었던 무덤 형태'가 나타난 시기는 고구려 시기이므로 '고구려 이후'에 대한 발표자의 대답이 나오기 위한 질문으로는 적절하지 않다.

⑤ '문화재가 시대를 초월하여 가치를 지닌다는 것'의 의미는 '사후 세계에 대한 관심'이라는 발표자의 대답과 직접적인 관련이 없다.

답 ①

똑똑! 궁금해요

Q 선지 ③은 '고구려 고분 벽화에 주대종소법이 활용되었다'는 내용이 있어서 적절한 것으로 보았어요. 적절하지 않은 질문이 맞나요?

A 네, 많은 학생이 그렇게 생각했을 겁니다. 선지 ③은 2문단에서 '고구려 고분 벽화에 주대종소법이 활용되었다'고 한 것을 바탕으로 한 질문인 거는 맞아요. 그리고 '당시에 인물의 크기를 다르게 그렸다는 것'은 '무덤 주인의 권위를 강조하고 그의 풍요로운 삶이 사후 세계에서도 이어지길 바라는 마음을 담아'낸 것이라고 했으므로 발표자의 응답과도 잘 연결됩니다. 그런데 발표자의 응답에서 '고구려 이후에도'에 주목하면 선지 ③은 '고구려 이후'에 대해 질문한 것이 아니므로 적절하지 않은 겁니다.

[169~172] 화법과 작문 통합

(가)
자료 비평문 쓰기 모둠 활동 중 학생들이 나눈 대화
내용 비평문 쓰기 모둠에 속한 학생들이 장소의 획일화라는 비평문에서 다룰 현안과 비평문의 관점 및 비평문 쓰기의 역할 분배에 대해 대화함.

(나)
자료 (가)를 바탕으로 '학생 2'가 작성한 비평문의 초고
내용 장소 획일화 사례와 그것에 대한 관점, 장소 획일화의 여러 문제점, 장소 획일화에 대한 다른 관점과 반박, 장소 획일화의 문제점 해결 방안을 밝힘.

169 대화 내용 이해, 평가하기 정답률 88.0%

정오답 ☑체크

① ㉠은 바로 앞의 발언인 '비평문에서 다룰 현안'에 대한 것이므로 상대가 언급한 내용을 구체화하여 확인한다고 할 수 있다.

② ㉡은 바로 앞의 발언인 '나는 우리 학교 학생들의 독서 실태 개선으로 하는 게 좋을 거 같은데.'에 대한 것이므로 상대의 제안에 대한 자신의 견해를 밝혔다고 할 수 있다.

③ ㉢은 바로 뒤의 발언인 '응. 장소가 본모습을 잃고 다른 장소와 유사하게 변한 것을 말해.'로 보아, 상대의 의견에 대해 추가 정보를 요청한 것이라고 할 수 있다.

④ ㉣은 바로 뒤의 발언인 '그래, 그게 장소 획일화의 사례 중 하나라고 볼 수 있을 것 같아.'로 보아, 상대에게 자신의 생각이 맞는지 확인한 것이라고 할 수 있다.

✓⑤ '그럼 장소의 획일화로 어떤 문제들이 생길 수 있는지 더 생각해 볼까?'라는 '학생 3'의 발언에 대해 '학생 1'이 '아무래도 장소의 다양성이 줄어드니까 가 볼 만한 장소가 줄어들겠지.'라고 반응하고 있다. 이로 보아, ㉤은 장소의 획일화로 생길 수 있는 문제들을 구체적으로 물어본 것이라 할 수 있다. 따라서 ㉤에 대해 상대의 의도를 정확히 파악했는지 확인하고 있다고 이해하는 것은 적절하지 않다.

답 ⑤

170 대화 표현 전략 사용하기 정답률 82.0%

정오답 ☑체크

①, ③, ④, ⑤ '학생 1'의 발언에서 ㉺의 '교지에 실린 비평문을 참고 자료로 제시'나, ㉻의 '관점을 선정할 때 유의할 점 안내'는 확인할 수 없다.

✓② '학생 1'의 첫 번째 발언 '지난번에 비평문에서 다룰 현안에 대해 각자 찾아보기로 했잖아.'에서 ㉮의 '지난 활동에서 논의된 사항 환기'를 확인할 수 있다. 그리고 '학생 1'의 두 번째 발언 '얼마 전에 읽은 신문 기사 중에 장소의 획일화에 대한 내용이 인상적이었거든. 그건 어때?'에서 ㉯의 '매체에서 찾은 현안 제안'을 확인할 수 있다. 마지막으로 '학생 1'의 여섯 번째 발언 '다른 문제점도 있을 텐데, 내가 자료 수집하면서 더 조사해 볼게. 다른 역할도 나눠 볼까?'에서 ㉰의 '[활동 2]와 관련해 모둠원들의 역할 분담 제안'을 확인할 수 있다.

답 ②

171 비평 글쓰기 내용 조직하기 정답률 64.0%

정오답 ☑체크

① (가)에서 '학생 2'가 '장소의 획일화를 현안으로 다뤄 보자.'라고 제안한 내용에 대해 '학생 3'이 동의를 하며 이후 대화를 진행하였다. 이를 반영하여 (나)의 제목에 '장소의 획일화'를 직접적으로 드러내고 있다.

② (가)에서 '학생 3'이 '우리 학교 근처에 있던 골목길도 다른 지역과 비슷한 ○○ 거리로 변해 버린' 상황을 언급하였다. 이를 반영하여 (나)의 1문단에 '우리 학교 학생이라면 학교 인근의 변화된 모습을 본 적이 있을 것'이라는 내용과 '학생들이 즐겨 찾던 골목길이 사라지고, 개성 없는 ○○ 거리가 자리 잡았다.'라는 내용을 제시하고 있다.

✓③ (나)의 2문단에서는 장소가 '인간과 밀접한 관계를 형성'한다고 본 전문가의 견해를 인용하고 있기는 하나, 장소의 획일화로 인해 '인간과 장소의 관계'가 훼손될 경우 장소는 인간에게 더 이상 애착의 대상이 되지 못하며 안정감을 주지 못한다는 내용을 설명하고 있다. 이는 장소의 획일화로 인한 부정적인 영향을 설명한 것으로, 장소의 획일화에 대한 사회적 인식의 변화를 설명한 내용이라고 보기 어렵다.

④ (가)에서 '학생 3'이 '우리 학교 근처에 있던 골목길도 다른 지역과 비슷한 ○○ 거리로 변해 버렸잖아.'라고 문제점을 지적하였다. 이를 반영하여 (나)의 3문단에 '학교 근처 골목길에서 일어난 변화가 최근 우리 동네 곳곳으로 퍼지고 있음을 확인할 수 있다.'라는 내용의 '우리 동네 보고서'가 자료로 활용되고 있다.

⑤ (가)에서 다뤄지지 않았지만, (나)의 5문단에 '△△ 재래시장'이 '전통적인 모습으로 장소의 고유성을 살려 상인과 방문객들에게 큰 호응을 얻고 있다'는 내용이 장소의 획일화에서 벗어나기 위한 노력의 사례로 제시되고 있다.

답 ③

똑똑! 궁금해요

Q [활동 I]에서 선정한 현안(문제점)인 '장소의 획일화'와 관련하여 선지 ④가 이해되지 않아 어려웠어요.

A 오답을 말한 학생들 중 선지 ④를 답으로 한 학생이 다소 있었는데요. [활동 I]에서 언급된 현안(문제점)인 장소의 획일화와 관련하여 (나)의 3문단에서 '학교 근처 골목길에서 일어난 변화(장소의 획일화)'가 '최근우리 동네 곳곳으로 퍼지고 있음(확산되고 있음)'을 보여 주기 위해 교내 학술제에서 소개된 '우리 동네 보고서'를 추가 자료로 활용하고 있으므로 선지 ④의 계획은 잘 반영되었다고 보는 겁니다.

172 비평 글쓰기 내용 점검, 조정하기   정답률 83.0%

정오답 ✓체크

① 1문단에서 장소의 획일화가 무엇인지 규정하고, '장소의 획일화는 바람직하지 않다.'라는 주장을 명시적으로 드러내고 있다.

② 2문단에서 '장소가 획일화되면 장소에서 느끼는 정서적 유대가 훼손된다.'라고 밝히고 3문단에서도 '장소가 획일화되면 장소를 통해 얻을 수 있는 경험의 다양성도 줄어든다.'라고 밝히며, 장소의 획일화에 대해 부정적으로 생각하는 관점을 일관되게 드러내고 있다.

✓❸ 4문단에 언급된 '비슷한 장소에 싫증을 느낀 사람들'을 '획일화된 장소에 식상함을 느낀 사람들'로 볼 수 있으나, 사람들이 그러한 경우에 '장소의 선택권을 요구했다'는 내용을 근거로 제시하고 있지는 않다.

④ 2문단에서 장소에 대한 정서적 유대를 강조한 에드워드 렐프의 견해를 제시하며 인간과 장소의 관계가 장소의 획일화로 훼손되면, 장소는 더 이상 애착의 대상이 되지 못하며 안정감을 주지 못한다는 점을 주장을 뒷받침하는 근거로 활용하고 있다.

⑤ 4문단에서 경제적 효과를 얻기 위해서 장소의 획일화가 불가피하다고 보는 이들의 주장에 대해 '비슷한 장소에 싫증을 느낀 사람들은 더 이상 그곳을 찾지 않게 되고, 그로 인해 기대했던 경제적 효과도 지속되기 어렵'다는 점을 근거로 제시하며 비판하고 있다.

답 ③

[173~175] 작문

(가)

자료   '게임화'에 관한 작문 과제

내용   게임화가 생소한 우리 학급 학생들을 대상으로 다양한 분야에서 활용되고 있는 게임화의 특징에 대한 정보를 전달하는 글 쓰기

(나)

자료   (가)를 바탕으로 쓴 학생의 초고

내용   게임화의 개념과 특징 및 효과와 사례, 활용 분야, 활용 시 고려할 점에 대한 정보를 전달함.

173 정보 전달 글쓰기 표현 전략 사용하기   정답률 83.0%

정오답 ✓체크

✓❶ 1문단에서 게임화와 게임의 개념을 제시하고 있으나, 이와 차이가 있는 개념을 들어 대조한 부분은 확인할 수 없다.

② 2문단에서 게임화가 과제에 참여한 사람들 간의 경쟁을 유도하거나 성취감과 같은 보상을 받을 수 있게 하여 참여자들이 과제에 몰입할 수 있도록 돕는다고 설명하며, 게임화의 효용적 측면을 부각하고 있다.

③ 2문단에서 교육 분야에서 게임화가 활용되는 양상을 보여 주는 사례를 제시하고 있고, 3문단에서 보건, 기업의 마케팅 분야에서 게임화가 활용되는 양상을 보여 주는 사례를 제시하고 있다.

④ 1문단에서 게임화는 '게임적 사고나 게임 기법과 같은 요소를 다양한 분야에 접목시키는 것'이라고 정의하고 있다.

⑤ 2문단에서 예상 독자인 우리 학급 학생들이 게임화의 특징을 이해할 수 있도록 한국사 수업 시간의 경험을 활용하여 설명하고 있다.

답 ①

174 정보 전달 글쓰기 자료, 매체 활용하기   정답률 71.0%

정오답 ✓체크

① ㄱ은 게임화의 요소를 적용한 나무 심기 애플리케이션에 대해 소개하고 있으므로, 이를 활용하여 (나)의 내용에 교육, 보건, 기업의 마케팅 외에 환경 분야에서도 게임화가 활용된다는 점을 추가할 수 있다.

② ㄴ은 게임화된 과제에서 피드백이 즉시 제공된다는 점을 설명하고 있으므로, 이를 활용하여 (나)의 내용에 게임화의 특징으로 피드백이 빠르게 제공된다는 점을 추가할 수 있다.

③ ㄷ은 게임화를 적용한 학급의 경우 학업 성취도가 향상된다는 점을 보여 주고 있으므로, (나)의 내용에 학업 성취도를 높이는 데에 게임화가 효과적일 수 있다는 점을 추가할 수 있다.

④ ㄱ은 게임화가 활용된 애플리케이션이 사용자를 게임에 더욱 몰입하게 만든다고 설명하고 있으며, ㄴ은 게임화된 과제에서 참여자가 성취감과 같은 보상을 바탕으로 과제에 더 집중하게 된다는 점을 밝히고 있다. 따라서 이를 (나)에서 게임화가 보상을 통해 참여자들의 몰입도를 높인다는 내용을 뒷받침하는 근거로 활용할 수 있다.

✓❺ ㄴ은 게임화된 과제에서 성취감과 같은 보상이 과제에 집중하게 하는 효과를 낸다고 설명하고 있으며, ㄷ은 게임화를 적용한 학급에서 학습 동기와 학업 성취도가 향상된다는 점을 보여 주고 있다. ㄴ과 ㄷ을 활용하여 성취감과 같은 보상이 학생들로 하여금 과제에 더 집중하게 할 수 있으며,

그 결과 학습 동기나 학업 성취도의 향상을 이끌어 낼 수 있다는 내용을 제시할 수는 있으나, '학습 동기가 높을수록 과제 선택에 따른 성취감이 커진다'는 내용을 이끌어 내기는 어렵다.

🔑 ⑤

175 정보 전달 글쓰기 내용 점검, 조정하기　　정답률 80.0%

정오답 ✅체크

① (1)은 게임화로 인해 경쟁이 과열될 경우 부정적인 결과를 초래할 수 있음을 보여 주고 있으나, 그 이유를 물질적 보상에만 연연하는 데에서 찾고 있지는 않다.

② (1)은 게임화로 인해 경쟁이 과열될 경우 부정적인 결과를 초래할 수 있음을 보여 주고 있으나, 흥미 추구로 인한 게임화의 상업적 변질과 관련된 내용은 확인할 수 없다.

③ (1)은 게임화에 의해 경쟁이 과열될 수 있음을 보여 주고 있으므로, 이를 통해 과제에 도전하려는 의욕이 없는 경우와 관련된 내용을 생성하는 것은 적절하지 않다.

④ (1)은 게임화로 인해 과도하게 과제 수행에 몰입할 수 있음을 보여 주고 있으므로, 이를 통해 과제에 대한 몰입 저해와 관련한 내용을 생성하는 것은 적절하지 않다.

✓❺ (1)은 모둠 활동에 접목시킨 게임화가 모둠에 속한 학생으로 하여금 열정적으로 과제에 임하게 하는 긍정적인 효과를 내기도 했으나, '이기고 싶다'는 경쟁심을 과도하게 자극할 경우 학생들 간의 불화를 초래하는 부정적인 결과를 초래할 수도 있음을 보여 준다. 따라서 이를 바탕으로 게임화로 인해 경쟁적 속성이 지나치게 강조될 경우 그 참여자들 간의 관계에 부정적인 영향을 미칠 수 있다는 내용을 제시할 수 있다.

🔑 ⑤

[176~178] 화법

자료　'떫은맛'에 대해 학생이 수업 시간에 한 발표
내용　떫은맛이 느껴지는 과정과 떫은맛이 나는 식품이 우리 몸에 미치는 영향을 알려 줌.

176 발표 표현 전략 사용하기　　정답률 85.0%

정오답 ✅체크

① 1문단과 2문단에서 확인할 수 있듯이 화제를 먼저 제시한 후 발표에 사용하는 용어의 개념을 정의하고 있다.

② 청중의 요청이나 이에 따라 추가된 정보는 제시되지 않았다.

③ 4문단에서 떫은맛이 나는 식품을 섭취할 때 주의해야 할 점에 대해서는 설명하고 있지만, 발표 중간중간에 청중이 발표를 들으면서 주의해야 할 점을 안내하고 있지는 않다.

✓④ 2문단의 '과학 시간에 ~ 배운 적이 있는데, 기억하시나요? (대답을 듣고) 다들 잘 알고 있네요.'와 3문단의 '이것은 감의 ~ 본 적이 있으시죠? (대답을 듣고) 네, 다들 본 적이 있는 ~'에서 확인할 수 있듯이 발표 내용과 관련된 청중의 경험을 환기하며 청중의 반응을 확인하고 있다.

⑤ 마지막 문단에서 확인할 수 있듯이 발표자는 청중에게 질문의 형식으로 떫은맛이 나는 식품에는 무엇이 더 있는지 찾아볼 것을 제안하고 있으나 발표 내용에 대한 청중의 이해 여부를 확인하는 질문을 하고 있지는 않다.

🔑 ④

177 발표 내용 생성하기　　정답률 82.0%

정오답 ✅체크

① 1문단의 '여러분에게 떫은맛에 대해 알려 드리려고 합니다.'에서 확인할 수 있듯이 떫은맛에 대한 정보를 제공하는 것이 발표의 목적임을 밝히고 있다.

② 2문단의 '과학 시간에 ~ 촉각에 해당해요.'에서 확인할 수 있듯이 기본적인 맛과 떫은맛이 느껴지는 감각의 차이를 언급하고 있으며, '떫은맛을 내는 ~ 텁텁하다고 느낍니다.'에서 확인할 수 있듯이 떫은맛이 느껴지는 과정을 설명하고 있다.

✓❸ 3문단의 '과육 사이에 보이는 작고 검은 점들을 본 적이 있으시죠? (대답을 듣고) 네, 다들 본 적이 있는 이 점들이 떫은맛을 내는 성분 중의 하나인 타닌입니다.'에서 확인할 수 있듯이 떫은맛을 내는 타닌 성분을 시각 자료를 통해 설명하고 있다. 그러나 타닌 이외의 성분을 분석한 자료는 보여 주고 있지 않으므로 '떫은맛을 내는 다양한 성분을 분석한 시각 자료를 보여 줘야지.'라는 발표 계획은 발표 내용에 반영되지 않았다.

④ 4문단의 '○○ 연구소의 연구에 따르면, ~ 기능이 있다고 합니다.'에서 확인할 수 있듯이 떫은맛이 나는 식품의 효능과 관련된 연구 결과를 인용하고 있다.

⑤ 5문단에서 떫은맛이 포함되어 풍미를 느낄 수 있는 식품의 예로 녹차와 홍차를 언급하고 있다.

🔑 ③

178 발표 내용 이해, 평가하기　　정답률 92.0%

정오답 ✅체크

① '학생 1'은 발표 내용과 자신이 알고 있던 사실을 비교하고 있지 않으며,

발표에서 제시한 정보의 문제점을 지적하고 있지도 않다.

② '학생 2'는 발표자가 청중에게 익숙한 사물을 소재로 제시한 것에 대해 긍정적으로 평가하고 있으나 그 이유를 궁금해하고 있지는 않다.

③ '학생 3'은 발표에서 새롭게 알게 된 사실을 언급하고 있으나 그것에 대해 추가적인 정보가 필요하다고 판단하고 있지는 않다.

④ '학생 1'은 '녹차의 떫은맛이 물에 우러내는 정도에 따라 달라지는 걸로 봐서 녹차의 타닌은 물에 녹는 성질을 가지고 있겠군.'에서 확인할 수 있듯이 발표에서 직접적으로 언급하지 않은 내용을 추론하고 있으나 '학생 2'는 그렇지 않다.

✓❺ '학생 2'의 '떫은맛이 나는 건 먹어서 좋을 게 없다고 생각했는데 그렇지 않네. 몸에 좋다니 앞으로 적당히 먹어 봐야겠어.'와 '학생 3'의 '감의 검은 점이 단맛을 내는 것이라고 생각했는데 떫은맛을 내는 성분이었구나.'에서 확인할 수 있듯이 '학생 2'와 '학생 3'은 모두, 발표에서 새롭게 알게 된 정보를 통해 자신이 평소 생각하던 바를 수정하고 있다.

🔳 ⑤

똑똑! 궁금해요

Q (가)와 같은 '인터뷰'에서는 정보 전달이 어떻게 이루어지는 건가요?

A '인터뷰'는 특정인을 직접 만나서 진행자가 원하는 정보를 얻는 방식의 말하기입니다. 즉각적인 질의응답으로 정보 전달이 이루어지므로, 진행자의 요구 사항을 파악하고 인터뷰 대상자가 전달하는 정보에 초점을 맞추어야 합니다.

---

180 대화에서 자료, 매체 활용하기   정답률 **89.0%**

정오답 ✅ **체크**

① '지도사'의 두 번째 발화에서 확인할 수 있다.

② '지도사'의 두 번째 발화와 '진행자'의 세 번째 발화 중 '숲에서의 활동이 실감 나게 느껴지네요.'에서 확인할 수 있다.

③ '지도사'의 다섯 번째 발화에서 확인할 수 있다.

✓❹ '지도사'의 다섯 번째 발화에서 확인할 수 있듯이 [질문 2]에 대한 답변 과정에서 ㉡을 제시하고 있다. 하지만 많은 직장인이 스트레스 관련 질환 주의군에 속한다는 점을 언급하고 있지는 않다.

⑤ '지도사'의 일곱 번째 발화에서 확인할 수 있다.

🔳 ④

---

181 성찰 글쓰기 내용 생성하기   정답률 **87.0%**

정오답 ✅ **체크**

① (가)의 '지도사'의 마지막 발화에서 '마음을 토닥여 주는 친구'라고 숲을 비유적으로 표현하고 있으며, (나)의 3문단에서 해당 어구를 활용해 산림 치유 프로그램이 '나'에게 도움이 되었음을 제시하고 있다.

② (가)의 '지도사'의 다섯 번째, 여섯 번째 발화에서 산림 치유 프로그램이 스트레스 해소에 도움이 된다고 언급하고 있으며, (나)의 1문단에서 그러한 점이 프로그램에 참여하는 계기였음을 밝히고 있다.

③ (가)의 '지도사'의 세 번째 발화에서 산림 치유 프로그램에 청소년들도 참가한다는 내용을 언급하고 있으며, (나)의 2문단의 '내 생각과 달리 ~ 생각했다.'에서 산림 치유 프로그램에 대한 '나'의 기존 생각이 바뀌었음을 밝히고 있다.

✓❹ (가)의 '지도사'의 두 번째 발화에서 숲의 환경 요소가 심신에 좋은 영향을 준다는 내용을 언급하고 있으나, (나)에서 산림 치유 프로그램에서 만난 다른 사람들도 좋은 영향을 받았다는 내용을 언급하고 있지는 않다.

⑤ (가)에는 청소년을 대상으로 하는 산림 치유 프로그램의 운영 시기와 장소에 대한 정보가 제시되어 있지 않으며, (나)의 2문단에서 이에 대한 구체적 정보를 누리집에서 찾을 수 있었음을 언급하고 있다.

🔳 ④

[179~182] 화법과 작문 통합

(가)

자료   산림 치유 프로그램을 소개하는 텔레비전 방송의 인터뷰

내용   산림 치유와 관련하여 진행자가 요청한 내용과 질문에 대해 산림 치유 지도사가 산림 치유 프로그램과 사례, 프로그램 참여 시 좋은 점과 참가 신청 방법 등을 안내함.

(나)

자료   (가)를 시청하고 산림 치유 프로그램에 참여한 학생의 수기

내용   산림 치유 프로그램에 참여한 계기와 '쉼숲' 프로그램 선택 이유, 참여 후기 등을 밝혀 씀.

---

179 대화 표현 전략 사용하기   정답률 **86.0%**

정오답 ✅ **체크**

① '진행자'의 세 번째, 네 번째 발화 '숲에서의 활동이 실감 나게 느껴지네요. 실제로 체험하면 훨씬 좋겠습니다.', '제 생각에는 청소년들이 학업 등으로 힘들어하는 경우가 많아져서 그런 것 같네요.' 등에서, '진행자'는 '지도사'의 답변에 자신의 의견을 덧붙이고 있다.

✓❷ (가)에 '진행자'가 잘못 이해하고 '지도사'에게 질문하는 내용과 '지도사'가 이를 바로잡아 주는 내용은 제시되지 않았다.

③ '진행자'의 여덟 번째 발화 '말씀하신 참가 신청은 어떻게 할 수 있나요?'에서, '진행자'는 추가 정보를 요청하는 질문을 하고 있다.

④ '진행자'의 다섯 번째 발화 '네, 업무 처리가 생각만큼 잘 진행되지 않아서 스트레스를 받았던 적이 있습니다. 그럴 땐 좀 힘들죠.'에서, '진행자'는 자신의 경험을 언급하며 '지도사'의 질문에 답변하고 있다.

⑤ '지도사'의 여섯 번째 발화 '진행자께서도 참여하시면 스트레스가 줄어들고 마음이 좀 편해지실 겁니다. 꼭 한번 참여해 보세요.'에서, '지도사'는 기대되는 긍정적인 결과를 언급하며 '진행자'의 참여를 권유하고 있다.

🔳 ②

---

182 성찰 글쓰기 내용 점검, 조정하기   정답률 **89.0%**

정오답 ✅ **체크**

① 자기 점검의 두 가지 계획이 모두 표현되지 않았다.

② '고민거리를 지니고 있던 나는 ~ 마음의 짐을 덜어 낼 수 있었다.'에 프로그램 참여 전과 후의 마음 상태는 표현되었으나, 삶의 자세에 대한 다짐은 표현되지 않았다.

③ '앞으로 힘든 ~ 응원을 받고 와야겠다.'에 삶의 자세에 대한 다짐이 표현되었으며, '정말 만족스러웠다.'에 프로그램 참여 후의 마음 상태가 표현되었다. 그러나 프로그램 참여 전의 마음 상태는 표현되지 않았다.

④ '다른 사람들에게 ~ 노력할 것이다.'에 삶의 자세에 대한 다짐이 표현되었다. 그러나 프로그램 참여 전과 후의 마음 상태는 표현되지 않았다.

✓❺ '성격 때문에 속상해하던 나는 나무와 대화를 나누고 나서, 속상했던 마음이 풀리고 내 성격을 인정하게 되었다.'에서 '쉼숲' 프로그램에 참여하기 전과 후의 마음 상태를 모두 표현하였음을 확인할 수 있고, '이제 내 모습을 아끼며 살아갈 것이다.'에서 삶의 자세에 대한 다짐을 확인할 수 있다.

답 ⑤

[183~185] 작문

(가)

자료　'인포그래픽'을 소개하는 글을 쓰기 전에 학생이 작성한 메모
내용　교내 학생들을 예상 독자로 하여 예상 독자가 궁금해할 만한 내용을 메모함.

(나)

자료　(가)를 바탕으로 교지에 싣기 위해 학생이 쓴 글
내용　인포그래픽의 개념, 활용 배경, 인포그래픽의 장점, 좋은 인포그래픽의 기준을 밝히고, 인포그래픽을 활용할 것을 추천함.

183 정보 전달 글쓰기 내용 생성하기　정답률 81.0%

정오답 ☑ 체크

① (나)의 1문단에서 '[그림]과 같이 복합적인 정보의 배열이나 정보 간의 관계를 시각적인 형태로 나타낸 것'을 인포그래픽이라고 한다고 했다.

✓❷ (나)의 5문단에 좋은 인포그래픽의 기준은 제시되어 있으나, 인포그래픽의 유형을 나누는 기준은 (나)에서 확인할 수 없다.

③ (나)의 3문단에서 비상구 표시등의 그래픽 기호는 인포그래픽과 유사한 픽토그램이라고 했다.

④ (나)의 4문단에서 인포그래픽은 글에 비해 한눈에 파악할 수 있어 정보 처리 시간을 절감할 수 있고, 독자의 관심을 끌 수 있다고 했다.

⑤ (나)의 2문단에서 인포그래픽이 널리 쓰이게 된 배경은 시대의 변화, 특히 소셜 미디어의 등장과 관련이 있다고 했다.

답 ②

184 정보 전달 글쓰기 내용 점검, 조정하기　정답률 78.0%

정오답 ☑ 체크

① [A]에 예상 독자가 탐구해야 할 문제가 포함되어 있지는 않다.

✓❷ 〈보기〉는 '인포그래픽의 여러 특성에 비추어 볼 때 앞으로 인포그래픽이 활용되는 분야는 더욱 늘어날 것이다.'에서 알 수 있듯이 글의 화제와 관련된 전망을 제시하고 있다. 반면 [A]는 '학생들도 쉽게 인포그래픽을 만들 수 있다.', '발표와 보고서의 전달력이 한층 높아질 것이다.'에서 알

수 있듯이 예상 독자인 '학생들'이 얻을 수 있는 효용을 드러내고 있다.

③ 균형 잡힌 관점이 드러나게 고치지는 않았다. [A]에는 글의 제재에 대한 긍정적인 관점만 드러나 있다.

④ 글의 도입에서 문제를 제기하고 있지 않으므로 [A]에 글의 도입에서 제기한 문제에 대한 답이 포함되어 있지는 않다.

⑤ [A]에 글의 내용을 설명한 순서대로 요약한 내용이 포함되어 있지는 않다.

답 ②

185 설득 글쓰기 자료, 매체 활용하기　정답률 78.0%

정오답 ☑ 체크

✓❶ (나)의 4문단에 언급된 인포그래픽의 관심 유발 효과와 관련하여, (나)를 참고하여 작성한 글의 2문단에서 그 효과가 확인된 인근 학교의 사례를 '알림판을 인포그래픽으로 만들 것'의 근거로 제시하고 있다.

② (나)의 4문단에 인용된 인포그래픽 연구 논문과 관련하여, (나)를 참고하여 작성한 글의 2문단에서 그 논문의 내용에 대해 추가적으로 조사한 정보를 제시하고 있다. 그러나 이를 문제 상황의 내용으로 제시한 것은 아니다.

③ (나)를 참고하여 작성한 글의 2문단에서는 (나)의 5문단에 진술된 좋은 인포그래픽의 기준을 근거로 알림판의 정보가 신뢰할 만한지 평가한 결과를 제시하지 않았다.

④ (나)의 4문단을 통해 인포그래픽의 사용 목적을 정보 처리 시간 절감과 정보에 주목하는 정도를 높이기 위한 것이라고 추론할 수 있으나, (나)를 참고하여 작성한 글의 1문단에서 확인할 수 있듯이 교내 학생들에게 설문한 내용은 인포그래픽의 사용 목적이 아니라 학교 정보 알림판을 읽어 본 경험의 여부이다.

⑤ (나)의 4문단에 인포그래픽의 효율성이 언급되어 있으나, (나)를 참고하여 작성한 글의 1문단에서 확인할 수 있듯이 교내 학생들에게 인터뷰한 내용은 인포그래픽의 효율성에 대한 공감 정도가 아니라 학교 정보 알림판을 읽지 않는 이유이다.

답 ①

[186~188] 화법

자료 '교내 연설 대회'에 참가한 학생의 연설
내용 이산화 탄소에 의한 지구 온난화의 문제와 관련하여 이산화 탄소의 흡수원인 연안 생태계의 가치를 밝히고 연안 생태계 보호에 대한 관심을 촉구함.

186 연설 표현 전략 사용하기   정답률 62.0%

정오답 ✔체크

✔ ❶ 연설자는 연설 도입 부분의 '여러분, ~ 떠올려 봅시다.', 연설 마무리 부분의 '건강한 지구를 ~ 동참합시다.'와 같이 청유의 문장을 사용하고는 있으나, 연안 생태계의 가치를 알고 보호하는 데에 관심을 갖자는 주장이 야기한 논란을 언급하고 있지 않으며 이를 해소하고 있지도 않다.

② '2019년 통계에 따르면 ~'과 '2018년 정부 통계에 따르면, ~'에서 확인할 수 있듯이 연설자는 통계 자료를 근거로 활용하여 연안 생태계의 가치를 알고 보호하는 데에 관심을 갖자는 주장의 신뢰성을 강화하고 있다.

③ 연설자는 '물론 연안 생태계가 이산화 탄소를 얼마나 흡수할 수 있겠냐고 말하는 분도 계실 것입니다.'와 같이 예상되는 반론을 제시하고, 이에 대해 '하지만 ~ 뛰어납니다.'와 같이 반박하며 '연안 생태계'의 가치를 강조하고 있다.

④ 연설자는 연설 도입 부분에서 청중과 공유하는 환경의 날 행사 때의 경험을 들어 '이산화 탄소에 의한 지구 온난화' 상황의 심각성을 인식시키고 있다.

⑤ 연설자는 연설 마무리 부분에서 '북극곰의 눈물은 우리의 눈물이 될 것입니다.', '이산화 탄소의 흡수원이자 저장고', '지구의 보물, 연안 생태계'처럼 비유적 표현을 활용하여 연안 생태계의 보호에 동참할 것을 촉구하고 있다.

답 ①

187 연설에서 자료, 매체 활용하기   정답률 79.0%

정오답 ✔체크

① 연설 관련 그림 자료 및 이에 대한 설명 내용은 '연안의 염생 식물과 ~ 블루카본이라 합니다.'라는 연설의 내용과 일치한다.

② '우리나라는 이산화 탄소 배출량 순위가 높은 편'이라는 포스터의 내용은 '2019년 통계에 따르면 우리나라의 이산화 탄소 배출량은 세계 11위에 해당하는 높은 수준입니다.'라는 연설 내용과 일치하며, '대기 중 이산화 탄소를 줄이고자 노력해 왔음.'이라는 포스터의 내용은 '그동안 우리나라는 ~ 힘써 왔습니다.'라는 연설 내용과 일치한다.

③ '연안 생태계는 대기 중 이산화 탄소 감축 효과가 있으며 산림보다 이산화 탄소 흡수 능력이 우수함.'이라는 포스터의 내용은 '연안 생태계를 구성하는 ~ 흡수 능력이 뛰어납니다.'라는 연설 내용과 일치한다.

④ '연안 생태계가 훼손되면 블루카본이 공기 중에 노출되어 문제가 발생함.'이라는 포스터의 내용은 '연안 생태계가 훼손되면 블루카본이 공기 중에 노출되어 이산화 탄소 등이 대기 중으로 방출됩니다.', '이산화 탄소에 의한 지구 온난화'라는 연설 내용과 일치한다.

✔ ❺ 연설자는 '일회용품 줄이기, 나무 한 그루 심기와 함께 ~ 연안 생태계를 보호하고 그 가치를 알리는 데 동참'하자고 연설을 마무리하고 있다. 따라서 대기 중 이산화 탄소 감축을 위한 기존의 방법을 연안 생태계 보호가 대체할 수 있다는 내용은 연설의 내용과 거리가 멀다.

답 ⑤

188 연설 내용 이해, 평가하기   정답률 83.0%

정오답 ✔체크

① '연안 생태계의 복구'에 대한 내용을 직접적으로 언급하고 있지 않으며, 연안 생태계를 되살리는 방안으로 '일회용품 사용'을 자제하자고 주장하고 있지도 않다.

② 연설 내용에 따르면 블루카본은 염생 식물과 식물성 플랑크톤이 이산화 탄소를 흡수하여 갯벌과 염습지에 저장한 탄소를 말하는 것으로, 지구 온난화의 원인으로 볼 수 없다. 따라서 '블루카본이 지구 온난화의 원인임을 알았어.'는 연설의 내용을 잘못 이해한 말이다.

③ 연안 생태계의 가치와 보호에 대한 관심을 촉구하는 것이 연설의 취지이므로 '북극곰을 살리기 위해 산림 조성이 시급함을 알리자.'는 연설의 취지를 잘못 이해한 말이다.

✔ ❹ '이산화 탄소에 의한 지구 온난화'와 관련하여 연안 생태계의 가치와 보호에 대한 관심을 촉구하는 것이 연설의 취지이다. 따라서 이에 공감한 학생이 '㉠ 지금 우리가 연안 생태계로 눈을 돌리지 않으면 북극곰의 눈물은 우리의 눈물이 될 것입니다.'에 주목하여 친구들을 설득하는 말로는 '우리도 북극곰처럼 위기에 처할 수 있어. 이제 연안 생태계의 가치를 알고 이를 보호하기 위해 관심을 갖자.'가 가장 적절하다.

⑤ 연안 생태계의 가치와 보호에 대한 관심을 촉구하는 것이 연설의 취지이므로 '나무 한 그루가 의미 있다는 것을 알았어. 이산화 탄소를 줄이기 위해 작은 일부터 실천하자.'는 연설의 취지를 잘못 이해한 말이다.

답 ④

[189~192] 화법과 작문 통합

(가)
자료 학교 홈페이지 '자유 게시판'에 올린 학생의 글
내용 자가용 등교로 인해 등굣길이 위험한 문제에 대한 해결 방안을 요청함.

(나)
자료 (가)를 바탕으로 학생회 학생들이 나눈 대화
내용 안전한 등굣길을 만들기 위한 학생회 차원의 건의문을 작성할 것을 논의함.

(다)
자료 학생회 학생들이 작성한 건의문
내용 자가용 등교의 위험성을 밝히고 안전한 등굣길을 만들기 위해 자가용 등교를 자제할 것과 건의 내용을 수용할 것을 촉구함.

189 화법과 작문의 다양한 성격 이해하기   정답률 76.0%

정오답 ✔체크

① (가)는 개인이 등교할 때 발생한 자신의 경험을 다룬 학교 홈페이지 '자유 게시판'의 게시글인 반면, (다)는 다수를 대상으로 공동의 문제에 대해 건의하는 '학교 게시판'의 게시글로 (가)보다 공식적인 성격이 강하다. 따라서 (가)보다 (다)에서 '-ㅂ니다'와 같이 격식을 갖춘 표현이 더 두드러지게 나타나고 있다.

② (나)에서 '홈피'라고 지칭된 대상이 (다)에서는 '홈페이지'라고 지칭되는 부분에서 일상 대화보다는 줄인 말을 잘 쓰지 않는 문어적인 특징을 확인

할 수 있다.

③ (가), (다)와 달리 (나)는 학생들이 나눈 대화이다. 따라서 (나)에서만 의사소통 참여자들('학생 1~3')이 시간과 공간을 모두 공유하고 있으며 언어적 표현 외에 비언어적 표현도 함께 나타난다. 비언어적 표현이란 (나)의 '(고개를 끄덕이며)'처럼 언어가 아닌 몸짓, 손짓, 표정, 시선, 자세 등으로 생각이나 느낌을 나타내는 것을 말한다.

④ (다)보다 (나)에서 조사의 생략이 자유롭게 허용되는 부분에서 공식적인 글보다 조사의 생략이 자유롭게 허용되는 구어적 특징을 확인할 수 있다.

⑤ (가)는 학교 홈페이지 '자유 게시판'의 게시 글이고, (다)는 '학교 게시판'의 게시 글이라는 점에서 (가), (다) 모두 '문어 상황'이지만 (가)에서는 '되게', '친구하고'처럼 구어적인 특징이 확인된다는 점에서 (나)와 유사한 구어적 특징이 나타남을 확인할 수 있다.

🖋 ③

똑똑! 궁금해요

Q 선지에서 '문어적인 특징', '구어적인 특징'이라는 말이 나오는데 둘의 차이점이 무엇인가요?

A 우리가 일상적인 대화에서 쓰는 말을 '구어'라고 하고, 글에서 쓰는 말을 '문어'라고 해요. '구어'는 말소리로 이루어지므로 언어적 표현 외에 준언어적, 비언어적 표현도 활용할 수 있는 겁니다. 또한 상황에 따라 문장 성분이나 조사 등을 생략하는 표현도 많고, 줄임 말도 많이 사용합니다. 이에 비해 '문어'는 글에서 쓰는 말이니까 문자로 이루어지고, 언어적 표현만을 사용합니다. 또한 줄임말은 되도록 쓰지 않고 대체적으로 문장 성분과 조사도 잘 갖춘 완전한 문장으로 씁니다.

190 대화 표현 전략 사용하기
정답률 81.0%

정오답 ☑체크

① [A]에서 '학생 1'은 '학생 2'의 '자가용 등교는 대부분 사정이 있는 거 아닐까? 다리를 다쳤거나 집이 너무 멀거나 하는.'이라는 발화를 듣고 '차에서 내리는 애들 중 다리가 불편해 보이는 경우는 별로 없던데? 집도 멀지 않은데 차 타고 오는 애들도 많이 봤고.'와 같이 자신이 확인한 주변 상황을 근거로 들어 '학생 2'의 의견을 반박하고 있지 '학생 2'의 의견을 뒷받침하고 있지는 않다.

② [A]에서 '학생 3'은 '학생 1'의 발화 중 일부를 재진술하고 있지 않으며, 오히려 '학생 1'이 제시한 상황에 대해 '어떤 방법으로 학교에 온 그건 개인의 선택에 맡겨야 할 문제 아닐까?'와 같이 이견을 제시하고 있다.

③ [B]에서 '학생 1'은 '댓글 보면 많은 애들이 자가용 등교 때문에 등굣길이 안전하지 않다고 여기는 건 분명해 보여.'와 같이 자신과 관점이 같은 다수의 학생이 있음을 언급하여 자신의 의견이 정당함을 강조하고 있다.

④ [B]에서 '학생 3'은 '특별한 사정이 있는 애들까지 자가용 등교를 미안해하게 만들 필요는 없'다는 '학생 2'의 의견에 동조하여 '그럼 글 쓸 때 이런 경우는 이해해 주자고 따로 언급하는 건 어때?'와 같이 제안하고 있다.

✓⑤ '학생 2'는 [A]에서 '학생 1'의 '학생들이 학교 올 때 자가용 이용은 자제하자고 제안하면 좋겠어.'라는 의견에 대해 '그런데, 자가용 등교는 대부분 사정이 있는 거 아닐까?'와 같이 질문의 형식을 활용하여 추가로 생각할 점이 있음을 밝히고 있다. [B]에서도 '학생 2'는 '학생 1'의 '그렇다 해도 댓글 보면 많은 애들이 자가용 등교 때문에 등굣길이 안전하지 않다고 여기는 건 분명해 보여.'라는 의견에 대해 '그렇다고 특별한 사정이 있는 애들

까지 자가용 등교를 미안해하게 만들 필요는 없잖아?'와 같이 질문의 형식을 활용하여 추가로 생각할 점이 있음을 밝히고 있다.

🖋 ⑤

191 건의 글쓰기 표현 전략 사용하기
정답률 84.0%

정오답 ☑체크

① ㉠은 현안과 관련한 예상 독자의 경험을 언급한 것으로, 이는 〈보기〉의 '독자의 공감을 얻기 위해 독자나 필자의 경험을 언급하기'에 해당하므로 '감성적 설득 전략'에 해당한다고 볼 수 있다.

② ㉡은 자가용 등교의 문제점에 대한 내용이므로 '필자의 경험을 제시하고 그와 대비되는 예상 독자의 경험을 제시한 것'이 아니다.

✓③ ㉢은 □□경찰서의 자료를 인용하여 구체적 수치로 현황을 제시하고 있으므로 〈보기〉의 '객관적 자료 활용하기'에 해당한다고 볼 수 있다. 따라서 '이성적 설득 전략'을 활용한 것으로 볼 수 있다.

④ ㉣은 예상 독자가 제기할 수 있는 이견을 언급한 것으로, 〈보기〉의 '예상 반론을 언급하고'에 해당한다고 볼 수 있으나 이를 통해 예상 독자의 의견이 실현 불가능한 것임을 밝히고 있지는 않다.

⑤ ㉤은 현재 상황을 개선함으로써 실현할 수 있는 '안전한 등굣길'에 대한 희망을 설의적인 표현으로 제시한 것이므로 '현재의 상황이 지속됨으로써 발생할 결과'를 제시한 것이 아니다.

🖋 ③

192 건의 글쓰기 내용 조직하기
정답률 79.0%

정오답 ☑체크

① (나)에서는 '안전한 등굣길을 만들기 위해 학생회 차원에서 건의문을 써서 제시하는 건 어때?'와 같이 안전한 등굣길 만들기를 화제로 삼고 있으며, (다)에서는 '오늘 아침 ~ 안전했나요?'와 같이 이와 관련한 독자의 일상을 떠올려 보게 하여 화제에 대한 주의를 환기하고 있다.

② (나)에서는 '그렇다 해도 댓글 보면 많은 애들이 자가용 등교 때문에 등굣길이 안전하지 않다고 여기는 건 분명해 보여.'와 같이 자가용 등교로 인해 등굣길이 위험하다는 인식을 드러내고 있으며, (다)에서는 3문단의 '특히 우리 학교 앞 도로는 유난히 좁다 보니 횡단보도에 정차하는 경우도 많아 몹시 위험합니다.'와 같이 자가용 등교가 학교 주변 환경과 맞물려 심각한 문제가 되고 있음을 제시하고 있다.

✓③ (나)에서는 '그런데, 자가용 등교는 대부분 사정이 있는 거 아닐까? 다리를 다쳤거나 집이 너무 멀거나 하는.'과 같이 자가용 이용이 불가피한 학생이 있음을 언급하고 있으며, (다)에서는 '물론 걷기가 불편하거나 집이 많이 먼 경우는 자가용 등교가 불가피할 수 있습니다. 그러나 이런 경우가 아니라면, 안전한 등굣길을 위해 우선 자가용 이용을 자제하는 것이 필요합니다.'라고 하여 걷기가 불편하거나 집이 먼 경우는 예외적으로 자가용 등교를 할 수 있다고 언급하고 있다. (다)에서 집이 먼 경우 부지런히 등교 준비를 해야 한다는 것을 해결 방안으로 제시하고 있지는 않다.

④ (나)에서는 '자가용을 이용하지 않았을 때 남은 물론 자기한테도 좋은 점이 있다는 것도 알려 주면 좋겠어.'와 같이 자가용 등교 자제가 자신에게도 좋은 점이 있음을 알려 주자고 의견을 제시하고 있으며, 이를 반영하여 (다)에서는 '차에 놀라며 걷는 대신 ~ 갖게 될 것입니다.'와 같이 자가용 이용을 자제했을 때 예상되는 긍정적 변화를 구체화하고 있다.

⑤ (나)에서는 등굣길 안전을 확보하기 위한 방법으로 '자가용 이용 자제'와 '주변을 살피며 등굣길 걷기'를 언급하고 있으며, 이를 반영하여 (다)에서는 '그러려면 자가용 이용은 자제하고 주변을 살피며 걸어 주세요. 다 함께, 평화로운 등교 장면을 상상이 아닌 현실로 만듭시다.'와 같이 등교 시에 유념할 행동 방향을 제시하며 독자가 이를 실천하도록 촉구하고 있다.

답 ③

[193~195] 작문

자료 올바른 물 섭취 방법과 관련한 작문 상황과 수집한 자료 목록, 글의 초고
내용 물 섭취에 대한 학생들의 잘못된 인식 및 물의 인체 내 역할, 바람직한 물 섭취를 위해 유의할 점을 밝힘.

193 정보 전달 글쓰기 자료, 매체 활용하기 정답률 79.0%

정오답 ✓체크

① '초고'의 2문단과 3문단에서 물을 마실 때 유의해야 할 점을 다루고 있으므로, 〈자료 1〉의 '내용'인 '전문가 권하는 물 섭취 방법'은 물 섭취 방법에 대한 올바른 정보를 제공하기에 적합하다고 보아 '(가) 작문 목적에 부합하는가?'에 대해 '그렇다'라고 판단했을 것이다.

② '초고'의 1문단에서 인터뷰를 통해 만난 학생들의 인식과 달리 물을 많이 섭취한다고 무조건 좋은 것만은 아니라는 내용을 다루고 있으므로, 〈자료 2〉의 '내용'인 '물 중독 사례'가 물 섭취에 대한 많은 학생들의 인식이 잘못되었음을 뒷받침하는 정보를 제공한다고 볼 수 있다. 따라서 '(가) 작문 목적에 부합하는가?'에 대해 '그렇다'라고 판단했을 것이다.

✓③ 〈자료 3〉은 2004년이라는 '연도'를 고려할 때 최근의 상황을 반영하지 못하므로 '(나) 출처가 분명한 최근의 정보인가?'에 대해 '아니다'라고 판단했을 것이다. 또한 작성된 '초고'는 '한국인의 물 섭취 현황'에 대해 다루고 있지 않으므로 작문 목적에도 부합하지 않는다.

④ 〈자료 4〉의 '내용'인 '1일 1인당 수돗물 사용량 현황'은 '초고'의 내용과 직접적인 상관이 없으므로, '(가) 작문 목적에 부합하는가?'에 대해 '아니다'라고 판단했을 것이다.

⑤ 〈자료 4〉는 '연례 보고서'라는 보고서의 성격과 2013년이라는 '연도'를 고려할 때 최근의 현황을 반영하지 못하므로 '(나) 출처가 분명한 최근의 정보인가?'에 대해 '아니다'라고 판단했을 것이다.

답 ③

194 정보 전달 글쓰기 내용 조직하기 정답률 68.0%

정오답 ✓체크

① 1문단의 '학생들은 물 섭취에 대해 어떤 인식을 가지고 있을까?', '우리 학생들은 대부분 물은 많이 마실수록 좋다고 답했다.'에서 물 섭취에 대한 학생들의 인식을 묻고 답하는 구조로 제시하고 있다.

✓② 1문단의 '물이 관절의 충격을 흡수하며, 장기와 조직을 보호하는 등의 역할을 한다는 점'에서 물의 인체 내 역할을 제시하고 있으나, 이를 원인과 결과의 관계가 드러나도록 제시하고 있지는 않다.

③ 2문단의 '피로감이 커지고, 두통 또는 어지럼증에 시달리거나, 장기가

붓는 등의 증상이 나타날 수 있다.'에서 물 중독 증상에 대한 정보를 나열하여 제시하고 있다.

④ 3문단의 '연구 팀은 ~ 과제 수행 능력을 측정했다.'에서 물 섭취에 대한 실험 방법을 과정에 따라 순서대로 제시하고 있다.

⑤ 3문단의 '목이 마를 때 ~ 과제 수행 능력이 떨어진다.'에서 물 섭취에 대한 실험 결과를 비교·대조의 방법으로 제시하고 있다.

답 ②

195 정보 전달 글쓰기 내용 점검, 조정하기 정답률 69.0%

정오답 ✓체크

✓① 〈보기〉에 제시된 조건은 첫째, '중심 내용으로 제시한 두 가지 유의 사항을 모두 포함하는 문장을 추가하는 것'과 둘째, '중심 내용에 담긴 정보가 독자에게 어떤 긍정적인 가치가 있는지도 언급하는 것'이다. '물은 적당한 양을 필요한 때에 마셔야 좋은 것이다.'라는 문장은 첫째 조건을, '물 섭취에 대한 올바른 정보를 이해하고 삶에 적용한다면 건강을 지키며 삶의 질을 높일 수 있을 것이다.'라는 문장은 둘째 조건을 충족한다.

② '언제 마시는가에 따라 물도 독이 될 수 있음을 유의해야 한다.'라는 문장은 물을 마시는 때에 대해서만 언급하고 있으므로 첫째 조건을 충족하지 못하고 있다.

③ '물은 인체에 필수적이나 한 번에 많은 물을 마시지는 말아야 한다.'라는 문장은 물을 마시는 양에 대해서만 언급하고 있으므로 첫째 조건을 충족하지 못하고 있다.

④ 첫째 조건을 충족하는 문장이 없을 뿐만 아니라 '결국 물을 한 번에 많이 마시면 건강에 해롭고, 목마르지 않은데 마시면 과제 수행 능력이 떨어진다.'라는 내용도 중심 내용에 담긴 정보의 긍정적인 가치로 보기 어려우므로 둘째 조건을 충족하지 못하고 있다.

⑤ '당연하다고 생각했던 것들이 거짓인 경우도 있는데 물은 많이 마실수록 좋다는 인식도 그러하다.'라는 문장은 물을 마시는 양에 대해서만 언급하고 있으므로 첫째 조건을 충족하지 못하고 있다.

답 ①

자료 '휴대폰 사용과 눈 건강'에 대한 학생의 발표
내용 휴대폰 사용 시간이 늘어나면서 안구 질환 환자가 급증하고 있는 상황에서 눈 건강을 유지하기 위해 어떻게 해야 하는지를 설명함.

196 발표자의 말하기 방식 파악하기 정답률 84.0%

정오답 ☑ 체크

① 발표자는 선생님께서 수정체에 대해 설명해 주셨던 경험을 언급하면서 발표 내용과 관련된 청중의 지식을 환기하고 있다.

✓② 1문단에서 '그래서 오늘은 제가 여러분들께 도움을 드리고자 휴대폰 사용과 눈 건강에 대해 발표하고자 합니다.'라고 발표 내용을 밝히고 있을 뿐, 발표자가 청중이 발표 내용을 예측할 수 있도록 발표 내용의 순서를 안내하고 있지는 않다.

③ 발표자는 청중에게 '여러분들도 저와 같은 증상을 경험하고 있지 않으신가요?'라고 묻고 청중의 반응을 확인하고 있다. 또한 발표자는 청중에게 눈 초점 운동을 같이 해 볼 것을 권한 후 '어떠신가요? 눈이 좀 시원해지셨나요?'라고 질문을 던지고 청중의 반응을 확인하고 있다.

④ 발표자는 사물이 또렷이 보이지 않고 눈에 피로를 느끼는 증상을 경험하고 있는 자신의 상황을 언급하며 이와 같은 증상을 경험하고 있는 청중에게 도움을 주고자 발표를 한다며 발표 내용 선정의 이유를 밝히고 있다.

⑤ 발표자는 대한안과학회에서 발간한 학술지와 대한시과학회의 누리집에 게재된 자료를 바탕으로 발표 내용을 마련하였다고 말하고 있다.

답 ②

197 자료 활용 방안 파악하기 정답률 75.0%

정오답 ☑ 체크

①, ② 〈보기〉의 자료는 섬모체근과 걸이 인대, 수정체의 모습을 보여 주고 있다. 그런데 내용상 ㉠은 수정체를 둘러싼 기관의 명칭과 기능에 대한 자료를 소개하는 것이 맞다. 따라서 대상과의 거리에 따라 수정체가 초점을 맞추는 원리를 설명하기 위해 〈보기〉의 자료를 ㉠에서 활용하였다는 것이나, 섬모체근의 기능이 저하되었을 때 수정체에 이상이 생길 수 있다는 것을 설명하기 위해 활용하였다는 것은 적절하지 않다.

③ 눈 초점 운동에 대한 설명은 3문단에 제시된 것으로, 먼 곳을 볼 때에 섬모체근이 늘어나 걸이 인대가 팽팽한 상태가 된다는 것을 보여 주는 ㉡의 자료와는 연관성이 없다.

✓④ 〈보기〉는 섬모체근과 걸이 인대, 수정체의 모습을 보여 주고 있다. 발표자는 ㉡에서 자료를 제시하며 먼 곳을 볼 때에는 섬모체근이 늘어나 걸이 인대가 팽팽한 상태가 되어 수정체가 납작해진다고 설명하고 있으므로, 〈보기〉를 ㉡에서 활용하였다는 것은 적절하다.

⑤ ㉢에는 눈 초점 운동과 관련된 자료가 와야 하는데, 〈보기〉는 섬모체근과 걸이 인대, 수정체의 모습을 보여 주는 자료이므로 적절하지 않다.

답 ④

198 듣기 전략 파악하기 정답률 81.0%

정오답 ☑ 체크

① 발표를 들은 학생은 수정체를 모양체라고도 하고 걸이 인대를 친대라고도 한다는 자신의 배경지식을 떠올리고 있다.

✓② 발표를 들은 학생은 같은 대상에 서로 다른 이름을 붙인 이유가 무엇인지에 대해 궁금해하고 있다. 발표자가 제시한 정보의 정확성에 의문을 제기한 것은 아니다.

③ 발표를 들은 학생은 휴대폰을 오랫동안 보게 되면 걸이 인대가 이완된 상태가 지속되어 나중에는 자동 초점 기능이 저하된다는 발표 내용을 듣고, 컴퓨터 화면 역시 가까이에서 오랫동안 보는 것이 습관화되면 조절 긴장증을 유발할 수 있다는 것을 추론하며 들었으므로 적절하다.

④ 발표를 들은 학생은 눈 초점 운동을 꾸준히 하면 효과가 있다는 발표 내용을 바탕으로 하루에 10회 이상 눈 초점 운동을 해 봐야겠다고 눈 초점 운동을 실천할 것을 다짐하고 있다.

⑤ 발표를 들은 학생은 휴대폰 사용으로 안구 질환 환자가 급증했다는 발표 내용을 듣고, 관련 자료를 인터넷 검색으로 찾아봐야겠다고 하였으므로 적절하다.

답 ②

(가)

자료 지역 신문에 실린 기사문
내용 □□ 백화점 주변의 극심한 교통 혼잡 문제 해결을 위해 구청 측과 □□ 백화점 측이 함께 문제 해결을 위해 노력하기로 큰 틀에서 합의했음을 보도함.

(나)

자료 (가)의 보도 이후에 개최된 협상
내용 구청 측과 □□ 백화점 측이 백화점 차량 증가로 인한 교통 혼잡 문제의 해결 방안을 위해 추가 협상을 진행함.

199 글에 반영된 글쓰기 계획 파악하기 정답률 88.0%

정오답 ☑ 체크

① (가)의 2문단에서 구청 측은 □□ 백화점 방문 차량이 크게 증가함에 따라 교통 혼잡으로 인해 민원이 폭증하고 있음을 지적했다.

② (가)의 2문단에서 구청 측은 □□ 백화점에 해결책을 마련할 것을 요청할 예정이며 구청도 협조할 것이라고 말했다.

③ (가)의 2문단에서 □□ 백화점 측은 문제 해결을 위해 적극적으로 나서겠다는 의지를 밝히고 구청 측의 협조가 필요함을 강조하며 당부했다.

④ (가)의 3문단에서 □□ 백화점 주변 교통량과 정체 시간을 분석한 교통 연구소의 통계 자료를 제시하고 있다.

✓⑤ (가)에서 시설의 개선을 통해 주차 문제를 해결한 사례는 제시되지 않았다.

답 ⑤

200 글의 내용 점검하고 고쳐 쓰기 정답률 72.0%

정오답 ☑ 체크

① ㉠에서 주요 개념에 대한 정보를 추가한 부분은 없다.

② 〈보기〉의 초안과 비교해 ㉠에서 삭제된 정보는 없다.

③ ㉠과 〈보기〉는 모두 □□ 백화점 주변의 교통량을 분석한 교통 연구소의 자료를 바탕으로 한 것이다. 한 측의 입장으로 치우친 정보를 수정한 것은 아니다.

④ 〈보기〉의 초안에서 두 문장으로 제시했던 정보를 ㉠에서는 순서를 재배치해 한 문장으로 제시했다.

✔ ❺ 〈보기〉의 초안과 달리, ㉠에서는 자료의 정보 중 주말에 □□ 백화점으로 유입되는 차량의 수가 □□ 백화점의 주차 수용력을 초과한다는 점을 원인으로 먼저 제시하고, 주차장의 추가 확보라는 해결 방안을 뒤로 배치하여 제시하고 있다.

目 ⑤

201 담화의 구조와 기능 이해하기　　정답률 80.0%

정오답 ✅체크

① [A]는 □□ 백화점 방문 차량 증가로 인해 주변의 교통 혼잡이 심각하다는 ㉮와 관련된 문제의식을 드러내며 상대측에 주차장 10부제 운영이라는 요구 사항을 제시하고 있다.

② [B]는 ㉯의 □□ 백화점 방문자들이 인근 아파트 주차장을 무단으로 이용한다는 점, ㉰의 □□ 백화점으로 진입하려는 차량들이 아파트 차량의 진출입을 방해한다는 점을 문제 상황으로 언급하면서 이에 대한 해결책 마련을 요구하고 있다.

③ [C]는 문제의 근본적인 해결을 위해 ㉱의 □□ 백화점 내부 주차장 추가 확보가 필요함을 언급하며 △△ 백화점의 옥상 주차장을 사례로 들어 문제를 해결할 것을 제안하고 있다.

④ [D]는 ㉲의 □□ 백화점 외부의 새로운 주차 공간 확보와 관련해 ○○ 유수지 주변 공터를 대안으로 제시하면서 상대측에 이에 대한 수용 의사를 묻고 있다.

✔ ❺ [E]의 구청 측은 '구청 주차장 개방'이라는 상대측의 요구 사항에 대해 안전 문제에 대한 우려를 표하며 조심스러운 입장을 취하고 있다. 이는 상대측의 요구 사항을 수용한 것은 아니며, 수용한 요구 사항에 상응하는 요구 조건을 직접 제시하고 있는 것도 아니다.

目 ⑤

202 발화 의미와 기능 이해하기　　정답률 85.0%

정오답 ✅체크

① ⓐ와 ⓑ는 모두 구청 측의 요청에 대해 □□ 백화점 측이 차선책으로 제시한 의견이다. 따라서 ⓐ와 ⓑ는 모두 상대측이 제시한 문제점에 대해 추가적인 설명을 요구하는 발화라고 할 수 없다.

② ⓐ와 ⓑ는 모두 구청 측의 요청에 대해 □□ 백화점 측이 차선책으로 제시한 의견으로, 상대측의 제안을 수용할 경우 예상되는 부작용에 대해 언급하는 발화라고 할 수 없다.

✔ ❸ ⓐ에서는 이해관계의 복잡성과 교통 혼잡 유발 가능성이라는 상대측이 지적한 문제점을 고려하여 앞서 언급한 버스 노선 증설이라는 요구 사항을 기존 마을버스의 배차 간격 조정으로 수정하여 제시하고 있다. ⓑ에서는 구청 주차장으로 차량이 몰릴 수 있다는 상대측이 지적한 문제점을 고려하여 앞서 언급한 □□ 백화점 방문자의 주차 요금 면제라는 요구 사항을 주차 요금 할인으로 수정하여 제시하고 있다.

④ ⓐ와 ⓑ는 모두 상대측이 제기할 수 있는 의견을 가정하며 그 의견의

타당성 여부를 묻는 발화라고 할 수 없다.

⑤ ⓐ와 ⓑ는 모두 상대측과 협상하기 위하여 앞서 제시한 의견을 수정·보완하여 내놓은 것이므로, 상대측의 제안을 수용하기 어려운 이유를 들어 상대측에게 양보를 요구하는 발화라고 할 수 없다.

目 ③

[203~205] 작문

자료　작문 상황에 따라 우리 학교 학생들을 설득하기 위해 쓴 학생의 초고
내용　정보 전달을 위한 글쓰기 능력의 중요성을 밝히고 정보 전달을 위한 글쓰기 능력의 향상을 위해 노력해야 한다고 예상 독자인 우리 학교 학생들을 설득함.

203 글쓰기 계획의 반영 여부 파악하기　　정답률 70.0%

정오답 ✅체크

① 학생은 초고에서 지식 정보화 사회가 도래하면서 정보 전달을 위한 글쓰기가 더욱 중요해졌다는 전문가들의 견해에 대해 언급하고 있다.

② 학생은 초고에서 정보 전달을 위한 글쓰기 능력이 학습 능력이나 업무 능력에 많은 도움을 준다는 연구 논문의 내용을 제시하고 있다.

③ 학생은 초고에서 국내의 한 대학교에서 발표한 자료를 통해 정보 전달을 위한 글쓰기 교육을 받은 학생들이 작성한 보고서가 그 이전보다 월등히 나아졌다는 내용을 언급하고 있다.

④ 학생은 초고에서 미국, 독일 등의 국가에서는 학생들에게 어릴 때부터 정보 전달을 위한 글쓰기 교육을 철저하게 하고 있다고 말하고 있다.

✔ ❺ 학생이 작성한 초고에 훈련을 통해 정보 전달을 위한 글쓰기 능력이 향상될 수 있음을 보여 주는 실험의 과정이 제시되어 있지는 않다.

目 ⑤

204 자료 활용 방안 파악하기　　정답률 76.0%

정오답 ✅체크

① [A]에서 '정보 전달을 위한 글쓰기 능력은 어떻게 향상시킬 수 있을까?'라는 물음에 정보 전달을 위한 글쓰기에서 가장 중요한 것은 가치 있는 정보를 담아내는 것이라고 하였다. 〈보기〉의 (가)에서는 평소 정보 전달을 위한 글쓰기를 가장 많이 한다는 설문 조사 결과가 나오는데, (가)를 활용해 학생들이 다양한 글을 쓰도록 유도해야 한다는 내용을 추가한다는 것은 적절한 자료 활용 방안이 아니다.

② 〈보기〉의 (가)의 2번 자료를 통해 대부분의 학생이 자신의 글쓰기 능력에 만족하지 못하고 있음을 알 수 있다. 따라서 (가)의 자료를 활용해 학생들의 자신감을 키워 주어야 한다는 내용을 추가한다는 것은 적절한 자료 활용 방안이 아니다.

③ [A]에서는 가치 있는 정보를 찾기 위해서는 자료를 풍부하게 수집하는 능력을 갖추어야 한다고 하였는데, 이는 〈보기〉의 (나)의 유용한 내용을 담아내기 위해서는 정보를 효과적으로 조직해야 하며, 이때 유형적 사고법을 활용하는 것이 좋다는 내용과 관련지을 수는 있다. 하지만 (나)를 통해 비교, 대조, 분류 등의 방식으로 수집된 자료가 더 유용하다는 내용을 추가하는 것은 적절한 자료 활용 방안이 아니다.

❹ [A]에서는 정보 전달을 위한 글쓰기 능력을 향상시킬 수 있는 방법에 대해 설명하고 있다. 정보 전달을 위한 글쓰기에서 가장 중요한 것은 가치 있는 정보를 담아내는 것인데, 가치 있는 정보를 찾기 위해서는 반복적 훈련을 통해 길러진, 자료를 풍부하게 수집하는 능력이 필요하다는 것이다. 〈보기〉의 (나)에서는 정보의 효과적인 조직을 위해 비교, 대조, 분류 등의 방식으로 수집한 자료를 정리하는 유형적 사고법을 활용할 수 있다고 말하고 있다. 따라서 〈보기〉의 (나)를 활용하여 [A]에서 정보 전달을 위한 글쓰기 능력을 향상시킬 수 있는 방법으로서, 수집한 자료를 체계화하는 훈련이 필요하다는 내용을 추가할 수 있다.

⑤ (가)와 (나)를 통해 알 수 있는 것은 우리 학교 학생들이 평소에 정보 전달을 위한 글쓰기를 많이 하고 있으나, 자신의 정보 전달 글쓰기 능력에 대하여 대다수가 만족하지 못하고 있으며, 특히 정보 전달 글쓰기에서 자료 수집에 가장 어려움을 느낀다는 것이다. 따라서 (가)와 (나)를 활용해 학생들의 수준을 고려한 내용 조직 방법을 마련해야 한다는 점을 추가하는 것은 적절한 자료 활용 방안이 아니다.

🅰 ④

205 조건에 맞는 글 쓰기   정답률 73.0%

정오답 ☑체크

① '정보 전달이 일상이 된 시대'에 살고 있으므로 '꾸준히 노력해서 정보 전달 글쓰기와 가까워지도록 하자.'라고 밝히며 정보 전달을 위한 글쓰기의 중요성을 언급하고 있으나, 직유법을 활용한 부분이 없다.

② '정보는 일용할 양식처럼 우리의 삶을 풍요롭게 한다.'에서 직유법은 활용하였으나, 정보 전달을 위한 글쓰기의 중요성을 언급한 부분이 없다.

③ '정보 전달을 위한 글쓰기는 학업과 업무에 큰 영향을 준다.'에서 정보 전달을 위한 글쓰기의 중요성을 언급하고 있으나, 직유법을 활용한 부분이 없다.

④ '꾸준히 훈련하면 누구나 만족할 만한 정보 전달의 글을 쓸 수 있다는 것을 명심하자.'에서 정보 전달을 위한 글쓰기를 위해 노력할 것을 요구하고 있으나, 정보 전달을 위한 글쓰기의 중요성을 언급하고 있지는 않으며, 직유법을 활용한 부분도 없다.

✓❺ '정보 전달을 위한 글쓰기 능력은 지식 정보화 사회의 핵심 역량이다.'에서 정보 전달을 위한 글쓰기의 중요성을 강조하고 있고, '농부의 땀방울이 좋은 열매를 맺게 하듯이'에서 직유법을 활용하고 있으며, '정보 전달을 위한 글쓰기 능력의 향상을 위해 노력하자.'에서 글의 주제를 드러내고 있다.

🅰 ⑤

자료 '종묘 제례악에 담긴 음양의 조화'를 주제로 학생이 수업 시간에 한 발표
내용 종묘 제례악에 담긴 음양의 조화를 악기와 연주에 반영된 음양의 조화, 춤에 반영된 음양의 조화로 나누어 차례로 설명함.

206 발표자의 말하기 방식 파악하기   정답률 74.0%

정오답 ☑체크

① 발표자는 발표하는 과정에서 전문가의 말을 직접 인용하지는 않았다.

② 발표의 중간 부분에는 종묘 제례악의 악기와 연주, 그리고 춤에 드러난 음양의 조화를 설명하는 내용이 제시되어 있다. 여기에 발표자가 자신이 말한 내용을 요약한 부분은 드러나 있지 않다.

✓❸ 발표자는 조선의 왕실 의례인 종묘 제례에서 공연된 종묘 제례악에 대해 발표하고 있다. 발표자는 먼저 종묘 제례악의 개념을 간략하게 언급한 후, 종묘 제례악이 음양의 조화를 이루도록 구성되었음을 알려 준다. 그리고 음양의 조화가 종묘 제례악의 어느 부분에 담겨 있는지를 보다 구체적으로 알려 주기 위해 종묘 제례악의 악기와 연주, 그리고 춤에 반영된 음양의 조화에 대해 설명한다. 이러한 발표의 내용과 순서를 청중이 예측할 수 있도록 발표자는 1문단의 마지막에 자신이 어떤 내용과 순서로 발표할 것인지를 안내하고 있다. 종묘 제례악의 악기와 연주에 반영된 음양의 조화를 설명한 다음, 춤에 반영된 음양의 조화에 대해 설명하겠다고 한 부분이 발표 내용의 순서를 안내한 것이다.

④ 발표를 시작할 때 발표자는 발표 주제에 대해서는 언급을 하였으나 그 주제를 선정한 이유를 밝히지는 않았다.

⑤ 발표에 청중과 공유하는 경험을 환기하는 질문은 드러나 있지 않다. 발표의 질문들은 발표자가 청중에게 자료를 보고 추측하게 하거나, 자료에서 내용 이해에 필요한 부분을 잘 보고 있는지 확인하거나, 발표 주제와 관련하여 직접 체험하기를 권하기 위해 활용되었다.

🅰 ③

207 자료 활용 방안 파악하기   정답률 73.0%

정오답 ☑체크

① 발표자는 자료를 보여 주며 축과 어의 모양과 연주 방법을 설명하고 있다. 〈자료 1〉은 축과 어를 그림으로 그린 것이므로 활용하기에 적합하다.

② 발표자는 자료를 보여 주며 상월대와 하월대의 위치와 음양의 조화에 대해 알려 주고 있다. 〈자료 2〉는 종묘 제례악의 공연 장면을 담고 있으므로 상월대와 하월대에서 이루어진 음양의 조화에 대해 설명할 때 활용하기에 적합하다.

③ 발표자는 자료를 보여 주며 현재도 매년 5월 첫 일요일에 종묘에서 종묘대제가 열리고 있으며, 현대의 종묘대제에서도 종묘 제례악이 공연됨을 알려 주고 있다. 〈자료 3〉은 현대의 종묘대제 포스터로, 종묘 제례악이 공연되는 행사인 종묘대제의 날짜와 장소가 명시되어 있어 종묘 제례악이 공연되는 행사의 개최 시기와 장소를 소개하는 데 활용하기에 적합하다.

✓❹ 〈자료 1〉은 종묘 제례악에 사용된 악기 중 축과 어를 그림으로 그린 것이다. 축과 어는 각각 양과 음을 상징하는 악기이다. 축은 네모난 절구통처럼 생긴 악기로 방망이를 잡고 아래로 두드려 연주하며, 어는 엎드린 호랑이 모양의 악기로, 채로 호랑이의 머리를 치거나 등을 긁어 연주하였다.

〈자료 2〉는 종묘 제례악의 공연 장면을 담고 있는 '오향친제반차도'의 일부이다. 음려가 연주된 상월대와 양률이 연주된 하월대가 ㉮와 ㉯로 제시되어 있으며, 무인들의 모습이 ㉰로 제시되어 있다. 〈자료 3〉은 현대의 종묘대제 포스터로, 현대의 종묘대제에서도 종묘 제례악이 공연되고 있음을 알리고 있다. 〈자료 3〉은 '음악과 춤이 어우러진 종묘대제'라는 표현을 통해 종합 예술로서의 종묘 제례악이 현대에도 이어지고 있음을 보여 준다. 발표에서 축과 어의 모양과 연주 방법은 설명하고 있지만 축과 어가 만들어진 유래에 대해서는 언급하지 않았다.

⑤ 〈자료 2〉를 통해 종묘 제례악이 연주와 춤의 종합 공연이었음을 알 수 있다. 〈자료 3〉을 통해 현대의 종묘대제에서도 종묘 제례악을 공연하고 종묘 제례악의 음악과 춤이 어우러진 종합 예술의 성격을 이어 가고 있음을 알 수 있다.

답 ④

208 듣기 전략을 파악하기 　정답률 82.0%

정오답 ✅체크

① '청자 1'은 종묘 제례악 공연을 보고 미처 알지 못했던 내용을 발표를 통해 알게 되어서 좋았다고 했다. 따라서 새로운 사실을 알게 된 것을 긍정적으로 생각하고 있음을 알 수 있다.

② '청자 2'는 문무와 무무가 왜 각각 양과 음을 상징하는지 발표자가 설명해 주지 않아 아쉽다고 했다. 따라서 누락된 내용이 있는 것을 발표의 문제점으로 지적하고 있음을 알 수 있다.

③ '청자 3'은 제례악 중에는 종묘 제례악 외에 문묘 제례악도 있다는 것을 음악 시간에 배워서 알고 있다고 했다. 이는 '청자 3'이 자신의 배경지식을 활용하여 발표 내용인 종묘 제례악과 관련 있는 문묘 제례악을 떠올린 것이라고 할 수 있다.

✓④ '청자 1'은 발표에서 설명한 악기 외에 다른 악기들에 대해서도 설명했다면 더 좋았을 것이라고 생각하고 있으며, '청자 3'은 발표에서 설명한 종묘 제례악과 자신이 알고 있던 문묘 제례악이 어떻게 다른지에 대해 의문을 제기하고 있다. 하지만 '청자 1'과 '청자 3'이 발표 내용의 타당성에 대해 의문을 제기하고 있지는 않다.

⑤ '청자 2'는 문무와 무무가 각각 양과 음을 상징하는 이유에 대해, '청자 3'은 종묘 제례악과 문묘 제례악의 차이점에 대해 호기심을 갖고 자료를 조사해야겠다고 밝히고 있으므로 적절한 설명이다.

답 ④

[209~212] 화법과 작문 통합

(가)
자료　교지에 실을 글에 대한 동아리 학생들의 회의
내용　교지의 건강 상식 코너에 실을 글을 어떻게 쓰면 좋을지 글의 제재, 글의 내용 구성 등에 대해 의학 동아리 학생들이 논의함.

(나)
자료　(가)를 바탕으로 작성한 글의 초고
내용　'청소년 척추 질환 예방'을 제재로 척추 건강을 위한 올바른 자세와 운동 방법을 소개함.

209 발화의 의미와 기능 이해하기 　정답률 79.0%

정오답 ✅체크

① ㉠에서 '학생 1'은 교지 담당 선생님께서 교지의 건강 상식 코너에 실을 글을 써 달라고 요청하셨다고 밝히고 있다. 그러면서 교지에 실을 글을 어떻게 쓰면 좋을지에 대해 논의해 보자는 회의 안건을 제시하고 있다. ㉠에서 '학생 1'은 회의 안건을 제시하게 된 이유에 대해 설명하고 있는 것이다.

② '학생 2'가 척추 건강에 대한 정보가 너무 어려운 것은 아니냐고 묻자, '학생 3'은 전문 잡지의 기사와 텔레비전 프로그램을 본 적이 있다고 말하며 특별히 어려운 내용은 없었다고 말하고 있다. ㉡에서 '학생 3'은 자신의 경험을 토대로 '학생 2'의 우려를 해소하고 있는 것이다.

✓③ '학생 2'가 글을 어떤 내용으로 구성할지에 대해 이야기해 보자고 말하자, '학생 3'은 척추 질환을 앓고 있는 청소년들의 수가 증가하는 추세를 보인다는 기사를 읽었다고 말하고 있다. ㉢에서 '학생 3'이 앞서 논의된 내용을 자신이 제대로 이해했는지 확인하고 있는 것은 아니다.

④ '학생 1'이 학생들의 생활 습관에 초점을 맞추어서 원인을 설명하자고 제안하자 '학생 2'는 그렇게 하면 학생들이 생활 습관을 점검하는 데 도움이 될 것이라고 말하고 있다. ㉣에서 '학생 2'는 상대방의 제안이 지닌 효용성에 대해 언급하고 있는 것이다.

⑤ '학생 1'이 척추 질환의 증상에 대해 자세히 알려 주자고 하자, '학생 2'는 그보다는 척추 질환을 예방하는 방안을 제시해야 글의 흐름이 자연스러울 것이라고 말하고 있다. ㉤에서 '학생 2'는 '학생 1'이 제시한 의견에 대해 이의를 제기하고 있는 것이다.

답 ③

210 담화의 구조와 기능 이해하기 　정답률 76.0%

정오답 ✅체크

① '학생 3'이 독감을 글감으로 삼아 글을 쓰자고 하자 '학생 2'는 학생들이 독감 예방법에 대해서는 잘 알고 있다고 언급하며 새롭게 알려 줄 것이 없는지를 묻고 있다. 이에 대해 '학생 1'이 척추 건강에 대한 정보를 알려 주자고 제안하였다. '학생 1'은 '학생 2'의 발언을 고려하여 대안을 제시한 것이라고 할 수 있다.

② 척추 건강에 대한 정보를 알려 주자는 '학생 1'의 제안에 대해 '학생 3'이 척추 건강에 대한 정보는 많은 학생들이 알고 싶어 하는 내용일 것이라고 말하고 있다. '학생 3'은 척추 건강에 관한 정보가 독자의 관심을 끌 수 있다고 판단하여 '학생 1'의 제안에 동의한 것이라고 할 수 있다.

③ '학생 2'는 척추 건강에 대한 정보에는 전문적인 용어나 개념이 많아 학생들이 이해하기 힘들 거라며 우려하고 있다. 이를 통해 '학생 2'가 글에 대한 독자의 이해를 고려했음을 알 수 있다.

✓④ '학생 2'가 어떤 내용으로 구성할지에 대해 이야기해 보자고 하자, '학생 3'은 글의 시작 부분에서 척추 질환의 원인을 알고 예방하기 위한 노력이 필요하다고 말하자고 제안하고 있다. '학생 3'이 '학생 2'의 제안이 지닌 한계를 보완하고자 한 것이 아니다.

⑤ '학생 2'는 척추 질환의 원인을 구체적으로 설명해야 한다고 하였고, 이에 대해 '학생 1'은 척추 질환의 원인 중에서도 학생들의 생활 습관에 초점을 맞추어서 설명하는 것이 좋겠다고 하였으므로 이는 '학생 2'의 제안을 구체화하는 방안을 제시한 것이라고 할 수 있다.

답 ④

211 글에 반영된 글쓰기 계획 파악하기   정답률 69.0%

정오답 ✅체크

✓❶ (나)에서 척추 질환의 발병 여부를 알 수 있는 증상에 대해 알려 주고 있지는 않다.

② (나)의 3문단에서 척추 근육을 강화할 수 있는 운동법을 구체적으로 제시하고 척추 건강을 위한 운동이 척추 건강을 위해 반드시 필요하다고 말하고 있다.

③ (나)의 1문단에서 해마다 척추 질환으로 병원을 찾은 청소년들이 연평균 5만 명에 이르며 그 수가 지속적으로 증가하고 있다는 조사 기관의 통계를 제시하여 청소년 척추 질환에 대한 문제의식을 환기하고 있다.

④ (나)의 2문단에서 앉은 자세에서 척추에 가해지는 하중은 서 있는 자세에 비해 1.4배 정도 크다는 전문가의 의견을 들며, 책상 앞에 오래 앉아 있는 청소년들에게 척추 질환이 많이 발생하는 원인을 설명하고 있다.

⑤ (나)의 3문단에서 의자에 앉아 있을 때와 책을 볼 때의 바른 자세에 대해 알려 주고 있다. 척추 질환의 예방을 위한 올바른 생활 습관을 안내하고 있는 것이다.

답 ①

212 조건을 참고하여 글의 내용 수정·보완하기   정답률 73.0%

정오답 ✅체크

① '청소년뿐만 아니라 컴퓨터 앞에 오래 앉아 있는 직장인들도 바른 자세로 앉아 있는 습관을 들여야 한다.'는 내용은 척추 건강이 청소년들에게 중요한 이유를 제시해 보라는 선생님의 조언에 부합하지 않는다. '또한 꾸준한 운동을 하여 척추가 휘어지거나 구부러지는 것을 막도록 하자.'는 척추 건강을 위한 노력에 해당하나, 비유적 표현이 활용되지 않았다.

✓❷ '척추가 건강해야 신체적 성장이 원활해지고 학업의 효율성을 높일 수 있다.'에서 척추 건강이 청소년들에게 중요한 이유를 밝히고 있으며, '척추 질환을 예방하기 위해 바르게 앉고 꾸준히 운동하는 습관을 기르도록 하자.'에서 척추 건강을 위한 노력을 강조하고 있다. 그리고 '우리 몸의 보배인 척추'에서 비유적 표현을 활용하고 있다.

③ '척추 질환을 방치할 경우, 심폐 기능과 소화 기능에도 장애가 생길 수 있으므로 척추 질환이 발생하지 않도록 유의하자.'에서 척추 질환으로 생길 수 있는 장애를 제시하여 척추의 중요성을 언급하고 있으나, 척추 건강이 청소년들에게 중요한 이유와 척추 건강을 위해 노력해야 한다는 내용에 대한 비유적 표현이 활용되지 않았다.

④ 척추 질환을 유발하는 자세를 제시하였으나, 척추 건강이 청소년들에게 중요한 이유와 척추 건강을 위해 노력해야 한다는 내용에 대한 비유적 표현이 활용되지 않았다.

⑤ '올바른 생활 습관은 건강에 제일 좋은 보약이다.'에서 비유적 표현이 활용되었으나, 질병의 치료를 위해 운동을 꾸준히 하는 것과 올바른 생활 습관이 건강에 좋다는 내용은 선생님의 조언 내용에 부합하지 않는다.

답 ②

[213~215] 작문

(가)

자료 학교 신문에 실을 글을 쓰기 위한 학생의 메모

내용 우리 학교 학생들을 예상 독자로 하여 '게임 중독세'에 대한 입장을 밝히는 글을 쓰기 위해 메모함.

(나)

자료 (가)에 따라 쓴 초고

내용 '게임 중독세' 도입을 반대하는 이유를 들어 '게임 중독세'를 도입하지 않아야 함을 주장함.

도전 1등급 213 글쓰기 전략을 파악하기   정답률 57.0%

정답 해설 PLUS

㉠, ㉡을 고려하여 (나)를 작성했다고 할 때, (나)에 활용된 글쓰기 전략으로 적절하지 <u>않은</u> 것은?

① ㉠을 고려하여, 게임 중독세의 개념과 게임 중독세를 도입하려는 목적을 제시한다.
<small>1문단에서 제시함 ○</small>

② ㉠을 고려하여, 게임 중독세 도입에 대한 논의가 시작된 배경으로 세계보건기구의 결정이 있었다는 정보를 제시한다.
<small>1문단에서 제시함 ○</small>

❸ ㉡을 고려하여, 게임 산업을 카지노, 복권과 같은 사행 산업으로 분류한 것은 법적 근거가 없음을 지적한다.
<small>사행 산업이 아니라고 함 ✗</small>

④ ㉡을 고려하여, 스마트폰 사용 중독에 대해 세금을 부과하지 않는 것을 들어 게임 중독세의 형평성 문제를 지적한다.

⑤ ㉡을 고려하여, 세금으로 특별 목적 기금을 조성하는 조건을 밝히고 게임 중독세가 그에 부합하지 않는다고 지적한다.
<small>게임 중독세 도입을 반대함 ○   당위성이 인정 안 됨 ○</small>

함정 탈출 비법 (나)를 쓴 학생의 입장이 무엇인지를 파악해야 한다. (나)는 게임 중독세를 도입하지 않아야 한다는 글쓴이의 입장을 밝히는 글이다. 글쓴이는 자신의 의견을 내세우기 위해 게임 중독세의 도입 목적을 제시하고 개념 설명을 한 후, 자신과 반대의 의견, 즉 게임 중독세를 도입하자는 입장에 있는 독자들에게 조목조목 반대 이유를 밝히고 있다.

정오답 ✅체크

① (나)의 1문단에서 게임 중독세란 게임 중독에 대한 책임 부담의 일환으로 게임 업체에 부과하는 세금이라고 언급하여 게임 중독세의 개념에 대해 밝히고 있다. 또한 (나)의 1문단에서 게임 중독세는 게임 업체가 납부하는 세금을 게임 중독을 예방하고 치료하는 데 쓰자는 것이라며 게임 중독세를 도입하려는 목적이 무엇인지를 밝히고 있다.

② (나)의 1문단에서 세계보건기구가 게임 중독을 국제질병분류 제11차 개정판에 등록하기로 결정함에 따라 국내에서 게임 중독세의 도입에 대한 논의가 시작되어 입장이 대립하고 있음을 밝히고 있다.

✓❸ (나)의 3문단에서 게임 산업은 문화 콘텐츠 산업이지 사행 산업이 아니라고 강조하고 있다. (나)에서 게임 산업이 카지노, 복권과 같은 사행 산업이라고 하지 않았으며, 게임 산업을 사행 산업으로 분류한 것에 법적 근거가 없다고 지적하지도 않았다.

④ (나)의 3문단에서 스마트폰 사용 중독에 대해서는 세금을 부과하지 않

으면서 게임 중독에 대해서만 세금을 부과하는 것은 형평성에 맞지 않는다고 밝히고 있다.

⑤ (나)의 2문단에서 세금으로 특별 목적 기금을 조성하려면 검증을 통해 그 당위성을 인정할 수 있어야 한다고 특별 목적 기금을 조성하는 조건에 대해 언급하고 있으며, 게임 중독세는 그 당위성이 인정되지 않는다고 밝히고 있다.

답 ③

214 비판적 관점에서 반박하는 글 쓰기 　정답률 62.0%

정오답 ✔체크

✔❶ [A]에서는 게임 중독이 이용자 개인의 책임이 큰 문제임에도 불구하고 게임 업체에 게임 중독세를 물리는 것은 게임 업체에 대한 부정적 이미지만을 공식화하는 것이라고 말하고 있다. 〈보기〉에서는 게임 중독은 사회적 차원의 문제이며 게임 중독이 게임 자체에서 비롯되는 것임에도, 게임 업체가 이에 대한 책임을 지지 않고 있음을 지적하고 있다. 〈보기〉를 통해 [A]에 대해 반박한다면, 게임 중독은 게임 자체에서 비롯되는 사회적 문제이므로 게임 중독세를 통해 게임 업체가 사회적 책무를 다하게 되면 게임 업체에 대한 부정적 이미지를 개선할 수 있다고 말할 수 있다.

② 게임 중독세를 부과해야 하느냐 부과하지 말아야 하느냐를 두고 서로 상반된 의견을 나타내는 글이므로 글의 주제와 부합하지 않는 의견이다.

③ 게임 중독세를 부과해 게임 중독의 책임을 게임 업체가 지도록 한다고 해서 이용자들에게 게임의 유해성을 성찰하는 기회를 준다고 보는 것은 [A]나 〈보기〉의 글과 관련 없는 내용이므로 적절하지 않다.

④ 게임 중독세를 통해 게임 중독의 예방과 치료를 위한 재원을 마련하는 것과 게임 산업의 양적 성장을 도모하는 것은 서로 연관성이 없는 내용이므로 적절하지 않다.

⑤ 〈보기〉의 내용을 근거로 [A]에 대해 반박하는 글이라고 볼 수 없으므로 적절하지 않다.

답 ①

215 글의 내용 점검하고 고쳐 쓰기 　정답률 78.0%

정오답 ✔체크

① [B]에 의미가 중복되는 문장이 없으며, '고친 글'에 문장 간 연결을 긴밀하게 하기 위한 연결 표현이 쓰이지도 않았다.

✔❷ [B]의 '과거에는 사람들이 게임을 하는 데서 즐거움을 찾았으나 이제는 게임을 하는 것을 보고 공유하는 데서 즐거움을 찾고 있다.'는 글의 흐름에서 벗어나는 문장으로, '고친 글'에는 삭제되어 있다. '고친 글'에는 '2010년 7.4조 원이었던 국내 게임 산업 규모가 2019년에는 12.5조 원에 달한다.'라는 문장이 추가되어 있는데, 이는 '우리나라의 게임 산업은 빠르게 발전해 국가 경제에 기여해 왔다.'는 내용을 뒷받침하는 근거라고 할 수 있다.

③ [B]에 맥락에 부적합한 담화 표지가 쓰인 문장이 없으며, '고친 글'에 글 전체를 마무리하는 문장이 추가되지도 않았다.

④ [B]의 '과거에는 사람들이 게임을 하는 데서 즐거움을 찾았으나 이제는 게임을 하는 것을 보고 공유하는 데서 즐거움을 찾고 있다.'는 글의 통일성을 해치는 문장이라고 볼 수 있으나, '고친 글'의 '2010년 7.4조 원이었던 국내 게임 산업 규모가 2019년에는 12.5조 원에 달한다.'는 전체 내용을 요약해 주는 문장이라고 볼 수 없다.

⑤ [B]에 앞 문단에서 다룬 중복된 내용이 없으며, '고친 글'에 추가된 문장은 '우리나라의 게임 산업은 빠르게 발전해 국가 경제에 기여해 왔다.'라는 바로 앞의 문장을 뒷받침하는 문장이다.

답 ②

[216~218] 화법

자료 '볼펜이 사람들에게 널리 사용되는 이유'를 주제로 한 학생의 발표

내용 여러 종류의 필기구 중 사람들이 볼펜을 가장 많이 사용하는 이유에 대해 볼펜에 적용된 원리와 기술을 설명하고 볼펜의 장점을 중심으로 발표함.

216 말하기 전략 평가하기 　정답률 78.2%

정오답 ✔체크

① 발표자는 5문단에서 유성 볼펜, 수성 볼펜, 다색 볼펜, 글씨를 쓰고 지울 수 있는 볼펜, 가압 볼펜 등 다양한 볼펜의 종류를 열거하면서 사용자들의 선택의 폭이 넓다는 장점을 소개하고 있다.

② 1문단에서 청중의 대답에 발표자가 '네, 제 생각대로 볼펜이 많군요.'라고 말하는 것으로 보아, 발표자는 볼펜을 화제로 제시하기 위해 청중의 대답을 예상하고 '여러분의 필통에는 어떤 필기구가 가장 많은가요?'라는 질문을 던지고 있음을 알 수 있다.

③ 4문단에서 발표자는 '볼펜의 볼이 빠진 경험이 한 번쯤 있으시죠?'라고 질문을 한 뒤 볼펜의 볼에 대한 설명을 이어 가고 있는데, 이는 청중의 경험을 이끌어 내며 관련된 내용을 설명하는 방식이라고 할 수 있다.

✔❹ 발표자는 청중에게 볼펜이 사람들에게 널리 사용되는 이유에 대해 설명하고 있는데, 그 과정에서 전문가의 견해를 인용하여 설명하는 방식을 활용하고 있지는 않다.

⑤ 발표자는 발표 대상인 볼펜의 특징이 볼과 종이의 마찰에 의해 볼이 구르며 글씨가 써지는 것임을 부각하기 위해 볼펜을 만년필과 비교하며 설명하고 있다.

답 ④

217 매체 활용의 적절성 평가하기 　정답률 79.1%

정오답 ✔체크

① [자료 1]은 만년필에 적용된 모세관 현상을 보여 주고 있기는 하지만, 표면의 거친 정도에 따른 모세관 현상의 차이를 드러내기 위해 활용된 것은 아니다.

② [자료 2]는 본체 끝에 볼이 삽입되어 있는 볼펜의 구조를 보여 주고 있을 뿐, 볼펜의 제작 과정과 관련된 내용을 설명하기 위해 활용된 것은 아니다.

✔❸ [자료 2]는 볼펜의 볼과 종이의 마찰에 의해 볼이 구르면서 글씨가 써지는 원리를 설명하기 위해 볼펜의 구조 중 볼이 있는 부분의 단면을 확대하여 볼의 잉크가 종이에 묻는 원리를 보여 주고 있다.

④ [자료 3]에는 대롱의 끝을 오므려 볼펜의 볼이 빠지지 않도록 하는 방식이 제시되어 있지만, 이 자료가 볼펜의 볼을 정밀하게 가공하는 절차를 단계적으로 드러내는 데 활용되고 있는 것은 아니다.

⑤ [자료 3]을 통해 볼펜이 대롱의 잉크가 볼로 흘러갈 수 있는 구조임을 확인할 수는 있지만, 볼펜에 잉크를 주입하는 방법은 발표 내용과 무관하다.

답 ③

Q 3문단에서 '만년필에 적용된 모세관 현상'을 설명하였는데 일상에서 흔히 볼 수 있는 모세관 현상은 무엇인지요?

모세관 현상이란 석유 등잔의 심지가 석유를 빨아올리는 것이나 종이가 잉크를 빨아들이는 것, 식물의 뿌리에서 물이 올라와 가지나 잎의 구석구석에까지 퍼져 들어가는 것처럼 가는 대롱을 액체 속에 넣어 세웠을 때, 대롱 안의 액체 표면이 대롱 밖의 액체 표면보다 높아지거나 낮아지는 현상을 말해요.

218 말하기 내용 추론하기
정답률 76.9%

정오답 ✅체크

✓❶ 발표자는 청중의 질문에 대해 '겉으로는 잘 보이지 않지만 종이의 섬유소가 가는 대롱의 역할을 하기 때문에 펜촉에 있던 잉크가 모세관 현상에 의해 종이로 흘러가서 쉽게 필기할 수 있는 겁니다.'라고 대답하고 있다. 이 대답의 핵심 내용은 모세관 현상으로 인해 만년필 필기가 수월하게 이루어진다는 것이다. 그러므로 이런 대답을 이끌어 낼 수 있는 ㉠으로는 '만년필로 종이에 글씨를 수월하게 쓸 수 있는 것이 모세관 현상과 어떤 관련이 있는'지 물어보는 질문이 가장 적절하다.

② 발표자의 대답 내용에 만년필 외의 필기구에 대한 내용이 없는 것으로 보아, 만년필 외에 모세관 현상이 적용되어 손쉽게 필기할 수 있는 필기구를 묻는 질문은 적절하지 않다.

③ 만년필 펜촉의 굵기와 필기할 때 힘을 들이는 정도의 연관성에 대한 내용이 발표자의 대답을 통해 드러나고 있지 않기 때문에 적절하지 않다.

④ 발표자의 대답에 만년필로 종이에 글씨를 수월하게 쓸 수 있다는 내용은 드러나지만 펜촉의 형태에 대한 내용은 없기 때문에 펜촉의 형태와 관련하여 질문하는 것은 적절하지 않다.

⑤ 종이의 섬유소가 가는 대롱의 역할을 한다는 것은 ㉠에 대한 답변이므로 적절하지 않다.

답 ①

[219~222] 화법과 작문 통합

(가)
자료 '인공 지능을 면접에 활용하는 것이 바람직하다.'를 논제로 한 토론의 일부
내용 '인공 지능을 면접에 활용하는 것이 바람직하다.'라는 논제 제시 후 논제에 대한 '찬성 측 입론 → 반대 측의 반대 신문 → 찬성 측의 재반론 → 반대 측 입론 → 찬성 측의 반대 신문 → 반대 측의 재반론'의 순서로 토론을 진행함.

(나)
자료 (가)에 청중으로 참여한 학생이 '토론 후 과제'에 따라 쓴 초고
내용 인공 지능을 면접에 활용하는 것에 대한 반대 입장을 세 가지 근거를 들어 주장함.

219 말하기 과정 분석하기
정답률 80.0%

정오답 ✅체크

① '인공 지능을 활용한 면접은 편리한가?'라는 쟁점과 관련하여 '반대 1'은 인공 지능을 활용한 면접에서 기술적 결함이 발생할 가능성이 있음을 들어 지원자가 불편을 겪거나 면접 기회를 상실할 수 있음을 우려하고 있다.

② '인공 지능을 활용한 면접은 경제적인가?'라는 쟁점과 관련하여 '찬성 1'은 비용 절감의 사례를 활용하여 면접에 소요되는 인력이 줄어들기 때문에 경제적 효과가 크다는 점을 강조하고 있다.

③ '반대 1'은 인공 지능을 활용한 면접이 당장은 비용 절감 효과가 있는 것처럼 보이지만 장기적인 관점에서 본다면 오히려 미래에 더 큰 경제적 가치를 창출할 인재를 놓치게 될 수도 있기 때문에 궁극적으로는 경제적이지 않다고 밝히고 있다.

④ '인공 지능을 활용한 면접에서의 평가는 객관적인가?'라는 쟁점과 관련하여 '찬성 1'은 기존 방식의 면접과 달리 인공 지능을 활용한 면접은 면접관의 주관이 개입될 확률이 적고 빅데이터를 바탕으로 일관된 평가 기준을 적용할 수 있어서 객관적이라고 밝히고 있다.

✓❺ '반대 1'은 입론에서 '인공 지능의 빅데이터는 왜곡될 가능성이 있습니다. 빅데이터는 사회에서 형성된 정보가 축적된 결과물로서 특정 대상과 사안에 치우친 것일 수 있습니다.'라고 발언하고 있다. 이는 인공 지능을 활용한 면접에서의 평가에 바탕이 되는 정보가 빅데이터에 근거하지 않는다는 점을 지적하고 있는 것이 아니라, 정보가 빅데이터를 근거로 할 때에 왜곡될 수 있다는 점을 강조하고 있는 것이다.

답 ⑤

220 말하기 목적 추론하기
정답률 81.8%

정오답 ✅체크

① [A]에서 '반대 2'는 찬성 측이 활용한 '면접관의 주관이 개입될 여지가 있다'는 근거의 적절성에 의문을 제기하며 오히려 면접관의 주관이 중요한 판단 기준이 되어야 한다는 내용을 강조하고 있다. 하지만 상대측이 제시한 근거에 대해 적합한 사례를 요구하고 있지는 않다.

✓❷ [A]는 찬성 측 입론에 대한 '반대 2'의 반대 신문과 그 반대 신문에 대한 '찬성 1'의 대답으로 구성되어 있다. 먼저 '반대 2'는 인공 지능을 활용한 면접이 객관적이라는 찬성 측 입론에 대해 회사의 특수성을 고려한다면 오히려 축적된 경험을 지니고 있는 면접관의 주관이 면접 상황에서 중요한 판단 기준이 될 수 있지 않냐며 이의를 제기하고 있다. 이에 대해 '찬성 1'은 면접관의 생각이나 견해로는 지원자의 잠재력을 판단할 수 없고 오히려 오랜 기간 정보가 축적된 데이터가 지원자의 잠재력을 판단하는 데 적합하다고 반박하고 있다. 또 설문 조사 결과를 근거로 활용하여 인공 지능을 활용한 면접을 지지하는 자신의 주장이 타당하다는 것을 강조하고 있다.

③ [B]에서 '찬성 1'은 △△회사가 인공 지능을 활용한 면접을 폐지했다는 상대측의 진술 내용을 수용하고 있으며, 이에 대한 추가 내용을 요청하고 있지도 않다.

④ [B]에서 '반대 1'은 인공 지능을 활용한 면접의 한계가 드러나게 되면 이를 폐지하는 기업이 늘어날 것이라는 향후 전망을 제시하고 있기는 하지만, 인공 지능을 면접에 활용하는 것이 확대되고 있는 추세라는 상대측의

근거 자료에 대해 출처를 확인하고 있지는 않다.

⑤ [A]에서 '찬성 1'은 면접관의 생각이나 견해가 면접 상황에서 중요한 판단 기준이 돼야 한다는 상대측의 의견에 대해 이의를 제기하며 인공 지능 면접의 도입을 찬성하고 있다. 하지만 이는 입론에서 언급한 내용을 강조하고 있는 것일 뿐 실현 가능한 방안을 추가하고 있는 것은 아니다. 한편 [B]에서 '반대 1'은 인공 지능 면접의 확대 추세에 대해 상대측 자료를 인정하면서도, 인공 지능 면접의 한계가 드러나 인공 지능 면접을 폐지하는 기업이 늘어날 것이라는 부정적 전망을 제시하고 있다.

답 ②

221 글쓰기 전략 평가하기　　정답률 75.3%

① (나)의 1문단 첫째 문장에서 인공 지능을 면접에 활용하는 것에 대해 반대하는 입장을 드러내고 있고, 둘째 문장에서 인공 지능 앞에서 면접을 치르는 인간의 모습에 대해 '안타깝다'라는 느낌을 제시하고 있다.

✓② 과제 학습장에는 '반대 1'의 입론을 바탕으로 '인공 지능이 지닌 기술적 결함을 근거로 활용하여 기계가 인간을 평가하는 것이 정당하지 않음을 강조'한다는 글쓰기 전략이 2문단에 수립되어 있다. 그러나 (나)의 2문단에는 인공 지능은 도구에 불과하므로 인공 지능이 인간을 평가하는 것은 주체와 객체가 뒤바뀌는 상황이라는 내용만 제시되어 있을 뿐, 기술적 결함에 대한 내용은 제시되어 있지 않다.

③ 3문단의 둘째 문장에서 말과 행동 이면의 의미까지 고려하는 인간의 고유한 사고 능력에 대한 진술을 확인할 수 있다.

④ 3문단의 셋째 문장에서 인공 지능은 빅데이터라는 정보에 기반하여 결과를 도출해 내는 기계일 뿐, 타당한 판단을 할 수 없다는 진술을 확인할 수 있다.

⑤ 인공 지능 면접이 지원자의 잠재력을 판단하는 데에 더 적합하다는 찬성 측의 입장에 반박하는 글쓰기 전략을 바탕으로, 4문단에서 사회적 관계를 통한 경험의 축적이 바탕이 되어야 타인의 잠재력을 발견할 수 있다는 내용을 제시하고 있다.

답 ②

똑똑! 궁금해요

Q (가)와 같은 토론에서 '입론'과 '반대 신문'의 차이를 설명해 주세요.

A 먼저 토론의 종류를 알아보면, 고전적 토론은 논제에 대해 찬성 측과 반대 측이 각각 두 명이 한 조가 되어 한 번씩 입론과 반론의 기회를 갖는 토론이고요, 이 고전적 토론의 입론 단계에서 반대 신문을 추가한 토론이 바로 (가)와 같은 반대 신문식 토론입니다.
　'입론'이란 논제에 대해 찬성하는 주장과 이유를 밝히거나 논제에 대해 반대하는 이유와 그 타당성을 입증하는 말하기입니다. '반대 신문'이란 상대측의 주장과 그에 대한 근거를 듣고 문제 제기를 할 부분을 찾아 질문하는 말하기입니다. 반대 신문에서는 상대측의 입론 내용을 정확히 듣고 문제 제기를 할 부분을 찾아야 하는데, 이때 상대측 발언의 신뢰성, 타당성, 공정성을 비판적으로 검토하여 논리적 허점을 찾아 질문해야 합니다. 반대 신문을 받으면 상대측에서는 반대 신문자가 제기하는 문제가 무엇인지, 질문에 허점은 없는지 잘 파악하여 반대해야 하는 거지요.

222 조건에 따른 내용 생성 파악하기　　정답률 74.4%

① '인공 지능은 인간의 고유한 영역을 대신할 수 없다.'는 첫째 물음에 대한 답으로 볼 수 있지만, 2문단에 사용된 두 단어를 활용하여 인간과 인공 지능의 관계를 드러낸 부분은 확인할 수 없다.

② '인공 지능은 인간을 대신하기보다는 보조하는 도구이어야 한다.'를 첫째 물음에 대한 답으로 볼 수 있다. 그러나 '인간은 인공 지능과 공존할 수 있는 길을 모색해야 한다.'에서 인간과 인공 지능의 관계를 드러내기 위해 사용한 단어는 '공존'인데, 이 단어는 2문단에 사용된 단어가 아니다.

③ '인공 지능은 인간보다 우위에 있을 수 없다.'는 첫째 물음에 대한 답으로 볼 수 없다. 또한 2문단에 사용한 두 단어를 활용하여 인간과 인공 지능의 관계를 드러낸 부분도 확인할 수 없다.

✓④ 〈보기〉는 1문단의 첫째 물음에 대한 입장을 밝히고, 둘째 물음에 대해 2문단의 두 단어를 활용하여 인간과 인공 지능의 관계를 드러내라는 내용이다. '인공 지능이 인간을 대신할 수 있을까?'라는 첫째 물음에 대해, '인공 지능은 인간을 대체할 수 없다.'라는 입장을 밝히고 있다. 또한 '인간과 인공 지능의 관계는 어떠해야 할까?'라는 둘째 물음에 대한 답으로 2문단에 사용된 두 단어인 '주체', '객체'를 사용하여 '인간의 삶을 결정하는 주체는 인간이고 인공 지능은 인간이 이용하는 객체일 뿐'이라고 그 관계를 밝히고 있다.

⑤ '객체인 인공 지능을 이용하는 인간의 태도가 무엇보다 중요하다.'는 첫째 물음에 대한 답으로 볼 수 없다. 또한 '인간은 인공 지능과의 소통을 통해 자신의 삶을 주체적으로 이끌어 가야 한다.'를 2문단에 사용된 두 단어를 활용하여 인간과 인공 지능의 관계를 드러낸 것으로 보기도 어렵다.

답 ④

[223~225] 작문

(가)
자료　'지역 방언의 보호가 필요하다.'를 주제로 학교 신문에 실을 글을 쓰기 위해 학생이 작성한 메모
내용　작문 상황과 예상 독자를 분석하여 메모함.

(나)
자료　(가)를 바탕으로 쓴 학생의 초고
내용　지역 방언이 사라져 가고 있는 실태, 원인을 밝히고 지역 방언 보호에 관심을 가질 것을 촉구함.

223 글쓰기 계획에 따른 내용 조직의 적절성 평가하기
정답률 88.4%

① 1문단에서 '우리 지역의 방언 어휘 중 특정 단어들을 우리 지역 초등학생의 80% 이상, 중학생의 60% 이상이 '전혀 사용하지 않는다.''라고 지역 방언 사용 실태 조사 결과를 인용하고 있다.

② 1문단 마지막 문장에서 '2010년에 유네스코에서는 제주 방언을 소멸 직전의 단계인 4단계 소멸 위기 언어로 등록하였다.'라는 내용을 제시하고 있다.

❸ ㉠은 지역 방언이 사라져 가는 실태를 잘 모르는 우리 학교 학생들의 상황을 분석한 내용이다. '지역 방언으로 인해 의사소통에 어려움을 겪었던 경험을 제시'하는 것은 지역 방언이 사라져 가는 실태와 직접적인 관련이 없으며, (나)에서 이러한 내용을 찾을 수도 없다.

④ ㉡은 지역 방언의 가치에 대한 우리 학교 학생들의 인식이 부족함을 분석한 것이다. 3문단의 첫 문장에서 지역 방언 보호에 대해 예상되는 반론을, 다음 문장에서 지역 방언의 보호에 관심을 가져야 하는 이유를 제시하고 있다.

⑤ 3문단에서 '올갱이, 데사리, 민물고동' 등의 지역 방언의 예를 활용하여 우리말의 어휘를 풍부하게 만드는 바탕이 된다는 지역 방언의 가치를 설명하고 있다.

달 ③

---

224 자료 활용 방안의 적절성 평가하기 정답률 76.1%

정오답 ☑체크

① [자료 1]은 지역 방언에 대한 표준어 사용자의 언어 의식 조사로, 2010년과 비교해서 2015년에는 지역 방언에 대한 긍정적 느낌의 비중은 감소한 반면, 부정적 느낌의 비중은 증가하였음을 확인할 수 있다. 그러나 이 변화만 가지고 '지역 방언에 대한 무관심'을 지역 방언이 사라져 가는 원인으로 추가할 수는 없다.

② [자료 1]에서 표준어 사용자가 지역 방언 사용자와 대화할 때 받는 느낌의 순위에는 변화가 없고 그 비율만 변화하고 있음을 확인할 수 있지만, 이러한 사실과 지역 방언 교육 정책과의 관련성은 알 수 없다.

③ 표준어와 지역 방언을 구분하여 사용해야 한다는 인식은 [자료 2]를 통해 확인할 수 없다. [자료 2]는 공식적 상황에서는 물론 비공식적 상황에서도 표준어가 많이 사용되고 있음을 언급하고 있으므로 '공식적 상황에서의 표준어 사용 교육 부재'라는 내용은 지역 방언이 사라져 가는 원인으로 적절하지 않다.

✔❹ [자료 2]는 공적인 언어로서의 표준어가 방언 사용 지역에서 사적인 언어로도 많이 사용되고 있다는 내용의 전문가 인터뷰이다. [A]는 지역 방언이 사라져 가는 원인을 제시하고 있는 문단이므로, [자료 2]를 활용하여 방언을 사용해도 되는 상황에서도 표준어를 쓰려는 태도를 지역 방언이 사라져 가는 원인으로 추가할 수 있다.

⑤ [자료 1]과 [자료 2]를 통해서 지역 방언에 대한 표준어 사용자와 지역 방언 사용자의 인식 차이를 확인하기는 어려우며, 이를 근거로 대중 매체의 지역 방언에 대한 편향성을 지역 방언이 사라져 가는 원인으로 추가할 수도 없다.

달 ④

---

225 고쳐쓰기의 이유 추론하기 정답률 64.5%

정오답 ☑체크

✔❶ [고친 글]을 [B]와 비교해 보면, [B]에서 주장만 나열한 문장들에 '지역의 고유한 문화와 정서를 담고 있다는 점에서', '우리의 언어문화를 전 세계에 알릴 수 있기 때문에' 등의 근거를 추가하고 있음을 확인할 수 있다. 한편 [다시 고친 글]을 [고친 글]과 비교해 보면, 두 번째 문장이 삭제되어 있음을 알 수 있다. 두 번째 문장은 글 전체에서 한 번도 언급되지 않은 '지역 방언의 세계 문화유산 지정'의 필요성을 주장하여 글의 통일성을 해

치고 있다.

② 추가한 부분은 주장을 뒷받침하는 근거이므로, 완결되지 않은 문단에 마무리하는 문장을 추가한 것은 아니다.

③ 추가한 부분은 연결 표현으로 보기 어려우며, 삭제한 부분은 글의 통일성을 해치는 문장이지 의미가 중복되는 문장이 아니다.

④ 글의 목적이 지역 방언에 대한 보호 촉구이므로 주장만 제시된 [B]에 근거를 추가한 것을 부족한 정보를 추가한 것으로 볼 수도 있다. 그렇지만 재점검 과정에서는 담화 표지가 아니라 문장 하나를 삭제하고 있다.

⑤ 추가한 부분을 주요 개념 설명을 위한 부연 설명으로 보기 어려우며, 세계 문화유산 지정 필요성은 글의 앞 문단에서 다루어지지 않았기 때문에 삭제한 문장이 중복된 내용이라는 것도 적절하지 않다.

달 ①

똑똑! 궁금해요

Q 선지 ②에서 글의 통일성을 해치는 문장이 있다고 했는데 통일성과 응집성은 어떻게 구별하는지 헷갈릴 때가 있어요. 자세히 알려 주세요.

글의 통일성과 응집성은 작문에서 자주 다루어지는 용어입니다. 통일성이란 글의 여러 내용이 하나의 주제로 긴밀하게 연결되는 것을 말해요. 글의 통일성이 이루어지려면 하나의 문단은 하나의 중심 내용으로 통일되어야 하는 거죠. 따라서 문단의 중심 내용을 뒷받침하는 문장이 적절해야 합니다. 예를 들어 '반대 입장에서 생각해 보는 자세를 지녀야 한다. 즉 자신의 판단이 틀릴 수도 있는 이유에 대해 구체적으로 떠올려 보는 것이다. 그러나 반대를 위한 반대는 의사 결정에 역효과를 초래할 수 있다.'라는 문단에서 밑줄 친 문장은 '반대 입장에서 생각해 보는 자세를 지녀야 한다.'라는 중심 내용을 뒷받침하지 못하므로 글의 통일성을 위해 삭제해야 합니다.

이에 비해 응집성이란 문장이나 문단들이 문법적으로 긴밀하게 연결되는 것을 말해요. 주로 접속어나 지시어에 의해 표현되고, 반복과 생략 등을 통해서도 실현됩니다. 직접적으로 순서나 과정을 드러내는 어휘를 사용하기도 하고요. 예를 들어 '청소년 목공 동아리 '목동'의 이번 활동은 연필꽂이 만들기입니다. 먼저 디자인을 구상합니다. 다음으로 치수를 정합니다. 그리고 치수에 따라 나무를 자르는 재단이 끝나면 작업이 시작됩니다.'라는 글에서는 '먼저, 다음으로, 그리고'와 같이 순서를 드러내는 어휘나 접속어 등을 통해 문장들이 서로 긴밀하게 연결되고 있는 겁니다.

[226~228] 화법

자료 전통극과 관련된 문화유산인 '예산대'를 주제로 한 학생의 발표
내용 발표 주제인 예산대의 모습, 예산대 위의 인형들을 움직이는 방법, 예산대의 의의를 설명하고 기술과 예술을 접목한 전통문화에 대한 관심을 촉구함.

226 말하기 전략 평가하기 정답률 89.2%

정오답 ✅체크

① '기이한 돌산처럼 보이는 물체를 사람들이 움직이고 있죠?', '우선, 예산대에 있는 인형들을 알아볼까요?', '여러분, 예산대 위의 인형들은 어떻게 움직일 수 있었는지 궁금하지 않으세요?'와 같은 질문을 통해 발표 내용에 대한 청중의 관심을 유도하고 있음을 확인할 수 있다.

② '『광해군 일기』에 사람들이 산대를 끌어냈다는 기록이 있는 것으로 보아'를 통해 이동 가능한 산대가 있었다는 정보의 출처를, '이 명칭은 『성종실록』에 이미 기록되어 있습니다.'를 통해 예산대라는 명칭에 대한 정보의 출처를 밝혀 발표 내용의 신뢰성을 높이고 있다.

✓❸ 발표 첫 부분의 '전통극과 관련된 문화유산 중 '예산대'를 소개하고자'한다는 발언에서 발표의 목적은 밝히고 있으나 청중과 공유했던 경험이 드러나 있지 않으므로 발표자가 청중과 공유했던 경험을 제시하며 발표의 목적을 밝히고 있다고 볼 수는 없다.

④ '산대는 산 모양의 큰 무대입니다.'라는 발언을 통해 발표 주제와 관련된 '산대'의 의미를 설명하여 청중의 이해를 돕고 있다.

⑤ 발표 마지막 부분에서 '여러분, 예산대에 대해 관심이 좀 생겼나요?'라는 발언과 '(청중의 대답을 듣고)'를 통해 발표에 대한 청중의 반응을 확인하고 있음을 알 수 있고, '여러분도 기술과 예술을 접목한 전통문화의 또 다른 예를 찾아보면 좋겠습니다.'라는 발언을 통해 청중에게 바라는 바를 제시하고 있음을 확인할 수 있다.

🔖 ③

227 매체 활용의 적절성 평가하기 정답률 88.5%

정오답 ✅체크

① ㉠은 예산대의 모습에 대한 청중의 이해를 돕기 위한 것이므로 〈자료 1〉을 활용하는 것은 적절하나, 예산대의 제작 과정을 보여 주기 위한 것은 아니다.

② ㉠의 제시 이후 '기이한 돌산처럼 보이는 물체를 사람들이 움직이고 있죠?'라는 물음에 대한 정보를 〈자료 3〉을 통해 확인할 수 없으므로 ㉠에 〈자료 3〉을 활용하는 것은 적절하지 않다.

③ ㉡의 제시 목적이 예산대에 있는 인형들을 크게 보여 주려는 것이므로 〈자료 2〉를 활용하는 것은 적절하지만, 예산대의 유래를 설명하기 위한 것은 아니다.

④ 예산대 인형의 형태를 보여 주기 위한 것이 아니라 '예산대 위의 인형들은 어떻게 움직일 수 있었는지' 그 원리를 설명하기 위한 것이므로 ㉢에 〈자료 2〉를 활용하는 것은 적절하지 않다.

✓❺ ㉢은 '예산대 위의 인형들은 어떻게 움직일 수 있었는지' 그 원리를 설명하기 위한 것이므로, '수레바퀴'와 '예산대 내부의 톱니바퀴'가 잘 드러나 있어 인형들의 작동 원리를 설명할 수 있는 〈자료 3〉을 활용하는 것은 적절하다.

🔖 ⑤

228 말하기 내용 추론하기 정답률 82.1%

정오답 ✅체크

✓❶ 답변 내용이 '신선의 세계에서 유희를 즐기는 인물과 동물'에 대한 것이므로 발표에 제시된 예산대에 있는 여러 인형과 연관된 질문임을 추론할 수 있으며, '당시 사람들이 꿈꾸던 이상향 속의 존재들'이라는 답변 내용을 통해 인형들의 의미를 묻고 있음을 추론할 수 있다.

② 발표 내용에서 전통극 무대에는 상징적 의미가 있다는 내용은 확인할 수 없다.

③ 발표 내용 중 예산대는 '산 모양의 큰 무대'라는 내용은 확인할 수 있지만, 답변 내용에서 '산'과 '신선의 세계'와의 관련성에 대한 내용은 확인할 수 없다.

④ 발표 내용에서 예산대에서 인형극이 행해졌다는 내용은 확인할 수 있지만, 답변 내용에서 사람이 직접 예산대 위에서 공연할 수 있는 것인지에 대한 내용은 확인할 수 없다.

⑤ 발표 내용에서 『봉사도』가 '중국 사신단의 일정'을 보여 준다는 내용은 확인할 수 있지만, 답변 내용에서 『봉사도』에 있는 예산대 외의 다른 그림에 대한 내용은 확인할 수 없다.

🔖 ①

[229~230] 화법과 작문 통합

자료 교지에 실을 글을 쓰기 위한 학생의 면담
내용 한국고 교지 편집부 학생이 교지에 햇살도서관을 소개하는 글을 쓰고자 햇살도서관의 사서와 면담을 진행함.

229 말하기 목적 추론하기 정답률 91.8%

정오답 ✅체크

① [A]에서 학생이 '혹시 신청 방법이 궁금한 거예요?'라는 사서의 답변이 자신의 질문의 의도에서 벗어났다고 판단하여 다시 질문했다고 볼 수는 있지만, 같은 질문을 다시 하고 있지는 않다.

② [A]에서 사서가 확인하는 질문을 하고 있지만, 이는 질문의 의도를 확인하기 위함이지 질문에 대한 답변을 학생이 제대로 이해하지 못했다고 판단했기 때문은 아니다.

③ [B]에서 학생이 새로운 질문을 한 이유는 사서의 답변이 면담의 목적에서 벗어나서가 아니라 사서의 답변을 듣고 더 알고 싶은 점이 생겨서이다.

✓❹ [A]에서 사서는 '혹시 신청 방법이 궁금한 거예요?'라는 질문을 통해 질문의 의도를 명확하게 확인하고 있으며, [B]에서 학생은 사서의 답변을 듣고 '도움'의 구체적 내용에 대해 더 알고자 보충 질문하고 있다.

⑤ [A]에서 학생이 질문의 의미가 잘못 전달됐다고 판단하여 다시 질문하고 있다고 볼 수는 있으나, [B]에서 사서가 학생의 질문 중 일부 내용을 반복하여 자신의 이해 여부를 확인하는 내용은 확인할 수 없다.

🔖 ④

230 자료 수집과 활용의 적절성 평가하기 정답률 70.6%

정오답 ✅체크

① 학생은 글에서 '인자한 인상의 사서 선생님'이라고 하여 면담에서 받은 사서에 대한 주관적 인상을 드러내 도서관에 대한 호감을 높이고 있다.

② 글에서 '진로 탐색이나 교우 관계에 고민이 있는 한국고 학생들'로 책편지 서비스가 도움이 될 만한 대상자를 구체화하고 있으며, 고민 해결에 많은 도움을 받을 수 있을 것이라는 기대 효과를 알리고 있다.

③ 면담에서 마지막 질문에 대한 사서의 답변 중 '도서관은 단순히 ~ 책을 경험하는 곳'이라는 내용을 '도서관은 책을 경험하는 곳입니다.'라는 부제로 제시하여 도서관에 대한 관심을 이끌어 내고 있다.

✓ ❹ 면담 중 사서의 다섯 번째 말에는 '도서관에 직접 와서 ~ 신청서를 작성'이라는 책편지 서비스 신청 방법이 제시되어 있지만, 학생이 쓴 글에서 신청 방법에 대한 정보를 확인할 수 없다.

⑤ 면담에서 학생이 '책을 빌리는 곳, 그 이상의 장소'라는 주민들의 반응을 언급하였는데, 글에서도 이를 제시하여 도서관의 장점을 부각하고 있다.

📖 ④

똑똑! 궁금해요

Q 선지 ③에서 사서의 답변 중 일부를 글의 부제로 제시했다고 했는데, 기사문에서 부제의 역할과 함께 기사문의 형식에 대해 알려 주세요.

A 기사문은 크게 '표제-부제-전문-본문-해설'의 순서로 작성합니다. 표제는 말 그대로 대표적인 제목으로, 기사 전체를 통해 말하고자 하는 핵심 내용을 담은 큰 제목을 말합니다. 이에 비해 부제는 부차적인 제목, 즉 표제에 딸린 제목으로, 본문의 주요 내용을 담아 표제를 보충해 주는 역할을 하죠. 그리고 기사의 첫 문단에서 기사의 주요 내용을 요약해 제시하는 부분이 전문인데요, 바로 이 부분이 기사의 육하원칙인 '누가, 언제, 어디서, 무엇을, 어떻게, 왜'에 따라 작성되는 겁니다. 이어지는 기사의 본문은 앞서 밝힌 전문의 내용을 구체적으로 제시하는 부분이고요, 기사의 마지막에 오는 해설은 해당 기사 내용의 성격이나 현황, 전망 등을 덧붙이는 부분입니다. 기사문은 해설을 덧붙이지 않고 바로 본문에서 기사를 마무리하는 경우도 있답니다.

[231~232] 화법과 작문 통합

(가)

자료 작문 과제(일상의 체험을 바탕으로 자신을 성찰하는 글 쓰기)에 따라 작성한 '학생 1'의 글

내용 학교 텃밭에 옥수수 씨앗을 심은 체험을 바탕으로 초심을 잊은 자신에 대해 성찰함.

(나)

자료 작문 과제(일상의 체험을 바탕으로 자신을 성찰하는 글 쓰기)에 따라 작성한 '학생 2'의 글

내용 학교 텃밭에 심은 옥수수의 싹이 나기를 기다리던 체험을 바탕으로 자신의 조급한 성격을 성찰함.

231 효과적인 전달을 위한 표현의 적절성 평가하기
정답률 82.6%

정오답 ✓체크

① '학생 1'은 '선생님'의 조언을, '학생 2'는 '선배'의 조언을 성찰의 계기로 삼고 있다.

✓ ❷ '학생 2'는 옥수수 싹이 나오길 기다리며 '조급해했던' 마음을 반성하고 있으므로 '식물이 자라는 모습'을 통해 '새로운 의미'를 발견하였다고 볼 수

있으나, '학생 1'은 옥수수 씨앗을 심으며 '심는 사람의 마음'이 중요한 것을 깨닫고 있어 '식물이 자라는 모습'을 통해 새로운 의미를 발견한 것으로 볼 수 없다.

③ '학생 1'은 '당장의 어려움 때문에 시작할 때의 마음을 잊었던 것은 아닐까?'라는 질문을, '학생 2'는 '왜 그렇게 조급해했던 것일까?'라는 질문을 스스로에게 던지며 자신을 돌아보고 있다.

④ '학생 1'은 '하나의 생명을 심을 때는 심는 사람의 마음도 함께 심는 거란다.'라는 문장을 다시 인용하며, '학생 2'는 자신이 원했던 '옥수수 싹이 어느새 올라와 있'는 상황을 제시하며 글을 마무리하고 있다.

⑤ '학생 1'은 '설렘'에서 '투덜댐'으로, '투덜댐'에서 '반성'으로의 감정 변화를 중심으로 내용을 전개하고 있으며, '학생 2'는 자신의 조급해하는 태도를 교우 관계에서도 조급해하며 서운했던 경험과 연결 지어 내용을 전개하고 있다.

📖 ②

232 말하기 내용의 적절성 평가하기
정답률 91.9%

정오답 ✓체크

① ㉠에서는 '기다림의 자세가 필요'하다고 생각하는 '학생 2'의 글에 의문을 제기하며 상대의 생각을 묻고 있다.

② ㉡에서는 수영을 배울 때 성급하게 생각했던 자신의 경험을 들어 '기다림의 자세가 필요'하다고 생각하는 '학생 2'의 글에 공감하고 있다.

③ ㉢에서는 '여유를 갖고 기다리는 것'의 중요성에 공감하며 '학생 2'의 생각을 인정하면서도 '문제점을 고치려는 노력도 중요'하다는 자신의 생각을 추가하고 있다.

✓ ❹ ㉣에서는 여유를 갖고 기다리는 것이 중요하다는 자신과 '학생 2'의 공통된 생각보다는, 문제점을 고치려는 노력을 통해 결과를 얻는 시기를 앞당길 수 있다는 자신만의 의견을 강조하고 있다.

⑤ ㉤에서는 글을 읽고 대화를 나누는 행위에 대해 '서로의 생각'에 대한 공통점과 차이점을 알 수 있다는 점을 근거로 긍정적으로 평가하고 있다.

📖 ④

[233~235] 작문

(가)

자료 '확증 편향에 빠지지 않기 위한 방안'을 주제로 한 작문 과제

내용 '확증 편향에 빠지지 않기 위한 방안'을 주제로 확증 편향의 개념이 생소한 우리 학교 학생들에게 확증 편향에 빠지지 않기 위해 노력해야 함을 주장하는 글쓰기를 작문 과제로 제시함.

(나)

자료 (가)를 바탕으로 쓴 학생의 글

내용 자신의 생각과 상반된 증거를 본 사람들의 반응을 예로 들어 확증 편향의 개념과 문제점을 밝히고 확증 편향에 빠지지 않기 위한 방안을 제시하면서 확증 편향에 빠지지 않기 위한 노력을 촉구함.

233 내용 조직 전략의 적절성 평가하기
정답률 78.3%

정오답 ✓체크

① '확증 편향에 빠지지 않기 위한 방안'이라는 주제를 글을 통해 구체화하

고 있으나, 확증 편향의 원인에 대한 내용은 글에서 확인할 수 없다.

② '확증 편향에 빠지지 않기 위해 노력해야 함을 주장'하는 글의 목적을 강조하기 위해 확증 편향의 문제점을 2문단에 제시하고 있으나, 문제점에 대한 '상반된 견해'를 비교한 내용은 글에서 확인할 수 없다.

③ 글의 목적을 분명히 하기 위해 확증 편향에 빠지지 않기 위한 '방안'을 3~5문단에 제시하고 있으나, '방안의 한계'와 이를 '보완할 방향'은 글에서 확인할 수 없다.

✓④ 예상 독자의 이해를 돕기 위해 1문단에서 '미국의 한 심리학자'의 실험을 예로 들고 있으며, 이를 바탕으로 2문단에서 확증 편향의 개념을 설명하고 있다.

⑤ 사회적 쟁점을 두고 학생들 간에 벌어진 논쟁은 글에서 확인할 수 없다.

답 ④

234 글쓰기 전략 평가하기 　　　정답률 **78.1%**

정오답 ✅ 체크

① 〈보기〉의 내용은 '집단의 의견'도 '비합리적'일 수 있음을 보여 주는 것으로, '확증 편향'이 '비판적 사고에 부정적 영향'을 주는 것 자체를 비판하는 것은 아니다.

② 집단 구성원 간의 상호 작용이 원활하게 이루어질 때 확증 편향으로 인한 문제를 막을 수 있다는 주장은 (나)의 4문단에 제시된 내용과 같은 맥락의 주장이므로 '확증 편향에 빠지지 않기 위한 방안'을 비판하는 근거가될 수 없다.

③ 〈보기〉의 내용은 집단의 의견도 비합리적일 수 있음을 보여 주는 것으로, 5문단에 제시된 '책임지는 자세'를 통해 확증 편향에 빠지지 않을 수 있음을 비판하는 주장의 근거로 사용하기에는 적절하지 않다.

✓④ 〈보기〉의 내용은 천동설과 지동설의 대립을 통해 '집단의 의견'도 한쪽으로 치우쳐 있다면 '비합리적인 의사 결정'이 이루어질 수 있음을 보여 주고 있으므로, 확증 편향에 빠지지 않기 위해서는 '집단 의사 결정 방법'을 거쳐야 한다는 (나)의 4문단의 주장에 대한 비판의 근거로 사용할 수 있다.

⑤ 확증 편향의 긍정적 측면을 주장하는 선지의 진술은 (나)처럼 확증 편향에 대한 부정적 입장을 비판할 수는 있지만, 발문에서 '확증 편향'이 아닌 '확증 편향에 빠지지 않기 위한 방안'을 비판하는 글을 쓴다고 전제하였으므로 이에 대한 비판의 내용으로 적절하지 않다. 또한 갈릴레이가 천동설에 맞서 지동설을 펼친 것이 확증 편향이 있기에 가능한 것인지도 불분명하다.

답 ④

똑똑! 궁금해요

Q 〈보기〉를 선지 ①에 적용하면 '당시 과학계'가 '자신의 주장과 일치하는 정보만을 선택적으로 수집'한 경우로 볼 수 있고, 이 경우 '비판적 사고'에 부정적으로 영향을 준다고 볼 수 있지 않나요?

A 네, 〈보기〉의 당시 과학계는 자신의 주장과 일치하는 정보만을 선택적으로 수집하여 비판적 사고에 부정적 영향을 주었다고 볼 수 있습니다. 하지만 이는 '확증 편향에 빠지지 않기 위한 방안'에 대해 비판한 것이 아니라 확증 편향에 빠진 당시 과학계를 비판한 것이므로 적절하지 않다고 본 것입니다.

235 고쳐쓰기의 적절성 평가하기 　　　정답률 **77.1%**

정오답 ✅ 체크

① '따라서 확증 편향에 빠지지 않기 위해서는 먼저'를 추가하여 앞 문단과의 연결 관계를 보여 주고 있다.

② 첫 번째 문장의 내용을 뒷받침하는 근거로 '왜냐하면 고려의 ~ 있기 때문이다.'를 추가하여 제시된 방안의 긍정적 효과를 드러내고 있다.

✓③ 두 번째 문장의 내용이 앞 문장과 유사하다고 볼 수 있지만, 두 문장의 핵심어를 포함한 한 문장으로 교체한 것이 아니라 두 번째 문장을 삭제하였다.

④ 세 번째 문장의 내용이 '확증 편향에 빠지지 않기 위해서는 먼저 반대 입장에서 생각'해야 한다는 중심 내용에서 벗어나 문단의 통일성을 해치므로 글에서 삭제하였다.

⑤ '반대 입장에서 생각'해야 한다는 주장의 설득력을 강화하는 '찰스 다윈'의 사례를 근거로 추가한 것을 확인할 수 있다.

답 ③

[236~238] 화법

자료 '세계 여러 나라의 탈'을 주제로 한 학생의 발표
내용 발표 주제의 선정 동기와 함께 발표 주제를 소개하고 인상적인 세계 여러 나라의 탈 중에서 하회탈 중 양반탈, 중국 관우 탈, 아프리카 카메룬의 탈 세 가지를 예로 들어 각각의 특징을 소개함.

236 말하기 전략 평가하기 　　　정답률 **85.5%**

정오답 ✅ 체크

① 도입부에 해당하는 1문단에서 발표에 사용될 용어의 개념을 설명하는 부분은 찾을 수 없다.

② 발표자가 자신의 수업 시간의 경험, 즉 국어 시간에 '봉산 탈춤'을 배운 경험을 언급하고 있기는 하다. 하지만 이 경험은 발표 주제 선정 이후 발표를 준비하던 중에 생긴 것이다.

③ 발표에서 전문가의 말을 인용하며 발표 내용에 대한 신뢰도를 높이고 있는 부분은 찾을 수 없다.

✓④ 발표에서 청중에게 질문을 던지고 청중의 반응을 확인하는 장면은 여러 곳에 나타난다. 가령 2문단의 첫 문장은 청중에게 하는 질문으로, 이어지는 '(청중의 반응이 없자)'를 통해 발표자가 청중의 반응을 확인하고 있음을 알 수 있다. 청중의 반응이 없자 발표자는 '안동에서 볼 수 있는 탈'이라는 추가 정보를 제시하고 있다.

⑤ 마무리에 해당하는 마지막 문단에서 청중에게 매체 자료를 제시하고 이를 다음 탐구 주제와 연관 짓고 있으나, 발표 내용에 대한 청중의 이해도를 확인하는 모습은 드러나지 않는다.

답 ④

청중과 공유하는 경험을 환기한 후, 이를 자신의 발표 내용과 연결 지어 생태 복원을 통해 환경 문제를 해결하는 방안을 소개하고 있다. 또한 지난 과학 시간에 굴이나 홍합이 자연의 방파제 기능을 하면서 물을 정화할 수

된 내용을 긍정적으로 생각하고 있다.

⑤ '학생 2'는 발표 내용 중 굴이 오염된 물을 정화한다는 내용을 언급하며 그 효과가 미미하지 않을지 의문을 제기하고 있다. '학생 3'은 발표 내용

③ [A]에서 '학생 2'와 [B]에서 '학생 3'은 상대가 제시한 방안의 실현 가능성을 검토하고 있지 않으며, 상대 의견의 한계 역시 지적하고 있지 않다.
④ '그게 좋겠다.'로 미루어 보아 [B]에서 '학생 3'은 '학생 2'의 의견에 반대

중한 추억을 함께 쌓을 수 있다는 내용을 드러내자는 조건을 반영하여 ㉒의 내용을 수정·보완한 것으로 볼 수 있다.

답 ⑤

중 대규모 굴 서식지를 조성한다는 내용을 언급하며 이와 관련하여 경제성이 낮은 것은 아닐지 의문을 제기하고 있다.

답 ②

[259~262] 화법과 작문 통합

(가)
자료 학교 신문반 회의
내용 급식 메뉴를 학생들이 직접 선정하는 행사에 대한 기사문의 내용 구성에 대해 논의함.

(나)
자료 (가)를 바탕으로 쓴 기사문의 초고
내용 (가)에서 논의한 내용 구성 방법에 따라 '표제-부제-전문-본문'의 형식에 맞춰 기사문을 작성함.

259 발화 의미와 기능 이해하기   정답률 78.3%

정오답 ✅체크

① ㉠에서는 급식 메뉴를 학생들이 직접 선정하는 행사에 대한 기사를 쓰기로 결정했던 지난 회의 결과를 환기하며, 이번 회의에서는 기사의 내용 구성에 대해 논의하자고 언급하고 있다.
✓❷ '학생 2'는 본문의 처음 부분에 학생들이 선정한 급식 메뉴와 제공 날짜를 밝히자고 제안하였다. 그러나 '학생 3'은 그것보다는 행사가 실시되는 취지를 먼저 제시하자고 제안하고 있고, '학생 1'도 이러한 제안에 동의하고 있다. 그러자 '학생 2'는 이를 수용해 먼저 학생들이 급식 메뉴를 선정하게 된 취지를 밝힌 후, 선정된 급식 메뉴와 제공 날짜를 밝히자고 말하고 있다. 그러므로 ㉡은 기사문의 내용 구성에 대해 논의하며 드러난 쟁점을 제시한 것이 아니라 본문의 처음 부분에 구성될 내용에 대해 '학생 1', '학생 3'과 협의한 내용을 정리한 것으로 볼 수 있다.
③ ㉢에서는 기사문에 포함되어야 할 내용으로 급식 메뉴를 선정하게 된 과정을 언급하고 있으며, 이를 의문의 형식으로 제시하고 있다.
④ ㉣에는 앞으로 급식 메뉴를 선정하게 되는 학생들에게 도움이 될 수 있도록 급식 메뉴 선정 방법을 그 과정에 따라 서술하자는 내용이 제안되어 있다.
⑤ ㉤에는 '학생 1'이 학교 급식 영양 기준에 대해 조사하여 그것에 대해 알고 있다는 내용이 제시되어 있으며, 이를 바탕으로 앞서 '학생 3'이 언급한 급식 메뉴 선정에 참여했던 학생들의 어려움에 대해 공감하는 내용이 제시되어 있다.

답 ②

260 담화의 구조와 기능 이해하기   정답률 63.7%

정오답 ✅체크

① [A]에서 '학생 1'은 '학생 3'이 제안한 내용에 대해 '좋아.'라고 반응하고 있으므로 '학생 3'의 제안의 문제점을 지적했다고 볼 수 없다.

---

② [A]에서 '학생 3'은 본문의 처음 부분에, 선정된 급식 메뉴와 제공 날짜를 제시하자는 '학생 2'의 의견이 지닌 문제점을 언급하며 행사의 취지부터 언급해야 한다고 말하고 있다. '학생 3'이 '학생 2'의 의견을 일부 인정하면서 자신의 의견과 절충한 방안을 제시하고 있지는 않다.
③ [B]에서 '학생 3'은 본문의 마지막 부분에 급식에 대한 학생들의 불만과 그에 대한 해결을 촉구하는 내용을 쓰자는 '학생 2'의 의견에 대해 기사문의 통일성을 해친다며 반대하고 있다.
✓❹ [A]에서 '학생 2'는 '학생 3'의 제안과 '학생 1'의 말을 듣고 기사의 핵심 내용이 강조되는 효과에 대해 언급하며 그 내용을 수용하고 있다. 또 [B]에서 '학생 2'는 '학생 3'이 말한 내용을 듣고 그렇게 하면 설득력을 높이는 효과가 있겠다고 언급하며 그 내용을 수용하고 있다.
⑤ [B]에서 '학생 1'은 '학생 3'이 언급한 내용과 함께 학생들의 급식 메뉴 선정 횟수를 늘릴 수 있다는 계획을 덧붙이자고 하였을 뿐, '학생 3'이 제안한 내용과 관련한 구체적인 시행 방안을 덧붙이고 있지는 않다.

답 ④

261 글쓰기 계획 파악하기   정답률 73.3%

정오답 ✅체크

① (나)의 부제에는 학생들이 직접 급식 메뉴를 선정하는 행사의 취지로 급식 만족도를 높이고 잔반을 줄인다는 내용이 언급되어 있다.
✓❷ (나)에서는 급식 메뉴 선정에 참여한 학생들의 반응으로 메뉴 선정 과정의 어려움만 제시하고 있을 뿐, 행사의 효과를 부각한 부분은 찾아볼 수 없다.
③ (나)의 본문 3문단에서는 현재 매월 1회인 학생들의 급식 메뉴 선정 횟수를 늘릴 계획이 있다고 하면서 급식 메뉴를 직접 선정하는 행사에 많은 학생들의 관심과 참여를 촉구하고 있다.
④ (나)의 본문 2문단에 급식 메뉴 선정에 참여하는 학생 선정 방법에 대한 내용이 언급되어 있으며, (가)에서 급식 메뉴 선정에 참여하는 학생 선정 방법에 대해 학생들이 많이 궁금해할 것이라는 내용을 확인할 수 있다.
⑤ (나)의 본문 1문단에서 선정된 급식 메뉴와 제공 날짜를 확인할 수 있으며, (가)에서 선정된 급식 메뉴와 제공 날짜를 밝히면 학생들이 기사 내용에 주목할 것이라는 내용을 확인할 수 있다.

답 ②

262 글 내용 수정·보완의 적절성 평가하기   정답률 64.5%

정오답 ✅체크

① 급식 메뉴를 선정하는 일이 막연히 어렵다고 제시했을 뿐 무엇이 어려운지 또 그 이유는 무엇인지에 대한 내용이 없으므로 수정·보완한 내용으로 적절하지 않다.
② 선정된 급식 메뉴가 학교 급식 영양 기준과 학생 선호를 모두 반영한 것이라는 내용만 있을 뿐 그러한 과정에서 겪은 어려움과 그 이유에 대한 내용이 없으므로 수정·보완한 내용으로 적절하지 않다.
③ 학교 급식 단가와 관련한 내용은 글의 맥락에 맞지 않을 뿐만 아니라 급식 선정 과정의 어려움과 그 이유에 대한 내용도 제시되어 있지 않으므로 수정·보완한 내용으로 적절하지 않다.

④ 영양사 선생님의 노고와 어려움에 대해 언급하고 있을 뿐 급식 선정 과정에 참여한 학생들의 어려움과 그 이유에 대한 내용이 없으므로 수정·보완한 내용으로 적절하지 않다.

✓❺ 〈보기〉의 '학생 1'은 기사문에 포함하기로 했던 내용 중 급식 메뉴 선정 과정의 어려움과 그 이유가 잘 드러나지 않았다고 언급하고 있다. 또 '학생 2'는 '학생 1'의 말에 동의하면서 글의 맥락에 맞게, 급식 메뉴 선정 과정에 참여한 학생의 말을 인용해 그 내용을 구체적으로 제시하자고 말하고 있다. 그러므로 학생들의 선호와 학교 급식 영양 기준을 모두 충족하는 급식 메뉴를 선정하는 데 시간이 오래 걸렸다는 내용으로 급식 메뉴 선정 과정의 어려움과 그 이유를 제시한 ❺가 수정·보완한 내용으로 가장 적절하다.

답 ⑤

[263~265] 작문

(가)

자료 학생의 메모
내용 학습 활동 과제에 따라 사회적 쟁점에 대해 학급 학생들에게 의견을 밝히는 글을 쓰기 위해 학급 학생들에 대한 분석을 메모함.

(나)

자료 학생이 수집한 자료
내용 무인 항공기인 드론의 활용 범위가 넓어지고 있어서 생기는 문제를 다룬 기술 전문 잡지의 내용을 자료로 수집함.

(다)

자료 학생의 초고
내용 드론의 개인 정보 수집과 활용에 대해 사후 규제 방식을 도입해야 한다는 의견이 대두되고 있지만 드론의 특성과 사후 규제 방식의 문제점을 제시하며 현재 적용되고 있는 드론의 사전 규제 방식을 유지해야 한다고 주장함.

263 글쓰기 전략 파악하기   정답률 65.7%

정오답 ✔체크

① 일부 학생들은 사전 규제 방식과 사후 규제 방식이 무엇인지 잘 모른다는 ㉠을 고려해, 1문단에서 사전 규제 방식과 사후 규제 방식의 주요 내용에 대해서 설명하고 있다.

② 2문단에서 ㉡을 고려해, 드론이 고성능 카메라나 통신 장비를 장착하고 있고, 소형화, 경량화되어 있어 정보 수집에 용이하다는 드론의 특성에 대해 언급하고 있다.

✓❸ ㉡에서는 드론이 개인 정보를 수집하고 활용하는 것에 대해 궁금해하는 학생들이 있다고 하였다. 그러나 (다)에서 ㉡을 고려해 드론이 개인 정보를 수집하고 활용하는 기술적 원리와 한계에 대해 설명한 내용은 확인할 수 없다.

④ '나'는 사전 규제 방식에 찬성하는 견해를 가지고 있다. 이와 상반된 견해를 가진 학생들도 있다는 ㉢을 고려해, 3문단에서 사생활 침해와 개인 정보의 의도적 악용 등 사후 규제 방식을 도입할 경우 발생할 수 있는 부정적 결과를 제시하고 있다.

⑤ 4문단에서 ㉣을 고려해, 사후 규제 방식의 도입으로 드론 기술과 산업이 빠르게 발전할 수 있다는 입장에 대해 개인 정보 보호에 관한 개인의 기본권을 등한시하는 결과를 초래할 수 있다는 문제점을 지적하고 있다.

답 ③

264 자료 활용 전략 파악하기   정답률 71.9%

정오답 ✔체크

① ⓐ를 구체화하여 3문단에서 인명 구조, 시설물 점검 등의 공공 분야와 제조업, 물류 서비스 등의 민간 분야까지 드론의 활용 범위가 넓어지고 있다고 하였다.

② ⓑ를 토대로 2문단에서 드론이 소형화, 경량화되어 사생활 침해의 우려가 커지고 있다고 하였다.

③ ⓒ에 해당하는, 헌법에서 보장하는 개인의 기본권의 구체적인 내용으로 5문단에서 주거의 자유, 사생활의 비밀과 자유 등을 제시하며 개인의 기본권 보호의 필요성을 강조하고 있다.

✓④ 학생의 초고에서는 ⓓ에서 사전 규제 방식을 선택하여 개인 정보 보호의 필요성에 대해 강조하고 있다. 이와 관련하여 3문단에서 사생활 침해, 개인 정보의 의도적 악용 등 개인 정보 침해로 인한 피해를 제시하고 있으나, 개인 정보 침해를 예방하지 못해 발생하는 피해를 경제적인 측면에서 강조한 것은 아니다.

⑤ ⓔ를 참고하여 4문단에서 사전 규제 방식을 유지하면서도 개인 정보 수집과 활용 동의 절차를 간소화하고 편의성을 높이면 정보의 활용이 용이해져 드론 기술과 산업의 발전을 도모할 수 있다고 하였다.

답 ④

265 비판적 관점에서 반박하는 글 쓰기   정답률 54.3%

정오답 ✔체크

① 개인의 동의를 구한 상황에서 개인 정보를 이용하는 것이 효과적이라는 것은 사전 규제 방식에 해당하므로 〈보기〉에서 근거를 찾은 것이 아니며, [A]와 유사한 입장에 해당한다.

✓❷ 〈보기〉에서는 사후 규제 방식을 도입하면서도 개인의 기본권을 보호할 수 있다고 하면서, 그 예로 '징벌적 손해 배상 제도'와 같은 방안을 들었다. [A]에서는 사후 규제 방식을 도입하면 사생활 침해와 개인 정보를 의도적으로 악용하는 사례가 증가할 것이라고 하여 사후 규제 방식 도입에 반대하고 있다. 따라서 〈보기〉에서 근거를 찾아 [A]에 대해 반박하는 글을 쓴다면, 개인의 동의 없이 개인 정보를 수집하는 사후 규제 방식을 허용하되 엄격한 기본권 보호 방안으로 개인 정보의 불법적 이용을 막을 수 있다는 내용이 적절하다.

③ 드론 활용 범위를 민간 분야까지 확대하기 위해 징벌적 손해 배상 제도를 도입해야 한다는 것이나 개인 정보 침해 종류에 따라 손해 배상액을 결정하자는 것은 〈보기〉를 근거로 [A]에 대해 반박하는 내용으로 볼 수 없다.

④ 사전 규제 방식을 도입하되 규제를 완화하면 그로 인한 피해가 증가할 것이라는 내용으로 〈보기〉에서 근거를 찾은 것도 아니며, [A]에 대한 반박으로 볼 수도 없다.

⑤ 사전 규제 방식과 사후 규제 방식을 절충해서 개인 정보 수집과 활용을 규제하여 손실을 줄일 수 있다는 것은 〈보기〉를 근거로 [A]에 대해 반박하는 내용이 아니다.

답 ②

한눈에 보는 정답

I 화법과 작문

01 ④	02 ⑤	03 ④	04 ④	05 ⑤	06 ①	07 ③	08 ③	09 ②	10 ⑤
11 ①	12 ②	13 ④	14 ③	15 ④	16 ⑤	17 ①	18 ⑤	19 ①	20 ③
21 ⑤	22 ⑤	23 ①	24 ⑤	25 ②	26 ④	27 ③	28 ⑤	29 ①	30 ④
31 ②	32 ⑤	33 ③	34 ①	35 ④	36 ①	37 ③	38 ④	39 ⑤	40 ②
41 ③	42 ①	43 ②	44 ④	45 ②	46 ⑤	47 ⑤	48 ③	49 ④	50 ④
51 ①	52 ①	53 ①	54 ②	55 ④	56 ①	57 ⑤	58 ③	59 ④	60 ④
61 ③	62 ②	63 ④	64 ⑤	65 ②	66 ①	67 ④	68 ④	69 ③	70 ①
71 ②	72 ②	73 ⑤	74 ②	75 ①	76 ⑤	77 ②	78 ①	79 ④	80 ③
81 ②	82 ⑤	83 ②	84 ④	85 ⑤	86 ③	87 ⑤	88 ③	89 ③	90 ①
91 ⑤	92 ④	93 ②	94 ⑤	95 ③	96 ①	97 ④	98 ⑤	99 ②	100 ③
101 ⑤	102 ⑤	103 ②	104 ④	105 ②	106 ①	107 ④	108 ③	109 ①	110 ④
111 ④	112 ⑤	113 ④	114 ①	115 ①	116 ③	117 ①	118 ②	119 ②	120 ⑤
121 ③	122 ①	123 ④	124 ②	125 ③	126 ②	127 ③	128 ⑤	129 ⑤	130 ①
131 ④	132 ④	133 ②	134 ①	135 ⑤	136 ⑤	137 ④	138 ④	139 ③	140 ③
141 ①	142 ⑤	143 ②	144 ②	145 ③	146 ①	147 ④	148 ①	149 ③	150 ⑤
151 ②	152 ⑤	153 ⑤	154 ④	155 ⑤	156 ③	157 ⑤	158 ④	159 ①	160 ④
161 ③	162 ③	163 ②	164 ③	165 ②	166 ②	167 ④	168 ①	169 ⑤	170 ②
171 ③	172 ③	173 ①	174 ⑤	175 ⑤	176 ④	177 ③	178 ⑤	179 ②	180 ④
181 ④	182 ⑤	183 ②	184 ②	185 ①	186 ①	187 ⑤	188 ④	189 ③	190 ⑤
191 ③	192 ③	193 ③	194 ②	195 ①	196 ②	197 ④	198 ②	199 ⑤	200 ⑤
201 ⑤	202 ③	203 ⑤	204 ④	205 ⑤	206 ③	207 ④	208 ④	209 ③	210 ④
211 ①	212 ②	213 ③	214 ①	215 ②	216 ④	217 ③	218 ①	219 ⑤	220 ②
221 ②	222 ④	223 ③	224 ④	225 ①	226 ③	227 ⑤	228 ①	229 ④	230 ④
231 ②	232 ④	233 ④	234 ④	235 ③	236 ④	237 ②	238 ②	239 ⑤	240 ②
241 ④	242 ②	243 ③	244 ⑤	245 ③	246 ④	247 ②	248 ①	249 ④	250 ①
251 ③	252 ⑤	253 ⑤	254 ⑤	255 ②	256 ①	257 ④	258 ②	259 ②	260 ④
261 ②	262 ⑤	263 ③	264 ④	265 ②					

스스로 성장하는 힘,

나는 덕성이다

차미리사 선생님의 창학이념과
덕성의 자유전공제가 만나
더욱 단단하고 밝은
'나'의 미래를 만듭니다

自生
自覺
自立
自省
자생
자각
자립
자성

살되, 네 생명을 살아라
Live, but live your own life.

알되, 네가 깨달아 알아라
Learn, but learn your own lesson.

생각하되, 네 생각으로 하여라
Think, but think for yourself.

수도권 대학 최초 전면 자유전공제 도입

3개 계열(인문·사회, 자연·공학, 예술) 중 하나로 입학하여, 1년 동안 적성 탐색 후
2학년 진입 시 제1전공 선택, 제2전공은 자유롭게 선택 가능

• 제1전공 심화 가능 / 2개 이상의 제2전공 이수 가능 / 제1전공 심화와 제2전공 동시 이수 가능
※ 제1전공 : 계열 내에서 선택 / 제2전공 : 계열 제한없이 34개 전공·학부, 2개 융합전공 중에서 하나를 선택

2025학년도 신·편입학 안내 | 입학안내 enter.duksung.ac.kr 문의전화 **02-901-8189/8190**   덕성여자대학교 DUKSUNG WOMEN'S UNIVERSITY

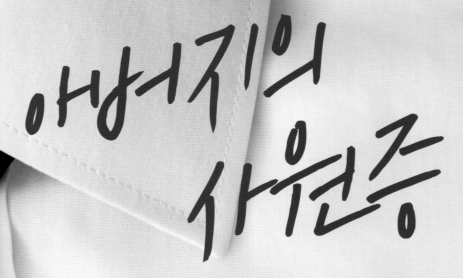

인생!
속도보다는 방향성!

우리는 매우 바쁘게 살아갑니다.

왜 바쁘게 살아가는지, 무엇을 위해 사는지도 모른채

그냥 열심히 뛰어갑니다.

잠시, 뛰어가는 걸음을 멈추고 눈을 들어 하늘을 쳐다보세요.

그리고 이렇게 자신에게 질문해보십시오!

'나는 지금 어디를 향해 달려가고, 왜 그곳을 향해 달려가고 있는가?'

pray

"나의 가는 길을 오직 그가 아시나니

그가 나를 단련하신 후에는 내가 정금 같이 나오리라"

- 욥기 23장 10절 -

총신대학교
CHONGSHIN UNIVERSITY

2025학년도 신입생 모집

원서접수 | 수시 : 2024년 9월 9일(월) ~ 9월 13일(금) / 정시 : 2024년 12월 31일(화) ~ 2025년 1월 3일(금)

모집학과 | 신학과·아동학과·사회복지학과·중독재활상담학과·기독교교육과·영어교육과·역사교육과·유아교육과·교회음악과

입학상담 | TEL: 02.3479.0400 / URL: admission.csu.ac.kr

나의 대학 팔로우
Follow

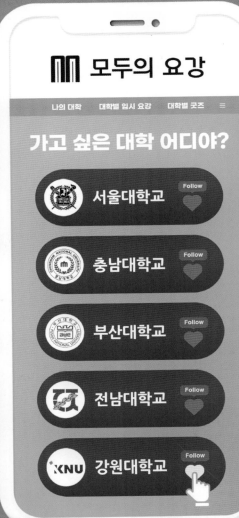

임시정보

임시자료

모두의 요강

나의 대학   대학별 임시 요강   대학별 굿즈   ☰

가고 싶은 대학 어디야?

서울대학교   Follow ♥

충남대학교   Follow ♥

부산대학교   Follow ♥

전남대학교   Follow ♥

강원대학교   Follow ♥

대학굿즈

입시상담

Follow Tip
QR코드로 접속하여 답변하면 자동으로 응모가 됩니다.
성실하게 답변할수록 당첨 확률이 높아집니다.

가고싶은 대학을 팔로우하면 다양한 대학 입시정보와 함께 선물이 따라온다!!

1등

스마트 워치
(2명)

2등

CU
모바일 금액권   3,000원

CU상품권 3000원
(100명)

응모기간

1차	2차
4월 30일까지	7월 31일까지
(당첨발표 5월중 개별통지)	(당첨발표 8월중 개별통지)

본 교재 광고의 수익금은 콘텐츠 품질 개선과 공익사업에 사용됩니다.
모두의 요강(mdipsi.com)을 통해 EBS와 함께하는 여러 대학교의 입시정보를 확인할 수 있습니다.